Vis-à-Vis

ROM

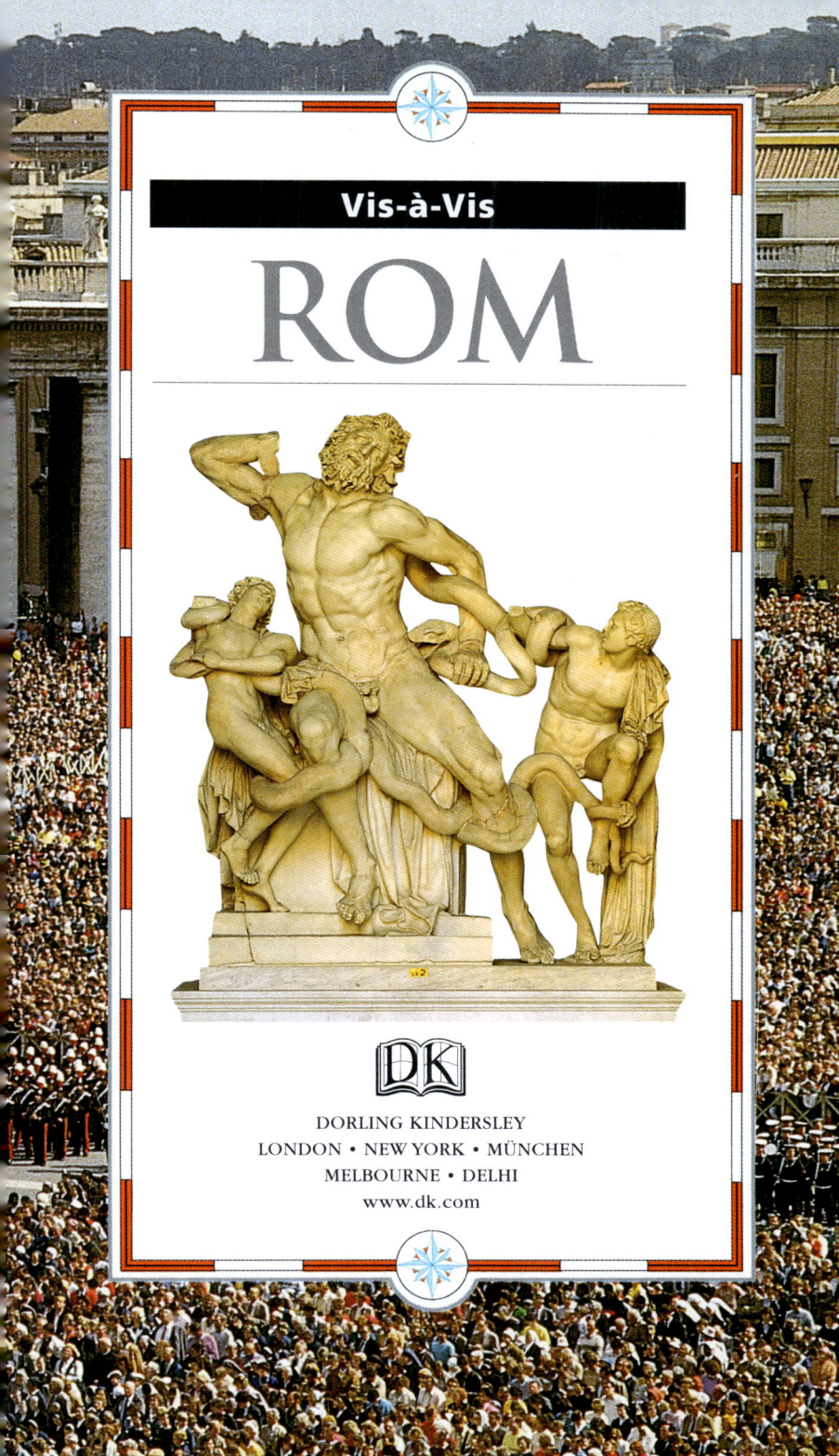

Vis-à-Vis

ROM

DORLING KINDERSLEY

LONDON · NEW YORK · MÜNCHEN

MELBOURNE · DELHI

www.dk.com

Ein Dorling Kindersley Buch

www.traveldk.com

Texte Olivia Ercoli, Ros Belford, Roberta Mitchell

Fotografien John Heseltine, Mike Dunning, Kim Sayer

Illustrationen Studio Illibill, Kevin Jones Associates, Martin Woodward, Robbie Polley

Kartografie Dorling Kindersley Cartography

Redaktion und Gestaltung Dorling Kindersley London
Dorling Kindersley London: Fiona Wild, Annette Jacobs, Ferdie McDonald, Mark Ronan, Anna Streiffert, Lisa Kosky, Marisa Renzullo, Siri Lowe, Douglas Amrine.

Produziert in Zusammenarbeit mit
Websters International Publishers

•

© 1993, 2012 Dorling Kindersley Limited, London
Titel der englischen Originalausgabe:
Eyewitness Travel Guide *Rome*
Zuerst erschienen 1993 in Großbritannien
bei Dorling Kindersley Ltd.
A Penguin Company

•

Für die deutsche Ausgabe
© 1994, 2012 Dorling Kindersley Verlag GmbH, München

Aktualisierte Neuauflage 2012/2013

Programmleitung Dr. Jörg Theilacker, Dorling Kindersley Verlag
Projektleitung Stefanie Franz, Dorling Kindersley Verlag
Übersetzung Simon & Magiera, Siegfried Birle
Redaktion Dr. Elfi Ledig, München; Brigitte Maier, München
Schlussredaktion Philip Anton, Köln
Satz und Produktion Dorling Kindersley Verlag, München
Lithografie Colourscan, Singapur
Druck South China Printing Co. Ltd., China

ISBN 978-3-8310-1804-8

18 19 20 21 22   15 14 13 12 11

Dieser Reiseführer wird regelmäßig aktualisiert. Angaben wie Telefonnummern, Öffnungszeiten, Adressen, Preise und Fahrpläne können sich jedoch ändern. Der Verlag kann für fehlerhafte oder veraltete Angaben nicht haftbar gemacht werden. Für Hinweise, Verbesserungsvorschläge und Korrekturen ist der Verlag dankbar. Bitte richten Sie Ihr Schreiben an:

Dorling Kindersley Verlag GmbH
Redaktion Reiseführer
Arnulfstraße 124 • 80636 München
travel@dk-germany.de

Inhalt

Kolosseum *(siehe S. 92–95)*

Rom stellt sich vor

Moses von Michelangelo in
San Pietro in Vincoli *(siehe S. 170)*

◁ Pilger auf der Piazza San Pietro *(siehe S. 223)*
◁◁ Umschlag: Blick vom Tiber auf die Kuppel des Petersdoms *(siehe S. 230–233)*

Fresko in der Villa Farnesina
(siehe S. 220f)

Die Stadtteile Roms

Tempietto, Bramantes Renaissance-Rundkapelle *(siehe S. 219)*

Titusbogen
(siehe S. 87)

Zu Gast in Rom

Mosaik, Santa Prassede *(siehe S. 171)*

Grundinformationen

Antipasti misto *(siehe S. 312)*

Der Petersdom im Vatikan – Zentrum der katholischen Kirche
(siehe S. 230–233)

Benutzerhinweise

Mit diesem Reiseführer wird Ihr Rom-Besuch zu einem besonderen Erlebnis, bei dem Sie die interessantesten Seiten der »Ewigen Stadt« entdecken. Das Einleitungskapitel *Rom stellt sich vor* erläutert die geografische Lage, stellt das moderne Rom in historischen Zusammenhang und beschreibt die Höhepunkte des römischen Veranstaltungskalenders. *Rom im Überblick* fasst alles Sehens- und Erlebenswerte thematisch zusammen. *Die Stadtteile Roms* beschreibt die Sehenswürdigkeiten der Stadt mit Texten, Karten, Fotos und Illustrationen. *Neun Spaziergänge* führen durch bekannte und unbekanntere Gegenden der Metropole. Das Kapitel *Zu Gast in Rom* enthält alles über Hotels, Essen, Shopping und Unterhaltung. Die *Grundinformationen* am Ende des Buchs bieten Tipps für Ihren Aufenthalt und zur Anreise.

Orientierung in Rom

Rom ist in diesem Reiseführer in 16 Stadtteile gegliedert. Jedes Kapitel des Buchs beginnt mit einem Kurzporträt, das neben dem Charakter und den Besonderheiten auch die Geschichte eines Viertels anreißt und alle wichtigen Sehenswürdigkeiten auflistet. Diese sind mit Nummern versehen, die mit denen auf der *Stadtteil-* und der *Detailkarte* identisch sind. Die Beschreibung der Sehenswürdigkeiten folgt dieser Nummerierung.

Die Farbcodierung jeder Seite erleichtert es, den richtigen Stadtteil aufzuschlagen.

Orientierungskarte

Eine Orientierungskarte zeigt die Lage des Stadtteils, in dem Sie sich gerade befinden.

Die Routenempfehlung leitet Sie durch die spannendsten Straßen eines Viertels.

1 Stadtteilkarte
Die Sehenswürdigkeiten eines Stadtteils sind hier nummeriert und nach Kategorien, z.B. Kirchen, Museen und Sammlungen oder Historische Gebäude, aufgelistet. Auch Metro-Stationen und Parkplätze sind eingetragen.

Die Straßenzüge, die auf der *Detailkarte* dargestellt werden, sind rosa eingefärbt.

2 Detailkarte
Auf der Detailkarte *ist der farblich hervorgehobene Kern der* Stadtteilkarte *aus der Vogelperspektive zu sehen. Die Sehenswürdigkeiten sind kurz erläutert.*

Sterne markieren Sehenswürdigkeiten, die Sie nicht verpassen sollten.

Die Stadtteile Roms

Die Farbflächen dieser Karte *(siehe vordere Umschlaginnenseiten)* entsprechen den 16 vorgestellten Stadtteilen – jedem ist im Abschnitt *Die Stadtteile Roms (siehe S. 62–255)* ein eigenes Kapitel gewidmet. Die Farbmarkierung wiederholt sich auch in anderen Karten dieses Reiseführers. Im Kapitel *Rom im Überblick (siehe S. 42–57)* etwa erleichtert sie das Auffinden der Hauptsehenswürdigkeiten. Dies gilt auch für die *Neun Spaziergänge (siehe S. 272–291)*. Jede Sehenswürdigkeit ist zudem mit einem Verweis auf den *Stadtplan (siehe S. 396–419)* wie auch mit einem Verweis auf die *Karte* zum Herausnehmen versehen.

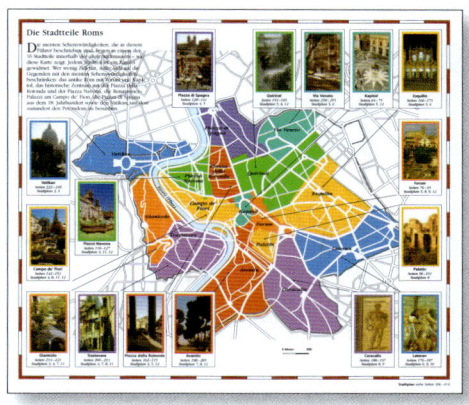

Die Nummern helfen beim Auffinden der Sehenswürdigkeiten in den Stadtteilkarten.

Praktische Informationen erleichtern die Planung eines Besuchs. Die Verweise beziehen sich auf den *Stadtplan* der Seiten 396–419 sowie auf die *Karte*.

Ein Aufriss jeder Hauptsehenswürdigkeit hilft bei der schnellen Orientierung.

Die Infobox enthält die praktischen Informationen, die für einen Besuch hilfreich sind.

3 Detaillierte Informationen

Die Reihenfolge entspricht der Nummerierung der Stadtteil- und Detailkarte. *Praktische Informationen wie Öffnungszeiten und Telefonnummern ergänzen die Beschreibungen. Die Zeichenerklärung finden Sie auf der hinteren Umschlagklappe.*

Sterne kennzeichnen die interessantesten Architekturdetails eines Gebäudes und die Highlights in einem Museum.

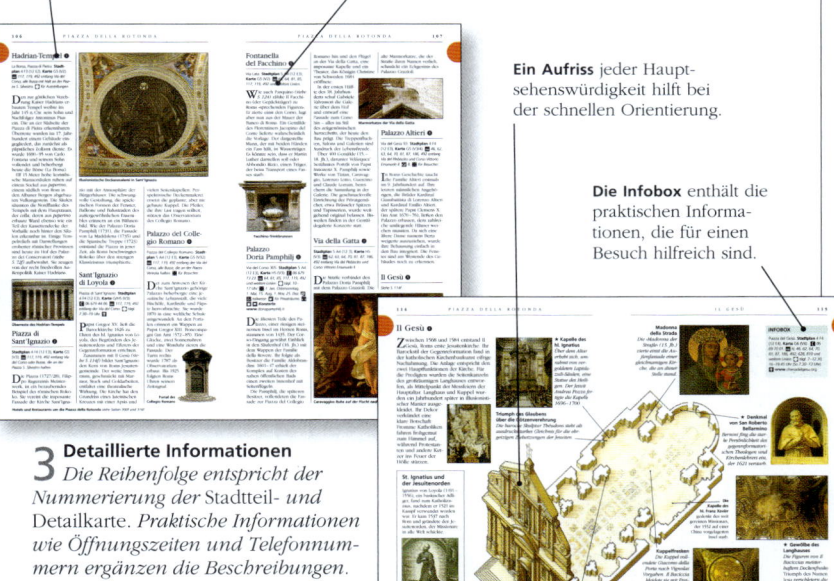

4 Hauptsehenswürdigkeiten

Historische Bauten sind im Aufriss dargestellt. Etagenpläne von Museen und Sammlungen führen zu den wichtigen Kunstwerken.

Die Zeitskala hebt wichtige Ereignisse in der Geschichte einer Hauptsehenswürdigkeit hervor.

Stadtplan *siehe Seiten 396–419.*
Karte *Extrakarte zum Herausnehmen.*

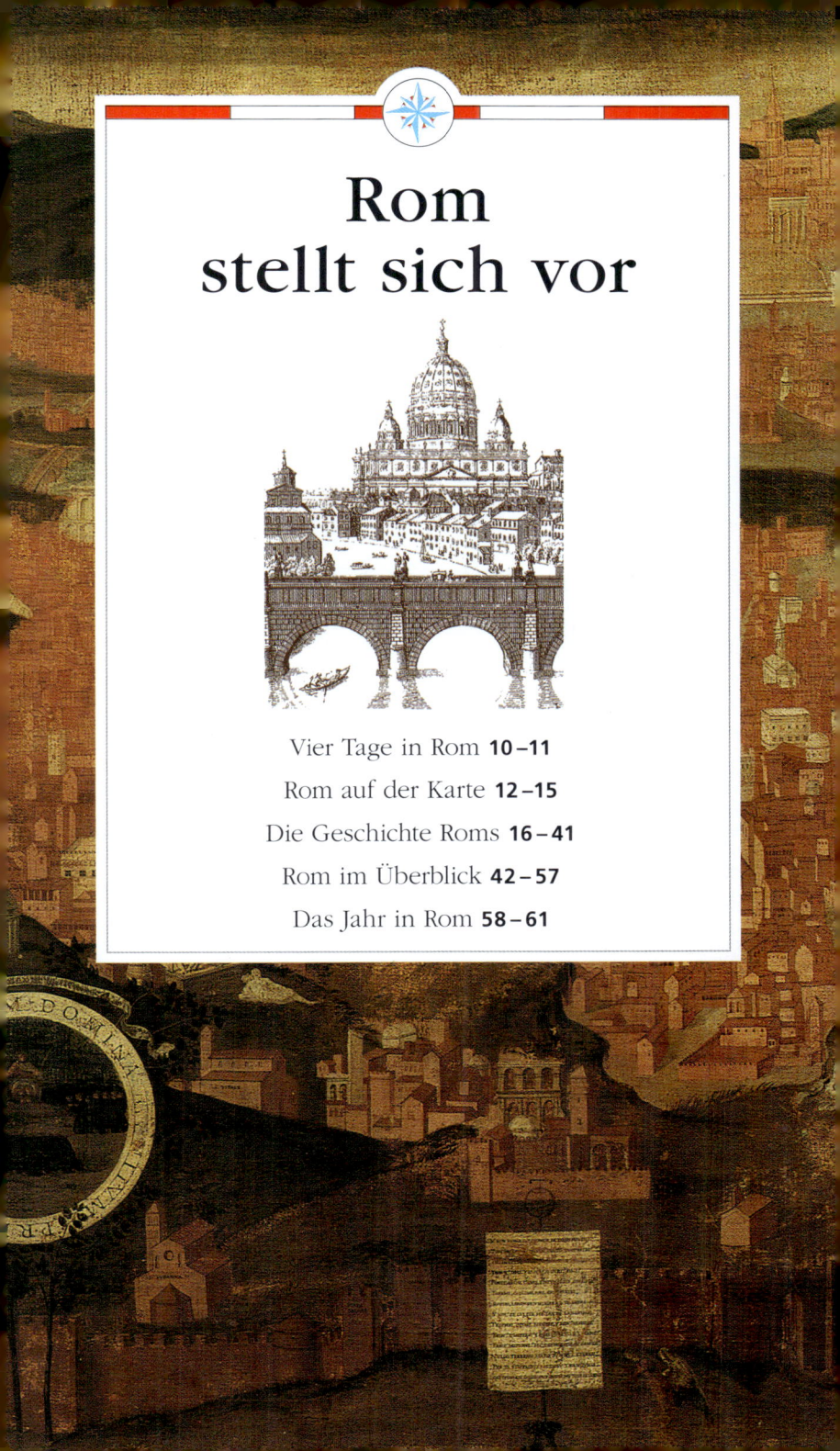

Rom
stellt sich vor

Vier Tage in Rom

Rom, die »Ewige Stadt«, wurde nicht an einem Tag erbaut, doch ihre wichtigsten Sehenswürdigkeiten kann man in vier Tagen erleben. Roms Geschichte wird in antiken Säulen lebendig, in mittelalterlichen Gassen mit Palazzi und Plätzen mit eleganten Brunnen. Die vielen Museen umfassen Sammlungen der Superlative wie im Vatikan und überschaubare wie in der Villa Borghese. Die Fülle an Kirchen reicht von kleinen Kapellen bis zum Petersdom – unsere Vorschläge vermitteln einen Eindruck. Die Preise enthalten Kosten für Transport, Eintritt und Essen.

Bocca della Verità – »Mund der Wahrheit«

Teatro di Marcello mit drei korinthischen Säulen *(siehe S. 151)*

Antikes Rom

- **Der Republik auf der Spur**
- **Mittelalterliches Ambiente**
- **Pracht des Kaiserreichs**
- **Rom zur Zeit Cäsars**

Zwei Erwachsene etwa 150 €

Vormittags

Erleben Sie die Höhepunkte aus der Zeit der Römischen Republik sowie des Kaiserreichs an einem einzigen Tag. Einen guten Einstieg bietet das **Forum Romanum** *(siehe S. 76–87)*, gefolgt von einem kurzen Streifzug durch die **Kapitolinischen Museen** *(siehe S. 70–73)*. Ein Bummel über die Area Sacra dell'Argentina *(siehe S. 150)* führt zu drei Tempeln aus der Zeit der Republik und zu den Resten der Kurie des Pompeius, wo 44 v. Chr. Cäsar ermordet wurde und die republikanische Ära endete. Vom antiken Theater hat nichts überdauert. Am Campo de' Fiori stehen im Mittelalter errichtete Gebäude, darunter das **Ristorante Da Pancrazio**

(siehe S. 320), das für seine exzellenten Pastagerichte bekannt ist.

Nachmittags

Zurück geht es ins Herz des antiken Rom, vorbei am Teatro di Marcello, das als Vorlage für das Kolosseum diente, zu den beiden kleinen **Tempeln am Forum Boarium** *(siehe S. 203)* an der Piazza della Bocca della Verità. Von der Via del Velabro können Sie einen Blick auf die Rückseite des Forums und den Mamertinischen Kerker *(siehe S. 91)* werfen. Von dort gelangen Sie über die Via dei Fori Imperiali zu den baulichen Überresten der Kaiserzeit – den **Trajansmärkten** *(siehe S. 88f)* sowie den **Foren des Cäsar, Augustus und Nerva** *(siehe S. 90f)*. Am späten Nachmittag bietet sich ein Besuch des **Kolosseums** *(siehe S. 92–95)* an – sicherlich einer der Höhepunkte eines Aufenthalts in Rom. Über die Via Sacra kommen Sie von dort zum **Palatin** *(siehe S. 96–101)* mit dem weiten Ruinenfeld.

Christliches Rom

- **Vatikanische Museen**
- **Picknick auf der Piazza**
- **Mosaiken und Mithräum**
- **Abendessen bei Nonnen**

Zwei Erwachsene etwa 185 €

Vormittags

In den **Vatikanischen Museen** *(siehe S. 234–247)* können Sie einen ganzen Vormittag verbringen. Wenn Sie etwas essen möchten, gehen Sie auf der Via Tunisi bis zum Markt an der Via Andrea Doria. Dort decken Sie sich für ein Picknick auf der Piazza San Pietro ein.

Nachmittags

Der mächtige **Petersdom** *(siehe S. 230–233)*, Zentrum der römisch-katholischen Kirche, besticht nicht nur durch die Kuppel Michelangelos. Auch die Mosaiken in **Santa Maria Maggiore** *(siehe S. 172f)* sind einen Besuch wert. **San Clemente** *(siehe S. 186f)* besteht aus der Ober- (12. Jh.) und der auf antiken Bauten ruhenden Unterkirche (4. Jh.). Viele bekannte Künstler wie Raffael, Bernini, Caravaggio und

Detail eines Mosaiks in Santa Maria Maggiore *(siehe S. 172f)*

Fashion von Dolce & Gabbana an der Piazza di Spagna *(siehe S. 133)*

Bramante haben sich in der Kirche **Santa Maria del Popolo** *(siehe S. 138f)* verewigt. Für eine *passeggiata* (Abendspaziergang) eignet sich die Flaniermeile Via del Corso. Ein Drink in einem der lebhaften Cafés rundet den Spaziergang ab. Besonderes Ambiente zum Abendessen bieten zwei von Nonnen geführte Restaurants – **Fraterna Domus** *(siehe S. 317)* und **L'Eau Vive** *(siehe S. 316).*

Kunst und Shopping

- **Brunnen und Piazzas**
- **Kunst im Museo Nazionale**
- **Tempel und Boutiquen**
- **Spanische Treppe und Trevi**

Zwei Erwachsene etwa 30 €

Vormittags
Ein guter Startpunkt ist der Gemüse- und Blumenmarkt am **Campo de' Fiori** *(siehe S. 144–146).* Er findet um eine Statue Giordano Brunos herum statt, der hier im Mittelalter als Ketzer verbrannt wurde. Die ovale Form der **Piazza Navona** *(siehe S. 118–120)* mit ihren Barockbrunnen und Cafés geht auf ein unter Kaiser Domitian angelegtes Stadion zurück (Reste sind an der Nordseite erhalten). Besuchen Sie das Museo Nazionale Romano im **Palazzo Altemps** *(siehe S. 127).* Die Kirche **San Luigi**

dei Francesi *(siehe S. 122)* birgt frühe Werke von Caravaggio, **Sant'Ivo alla Sapienza** *(siehe S. 122)* am Corso del Rinascimento 40 ist ein barockes Kleinod. Das **Pantheon** *(siehe S. 110f)* zählt zu den Wahrzeichen Roms, **Santa Maria sopra Minerva** *(siehe S. 108)* ist wie ein Gang durch die Kunstgeschichte. Ein Cappuccino im **Caffè Sant'Eustachio** *(siehe S. 330)* bietet Entspannung.

Nachmittags
Ideal für eine Shopping-Tour am Nachmittag sind die Boutiquen an der **Via Condotti** *(siehe S. 133)* unterhalb der Spanischen Treppe *(siehe S. 134f).* Mit einem Eis von **San Crispino** *(siehe S. 330)* spazieren Sie zur **Fontana di Trevi** *(siehe S. 159).*

Familientag

- **Villa Borghese mit dem Rad**
- **Puppentheater, wilde Tiere und eine gruselige Krypta**
- **Gassenlabyrinthe und Panoramablicke**

Familie (4 Personen) etwa 200 €

Vormittags
Im Park der **Villa Borghese** *(siehe S. 258f)* können Sie Räder mieten. Danach genießen Sie spannende Kultur im Museo Nazionale Etrusco in der **Villa Giulia** *(siehe*

S. 262f) oder in der **Galleria Borghese** *(siehe S. 260f).* Haben die Kinder davon genug, bietet Roms Zoo **Bioparco** *(siehe S. 259)* ein Alternativprogramm. Im **Pincio-Park** *(siehe S. 136f)* locken ein Karussell und San Carlino, eines der wenigen erhaltenen Puppentheater (Vorführungen sonntags 11 Uhr).

Nachmittags
Nach Rückgabe der Fahrräder geht es zur **Spanischen Treppe** *(siehe S. 134f)* und danach die Via Gregoriana hinunter. Die Fenster- und Türrahmen des Palazzetto Zuccari (Nr. 28) haben die Form wilder Kreaturen. Gruselig wird es dann in der ansonsten schlichten Kirche **Santa Maria della Concezione** *(siehe S. 254)* an der Via Veneto. Die Krypta ist mit Gebeinen von Kapuzinermönchen ausgeschmückt.

An der Piazza della Bocca della Verità steht **Santa Maria in Cosmedin** *(siehe S. 202).* In eine Wand der Vorhalle ist der »Mund der Wahrheit« eingelassen. Um diese Maske eines Monsters rankt die Legende, dass jedem Lügner, der die Hand in die Mundöffnung steckt, die Finger abgebissen würden. In **Trastevere** *(siehe S. 206–213)* erwartet den Besucher ein Gassenlabyrinth. **Gianicolo** *(siehe S. 214–221)* bietet schöne Ausblicke. Abschließend gibt es Leckeres in der **Pizzeria Ivo** *(siehe S. 328).*

Blick von der Spanischen Treppe *(siehe S. 134f)* auf die Via Condotti

Rom auf der Karte

Seit seiner Gründung vor rund 2850 Jahren hat sich Rom auf den sieben Hügeln am Tiber zu einer Stadt mit über 2,7 Millionen Einwohnern entwickelt, die knapp 1300 Quadratkilometer einnimmt. Innerhalb des Gebiets liegt der unabhängige Staat Vatikanstadt. 1870 wurde Rom zur Hauptstadt des geeinten Italien. Es liegt ca. 30 Kilometer vom Meer entfernt und verfügt über ein sehr gutes Straßen- und Zugnetz.

LEGENDE

☐	Großraum Rom
---	Eisenbahn
✈	Flughafen
▬	Autobahn
=	Hauptstraße

0 Kilometer   50

Blick von Norden auf die Isola Tiberina

Europa

NORWEGEN · FINNLAND · SCHWEDEN · ESTLAND · RUSS. · LETTLAND · LITAUEN · RUSS. · DÄNEMARK · IRLAND · GROSS-BRITANNIEN · NIEDER-LANDE · DEUTSCH-LAND · WEISS-RUSSLAND · POLEN · BELGIEN · LUX. · TSCHECH. REP. · SLOWAK. REP. · UKRAINE · FRANK-REICH · ÖSTER-REICH · SCHWEIZ · SLOWENIEN · UNGARN · ITALIEN · KROATIEN · RUMÄNIEN · BIH · SERBIEN · MONTENEGRO · KOSOVO · BULGARIEN · MAZEDONIEN · ALBANIEN · PORTUGAL · SPANIEN · Roma · GRIECHEN-LAND · ALGERIEN · TUNESIEN

M A R

T I R R E N O

(TYRRHENISCHES MEER)

Firenze (Florenz) · Pisa · Arno · Livorno · Arezzo · Siena · 326 · 223 · Isola d'Elba · Lago di Bolsena · Viter · Tarquir · Civitavecchia · A11 · A12 · A1

Europa

Rom liegt im Süden Europas, auf demselben Breitengrad wie New York. Die Stadt hat zwei Flughäfen, von Frankfurt am Main aus ist sie knapp zwei Flugstunden entfernt. Zudem ist Rom mit Auto oder Zug gut zu erreichen. Es liegt inmitten eines gut ausgebauten Straßennetzes, das größtenteils den antiken römischen Wegen folgt.

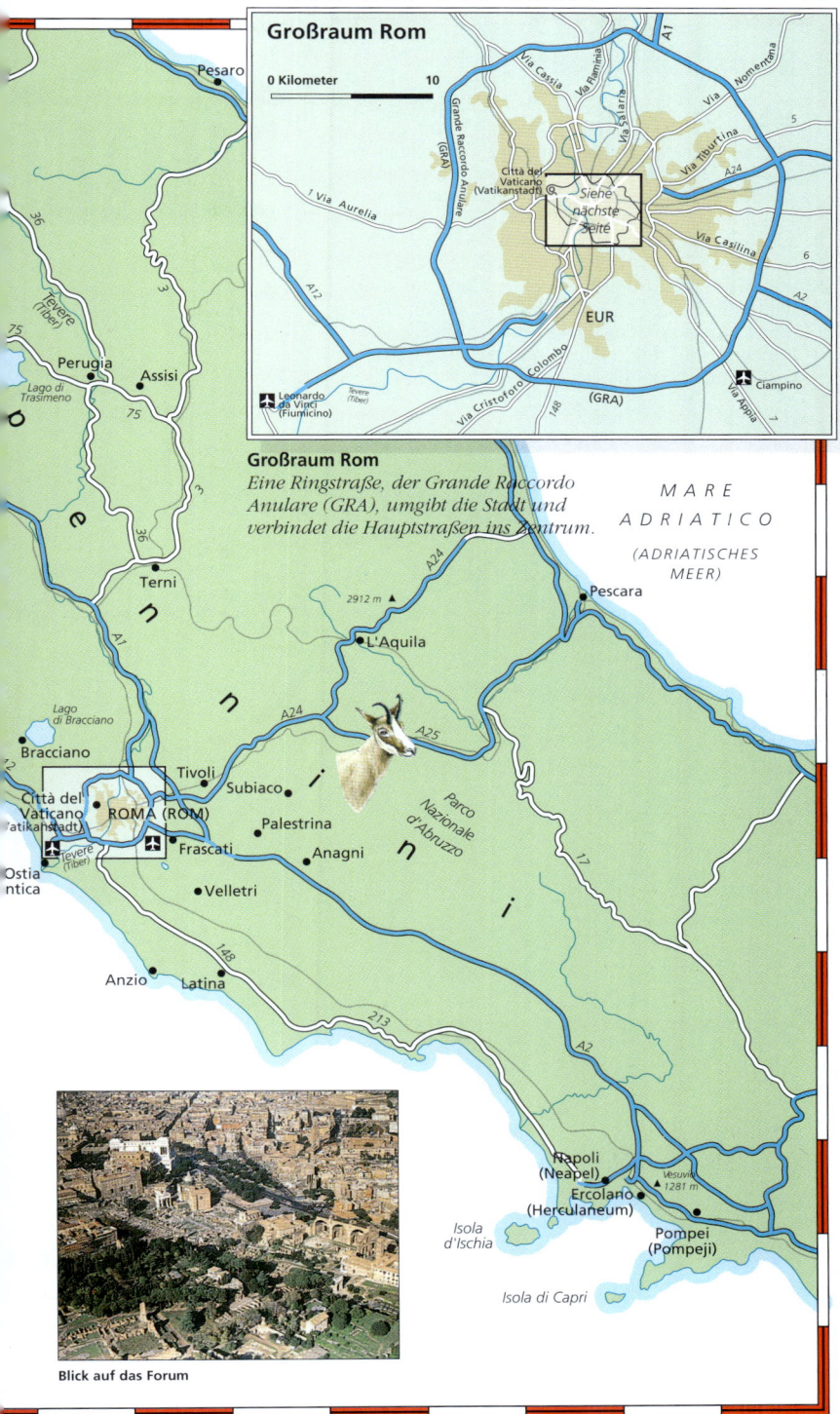

Großraum Rom

0 Kilometer   10

1 Via Aurelia

Grande Raccordo Anulare (GRA)

Via Cassia
Via Flaminia
Via Salaria
A1
Via Nomentana

Città del
Vaticano
(Vatikanstadt)

Siehe
nächste
Seite

Via Tiburtina
A24
5

Via Casilina
6

A12

A2

Tevere
(Tiber)

Via Cristoforo
148
Colombo
(GRA)

EUR

Leonardo
da Vinci
(Fiumicino)

Ciampino
Via Appia

Großraum Rom

Eine Ringstraße, der Grande Raccordo Anulare (GRA), umgibt die Stadt und verbindet die Hauptstraßen ins Zentrum.

M A R E
A D R I A T I C O

(ADRIATISCHES MEER)

Pesaro

36

Tevere
(Tiber)

75

Perugia

Assisi

Lago di
Trasimeno

75

3

36

A1

Terni

2912 m ▲

A24

L'Aquila

Lago
di Bracciano

A24

A25

Bracciano

Tivoli

Subiaco

Città del
Vaticano
(Vatikanstadt)

ROMA (ROM)

Palestrina

Parco
Nazionale
d'Abruzzo

Ostia
ntica

Tevere
(Tiber)

Frascati

Anagni

17

Velletri

Pescara

Anzio

148

Latina

213

A2

Napoli
(Neapel)

Vesuvio
1281 m ▲

Isola
d'Ischia

Ercolano
(Herculaneum)

Pompei
(Pompeji)

Isola di Capri

Blick auf das Forum

Roms Innenstadt

Dieser Reiseführer gliedert die italienische Metropole in 16 Stadtteile. Jedem der Stadtteile ist ein eigenes Kapitel gewidmet, in dem die wichtigsten Attraktionen beschrieben werden. Darüber hinaus werden auch einige Sehenswürdigkeiten vor den Toren Roms vorgestellt, die im Rahmen eines Tagesausflugs besucht werden können. Mehrere Spaziergänge erschließen zudem ausgewählte Gebiete in Rom nach thematischen Aspekten. Bei Streifzügen durch die ewige Stadt mit ihren vielfältigen Zeugnissen beeindruckender Baukunst aus verschiedenen Epochen wird ihre reiche – und wechselvolle – Geschichte lebendig.

Pantheon
Granitsäulen säumen den Portikus. Erbaut wurde das Pantheon (siehe S. 110f) *als Tempel für alle Götter.*

LEGENDE

▦	Hauptsehenswürdigkeit
Ⓜ	Metro-Station
🚉	Bahnhof
🚌	Bushaltestelle
🚋	Tram-Endhaltestelle
ℹ	Information
—	Stadtmauer

Vatikanische Museen
In den Musei Vaticani ist heute eine der weltweit wertvollsten Kunstsammlungen der Antike und der Renaissance untergebracht (siehe S. 234–247).

Kolosseum
Die gewaltige Anlage des Colosseo zählt zu den größten Attraktionen der Stadt. Im Kolosseum (siehe S. 92–95) *kämpften Gladiatoren, Verurteilte und wilde Tiere zur öffentlichen Belustigung um ihr Leben. Der Rundbau bot bis zu 55 000 Zuschauern Platz.*

Kapitolinische Museen
Zu den erlesenen Sammlungen (siehe S. 70–73) *gehören zahlreiche Skulpturen aus der Antike – darunter diese Statue eines griechischen Diskuswerfers.*

0 Meter   500

Petersdom
Die mächtige, von Michelangelo gestaltete Kuppel von San Pietro (siehe S. 230–233) *prägt das Stadtbild von Rom.*

Die Geschichte Roms

Als eine der ältesten europäischen Städte blickt das vor rund 2850 Jahren gegründete Rom auf eine ununterbrochene Siedlungsgeschichte zurück. Als Zentrum des Römischen Reichs und später der katholischen Kirche übte die Metropole bedeutenden Einfluss aus. Viele Sprachen gründen auf dem Lateinischen. Das römische Staats- und Rechtssystem diente neuzeitlichen Staatsbildungen als Vorbild. Im antiken Rom vervollkommnte Baustile und -techniken beeinflussen Bauwerke in aller Welt. In Rom decken bauliche Überreste eine Zeitspanne von über zwei Jahrtausenden ab – eine überaus geschichtsträchtige Last.

**Römischer Adler
(2. Jh. n. Chr.)**

Roms Geschichte begann wohl im 8. Jahrhundert v. Chr. mit einer eisenzeitlichen Hüttensiedlung. 616 v. Chr. ergriffen die Etrusker, Roms hoch entwickelte Nachbarn, die Macht. Ihre Herrschaft endete 509 v. Chr., als Rom Republik wurde. Es eroberte den größten Teil Italiens, blickte begehrlich auf den Mittelmeerraum und herrschte im 1. Jahrhundert v. Chr. über Spanien, Nordafrika und Griechenland. Die Expansion des Imperiums war ein Nährboden für Machtgier und bald für das Ende der Demokratie. Bereits Julius Cäsar hatte sich diktatorische Vollmachten gesichert, sein Großneffe Oktavian wurde Roms erster Kaiser mit dem Ehrentitel Augustus. In seine Regierungszeit fiel Christi Geburt. Trotz der bis zum 4. Jahrhundert währenden Christenverfolgungen fasste die neue Religion Fuß – Rom wurde zu ihrem Zentrum.

Im Mittelalter verlor Rom an Bedeutung. Ab dem 15. Jahrhundert erlebte es jedoch einen Aufschwung, die größten Künstler der Renaissance und des Barock verschönerten die Stadt. 1870 wurde Rom Hauptstadt des geeinten Nationalstaats Italien.

**Blick von Norden auf Rom
(Karte aus dem 15. Jh.)**

◁ Ausschnitt eines römischen Mosaiks (2. Jh. n. Chr.) aus dem Tempel der Fortuna in Palestrina *(siehe S. 271)*

Roms frühe Entwicklung

Laut dem Geschichtsschreiber Livius wurde Rom 753 v. Chr. durch Romulus gegründet. Wenig später lud dieser, um dem Frauenmangel abzuhelfen, die benachbarten Sabiner zu einem Fest ein und ließ ihre Frauen entführen. Dieser Gründungsmythos gehört in den Bereich der Sage, doch Rom wurde tatsächlich Mitte des 8. Jahrhunderts v. Chr. gegründet. Bald darauf verbündeten sich Römer und Sabiner. Nach dem Tod des legendären Romulus regierten Könige die Stadt. Im 7. Jahrhundert v. Chr. nahm das etruskische Geschlecht der Tarquinier Rom ein. Die Herrschaft des Despoten Tarquinius Superbus endete mit der Vertreibung der Etrusker und der Gründung einer Republik mit zwei jährlich gewählten Beamten (den Prätoren und späteren Konsuln) an der Spitze. Den Widerstand gegen die Etrusker führte Lucius Junius Brutus an, der als Ideal des aufrechten, patriotischen römischen Republikaners gilt.

Ausdehnung der Stadt

☐ *750 v. Chr.*   ☐ *Heute*

Zeremonielle Blasinstrumente

Tempel des Jupiter
Dieses Renaissance-Gemälde von Perin del Vaga zeigt Tarquinius Superbus beim Baubeginn des Jupitertempels auf dem Kapitol, dem damaligen religiösen Zentrum.

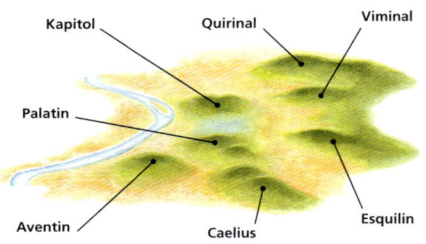

Kapitol   Quirinal   Viminal

Palatin

Aventin   Caelius   Esquilin

Roms sieben Hügel
Im 8. Jahrhundert v. Chr. siedelten Schäfer und Bauern auf vier von Roms sieben Hügeln. Bald errichtete man Hütten in jener sumpfigen Senke, die später dem Forum Romanum Platz bot.

Hütte aus der Eisenzeit
Frühe Siedler wohnten in einfachen Hütten. Spuren ihres Unterbaus fand man auf dem Palatin.

Augur beim Fundamentaushub

ZEITSKALA

	750 v. Chr. Tarpeia verrät die Stadt an die Sabiner	700 v. Chr. Ungefährer Beginn der etruskischen Periode	*Etruskischer Krug (7. Jh. v. Chr.)*
	750 v. Chr.	**700**	**65**
Romulus und Remus	**753 v. Chr.** Legendäre Gründung Roms durch Romulus, den ersten von sieben Königen	**715–713 v. Chr.** Numa Pompilius stellt den zwölf- monatigen Kalender auf	**659 v. Chr.** Römer zerstören die feindliche Nach- barstadt Alba Longa

Die Sage von der Wölfin
Der König von Alba setzte seine Neffen Romulus und Remus im Tiber aus. Sie wurden jedoch ans Ufer getrieben und von einer Wölfin gesäugt.

Rabe, Wächter des Kapitols

Apoll von Veji
Kultur und Religion der Etrusker waren griechisch beeinflusst. Diese Statue (5. oder 6. Jh.) des griechischen Gotts Apollon stammt aus Veji, einer wohlhabenden etruskischen Stadt.

König Tarquinius hält einen als Donnerkeil verehrten Stein

Äneas-Sage
Römischen Sagen zufolge ist der trojanische Held Äneas der Urvater von Romulus und Remus.

Etruskisches Rom

Bis auf das Abwassersystem Cloaca Maxima finden sich nur karge Spuren des etruskischen Rom. Funde barg man vor allem in Etruskersiedlungen außerhalb, so in Tarquinia *(siehe S. 271)*, wo Malereien mit Szenen von Festbanketten zu sehen sind. Aufschluss geben die Sammlungen in der Villa Giulia *(siehe S. 262f)* und in den Vatikanischen Museen *(siehe S. 238)*. Als berühmteste Hinterlassenschaft gilt die Bronzeskulptur der legendären Wölfin in den Kapitolinischen Museen *(siehe S. 73)*. Das Antiquarium Forense *(siehe S. 87)* beherbergt Objekte der Nekropole auf dem Forum.

Urnen in Hüttenform (Mitte 8. Jh. v. Chr.) wurden bei Feuerbestattungen benutzt.

Etruskischer Schmuck wie diese Goldfiligranbrosche (7. Jh. v. Chr.) war kostbar – die Etrusker zeigten Sinn für Luxus.

---

600 v. Chr. Mutmaßlicher Baubeginn der Entwässerungsanlage Cloaca Maxima

578 v. Chr. Servius Tullius wird Etruskerkönig

565 v. Chr. Überliefertes Baudatum der die sieben Hügel umschließenden Servianischen Mauer

Statue des Jupiter

510 v. Chr. Einweihung des Jupitertempels auf dem Kapitol

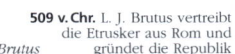

600 v. Chr.   **550 v. Chr.**   **500 v. Chr.**

616 v. Chr. Tarquinius Priscus wird erster etruskischer König. Er legt das Forum Romanum und den Circus Maximus an

534 v. Chr. Ermordung König Servius'

509 v. Chr. L. J. Brutus vertreibt die Etrusker aus Rom und gründet die Republik

L. J. Brutus

507 v. Chr. Krieg gegen die Etrusker. Horatius verteidigt die hölzerne Tiberbrücke

Könige, Konsuln und Kaiser

Während der gut 1200 Jahre von Roms Gründung bis zum Jahr 476 n. Chr., als der Germane Odoaker den letzten weströmischen Kaiser absetzte, zählte Rom über 250 Regenten. Romulus war der erste von sieben Königen, deren Herrschaft 509 v. Chr. mit der Errichtung einer Adelsrepublik endete. Die Regierungsbefugnis oblag zwei jährlich gewählten Beamten, den Prätoren und späteren Konsuln. Für die Ernennung eines Diktators in Krisenzeiten war gesorgt. 494 v. Chr. richtete man zum Schutz der Plebejer vor der Willkür patrizischer Magistrate das Amt der Volkstribune ein. 27 v. Chr. gelangte die Macht vollständig in die Hände des Kaisers.

70–63 v. Chr.
Pompeius

107–87 v. Chr.
Marius ist
siebenmal
Konsul

205 v. Chr.
Scipio Africanus

218 v. Chr. Quintus
Fabius Maximus

Romulus und Remus mit der Wölfin, die sie säugte

456 v. Chr.
Lucius Quintus
Cincinnatus

um 753–715 v. Chr.
Romulus

800 v. Chr.	700	600	500	400	300	200	100
SIEBEN KÖNIGE			REPUBLIK				
800 v. Chr.	700	600	500	400	300	200	100

**um 715–673
v. Chr.** Numa
Pompilius

396 v. Chr. Marcus
Furius Camillus

133–121 v. Chr.
Tiberius Gracchus

um 509 v. Chr. Lucius
Junius Brutus und
Horatius Pulvillus

um 673–641 v. Chr.
Tullus Hostilius

122–121 v. Chr.
Gaius Gracchus

um 534–509 v. Chr.
Tarquinius Superbus

um 641–616 v. Chr.
Ancus Marcius

82–80 v. Chr.
Sulla

um 579–534 v. Chr.
Servius Tullius

63 v. Chr.
Cicero

616–579 v. Chr.
Tarquinius Priscus

60–50 v. Chr. Triumvirat
von Julius Cäsar,
Pompeius und Crassus

45–44 v. Chr.
Julius Cäsar ist
Alleinherrscher

*Julius Cäsar –
sein Aufstieg zur
Macht läutet das
Ende der Römischen
Republik ein*

Tarquinius Priscus befragt einen Auguren

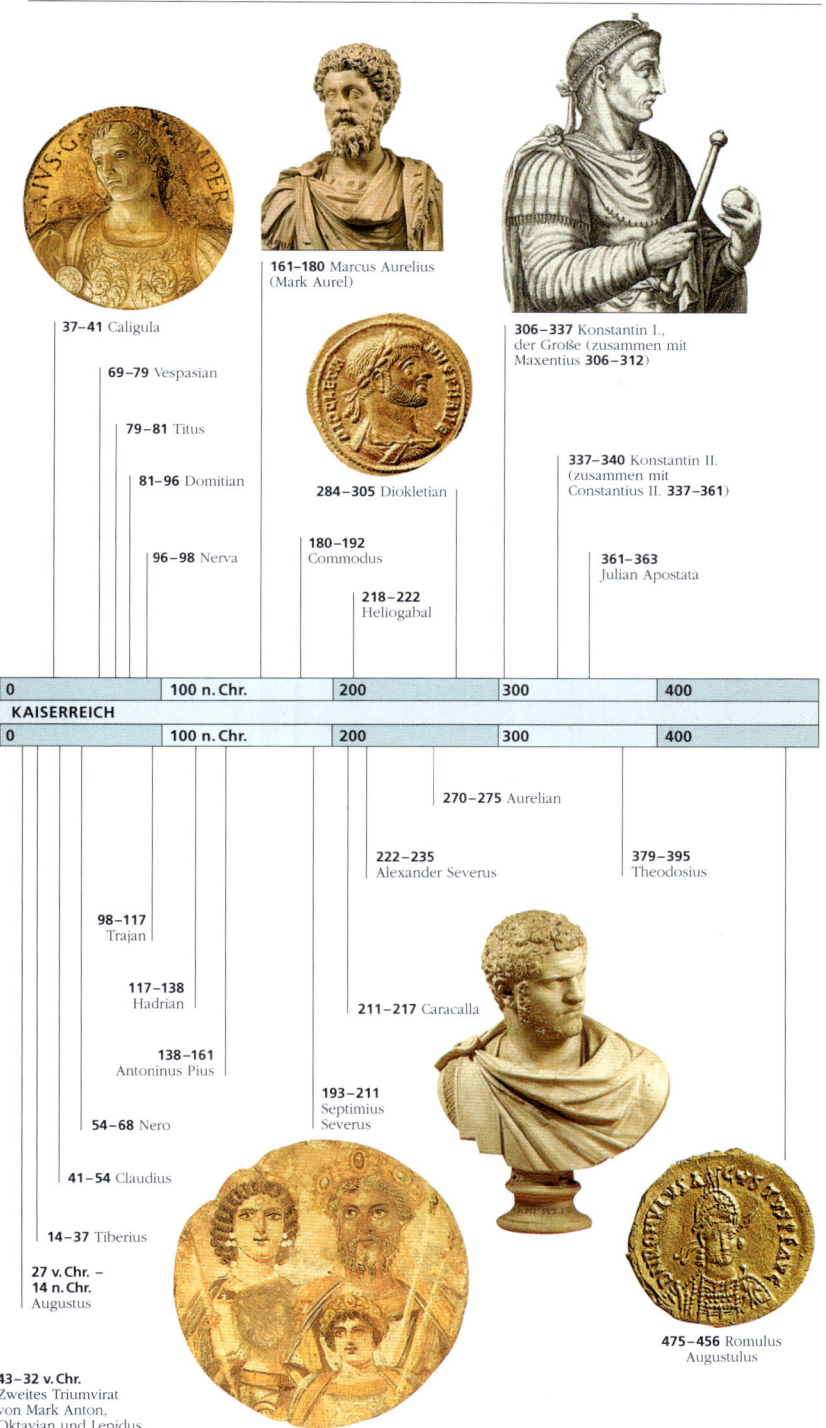

161–180 Marcus Aurelius (Mark Aurel)

306–337 Konstantin I., der Große (zusammen mit Maxentius **306–312**)

37–41 Caligula

69–79 Vespasian

79–81 Titus

81–96 Domitian

284–305 Diokletian

337–340 Konstantin II. (zusammen mit Constantius II. **337–361**)

96–98 Nerva

180–192 Commodus

361–363 Julian Apostata

218–222 Heliogabal

| 0 | 100 n. Chr. | 200 | 300 | 400 |

KAISERREICH

| 0 | 100 n. Chr. | 200 | 300 | 400 |

270–275 Aurelian

222–235 Alexander Severus

379–395 Theodosius

98–117 Trajan

117–138 Hadrian

211–217 Caracalla

138–161 Antoninus Pius

193–211 Septimius Severus

54–68 Nero

41–54 Claudius

14–37 Tiberius

27 v. Chr. – 14 n. Chr. Augustus

475–456 Romulus Augustulus

43–32 v. Chr. Zweites Triumvirat von Mark Anton, Oktavian und Lepidus

Septimius Severus mit Familie

Römische Republik

Bronzemünze mit dem Tempel der Vesta (um 57 v. Chr.)

Mitte des 2. Jahrhunderts v. Chr. kontrollierte Rom den westlichen Mittelmeerraum durch das Heer. Die Loyalität der Streitkräfte gehörte eher den Feldherren als den weit entfernten Senatoren und verhalf Männern wie Marius, Sulla, Pompeius und Cäsar an die Macht. Unterdessen waren Bauern, deren Felder bei Hannibals Eroberungsmarsch 219 v. Chr. verwüstet worden waren, nach Rom geströmt. Ihnen folgten Sklaven und Freigelassene aus unterworfenen Gebieten, die Bevölkerung wuchs auf eine halbe Million Menschen an. Arbeit gab es genug beim Bau von Straßen, Aquädukten und Tempeln.

Ausdehnung der Stadt

▢ 400 v. Chr.   ▢ Heute

Eine Arkade überspannt die Straße

Gefälle eines Aquädukts: etwa 1 : 1000

Behauene Steinblöcke

Überdachte Wasserkanäle

Aquädukt
Wasser aus einer Gebirgsquelle sammelte man in einem Reservoir, um Druck zu erzeugen und die stete Wasserversorgung zu gewährleisten.

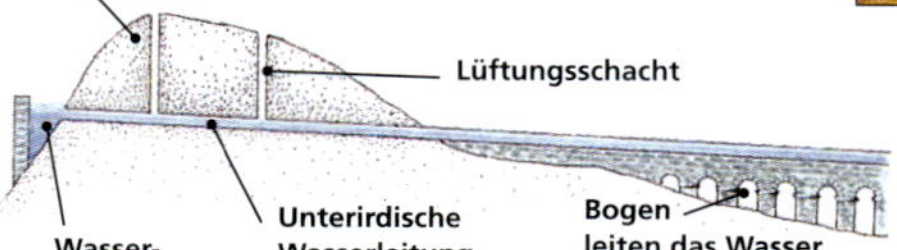

Erhöhter Boden

Lüftungsschacht

Unterirdische Wasserleitung

Bogen leiten das Wasser über flache Strecken

Wasser-speicher

Ciceros Anklage gegen Catilina
62 v. Chr. plante Catilina einen Staatsstreich. Cicero deckte das Komplott auf und bewegte den Senat, die Verschwörer zum Tod zu verurteilen.

ZEITSKALA

Via Appia

499 v. Chr. Schlacht gegen die Stämme der Latiner; als Siegesdenkmal dient der Tempel von Castor und Pollux

380 v. Chr. Wiederaufbau der Servianischen Mauer

396 v. Chr. Eroberung der feindlichen Etruskerstadt Veji

312 v. Chr. Errichtung der Via Appia und des ersten Aquädukts, der Acqua Appia

500 v. Chr.	450 v. Chr.	400 v. Chr.	350 v. Chr.	300 v

Relief mit den Kapitolinischen Gänsen

390 v. Chr. Keltische Gallier besetzten Rom; schnatternde Gänse auf dem Kapitol warnen vor dem Angriff

264–241 v. Chr. Erster Punischer Krieg (gegen Karthago)

Römische Straßen
Im 1. Jahrhundert v. Chr. bestanden die meisten Gebäude Roms aus Backstein, nur wenige öffentliche Bauten waren aus Marmor.

Republikanisches Rom

Diese Freskenmalerei im Museo Nazionale Romano im Palazzo Massimo *(siehe S. 163)* zeigt eine Sklavenkolonne beim Bau einer Mauer.

Aquädukt (2. Jh. v. Chr.)
Rom verdankte sein Gedeihen nicht zuletzt seinen Bauingenieuren. Als die Stadtbrunnen nicht mehr ausreichten, bauten sie Aquädukte. Manche erreichten eine Länge von über 80 Kilometern.

Bogenbauten sorgten für ein gleichbleibendes Gefälle

Der Tempel des Saturn entstand 497 v. Chr. und besteht heute nur noch aus acht Säulen, die am Ende der Via Sacra das Forum Romanum überblicken.

Tempel der Juno
Die Kirche San Nicola in Carcere (siehe S.151) *birgt die Tempelruinen aus dem Jahr 197 v. Chr. Vor wichtigen Unternehmungen wurden die Götter befragt.*

Roms schönste republikanische Bauten sind die Tempel auf dem Forum Boarium *(siehe S. 203)*, vier weitere befinden sich in der Area Sacra des Largo Argentina *(siehe S. 150)*. Die meisten Bauten liegen unter der Erde. Nur wenige, etwa das Grab der Scipio-Familie *(siehe S. 195)*, wurden freigelegt. Eine der Brücken zur Tiberinsel *(siehe S. 153)*, der Ponte Fabricio aus dem 1. Jahrhundert v. Chr., wird heute noch genutzt.

Scipio Africanus
202 v. Chr. besiegte der römische Feldherr Scipio Hannibal. Rom beherrschte nun anstelle Karthagos den Mittelmeerraum.

220 v. Chr. Der Bau der Via Flaminia verbindet Rom mit der Adriaküste

168 v. Chr. Roms Sieg im makedonischen Krieg bedeutet die endgültige Vorherrschaft über Griechenland

133–120 v. Chr. Gracchus-Brüder wegen ihres Einsatzes für Agrarreformen ermordet

Ponte Fabricio, 62 v. Chr.

51 v. Chr. Cäsar unterwirft Gallien

250 v. Chr.	200 v. Chr.	150 v. Chr.	100 v. Chr.

218–202 v. Chr. Zweiter Punischer Krieg; Scipio Africanus schlägt die Karthager

Hannibal

149–146 v. Chr. Dritter Punischer Krieg, Karthago wird zerstört

71 v. Chr. Crassus und Pompeius schlagen den Sklavenaufstand des Spartakus nieder

60 v. Chr. Drei Herrscher regieren Rom: Pompeius, Crassus und Cäsar

Kaiserliches Rom

Im Jahr 44 v. Chr. wurde Cäsar Diktator auf Lebenszeit – und nur einen Monat später ermordet. Nach 17-jährigem Bürgerkrieg steig Augustus 27 v. Chr. zum ersten Kaiser Roms auf. Das Kaiserreich expandierte und hatte im späten 3. Jahrhundert eine solche Ausdehnung erreicht, dass Diokletian es unter vier Regenten aufteilte. Handel und Steuern aus den Herrschaftsgebieten ermöglichten Roms Aufstieg zur prachtvollsten Stadt der Welt. Mit verschwenderischen Bauwerken taten Kaiser ihre Freigebigkeit kund und feierten militärische Siege.

Bacchus-Statue

Ausdehnung der Stadt

▨ 250 n. Chr.   ▨ Heute

Kreuzkuppeldecke mit Mosaikdekor

Natatio (Schwimmbecken)

Apotheose des Augustus
Augustus, Roms erster und wohl bedeutendster Kaiser, regierte 41 Jahre lang und wurde nach seinem Tod vom Senat zum Gott erhoben.

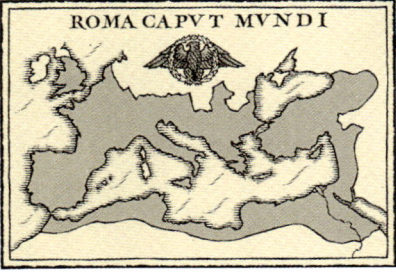

Die Bäder nahmen bis zu 3000 Menschen auf. Im *frigidarium* traf man sich zum Schwatz.

Gelände für Körperübungen

Das römische Kaiserreich unter Trajan
Im 2. Jahrhundert n. Chr. erstreckte sich das römische Imperium von Britannien bis Syrien. Rom war bekannt als caput mundi, Hauptstadt der Welt.

ZEITSKALA

Kaiser Nero

49 v. Chr. Cäsar überschreitet den Rubikon und rückt in Rom ein

27 v. Chr. Augustus wird erster Kaiser

64 Unter Nero zerstört ein Brand weite Teile Roms

65 Erste Christenverfolgung unter Nero

72 Baubeginn des Kolosseums

50 v. Chr.	0	50 n. Chr.	100

44 v. Chr. Cäsar wird Diktator auf Lebenszeit und alsbald von Brutus und Cassius ermordet

13 v. Chr. Die Ara Pacis wird errichtet als Denkmal des Friedens, den Augustus dem Reich beschert hat

42 n. Chr. Der Apostel Petrus gelangt nach Rom

67 Kreuzigung des hl. Petrus und Hinrichtung des hl. Paulus in Rom

Statue des hl. Petrus in San Paolo fuori le Mura

Römische Gelage

Bankette dauerten bis zu zehn Stunden. Um Platz im Magen zu schaffen, zogen sich die Geladenen zwischen den vielen Gängen zurück, um sich zu übergeben.

Kaiserliches Rom

Relikte des kaiserlichen Rom verstecken sich bisweilen in Kirchen und Palästen. Andere wie Forum Romanum *(siehe S. 76–87)*, Palatin *(siehe S. 96–101)* und Trajansmärkte *(siehe S. 88f)* wurden freigelegt. Die wohl beeindruckendsten architektonischen Monumente dieser Epoche sind Pantheon *(siehe S. 110f)* und Kolosseum *(siehe S. 92–95)*.

Diokletian-Thermen (298 n. Chr.)

Roms öffentliche Bäder dienten nicht allein der Hygiene; angeschlossen waren auch Sporteinrichtungen, Tavernen, Bibliotheken und Bordelle.

Der Titusbogen *(siehe S. 87)* wurde unter Kaiser Domitian (81–96 n. Chr.) auf dem Forum Romanum errichtet und erinnert an die Eroberung Jerusalems.

Ein Relief des Mithras (3. Jh. n. Chr.), eines persischen, auch in Rom verehrten Gottes, ist im Untergeschoss von San Clemente *(siehe S. 186f)* zu sehen.

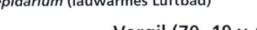

Tepidarium (lauwarmes Luftbad)

Vergil (70–19 v. Chr.)

Vergil war Roms größter Dichter. In seinem berühmtesten Werk, der Aeneis, schildert er die Irrfahrt des trojanischen Helden Äneas, die im späteren Rom endete.

164–180 Die Pest wütet im Römischen Reich	**212** Alle freien Reichsbewohner erhalten das römische Bürgerrecht		**270** Bau der Aurelianischen Mauer beginnt *Aurelianische Mauer*
150	**200**	**250**	
125 Hadrian baut das Pantheon um	**216** Fertigstellung der Caracalla-Thermen	**247** Rom begeht seine Tausendjahrfeier	
	Mosaik aus den Caracalla-Thermen	**284** Teilung des Imperiums in West- und Oströmisches Reich	

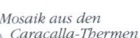

Frühchristliches Rom

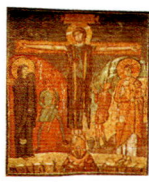

Kreuzigungsszene, Santa Maria Antiqua

Zur Regierungszeit von Kaiser Tiberius (1. Jh. n. Chr.) wurde in einem entfernten Winkel des Reichs ein rebellischer Pazifist gekreuzigt. Dies war nicht ungewöhnlich, doch die Anhänger von Jesus Christus und seinen Lehren hatten in Rom derart starken Zulauf, dass man sie als Bedrohung der öffentlichen Ordnung empfand und viele hinrichten ließ. Dennoch durchdrang die neue Religion alle Gesellschaftsschichten. Die Apostel Petrus und Paulus fanden bei ihrer Ankunft in Rom eine kleine Christengemeinde vor. Trotz fortgesetzter Verfolgung blühte das Christentum. 313 n. Chr. räumte Kaiser Konstantin I., der Große, durch sein Toleranzedikt den Christen Religionsfreiheit ein und ließ kurz darauf einen Altar an Petrus' Grab errichten. Damit war Roms Stellung als Zentrum des Christentums gesichert, bis die Stadt im 5. Jahrhundert an Bedeutung verlor und an die Goten fiel.

Ausdehnung der Stadt

395 n. Chr.	Heute

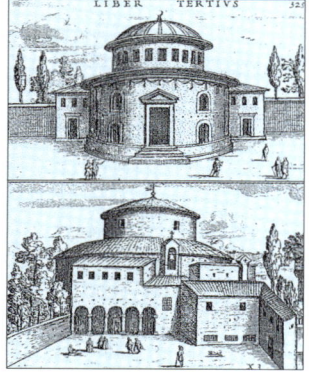

Santo Stefano Rotondo
Dieser Stich (17. Jh.) zeigt, wie man vermutlich im 5. Jahrhundert einen römischen Tempel (oben) in die Rundkirche Santo Stefano (ganz oben) umwandelte.

Darstellung Christi als bartloser Jüngling

Hl. Paulus

Klassische Umrandung mit Fruchtdekor

Mosaik (4. Jh.), Santa Costanza

Zarte Mosaiken, auf denen oft Palmen und andere orientalische Motive Jerusalem versinnbildlichten, verkündeten die Botschaft des frühen Christentums.

Der gute Hirte
Das heidnische Motiv eines Schäfers, der ein Lamm opfert, entwickelte sich zum christlichen Symbol.

ZEITSKALA

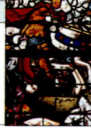

um 320 Bau der ersten Peterskirche

356 Legendäre Gründung von Santa Maria Maggiore

Goldener Solidus mit dem Kopf des Theodosius

410 Plünderung Roms durch die Westgoten unter Alarich

455 Erneute Plünderung Roms durch Vandalen

300	350	400	450

312 Die Schlacht an der Milvischen Brücke sichert Konstantin die Alleinherrschaft

Schlacht an der Milvischen Brücke

380 Kaiser Theodosius erhebt den christlichen Glauben zur Staatsreligion des Römischen Reichs

395 Zweiteilung des Reichs mit den Hauptstädten Ravenna und Konstantinopel

422 Beschluss zum Bau von Santa Sabina

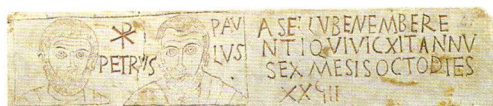

Epigraf für Petrus und Paulus

Dies ist eine von Hunderten früh- christlicher In- schriften in der Galleria Lapida- ria des Vatikans (siehe S. 240).

Frühchristliches Rom

Viele alte Kirchen erheben sich über frühchristlichen Versammlungs- und Märty- rerplätzen, darunter auch San Clemente *(siehe S. 186f)*, San- ta Pudenziana *(siehe S. 171)* und Santa Cecilia *(siehe S. 211)*. Außerhalb der alten Stadtmauern von Rom ziehen sich häufig mit Fresken ge- schmückte Katakomben *(siehe S. 265f)* kilometerlang durch den Untergrund. Die herausragendste Sammlung früh- christlicher Kunst findet sich im Museo Pio Cristiano *(siehe S. 240).*

Kreuzigung, Santa Sabina

Diese Bildtafel aus dem 5. Jahrhundert am Portal von Santa Sabina (siehe S. 204) zählt zu den frühesten Kreuzi- gungsdarstellungen. Es fällt auf, dass Christi Kreuz nicht abgebildet ist.

Diese Statuette ist aus Knochen geschnitzt und in den Fels der Kata- komben von San Panfilo bei der Via Salaria (**Stadt- plan** 2 F4) gebettet.

Der hl. Petrus empfängt den Segen des Heilands

Lämmer symbolisieren die christliche Gemeinde

Konstantins Kreuz

Konstantins Vision des wahren Kreuzes in der Schlacht an der Milvischen Brücke bekehrte ihn zum Christentum.

Das Kreuz des Justinus in der Schatzkammer des Petersdoms *(siehe S. 232)* schenkte Kaiser Justinus der Stadt 578 n. Chr.

475 Zusammenbruch des Weströmischen Reiches; Byzanz wird Reichshauptstadt

Darstellung des hl. Paulus aus byzantinischer Zeit

609 Weihe des Pantheon zur christlichen Kirche

500 **550** **600**

496 Anastasius II. nimmt als erster Papst den Titel *Pontifex Maximus* an

Anastasius II.

590–604 Papst Gregor I. stärkt die Macht des Papsttums

630 Sant'Agnese fuori le Mura wird im römisch-byzan- tinischen Stil erbaut

Papsttum

Der Papst gilt als Stellvertreter Christi auf Erden und begründet seine Amtsgewalt als Nachfolger des hl. Petrus, des ersten Bischofs von Rom. Obwohl manche Päpste sich als große Denker und Reformer hervortaten, beschränkten sie ihre Rolle selten auf rein geistliche Anliegen. Im Mittelalter verstrickten sich viele in Machtkämpfe gegen den Kaiser. Renaissance-Päpste wie Julius II. und Leo X., die Förderer Raffaels und Michelangelos, schwelgten in weltlichem Luxus. Die Zeitskala nennt Päpste, die bis zum Ende der Gegenreformation, als die Macht der Päpste schwand, erheblichen politischen oder religiösen Einfluss hatten.

Der hl. Ludwig kniet vor Bonifatius VIII. *(Fresko von Simone Martini)*

314–335 Hl. Silvester I.

590–604 Hl. Gregor I. (Gregor d. Gr.)

Gregor der Große führt einen Bittgang zur Beendigung der Pest an

955–964 Johannes XII.

1227–1241 Gregor IX.

222–30 Hl. Urban I.

496–498 Anastasius II.

931–935 Johannes XI.

1216–1227 Honorius III. Savelli

217–222 Hl. Kallistus I.

891–896 Formosus

0	200	400	600	800	1000	1200

PAPSTTUM IN ROM

0	200	400	600	800	1000	1200

336 Markus

579–590 Pelagius II.

1032–44, 1047–48 Benedikt IX.

352–366 Liberius

608–615 Hl. Bonifatius IV.

1073–85 Hl. Gregor VII.

um 88–97 Hl. Clemens I.

731–741 Hl. Gregor III.

1099–1118 Paschalis II.

um 42–67 Hl. Petrus

772–795 Adrian I.

1130–43 Innozenz II.

1154–59 Hadrian IV.

847–855 Hl. Leo IV.

817–824 Hl. Paschalis I.

1198–1216 Innozenz III.

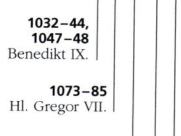

Der hl. Petrus, *Ausschnitt eines Mosaiks in Santa Prassede* (siehe S.171)

795–816 Hl. Leo III.

Innozenz III. träumt von der Lateransbasilika *(Fresko von Giotto)*

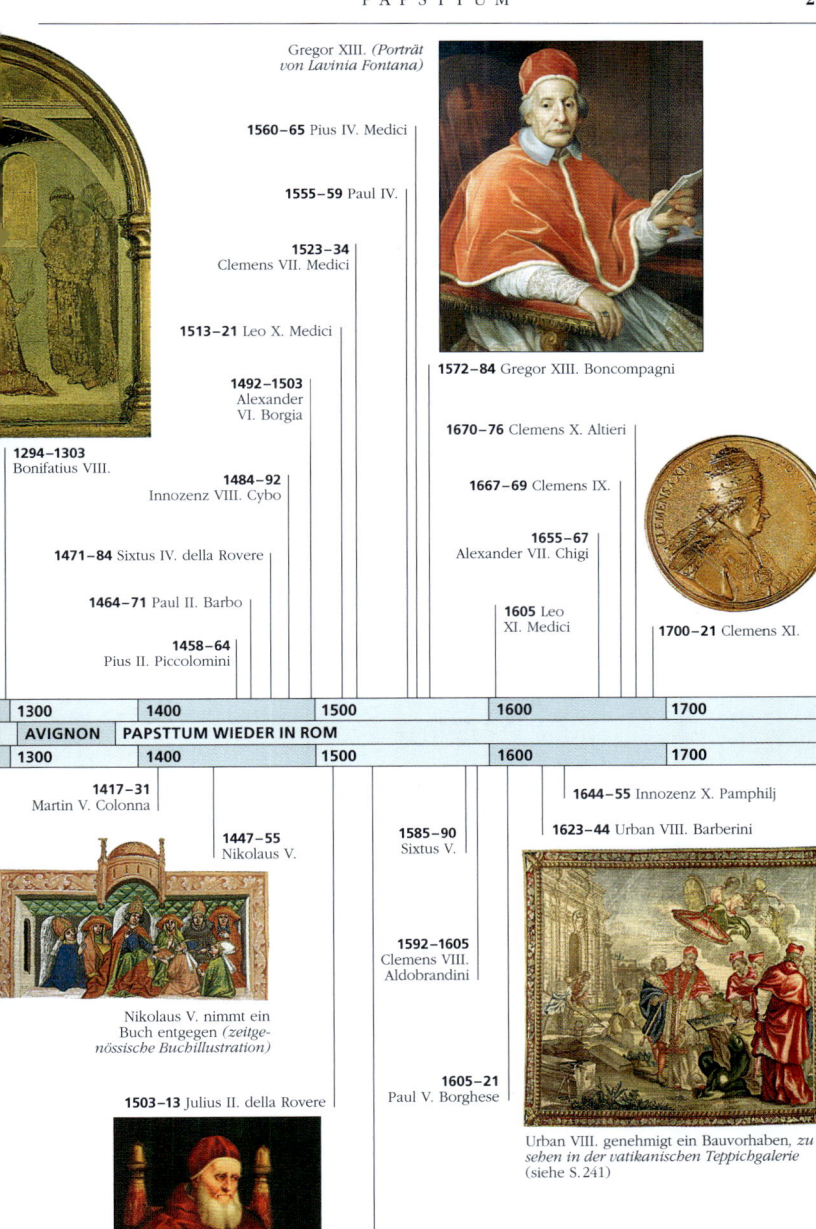

Gregor XIII. *(Porträt von Lavinia Fontana)*

1560–65 Pius IV. Medici

1555–59 Paul IV.

1523–34 Clemens VII. Medici

1513–21 Leo X. Medici

1492–1503 Alexander VI. Borgia

1572–84 Gregor XIII. Boncompagni

1294–1303 Bonifatius VIII.

1484–92 Innozenz VIII. Cybo

1670–76 Clemens X. Altieri

1667–69 Clemens IX.

1471–84 Sixtus IV. della Rovere

1655–67 Alexander VII. Chigi

1464–71 Paul II. Barbo

1605 Leo XI. Medici

1458–64 Pius II. Piccolomini

1700–21 Clemens XI.

1300	1400	1500	1600	1700
AVIGNON	**PAPSTTUM WIEDER IN ROM**			
1300	1400	1500	1600	1700

1417–31 Martin V. Colonna

1644–55 Innozenz X. Pamphilj

1447–55 Nikolaus V.

1585–90 Sixtus V.

1623–44 Urban VIII. Barberini

Nikolaus V. nimmt ein Buch entgegen *(zeitgenössische Buchillustration)*

1592–1605 Clemens VIII. Aldobrandini

1503–13 Julius II. della Rovere

1605–21 Paul V. Borghese

Urban VIII. genehmigt ein Bauvorhaben, *zu sehen in der vatikanischen Teppichgalerie* (siehe S. 241)

1534–49 Paul III. Farnese

Julius II. *(Porträt von Raffael)*

Paul III. toleriert den Kapuzinerorden *(Gemälde von Sebastiano Ricci)*

Mittelalterliches Rom

**Mosaik,
San Clemente**

Rom wurde im 4. Jahrhundert von Konstantinopel als Hauptstadt abgelöst, im frühen Mittelalter schrumpfte seine Bevölkerung auf einige Tausend Einwohner. Roms Macht war Vergangenheit. Im 8. und 9. Jahrhundert erweckte die steigende Bedeutung des Papsttums die Stadt zu neuem Leben. Doch die Konflikte zwischen dem Papst und dem Kaiser des Heiligen Römischen Reichs schwächten das Papsttum. Das 10., 11. und 12. Jahrhundert brachten die finstersten Kapitel der Geschichte Roms: Kriege mit Eindringlingen ließen Rom in Armut versinken, die Fehden einheimischer Adelsgeschlechter vernichteten die Stadt. 1300 wurde das erste Heilige Jahr ausgerufen, Tausende Pilger kamen nach Rom. Als ab 1309 die Päpste im Exil in Avignon weilen mussten, versank Rom noch tiefer in Elend und Hader.

Ausdehnung der Stadt

🟥 1300   🟨 Heute

Krönung Karls des Großen im Petersdom
Im Jahr 800 wurde Karl der Große zum Kaiser des Heiligen Römischen Reichs gekrönt, das sich als christlicher Nachfolger des Römischen Reichs sah.

San Giovanni in Laterano

Aurelianische Mauer

Trajanssäule

Mark-Aurel-Säule

Mosaik der Madonna mit dem Kind
Die San-Zeno-Kapelle (817–24) von Santa Prassede (siehe S. 171) schmücken einige der schönsten byzantinischen Mosaiken Roms.

Mittelalterliche Karte Roms
Solche Karten mit den zentralen Sehenswürdigkeiten der Stadt stellte man für die Touristen des Mittelalters, die Pilger, her.

ZEITSKALA

*Kaiser
Otto I.*

725 König Ina von Sassia richtet die erste Pilgerherberge im Borgo ein

852 Nach der Plünderung durch Sarazenen wird der Vatikan mit Mauern befestigt

961 König Otto der Große wird erster deutscher Kaiser des Heiligen Römischen Reichs

700	800	900	1000

778 Karl der Große, König der Franken, erobert Italien

800 Kaiserkrönung Karls des Großen im Petersdom

880–932 Zwei Frauen, Theodora und nach ihr ihre Tochter Marozia, herrschen über Rom

Stefaneschi-Triptychon *(1315)*
Der Flügelaltar, den Giotto und seine Schüler im Auftrag Kardinal Stefaneschis für den Peters- dom bemalten, befindet sich in den Vatikani- schen Museen (siehe S. 240).

Mittelalterliches Rom

Zu den interessantesten mit- telalterlichen Kirchen zählen u. a. San Clemente mit feinem Apsismosaik und Cosmaten- Boden *(siehe S. 186f)*, Santa Maria in Trastevere *(siehe S. 212f)* und Santa Maria sopra Minerva *(siehe S. 108)*, Roms einzige gotische Kirche. In Santa Cecilia in Trastevere *(siehe S. 211)* beeindruckt vor allem ein Fresko Cavallinis, in Santa Maria in Cosmedin *(siehe S. 202)* die Cosmaten- Arbeit.

Diese Dalmatika soll Karl der Große als Krönungsgewand ge- tragen haben. Das bestickte, in der Schatzkammer des Peters- doms *(siehe S. 232)* aufbewahrte Gewand stammt jedoch eher aus dem 14. Jahrhundert.

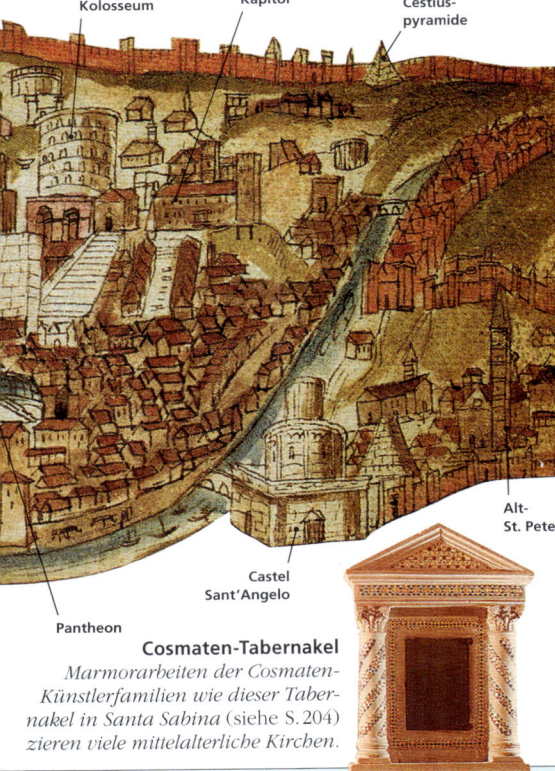

Kolosseum   Kapitol   Cestius- pyramide

Alt- St. Peter

Castel Sant'Angelo

Pantheon

Cosmaten-Tabernakel
Marmorarbeiten der Cosmaten- Künstlerfamilien wie dieser Taber- nakel in Santa Sabina (siehe S. 204) zieren viele mittelalterliche Kirchen.

Santa Sabina *(S. 204)* hat einen Glockenturm aus dem 12. Jahr- hundert und mittelalterliche Mosaiken.

1084 Normannen greifen Rom an	**1108** Wiederaufbau von San Clemente	**1200** Rom ist unabhängige Kommune unter Arnaldo di Brescia	**1309** Papst Clemens V. verlegt die Papstresidenz nach Avignon **1300** Papst Bonifatius VIII. ruft das erste Heilige Jahr aus	**1348** Pest in Rom	
1100		**1200**		**1300**	
Mosaik an der Fassade von Santa Maria in Trastevere (S. 212f)	**1232** Vollendung des Kreuzgangs von San Giovanni in Laterano **1140** Restaurierung von Santa Maria in Trastevere		*Cola di Rienzo* 	**1347** Der Patriot Cola di Rienzo ver- kündet die Wieder- errichtung der rö- mischen Republik	

Rom in der Renaissance

Aus Botticellis
Jugend des Mose
(um 1480)

Papst Nikolaus V. trat 1447 sein Amt an, fest entschlossen, Rom zum glanzvollen Papstsitz zu machen. Nachfolger wie Julius II. und Leo X. eiferten ihm nach. Die Stadt erhielt ein neues Antlitz. Nach den klassischen Idealen der Renaissance errichteten Künstler, Architekten und Handwerker – unter ihnen Michelangelo, Bramante, Raffael und Cellini – die Kirchen und Paläste eines zu neuem Selbstbewusstsein erwachten Rom.

Ausdehnung der Stadt

| 1500 | Heute |

Halbkuppel

Balustrade aus kleinen Säulen

Klassische Kolonnade aus 16 dorischen Säulen

Raffaels Schule von Athen
In den alten griechischen Philosophen dieses Freskos (siehe S. 243) sind viele Zeitgenossen Raffaels wiederzuerkennen. Das gezeigte Gebäude beruht auf einem Entwurf Bramantes.

Tempietto
Der Tempietto (1502) in San Pietro in Montorio *(siehe S. 219)*, eine der ersten Arbeiten Bramantes in Rom, besticht durch Schlichtheit und vollendete Proportionen. Der Miniaturtempel gilt als Musterbeispiel der Hochrenaissance.

Mosaikboden im Cosmaten-Stil

Palazzo Caprini
Bramantes Modell hat spätere Renaissance-Palazzi beeinflusst. Gebäudeteile haben im Palazzo dei Convertendi (siehe S. 227) überlebt.

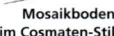

ZEITSKALA

1377 Das Papsttum kehrt unter Papst Gregor XI. von Avignon nach Rom zurück

1409–15 Die Päpste residieren in Pisa

1452 An der alten Peterskirche beginnen die Abbrucharbeiten

1444 Geburtsjahr Bramantes

| 1350 | | 1400 | | 1450 |

1378–1417 Abendländisches Schisma – Spaltung des Papsttums mit Sitz der Päpste in Avignon

1417 Papst Martin beendet das Abendländische Schisma

Papst Martin V. (1417–1431)

Sacco di Roma (Plünderung)
1527 raubten die Truppen Karls V. die Stadt aus und zerstörten zahllose Kunstschätze. Papst Clemens VII. suchte im Castel Sant'Angelo Zuflucht.

Papst Nikolaus V.
Nikolaus V. befahl den Abriss der alten Peterskirche.

Statue des Apostels Petrus, der hier gekreuzigt worden sein soll

Unterirdische Kapelle

Rom der Renaissance

Um den Campo de' Fiori *(siehe S. 142–153)* stehen zahlreiche Renaissance-Palazzi, vor allem entlang der Via Giulia *(S. 276f)*. Die Villa Farnesina *(siehe S. 220f)* entzückt am anderen Flussufer. Ein typischer Kirchenbau jener Zeit ist Santa Maria del Popolo *(siehe S. 138f)*. Die Vatikanischen Museen *(siehe S. 234–247)* beherbergen Schätze der Renaissance, u. a. die Fresken der Sixtinischen Kapelle und die Stanzen des Raffael.

Raffaels Madonna von Foligno (1511/12) zählt zu den bezaubernsten Gemälden der Pinacoteca Vaticana *(siehe S. 241)*.

Die Pietà, eine der ersten Auftragsarbeiten Michelangelos in Rom, schuf der Künstler für den Petersdom *(siehe S. 233)*.

1483 Geburtsjahr Raffaels

1486 Errichtung des Palazzo della Cancelleria

1519 Vollendung der Fresken in der Villa Farnesina

1527 Truppen Kaiser Karls V. plündern Rom

Kaiser Karl V.

1500

1550

1475 Geburtsjahr Michelangelos

1506 Baubeginn des neuen Petersdoms unter Papst Julius II.

1508 Michelangelo bemalt die Decke der Sixtinischen Kapelle

Cumäische Sibylle, Sixtinische Kapelle

1547 Papst Paul III. bestimmt Michelangelo zum Architekten des Petersdoms

Rom in der Barockzeit

Barock-putte

Die katholische Kirche war im 16. Jahrhundert unermesslich reich – ein Umstand, der den protestantischen Reformern ins Auge stach. Der Pomp des päpstlichen Hofs stand in krassem Gegensatz zur Armut der Bevölkerung, ebenso die verschwenderische Genusssucht, in der die reiche römische Gesellschaft schwelgte. Um die Anziehungskraft des Katholizismus gegenüber dem Protestantismus zu erhöhen, errichtete man Kirchen, Brunnen und andere Baudenkmäler, die vom Ruhm des Heiligen Stuhls kündeten. Meisterhafte Architekten des ausdrucksstarken Barock waren Bernini und Borromini.

Ausdehnung der Stadt

🟧 1645   🟨 Heute

Himmlische Szenen schmücken die Decke

Denkmal für Papst Alexander VII.
Das Grabmal von Bernini im Petersdom (siehe S. 230 – 233) ziert ein Skelett mit Stundenglas.

Gian Lorenzo Bernini *(1598–1680) Päpstliche Gunst genoss Bernini, dessen Kirchen, Paläste, Statuen und Brunnen Roms Gesicht prägen.*

Fresko mit der Heiligen Familie

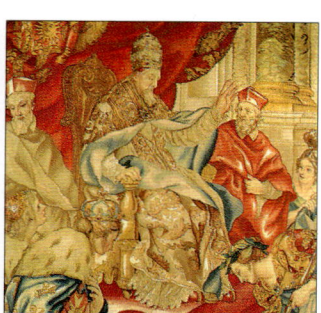

Wandteppich mit Papst Urban VIII.
Hier nimmt Papst Urban VIII. Barberini (1623 – 44), Berninis eifrigster Gönner, die Huldigung der Völker entgegen.

Eine Marmorrose markiert den Punkt, von dem aus sich die von Pozzo geschaffene räumliche Illusion besonders wirkungsvoll entfaltet.

(siehe S. 230 – 233)

ZEITSKALA

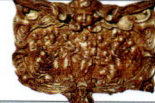

1568 Jesuiten erbauen Il Gesù, einen mustergültigen Kirchenbau des frühen Barock

Altarschnitzerei, Il Gesù

1595 Annibale Carracci beginnt mit den Fresken im Palazzo Farnese

1624 Bernini vollendet die Skulptur *Apollo und Daphne*

1626 Bauabschluss des Petersdoms

1550	1575	1600	1625

1571 Geburtsjahr Caravaggios

1585 Papst Sixtus V. plant neue Straßen

1600 Der Philosoph Giordano Bruno wird wegen Ketzerei verbrannt

Galileo Galilei

1633 Galileo wegen Ketzerei vor der Inquisition

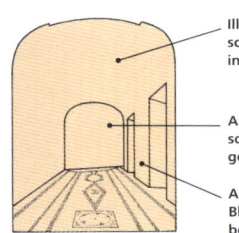

Illusionisti-
sche Balken
in der Decke

Auf glatte, abge-
schrägte Wand
gemalte Kapelle

Aus bestimmten
Blickwinkeln zu
betrachtende
Figurenmalerei

Königin Christine von Schweden
*Christine konvertierte zum Katholizis-
mus und dankte ab. 1655 zog sie nach
Rom, wo sie im Mittelpunkt eines akti-
ven Kreises von Literaten und Wissen-
schaftlern stand.*

Der hl. Ignatius,
Begründer des
Jesuitenordens

Francesco Borromini
*(1599–1667)
Die geometrischen For-
men, die Borromini in
vielen Kirchen verwen-
dete, wirkten seinerzeit
revolutionär.*

Pozzo-Korridor
Im Barock wurde die
Perspektive eingesetzt,
um die Illusion von
Räumlichkeit zu schaffen.
Um 1680 malte Andrea
Pozzo im illusionisti-
schen Stil diesen Gang, der Teil
von Sant'Ignazio *(siehe
S. 114f)* nahe Il Gesù ist.

**San Carlo
alle Quattro Fontane**
*Borrominis bedeu-
tendstes Kunstwerk war
diese ovale Kirche
(siehe S. 161) auf dem
Hügel Quirnal.*

1651 Bernini
gestaltet
weite Teile
der Piazza
Navona um

*Berninis Fontana
dei Fiumi auf der
Piazza Navona*

1694 Vollendung des
Palazzo di Montecitorio

1735 Anlage der Spanischen Treppe

1732 Baubeginn der
Fontana di Trevi

1650	1675	1700	1725

1657 Borromini stellt
Sant'Agnese in Agone fertig

1656 Bernini beginnt mit den
Kolonnaden des Petersplatzes

*Karl Eduard
(«Bonnie Prince
Charlie»), Anwärter
auf den Thron
von England*

1720 Prinz Karl
Eduard erblickt
in Rom das
Licht der Welt

1734 Clemens XII.
verwandelt den Palazzo
Nuovo in das erste
öffentliche Museum

Roms Architektur

In der Architektur des kaiserlichen Rom lebten die klassischen Ideale des antiken Griechenland fort. Dennoch bildeten sich einzigartige römische Formen, vor allem bei Bogen, Gewölbe und Kuppel, aus. Das 12. Jahrhundert brachte viele romanische Kirchen hervor. Die Renaissance, die in Florenz ihren Anfang nahm, besann sich wieder auf die Antike, bis der sinnenfrohe Barock im 17. Jahrhundert erneut zu einer eigenen Stilausprägung führte.

Titusbogen

Architrav und Bogen sitzen im Wechsel auf schlanken Säulen (Hadriansvilla).

Klassisches Rom

Man baute meist aus mit Backstein verkleidetem Steinmörtel. Ab dem 1. Jahrhundert v.Chr. imitierten die Römer griechische Vorbilder, indem sie für Tempel Marmor verwendeten.

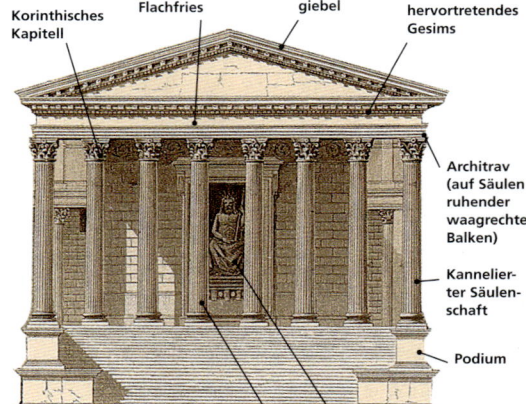

Korinthisches Kapitell

Flachfries

Dreiecksgiebel

An der Fassade hervortretendes Gesims

Architrav (auf Säulen ruhender waagrechter Balken)

Kannelierter Säulenschaft

Podium

Cella (innerer Hauptraum mit Kultbild)

Den Portikus tragen korinthische Säulen

Karyatiden heißen Skulpturensäulen, die meist Frauengestalten zeigen. Wie hier im Forum des Augustus wurden sie oft bis ins Detail griechischen Vorbildern nachempfunden.

Römische Tempel ruhten meist auf einem Podium, das sie erhaben machte. Oft war ein Portikus vorgebaut, eine von Säulen gestützte Vorhalle mit Dach.

Die Säulen der klassischen Architektur prägten die Baustile mit je eigenem Säulentypus. Die Römer übernahmen die drei grundlegenden Säulenordnungen von den Griechen.

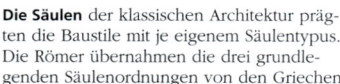

Ädikula, von zwei Säulen gerahmte kleine Heiligtümer, bergen oft die Statue eines Gottes.

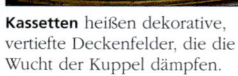

Kassetten heißen dekorative, vertiefte Deckenfelder, die die Wucht der Kuppel dämpfen.

Dorisch   **Ionisch**   **Korinthisch**

Frühchristliches und mittelalterliches Rom

Roms früheste Kirchen waren als Basiliken errichtet: länglich, mit drei Schiffen, die gewöhnlich mit einer Apsis endeten. Zwischen dem 10. und 13. Jahrhundert entstanden zumeist romanische Kirchenbauten, die sich durch Rundbogen auszeichneten.

Roms Basiliken haben meist die rechteckige Form bewahrt. Das Schiff von San Giovanni in Laterano geht auf den Grundriss aus dem 4. Jahrhundert zurück.

Der Triumphbogen trennt ein Kirchenschiff von der Apsis. Hier, in San Paolo fuori le Mura, trägt er Mosaikdekor.

Rom in Renaissance und Barock

Die Renaissance (15./ 16. Jh.) griff auf klassische Vorbilder zurück und achtete wie diese auf strenge geometrische Proportionen. Der Barock (spätes 16./ 17. Jh.) setzte sich über althergebrachte Regeln hinweg und zog üppiges Schmuckwerk den klaren klassischen Formen vor.

Ein Tabernakel dient zur Aufbewahrung der Hostien. Hier ein gotischer Wandtabernakel (13. Jh.) in San Clemente.

Ein Baldachin ist eine von Säulen getragene Überdachung des Hauptaltars. Dieser barocke Baldachin ziert den Petersdom.

Putten waren beliebte Zierfiguren des Barock. Die Knabengestalten wurden häufig als Cupido oder Cherub dargestellt.

Die Loggia ist eine seitlich offene Galerie oder Arkade – als Bauwerk oder, wie hier in San Saba, als Teil eines Gebäudes.

Bossenwerk, das die Wände vieler Renaissance-Palazzi ziert, besteht aus massiven, durch Fugen getrennten Quaderblöcken.

Cosmaten-Mosaiken und -Intarsien

Nach den im 12. und 13. Jahrhundert in Rom tätigen Künstlerfamilien, die man Cosmaten nannte, ist ein römischer Dekorationsstil benannt. Die Cosmaten-Marmorarbeiten schmückten in Kirchen u.a. Kanzeln, Bischofsstühle, Taufsteine, Säulengänge, Kerzenleuchter und Grabmäler und zeigten häufig ein Dekor aus bunten Mosaikintarsien. Von den Cosmaten stammen auch kostbare Bodenmosaiken, die oft aus weißem Marmor mit Intarsien aus rotem und grünem Porphyr gefertigt sind. Das Material lieferten häufig antike römische Säulen. Der Stil wurde bald von anderen Steinmetzfamilien in Italien übernommen.

Cosmaten-Boden, Santa Maria in Cosmedin

Rom auf dem Weg zur Einigung

Garibaldi in seinem typischen roten Hemd

Unter Napoléon war Italien kurzzeitig vereint. 1815 war das Land jedoch zerfallen, in Rom herrschte wieder der Papst. Patrioten unter Mazzini, Garibaldi u. a. kämpften in den folgenden 50 Jahren um ein selbstständiges, geeintes Italien. 1848 wurde Rom kurzzeitig Republik, doch französische Truppen vertrieben Garibaldis Verbände. Die Franzosen unterstützten weiterhin den Papst. Vittorio Emanuele von Savoyen vereinte das übrige Italien zum Königreich. 1870 stürmten italienische Truppen die Stadt, Rom wurde Hauptstadt Italiens.

Ausdehnung der Stadt

▪ 1870	▫ Heute

Porta Pia

Die dreifarbige Flagge des jungen italienischen Königreichs

Federhut der Bersaglieri, einer als Scharfschützen eingesetzten Elitetruppe aus Savoyen

Italiens Freiheit
Das Poster (1890) zeigt den König, Ministerpräsident Cavour, Garibaldi und Mazzini. Die Frau in Rot versinnbildlicht Italien.

Vittorio Emanuele II
Vittorio Emanuele von Savoyen wurde 1861 der erste König Italiens.

Royalisten stürmen die Porta Pia

Am 20. September 1870 beendeten Königstruppen die päpstliche Herrschaft. Sie durchbrachen die Stadtmauer bei der Porta Pia. Der Papst zog sich zurück, Rom wurde Hauptstadt.

ZEITSKALA

1751 Piranesis *Ansichten von Rom* wecken neues Interesse an Bauwerken der Antike

1762 Vollendung der Fontana di Trevi

Napoléon Bonaparte

1797 Napoléon nimmt Rom ein

1799 Österreicher und Russen vertreiben Napoléon aus Italien

1750

Kupferstich Piranesis mit dem Trajansforum

1775

1792 Canova fertigt das Grabmal für Papst Clemens XIII. im Petersdom

1800/01 Napoléon erobert Italien erneut

1800

1807 Geburtsjahr Garibaldis

Garibaldi und Rom

Der charismatische Freiheitskämpfer Garibaldi hatte 1860 weite Teile Italiens von der Fremdherrschaft befreit. Rom blieb indes ein Problem. Hier verkündet er »O Roma o Morte« (Rom oder der Tod).

Villa Paolina

Giuseppe Verdi

(1813–1901)
Der Opernkomponist Verdi unterstützte die Einigungsbewegung und wurde 1861 Mitglied des ersten italienischen Nationalparlaments.

Durchbruch in der Aurelianischen Mauer

Roms Befreiung

An der Porta Pia erinnert diese Marmortafel an die Befreiung Roms.

Denkmal für Vittorio Emanuele

An der Piazza Venezia erhebt sich ein Denkmal zu Ehren des ersten Königs von Italien (siehe S.74).

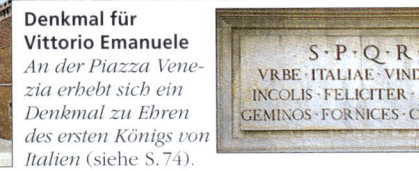

S · P · Q · R ·
VRBE · ITALIAE · VINDICATA
INCOLIS · FELICITER · AVCTIS
GEMINOS · FORNICES · CONDIDIT

1816 Baubeginn an der Piazza del Popolo

Brunnen an der Piazza del Popolo

1848 Nationalistische Erhebung in Rom, Flucht des Papstes und Ausrufung einer Republik

1860 Garibaldi und seine 1000 Gefolgsleute nehmen Sizilien und Neapel ein

1870 Die Eroberung Roms durch royalistische Truppen bedeutet die Einigung

1825

1850

1820 Aufstände erschüttern Italien

1821 Der englische Dichter Keats stirbt nahe der Piazza di Spagna

1849 Im Schutz französischer Truppen kehrt der Papst an die Macht zurück

Papst Pius IX.

1861 Proklamation des Königreichs Italien mit Turin als Hauptstadt

Modernes Rom

Fußball-WM-Fieber

Ausdehnung der Stadt
- 1960er Jahre
- Heute

Der faschistische Diktator Benito Mussolini träumte davon, die Macht des alten Römischen Reichs wiederherzustellen. »Wundervoll«, so seine Worte, »soll Rom der Welt erscheinen.« Am Stadtrand schuf er das weitläufige Gelände der Weltausstellung (EUR), dem 15 Kirchen und viele mittelalterliche Häuser weichen mussten. Zum Glück überlebte ein großer Teil des alten Zentrums, sodass Rom einen der malerischsten historischen Stadtkerne Europas besitzt. Aus Anlass des Heiligen Jahrs und der Jahrtausendwende wurden viele Kirchen und Denkmäler renoviert.

Mussolinis Pläne für Rom
Das Propagandaplakat verklärt Mussolinis Bauvorhaben, etwa die Via dei Fori Imperiali bei den Foren (siehe S. 76) und das EUR-Viertel (S. 266).

Papst Benedikt XVI.
Nach dem Tod von Johannes Paul II. wurde der deutsche Kardinal Joseph Ratzinger 2005 zum Papst gewählt. Er nahm den Namen Benedikt XVI. an.

Jubiläumsfeiern
Heilige Jahre werden in der Regel alle 25 Jahre begangen. Das Heilige Jahr 2000 feierten Millionen Gläubige in Rom.

ZEITSKALA

1929 Die Lateranverträge schaffen den eigenständigen Vatikanstaat

1915 Eintritt Italiens in den Ersten Weltkrieg

1926 Verbot von Oppositionsparteien

1944 Die Alliierten befreien Rom von den Deutschen

1946 Italien wird durch Volksabstimmung Republik; König Umberto geht ins Exil

| 1900 | 1915 | 1930 | 1945 |

1911 Fertigstellung des Denkmals für Vittorio Emanuele II

1922 Marsch der Faschisten auf Rom. Mussolini wird Ministerpräsident

Plakat für EUR

1940 Italien tritt in den Zweiten Weltkrieg ein; Baubeginn der EUR

1957 Die Römischen Verträge legen den Grundstein zur EWG

Konzert der drei Tenöre (1990)
*Während der Fußballweltmeisterschaft
wurden die Arien von Domingo, Car-
reras und Pavarotti aus den Caracalla-Thermen weltweit live übertragen.*

Filmplakat für *La Dolce Vita*
*In den 1950er und 1960er Jahren war Rom
das Hollywood Europas. Ben Hur, Quo
Vadis? und Cleopatra entstanden in den
Studios der Cinecittà, eben-
so Filme wie Fellinis
La Dolce Vita.*

Valentino-Modell
*Auch wenn Mailand
für die Modewelt mehr
Bedeutung hat, ist Rom
Sitz zahlreicher füh-
render Designer.*

Stadtverkehr
*Roms Straßen sind verstopft,
viele Gebäude durch Luft-
verschmutzung beschädigt.
Die Innenstadt ist verkehrs-
beruhigte Zone – allerdings
mit vielen Ausnahmen.*

1960 Rom ist Schauplatz der Olympischen Spiele	**1978** Rote Brigaden erschießen Ministerpräsident Aldo Moro; Karol Wojtyla wird Papst Johannes Paul II.	**1990** Endspiel der Fußballweltmeisterschaft in Rom	**2004** EU-Verfassung in Rom unterzeichnet	**2005** Tod von Johannes Paul II.; neuer Papst wird Benedikt XVI. (Joseph Ratzinger)

1960	1975	1990	2005	2020

1962 Das II. Vatikanische Konzil verabschiedet Kirchenreformen	**1981** Attentat auf Papst Johannes Paul II. auf dem Petersplatz	**1993** Francesco Rutelli wird Roms erster gewählter Bürgermeister	**2000** Millionen Pilger feiern das Heilige Jahr in Rom	**2009** Schwimm-WM in Rom

Rom im Überblick

Von einer Schäfersiedlung auf dem Palatin gedieh Rom zum Weltreich, das sich von Nordengland bis Nordafrika erstreckte. Nach dessen Zusammenbruch wurde die Stadt Mittelpunkt der Christenheit. Künstler und Architekten strömten herbei, um für den Papst zu arbeiten. Das reiche historische Erbe begegnet dem Besucher überall in der Stadt. Auf den folgenden Seiten werden die Highlights Roms vorgestellt: Kirchen, Museen und Sammlungen, Brunnen, Obelisken, auch namhafte römische Künstler und Schriftsteller. Die berühmtesten der vielen weltbekannten Sehenswürdigkeiten sind auf dieser Seite abgebildet.

Roms Hauptsehenswürdigkeiten

Kapitolinische Museen
Seiten 70–73

Kolosseum
Seiten 92–95

Sixtinische Kapelle
Seiten 244–247

Spanische Treppe
Seiten 134f

Stanzen des Raffael
Seiten 242f

Fontana di Trevi
Seite 159

Pantheon
Seiten 110f

Petersdom
Seiten 230–233

Forum Romanum
Seiten 78–87

Piazza Navona
Seite 120

Castel Sant'Angelo
Seiten 248f

◁ Innenansicht des Pantheon *(siehe S. 110f)* von Giovanni Paolo Pannini (1691–1765)

Highlights: Kirchen und Tempel

Als Zentrum des Christentums bietet Rom eine Fülle interessanter Kirchen: von den großartigen Basiliken, die in Mittelalter und Renaissance die Bedeutung der katholischen Kirche untermauerten, bis zu kleineren Gotteshäusern, in denen sich, oft heimlich, die frühen Christen versammelten. Vor allem faszinieren die aus römischen Tempeln in christliche Kirchen umgewandelten Bauten. Durch Erweiterungen entstanden im Lauf der Zeit faszinierende, oft mehrgeschossige Bauwerke. Näheres zur historischen Einordnung der Kirchen Roms finden Sie auf den Seiten 46f.

Pantheon
Der monumentale, 2000 Jahre alte Bau hat als einer der größten Tempel des Alten Rom überlebt.

Petersdom
Mit einer Höhe von 136 Metern ist Michelangelos Kuppel die größte der Welt. Der Künstler starb, ehe sein Werk vollendet war.

Santa Maria in Trastevere
Berühmt ist das Mosaikdekor der über einer frühchristlichen Stätte errichteten Kirche.

Santa Cecilia in Trastevere
Stefano Maderno schuf 1599 diese Statue der hl. Cäcilia. In dieser Position fand man sie bei der Entdeckung ihres Grabs.

Santa Maria in Cosmedin
Die Dekorationen der Kirche (6. Jh.) stammen aus dem 12. Jahrhundert oder früher. Ein restauriertes Apsisfresko zeigt Maria mit dem Kind sowie Heilige.

Piazza di Spagna

Piazza della Rotonda

Vatikan

Piazza Navona

TEVERE (TIBER)

Gianicolo

Campo de' Fiori

Kap.

Trastevere

Sant'Andrea al Quirinale
Berninis Spiel mit Formen machte das ovale Kirchenschiff (1658–70) zu einem kleinen Meisterwerk des römischen Barock.

Santa Maria Maggiore
Das Kircheninnere ist eher nüchtern, doch Santa Maria Maggiore besitzt einen reichhaltigen Schatz an Mosaiken und Reliquien, darunter Gewänder mit dem Wappen der Familie Borghese.

Santa Prassede
Herrliche byzantinische Mosaiken bekleiden Wände und Gewölbe der Kirche (9. Jh.). Dieses von Engeln umringte Christusmosaik schmückt die Kapelle des hl. Zeno.

Santa Croce in Gerusalemme
Heilige zieren die Fassade von Santa Croce. Im Inneren befinden sich Reliquien des Heiligen Kreuzes, die die hl. Helena aus Jerusalem hierherbrachte.

Via Veneto

Quirinal

Forum

Palatin

Esquilin

Lateran

ventin

Caracalla

0 Meter   500

San Clemente
Die Kirche (12. Jh.) erhebt sich über mehreren archäologischen Schichten. Dieser Sarkophag stammt aus dem 4. Jahrhundert.

San Giovanni in Laterano
Den ursprünglichen Bau ließ Konstantin der Große, der erste christliche Kaiser, errichten. Der hl. Venantius ist auf den Mosaiken der nach ihm benannten Kapelle abgebildet.

Überblick: Kirchen und Tempel

Rom hat mehr Kirchen als das Jahr Tage, es gilt also, eine Auswahl zu treffen. Katholische Pilger zog es stets zu den sieben großen Basiliken: **Sankt Peter**, dem Nabel der römisch-katholischen Kirche, **San Giovanni in Laterano**, **San Paolo fuori le Mura**, **Santa Maria Maggiore**, **Santa Croce in Gerusalemme**, **San Lorenzo fuori le Mura** und **San Sebastiano**. Sie alle sind reich an Reliquien, Grabmälern und einzigartigen Kunstwerken verschiedenster Epochen. Allerdings bezaubern die kleineren Kirchen nicht weniger, insbesondere wenn sie ihren ursprünglichen Charakter bewahrt haben.

Fresko von Pietro Cavallini in Santa Cecilia (13. Jh.)

Antike Tempel

Ein monumentaler Tempel aus dem 2. Jahrhundert blieb so gut wie unverändert erhalten: Der Rundbau des der »Gesamtheit der Götter« gewidmeten **Pantheon** ist mit einer Kuppel von 43,3 Meter Durchmesser versehen. Er wurde im 7. Jahrhundert zur christlichen Kirche geweiht und entging so dem Abriss.

Andere römische Tempel wurden zu verschiedenen Zeiten in christliche Kirchen integriert. Zwei von ihnen sind auf dem Forum angesiedelt: **Santi Cosma e Damiano** wurde 526 im Tempel des Romulus errichtet, San Lorenzo in Miranda hingegen im 11. Jahrhundert auf den Ruinen des **Tempels des Antoninus und der Faustina**. Die barocke Fassade hinter der Tempelvorhalle mit ihren Säulen stammt von 1602. Auch bei **Santa Costanza** sind noch die altrömischen Ursprünge erkennbar. Schöne Mosaiken zieren dieses Mausoleum für Kaiser Konstantins Tochter.

Frühes Christentum und Mittelalter

Einige Basiliken aus früher Zeit, z. B. **Santa Sabina** und **Santa Maria Maggiore** (5. Jh.), haben ihre ursprüngliche Baustruktur weitgehend bewahrt. Andere ältere Kirchen wie **San Paolo fuori le Mura** und **San Giovanni in Laterano** behielten wenigstens ihren Grundriss bei. San Paolo wurde wiederaufgebaut, nachdem 1823 ein Feuer die Kirche zerstört hatte. San Giovanni ist ein Umbau Borrominis von 1646. Beide Kirchen besitzen noch ihre mittelalterlichen Kreuzgänge.

Innenansicht des überwölbten, im Jahr 609 in eine Kirche verwandelten Pantheon

Santa Maria in Trastevere und **Santa Cecilia in Trastevere** wurden über älteren Kultstätten errichtet, in denen sich die verfolgten frühen Christen heimlich versammelt hatten. **San Clemente** ist auf mehreren Ebenen erbaut und lässt frühere Bauten klar erkennen. Die unterste Ebene birgt einen Mithras-Tempel (3. Jh.). Zu den altchristlichen Kirchen zählen auch **Santa Maria in Cosmedin** mit ihrem beeindruckenden romanischen Glockenturm und das befestigte Kloster **Santi Quattro Coronati**. Etliche römische Kirchen, allen voran **Santa Prassede**, zieren meisterliche frühchristliche und mittelalterliche Mosaiken.

Kreuzgang von San Giovanni in Laterano

Ungewöhnliche Grundrisse

Roms älteste Kirchen waren nach altem Basilikagrundriss als rechteckige, dreischiffige Bauten angelegt. Von diesem Muster wich man später stark ab. Es entstanden u. a. Rundkirchen und quadratische, in der Form eines griechischen Kreuzes errichtete Bauten wie bei Bramantes Entwurf für den Petersdom. Im Barock entwarf man auch ovale und achteckige Kirchenbauten.

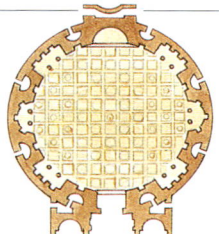

Pantheon (2. Jh.)

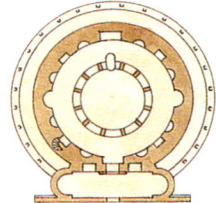

Santa Costanza (4. Jh.)

Renaissance

Das größte päpstliche Unternehmen der Renaissance war der Neubau von **Sankt Peter**. Die Vorstellungen, wie der Dom aussehen sollte, führten immer wieder zu Meinungsverschiedenheiten, sodass die 1506 begonnenen Arbeiten bis weit ins 17. Jahrhundert andauerten. Zum Glück wurde der Plan von Michelangelos großartiger Kuppel schließlich ausgeführt. Neben diesem Auftrag arbeitete Michelangelo auch an den herrlichen Fresken der **Sixtinischen Kapelle**.

Ein weiteres Meisterwerk der Renaissance ist Bramantes kleiner **Tempietto** (1499) auf dem Gianicolo. Mit einem Kreuzgang versah Bramante **Santa Maria della Pace**, die zudem mit Fresken Raffaels und einem Portikus Pietro da Cortonas aufwartet. Aufmerksamkeit verdient auch **Santa Maria degli Angeli**, die die gelungene Eingliederung der weiten Gewölbe der Diokletian-Thermen dem Genie Michelangelos verdankt.

Innenansicht von Michelangelos gewaltiger Kuppel im Petersdom

In **Santa Maria del Popolo** sind zwei bedeutende Gemälde Caravaggios, die von Raffael entworfene Chigi-Kapelle sowie von Pinturicchio im 15. Jahrhundert gefertigte Fresken zu bewundern. **San Pietro in Vincoli** bewahrt nicht nur die Ketten, die an die hl. Petrus im Kerker gefesselt war, sondern auch Michelangelos meisterhafte Moses-Statue. **San Luigi dei Francesi** wiederum wartet mit drei Matthäus-Gemälden Caravaggios und Fresken von Domenichino auf.

Barock

Rosatis Kuppel in San Carlo ai Catinari (1620), Innenansicht

Die Gegenreformation gab den Anstoß zum schwelgerischen Stil von Kirchen wie **Il Gesù** und **Sant'Ignazio di Loyola**. Als berühmte Beispiele des römischen Barock gelten die stattlichen Kolonnaden und Berninis Spätwerk, der Baldachin des **Petersdoms**. Berninis wohl reizvollster kleinerer Kirchenbau ist **Sant'Andrea al Quirinale**. Die Cornaro-Kapelle in **Santa Maria della Vittoria** birgt eine berühmte Barockplastik Berninis, die Skulptur *Die Verzückung der hl. Therese*. Nicht alles im späten Barock ist das Werk Berninis. Sie sollten auch Ausschau halten nach Kirchen wie **San Carlo ai Catinari** mit einer ent-

zückenden Kuppel von Rosato Rosati und den zahlreichen von Berninis Konkurrenten Borromini gestalteten Gotteshäusern. **Sant'Agnese in Agone** und **San Carlo alle Quattro Fontane** sind berühmt für die schwungvolle konkave Fassadengestaltung. Ein »kleines« Meisterwerk dieser Kunstepoche bildet schließlich **Sant'Ivo alla Sapienza**.

Kirchen

Bramantes Petersdom (1503)

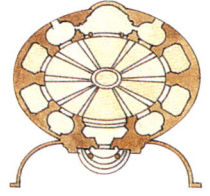

Sant'Andrea al Quirinale (1658)

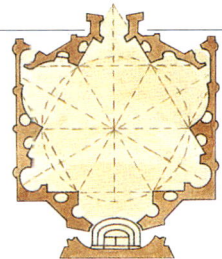

Sant'Ivo alla Sapienza (1642)

Highlights: Museen und Sammlungen

Roms Museen zählen zu den bestbestückten der Welt. Allein der Vatikan besitzt unvergleichliche Sammlungen ägyptischer, etruskischer, griechischer, römischer und frühchristlicher Kunst sowie Fresken von Michelangelo und Raffael, zudem Handschriften und Juwelen von unschätzbarem Wert. Ausgrabungen im 19. Jahrhundert bargen Schätze aus dem Alten Rom, die heute in vielen Museen der Stadt zu sehen sind. Die weltweit kostbarste etruskische Sammlung befindet sich in der Villa Giulia. Näheres zu Museen und Sammlungen auf S. 50f.

Villa Giulia
In der reizvollen Renaissance-Villa sind Kostbarkeiten aus Roms etruskischer Zeit vereint.

Vatikanische Museen
In den Galerien und langen Gängen befinden sich bedeutende Kunstwerke, darunter dieses Kreuz (9. Jh.) mit Szenen aus dem Leben Christi.

0 Meter   500

Piazza Spag

Vatikan

Piazz della Roton

Piazza Navona

Campo de' Fiori

Gianicolo

Trastevere

Galleria Spada
Der Schwerpunkt der Sammlung liegt auf der Malerei des 17. und 18. Jahrhunderts. Älter ist Andrea del Sartos (1486–1530) Heimsuchung.

Palazzo Corsini
Unter den Schätzen befinden sich Arbeiten von Caravaggio, Rubens und van Dyck, aber auch – eine Rarität – dieses Porträt des Barockbildhauers Bernini, angefertigt von Il Baciccia (1639–1709).

Galleria Doria Pamphilj
Der Palazzo Doria Pamphilj beherbergt Werke fast aller großen Künstler der Renaissance. Diese Salome *malte der junge Tizian (1485–1576).*

Museo e Galleria Borghese

Viele Skulpturen aus dem antiken Griechenland, aber auch Berninis David mit der Schleuder *(1619) befinden sich im Erdgeschoss. Im Obergeschoss hängen u.a. Werke von Tizian und Rubens.*

Museo Nazionale Romano

Das in der Villa Livia vor den Toren Roms geborgene Fresko (1. Jh. n. Chr.) ist Teil einer großen Sammlung von Funden aus dem gesamten Stadtgebiet.

Palazzo Barberini

Die meisten Kunstwerke stammen aus dem 13. bis 16. Jahrhundert. Diese Darstellung der göttlichen Vorsehung ist ein Ausschnitt aus Pietro da Cortonas Triumph der göttlichen Vorsehung *(1633–39).*

Via Veneto

Palazzo Venezia

In Roms bedeutendstem Museum für dekorative Kunst befinden sich Sammlungen aus byzantinischer und mittelalterlicher Zeit, u.a. auch diese Christusdarstellung aus Email (13. Jh.).

Quirinal

Esquilin

itol

Forum

Palatin

Caracalla

Lateran

entin

Kapitolinische Museen: Palazzo dei Conservatori

Pietro da Cortonas Raub der Sabinerinnen *(1629) ist nur eines von vielen barocken Kunstwerken der Gemäldegalerie.*

Kapitolinische Museen: Palazzo Nuovo

Eine der Skulpturen ist dieser Kopf der Giulia Domna, Gattin des Septimius Severus (2. Jh. n. Chr.).

Überblick: Museen und Sammlungen

Zwei Schwerpunkte kennzeichnen Roms Museen und Sammlungen: Kunstschätze aus griechischer und römischer Zeit sowie Skulpturen und Gemälde aus Renaissance und Barock. Die Vatikanischen Museen widmen sich den beiden Themen mit glanzvollen Sammlungen, in kleinerem Maßstab auch die Kapitolinischen Museen.

Etruskischer Tonkopf, Villa Giulia

Meisterhafte Gemälde hängen zudem in anderen Museen, Sammlungen und Kirchen der Stadt *(siehe S. 46f)*.

Etruskische Kunstwerke

Etruskische Goldtafel mit Inschriften (5. Jh. v. Chr.), Villa Giulia

Seit dem 8. Jahrhundert v. Chr. besiedelten die Etrusker ein Gebiet, das sich von Florenz bis nach Rom erstreckte. Ab dem 7. Jahrhundert v. Chr. herrschten sie über Rom *(siehe S. 18f)*. Etrusker beerdigten Tote mit ihrer gesamten Habe. So wurden in etruskischen Gräbern Mittelitaliens viele Kunstobjekte freigelegt. In Rom sind drei bedeutende Sammlungen zu sehen. Die **Villa Giulia** umfasst seit 1889 das Museo Nazionale Etrusco. Die von Vignola als Sommerresidenz für Papst Julius III. entworfene Villa ist einer der elegantesten Renaissance-Bauten. Im Garten

der Anlage fällt vor allem ein rekonstruierter etruskischer Tempel ins Auge. Außer den etruskischen Funden sind auch Artefakte der Falisker und der Latiner ausgestellt.

1837 wurde das **Museo Gregoriano Etrusco** als Teil der Vatikanischen Museen eröffnet, um etruskische Grabfunde auf kircheneigenem Land zu präsentieren. Das **Museo Barracco** in der Piccola Farnesina besitzt Statuen der weit älteren ägyptischen und assyrischen Kulturen.

Altrömische Kunst

Rom als Ausgrabungsort gleicht einem riesigen Freilichtmuseum, das über das Leben im antiken Rom Auskunft gibt. Sarkophage und Fragmente von Statuen aus alter Zeit füllen die Säulenhallen und Kreuzgänge der Kirchen. Die größte Sammlung beherbergt das **Museo Nazionale Romano** gegenüber dem Bahnhof in den Diokletian-Thermen mit einer Zweigstelle im Palazzo Massimo. Zur Ausstattung zählen einige sehr schön erhaltene Mosaiken sowie ein Sarkophag aus der Villa Livia, die bei Prima Porta im Norden Roms steht. Die großartige Statuensammlung des Museums befindet sich nun im Palazzo Altemps.

Die hochwertigsten Statuen besitzen die **Vatikanischen Museen**. Hier kann man die besten griechischen Meisterwerke bewundern, darunter die *Laokoon-Gruppe*, die im 1. Jahrhundert n. Chr. nach Rom

Siegesbanner, Museo della Civiltà Romana

gelangte. Sie beeinflusste die weitere Entwicklung der römischen Kunst. Hervorragende Kopien griechischer Kunst befinden sich auch in den **Kapitolinischen Museen**.

Klein, doch sehenswert ist das **Antiquarium Forense** auf dem Forum Romanum auf zwei Ebenen der Kirche Santa Francesca Romana. Ein maßstabsgetreues Modell im **Museo della Civiltà Romana** im EUR-Viertel vermittelt Besuchern eine überaus

Brustharnisch eines Zenturion, Museo della Civiltà Romana

anschauliche Vorstellung vom Charakter der Stadt Rom im 4. Jahrhundert n. Chr.

Kunstsammlungen

Musen in Raffaels *Parnass* (1508–11), Vatikanische Museen

Früher befanden sich Roms hervorragende Gemälde- und Skulpturensammlungen im Privatbesitz der Adelsfamilien. Einige sind heute noch in den alten Familien-Palazzi öffentlich zugänglich. Zu ihnen zählt die **Galleria Doria Pamphilj**, in der mehr Gemälde ausgestellt sind als in irgendeinem anderen Palazzo.

Für Kunstfreunde lohnt es sich, nach den Perlen dieses Schatzkästchens zu forschen, den Arbeiten von Raffael, Filippo Lippi, Caravaggio,

Tizian und Claude Lorrain oder nach Velázquez' Porträt von Papst Innozenz X., der aus der Familie Pamphilj stammt. Bernardino Spadas 1632 begründete Sammlung der **Galleria Spada** ist in ihren ursprünglichen, zu diesem Zweck entworfenen Räumlichkeiten zu sehen. Die Bilder dokumentieren den Geschmack des 17. Jahrhunderts: Rubens, Caravaggio, Guido Reni, Guercino, Domenichino und Jan Bruegel d. Ä. Auch die **Galleria Colonna** hütet eine Sammlung von Gemälden derselben Epoche.

Andere alte Familienresidenzen dienen heute staatlichen Kunstsammlungen als Ausstellungsräume. Die Galleria Nazionale d'Arte Antica verteilt sich auf den **Palazzo Barberini** und den **Palazzo Corsini**. Der 1625–33 von Bernini und anderen für die Familie Barberini erbaute Palazzo Barberini widmet sich der Malerei des 13. bis 16. Jahrhunderts, besitzt aber auch Teile privater Sammlungen aus späterer Zeit. Vor allem Bilder des 17. und 18. Jahrhunderts sind im Palazzo Corsini am Südufer des Tiber zu sehen.

Hellenistischer Faun, Museo Borghese

Die Sammlung der Familie Borghese wird heute vom Staat verwaltet. Das **Museo e Galleria Borghese** zeigt im Erdgeschoss mehrere Plastiken, darunter Berninis Meisterwerk *Apoll und Daphne* und Canovas berühmte Statue der Pauline Borghese. Die Gemäldesammlung im Obergeschoss präsentiert auch Bilder von Tizian und Correggio.

Die **Kapitolinischen Museen** beherbergen Werke, die die Päpste den Römern vermachten. Die Pinacoteca im **Palazzo dei Conservatori** lockt mit Werken von Tizian, Guercino und van Dyck. Auch die **Vatikanischen Museen** besitzen eine Kunstgalerie und zudem in der **Sixtinischen Kapelle** die Stanzen des Raffael.

Roms bedeutendste Sammlung der Moderne ist in der **Galleria Nazionale d'Arte Moderna** ausgestellt. Ausschließlich zeitgenössische Werke zeigt das **MAXXI** im spektakulären neuen Gebäude der Architektin Zaha Hadid.

Kleinere Museen

Die interessanteste unter den kleineren Sammlungen befindet sich im mittelalterlichen Museum im **Palazzo Venezia**, das Keramiken und Skulpturen zeigt. Rom bietet überhaupt eine Vielzahl kleiner Spezialmuseen, so das **Museo degli Strumenti Musicali**, das **Museo di Roma** mit Bildern vom römischen Stadtleben im 19. Jahrhundert oder das **Burcardo-Theatermuseum**.

Selbst den englischen Dichtern der Romantik, die im 19. Jahrhundert für längere Zeit in Rom weilten, wurde ein Museum gewidmet, das **Keats-Shelley-Haus**, in dem John Keats starb. Das **Museo Napoleonico** zeigt Hinterlassenschaften und Gemälde von Na-

Laokoon-Gruppe (1. Jh. n. Chr.), Museo Pio-Clementino im Vatikan

poléon Bonaparte und dessen Angehörigen, von denen viele in Rom lebten.

Porträt der Pauline Borghese (um 1805) von Kinson, heute im Museo Napoleonico

Kreuzabnahme (1604) von Caravaggio, Vatikan

Highlights: Brunnen und Obelisken

R om besitzt einige der schönsten Brunnenanlagen der Welt. Viele von ihnen schufen die großen Bildhauer der Renaissance und des Barock. Einige protzen prunkvoll, andere rieseln still vor sich hin. Zahlreiche von ihnen dienten als schlichte Trinkwasserbrunnen, manche rauschen über Gebäudeflanken. Die Obelisken stammen aus weit früheren Tagen der Stadt. Einige wurden im Auftrag römischer Kaiser errichtet, viele sind älteren Datums und wurden nach siegreichen Feldzügen nach Rom gebracht. Einen genaueren Überblick über Roms Brunnen und Obelisken geben die Seiten 54f.

Piazza San Pietro
Die beiden Spring-brunnen hauchen dem monumentalen Petersplatz Leben ein. Maderno entwarf 1614 den Brunnen auf der Vatikanseite, der seinem jüngeren Gegenstück Modell stand.

Piazza del Popolo
Marmorlöwen und Brunnen aus dem 19. Jahrhundert um-ringen einen alten Obelisken im Zen-trum des Platzes.

Vatikan

Piazza Navona

Piaz delle Roton

Campo de' Fiori

Gianicolo

TEVERE (TIBER)

Trastevere

Fontana dei Quattro Fiumi
Die vier männlichen Figu-ren an Berninis Brunnen der vier Ströme versinn-bildlichen Ganges, Río de la Plata, Donau und Nil.

Obelisk von Santa Maria sopra Minerva
Der von einem marmor-nen Elefanten Berninis getragene ägyptische Obelisk stammt aus dem 6. Jahrhundert v. Chr.

Fontana delle Tartarughe
Dieses Juwel der Renaissance-Bildhauer-kunst, eines von Roms weniger auffälli-gen Wasserspielen, zieren Knaben, die Schildkröten in das Becken schieben.

Fontana della Barcaccia
Diesen eleganten Brunnen schuf 1627 vermutlich Pietro Bernini, der Vater des berühmteren Gian Lorenzo.

Fontana di Trevi
Römische Triumphbogen inspirierten Nicola Salvi 1732 zu seinem Entwurf des Trevi-Brunnens. Wirft man eine Münze ins Wasser, so ist angeblich die Wiederkehr nach Rom gewiss.

0 Meter   500

Piazza Spagna   Via Veneto

Quirinal

Esquilin

Kapitol

Forum

Palatin

Lateran

Caracalla

Aventin

Fontana delle Naiadi
Als der Brunnen 1901 enthüllt wurde, entfachte die realistisch dargestellte Sinnlichkeit seiner Bronzenymphen einen Sturm der Entrüstung.

Obelisk der Piazza San Giovanni in Laterano
Roms ältester Obelisk stammt aus dem 14. Jahrhundert v. Chr. Er wurde 357 n. Chr. auf Anordnung von Konstantin II. nach Rom überführt.

Brunnen der Piazza della Bocca della Verità
Das Wasser des Brunnens, den Carlo Bizzaccheri im 18. Jahrhundert für Papst Clemens XI. schuf, ergießt sich über eine schroffe Felsformation, auf der zwei Tritonen eine mächtige Muschelschale halten.

Überblick: Brunnen und Obelisken

Amphorenbrunnen (1920er Jahre)

Die Päpste, die die alten römischen Aquädukte restaurieren ließen, errichteten Brunnen, um der Nachwelt ihren Großmut vor Augen zu führen. So finden sich heute Wasserspiele aller Größen und Formen in der Stadt und spenden an heißen Sommertagen Kühle. Uralte Obelisken erinnern die Römer daran, wie viel sie den Ägyptern schulden. Auf faszinierende Weise verstanden es die Architekten, sie geschickt in die Plätze der Stadt einzugliedern.

Brunnen

Der Trevi-Brunnen, der berühmteste aller Brunnen Roms, wurde als Kolossalbau angelegt, um das Ende eines Aquädukts zu kennzeichnen. Dieser, die Acqua Vergine, wurde 19 v. Chr. unter Marcus Agrippa erbaut, die Fontana di Trevi hingegen erst 1762. Die 1612 für Papst Paul V. errichtete **Fontana dell'Acqua Paola** ist ebenso ein Kolossalbau wie der weniger prunkvolle **Moses-Brunnen**, der an die Eröffnung der Acqua Felice durch Papst Sixtus V. im Jahr 1587 erinnert.

Auf fast allen berühmten Plätzen Roms sprudeln Brunnen, auf der **Piazza San Pietro** sogar als mächtiges Paar. Den barocken Blickfang der Piazza Navona bildet Berninis fantasiereiche **Fontana dei Quattro Fiumi** (Vierströmebrunnen). Ihre vier männlichen Figuren verkörpern Flüsse der vier damals bekannten Kontinente. Südlich davon verlieh ein mit einem Delfin kämpfender Äthiopier Berninis **Fontana del Moro** (Mohren-Brunnen) ihren Namen. An der Nordseite des großen Platzes ringt

seit dem 19. Jahrhundert Neptun mit einem Kraken. Auf der Piazza Barberini besticht Berninis großartige **Fontana del Tritone** (1642/43) mit der Meergottheit Triton, die aus einer Muschel Wasser schlürft.

In jüngerer Zeit wurden um viele Brunnen herum weite Plätze neu gestaltet. Marmorlöwen und Brunnen umringen den Obelisken in der Mitte der **Piazza del Popolo**

Brunnen der vier Tiaren hinter dem Petersdom

Detail am Pantheon-Brunnen

(1816–20), ein großzügiger Entwurf Valadiers, den im Osten und Westen zwei weitere Brunnen ergänzen. Ein Werk des frühen 20. Jahrhunderts ist die **Fontana delle Naiadi** an der Piazza della Repubblica, deren sinnenfrohe Wassernymphen seinerzeit einen Skandal auslösten. Seit den 1920er Jahren präsentiert auf der Piazza dell'Emporio der **Amphorenbrunnen** das Talent Pietro Lombardis, der auch den **Brunnen der vier Tiaren** hinter den Kolonnaden des Petersdoms ersann.

Daneben lockern zahlreiche kleinere, charmante Brunnen das Stadtbild auf. Zu Füßen der Spanischen Treppe umspielt in der **Fontana della Barcaccia** seit 1627 Wasser ein sinkendes Boot. Die **Fontana**

Fontana dei Cavalli Marini

Trevi-Brunnen

Der wie eine gewaltige Bühnenkulisse anmutende Trevi-Brunnen diente vielen in Rom spielenden Filmen als Hintergrund, darunter so rührseligen Streifen wie *Drei Münzen im Brunnen* und *Ein Herz und eine Krone*, aber auch Fellinis *La Dolce Vita*, einer Satire über das Rom der 1950er Jahre. Wer Anita Ekberg nacheifern möchte, sollte wissen: Es ist verboten, im Wasser zu planschen, sosehr die Sommerhitze auch dazu verlocken mag.

Anita Ekberg in *La Dolce Vita* (1960)

delle Tartarughe präsentiert ihre Schildkröten seit 1581 auf der winzigen Piazza Mattei. Die **Fontana della Navicella** (Schiffchen-Brunnen) bei Santa Maria in Domnica entstand im 16. Jahrhundert aus einer altrömischen Plastik. Im Vorhof von Santa Sabina (**Stadtplan** 8 D2) strömt Wasser aus einer riesigen Maske ins Becken. Der **Pantheon-Brunnen** (**Stadtplan** 4 F4) stammt von Jacopo della Porta. Die **Quattro Fontane** (Vier Brunnen) schäumen seit 1593 an der Kreuzung auf dem Quirinal.

Zu den Brunnen in Parks und Gärten zählen der **Galeonen-Brunnen** (1620/21) beim Vatikan und die **Fontana dei Cavalli Marini** (Seepferdchen-Brunnen, 1791) bei der Villa Borghese. Lohnenswert sind auch die Terrassengärten der **Villa d'Este** mit ihren aus über 500 Fontänen plätschernden Wasserschauspielen.

Piazza Navona mit der Fontana dei Quattro Fiumi, Gemälde von Pannini

Zeit von Kaiser Augustus nach Rom, wo er gleichfalls den Circus Maximus zierte. Auch der etwas kleinere Obelisk der **Piazza di Montecitorio** stammt aus der Trophäensammlung des Kaisers Augustus. Die Bronzekugel und der Stab an der Spitze deuten darauf hin, dass der Obelisk seinerzeit als Zentrum einer riesigen Sonnenuhr diente.

Andere Obelisken, etwa der an der Spanischen Treppe, sind Imitationen ägyptischer Vorbilder. Der **Obelisk der Piazza dell'Esquilino** und jener der **Piazza del Quirinale** (**Stadtplan** 5 B4) flankierten einst das Augustus-Mausoleum. Beim Wiederaufbau kombinierte man Obelisken häufig mit dekorativen Basen. So setzte Bernini den ägypti-

schen Obelisken von **Santa Mar a sopra Minerva** auf einen Marmorelefanten. Seine **Fontana dei Quattro Fiumi** zierte er mit einem Obelisken aus dem Circus des Maxentius. Ein anderer Obelisk trug 1711 zur Umgestaltung des Pantheon-Brunnens bei.

Der Obelisk auf der **Piazza San Pietro** ist zwar ägyptischer Herkunft, weist allerdings nicht die üblichen Hieroglyphen auf.

Wasserspeier der Villa d'Este

Ovato-Brunnen im Garten der Villa d'Este

Obelisken

Roms ältester und mit seinen 31 Metern höchster Obelisk ist der **Obelisk der Piazza di San Giovanni in Laterano**. Er wurde im 14. Jahrhundert v. Chr. aus rotem Granit im Ammon-Tempel von Theben erbaut, Konstantin II. ließ ihn 357 n. Chr. nach Rom überführen und im Circus Maximus aufstellen. 1587 entdeckte man ihn, in drei Teile zerbrochen, wieder und stellte ihn im Jahr darauf erneut auf. Der zweitälteste Obelisk der Stadt erhebt sich auf der **Piazza del Popolo**. Er stammt aus dem 12. oder 13. Jahrhundert v. Chr. und gelangte zur

Obelisk auf der Piazza del Popolo

Künstler und Schriftsteller

Seit der Antike übt Rom eine magische Anziehungskraft auf Künstler und Schriftsteller aus. Die Dichter Horaz, Vergil und Ovid genossen die Gunst des Kaisers Augustus. Später, vor allem in der Renaissance- und Barockzeit, kamen große Künstler und Architekten nach Rom, die um päpstliche Aufträge wetteiferten. Doch die Patronage war nicht die einzige Anziehungskraft. Seit der Renaissance wirkten Roms Vergangenheit und seine Ruinen auf unzählige Kunstschaffende aus aller Welt verlockend.

Ovid – ideenreicher Poet der Liebe (43 v. Chr. – 17 n. Chr.)

Selbstbildnis der Malerin Angelica Kauffmann (etwa 1770)

Maler, Bildhauer und Architekten

Diego Velázquez, einer der Künstler im Rom des 17. Jahrhunderts

Im frühen 16. Jahrhundert wurden Künstler und Architekten aus ganz Italien nach Rom gerufen, um die grandiosen Bauprojekte der Päpste zu verwirklichen. Aus Urbino kamen Bramante (1444–1514) und Raffael (1483–1520), aus Perugia Perugino (1450–1523), aus Florenz Michelangelo (1475–1564) und viele andere. Sie arbeiteten im Vatikan, am neuen Petersdom und an der Ausschmückung der Sixtinischen Kapelle. Die Künstler wurden gut entlohnt, lebten aber auch in gefährlichen Zeiten. Der florentinische Bildhauer und Goldschmied Benvenuto Cellini (1500–1571) half, das Castel Sant'Angelo *(siehe S. 248f)* bei der Brandschatzung Roms (1527) zu verteidigen, wurde später dort eingesperrt und flüchtete unter dramatischen Umständen. Gegen Ende des 16. Jahrhunderts zeigte sich die Kirche dem Mailänder Caravaggio (1571–1610) ungeachtet seines gewalttätigen Wesens und unruhigen Lebens gewogen. Auch die Familie Carracci aus Bologna stand in päpstlicher Gunst – vor allem die Brüder Annibale (1560–1609) und Agostino (1557–1602).

Gian Lorenzo Berninis (1598–1680) Arbeiten sind in ganz Rom verstreut. Er folgte Carlo Maderno (1556–1629) als Architekt des Petersdoms nach und schuf dort den großen Bronzebaldachin, die prächtigen Kolonnaden auf dem Petersplatz *(siehe S. 230f)* sowie Brunnen, Kirchen und Skulpturen. Sein Konkurrent als führender Architekt des römischen Barock war Francesco Borromini (1599–1667), dessen Können in vielen Kirchen und Palazzi Ausdruck fand.

Ab dem 17. Jahrhundert strömten immer mehr ausländische Künstler zu Aufträgen und Studien nach Rom. Diego Velázquez (1599–1660), Hofmaler von König Philipp IV. von Spanien, kam 1628, um die Kunstschätze des Vatikans zu studieren. Rubens (1577–1640) aus Antwerpen führte neben seinen Studien verschiedene Aufträge aus. Die französischen Künstler Nicolas Poussin (1594–1665) und Claude Lorrain (1600–1682) lebten etliche Jahre hier.

Im 18. Jahrhundert zog die Antike Kunstschaffende nach Rom. Es kamen u. a. der schottische Architekt Robert Adam (1728–1792) und die Schweizer Malerin Angelica Kauffmann (1741–1807), die in Sant'Andrea delle Fratte bestattet wurde. Nach den Ausschweifungen des Barock fanden auch die Bildhauer zu klaren Linien zurück. Einer der wichtigsten Vertreter des Klassizismus, Antonio Canova (1757–1821), beeinflusste Bildhauer in ganz Europa, unter ihnen den Dänen Bertel Thorvaldsen (1770–1844).

Claude Lorrains *Ansicht des Forum* entstand 1632 in Rom

Literaten

Dante (1262–1321) besuchte Rom während seiner Verbannung aus Florenz. Sein *Inferno* beschreibt den Pilgerstrom im ersten Heiligen Jahr (1300). Der Poet Petrarca (1304–1374) aus Arezzo kam unter glücklichen Umständen nach Rom: 1341 krönte man ihn auf dem Kapitol mit Lorbeer. Der Dichter Torquato Tasso (1544–1595) aus Sorrent war zu ähnlichen Ehren geladen, starb aber bald nach der Ankunft. Seine Gebeine ruhen in Sant'Onofrio *(siehe S. 219)* auf dem Gianicolo. Zu den ersten literarischen Besuchern aus dem Ausland gehörten der französische Essayist Montaigne (1533–1592) und der englische Poet John Milton (1608–1674).

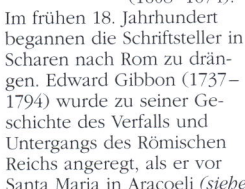

Torquato Tasso

Im frühen 18. Jahrhundert begannen die Schriftsteller in Scharen nach Rom zu drängen. Edward Gibbon (1737–1794) wurde zu seiner Geschichte des Verfalls und Untergangs des Römischen Reichs angeregt, als er vor Santa Maria in Aracoeli *(siehe*

S. 69) Mönche den Englischen Gruß singen hörte. Deutsche Besucher waren der Kunstgeschichtler J.J. Winckelmann (1717–1768) und Goethe.

In der Romantik zogen Keats, Shelley, Byron und Charles Dickens nach Rom. Unter den Reiseschriftstellern des 19. Jahrhunderts fand sich auch der deutsche Historiker Ferdinand Gregorovius (1821–1891). Der Amerikaner Henry James (1843–1916) ließ ein Gutteil seines *Bildnis einer Dame* in Rom spielen.

Das neuzeitliche Leben spiegelt das Werk des gebürtigen Römers Alberto Moravia (1907–1990).

Bildnis des Dichters John Keats, 1819 gemalt von seinem Freund Joseph Severn

Musiker

Giovanni Luigi da Palestrina (1525–1594) wurde Chorleiter und Organist des Vatikans und komponierte einige der faszinierendsten Chorstücke der Musikgeschichte. 1770 hörte der damals 14-jährige Mozart Gregorio Allegris unveröffentlichtes *Miserere* in der Sixtinischen Kapelle und schrieb es aus der Erinnerung nieder. Arcangelo Corelli

(1653–1713), der große Geiger und Komponist des Barock, arbeitete in Rom, gefördert durch Kardinal Ottoboni. Einer seiner ersten Aufträge war die Ausrichtung eines Musikfestes für Königin Christine von Schweden.

Im 19. Jahrhundert zog der Prix de Rome zahlreiche französische Musiker zum Studium in die Villa Medici *(siehe S. 135)*. Ein zweijähriger Rom-Aufenthalt inspirierte Hector Berlioz (1803–1869) zum *Römischen Karneval*, der Ouvertüre zur Oper *Benvenuto Cellini*. Georges Bizet (1838–1875) und Claude Debussy (1862–1918) erhielten ebenfalls den Prix de Rome. Auch der damals 50-jährige Franz Liszt (1811–1886) ließ sich in Rom nieder, übernahm Aufträge und wurde als Abbé Liszt bekannt. In einer schönen Villa in Tivoli komponierte er *Die Brunnen der Villa d'Este*.

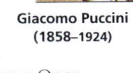

Giacomo Puccini (1858–1924)

Die Rom verbundene Musik des 20. Jahrhunderts schließt die populären Werke von Ottorino Respighi (1870–1936) ein: *Fontane di Roma* und *Pini de Roma*. Der Komponist Giacomo Puccini (1858–1924) nutzte römische Schauplätze für seine Oper *Tosca*.

Römisches Kino

Die Cinecittà-Studios (1937) in der Nähe von Rom wurden für die Ende der 1940er Jahre gedrehten Klassiker des italienischen Neorealismus bekannt, darunter Roberto Rosselinis *Rom – offene Stadt* und Vittorio de Sicas *Fahrraddiebe*. Federico Fellini (1920–1993), dessen Filme *La Dolce Vita* (1960) und *Roma* (1972) die Verrücktheiten der Stadt abbilden, ist einer der Großen des römischen Kinos, ebenso wie der »echte« Römer Pier Paolo Pasolini (1922–1975). Die Cinecittà-Studios wurden auch für internationale Produktionen genutzt. Hier entstanden in den 1950er Jahren *Ben Hur* und *Spartakus*, in den 1960er Jahren *Für eine Handvoll Dollar* und *Spiel mir das Lied vom Tod* und nach dem Jahr 2000 *Gladiator*, *Gangs of New York* und *Die Passion Christi*.

Pier Paolo Pasolini

Das Jahr in Rom

Für einen Besuch Roms empfehlen sich vor allem Frühling und Herbst. Dann ist es meist angenehm warm, manchmal auch warm genug zum Schwimmen oder Sonnenbaden an den Seen und Stränden vor den Toren der Stadt. Die grauen, verregneten Wintermonate sollten Sie besser ausklammern. Die Hitze des Hochsommers empfinden die meisten (darunter die Römer, die ihrer Stadt in Scharen entfliehen) als unerträglich. Ostern oder Weihnachten in Rom sind sicher ganz besondere Erlebnisse. Doch auch zu anderen Jahreszeiten laden religiöse Feiern ein, zudem vergnügliche weltliche Feste wie die Festa de' Noantri in Trastevere und das Blumenfest in Genzano. Die Dörfer vor der Stadt feiern die Ernte von Erdbeeren und Bohnen im Frühjahr, die Lese von Trauben und Trüffeln im Herbst.

Frühling

Das Osterfest im März oder April läutet in Rom die Urlaubssaison ein. Aus aller Welt strömen Katholiken in die Stadt, um zu den großen Basiliken zu pilgern und am Ostersonntag auf dem Petersplatz der Predigt des Papstes zu lauschen. Weniger Fromme folgen profan dem Wink des milden Klimas. Da sich die Römer dann in ihre Autos setzen und zur Küste oder aufs Land drängen, muss man in den Restaurants der Castelli Romani und des Lago di Bracciano auf Vollbetrieb gefasst sein.

Die Temperaturen bewegen sich um 18 °C, können aber auf 28 °C steigen, sodass man ab Mitte Mai mittags und abends meist im Freien essen kann. Dennoch sollten Sie sich mit warmer Kleidung gegen plötzliche Kälteeinbrüche und Temperaturschwankungen wappnen.

An Ostern quillt der Petersplatz vor Menschen über

Im April säumen Blumentröge mit blühenden Azaleen die Spanische Treppe und die Via Veneto. Mit dem Aufspringen der Rosenknospen öffnet der Rosengarten, der den Circus Maximus überblickt, erneut seine Pforten.

Ab Mitte Mai erleuchten zur vierzehntägigen Antiquitätenschau Kerzen die pflanzen- und fahnengeschmückte Via dei Coronari, während in der Via Margutta eine Open-Air-Kunstausstellung lockt. In der ersten Maiwoche findet bei der Villa Borghese ein internationales Reitturnier statt. Gegen Monatsende reisen Tennisspieler der Weltklasse zu den Internationalen Tennismeisterschaften auf dem Foro Italico nach Rom.

Veranstaltungen

Festa di Santa Francesca Romana *(9. März)*, Santa Francesca Romana. Weihe von Autos, Bussen und Straßenbahnen *(siehe S. 87)*.
Festa di San Giuseppe *(19. März)* im Trionfale-Viertel. Straßenstände und Musik am Tag des heiligen Josef.
Rom-Marathon *(Ende März)*, Lauf durch die ganze Stadt.
Karfreitag *(März/Apr)*, Kolosseum. Vom Papst angeführte Kreuzprozession (21 Uhr).
Ostersonntag *(März/Apr)*, Petersplatz. Osteransprache des Papstes *(siehe S. 231)*.
Geburtstag der Stadt Rom *(21. Apr)*, Piazza del Campidoglio und andere Orte.
Festa della Primavera *(März/Apr)*, Spanische Treppe und Trinità dei Monti. Azaleen auf den Straßen, Konzerte.
Kunstausstellung *(Apr/Mai)*, Via Margutta *(siehe S. 353)*.
Internationale Pferdeschau *(Anfang Mai)*, Villa Borghese.
Antiquitätenschau *(Mitte–Ende Mai)*, Via dei Coronari.
Internationale Tennismeisterschaften *(Ende Mai)*, Foro Italico *(siehe S. 366)*.

Internationales Reitturnier bei der Villa Borghese *(Mai)*

Durchschnittliche tägliche Sonnenstunden

Stunden

Jan Feb März Apr Mai Juni Juli Aug Sep Okt Nov Dez

Sonnenschein

*Der Juni ist der son-
nigste Monat im Jahr,
aber deshalb auch
überaus trocken. Ohne
gelegentlichen Regen
kann es sehr heiß wer-
den. Im Herbst strahlt
die Sonne oft noch
kräftig, sodass es tags-
über meist angenehm
warm ist.*

Sommer

Der Juni ist Auftakt zu den
Sommerkonzerten, die in
einigen der schönsten Palazzi,
in Kirchen und in Innenhöfen
der Stadt erklingen. Juli und
August unterhalten mit Opern
und Theatervorstellungen in
Ostia Antica *(siehe S. 270f)*.
Den ganzen Sommer über
sorgen auch moderne Veranstaltungen – Film, Musik aller
Art, Tanz und Theater – im
Rahmen des Cineporto- und
des Massenzio-Festivals *(siehe S. 355)* für Abwechslung.

An Hochsommerabenden
laden beim Castel Sant'Angelo
die Ufer des Tiber mit Buden
und anderen Vergnügungen
ein. Die beiden letzten Juli-
wochen verwandeln das

Sommergemüse

Trastevere-Viertel in ein einziges Open-Air-Festgelände: Mit
Trödelbuden, Essen auf den
Straßen und Feuerwerkszau-
ber steigt hier das Noantri-
Volksfest. Ende Juni beginnen
die Schulferien, Mitte Juli die
Schlussverkäufe *(saldi)*, Mitte
bis Ende Juli widmet sich
Rom der »Alta Moda«. Leider
sind im Juni und Juli Hotels,
Cafés, Restaurants und Sehenswürdigkeiten überlaufen.

Blumenteppiche in Genzano *(Juni)*

Im August klettert das Ther-
mometer oft auf über 40 °C.
Dann weichen die Römer ans
Meer aus, zahlreiche Cafés,
Läden und Restaurants bleiben den ganzen Monat über
geschlossen.

Veranstaltungen

Blumenfest *(Juni, So nach
Fronleichnam)*, Genzano,
Castelli Romani, südlich von
Rom. Blumenteppiche be-
decken die Straßen.
Festa di San Giovanni
(23./24. Juni), Piazza di Porta
San Giovanni. Schnecken in
Tomatensauce und Spanferkel,
Jahrmarkt und Feuerwerk
gehören zum Fest.
Festa di San Pietro e Paolo
(29. Juni), in zahlreichen Kir-
chen. Feiern zum Festtag der
Heiligen Petrus und Paulus.
Tevere Expo *(Ende Juni–Mitte
Juli)*, Ufer des Tiber. Kunst-

handwerk, Essensstän-
de, Musik und Feuer-
werk *(siehe S. 353)*.
Festa de Noantri
*(letzte zwei Juliwo-
chen)*, Trastevere.
Kulinarisches und Ver-
gnügungen aller Art
*(siehe S. 353 und
S. 355)*.
Alta-Moda-Schauen
(Mitte–Ende Juli),
Modeschauen auf der
Spanische Treppe
(siehe S. 353).
Estate Romana *(Juli/
Aug)*, Villa Ada, Ostia
Antica, am Tiber, in
Parks. Opern, Konzer-
te, Theater und Film.
**Festa della Madonna
della Neve** *(5. Aug)*,
Santa Maria Maggiore.
Zum Gedenken an
einen wundersamen
Schneefall im Hochsommer
(4. Jh.) lässt man weiße Blü-
ten regnen *(siehe S. 172)*.
Ferragosto *(15. Aug)*, Santa
Maria in Trastevere, entspricht
Mariä Himmelfahrt. Fast alle
Läden sind geschlossen.

**Heißer Augustnachmittag vor dem
Petersdom**

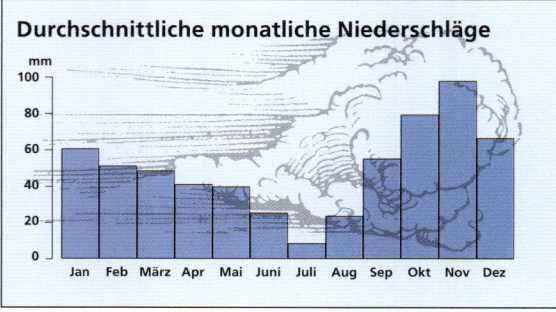

Durchschnittliche monatliche Niederschläge

(Jan, Feb, März, Apr, Mai, Juni, Juli, Aug, Sep, Okt, Nov, Dez)

Niederschläge

Der Herbst kann starke Niederschläge bringen, speziell im November. Im Sommer tragen nicht selten heftige Stürme den – dann sehr erfrischenden – Regen herbei. Im Winter und zu Frühlingsbeginn muss man jederzeit mit trüben Nieseltagen rechnen.

Herbst

September und Oktober sind die günstigsten – und beliebtesten – Monate für einen Besuch Roms. Dann hat die glühende Hochsommerhitze nachgelassen. Mittags wird es meist noch heiß. Man kann bis spätabends im Freien sitzen. Vom November ist eher abzuraten. Er kommt als feuchtester Monat mit oft stürmischen und schweren Regenfällen daher.

Anfang Oktober findet in der Via dell'Orso und den Seitenstraßen eine Kunstmesse statt, nahebei haben die Antiquitätengalerien der Via dei Coronari offenes Haus. Nur eine Fahrstunde entfernt bieten Orvieto und Perugia, zwei hübsche umbrische Bergstädtchen im Norden Roms, im Oktober Antiquitätenmessen. Renommee genießt auch die Antiquitätenmesse im November bei der päpstlichen Residenz von Viterbo, 65 Kilometer nordwestlich von Rom *(siehe S. 271).*

Auch den Herbst begleiten jahreszeitliche Feste. Bei Ausflügen in die Städtchen der Umgebung kann man kulinarische Spezialitäten wie Käse, Wurst, Kastanien oder Pilze

MARRONI

Herbstimpression: heiße Maronen

erstehen. Einen Ausflug lohnt das Weinfest in Marino (in den Castelli Romani südlich von Rom). Dort bestehen zahlreiche Möglichkeiten, neben dem Besuch schöner Landvillen aus dem 16. und 17. Jahrhundert die regionalen Weine, insbesondere die Weißweine, zu kosten. Im Herbst und Winter duftet es in den Straßen nach frisch gerösteten Maronen. Am Campo de' Fiori verführt meist ein Stand zur kostenlosen Probe des *vino novello.*

Am 1. und 2. November (Allerheiligen und Allerseelen) besuchen die Römer die Gräber ihrer Angehörigen auf den beiden großen Friedhöfen von

Prima Porta und Verano. Übrigens: Traditioneller Grabschmuck in Rom sind Chrysanthemen.

Für Kulturinteressierte ist die im Oktober und November einsetzende Opern- und Konzertsaison besonders attraktiv. Über aktuelle Events und Veranstaltungstermine informieren die Tageszeitung *La Repubblica* mit ihrer Donnerstagsbeilage *TrovaRoma (siehe S. 354)*, Magazine wie *Roma c'è*, das Internet (z. B. unter www. romaturismo.it oder www.unospitearoma.it) und auch Plakate in der Stadt.

Veranstaltungen

RomaEuropa *(Herbst)*, Filme, Theater, Tanz und Konzerte in ganz Rom *(siehe S. 355).*
La Notte Bianca *(ein Sa im Sep)*, freier Eintritt in Museen.
Kunstmesse *(Sep)*, Via Margutta *(siehe S. 353).*
Kunsthandwerksmesse *(letzte Woche im Sep/1. Woche im Okt)*, Via dell'Orso, nahe Piazza Navona *(siehe S. 353).*
Internationales Filmfestival *(Okt)*, Premieren und Stars.
Weinfest in Marino *(1. So im Okt)*, mit Straßenfest.
Antiquitätenmesse *(Mitte Okt)*, Via dei Coronari *(siehe S. 353).*
Allerheiligen und **Allerseelen** *(1./2. Nov)*, Friedhöfe in Prima Porta und Verano, wo der Papst die Messe zelebriert.
Festa di Santa Cecilia *(22. Nov)*, Santa Cecilia in Trastevere und San-Callisto-Katakomben.
Probe des Vino Novello *(Ende Nov)*, Campo de' Fiori. Der neue Wein ist da.

Herbst im Park der Villa Doria Pamphilj

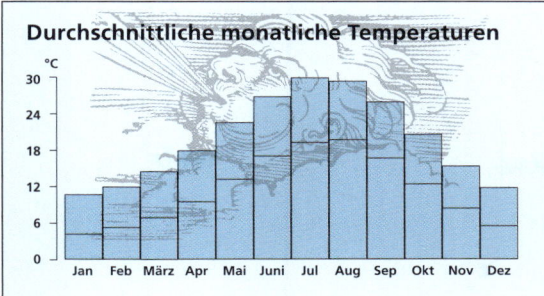

Durchschnittliche monatliche Temperaturen

°C — 30 24 18 12 6 0
Jan Feb März Apr Mai Juni Jul Aug Sep Okt Nov Dez

Temperaturen
Das Schaubild zeigt die durchschnittlichen Mindest- und Höchsttemperaturen aller Monate. Im Juli und August ist die Hitze oft unerträglich. Für einen Rom-Besuch eignen sich insbesondere die milden Frühlings- und Herbsttage – trotz einiger Regenphasen.

Winter

Im Winter kann es in Rom empfindlich kalt sein, jedoch sinken die Temperaturen kaum unter den Gefrierpunkt. Besucher finden nicht überall eine Zentralheizung vor und sollten sich daher in kleineren Hotels mit warmer Kleidung und zusätzlichen Decken (am besten bei der Ankunft verlangen) ausrüsten.

Aufregend ist der Weihnachtstrubel, vor allem wenn Sie mit Kindern reisen. Etliche Kirchen, Plätze und öffentliche Einrichtungen führen Krippenspiele *(presepi)* auf. Von Mitte Dezember bis zum

Ein seltenes Bild: Rom im Schnee

festen und Paraden auf der Via Nazionale, Via Cola di Rienzo und dem Pincio. Gehen Sie Teenagern aus dem Weg, die sich mit Wasserballons und Rasierschaum-Sprühdosen bewaffnet haben.

Veranstaltungen

Festa della Madonna Immacolata *(8. Dez)*, Piazza di Spagna. In Anwesenheit des Papstes schmücken Feuerwehrmänner die Marienstatue mit bunten Girlanden.
Weihnachtsmärkte *(Mitte Dez–6. Jan)*, Piazza Navona. Weihnachts- und Kinderjahrmarkt *(siehe S. 120)*.
Krippenspiele *(Mitte Dez–Mitte Jan)*, in vielen Kirchen. Lebensgroße Figuren auf dem Petersplatz, Sammlung in Santi Cosma e Damiano.
Mitternachtsmessen *(24. Dez)*, in fast allen Kirchen.
Erster Weihnachtstag *(25. Dez)*, Petersplatz. Segen des Papstes.
Silvester *(31. Dez)*, Feuerwerk in der gesamten Stadt.
La Befana *(6. Jan)*, in der ganzen Stadt. Kinderfeste.

La Befana, Piazza Navona *(Jan)*

Dreikönigsabend ist die Piazza Navona Standplatz eines Weihnachtsmarkts.

Das Weihnachtsfest selbst findet vornehmlich im Familienkreis statt und ist daher für Besucher eine einsame Angelegenheit. Dafür ist am Silvesterabend alles auf der Straße, um das neue Jahr mit Sekt und Feuerwerk zu begrüßen. Epifania (La Befana) am 6. Januar ist ein Feiertag, an dem Hexen *(befane)* Süßigkeiten an Kinder verschenken.

Den Karneval von Ende Januar bis Ende Februar feiern vor allem Kinder mit Kostüm-

Feiertage

Capodanno Neujahr *(1. Jan)*
Epifania Dreikönig *(6. Jan)*
Anniversario della Liberazione Befreiungstag *(25. Apr)*
Festa del lavoro Tag der Arbeit *(1. Mai)*
Festa della Repubblica Tag der Republik *(2. Juni)*
Ferragosto Mariä Himmelfahrt *(15. Aug)*
Ognissanti Allerheiligen *(1. Nov)*
Immacolata Concezione Unbefleckte Empfängnis *(8. Dez)*
Natale Weihnachten *(25. Dez)*
Santo Stefano *(26. Dez)*

Die Via Condotti um Weihnachten

Fontana delle Naiadi *(siehe S. 53 und 164)* auf der Piazza della Repubblica ▷

Die Stadtteile Roms

Kapitol

Kolossalstatue im Palazzo dei Conservatori

Der Jupitertempel auf dem Kapitol, dem südlichen Gipfel des Kapitolinischen Hügels, war Mittelpunkt der römischen Welt. Fast alle religiösen und politischen Zeremonien fanden hier statt. Der Kapitolshügel mit dem Tempel wurde zum Sinnbild für Roms Bedeutung als *caput mundi*, Hauptstadt der Welt. Die gesamte Stadtgeschichte hindurch bis heute war das Kapitol *(Campidoglio)* ununterbrochen Sitz der Stadtregierung. Der heutige Stadtrat, die Comune di Roma, versammelt sich im prunkvollen, in der Renaissance erbauten Palazzo Senatorio. Roms Rang als Hauptstadt spiegelt sich im mächtigen weißen Denkmal für Vittorio Emanuele II wider, das stolz aufragt und leider den Blick auf das Kapitol von der Piazza Venezia aus beeinträchtigt. Die heutige Anordnung der Gebäude auf dem Hügel stammt bereits aus dem 16. Jahrhundert, als Michelangelo eine schöne Piazza schuf. Sie ist über eine beeindruckende Treppe, die Cordonata, zu erreichen. Zwei der drei Gebäude um die Piazza Campidoglio beherbergen die Kapitolinischen Museen.

Sehenswürdigkeiten auf einen Blick

Kirchen und Tempel
Jupitertempel **8**
San Marco **12**
Santa Maria in Aracoeli **7**

Museen und Sammlungen
Kapitolinische Museen:
  Palazzo dei Conservatori
  S. 72f **2**
Kapitolinische Museen:
  Palazzo Nuovo S. 70f **1**
Palazzo Venezia
  und Museum **11**

Historisches Gebäude
Römische Insula **5**

Historische Straßen und Plätze
Aracoeli-Treppe **6**
Cordonata **4**
Piazza del Campidoglio **3**

Antike Stätte
Tarpejischer Felsen **9**

Denkmal
Denkmal für Vittorio
  Emanuele II **10**

Anfahrt
Alle Sehenswürdigkeiten dieses Viertels sind bequem zu Fuß von der Piazza Venezia zu erreichen. Von allen Teilen der Stadt laufen hier Buslinien zusammen – allerdings auch Massen anderen Verkehrs. Vom Bahnhof Termini können Sie die Linien 64, 70, 75 oder 170 nehmen, von der Piazza Barberini aus die Linien 56, 60 oder 492, vom Petersdom aus 40, 62 und 64. Die Piazza Venezia ist auch eine Haltestelle des Sightseeing-Busses 110.

SIEHE AUCH

• *Stadtplan* 5, 12

0 Meter   200

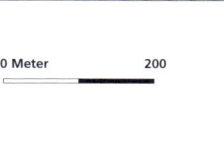

LEGENDE

▢ Detailkarte

◁ **Mark-Aurel-Statue auf Michelangelos Piazza del Campidoglio** *(siehe S. 68)*

Im Detail: Kapitol und Piazza Venezia

Das Kapitol, die Zitadelle des Alten Rom, ist für jeden Besucher Pflicht. Die Cordonata, eine breite Treppe, führt hinauf zu Michelangelos prächtiger Piazza del Campidoglio. Sie wird vom Palazzo Nuovo und dem Palazzo dei Conservatori umfasst, in denen sich die Kapitolinischen Museen befinden. Der verkehrsfreie Platz bietet Erholung vom Lärm der Autos, die unten vorbeibrausen. Dennoch sollten Sie sich in den Verkehr wagen, um zum Palazzo Venezia und seinem Museum zu gelangen.

Denkmal für Vittorio Emanuele II
Das riesige weiße Marmordenkmal für Italiens ersten König wurde 1911 fertiggestellt. ❿

PIAZZA VENEZIA

PIAZZA VENEZIA

San Marco
Die Kirche der Venezianer in Rom besitzt ein hübsches Apsismosaik (9. Jh.). ⓬

Palazzo Venezia
Die erlesenen Exponate, z. B. dieser vergoldete, emailverzierte Engel (13. Jh.), stammen aus dem späten Mittelalter. ⓫

Römische Insula
Dies ist ein verfallener Wohnblock aus der Zeit des antiken Rom. ❺

VIA DEL TEATRO DI MARCELLO

Cordonata
Michelangelos große Treppenanlage verlagerte die Ausrichtung des Kapitols nach Westen. ❹

Aracoeli-Treppe
Nach ihrem Bau 1348 wurde die Treppe zum Treffpunkt für politische Debattierer. ❻

LEGENDE

--- --- Routenempfehlung

0 Meter — 75

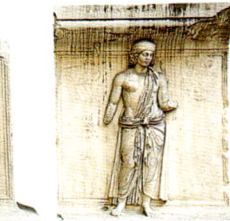

★ Palazzo dei Conservatori
In diesem Teil der Kapitolinischen Museen ist im Innenhof eine Relieffolge aus dem Hadrian-Tempel (siehe S. 106) zu sehen. ❷

Santa Maria in Aracoeli

Zu den Schätzen, die sich hinter der Ziegel-fassade der Kirche verbergen, zählt das Fresko Begräbnis des hl. Bernadino (15. Jh.) von Pinturicchio. ❼

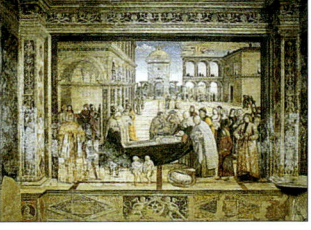

Zur Orientierung
Siehe Stadtplan 12

★ Palazzo Nuovo

Die Augustusbüste in der Kai-serhalle zählt zu den außer-gewöhnlichen Skulpturen der Kapitolinischen Museen. ❶

Der Palazzo Senatorio wurde vom 12. Jahrhundert an vom römischen Senat genutzt. Heute beherbergt er die Amtsräume des Bürgermeisters.

★ Piazza del Campidoglio

Michelangelo entwarf das geometrische Pflasterwerk und die Fas-saden. ❸

Jupitertempel

Die künstle-rische Impres-sion zeigt, wie die Gold- und Elfenbein-statue des Jupiter einst den Tempel schmückte. ❽

Tarpejischer Felsen

Im Alten Rom wurden Verräter von diesem Felsen des Kapitols hinab-gestürzt. ❾

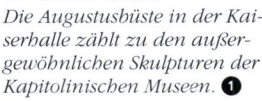

NICHT VERSÄUMEN

★ Palazzo de Conservatori

★ Palazzo Nuovo

★ Piazza del Campidoglio

Stadtplan *siehe Seiten 396–419*

Kapitolinische Museen: Palazzo Nuovo ❶

Siehe S. 70f.

Kapitolinische Museen: Palazzo dei Conservatori ❷

Siehe S. 72f.

Piazza del Campidoglio ❸

Stadtplan 5 A5 (12 F5), **Karte** H6 (W5). 🚌 *Siehe* **Anfahrt** *S. 65.*

Als Kaiser Karl V. 1536 Rom besuchte, genierte sich Papst Paul III. Farnese wegen des schlechten Zustands des Kapitols und bat Michelangelo, Pläne für die Restaurierung der Piazza, des Palazzo dei Conservatori und des Palazzo Senatorio zu entwerfen. Dem Künstler kam dabei die Idee zu einem dritten Gebäude, dem Palazzo Nuovo. Er wollte eine Piazza schaffen, die mit Skulpturen von Persönlichkeiten aus der Geschichte Roms verziert sein sollte. Die Bauarbeiten begannen 1546, schritten allerdings langsam voran. Michelangelo erlebte nur die Fertigstellung der Doppeltreppe am Eingang des Palazzo Senatorio. Die vollendete Piazza entsprach etwa dem Originalentwurf. Zweigeschossige Pilaster und Balustraden mit Statuen verbinden die Gebäude thematisch. Der Platz öffnet sich nach Westen. In der Mitte steht eine Kopie der Mark-Aurel-Statue. Das Original befindet sich im Palazzo dei Conservatori *(siehe S. 72f)*. Das Motiv des Platzes ziert die Rückseite der italienischen 50-Cent-Münze.

Cordonata ❹

Stadtplan 5 A5 (12 F5), **Karte** H6 (W5). 🚌 *Siehe* **Anfahrt** *S. 65.*

Von der Piazza Venezia gelangt man über eine gemächlich steigende Treppe, die Cordonata, zum Kapitol. Unten am Aufgang ruhen zwei ägyptische Löwen aus Granit. Links befindet sich ein Denkmal für Cola di Rienzo (19. Jh.) nahe der Hinrichtungsstelle des Tyrannen aus dem 14. Jahrhundert. Am Kopf der Rampe wachen die antiken Statuen der Dioskuren Castor und Pollux.

Römische Insula ❺

Piazza d'Aracoeli. **Stadtplan** 5 A5 (12 F5), **Karte** H6 (W4). 📞 06 06 08. 🚌 *Siehe* **Anfahrt** *S. 65.* ⭕ *Termin tel. vereinbaren.*

Vor nahezu 2000 Jahren lebten die weniger begüterten Einwohner Roms in

Statue eines Dioskuren am Kopf der Cordonata

Wohnblocks, den *insulae*. Sie waren oft in schlechtem Zustand, aber in einer Stadt mit hohen Grundstückskosten teuer. Dieser Block mit Mietwohnungen aus dem 2. Jahrhundert n. Chr. besitzt ein Tonnengewölbe und hat als einziger jener Ära überdauert. Vierter, fünfter und sechster Stock erheben sich über das derzeitige Bodenniveau.

Im Mittelalter wurde ein Teil der oberen Stockwerke in eine Kirche umgewandelt. Ihren Glockenturm und die Madonna in einer Nische (14. Jh.) kann man von der Straße her sehen.

Zur Zeit des Faschismus wurde das Viertel »gesäubert«. Etwa 380 Menschen wohnten noch hier. Die erbärmlichen Zustände waren bereits im 1. Jahrhundert von den Satirikern Martial und Juvenal (dieser musste 200 Stufen zu seiner Mansarde erklimmen) beschrieben worden. Möglicherweise hatte diese *insula* früher mehr Stockwerke. Je höher die Wohnungen lagen, desto schäbiger waren sie.

Die Cordonata in einem Gemälde von Antonio Canaletto (18. Jh.)

Aracoeli-Treppe ⑥

Piazza d'Aracoeli. **Stadtplan** 5 A5
(12 F5), **Karte** H6 (W5).
🚌 *Siehe* **Anfahrt** *S. 65.*

Die Aracoeli-Treppe mit 124 Marmorstufen wurde 1348 vollendet – vielleicht zum Dank für das Ende der Pest, aber wohl eher aus Anlass des Heiligen Jahrs 1350.

Der vom Volkshelden zum Tyrannen abgestiegene Cola di Rienzo (14. Jh.) hielt seine die Massen begeisternden Reden von der Aracoeli-Treppe aus. Im 17. Jahrhundert nächtigten dort Fremde, bis Prinz Caffarelli, der auf dem Hügel lebte, sie verscheuchte, indem er mit Steinen gefüllte Fässer die Stufen hinabrollen ließ.

Ein Aberglaube besagt, dass das Hinaufrutschen zur Kirche auf Knien zu einem Lotteriegewinn führt. Von oben bietet sich ein lohnender Blick auf Rom mit den Kuppeln von Sant'Andrea della Valle und den Petersdom halbrechts.

Aracoeli-Treppe

Santa Maria in Aracoeli ⑦

Piazza d'Aracoeli (Eingänge über die Aracoeli-Treppe und eine Tür hinter Palazzo Nuovo). **Stadtplan** 5 A5 (12 F5), **Karte** H6 (W5). 📞 *06 69 76 38 39.* 🚌 *Siehe* **Anfahrt** *S. 65.*
🕐 *Sommer: tägl. 9.30–12.30, 15–18.30 Uhr; Winter: tägl. 9–12.30, 14.30–17.30 Uhr.*

Die Gründung der Kirche Santa Maria in Aracoeli (Heilige Maria vom Himmelsaltar) geht auf das 6. Jahrhundert zurück, sie steht auf

Decke von Santa Maria in Aracoeli, die an die Schlacht von Lepanto erinnert

der nördlichen Erhebung des Kapitols an der Stelle des antiken Junotempels. Ihre 22 Säulen wurden verschiedenen antiken Bauwerken entnommen. Die Inschrift auf der dritten Säule links verrät den Herkunftsort: *a cubiculo Augustorum* – aus dem Schlafzimmer der Kaiser. Als Kirche der römischen Senatoren und des Volkes erlebte Santa Maria in Aracoeli viele Triumphfeiern. Die mit maritimen Motiven versehene Decke erinnert an die Seeschlacht von Lepanto (1571) und wurde unter Papst Gregor XIII. Boncampagni angefertigt, dessen Familienwappen, der Drache, am Altarende zu erkennen ist.

Denkmäler erinnern an weitere Römer sowie an römische Familien. Der Grabstein des Erzdiakons Giovanni Crivelli rechts vom Eingang ist nicht in den Boden eingesetzt, sondern ragt so hoch empor, dass man von einer bestimmten Perspektive auf Augenhöhe die Signatur erkennen kann: »Donatelli« (von Donatello).

Die Fresken in der ersten Kapelle rechts, die von Pinturicchio nach 1480 im Stil der frühen Renaissance gemalt wurden, verweisen auf Leben und Tod des hl. Bernhard von Siena. An der Wand links kippt die Perspektive nach rechts und berücksichtigt so die Blicke derjenigen, die die Kapelle von außerhalb betrachten.

Das berühmteste Werk der Kirche ist *Santo Bambino*, eine Olivenholzskulptur des Christuskinds (15. Jh.). Ein Franziskanermönch fertigte sie aus einem Baumstamm aus dem Garten Gethsemane. Zu den Wunderkräften der Figur zählt angeblich die Wiedererweckung von den Toten. Deshalb holt man sie bisweilen an das Lager von Schwerkranken. Das Original wurde 1994 gestohlen und durch eine Kopie ersetzt. An Weihnachten steht das Christuskind inmitten der malerischen Krippe (zweite Kapelle links), die übrige Zeit jedoch in der Sakristei, wo sich auch das Holztafelgemälde *Heilige Familie* aus der Werkstatt Giulio Romanos befindet.

Christuskind aus Olivenholz, Santa Maria in Aracoeli

Stadtplan *siehe Seiten 396–419*

Kapitolinische Museen: Palazzo Nuovo ❶

Seit der Renaissance befindet sich auf dem Kapitolshügel eine Sammlung antiker Statuen. Zunächst übergab Papst Sixtus IV. der Stadt 1471 eine Gruppe von Bronzeskulpturen. 1566 folgten Ergänzungen durch Papst Pius V. Im Zug der Neuordnung der Piazza del Campidoglio entwarf Michelangelo den Palazzo Nuovo. Nach dessen Fertigstellung 1655 wurde ein Teil der Statuen hierher verlagert. 1734 erklärte Papst Clemens XII. Corsini das Gebäude zum öffentlichen Museum – es war das erste Museum der Welt.

★ Kapitolinische Venus
Die Marmorvenus – Sinnbild vollkommener Schönheit – entstand um 100 oder 150 n. Chr. als Kopie einer Statue, die der griechische Bildhauer Praxiteles im 4. Jahrhundert v. Chr. geschaffen hatte.

Kurzführer

Auf zwei Etagen des Palazzo Nuovo werden vorrangig Skulpturen ausgestellt. Viele der besten Arbeiten, etwa die Kapitolinische Venus, sind Nachahmungen griechischer Meisterwerke. Ebenbilder von Philosophen und Herrschern finden Sie in zwei Büstensammlungen, die im 18. Jahrhundert zusammengetragen wurden. Der Eintrittspreis schließt den Zugang zum gegenüberliegenden Palazzo dei Conservatori ein.

Büste einer flavischen Dame
Die Dame trägt den komplizierten Haarschmuck der weiblichen Aristokratie im 1. Jahrhundert n. Chr.

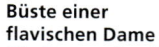

Erster Stock

3

4   5

Innenhof

Halle der Philosophen
Diese griechischen Politiker, Wissenschaftler und Dichter sind römische Kopien, die Villen, Gärten und Bibliotheken schmückten.

Erdgeschoss

Die Fassade des Palazzo Nuovo wurde von Michelangelo entworfen, die tatsächliche Umsetzung erfolgte bis 1654 durch die Brüder Carlo und Girolamo Rainaldi.

NICHT VERSÄUMEN

★ Discobolus

★ Kapitolinische Venus

★ Sterbender Gallier

LEGENDE

☐ Keine Ausstellungsfläche

☐ Ausstellungsfläche

Tauben-Mosaik

Das naturalistische Mosaik schmückte einst den Boden der Hadriansvilla in Tivoli (siehe S. 269). Es zeigt aus einem Gefäß trinkende Tauben.

★ Discobolus

Der verdrehte Torso war Teil einer griechischen Diskuswerfer-Statue. Pierre Monnot, ein französischer Bildhauer des 18. Jahrhunderts, machte daraus einen verwundeten Krieger.

INFOBOX

Musei Capitolini, Piazza del Campidoglio. **Stadtplan** 5 A5 (12 F5), **Karte** H6 (W5). ☎ 06 06 08. 🚌 63, 70, 75, 81, 87, 95, 160, 170, 204, 628, 716 und viele andere Busse Richtung Piazza Venezia. ⏱ Di–So 9–20 Uhr (letzter Einlass 19 Uhr). ● 1. Jan, 1. Mai, 25. Dez. 🎫 Die Eintrittskarten gelten für den ganzen Komplex. Der Hauptzugang erfolgt durch den Palazzo dei Conservatori. 🎧 📷 🛍 🚻 ♿ **www**.museicapitolini.org

Roter Faun

Der in Tivoli gefundene Satyr aus rotem Marmor (2. Jh. n. Chr.) wurde einem griechischen Vorbild nachempfunden.

2

— Treppe zum
Erdgeschoss

🚻

7 **8**

— Treppe zur Galerie
und Verbindung
zum Palazzo
dei Conservatori

— Treppe
zum
ersten
Stock

★ Sterbender Gallier

Der Gallo Morente ist die Kopie einer griechischen Figur aus dem 3. Jahrhundert v. Chr.

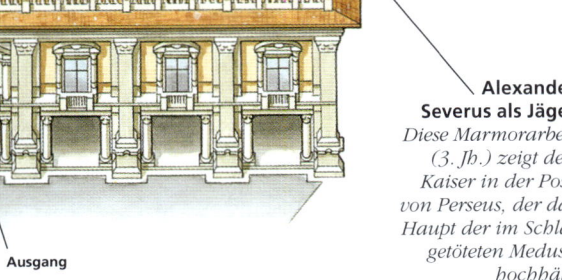

Ausgang

Alexander Severus als Jäger

Diese Marmorarbeit (3. Jh.) zeigt den Kaiser in der Pose von Perseus, der das Haupt der im Schlaf getöteten Medusa hochhält.

Stadtplan siehe Seiten 396–419

Kapitolinische Museen: Palazzo dei Conservatori ❷

Der Palazzo dei Conservatori war im Spätmittelalter Sitz des Magistrats. Die Freskenhallen dienen bis heute für politische Treffen, im Erdgeschoss befindet sich die städtische Registratur. Umgestaltet wurde der Palazzo von Giacomo della Porta, der Michelangelos Entwürfe für die Piazza del Campidoglio Mitte des 16. Jahrhunderts ausführte. Ein Großteil der Räume sind der Bildhauerei vorbehalten. Im zweiten Stock hängen Werke von Veronese, Guercino, Tintoretto, Rubens, Caravaggio, van Dyck und Tizian.

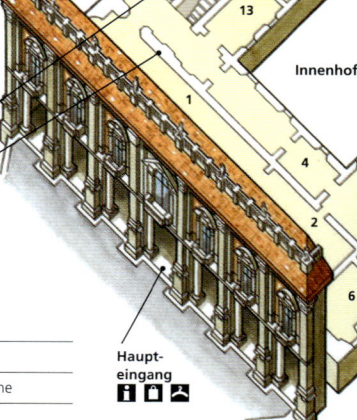

Fassade des Palazzo dei Conservatori
Die Umsetzung von Michelangelos Entwurf begann 1563, ein Jahr vor seinem Tod.

Kurzführer

Im ersten Stock lohnen vor allem die Fresken aus dem 16. und 17. Jahrhundert sowie die antiken Statuen. Im zweiten Stock werden Gemälde und eine Porzellansammlung gezeigt. In den Räumen 10 und 11 finden Sonderausstellungen statt.

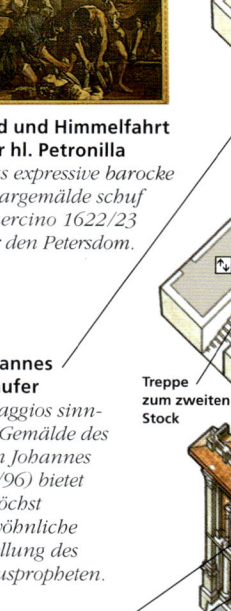

Tod und Himmelfahrt der hl. Petronilla
Das expressive barocke Altargemälde schuf Guercino 1622/23 für den Petersdom.

★ Johannes der Täufer
Caravaggios sinnliches Gemälde des jungen Johannes (1595/96) bietet eine höchst ungewöhnliche Darstellung des Christuspropheten.

Horatier und Curatier
Das Fresko von d'Arpino (1613) zeigt eine Duellszene aus der frühen römischen Mythologie.

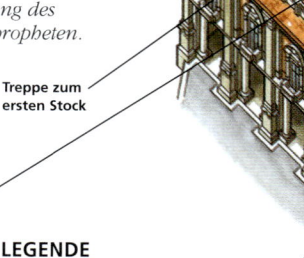

Galerie im zweiten Stock

7

6

5

4

3

9

2

1

9

17

16

Treppe zum zweiten Stock

15

14

13

Innenhof

1

Treppe zum ersten Stock

4

2

6

LEGENDE

☐ Ausstellungsfläche

▨ Keine Ausstellungsfläche

Haupteingang

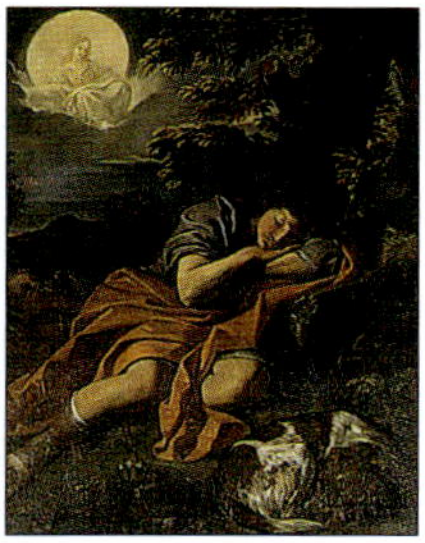

Endymion
Der von der Göttin Diana zum ewigen Schlaf verdammte Jüngling wurde von Pier Francesco Mola (1612–66, Schüler bei Cavalier d'Arpino) gemalt.

INFOBOX

Siehe S. 71.

NICHT VERSÄUMEN

- ★ Der Dornauszieher
- ★ Die Wölfin
- ★ *Johannes der Täufer* von Caravaggio

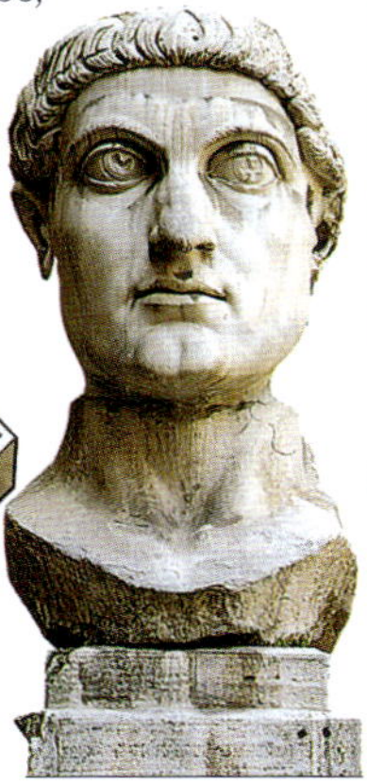

Konstantin I.
Nur der Kopf der kolossalen Kaiserstatue (4. Jh.) sowie eine Hand und einige Fragmente blieben erhalten.

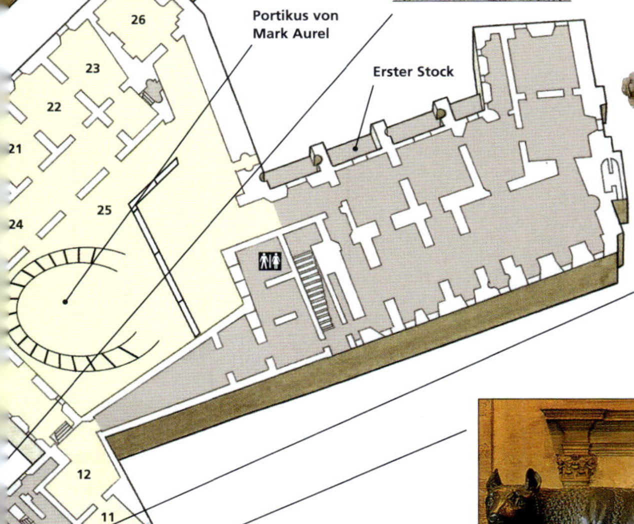
Portikus von Mark Aurel
Erster Stock
26
23
22
21
25
24
12
11
10
9
8

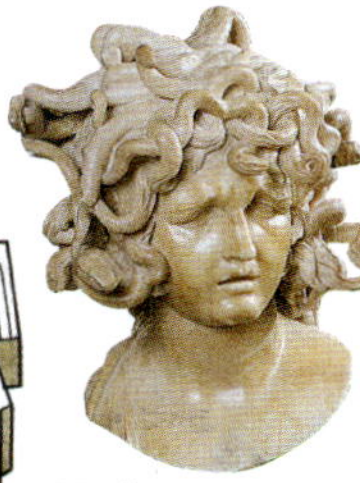

Medusa
Diese Büste von Bernini befindet sich in Raum 5.

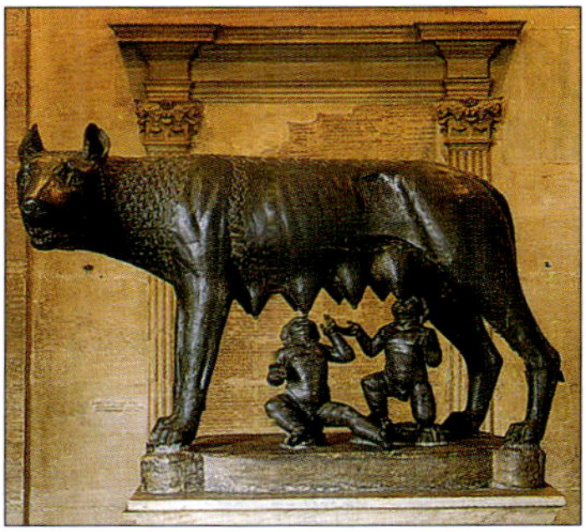

★ Die Wölfin
Der Bronzewölfin aus der Zeit der Etrusker (5. Jh. v. Chr.) wurden wohl erst im 15. Jahrhundert die mythischen Zwillinge Romulus und Remus (siehe S. 18f) zugefügt.

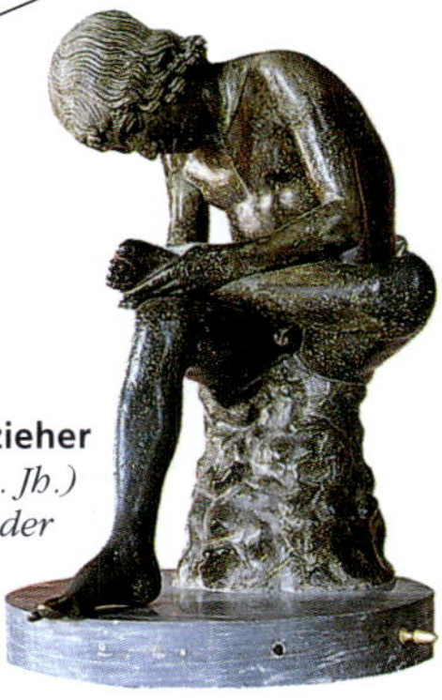

★ Der Dornauszieher
Die Bronzeskulptur (1. Jh.) zeigt einen Knaben, der einen Dorn aus seinem Fuß zu ziehen versucht.

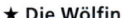

Jupitertempel ❽

Via del Tempio di Giove. **Stadtplan** 5 A5 (12 F5), **Karte** H6 (W5). ▭ Siehe **Anfahrt** S. 65.

Der Jupitertempel, der wichtigste Tempel des antiken Rom, wurde um 509 v. Chr. zu Ehren des Göttervaters auf der südlichen Erhebung des Kapitolshügels angelegt. Aus den wenigen Resten konnten Archäologen seine ehemals rechtwinklige, griechisch anmutende Form rekonstruieren. Stellenweise lässt sich ein spezifisch römisches Detail erkennen: das Podium, das weitgehend unter dem Flügel des Museo Nuovo der Kapitolinischen Museen (siehe S. 70–73) liegt.

Beim Gang um die Anlage (von der südwestlichen Ecke des Podiums in der Via del Tempio di Giove zur südöstlichen Ecke auf dem Piazzale Caffarelli) wird ersichtlich, dass der Tempel früher etwa die Größe des Pantheon besaß.

Der Jupitertempel auf einer antiken Münze

Tarpejischer Felsen ❾

Via di Monte Caprino/Via del Tempio di Giove. **Stadtplan** 5 A5 (12 F5), **Karte** H6 (W5). ▭ Siehe **Anfahrt** S. 65.

Die Südspitze der Kapitolsanlage heißt Tarpejischer Felsen (Rupe Tarpea) – nach Tarpeia, der Tochter des Spurius Tarpeius, Verteidiger des Kapitols im Sabinischen Krieg (8. Jh. v. Chr.). Die von Rachegelüsten wegen des Raubs

Sabinische Soldaten bedrohen die verräterische Tarpeia mit ihren Schilden

ihrer Frauen durch Romulus und seine Männer verzehrten Sabiner bestachen Tarpeia, sie zum Kapitol einzulassen. Wie der augustinische Geschichtsschreiber Livius berichtet, trugen die Sabiner schwere Goldarmbänder und Juwelen an ihren linken Händen und Armen. Tarpeias Lohn sollte sein, »was sie an ihren Schildarmen trugen«.

Die Sabiner hielten sich zwar an die Vereinbarung – doch statt Tarpeia mit Schmuck zu entlohnen, zerquetschten sie sie zwischen ihren Schilden. Tarpeia war möglicherweise das einzige Opfer dieses Verrats, denn ehe die eindringenden Krieger auf die Verteidiger trafen, warfen sich die sabinischen Frauen zwischen die Feinde und erzwangen Versöhnung. In der Folgezeit wurden Verräter und andere Verdammte hingerichtet, indem man sie vom nackten Fels stürzte. Die Stelle ist immer noch gefährlich und deshalb eingezäunt.

Denkmal für Vittorio Emanuele II ❿

Piazza Venezia. **Stadtplan** 5 A5 (12 F4), **Karte** H6 (W4). ☎ 06 699 17 18. ▭ Siehe **Anfahrt** S. 65. ◑ tägl. 9.30–16 Uhr (Sommer: bis 17 Uhr). ▭

Das Monument, »Il Vittoriano«, wurde 1885 begonnen und 1911 zu Ehren von Vittorio Emanuele II von Savoyen, dem ersten König des vereinten Italien, eingeweiht. Eine bronzene Reiterstatue stellt den König übergroß dar. Das Bauwerk, Sinnbild für bombastische Architektur, enthält ein Museum des Risorgimento, jener Ereignisse, die zur Vereinigung führten (siehe S. 38f). Mit seinem nüchternen Brescia-Marmor wird sich der »Hochzeitskuchen« bzw. die »Schreibmaschine«, wie die Römer spotten, nie in die Ockertöne der Umgebung einfügen. Ein Glaslift an der Rückseite fährt ganz nach oben, wo sich eine grandiose Aussicht bietet.

Denkmal für Vittorio Emanuele II auf der Piazza Venezia

Palazzo Venezia und Museum ⓫

Via del Plebiscito 118. **Stadtplan** 5 A4 (12 E4), **Karte** H5 (W4). ☎ 06 69 99 43 19. ⬚ *Siehe Anfahrt* S. 65. ⬚ *Di–So 9–19 Uhr (letzter Einlass 18.30 Uhr).* ● *1. Jan, 1. Mai, 25. Dez.* ⬚ ⬚ *Wechselausstellungen.*

Palazzo Venezia mit Mussolinis Balkon in der Mitte

Der Palazzo ist einer der ersten weltlichen Renaissance-Bauten Roms. Wegen der Harmonie seiner Bogenfenster und -türen schrieb man die Fassade dem großen humanistischen Architekten Leon Battista Alberti (1404–1472) zu. Doch war der Baumeister wohl Giuliano da Maiano, von dem auch die Treppe zur Piazza stammt.

Papst Paul II. (1417–1471)

Der Palazzo wurde 1455–64 für den venezianischen Kardinal Pietro Barbo (ab1464 Papst Paul II.) erbaut. Zeitweise diente er als Papstresidenz, dann als venezianische Botschaft. 1797 ging er in französische Hände über, seit 1916 ist er in staatlichem Besitz. In der faschistischen Zeit residierte hier Mussolini und sprach vom Zentralbalkon zu den Massen.

Das Innere offenbart sich bei einem Besuch des Museo del Palazzo Venezia. Das unterschätzte Museum birgt neben erstklassigen Sammlungen früher Renaissance-Malerei wahre Schätze: bemalte Holzskulpturen und Renaissance-Kommoden aus Italien, Gobelins aus ganz Europa, Majolika, Silber, neapolitanische Keramikfiguren, Bronzen, Waffen und Rüstungen, barocke Terrakotta-Skulpturen von Bernini, Algardi u. a. sowie italienische Malerei des 17. und 18. Jahrhunderts. Es finden sich eine Marmorkanzel aus dem Aracoeli-Konvent, das dem Denkmal für Vittorio Emanuele II weichen musste, und eine Büste von Paul II., die ihn zusammen mit Martin V. und Leo X. als einen der dicksten Päpste aller Zeiten ausweist.

San Marco ⓬

Piazza San Marco 48. **Stadtplan** 5 A4 (12 F4), **Karte** H6 (W4). ☎ 06 679 52 05. ⬚ *Siehe Anfahrt* S. 65. ⬚ *Mo 16–18.30, Di–Sa 8.30–12, 16–18.30, So 9–13, 16–20 Uhr.* ✝

Die Kirche von San Marco wurde 336 vom damaligen Papst Markus zu Ehren des gleichnamigen Evangelisten gegründet. Die Gebeine des Papstes ruhen unter dem Altar. Die Kirche wurde im 9. Jahrhundert von Papst Gregor IV. renoviert, aus dieser Zeit stammen auch die wunderbaren Apsismosaiken.

Weitere Umgestaltungen wurden zwischen 1455 und 1471 durchgeführt, als Papst Paul II.

Wappen von Papst Paul II.

Barbo San Marco zur Kirche der venezianischen Gemeinde in Rom machte. Die blau-goldene Decke ist mit Papst Pauls Familienwappen geschmückt, dem sprungbereiten Löwen, der auch Löwe von San Marco heißt, nach dem Schutzpatron Venedigs.

Die Innenausbauten mit Säulen aus sizilianischem Jaspis stammen größtenteils von Filippo Barigioni (Mitte 18. Jh.), eine Reihe interessanter Grabmonumente im Seitenschiff wurde in der Zeit des römischen Spätbarock errichtet. Leon Battista Alberti, der auch beim Bau des Palazzo Venezia beteiligt war, schuf vermutlich die eleganten Arkade aus Travertin und die Fassadenloggia.

Apsismosaik mit Christus und Gregor IV. (links außen) in San Marco

Stadtplan *siehe Seiten 396–419*

Forum

Das Forum war einst Mittelpunkt des politischen, wirtschaftlichen und gerichtlichen Lebens. Die größten Gebäude waren die Basiliken, in denen die Prozesse stattfanden. Laut dem Dramatiker Plautus wimmelte das Forum von »Anwälten und Prozessierenden, Bankiers und Spekulanten, Ladeninhabern und Dirnen, die auf eine hin-

Statue eines Barbaren auf dem Konstantinsbogen

geworfene Münze hofften«. Bei der ständig wachsenden Bevölkerung wurde das Forum bald zu klein. 46 v. Chr. ließ Cäsar ein neues errichten und ging so seinen Nachfolgern beispielhaft voran. Neben den herrschaftlichen Foren feierten sich die Kaiser mit neuen Triumphbogen, östlich davon ließ Vespasian das Kolosseum als Zentrum für allerlei Vergnügungen bauen.

Sehenswürdigkeiten auf einen Blick

Kirchen und Tempel
Santa Francesca Romana ⑭
Tempel der Venus und
  der Roma ⑰
Tempel der Vesta ⑨
Tempel des Antoninus
  und der Faustina ⑪
Tempel des Romulus und
  der Heiligen Cosmas und
  Damian ⑫
Tempel des Saturn ⑤
Tempel von Castor und Pollux ⑧

Historische Gebäude
Basilica Aemilia ❶
Basilica Julia ❼
Basilika des Konstantin
  und Maxentius ⑬

Casa dei Cavalieri di Rodi ㉑
Curia ❷
Haus der Vestalinnen ⑩
Kolosseum S. 92–95 ㉗
Mamertinischer Kerker ㉔
Torre delle Milizie ⑳
Trajansmärkte S. 88f ⑱

Museum
Antiquarium Forense ⑮

Bogen und Säulen
Konstantinsbogen ㉖
Phokassäule ❻
Septimius-Severus-Bogen ❹
Titusbogen ⑯
Trajanssäule ⑲

Antike Stätten
Forum des Augustus ㉒
Forum des Cäsar ㉓
Forum des Nerva ㉕
Rostra ❸

Anfahrt
Am einfachsten erreichen Sie das Forum mit der Metro-Linie 3. Der Haupteingang befindet sich an der Via dei Fiori Imperiali. Hier halten auch die Buslinien 75, 85, 87, 117, 175, 186, 810 und 850. Von der Piazza Venezia aus ist es nur ein Katzensprung. Zu den Trajansmärkten fahren die Busse H, 64, 65 und 70.

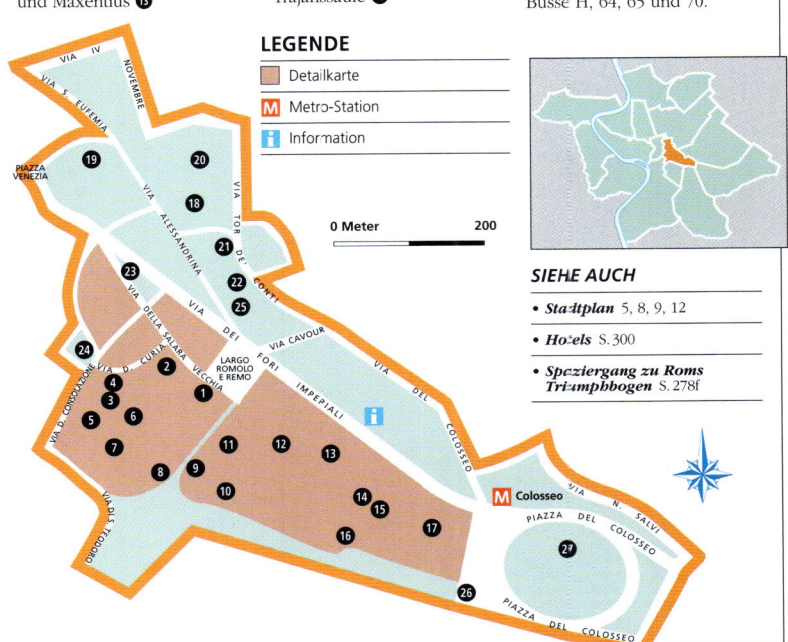

LEGENDE
Detailkarte
M Metro-Station
i Information

0 Meter   200

SIEHE AUCH
• Stadtplan 5, 8, 9, 12
• Hotels S. 300
• Spaziergang zu Roms Triumphbogen S. 278f

◁ **Blick auf das Forum mit dem Kolosseum hinter dem Glockenturm von Santa Francesca Romana (siehe S. 87)**

Im Detail: Westliches Forum Romanum

Bevor Sie sich in das Durcheinander verfallener Tempel und Basiliken stürzen, empfiehlt es sich, von der Rückseite des Kapitols einen Eindruck von oben zu gewinnen. Von hier aus sehen Sie die Via Sacra, die Straße, durch die Triumphzüge und religiöse Prozessionen auf das Kapitol zuliefen. Der Septimius-Severus-Bogen und die Säulen vom Tempel des Saturn wurden erst mit dem Beginn archäologischer Ausgrabungen (18. Jh.) ans Licht befördert. Die Ausgrabungsarbeiten im Forum sind noch nicht abgeschlossen, die zutage geförderten Ruinen datieren aus allen Epochen der römischen Geschichte.

Tempel des Vespasian
Piranesis Kupferstich (18. Jh.) zeigt den Blick von dieser Stelle aus. Die drei Säulen des Forums sind hier noch fast völlig verschüttet.

Tempel der Concordia

Portikus der Dii Consentes

Tempel des Saturn
Die acht noch erhaltenen Säulen stehen in der Nähe der drei Säulen vom Tempel des Vespasian. ❺

Rostra
Diese Ruinen waren die Tribüne für öffentliche Reden im Forum. ❸

Basilica Julia
Sie ist nach ihrem Erbauer Julius Cäsar benannt und beherbergte wichtige Gerichtshöfe. ❼

Phokassäule
Diese einzelne, 608 n. Chr. errichtete Säule ist eines der jüngsten Monumente auf dem Forum. ❻

Hotels am Forum *siehe Seite 300*

★ Septimius-Severus-Bogen

Ein Stich (19. Jh.) zeigt den Bogen nach ersten Ausgrabungen auf dem Forum. 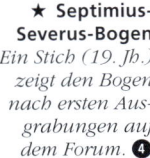 ❹

Santi Luca e Martina

war zunächst eine mittelalterliche Kirche, wurde aber 1640 von Pietro da Cortona neu aufgebaut.

Zum Forum gehört auch ein Areal unter der Via dei Fiori. Weitere Teile sind nun zugänglich.

Curia

Die Curia Iulia ist eines der besterhaltenen Gebäude der Spätantike in Rom. ❷

Basilica Aemilia

Die riesige Versammlungshalle wurde im 5. Jahrhundert n. Chr. abgerissen ❶

Eingang zum Forum

Der Tempel des Julius Cäsar

wurde von Kaiser Augustus an der Stelle errichtet, an der Cäsars Leichnam nach seiner Ermordung 44 v. Chr. verbrannt wurde.

Julius Cäsar

Zum östlichen Forum Romanum
Siehe S. 80f

Tempel von Castor und Pollux

Schon seit dem 5. Jahrhundert v. Chr. stand hier ein Tempel, der den göttlichen Zwillingssöhnen geweiht war. Der Sims und die ihn tragenden Säulen sind Teile des Nachbaus aus dem Jahr 6 n. Chr. ❽

Zur Orientierung
Siehe Stadtplan 5

NICHT VERSÄUMEN

★ Septimius-Severus-Bogen

LEGENDE

– – – Routenempfehlung

| 0 Meter | 75 |

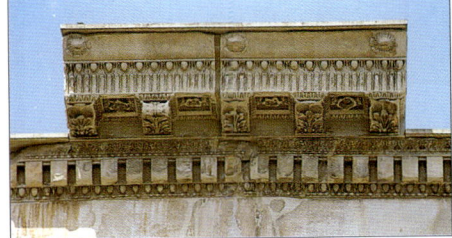

Stadtplan *siehe Seiten 396–419*

Im Detail: Östliches Forum Romanum

Der Osten des Forums wird von den massiven Tonnengewölben der Basilika Kaiser Konstantins dominiert, die im
4. Jahrhundert n. Chr. noch ein ganz anderes Bild
bot – mit Marmorsäulen, -böden und -statuen
sowie den vergoldeten Bronzeplatten auf dem
Boden. Die Überreste anderer Bauwerke sind
dürftig, doch der Garten und die Teiche inmitten
des Hauses der Vestalinnen machen den Ort
überaus reizvoll. Die beiden Kirchen in diesem
Teil des Forums sind nur von außerhalb des
Grabungsgebiets zugänglich.

Die Regia war der
Dienstsitz des Pontifex
Maximus, des obersten
Priesters im Alten Rom.

Eingang
zum Forum

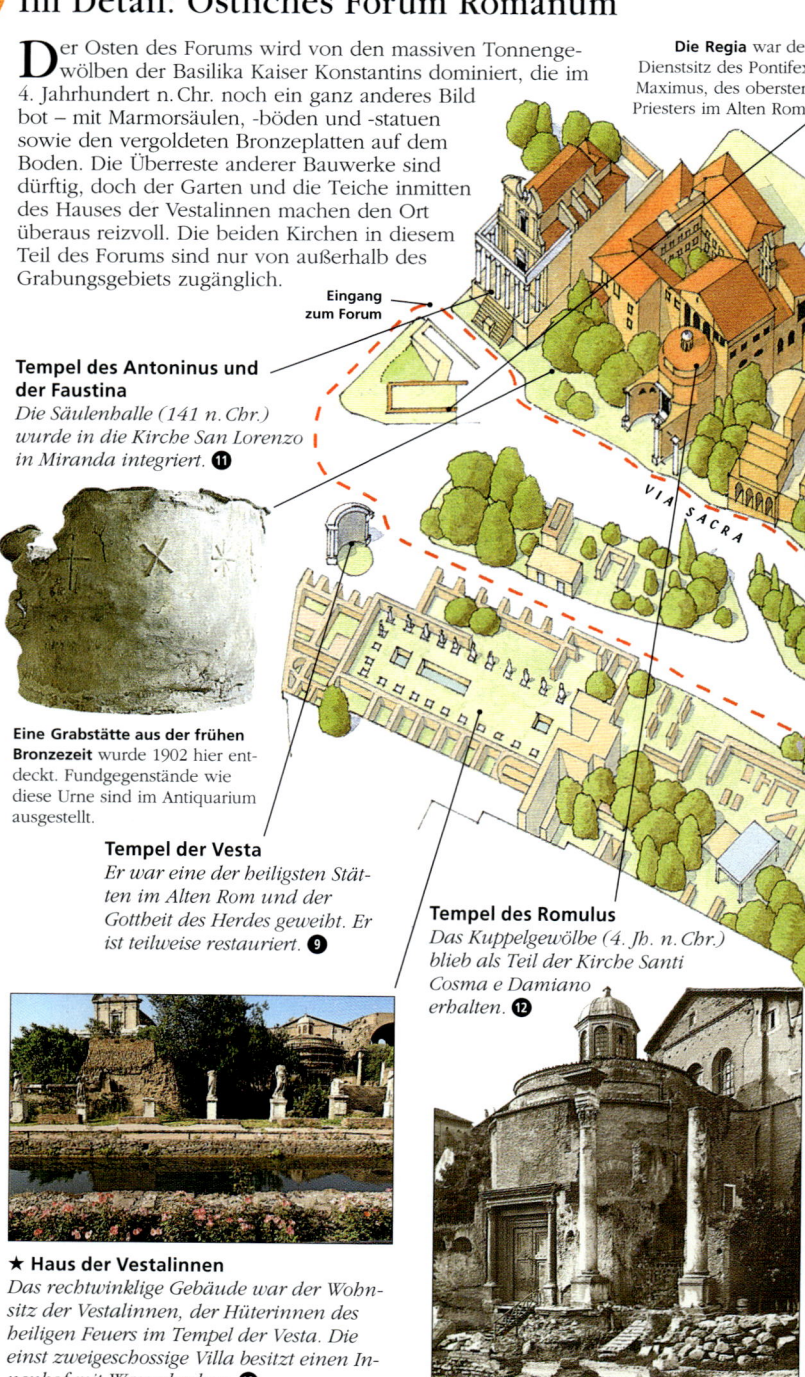

**Tempel des Antoninus und
der Faustina**
*Die Säulenhalle (141 n. Chr.)
wurde in die Kirche San Lorenzo
in Miranda integriert.* ⓫

**Eine Grabstätte aus der frühen
Bronzezeit** wurde 1902 hier entdeckt. Fundgegenstände wie
diese Urne sind im Antiquarium
ausgestellt.

Tempel der Vesta
*Er war eine der heiligsten Stät-
ten im Alten Rom und der
Gottheit des Herdes geweiht. Er
ist teilweise restauriert.* ❾

Tempel des Romulus
*Das Kuppelgewölbe (4. Jh. n. Chr.)
blieb als Teil der Kirche Santi
Cosma e Damiano
erhalten.* ⓬

★ Haus der Vestalinnen
*Das rechtwinklige Gebäude war der Wohn-
sitz der Vestalinnen, der Hüterinnen des
heiligen Feuers im Tempel der Vesta. Die
einst zweigeschossige Villa besitzt einen Innenhof mit Wasserbecken.* ❿

Hotels am Forum siehe Seite 300

★ Basilika des Konstantin und Maxentius

Die Überreste der Bogen und Ge-wölbe vermitteln einen Eindruck von der früheren Größe. ⓭

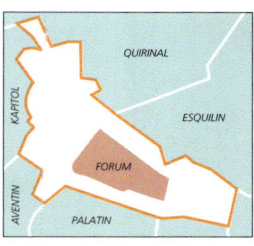

Zur Orientierung
Siehe Stadtplan 5, 8

Santa Francesca Romana
Ihren Namen verdankt die Kirche einer Heiligen, die sich im 15. Jh. der Armen annahm. ⓮

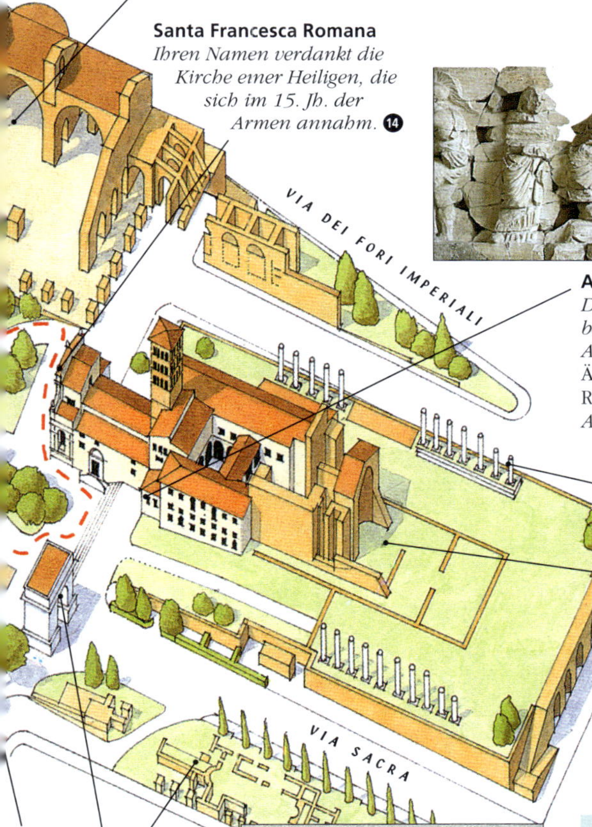

VIA DEI FORI IMPERIALI

Antiquarium Forense
Das kleine Museum beher-bergt archäologische Funde. Ausgestellt ist u. a. der Fries Äneas und die Gründung Roms *aus der Basilica Aemilia.* ⓯

Säulengang um den Tempel der Venus und der Roma

Tempel der Venus und der Roma
Die Ruinen sind Überreste eines Tempels, der 121 n. Chr. nach Entwürfen von Kaiser Hadrian gebaut wurde. ⓱

VIA SACRA

Zum Palatin

Ruinen der Bäder

NICHT VERSÄUMEN

★ Basilika des Konstantin und Maxentius

★ Haus der Vestalinnen

Titusbogen
Der Nachbau aus dem 19. Jahrhundert zeigt, wie der Bogen ausgesehen haben mag, der sich über die gepflasterte Via Sacra spannte. ⓰

LEGENDE

– – – Routenempfehlung

0 Meter   75

Stadtplan *siehe Seiten 396–419*

Geschmolzene Münzen, eingebettet in den Boden der Basilica Aemilia

Basilica Aemilia ❶

Siehe Infobox.

Ursprünglich bestand das Gebäude aus einer rechteckigen Halle mit Säulengängen, farbigen Marmorböden und einem Bronzedach. Erbaut wurde es 179 v. Chr. von den Konsuln Marcus Emilius Lepidus und Marcus Fulvius Nobilor. Römische Konsuln wurden jährlich gewählt und hatten die oberste Regierungsgewalt inne.

Basiliken erfüllten im Alten Rom keine religiöse Funktion. Sie waren Versammlungsgebäude für Politiker, Banker (»Wucherer«) und die *publicani*, Geschäftsleute, die vom Staat beauftragt waren, die Steuern einzutreiben. Eine Versammlung einigte sich auf die Summe, die dem Staat zukommen sollte, doch ihre Mitglieder durften eintreiben, so

viel sie konnten, und den Überschuss für sich behalten.

Die Basilika wurde mehrmals wiederaufgebaut, fiel aber 410 n. Chr. bei der Plünderung der Westgoten den Flammen zum Opfer. Bis zuletzt müssen Geschäfte abgewickelt worden sein, denn das Pflaster ist übersät mit kleinen eingeschmolzenen Goldstücken.

Curia ❷

Siehe Infobox.

Die Curia Iulia war das zentrale Sitzungsgebäude des Senats und ist eines der besterhaltenen Bauwerke der Spätantike in Rom. Allerdings wurde sie um 1937 grundlegend restauriert.

Als die erste Curia 52 v. Chr. abbrannte, ließ Cäsar am Rand des Forums eine neue bauen, die 29 v. Chr. unter Kaiser Augustus fertiggestellt wurde. 94 n. Chr. ließ Domitian den Bau restaurieren, nach einem weiteren Brand veranlasste Diokletian 283 den Wiederaufbau.

Im Inneren sieht man zwei Relieftafeln, die von Trajan in Auftrag gegeben wurden. Eine zeigt ihn bei der Zerstörung von Steuerverzeichnissen zur Entschuldung der Bürger, die andere beim Empfang einer Mutter mit Kind.

Rostra ❸

Siehe Infobox.

Ruinen der kaiserlichen Rostra

Von dieser Estrade wurden berühmte Reden gehalten, man denke nur an die von Shakespeare grandios aufgegriffene Rede »Freunde, Römer, Landsleute« des Mark Anton nach der Ermordung Julius Cäsars 44 v. Chr. Cäsar selbst hatte gerade das Forum neu gestaltet.

Im Jahr darauf wurden hier Haupt und Hände Ciceros zur Schau gestellt, nachdem ihn das zweite Triumvirat (Augustus, Mark Anton und Marcus Lepidus) hatte hinrichten lassen. Fulvia, die Ehefrau von Mark Anton, durchstach später die Zunge des großen Redners mit einer Haarnadel.

Angeblich soll Julia, die Tochter von Kaiser Augustus, an dieser Stelle Prostitution betrieben haben, einer von mehreren Skandalen, die schließlich zu ihrer Verbannung führten. Ihren Namen verdankt die Bühne den eisernen Schnäbeln (*rostra*) der Schiffsbuge, die sie zierten. Sie waren in der Schlacht bei Antium 338 v. Chr. erbeutet worden.

Curia Iulia

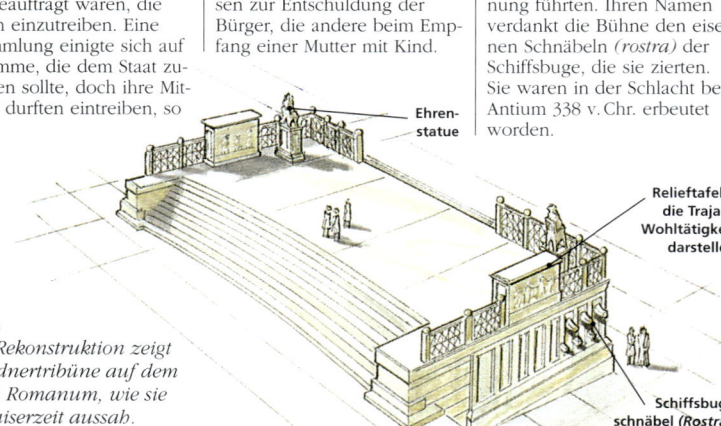

Ehren-
statue

Relieftafeln,
die Trajans
Wohltätigkeit
darstellen

Schiffsbug-
schnäbel (*Rostra*)

Rostra
Diese Rekonstruktion zeigt die Rednertribüne auf dem Forum Romanum, wie sie zur Kaiserzeit aussah.

Hotels am Forum siehe Seite 300

Septimius-Severus-Bogen ❹

Siehe Infobox.

Der Triumphbogen, eines der schönsten und besterhaltenen Bauwerke des Forums, wurde 203 n.Chr. zum zehnten Jahrestag des Amtsantritts von Septimius Severus errichtet. Die stark erodierten Relieftafeln feiern des Kaisers Siege in Parthien (dem heutigen Iran) und Arabien. Ur-

Gefangene Barbaren, Bogen des Severus

sprünglich waren die Inschriften entlang dem Bogen Septimius und seinen zwei Söhnen, Caracalla und Geta, gewidmet. Nach dem Tod des Kaisers ermordete Caracalla seinen Bruder und ließ dann dessen Namen entfernen. Die Befestigungslöcher für die Inschrift sind allerdings noch zu erkennen.

Im Mittelalter beherbergte der mittlere Bogen, halb verschüttet von Erde und Geröll, einen Barbierladen.

Triumphbogen des Kaisers Septimius Severus

Tempel des Saturn ❺

Siehe Infobox.

Die auffälligste Ruine im umzäunten Bereich des Forums und des Kapitolbergs ist der Tempel des Saturn. Er besteht aus einer Plattform, acht Säulen und einem Rest

Ionische Kapitelle an den erhaltenen Säulen des Saturntempels

Hauptgesims. Schon seit 497 v.Chr. gab es hier einen Tempel, der dem altrömischen Gott geweiht war, aber er musste oft wiederaufgebaut werden. Die heutigen Ruinen stammen von 42 v.Chr.

Saturn, der Gott des Acker- und Weinbaus, war bald der mythische Götterkönig Italiens, Herrscher des fruchtbaren und friedlichen Goldenen Zeitalters, das weder Krieg und Sklaverei, weder Eigentum noch Verbrechen kannte. Als solcher sprach er vor allem die niederen Schichten und Sklaven an. Jedes Jahr, vom 17. bis zum 23. Dezember, wurden ihm zu Ehren die Saturnalien abgehalten, eine Woche der Opfer, aber auch der Feste.

Für die Zeit dieser Feierlichkeiten war die soziale Rangordnung auf den Kopf gestellt. Die Sklaven aßen und tranken mit ihren Herren oder wurden sogar von diesen bedient. Senatoren und hochgestellte Römer legten ihre Togen ab und mischten sich mit salopperen Gewändern unter die Menge. Die Schulen und Gerichte waren geschlossen. Man erklärte keine Kriege und verurteilte keine Gefangenen.

Auch privat wurden die Saturnalien gefeiert: Man tauschte Geschenke aus, etwa kleine Wachspuppen und -kerzen, und spielte harmlose Glücksspiele – z.B. mit Nüssen, einem Symbol der Fruchtbarkeit. Unser Weihnachtsfest hat viel vom Geist und den Gebräuchen dieser Festivitäten übernommen.

Phokassäule ❻

Siehe Infobox.

Die 13,5 Meter hohe Säule ist eine der wenigen, die seit den Tagen ihrer Errichtung noch aufrecht stehen. Niemand wusste, was sie darstellte, bis 1816 die wissbegierige Engländerin Lady Elizabeth Foster, Witwe des fünften Duke of Devonshire, den Sockel ausgraben ließ. Die Säule erwies sich als das jüngste Monument auf dem Forum, das 608 n.Chr. aus Anlass des Besuchs des byzantinischen Kaisers Phokas errichtet wurde. Phokas hatte dem Papst das Pantheon übereignet – vermutlich handelt es sich um eine Geschenkgabe aus Dankbarkeit *(siehe S. 110f).*

Die schlanke Phokassäule

Stadtplan *siehe Seiten 396–419*

Überreste der Basilica Julia, des römischen Zivilgerichtshofs

Basilica Julia ❼

Siehe Infobox, S. 82.

Die riesige Basilika zwischen dem Tempel des Saturn und dem Tempel von Castor und Pollux wurde 54 v. Chr. unter Julius Cäsar begonnen und nach seinem Tod von Augustus vollendet. Wenig später, 9 v. Chr., fiel sie den Flammen zum Opfer, wurde wieder instand gesetzt und den Enkeln des Kaisers, Gaius und Lucius, gewidmet. Heute, nach zahlreichen Plünderungen, sind nur noch die Stufen, das Pflaster und Säulenstümpfe übrig. Der Grundriss allerdings ist gut erkennbar. Die Basilika hatte eine zentrale Halle von 80 auf 18 Meter, die von zwei Säulengängen flankiert war. Die

Halle umfasste drei Stockwerke, der äußere Säulengang nur zwei.

Die Basilica Julia war Sitz der *centumviri*, des Rats von 180 Richtern, die Zivilrechtsfälle abwickelten. Sie teilten sich in vier Kammern. Wenn nicht gerade ein besonders schwieriger Fall anstand, tagten diese getrennt. Allerdings waren die Kammern nur durch Vorhänge oder Wandschirme voneinander getrennt. Man kann sich vorstellen, wie die Stimmen der Redner, der Beifall und die Missfallensbekundungen des Publikums durch das Gebäude hallten. Die Anwälte pflegten sich Zuschauer zu mieten, die ihrem Geldgeber durch lauten Beifall die nötige Resonanz verschafften oder seinen Gegner ausbuhten. Diese Menschen hatten wohl viel Muße zwischen den Verhandlungen, denn eingeritzt in die Stufen findet man Bretter für Würfel- und Glücksspiele.

Tempel der Vesta
Der Tempel bewahrte die ursprüngliche Form einer Konstruktion aus hölzernen Säulen mit einem strohgedeckten Dach.

Tempel von Castor und Pollux ❽

Siehe Infobox, S. 82.

Der erste Tempel wurde wahrscheinlich im Jahr 484 v. Chr. Castor und Pollux, den mythologischen Zwillingen und Schutzgöttern der Reiter, geweiht. 499 v. Chr., während der Schlacht am See Regillus gegen die vertriebenen tarquinischen Könige, hatte der römische Diktator Postumius gelobt, im Fall des Siegs einen Tempel zu Ehren der Zwillinge zu bauen. Es hieß, die beiden seien auf dem Schlachtfeld erschienen, um den Römern zum Sieg zu verhelfen, und hätten sich dann an der Stelle des heutigen Tempels eingefunden, um die gute Nachricht zu verkünden. Auch dieser Tempel wurde mehrmals wiederaufgebaut. Drei gut erhaltene Säulen, schlank und kanneliert, stammen von der letzten Erneuerung im Jahr 6 n. Chr. *(siehe S. 79)* unter dem späteren Kaiser Tiberius. Lange Zeit beherbergte der Tempel das städtische Amt für Maße und Gewichte, zeitweise wurde er von Bankiers genutzt.

Korinthische Säulen des Tempels von Castor und Pollux

Tempel der Vesta ❾

Siehe Infobox, S. 82.

Der Tempel ist der eleganteste des Forums, ein rundes Gebäude, das ursprünglich von 20 kannelierten Säulen umgeben war. Er datiert aus dem 4. Jahrhundert n. Chr. – es gab hier allerdings schon viel früher einen Tempel. 1930 wurde er teilweise wiederhergestellt.

Der Kult der Vestalinnen war einer der ältesten im antiken Rom. Im Mittelpunkt

Cella (fensterloser Hauptraum)

Ring korinthischer Säulen

Heiliges Feuer

standen sechs Jungfrauen, die
das heilige Feuer der Vesta,
der Göttin des Herdes, zu
hüten hatten. Ursprünglich
war dies Aufgabe der Königs-
töchter, wurde aber an die
Vestalinnen, die einzigen
Priesterinnen Roms, weiterge-
geben. Der Dienst war nicht
einfach, die Flamme konnte
leicht durch einen Windstoß
ausgeblasen werden. Die
Schuldige wurde vom Ober-
priester (Pontifex Maximus)
ausgepeitscht und vertrieben.

Die Mädchen aus höheren
Familien wurden im Alter von
sechs bis zehn Jahren ausgewählt. Ihr Dienst dauerte
30 Jahre lang: je zehn Jahre
Unterweisung, Ausführung
der Pflichten und Einführung
der Novizinnen. Sie genossen
hohe Ehren und finanzielle
Sicherheit, mussten aber jung-
fräulich bleiben. Im Fall der
Übertretung wurden sie
lebendig begraben. Ein solches Schicksal wurde jedoch
nur zehn Vestalinnen zuteil.
Die beteiligten Männer
wurden zu Tode ge-
peitscht. Wenn Vestalin-
nen in den Ruhestand
traten, durften sie ein
normales Leben führen
und heiraten, obschon
wenige dies taten.

Eine weitere Pflicht der
Vestalinnen war die Be-
wachung des Palladiums
mit der heiligen Statue
der Göttin Pallas Athe-
ne. Der respektlose Kai-
ser Heliogabal versuchte
im 3. Jahrhundert n.Chr.,
den Tempel zu plündern,
doch die Vestalinnen wurden
gewarnt und er-
setzten die
Statue
durch
eine
Nachbil-
dung.

Restaurierter Teil, Tempel der Vesta

Innenhof des Hauses der Vestalinnen

Haus der Vestalinnen ❿

Siehe Infobox, S. 82.

Wenn ein Mädchen Vesta-
lin wurde, siedelte sie in
das Haus der vestalischen
Jungfrauen über. Es handel-
te sich hier ursprünglich um
einen riesigen Komplex
mit etwa 50 Zimmern auf
zwei Stockwerken.

Die einzigen Überreste
sind Räumlichkeiten um
den inneren Hof herum.
Dieser Ort des Forums
besitzt sicherlich am
meisten »Atmosphäre«.
Eine Reihe von erodier-
ten, meist kopflosen
Statuen von Vestalinnen
(3./4. Jh. n.Chr.) »blickt«
auf Seerosenteiche vol-
ler Goldfische. Die bes-
ser erhaltenen Exemplare
befinden sich im Museo Nazionale Romano *(siehe S. 163)*.
Von einem Sockel wurde der
Name entfernt, weil die be-
treffende Vestalin in Ungnade
gefallen war. Man nimmt an,
dass sie Claudia hieß und ihr
Verrat darin bestand, zum
Christentum »übergelaufen« zu
sein.

Viele der Räume sind gut
erhalten, einige haben sogar
noch Stufen nach oben (der
Eintritt ist leider nicht möglich). Sieht man jedoch durch
die Räume auf der Südseite
hindurch, kann man einen
Blick auf die Überreste einer
Mühle werfen, die zum Mah-
len des Korns für zur Opfe-
rung bestimmte Kuchen be-

Ehrenstatue einer Vestalin

nutzt wurde. Die zugehörige
Bäckerei befand sich gleich
nebenan.

Tempel des Antoninus und der Faustina ⓫

Siehe Infobox, S. 82.

Die Barockfassade von San
Lorenzo in Miranda, die
sich über dem Portal eines römischen Tempels erhebt, zählt
zu den eigentümlichsten Ansichten des Forums. Eigentlich
wurde sie 141 n.Chr. von Kaiser Antonius Pius zu Ehren
seiner Frau Faustina errichtet,
der Tempel wurde jedoch
nach dem Tod des Herrschers
beiden gemeinsam gewidmet.
Weil man annahm, der hl.
Laurentius sei in diesem Tempel zum Tod verurteilt worden, verwandelte man ihn
später in eine Kirche. Die
heutige Kirche wird auf das
Jahr 1601 datiert.

Antoninus-und-Faustina-Tempel

Stadtplan *siehe Seiten 396–419*

Tempel des Romulus und der Heiligen Cosmas und Damian [12]

Siehe Infobox, S. 82. **Santi Cosma e Damiano** 📞 06 692 04 41.
🕐 tägl. 9–13, 15–19 Uhr. **Krippe** ⚫ Mo–Do. **Spende** für den Besuch der Krippe. 🔵 ♿

Niemand weiß genau, wem dieser Tempel wirklich geweiht war, doch aller Wahrscheinlichkeit nach war es nicht Romulus, sondern der Sohn des Kaisers Maxentius. Das runde Ziegelgebäude weist eine Kuppel auf sowie zwei rechteckige Seitenräume und eine konkave Vorhalle. Die sehr wuchtigen Bronzetüren sind Originale.

Seit dem 6. Jahrhundert dient der Tempel als Vestibül der Kirche Santi Cosma e Damiano, die ebenfalls in einem antiken Gebäude integriert ist, einer Halle von Vespasians Forum des Friedens. Der Eingang zur Kirche befindet sich in der Via dei Fori Imperiali. Die wunderbaren Figuren ihrer neapolitanischen Krippe *(presepio)* sind zu besichtigen. In der Apsis gibt es ein byzantinisches Mosaik mit einer Darstellung Jesu.

Dach des Tempels des Romulus

Basilika des Konstantin und Maxentius [13]

Siehe Infobox, S. 82

Die drei riesigen Tonnengewölbe dieser Basilika sind Überreste des größten Gebäudes, das sich im Forum befand. Die Bauarbeiten begannen 308 n. Chr. unter Kaiser Maxentius und wurden nach seiner Absetzung durch Konstantin nach der Schlacht an der Milvischen Brücke 312 n. Chr. unter dem neuen Alleinherrscher fortgesetzt.

Das Gebäude, das meist einfach Tempel des Konstantin genannt wurde, diente als Justizgebäude und für verschiedene Geschäfte. Die Grundfläche maß ca. 100 mal 65 Meter. Ursprünglich sollte die Basilika aus einem langen, in Ost-West-Richtung ausgerichteten Hauptschiff und zwei Seitenschiffen bestehen, aber Konstantin verschob die Achse, sodass drei breite, kurze Seitenschiffe entstanden. Der Eingang befand sich somit in der Mitte der langen Südwand. Das Gebäude war 35 Meter hoch. In der Apsis am Westende des Schiffs stand – von jedem Punkt des Gebäudes aus gut sichtbar – eine zwölf Meter hohe Statue des Kaisers, die aus Holz und Marmor gefertigt war. Der riesige Kopf sowie Hand und Fuß sind heute im Innenhof des Palazzo dei Conservatori zu bewundern *(siehe S. 72f)*. Das Dach glänzte mit vergoldeten Ziegeln, bis diese im 7. Jahrhundert entfernt und für das Dach der alten Peterskirche verwendet wurden.

Die drei Schiffe mit Tonnengewölben wurden als Gerichtshöfe verwendet.

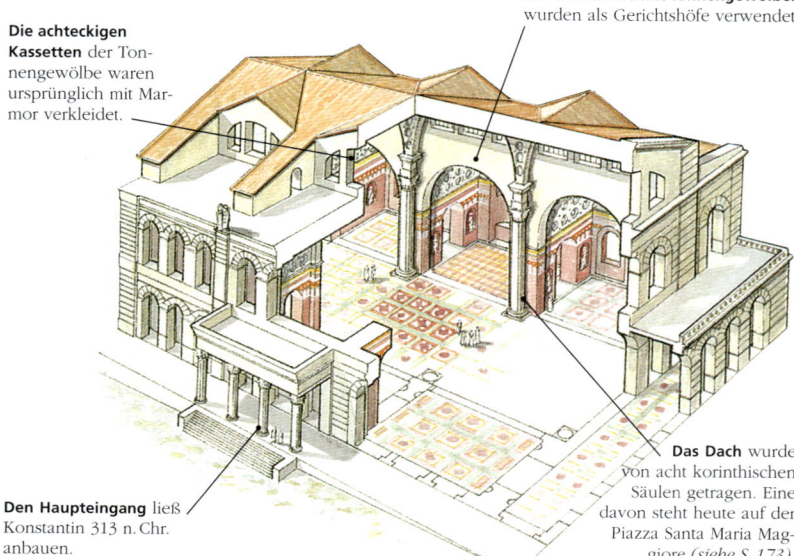

Die achteckigen Kassetten der Tonnengewölbe waren ursprünglich mit Marmor verkleidet.

Den Haupteingang ließ Konstantin 313 n. Chr. anbauen.

Das Dach wurde von acht korinthischen Säulen getragen. Eine davon steht heute auf der Piazza Santa Maria Maggiore *(siehe S. 173)*.

Hotels am Forum siehe Seite 300

Santa Francesca Romana

Piazza di Santa Francesca Romana. **Stadtplan** 5 B5, **Karte** J7. 06 679 55 28. 85, 87, 117, 175, 186, 810. 3. Colosseo. tägl. 10.30–12, 16.30–18 Uhr.

Widmung an den »göttlichen« Titus auf dem Titusbogen

Jedes Jahr am 9. März versuchen fromme römische Autofahrer, so nahe wie nur möglich an dieser Barockkirche mit ihrem romanischen Glockenturm zu parken. Sie wollen ihren Wagen von Santa Francesca Romana, der Schutzheiligen der Autofahrer, segnen lassen. Francesca, Ehefrau und Mutter aus Trastevere, gründete im 15. Jahrhundert eine Gemeinschaft frommer Frauen, die den Armen half und sich um die Kranken kümmerte. Nach ihrer Kanonisierung 1608 wurde die Kirche Santa Maria Nova nach ihr benannt.

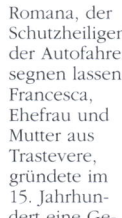

Glockenturm von Santa Francesca

Die denkwürdigste Sehenswürdigkeit in ihrem Inneren ist eine Fliese, die Knieabdrücke von Petrus und Paulus aufweisen soll. Angeblich wollte der Häretiker Simon Magus den beiden Aposteln seine Überlegenheit beweisen, indem er sich über dem Forum in die Luft erhob. Als Simon sich in der Luft befand, beteten die beiden inbrünstig um ein Zeichen Gottes – und Simon fiel daraufhin buchstäblich aus allen Wolken.

Antiquarium Forense

Siehe Infobox, S. 82.

Das ehemalige Kloster Santa Francesca Romana ist heute Sitz der Grabungsleitung und beherbergt ein kleines Museum. Letzteres wird gerade umgestaltet, nur wenige Räume sind geöffnet. Man kann hier Urnen aus der Steinzeit, Gräber mit Knochen sowie altertümliches Allerlei, das man in den Entwässerungskanälen des Forums gefunden hat, besichtigen. Nach der Umgestaltung des Antiquarium Forense werden Fragmente von Statuen, Kapitellen und Friesen verschiedener Gebäude des Forums zu finden sein.

Fries des Äneas im Antiquarium Forense

Titusbogen

Siehe Infobox, S. 82.

Der Triumphbogen wurde unter Kaiser Domitian (81–96 n.Chr.) errichtet, zu Ehren der Siege seines Bruders Titus in Judäa. 66 n.Chr. hatten die Juden gegen die Ausbeutung durch die Römer rebelliert, es kam zum Krieg, der vier Jahre später mit dem Fall Jerusalems endete.

Die Reliefs sind verwittert, aber man erkennt den Zug römischer Soldaten, die Beutestücke aus dem jüdischen Tempel mit sich führen: Altar, Trompeten und einen siebenarmigen Leuchter. Domitian gab seinem Bruder den Status eines Gottes (»Divo Tito«), nicht zuletzt, um sich selbst dadurch aufzuwerten.

Tempel der Venus und der Roma

Siehe Infobox, S. 82.

Kaiser Hadrian entwarf diesen Tempel, um das Vestibül zu Neros Domus Aurea (siehe S. 175) zu nutzen. Viele der Säulen wurden wieder aufgerichtet. Der Bau ist nicht zugänglich, aber beim Verlassen des Forums hat man gute Sicht auf ihn. Der Tempel ist der größte in Rom und war Roma, der Personifikation der Stadt, und Venus geweiht, weil diese die Mutter des Äneas und Großmutter von Romulus und Remus war. Jede Göttin hatte ihre eigene cella. Als der Architekt Apollodorus darauf hinwies, dass die sitzenden Statuen in den Nischen zu groß seien (wären sie aufgestanden, hätten sie ihre Köpfe am Gewölbe gestoßen), wurde er von Hadrian zum Tod verurteilt.

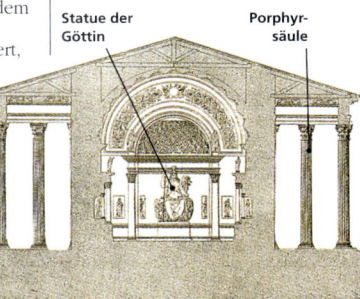

Statue der Göttin　　**Porphyrsäule**

Schnitt des Tempels der Venus und der Roma

Stadtplan siehe Seiten 396–419

Trajansmärkte

Die Ausmaße der Trajansmärkte, eines der Weltwunder der Antike, kann der heutige Besucher nur mehr ahnen. Apollodoros von Damaskus, der Architekt Kaiser Trajans, entwarf im frühen 2. Jahrhundert n. Chr. mit visionärem Blick die 150 Läden und Büros (in denen vermutlich die Lebensmittelspenden verwaltet wurden) umfassende Anlage. In diesem Vorläufer moderner Einkaufszentren wurden Fisch, Früchte und Blumen verkauft, aber auch Seide und Gewürze aus dem Nahen Osten.

Trajansmärkte heute
Die Fassade wird überragt von der als Wehrturm errichteten Torre delle Milizie.

**Kreuzgrat-
gewölbe**

Trajan
Der Kaiser galt als wohltätiger und erfolgreicher Feldherr.

Haupthalle
Zwölf Läden verteilen sich auf zwei Ebenen. Im oberen Stockwerk wurden Lebensmittelrationen an die Bevölkerung ausgegeben, um sie vor Hunger zu bewahren.

Via Biberatica
Die den Markt durchquerende Hauptstraße ist nach den früher hier ansässigen Schenken benannt.

**Kleines
Halbrund
mit Läden**

**Treppen-
aufgang**

ZEITSKALA

100–112 Bau der Trajansmärkte	**472** Einfall von Ricimer dem Sueben. Einige seiner germanischen Truppen sind hier stationiert	**13. Jh.** Über den Märkten wird die Torre delle Milizie als Festungsturm angelegt	**1572** Das Kloster Santa Caterina da Siena überdeckt einen Teil der Märkte	**1924** Viele mittelalterliche Bauten werden vernichtet	
100 n. Chr.	**500**	**1000**	**1300**	**1800**	**1950**
117 Tod Kaiser Trajans	**552** Übernahme Roms durch Byzanz. Die Märkte werden besetzt und von der Armee befestigt	**14. Jh.** Die Familien Annibaldi und Caetani wetteifern um die Gebietsherrschaft	**1828** Bei den ersten Probeausgrabungen wird der Wert der Stätte nicht erkannt	**1911–14** Zerstörung des Klosters	
98 Trajan tritt die Nachfolge Kaiser Nervas an				**1930–33** Ausgrabung der Märkte	

INFOBOX

Mercati Traianei, Via IV Novembre. **Stadtplan** 5 B4, **Karte** J6.
📞 06 679 00 48. 📠 06 69 62 35 21. 🚌 64, 70, 170 und viele Linien zur Piazza Venezia.
🕐 tägl. 9–19 Uhr (letzter Einlass 18 15 Uhr). ⬤ 1. Jan, 25. Dez.
📷 🅿 ♿
www.roma-antiqua.de/
antikes_rom/kaiserforen/
trajansmaerkte

Trajansmärkte im 16. Jahrhundert
*Auf dem fantasievollen Fresko kämpfen Gladiatoren
vor den halb verschütteten Ruinen der Trajansmärkte.*

Marktladen
*Die Läden besaßen
Bogeneingänge, wobei
Pfosten und Sturz
rechtwinklige Portale
und Fenster schufen.
Ein hölzernes Zwi-
schengeschoss diente
als Lagerraum.*

Oberer Gang
*Die Entdeckung einer
Anzahl von Lagergefäßen
legt nahe, dass die Läden
der oberen Etage Wein
und Öl verkauften.*

Die Terrasse
über der Via Bi-
beratica bietet
einen schö-
nen Blick
über das
Trajans-
forum.

**Trennmauer zwischen Markt-
gelände und Trajansforum**

**Große Halle mit
Flachkuppeldecke**

Marktleben
Die Läden öffneten früh und schlos-
sen um die Mittagszeit. Die feineren
Geschäfte zierten Mosaiken, die auf ihr
Sortiment hinwiesen. Das Einkaufen
war Männersache, obwohl Frauen
Schneider und Schuster aufsuchten.
Auch die Händler waren nahezu
ausschließlich Männer. Den Be-
schäftigungsberichten der Jahre
117–193 zufolge gab es nur drei
Wollhändlerinnen, zwei Ju-
welierinnen sowie eine
Gemüse- und eine
Fischhändlerin.

Fischmosaik

Das Trajansforum (107–113) wurde von der Basilica Ulpia flankiert. Diese größte Kirche Roms
war 170 Meter lang und 60 Meter breit. Ein kleiner Teil des Forums wurde inzwischen ausgegraben, große Bereiche liegen allerdings unter Roms
geschäftigen Straßen verborgen.

Stadtplan siehe Seiten 396–419

Trajanssäule ⓳

Via dei Fori Imperiali. **Stadtplan** 5 A4 (12 F4), **Karte** J6. *Siehe Infobox Trajansmärkte, S. 89.*

Kaiser Trajan selbst weihte 113 n. Chr. die elegante Marmorsäule ein, die seine Siege gegen die Daker in den

Ausschnitt der Trajanssäule

Jahren 101–103 und 105/106 feierte. Sie erreicht samt Basis eine Höhe von 40 Metern – ebenso hoch war der Hang des Quirinal, den man aushob, um Platz für das Trajansforum zu schaffen. Die Säule empor rankt sich eine Reliefspirale, auf der Szenen von Feldzügen dargestellt sind: von den Kriegsvorbereitungen bis zur Vertreibung der Daker. Kleine Öffnungen erhellen das Säuleninnere, in dem eine (gesperrte) Treppe aufsteigt. Das Museo della Civiltà Romana *(siehe S. 266)* beim EUR-Gelände zeigt Abgüsse der Reliefs.

Nach Trajans Tod 117 n. Chr. wurde seine Asche und die seiner Gattin Plotina in einer goldenen Urne im Säulensockel verwahrt. Die Säule verdankt ihr Überleben nicht zuletzt dem Einsatz von Papst Gregor d. Großen (590–604). Ein Relief, auf dem Trajan einer Mutter beisteht, deren Sohn gefallen ist, rührte den Papst so sehr, dass er zu Gott betete, er möge die Seele des Kaisers aus der Hölle erlösen. Der Sage nach waren bei der Ausgrabung der Asche Trajans Schädel und Zunge unversehrt – und die Zunge berichtete von Trajans Freilassung aus der Hölle. Das Gelände um die Säule galt als heilig,

Hotels am Forum *siehe Seite 300*

ein Grund, warum die Säule unangetastet blieb. Ein Standbild Trajans krönte die Spitze, bis es 1587 durch eine Petrusstatue ersetzt wurde.

Die Trajanssäule diente vielen Siegessäulen als Vorbild. Unverkennbar eine Imitation der Trajanssäule ist die 193 n. Chr. vollendete, ebenfalls reliefverzierte Mark-Aurel-Säule auf der Piazza Colonna *(siehe S. 113)*.

Torre delle Milizie ⓴

Mercati Traianei, Via IV Novembre. **Stadtplan** 5 B4, **Karte** J6. ☏ 06 679 00 48. ● *für Besucher.*

Jahrhunderte hielt sich die Überzeugung, von diesem Ziegelturm aus hätte Nero den Brand Roms verfolgt, den er selbst entfacht hatte, um die Stadt von ihren Elendsvierteln zu reinigen. Ungewiss ist, ob der Brand auf Neros Konto ging, fest steht allerdings, dass ihm der Turm nicht als Aussichtsposten dienen konnte – er wurde erst im 13. Jahrhundert errichtet.

Casa dei Cavalieri di Rodi ㉑

Piazza del Grillo 1. **Stadtplan** 5 B5, **Karte** J6. ☏ 06 06 08. 🚌 84, 85, 87, 117, 175, 186, 810, 850. ● *Di, Do vormittags nach Vereinbarung.*

Loggia, Casa dei Cavalieri di Rodi

Seit dem 12. Jahrhundert hat in diesem mittelalterlichen Bau über dem Forum des Augustus das Priorat des Ordens der Rhodosritter – der vormaligen Johanniter und späteren Malteser – seinen Sitz. Wenn Sie Einlass finden, sollten Sie auch um Besichtigung der reizvollen Cappella di San Giovanni bitten.

Forum des Augustus ㉒

Piazza del Grillo 1. **Stadtplan** 5 B5 (12 F5), **Karte** J6. *Siehe Infobox, S. 89.* ● *nach Vereinbarung.* ☏ 06 06 08.

Podium des Marstempels auf dem Forum des Augustus

Das Augustus-Forum wurde 41 v. Chr. zum Gedenken an den Sieg von Kaiser Augustus über Brutus und Cassius, die Mörder von Julius Cäsar, in der Schlacht von Philippi angelegt. Der zentrale Tempel war Mars, dem Rächer, geweiht. Das Forum erstreckte sich von einer hohen Mauer zu Füßen des schäbigen Suburra-Viertels bis an den Rand des Cäsar-Forums. Es liegt mindestens zur Hälfte unter Mussolinis Via dei Fori Imperiali begraben. Den Tempel mit den vier korinthischen Säulen zierte einst eine Kaiser Augustus ähnelnde Statue des Mars. Wem dieser Hinweis entging, dem gab eine riesige Statue des Augustus direkt vor der Suburra-Mauer den unübersehbaren Wink mit dem Zaunpfahl.

Forum des Cäsar ㉓

Via del Carcere Tulliano. **Stadtplan** 5 A5, **Karte** H6. ☏ 06 06 08. 🚌 85, 87, 115, 117, 175, 186. ● *nur für Forschungszwecke nach Vereinb.*

Julius Cäsar gab Roms erstes Kaiserforum in Auftrag. Kauf und Abriss der Häuser auf diesem Grundstück kosteten ihn ein – großteils in den Gallischen Kriegen erbeutetes – Vermögen. Den Ehrenplatz erhielt 46 v. Chr. der Tempel der Venus Genetrix, auf die Cäsar seine Abstammung zurückführte. Statuen von Cäsar und Kleopatra und natürlich der Venus zierten diesen Tempel der Eitelkeit, von dem eine Plattform und drei korinthische Säulen blieben. Das Forum säumten zwei Kolonnadenreihen, in denen Läden waren. Die Anlage brannte 80 n. Chr. ab und wurde von Domitian und Trajan neu erbaut. Trajan fügte die Basilica Argentaria und ein öffentliches Bad hinzu. Das Forum ist nur Forschern zugänglich, von der Via dei Fori Imperiali überblickt man es.

Mamertinischer Kerker ㉔

Clivo Argentario 1, außerhalb der Ausgrabungsstätte. **Stadtplan** 5 A5, **Karte** H6. ☎ 06 698 961. 🚌 84, 85, 87, 115, 117, 175, 186, 810, 850. ⬜ tägl. 9–19 Uhr. 🔄 alle 20 Minuten.

Wärter bei Insassen des Mamertinischen Kerkers, Stich (19. Jh.)

Im Carcere Mamertino, lateinisch Carcer Tullianus oder Tullianum genannt, einem feuchten Verlies unter der Kirche San Giuseppe dei Falegnami (16. Jh.), soll Petrus inhaftiert gewesen sein. In seiner Zelle soll eine Quelle entsprungen sein, mit deren Wasser er seine Wärter taufte.

Das Gefängnis *(tullianum)* befand sich in einer alten Zisterne, die mit der größten Entwässerungsanlage, der Cloaca Maxima, verbunden war. In der unteren Zelle nahm man Hinrichtungen vor und warf die Leichen in den Abwasserkanal. Unter den Feinden Roms, die hier den Tod fanden, war der gallische Heerführer Vercingetorix.

Ansicht des verfallenen Nerva-Forums aus dem 17. Jahrhundert

Forum des Nerva ㉕

Piazza del Grillo 1 (über das Forum des Augustus zu erreichen). **Stadtplan** 5 B5, **Karte** J6. ☎ 06 06 08. 🚌 84, 85, 87, 175, 186, 810, 850. ⬜ nach Vereinbarung.

Der Bau des Forums von Kaiser Nerva wurde von dessen Vorgänger Domitian begonnen und 97 n. Chr. vollendet. Es war wenig mehr als ein langer, von Kolonnaden gerahmter Korridor, der mit einem Minerva-Tempel abschloss. Man nannte es auch Forum Transitorium, da es den Übergang zwischen Kaiser Vespasians Friedensforum und dem Forum des Augustus bildete. Wie das Forum des Vespasian ist es fast vollständig von der Via dei Fori Imperiali bedeckt.

Ausgrabungen brachten Läden und Schenken aus der Renaissance zutage. Vom Forum ist nur ein Teil zu sehen, so der Tempelsockel und zwei Säulen der Kolonnade. Letztere stützen einen Fries mit einem Relief der Minerva sowie einen Fries junger Mädchen, die säen und weben lernen.

Konstantinsbogen ㉖

Zwischen Via di San Gregorio und Piazza del Colosseo. **Stadtplan** 8 F1, **Karte** J7. 🚌 75, 85, 87, 175, 673, 810 🚋 3. Ⓜ Colosseo.

Der 315 n. Chr. eingeweihte dreitorige Triumphbogen feierte Konstantins Sieg über seinen Mitkaiser Maxentius. Obwohl Konstantin den Sieg auf eine Erscheinung Christi zurückführte, lässt sein Bogen nichts Christliches erkennen – die meisten Medaillons, Reliefs und Statuen wurden von älteren Denkmälern entwendet oder aus dem Trajansforum geplündert.

Einige Reliefs zeigen Mark Aurel, z. B. bei der Verteilung von Brot an die Armen. Im Bogeninneren befinden sich Reliefs, die von Trajans Sieg über die Daker berichten, vermutlich Werke des Künstlers, der die Trajanssäule mit Dekor versah. Die Nordseite zeigt den Kaiser, wie er Geld ans Volk verteilt.

Medaillon am Konstantinsbogen

Die dem Kolosseum zugewandte Nordseite des Konstantinsbogens

Stadtplan siehe Seiten 396–419

Kolosseum ❷⑦

Kaiser Vespasian erteilte im Jahr 72 n. Chr. den Auftrag zum Bau von Roms größtem Amphitheater, das auf dem sumpfigen Gelände eines Sees der Domus Aurea *(S. 175)*, der Residenz Neros, hochgezogen wurde. Hier kämpften, vom Kaiser und wohlhabenden Bürgern zur kostenlosen öffentlichen Belustigung veranstaltet, wilde Tiere und Gladiatoren auf Leben und Tod. Obwohl es als Zweckbau errichtet wurde, dessen 80 Eingangsbogen über 55 000 Besucher aufnahmen, besticht das Kolosseum durch seine stattliche Schönheit. Die Illustration zeigt, wie es zu seiner Eröffnung 80 n. Chr. aussah. Ähnliche Amphitheater fanden sich im ganzen Römischen Reich, einige blieben erhalten: etwa in El-Djem (Tunesien), in Nîmes, Arles oder in Verona.

Außenmauer des Kolosseums
In der Renaissance plünderte man die Fassade, um Palazzi, Brücken und Teile des Petersdoms zu bauen.

Der Bauherr des Kolosseums
Vespasian stieg vom Berufssoldaten 69 n. Chr. zum Kaiser auf und begründete die flavische Dynastie.

Die Außenmauern bestehen aus Travertin.

Pflanzen im Kolosseum

Im 19. Jahrhundert war das Kolosseum von Gras überwuchert. Sonne und Regen hatten in den Ruinen eine Vielzahl an Kräutern, Gräsern und Wildblumen gedeihen lassen. Botaniker wurden auf die Pflanzen aufmerksam, katalogisierten sie und veröffentlichten zwei Bücher, die 420 Arten nennen.

Borretsch, ein Küchenkraut

Poller dienten der Befestigung des Velariums.

Das Velarium war ein riesiges Sonnensegel, das Schatten spendete. Es wurde von Pfosten über dem obersten Stockwerk getragen und mit Seilen festgezurrt, die an Pollern außerhalb des Stadions verankert waren.

ZEITSKALA

80 Vespasians Sohn Titus eröffnet das Amphitheater mit hunderttägigen Festspielen

70 n. Chr.	100
72 Baubeginn des Kolosseums unter Kaiser Vespasian	**81–96** Unter Kaiser Domitian wird der Ba[u] vollendet

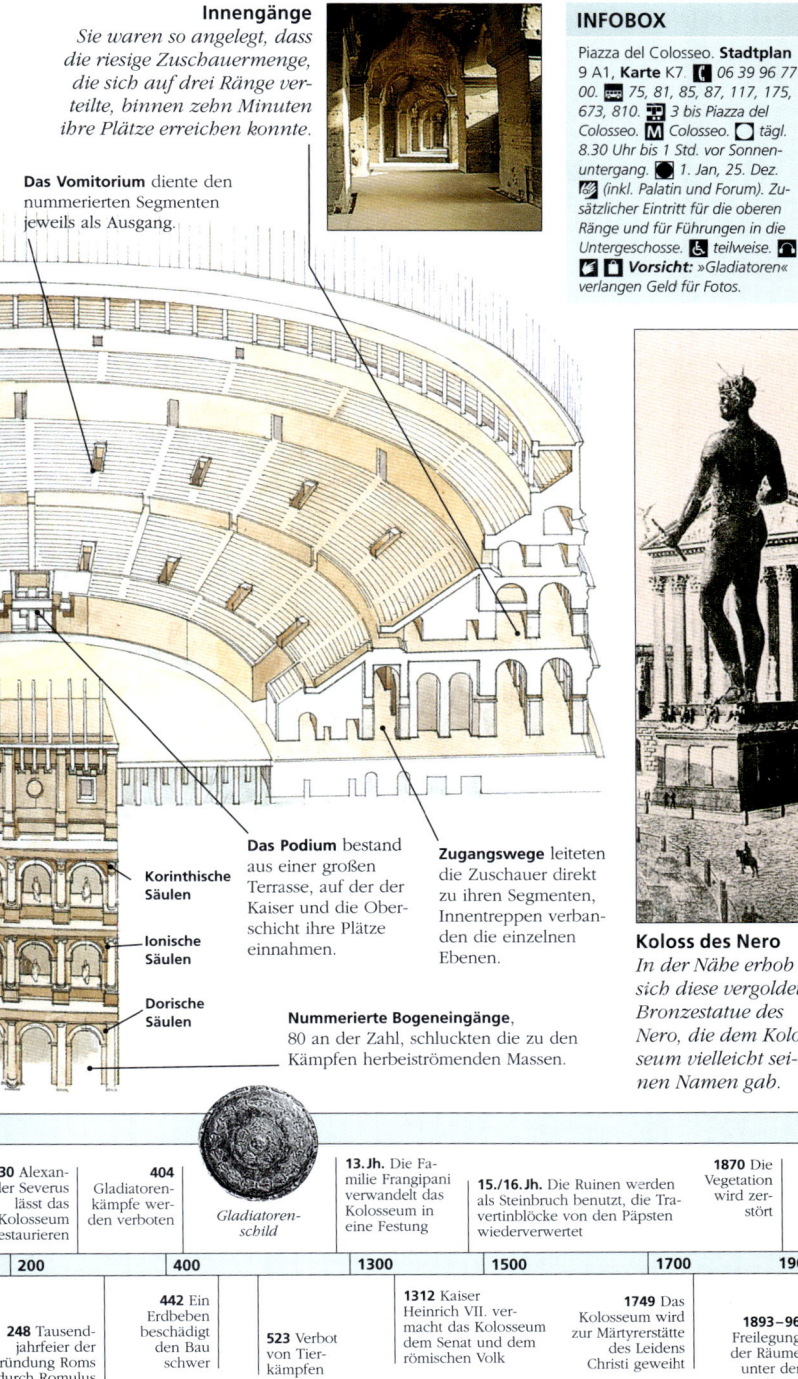

Innengänge
Sie waren so angelegt, dass die riesige Zuschauermenge, die sich auf drei Ränge verteilte, binnen zehn Minuten ihre Plätze erreichen konnte.

Das Vomitorium diente den nummerierten Segmenten jeweils als Ausgang.

INFOBOX

Piazza del Colosseo. **Stadtplan** 9 A1, **Karte** K7 06 39 96 77 00. 75, 81, 85, 87, 117, 175, 673, 810. 3 bis Piazza del Colosseo. Colosseo. tägl. 8.30 Uhr bis 1 Std. vor Sonnenuntergang. 1. Jan, 25. Dez. (inkl. Palatin und Forum). Zusätzlicher Eintritt für die oberen Ränge und für Führungen in die Untergeschosse. teilweise. **Vorsicht:** »Gladiatoren« verlangen Geld für Fotos.

Korinthische Säulen

Ionische Säulen

Dorische Säulen

Das Podium bestand aus einer großen Terrasse, auf der der Kaiser und die Oberschicht ihre Plätze einnahmen.

Zugangswege leiteten die Zuschauer direkt zu ihren Segmenten, Innentreppen verbanden die einzelnen Ebenen.

Nummerierte Bogeneingänge, 80 an der Zahl, schluckten die zu den Kämpfen herbeiströmenden Massen.

Koloss des Nero
In der Nähe erhob sich diese vergoldete Bronzestatue des Nero, die dem Kolosseum vielleicht seinen Namen gab.

230 Alexander Severus lässt das Kolosseum restaurieren	**404** Gladiatorenkämpfe werden verboten	*Gladiatorenschild*	**13. Jh.** Die Familie Frangipani verwandelt das Kolosseum in eine Festung	**15./16. Jh.** Die Ruinen werden als Steinbruch benutzt, die Travertinblöcke von den Päpsten wiederverwertet		**1870** Die Vegetation wird zerstört
200	**400**		**1300**	**1500**	**1700**	**1900**
248 Tausendjahrfeier der Gründung Roms durch Romulus und Remus	**442** Ein Erdbeben beschädigt den Bau schwer	**523** Verbot von Tierkämpfen	**1312** Kaiser Heinrich VII. vermacht das Kolosseum dem Senat und dem römischen Volk	**1749** Das Kolosseum wird zur Märtyrerstätte des Leidens Christi geweiht	**1893–96** Freilegung der Räume unter der Arena	

Stadtplan *siehe Seiten 396–419*

Inszenierung der Kämpfe in der Arena

Der Kaiser lud hier zu Schauspielen ein, deren Auftakt Tierdressuren waren. Dann kämpften Gladiatoren um ihr Leben. Starb einer, so trugen Aufseher, die als Charon (Fährmann der Toten in der griechischen Mythologie) gekleidet waren, die Leiche davon. Man deckte das Blut mit Sand ab und machte die Arena für den nächsten Kampf frei. Das Schicksal verwundeter Gladiatoren hing von der Publikumslaune ab. Streckte es die Daumen nach oben und der Kaiser schloss sich dem Urteil an, ließ man sie leben. Der abwärtsgerichtete Daumen bedeutete Tod. Viele Tiere wurden aus Nordafrika und dem Nahen Osten hergebracht. 248 n. Chr., bei den Tausendjahrfeiern Roms, ließen hier viele Löwen, Elefanten, Flusspferde und Zebras ihr Leben.

Unter der Arena
Im späten 19. Jahrhundert grub man das Labyrinth von Gängen aus, die zur Haltung von Tieren gedient hatten.

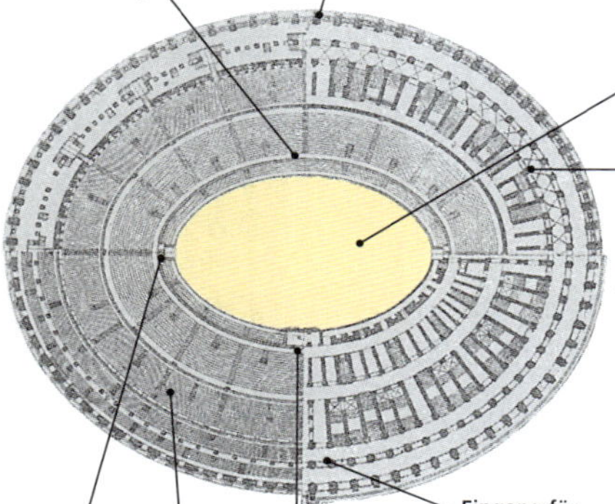

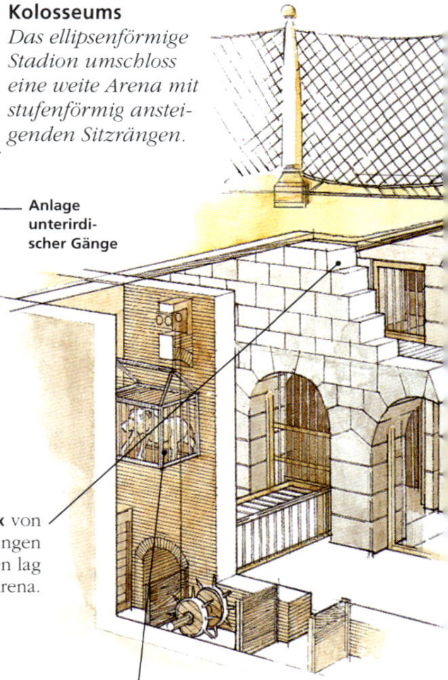

Innenanlagen des Kolosseums
Das ellipsenförmige Stadion umschloss eine weite Arena mit stufenförmig ansteigenden Sitzrängen.

Eingang für den Kaiser

Kaiserloge

Anlage unterirdischer Gänge

Eingang für die Konsuln

Sitzränge

Loge der Konsuln

Gladiatoreneingang

Ein Komplex von Räumen, Durchgängen und Aufzügen lag unter der Arena.

Römische Gladiatoren
In der Regel waren es Sklaven, Kriegsgefangene und Verbrecher, überwiegend Männer, aber es gab auch weibliche Gladiatoren.

Dramatische Auftritte
Durch den sandbedeckten Holzboden kamen Tiere, Menschen und Bühnenbilder in die Arena.

Das Kolosseum von Antonio Canaletto

Diese Ansicht aus dem 18. Jahrhundert zeigt die (heute zerstörte) Brunnenanlage Meta Sudans. Das Wasser »schwitzte« aus einer Metallkugel auf der Spitze ihres Ziegelkegels.

Metallgitter zäunten die Tiere ein, doch standen für den Fall eines Ausbruchs Bogenschützen bereit.

Die Sitzplätze lagen stufenweise übereinander, die Sitzordnung war nach sozialen Klassen getrennt.

Eine Winde hievte die Tierkäfige auf die Zwischenebene, wenn der Kampf begann.

Eine Rampe mit Klapptür ermöglichte den Tieren, nachdem sie einen langen Gang durchquert hatten, den Zugang zur Arena.

Die Käfige glichen dreiseitigen Aufzügen, die sich auf die nächsthöhere Ebene bewegten, wo man die Tiere entließ.

Seeschlachten in der Arena

Der Geschichtsschreiber Dio Cassius berichtete im 4. Jahrhundert n. Chr., man habe 150 Jahre zuvor die Arena des Kolosseums überflutet, um Seeschlachten zu inszenieren. Heutige Forscher bezweifeln das. Vermutlich fand das Schauspiel in der Naumachia des Augustus statt, einer wassergefüllten Arena in Trastevere.

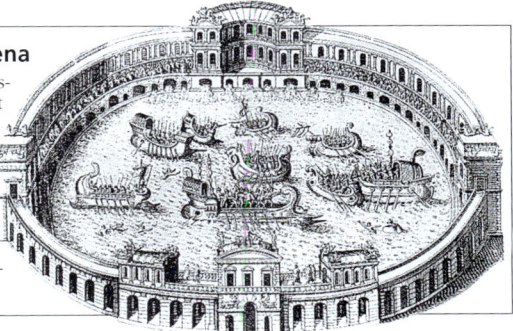

Palatin

Der Sage nach wurden hier in einer Höhle Romulus und Remus von einer Wölfin aufgezogen. Reste eisenzeitlicher Hütten aus dem 9. Jahrhundert v. Chr. auf dem Palatin scheinen die legendäre Verknüpfung des Areals mit der Gründung Roms archäologisch zu untermauern. Der Palatin war begehrte Wohnlage, in der die berühmtesten Einwohner der Stadt ihre Residenzen hatten, etwa der Redner Cicero und der Dichter Catull. Augustus wurde auf dem Hügel geboren und lebte auch als Kaiser in bescheidenen Verhältnis-

Fresko einer Maske im Haus des Augustus

sen. Das Haus des Augustus und das seiner Gattin Livia zählen zu den am besten erhaltenen Bauten dieser Gegend. Dem genügsamen Beispiel dieses ersten Kaisers eiferten seine Nachfolger nicht nach: Tiberius, Caligula und Domitian prunkten mit extravaganten Palästen. Die Ruinen der Tiberius-Residenz liegen unter den Farnesischen Gärten (16. Jh.) verschüttet. Die weitläufigsten Ruinenfelder sind Domus Augustana und Domus Flavia, die beiden Flügel des Domitian-Palasts, sowie der unter Septimius Severus vorgenommene Ausbau.

Sehenswürdigkeiten auf einen Blick

Tempel
Kybele-Tempel ❼

Historische Gebäude
Domus Augustana ❸
Domus Flavia ❶
Haus des Augustus ❻
Haus der Livia ❺

Antike Stätten
Hütten des Romulus ❽
Kryptoportikus ❷
Stadion ❹

Park
Farnesische Gärten ❾

SIEHE AUCH

• *Stadtplan* 8

Anfahrt
Man gelangt auf zwei Wegen zum Palatin: durch das Forum Romanum (von der Via dei Fori Imperiali aus) oder durch den Eingang in der Via di San Gregorio. Für den Palatin benötigt man ein eigenes Ticket, auch wenn man vom Forum kommt. Für mit dem Bus Anreisende sind die Linien 75, 85, 87, 117, 175, 186, 810, 850 zu empfehlen. Sie halten alle in der Via dei Fori Imperiali nahe dem Haupteingang. Günstig liegen auch die Haltestellen der Tramlinie 3 sowie die Metro-Stationen Colosseo und Circo Massimo.

Colosseo 500 m Ⓜ

Circo Massimo 100 m Ⓜ

PIAZZA DI PORTA CAPENA

VIA DI SAN GREGORIO

VIA DEI CERCHI

LEGENDE

| | Detailkarte |
| Ⓜ | Metro-Station |

0 Meter 200

◁ **Hoch aufragende Ruinen des Septimius-Severus-Palasts** *(siehe S. 99)* **auf dem Palatin**

Im Detail: Palatin

Mit Pinien an den unteren Hängen und Wildblumen im Frühjahr ist der Palatin Roms lieblichste antike Stätte. Vom Forum Romanum (*siehe S. 76f*) aus kann man zum Hügel hinaufsteigen. Das Ruinenfeld beherrschen Domus Flavia und Domus Augustana (Ende 1. Jh. n. Chr.), zwei Bauten, die zur Palastanlage des Domitian gehörten. Besichtigungsmöglichkeiten richten sich nach den Ausgrabungsarbeiten.

Hütten des Romulus
Hier gibt es Spuren einer Siedlung (9. Jh. v. Chr.). ⑧

Zu den Farnesischen Gärten
Siehe S. 101

Kybele-Tempel
Als Mittelpunkt eines Fruchtbarkeitskults hieß er auch Tempel der Magna Mater. ❼

★ Haus des Augustus
In vier Räumen sind interessante Fresken zu sehen, die um 30 v. Chr. gemalt wurden. ❻

★ Haus der Livia
Hier lebte Augustus mit seiner Frau Livia. Viele Wandmalereien sind erhalten. ❺

NICHT VERSÄUMEN

★ Domus Flavia

★ Haus des Augustus

★ Haus der Livia

LEGENDE

 Routenempfehlung

★ Domus Flavia
Vom Speisesaal des Palasts fiel der Blick auf diesen ovalen Brunnen. ❶

Domus Augustana
Die römischen Kaiser lebten in diesem Teildes Palasts, Domus Flavia war offiziellen Anlässen vorbehalten. ❸

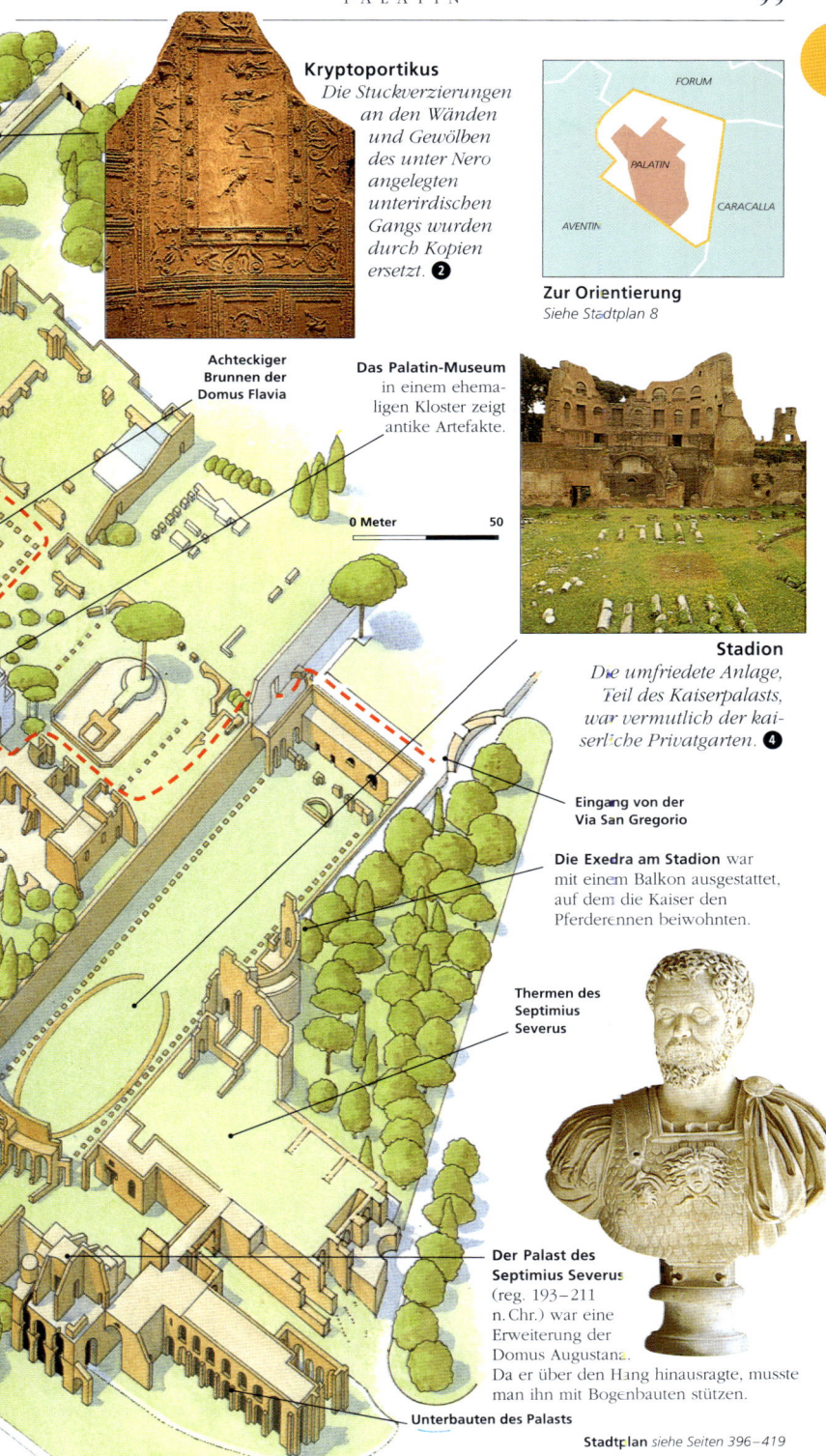

Kryptoportikus
Die Stuckverzierungen an den Wänden und Gewölben des unter Nero angelegten unterirdischen Gangs wurden durch Kopien ersetzt. ❷

Zur Orientierung
Siehe Stadtplan 8

FORUM

PALATIN

CARACALLA

AVENTIN

Achteckiger Brunnen der Domus Flavia

Das Palatin-Museum in einem ehemaligen Kloster zeigt antike Artefakte.

0 Meter   50

Stadion
Die umfriedete Anlage, Teil des Kaiserpalasts, war vermutlich der kaiserliche Privatgarten. ❹

Eingang von der Via San Gregorio

Die Exedra am Stadion war mit einem Balkon ausgestattet, auf dem die Kaiser den Pferderennen beiwohnten.

Thermen des Septimius Severus

Der Palast des Septimius Severus (reg. 193–211 n. Chr.) war eine Erweiterung der Domus Augustana. Da er über den Hang hinausragte, musste man ihn mit Bogenbauten stützen.

Unterbauten des Palasts

Stadtplan *siehe Seiten 396–419*

Domus Flavia ❶

Siehe Infobox oben.

**Marmorboden im Hof der
Domus Flavia**

Domitian, der dritte Kaiser
der Flavier-Dynastie, veranlasste 81 v. Chr. den Bau
eines prunkvollen Palasts auf
dem Palatin. Da Häuser und
Tempel den Westgipfel Ger-
malus bedeckten und der Palatium im Osten steil abfiel,
ließ sein Architekt Rabirius
den Palatium abflachen und
mit dem Aushub die Schlucht
zwischen den beiden höchsten Erhebungen füllen. So
wurden viele Häuser aus
republikanischen Tagen begraben – und damit erhalten.

Der Palast, 300 Jahre lang
Kaiserresidenz, besaß zwei
Flügel, den Regierungsbau
Domus Aurea und das private
Anwesen Domus Augustana.
Säulen- und Mauerreste an
den Außenseiten der Domus
Flavia deuten auf die Anlage
dreier angrenzender Räume
hin. Im ersten, der Basilika,
sprach Domitian das von ihm
bestimmte Recht. Den mittleren, die Thronhalle Aula
Regia, zierten zwölf Basalt-
statuen. Der dritte Raum, das
(heute mit Plastik bedeckte)
Lararium, diente als Tempel
der Lares (Hausgötter, meist
Ahnen der Hausbesitzer). Er
wurde vermutlich für offizielle Zeremonien oder von den
Palastgarden genutzt.

Aus Furcht vor Attentaten
ließ Domitian die Wände
des Palasthofs mit poliertem,
glänzendem Marmor verklei-
den, der die Spiegelbilder
derjenigen zurückwerfen
sollte, die ihm hinterrücks
auflauern würden. Ermordet
wurde Domitian allerdings in
seinem Schlafgemach – wahrscheinlich auf Geheiß seiner
Gattin Domitia.

Heute lädt der Hof zum
Verweilen ein. Beim Blick auf
die Blumenbeete entflicht
sich das wirre Muster des ver-
sunkenen Brunnenbeckens.

Kryptoportikus ❷

Siehe Infobox links oben.

Über das unterirdische
Ganggeflecht des Krypto-
portikus ließ Nero seine
Domus Aurea *(siehe S. 175)*
mit den Palästen früherer Kaiser auf dem Palatin verbinden. Eine später angelegte
Abzweigung führte zum Pa-
last des Domitian. Diese
Wände zieren feine Stuckreli-
efs – Kopien von Originalen,
die das Palatin-Museum hütet.

Domus Augustana ❸

Siehe Infobox links oben.

Dieser Teil des Domitian-
Palasts diente als Privatresidenz der »Augustus«-Kai-
ser – daher der Name. Auf
der oberen Ebene blieb eine
hohe Ziegelmauer erhalten,
die Form ihrer beiden Höfe
lässt sich erahnen. Die weit
besser erhaltene untere Ebene
ist nicht zugänglich, doch
man kann ihren Hof mit den
geometrischen Fundamenten
des Brunnens überblicken.
Weder die Verbindungstreppe
(einst erhellt durch einen
Teich mit Spiegelboden, der
das Sonnenlicht reflektierte)
noch die umliegenden mit
farbigem Marmor ausgelegten
Räume sind zu besichtigen.

Stadion ❹

Siehe Infobox links oben.

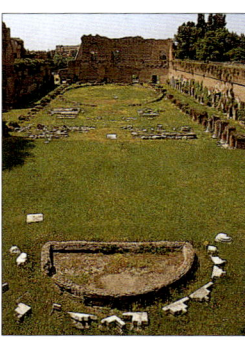

Blick von Süden auf das Stadion

Das Stadion auf dem Pala-
tin wurde zur gleichen
Zeit angelegt wie der Domi-
tian-Palast. Unklar ist, ob es
als öffentliches Sportstadion,
privater Reitübungsplatz oder
nur als großzügiger Garten
diente. Der Alkoven in der
Ostwand lässt vermuten, dass
sie hier im 6. Jahrhundert
unter dem ostgotischen König
Theoderich Wettläufe stattfanden – er fügte die kleine
ovale Umfriedung im Süden
des Stadions hinzu.

Überreste der Domus Augustana und des Palasts des Septimius Severus

Fresko im Haus der Livia

Haus der Livia ❺

Siehe Infobox links oben. Falls geschlossen, wenden Sie sich an den Aufseher.

Das Anwesen aus dem 1. Jahrhundert v. Chr. zählt zu den am besten erhaltenen auf dem Palatin. Vermutlich war es Teil der Privatresidenz des Kaisers Augustus und seiner Frau Livia. Im Vergleich zu späteren Kaiserpalästen wirkt es bescheiden. Sueton, der Biograf der frühen römischen Kaiser, berichtet, Augustus habe 40 Jahre in einem Gemach auf einem niedrigen Bett geschlafen, gewärmt von einer »sehr gewöhnlichen Bettdecke«.

Heute liegt das Niveau des Palatin höher als das Haus, sodass man über Stufen und einen Gang mit Mosaikfußboden in den Innenhof hinabsteigen muss. Die Wandbilder aus Kunstmarmor wurden abgelöst, um sie zu erhalten, hängen aber noch *in situ*. Vom Hof zweigen drei kleine Empfangsräume ab. Auf einem verblassten Bild im mittleren Raum eilt Merkur der vom hundertäugigen Argus bewachten Io, der Geliebten des Zeus, zu Hilfe. Greifvögel und andere Tiere sind auf den Wandbildern im Raum linker Hand zu sehen, Stadtansichten und Landschaften in jenem rechts.

Haus des Augustus ❻

Siehe Infobox links oben.

In diesem eher bescheidenen Haus mit Eingangshalle, Ess-, Schlaf- und Studierzimmer lebte Augustus vermutlich zu der Zeit, bevor er Roms Herrscher wurde (als er sich noch Oktavian nannte). Die Fresken hier wurden um 30 v. Chr. gemalt und stehen in ihrer außergewöhnlichen Qualität und den gut erhaltenen Farben denen von Pompeji und Herculaneum in nichts nach.

Hier entdeckt man neben geometrischen Mustern auch Trompe-l'Œil-Effekte. Einer der Räume sieht aus wie eine Bühne mit Seitentüren und vorgetäuschtem Blick in einen Garten. Ins Haus des Augustus werden immer nur sehr wenige Besucher gleichzeitig eingelassen.

Kybele-Tempel ❼

Siehe Infobox links oben.

Nur eine Plattform mit einigen Säulenstümpfen und Kapitellen zeugt noch vom Tempel der einst weithin verehrten Fruchtbarkeitsgöttin. Die Priester des von Kleinasien nach Rom gelangten Kults kastrierten sich, um durch Aufgabe der eigenen Fruchtbarkeit jene der Natur zu beschwören. Das Jahresfest der Kybele zu Frühlingsanfang fand seinen ekstatischen Höhepunkt, wenn sich geißelnde Eunuchenpriester ihr Blut der Göttin opferten und die Novizen zeremoniell kastriert wurden.

Statue der Göttin Kybele

Hütten des Romulus ❽

Siehe Infobox links oben.

Nachdem Romulus seinen Bruder Remus getötet hatte, gründete er der Sage nach auf dem Palatin eine Siedlung. In den 1940er Jahren entdeckte man Löcher, die mit hellerer Erde aufgefüllt waren als die Umgebung. Archäologen meinen, dass hier die Stützpfähle eisenzeitlicher Hütten steckten – die ersten Siedlungsspuren Roms.

Farnesische Gärten ❾

Siehe Infobox links oben.

Mitte des 16. Jahrhunderts erwarb Kardinal Alessandro Farnese, ein Enkel von Papst Paul III., die Ruinen des Tiberius-Palasts auf dem Palatin. Er ließ das Trümmerfeld auffüllen und Vignola, den Innenarchitekten von Il Gesù, einen Garten gestalten. Dieser erstreckte sich über Terrassen vom Haus der Vestalinnen im Forum bis zum Germalus-Gipfel des Palatin. Gärtner setzten Pflanzen aus ganz Italien und Europa ein. Hier traf sich die damalige Schickeria inklusive Kurtisanen zur Unterhaltung.

Während der Ausgrabungen auf dem Palatin wurde das Gelände neu gestaltet. Mit baumbestandenen Wegen, Rosengärten und unvergleichlichen Ausblicken ist dies ein Ort der Ruhe und Erholung.

Farnesische Pavillons, Relikte aus der Zeit, als der Palatin Privatgarten war

Stadtplan *siehe Seiten 396–419*

Piazza della Rotonda

Das Pantheon, eines der gewaltigsten Bauwerke der europäischen Architektur, steht seit fast 2000 Jahren im Herzen Roms – quasi als Zeuge der unermüdlichen wirtschaftlichen und politischen Aktivitäten der geschichtsträchtigen Stadt. Im Palazzo di Montecitorio, 1694 im Auftrag von Papst Innozenz XII. als päpstlicher Ge-

In Roms Cafés beliebt: bitterer Aperitif

richtshof erbaut, befindet sich heute das italienische Parlament, in den benachbarten Gebäuden sind Behörden untergebracht. Mit der Börse und diversen Hauptniederlassungen von Banken ist dies zugleich das Finanzzentrum. Obwohl hier kein Wohnviertel ist, bummeln die Römer abends gern durch die Straßen und besuchen die Restaurants.

Sehenswürdigkeiten auf einen Blick

Kirchen und Tempel
Hadrian-Tempel ❶
Il Gesù S. 114f ❾
La Maddalena ❶❺
Pantheon S. 110f ❶❸
San Lorenzo in Lucina ❷⓿
Sant'Eustachio ❶❹
Sant'Ignazio di Loyola ❸
Santa Maria in
    Campo Marzio ❶❽
Santa Maria sopra Minerva ❶❶

Historische Straßen und Plätze
Piazza di Sant'Ignazio ❷
Via della Gatta ❼

Historische Gebäude
Palazzo Altieri ❽
Palazzo Baldassini ❶❼
Palazzo Borghese ❶❾
Palazzo Capranica ❷❹
Palazzo del Collegio
    Romano ❹
Palazzo di Montecitorio ❷❶
Palazzo Doria Pamphilj ❻

Säulen, Obelisken und Statuen
Mark-Aurel-Säule ❷❸
Obelisk von Montecitorio ❷❷
Obelisk von Santa Maria
    sopra Minerva ❶❷
Pie' di Marmo ❶⓿

Brunnen
Fontanella del Facchino ❺

Café
Caffè Giolitti ❶❻

LEGENDE

▭ Detailkarte

Ⓜ Metro-Station

Anfahrt
Das Viertel selbst besitzt keinen Metro-Anschluss. Von den Metro-Stationen Spagna oder Barberini führt ein 20-minütiger Fußweg hierher. Bushaltestellen liegen in der Via del Plebiscito, die von den Linien 46, 64, 70, 186, 492 und 810 bedient wird. Die Busse 117, 119, 492 sowie sämtliche Busse Richtung Via del Corso fahren zur Piazza Colonna oder halten an der Piazza S. Silvestro. In den engen Straßen verkehrt nur die Linie 116, ein elektrischer Minibus, der direkt vor dem Pantheon hält.

0 Meter   200

◁ **Piazza della Rotonda, Blick durch die Säulen des Pantheon** *(siehe S. 110f)*

Im Detail: Piazza della Rotonda

Bei einem Bummel durch dieses Viertel tauchen Sie früher oder später in das Gewirr der Straßencafés der Piazza della Rotonda vor dem Pantheon ein. Mit dem Plätschern seines Brunnens lädt der Platz zum Ausruhen ein. Das Labyrinth der schmalen Straßen lässt leicht vergessen, dass einige der schönsten Sehenswürdigkeiten nur einen Katzensprung entfernt liegen: die kostbare Kunstsammlung des Palazzo Doria Pamphilj und die prächtige Barockkirche Il Gesù. An den Abenden ist hier immer viel los: Man speist stilvoll oder verweilt bei Kaffee oder Eis, wofür dieses Viertel berühmt ist.

Hadrian-Tempel
Die Säulen des römischen Tempels zieren heute die Fassade der Börse. ❶

Piazza di Sant'Ignazio
Die Häuser des Platzes sind ein seltenes Beispiel der eleganten Architektur im frühen 18. Jahrhunderts. ❷

Das Tazza d'Oro ist berühmt für seinen wunderbaren Kaffee, den Sie hier genießen oder frisch gemahlen mitnehmen können *(siehe S. 330).*

PIAZZA DI SANT IGNAZIO

VIA SANT IGNAZIO

VIA DEL SEMINARIO

Santa Maria sopra Minerva
Ihre aufwendige Dekoration erhielt Roms einzige gotische Kirche im 19. Jahrhundert. ⓫

PIAZZA DELLA ROTONDA

★ **Pantheon**
Von außen lässt sich das Ehrfurcht gebietende Innere dieses besterhaltenen antiken Tempels der Stadt allenfalls erahnen. ⓭

PIAZZA DELLA MINERVA

Obelisk von Santa Maria sopra Minerva
1667 verfiel Bernini auf die Idee, einen unlängst entdeckten Obelisken auf den Rücken eines Marmorelefanten zu setzen. ⓬

Hotels und Restaurants um die Piazza della Rotonda *siehe Seiten 300f und 316f.*

Zur Orientierung
Siehe Stadtplan 12

★ Sant'Ignazio di Loyola
Andrea Pozzo malte 1685 das illusionistische Deckengemälde der Jesuitenkirche aus. ❸

Fontanella del Facchino
Das Wasser des Brunnens (16. Jh.) fließt aus einem Fass. ❺

Palazzo del Collegio Romano
Bis 1870 bildete das Institut führende Häupter der katholischen Kirche aus. ❹

★ Palazzo Doria Pamphilj
Das Porträt von Papst Innozenz X. (1650) von Velázquez zählt zu den Meisterwerken der Kunstgalerie im prachtvollen Familien-Palazzo. ❻

Via della Gatta
Die Statue einer Katze gab dieser Straße ihren Namen. ❼

Palazzo Altieri
Den stattlichen Palazzo aus dem 17. Jahrhundert schmückt das Wappen von Papst Clemens X. ❽

★ Il Gesù
Die Architektur der ersten jesuitischen Kirche beeinflusste die sakrale Baukunst. ❾

Pie' di Marmo
Der Marmorfuß ist Bruchstück einer römischen Monumentalstatue. ❿

PIAZZA DEL COLLEGIO ROMANO

VIA DELLA GATTA

VIA DEL PLEBISCITO

EL MARMO

DEL GESÙ

LEGENDE
 — Routenempfehlung

0 Meter   75

NICHT VERSÄUMEN

★ Il Gesù

★ Palazzo Doria Pamphilj

★ Pantheon

★ Sant'Ignazio di Loyola

Stadtplan *siehe Seiten 396–419*

Hadrian-Tempel ❶

La Borsa, Piazza di Pietra. **Stadt-plan** 4 F3 (12 E2), **Karte** G5 (V2).
🚌 *117, 119, 492 entlang Via del Corso; alle Busse mit Halt an der Piazza S. Silvestro.* ⬜ *für Ausstellungen.*

Den zur göttlichen Verehrung Kaiser Hadrians erbauten Tempel weihte im Jahr 145 n.Chr. sein Sohn und Nachfolger Antoninus Pius ein. Die an der Südseite der Piazza di Pietra erkennbaren Überreste wurden im 17. Jahrhundert in ein Gebäude eingegliedert, das zunächst als päpstliches Zollamt diente. Es wurde 1690–95 von Carlo Fontana und seinem Sohn vollendet und beherbergt heute die Börse (La Borsa).

Elf 15 Meter hohe korinthische Marmorsäulen ruhen auf einem Sockel aus *peperino*, einem südlich von Rom in den Albaner Bergen abgebauten Vulkangestein. Die Säulen säumten die Nordflanke des Tempels mit dem Hauptraum, der *cella*, deren aus *peperino* erbaute Wand ebenso wie ein Teil der Kassettendecke der Vorhalle noch hinter den Säulen erkennbar ist. Einige Tempelreliefs mit Darstellungen eroberter römischer Provinzen sind heute im Hof des Palazzo dei Conservatori *(siehe S. 72f)* aufbewahrt. Sie zeugen von der recht friedvollen Außenpolitik Kaiser Hadrians.

Überreste des Hadrian-Tempels

Piazza di Sant'Ignazio ❷

Stadtplan 4 F4 (12 E3), **Karte** G5 (V3). 🚌 *117, 119, 492 entlang Via del Corso oder Busse, die an der Piazza S. Silvestro halten.*

Die Piazza (1727/28), Filippo Raguzzinis Meisterwerk, ist ein bezauberndes Beispiel des römischen Rokoko. Sie vereint die imposante Fassade der Kirche Sant'Igna-

Illusionistische Deckenmalerei in Sant'Ignazio

zio mit der Atmosphäre der Bürgerhäuser. Die schwungvolle Gestaltung, die spielerischen Formen der Fenster, Balkone und Balustraden des außergewöhnlichen Ensembles erinnern an ein Bühnenbild. Wie der Palazzo Doria Pamphilj (1730), die Fassade von La Maddalena (1735) und die Spanische Treppe (1723) entstand die Piazza in einer Zeit, als Roms beschwingtes Rokoko über den strengen Klassizismus triumphierte.

Sant'Ignazio di Loyola ❸

Piazza di Sant'Ignazio. **Stadtplan** 4 F4 (12 E3), **Karte** G/H5 (V3). 📞 *06 679 44 06.* 🚌 *117, 119, 492 entlang der Via del Corso.* 🕐 *Mo–Sa 7.30–19, So 9–19 Uhr.* 🚻

Papst Gregor XV. ließ die Barockkirche 1626 zu Ehren des hl. Ignatius von Loyola, des Begründers des Jesuitenordens und Eiferers der Gegenreformation errichten.

Zusammen mit Il Gesù *(siehe S. 114f)* bildet Sant'Ignazio den Kern von Roms Jesuitengemeinde. Der weite Innenraum, geschmückt mit Marmor, Stuck und Goldarbeiten, entfaltet eine theatralische Wirkung. Die Kirche hat den Grundriss eines lateinischen Kreuzes mit einer Apsis und

vielen Seitenkapellen. Perspektivische Deckenmalerei ersetzt die geplante, aber nie gebaute Kuppel. Die Pfeiler, die ihre Last tragen sollten, stützen das Observatorium des Collegio Romano.

Palazzo del Collegio Romano ❹

Piazza del Collegio Romano. **Stadtplan** 5 A4 (12 E3), **Karte** G5 (V3). 🚌 *117, 119, 492 entlang der Via del Corso; alle Busse, die an der Piazza Venezia halten.* ⬛ *für Besucher.*

Der zum Anwesen der Kirche Sant'Ignazio gehörige Palazzo beherbergte eine jesuitische Lehranstalt, die viele Bischöfe, Kardinäle und Päpste hervorbrachte. Sie wurde 1870 in eine weltliche Schule umgewandelt. An den Portalen erinnert ein Wappen an Papst Gregor XIII. Boncompagni (im Amt 1572–85). Eine Glocke, zwei Sonnenuhren und eine Wanduhr zieren die Fassade. Der Turm rechts wurde 1787 als Observatorium erbaut. Bis 1925 folgten Roms Uhren seinem Zeitsignal.

Portal des Collegio Romano

Fontanella del Facchino ❺

Via Lata. **Stadtplan** 5 A4 (12 E3), **Karte** G5 (V2). 🚌 60, 64, 81, 85, 117, 119, 492 und weitere Linien.

Wie auch Pasquino *(siehe S. 124)* zählte Il Facchino (der Gepäckträger) zu Roms »sprechenden Figuren«. Er zierte einst den Corso, lugt aber nun aus der Mauer der Banco di Roma. Ein Gemälde des Florentiners Jacopino del Conte lieferte wahrscheinlich die Vorlage. Der dargestellte Mann, der mit beiden Händen ein Fass hält, ist Wasserträger. Es könnte sein, dass er Martin Luther darstellen soll oder Abbondio Rizio, einen Träger, der beim Transport eines Fasses starb.

Facchino-Trinkbrunnen

Palazzo Doria Pamphilj ❻

Via del Corso 305. **Stadtplan** 5 A4 (12 E3), **Karte** H5 (V3). 📞 06 679 73 23. 🚌 64, 81, 85, 117, 119, 492 und weitere Linien. 🕐 tägl. 10 – 17 Uhr. ● 1. Jan, Ostersonntag, 25. Dez. 🎥 ♿ teilweise. 📷 für Privaträume. 🔔 🏠 💻 *Konzerte*. **www**.doriapamphilj.it

Die ältesten Teile des Palazzo, einer riesigen steinernen Insel im Herzen Roms, stammen von 1435. Der Corso-Eingang gewährt Einblick in den Säulenhof (16. Jh.) mit dem Wappen der Familie della Rovere. Ihr folgte als Besitzer die Familie Aldobrandini. 1601–47 erhielt der Komplex auf Kosten des nahen öffentlichen Bads einen zweiten Innenhof mit Seitenflügeln.

Die Pamphilj, die späteren Besitzer, vollendeten die Fassade zur Piazza del Collegio Romano hin und den Flügel an der Via della Gatta, eine imposante Kapelle und ein Theater, das Königin Christine von Schweden 1684 eröffnete.

In der ersten Hälfte des 18. Jahrhunderts schuf Gabriele Valvassori die Galerie über dem Hof und entwarf eine Fassade zum Corso hin – alles im Stil des zeitgenössischen *barocchetto* (Rokoko), der heute den Bau prägt. Die Treppenfluchten, Salons und Galerien sind Ausdruck von Verspieltheit und Lebensfreude.

Über 400 Gemälde (15. – 18. Jh.), darunter Velázquez' berühmtes Porträt von Papst Innozenz X. Pamphilj sowie Werke von Tizian, Caravaggio, Lorenzo Lotto, Guercino und Claude Lorrain, bereichern die Sammlung in der Galerie. Die geschmackvolle Einrichtung der Privatgemächer, etwa Brüsseler Spitzen und Tapisserien, wurde weitgehend original belassen. Bisweilen finden in der Gemäldegalerie Konzerte statt.

Via della Gatta ❼

Stadtplan 5 A4 (12 E3), **Karte** H5 (V3). 🚌 62, 63, 64, 70, 81, 87, 186, 492 entlang Via del Plebiscito und Corso Vittorio Emanuele II.

Die Straße verbindet den Palazzo Doria Pamphilj mit dem Palazzo Grazioli. Die alte Marmorkatze, die der Straße ihren Namen verlieh, schmückt ein Eckgesims des Palazzo Grazioli.

Marmorkatze der Via della Gatta

Palazzo Altieri ❽

Via del Gesù 93. **Stadtplan** 4 F4 (12 E3), **Karte** G5 (V3/4). 🚌 46, 62, 63, 64, 70, 81, 87, 186, 492 entlang Via del Flebiscito und Corso Vittorio Emanuele II. 🕐 8. ● für Besucher.

In Roms Geschichte taucht die Familie Altieri erstmals im 9. Jahrhundert auf. Ihre letzten männlichen Angehörigen, die Brüder Kardinal Giambattista di Lorenzo Altieri und Kardinal Emilio Altieri, der spätere Papst Clemens X. (im Amt 1670–76), ließen den Palazzo erbauen, dem zahlreiche umliegende Häuser weichen mussten. Da sich eine ältere Dame namens Berta weigerte auszuziehen, wurde ihre Behausung einfach in den Bau integriert. Die Fenster sind am Westende des Gebäudes noch zu erkennen.

Il Gesù ❾

Siehe S. 114f.

Caravaggios *Ruhe auf der Flucht nach Ägypten*, **Palazzo Doria Pamphilj**

Marmorfuß einer römischen Statue

Pie' di Marmo ❿

Via Santo Stefano del Cacco. **Stadt-plan** 4 F4 (12 E3), **Karte** G5 (V3). 🚌 *62, 63, 64, 70, 81, 87, 116, 186, 492 und weitere Linien entlang der Via del Corso, Via del Plebiscito und dem Corso Vittorio Emanuele II.*

O ffenbar meinte man im Mittelalter, die halbe Bevölkerung des antiken Rom habe aus bronzenen, goldenen und marmornen Statuen bestanden. Fragmente dieser Götter oder Kaiser darstellenden Giganten gibt es viele. Der »Marmorfuß« entstammt einer den ägyptischen Göttern Isis und Serapis geweihten Stätte. Statuen wurden mit Malereien und Kleidern geschmückt – zusammen mit flackernden Kerzen ein gefährlicher Leichtsinn.

Santa Maria sopra Minerva ⓫

Piazza della Minerva 42. **Stadtplan** 4 F4 (2 E3), **Karte** G5 (V3). 📞 *06 679 39 26.* 🚌 *116 und Linien entlang der Via del Corso, Via del Plebiscito und Corso Emanuele II.* 🕐 *tägl. 8–19 Uhr.* **Kloster** ● *wg. Renovierung.* ✝ 🎵 *Konzerte.*

D er Besuch der Minervakirche (13. Jh.), eines der wenigen gotischen Bauwerke Roms, ist eine Tour durch die italienische Kunstgeschichte. Sie war die Hochburg der Dominikaner, deren inquisitorischer Eifer ihnen den Namen *domini canes* (Spürhunde des Herrn) eintrug.
Der Gewölbebau wurde in T-Form über antiken Ruinen, dem mutmaßlichen Tempel der Minerva, errichtet und von Stiftern, die sich der Nachwelt ins Gedächtnis einprägen wollten, mit prächtigen Kapellen und Schätzen

ausgestattet. Glanzstücke sind die im Cosmaten-Stil verzierten Gräber (13. Jh.) und die Arbeiten toskanischer und venezianischer Künstler (15. Jh.). Der Römer Antoniazzo Romano stellte sein Talent mit der *Verkündigung*, die Kardinal Juan de Torquemada, den Onkel des berüchtigten spanischen Inquisitors, zeigt, unter Beweis.
Den imposanteren Stil der Renaissance belegen die Grabmäler von Leo X. und Clemens VII., den Medici-Päpsten des 16. Jahrhunderts, sowie die aufwendig dekorierte Aldobrandini-Kapelle. Nahe den Chorstufen steht die von Michelangelo begonnene und von Raffaele da Montelupo 1521 vollendete Statue des *Auferstandenen Christus*.
Der Barockstil ist u. a. mit einem Grabmal und einer Büste Berninis vertreten. Viele Besucher kommen auch wegen der Gräber namhafter Italiener: Hier ruhen die in Rom gestorbene hl. Katharina von Siena, der venezianische Bildhauer Andrea Bregno (gest. 1506), der Humanist und Kardinal Pietro Bembo (gest. 1547) und der Dominikanermönch und Maler Fra Angelico, der 1455 in Rom verschied.

Obelisk von Santa Maria sopra Minerva ⓬

Piazza della Minerva. **Stadtplan** 4 F4 (12 D3), **Karte** G5 (U3). 🚌 *116 und weitere Linien entlang Via del Corso und Corso Emanuele II.*

D ie bizarre Paarung aus Marmorelefant und Obelisk, die den Palazzo Barberini auflockern sollte, zeugt von Berninis unerschöpflicher Fantasie (Ercole Ferrata führte den Elefanten nach Berninis Entwurf aus). Den früheren Obelisken hatte man im Garten des Klosters von Santa Maria sopra Minerva gefunden, weshalb die Mönche ihn auf »ihrer« Piazza zu sehen wünschten. Seine Satteldecke trägt der Elefant auf Drängen eines Mönchs, der befürchtete, der Hohlraum unter dem Bauch könnte der Statik schaden. Bernini verstand mehr davon: Die Fontana dei Quattro Fiumi *(siehe S. 120)* an der Piazza Navona spricht von seinem gekonnten Spiel mit dem Hohlraum. Den Elefanten, altes Symbol der Klugheit und Frömmigkeit, wählte man als Verkörperung der christlichen Tugenden.

Berninis Marmorelefant mit ägyptischem Obelisken

Kirchenschiff von Santa Maria sopra Minerva

Hotels und Restaurants um die Piazza della Rotonda *siehe Seiten 300f und 316f*

Pantheon ⓭

Siehe S. 110f.

Sant'Eustachio ⓮

Piazza Sant'Eustachio. **Stadtplan** 4 F4 (12 D3), **Karte** G5 (U3). 06 686 53 34. 116 und weitere Linien entlang dem Corso Emanuele II. tägl. 9–12, 16– 19.30 Uhr.

Die frühchristliche Kirche war ein Zentrum der Armenhilfe. Im Mittelalter wählten wohlhabende Bruderschaften den hl. Eustachius zum Schutzpatron und stifteten Kapellen. Der klobige romanische Glockenturm ist ein Überrest der mittelalterlichen Kirche, die im 17./ 18. Jahrhundert grundlegend umgebaut wurde.

Glockenturm von Sant'Eustachio

La Maddalena ⓯

Piazza della Maddalena. **Stadtplan** 4 F3 (12 D2), **Karte** G5 (U2). 06 89 92 81. 116 und weitere Linien entlang der Via del Corso und dem Corso Emanuele II. tägl. 8–12, 17–20 Uhr (Sa, So ab 9.30 Uhr).

In der Rokoko-Fassade der Kirche, die 1735 bei der Piazza nahe dem Pantheon erbaut wurde, lebt die Liebe des Spätbarock zu Licht und Dynamik. Ihre beschwungten Linien erinnern an Borrominis San Carlo alle Quattro Fontane *(siehe S. 161)*. Die Fassade wurde liebevoll restauriert, den Protesten asketischer Puristen zum Trotz, die den bemalten Stuck als Zuckerbäckerwerk abtun. Die Zier-

Der elegante *salone* des Caffè Giolitti

lichkeit der Kirche schreckte die Dekorateure im 17. und 18. Jahrhundert nicht ab: Bis zur Kuppel schmückten sie das Innere aus. Orgelempore und Chor bringen die barocke Fantasie besonders lebhaft zum Ausdruck und beflügelten die Vorstellungskraft der Frommen. Viele Malereien und Skulpturen zeigen die damals neue christliche Bildsprache der Gegenreformation. In den Nischen des Hauptschiffs versinnbildlichen Statuen die Tugenden Demut und Schlichtheit. Dargestellt sind Szenen aus dem Leben des hl. Kamillus, der 1614 im nahen Kloster starb. Die Kirche gehörte dem von ihm begründeten Orden der Kamillianer, die sich der Krankenpflege widmeten. Wie die Jesuiten gaben sie Kunstwerke in Auftrag, um ihre Botschaft zu untermauern.

Stuckfassade von La Maddalena

Caffè Giolitti ⓰

Via degli Uffici del Vicario 40. **Stadtplan** 4 F3 (12 D2), **Karte** G4 (U2). 06 699 12 43. 116 und weitere Linien entlang der Via del Corso und dem Corso Rinascimento. tägl. 7–1 Uhr.

Das Café von 1900 hat den anzvoll-eleganten Stil der Belle-Époque-Cafés bewahrt. Ein Highlight ist der große *salone*. Das Café bietet eine hervorragende Auswahl an Eisspezialitäten. Kenner meinen, im Giolitti gäbe es das beste Eis in ganz Rom.

Palazzo Baldassini ⓱

Via de le Coppelle 35. **Stadtplan** 4 F3 (12 D2), **Karte** G5 (U2). 116 und weitere Linien entlang der Via del Corso und dem Corso Rinascimento. für Besucher.

Im Auftrag von Melchiorre Baldassini baute Antonio da Sangallo d. J. 1514–20 einen Wohnsitz im Stil der florentinischen Renaissance und passte ihn geschickt der strengeren römischen Umgebung an. Mit seinen die Stockwerke gliedernden Gesimsen und den schmiedeeisernen Fenstergittern ist dies eines der gelungensten Beispiele eines römischen Palazzo aus dem 16. Jahrhundert. Er schmückt Roms »Renaissance-Viertel«, das um die unter Papst Leo X. (im Amt 1513–21) angelegten langen Straßen Via di Ripetta und Via della Scrofa entstand.

Pantheon ⓭

Im Mittelalter wurde aus dem großartigen Pantheon Roms, dem der »Gesamtheit der Götter« geweihten Tempel, eine Kirche und im Lauf der Zeit ein Wahrzeichen Roms. Der überwölbte Innenraum strahlt Erhabenheit aus, die rechteckige Säulenvorhalle schirmt die Kuppel ab, eine ausladende Halbkugel. Höhe und Durchmesser des Rundbaus betragen 43,3 Meter. Das einzige Licht fällt durch den *oculus*, eine Öffnung am höchsten Punkt der Kuppel. Kaiser Hadrian (118–125 n.Chr.) ersetzte mit diesem Wunderwerk römischer Baukunst einen Tempel, den Marcus Agrippa, der Schwiegersohn des Augustus, hatte erbauen lassen. Die Nischen, die die Innenmauer des Pantheon säumen, bergen Gräber, von Raffael bis zu den Königen des modernen Italien.

★ **Kuppel**
Die Kuppel wurde aus mit Bimssteinsand, Kalktuff und Puzzolanen vermengtem Mörtel, dem opus caementitium, *gegossen.*

Der von Granitsäulen gesäumte Portikus

Die Mauern des Zylinders, der die Kuppel trägt, sind sechs Meter dick.

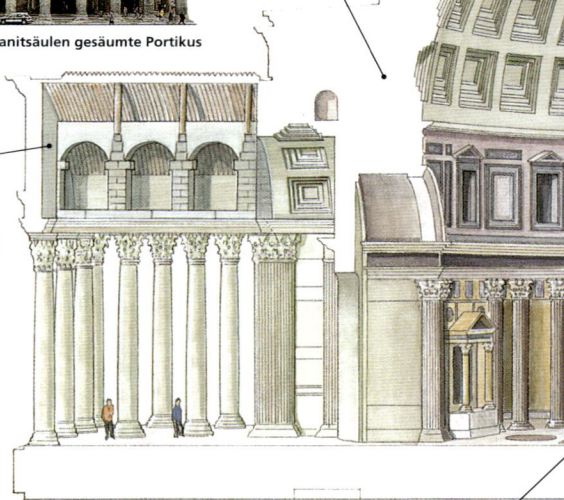

Der mächtige Portikus wurde auf die Fundamente des Tempels des Agrippa gesetzt.

NICHT VERSÄUMEN

★ Grab des Raffael

★ Kuppel

Glockentürme
Die Ansicht aus dem 18. Jahrhundert von Bernardo Bellotto zeigt Berninis viel verspottete Türmchen, die 1883 abgerissen wurden.

Fußbodenmuster
Der 1873 restaurierte Marmorboden besitzt noch sein ursprüngliches Design.

Raffael und La Fornarina

Auf eigenen Wunsch wurde Raffael nach seinem Tod 1520 hier begraben. Jahrelang hatte Raffael mit seinem Modell La Fornarina (siehe S. 210, hier auf einem Bild von Giulio Romano) zusammengelebt, von den Trauerfeierlichkeiten schloss man sie jedoch aus. Ein Denkmal erinnert an seine Verlobte Maria Bibbiena, die Nichte des Kardinals Dovizi di Bibbiena.

INFOBOX

Piazza della Rotonda. **Stadtplan** 4 F4 (12 D3), **Karte** G5 (U3). 06 68 30 02 30. 116 und weitere Linien entlang Via del Corso, Corso del Rinascimento und Corso Emanuele II. Mo–Sa 8–19.30, So 9–18 Uhr, Feiertage 9–13 Uhr. 1. Jan, 1. Mai, 25. Dez.

Oculus

Kassetten

Abgestufte Kassetten mindern das Gewicht der Kuppel.

Entlastungsbogen

In die Mauer eingebettete Ziegelbogen dienen als Stütze und verteilen das Gewicht der Kuppel.

★ Grab des Raffael

Die Gebeine des Künstlers ruhen unter einer Madonna von Lorenzetto (1520).

ZEITSKALA

30 v. Chr.	100 n. Chr.	600	1100	1600
27–25 v. Chr. Marcus Agrippa baut das erste Pantheon 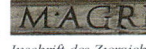 *Inschrift des Ziergiebels*		**735** Unter Gregor III. erhält das Pantheon ein Bleidach	**1309–77** Während die Päpste in Avignon weilen, dient das Pantheon als Festung und Geflügelmarkt	**1888** Das Grabmal von König Vittorio Emanuele II wird fertiggestellt
118–125 n. Chr. Unter Hadrian entsteht das neue Pantheon	**609** Papst Bonifatius IV. weiht das Pantheon zur Kirche Santa Maria ad Martyres	**663** Der byzantinische Kaiser Constans II. lässt die vergoldeten Dachziegel entfernen	**1632** Urban VIII. lässt die Bronze des Portikus für Berninis Baldachin in Sankt Peter einschmelzen	

Stadtplan siehe Seiten 396–419

Berninis leicht geschwungene Fassade des Palazzo di Montecitorio

Santa Maria in Campo Marzio **18**

Piazza in Campo Marzio 45. **Stadt-plan** 4 F3 (12 D2), **Karte** G4 (U2). 06 679 49 73. 116 und weitere Linien entlang der Via del Corso und dem Corso Rinascimento. zu Gottesdiensten So 10.30 Uhr und gelegentlich mittags.

Um den Kirchhof gruppieren sich Reste mittelalterlicher Häuser des einstigen Klosters. Die Kirche baute Antonio de Rossi 1685 mit dem Grundriss eines griechischen Kreuzes und einer Kuppel wieder auf. Über dem Altar hängt ein Bild der Madonna (12. Jh.), nach der die Kirche benannt ist.

Palazzo Borghese **19**

Largo della Fontanella di Borghese. **Stadtplan** 4 F3 (12 D1), **Karte** G4 (U1). 81, 117, 492, 628. für Besucher.

Kardinal Camillo Borghese erstand den Palazzo 1605, kurz vor seinem Amtsantritt als Papst Paul V. Er beauftragte Flaminio Ponzio, ihn zu erweitern und mit der Grandezza zu versehen, die der Papstresidenz angemessen war. Ponzio fügte einen die Piazza Borghese überblickenden Flügel sowie den Arkadeninnenhof hinzu. Zu späteren Erweiterungen zählt ein großes, Bad der Venus genanntes *nympheum*. Zwei Jahrhunderte lang beherbergte der Bau die berühmte Gemäldesammlung der Familie Borghese, die der italienische

Staat 1902 aufkaufte und die heute in der Galleria Borghese *(siehe S. 260f)* gezeigt wird.

Papst Paul V., der den Palazzo für seine Familie herrichten ließ

San Lorenzo in Lucina **20**

Via in Lucina 16A. **Stadtplan** 4 F3 (12 E1), **Karte** G4 (V1). 06 687 14 94. 81, 117, 492, 628. tägl. 8.30–20 Uhr.

Die Kirche, eine der frühesten christlichen Gebetsstätten Roms, wurde vermutlich über einer Juno, der Schutzgöttin der Frauen, geweihten Quelle erbaut und im 12. Jahrhundert erneuert. Sie weist die charakteristische Außenarchitektur jener Zeit auf: einen Portikus aus römischen Säulen, den mittelalterliche Kapitelle und ein flacher dreieckiger Giebel abschließen, sowie einen romanischen Glockenturm mit Einlegearbeiten aus farbigem Marmor.

Das Innere wurde zwischen 1856 und 1958 grundlegend umgestaltet. Man verwarf den alten

Basilikagrundriss. Reich geschmückte Barockkapellen ersetzten die beiden Seitenschiffe. Sehenswert sind die Büsten in Berninis Fonseca-Kapelle und Guido Renis *Kreuzigung* über dem Altar. Ein im 19. Jahrhundert errichtetes Denkmal ehrt den französischen Maler Nicolas Poussin, der 1655 in Rom starb und hier begraben ist.

Palazzo di Montecitorio **21**

Piazza di Montecitorio. **Stadtplan** 4 F3 (12 E2), **Karte** G4 (V2). 06 686 01. 116 und Linien entlang der Via del Corso oder mit Halt an der Piazza S. Silvestro. 1. So im Monat (außer Aug) 10–18.30 Uhr (letzter Einlass 17.30 Uhr). **www**.camera.it

Bernini erhielt den Auftrag zum Bau, nachdem er der Gattin seines Mäzens Prinz Ludovisi ein silbernes Modell seines Entwurfs überbracht hatte. Der 1694 von Carlo Fontana fertiggestellte Bau diente ab 1871 als Sitz der italienischen Abgeordnetenkammer. 1927 zeigte er sich in doppelter Größe und mit neuer Fassade. Die 630 Abgeordneten *(deputati)* werden alle fünf Jahre nach dem Verhältniswahlrecht gewählt.

Fassade von San Lorenzo in Lucina

Obelisk des Kaisers Augustus

Obelisk von Montecitorio ㉒

Piazza di Montecitorio. **Stadtplan** 4 F3 (12 E2), **Karte** G4 (V2). 🚌 116 und alle Linien entlang der Via del Corso oder mit Halt an der Piazza S. Silvestro.

Auf die Zeitmessung im Alten Rom war wenig Verlass: Lange benutzte man eine importierte (und ungenaue) Sonnenuhr, eine bei der Eroberung Siziliens erbeutete Trophäe. Im Jahr 10 v. Chr. ließ Kaiser Augustus auf dem Campus Martius, dessen Zentrum etwa bei der heutigen Piazza di San Lorenzo in Lucina lag, eine riesige Sonnenuhr aufstellen. Den Schatten warf ein gewaltiger, aus dem ägyptischen Heliopolis überführter Obelisk. Der »Zeiger« neigte sich bald, so gab auch diese Uhr die Zeit nicht genau an. Noch im 9. Jahrhundert zierte der Obelisk die Piazza, dann verschwand er. Zur Amtszeit von Papst Julius II. (1503–13) fand man ihn unter Häusern wieder. Der Papst war begeistert, glaubte man doch, ägyptische Hieroglyphen enthielten den Schlüssel zur Weisheit Adams vor dem Sündenfall. Erst während des Pontifikats Benedikts XIV. (1740–58) wurde der Obelisk ausgegraben. Papst Pius VI. ließ ihn 1792 hierher setzen.

Mark-Aurel-Säule ㉓

Piazza Colonna. **Stadtplan** 5 A3 (12 E2), **Karte** G4 (V2). 🚌 116 und alle Linien entlang der Via del Corso oder mit Halt an der Piazza S. Silvestro.

Die Imitation der Trajanssäule (siehe S. 90) wurde nach dem Tod Mark Aurels 180 n. Chr. zur Verherrlichung seiner Siege über die barbarischen Donaustämme errichtet. Im Lauf der 80 Jahre, die zwischen den beiden Bauwerken lagen, hatte sich ein Kunstwandel vollzogen. Die Szenen aus den Kriegen des Mark Aurel treten auf plastischeren Reliefs hervor und setzen sich zugunsten einer unmittelbaren Bildsprache über klassische Grundsätze hinweg. Der Ausdruckswille ähnelt eher dem des Konstantinsbogens (4. Jh., siehe S. 91). Zur Darstellung kommen auch die Grausamkeiten von Söldnern. Die Betonung des Übernatürlichen deutet das Ende der hellenistischen Tradition und den Beginn der christlichen Kultur an.

Sixtus V. ließ die aus 28 Marmortrommeln gefügte Säule 1588 von Domenico Fontana restaurieren. Das Kaiserstandbild musste einer bronzenen Statue des Apostels Paulus weichen. Die 20 unteren Reliefspiralen zeigen eine Chronik der Germanenkriege (172/173 n. Chr.), darüber ist der Sarmatenkrieg (174/175 n. Chr.) ins Bild gesetzt. Der Durchmesser der nahezu 30 Meter hohen Säule beträgt 3,70 Meter. Innen führt eine Wendeltreppe zur Spitze. Die Reliefs lassen sich am besten anhand der Abgüsse im Museo della Civiltà Romana im EUR-Viertel (siehe S. 266) studieren.

Palazzo Capranica ㉔

Piazza Capranica. **Stadtplan** 4 F3 (12 D2), **Karte** G5 (V2). 🚌 116 und alle Linien entlang der Via del Corso oder mit Halt an der Piazza S. Silvestro.

Fenster des Palazzo Capranica

Kardinal Domenico Capranica ließ diesen Palazzo, einen von Roms wenigen Bauten aus dem 15. Jahrhundert, als Familienresidenz und als höheres Lehrinstitut errichten. Das festungsartige Aussehen ist auf spätere Anbauten zurückzuführen, eine im 15. Jahrhundert, als Rom noch zwischen den Stilen des Mittelalters und der Renaissance schwankte, nicht seltene Erscheinung. Die gotisch wirkenden Fenster zur Rechten tragen das Familienwappen des Kardinals. Darunter nennt eine Inschrift auf dem Torgang das Datum 1451. Heute befindet sich im Palazzo ein Tagungszentrum.

Die Reliefs der Mark-Aurel-Säule berichten von den Feldzügen des Kaisers

Stadtplan siehe Seiten 396–419

Il Gesù ❾

Zwischen 1568 und 1584 entstand Il Gesù, Roms erste Jesuitenkirche. Ihr Barockstil der Gegenreformation fand in der katholischen Kirchenbaukunst eifrige Nachahmung. Die Anlage entspricht den zwei Hauptfunktionen der Kirche. Für die Predigten wurden die Seitenkanzeln des großräumigen Langhauses entworfen, als Mittelpunkt der Messfeiern der Hauptaltar. Langhaus und Kuppel wurden ein Jahrhundert später in illusionistischer Manier ausgekleidet. Ihr Dekor verkündet eine klare Botschaft: Fromme Katholiken fahren frohgemut zum Himmel auf, während Protestanten und andere Ketzer ins Feuer der Hölle stürzen.

★ Kapelle des hl. Ignatius
Über dem Altar erhebt sich, umrahmt von vergoldeten Lapislazuli-Säulen, eine Statue des Heiligen. Der Jesuit Andrea Pozzo fertigte die Kapelle 1696–1700.

Triumph des Glaubens über die Götzenverehrung
Die barocke Skulptur Théudons steht als ausdrucksstarkes Gleichnis für die ehrgeizigen Zielsetzungen der Jesuiten.

St. Ignatius und der Jesuitenorden

Ignatius von Loyola (1491–1556), ein baskischer Adliger, fand zum Katholizismus, nachdem er 1521 im Kampf verwundet worden war. Er kam 1537 nach Rom und gründete den Jesuitenorden, der Missionare in alle Welt schickte.

Haupt-portal

NICHT VERSÄUMEN

★ Denkmal von San Roberto Bellarmino

★ Gewölbe des Langhauses

★ Kapelle des hl. Ignatius

Allegorische Figuren
Il Baciccia entwarf diese von Antonio Raggi ausgearbeiteten Stuckfiguren als Pendant zu den Figuren seiner Fresken im Langhaus.

Madonna della Strada

Die »Madonna der Straße« (15. Jh.) zierte einst die Außenfassade einer gleichnamigen Kirche, die an dieser Stelle stand.

INFOBOX

Piazza del Gesù. **Stadtplan** 4 F4 (12 E4), **Karte** G6 (V4). 06 69 70 01. H, 46, 62, 64, 70, 81, 87, 186, 492, 628, 810 und weitere Linien. tägl. 7–12.30 (So 8–13), 16–19.30 Uhr. www.chiesadelgesu.org

★ Denkmal von San Roberto Bellarmino

Bernini fing die starke Persönlichkeit des gegenreformatorischen Theologen und Kirchenlehrers ein, der 1621 verstarb.

Die Kapelle des hl. Franz Xavier

gedenkt des weit gereisten Missionars, der 1552 auf einer China vorgelagerten Insel starb.

Kuppelfresken

Die Kuppel vollendete Giacomo della Porta nach Vignolas Vorgaben. Il Baciccia kleidete sie mit Fresken aus, die Gestalten des Alten Testaments darstellen.

★ Gewölbe des Langhauses

Die Figuren von Il Baciccias meisterhaftem Deckenfresko Triumph des Namen Jesu *verschleiern die Grenze zwischen Architektur und Malerei.*

ZEITSKALA

1540 Gründung der Gesellschaft Jesu (Jesuitenorden)	**1571** Für die Fassade wählt man den Entwurf Giacomo della Portas	**1696–1700** Der jesuitische Künstler Andrea Pozzo gestaltet die Kapelle des hl. Ignatius	**1773** Papst Clemens XIV. verbietet den Jesuitenorden
	1584 Weihung der Kirche		
1500	**1600**		**1700**
1545–63 Das Konzil von Trient verkündet einen neuen Katholizismus	**1568–71** Vignola stellt unter der Schirmherrschaft von Kardinal Alessandro Farnese den Kirchenbau bis zur Vierung fertig	**1670–83** Giovanni Battista Gaulli (Il Baciccia) malt das Gewölbe des Hauptschiffs sowie Kuppel und Apsis aus	
1556 Tod des Ignatius	**1622** Heiligsprechung des Ignatius von Loyola		

Piazza Navona

Die Fundamente der Gebäude um das lang gestreckte Oval der Piazza Navona waren einst die Haupttribünen des Domitian-Stadions. Blickfang des Platzes ist Sant'Agnese in Agone, die sich hinter der Fontana dei Quattro Fiumi mit ihrem Obelisken versteckt. Viele der heute zu sehenden Bauten wurden

Fontana dei Quattro Fiumi

während der Amtszeit von Papst Innozenz X. Pamphilj (1644–55), Mäzen von Bernini und Borromini, im Barockstil errichtet. Interessant ist die Anlage um die Chiesa Nuova, die einst der Kongregation des Oratoriums gehörte. Die Gemeinschaft wurde im 16. Jahrhundert von Filippo Neri, dem »Apostel Roms«, gegründet.

Sehenswürdigkeiten auf einen Blick

Kirchen und Tempel
Chiesa Nuova **15**
Oratorio dei Filippini **16**
San Luigi dei Francesi **7**
San Salvatore in Lauro **20**
Sant'Agnese in Agone **4**
Sant'Andrea della Valle **10**
Sant'Ivo alla Sapienza **9**
Santa Maria dell'Anima **5**
Santa Maria della Pace **6**

Museen und Sammlungen
Museo Napoleonico **21**
Palazzo Braschi **12**

Historische Gebäude
Palazzo Altemps **23**
Palazzo del Banco
  di Santo Spirito **18**
Palazzo Madama **8**
Palazzo Massimo
  alle Colonne **11**
Palazzo Pamphilj **3**
Torre dell'Orologio **17**

Brunnen und Statuen
Fontana dei Quattro Fiumi **1**
Pasquino **13**

Straßen und Plätze
Piazza Navona **2**
Via dei Coronari **19**
Via del Governo Vecchio **14**

Restaurant
Hostaria dell'Orso **22**

SIEHE AUCH

• **Stadtplan** 4, 11, 12

• **Hotels** S. 301

• **Restaurants** S. 317f

Anfahrt
Dieses Gebiet im Zentrum ist von anderen Punkten der Innenstadt aus leicht zu Fuß zu erreichen. Die wichtigsten Buslinien entlang dem Corso Vittorio Emanuele sind Bus 64 vom Bahnhof Termini zum Petersdom und Bus 46. Der Corso del Rinascimento wird von den Linien 70, 81, 116, 186 und 492 befahren.

LEGENDE

Detailkarte

ℹ Information

◁ **Piazza Navona** *(siehe S. 120)* mit der Fontana del Moro und der Kirche Sant'Agnese in Agone

Im Detail: Piazza Navona

Keine andere Piazza Roms kann mit der aufregenden Atmosphäre der Piazza Navona konkurrieren. Tag und Nacht herrscht ein geschäftiges Treiben um die drei Brunnen der Piazza, die, wie auch viele der umliegenden Kirchen, im Barockstil erbaut sind. Den älteren Renaissance-Stil sieht man in den Gebäuden entlang der Via del Governo Vecchio mit ihren faszinierenden Antiquitätengeschäften.

Oratorio dei Filippini
Der Begriff »Oratorium« für Musikstücke leitet sich von diesem Ort der Andacht ab. **16**

Torre dell'Orologio
Der Glockenturm von Borromini (1648) ist Teil der Kongregation des Oratoriums. **17**

VIA DEL CORALLO

VIA DEL GOVERNO VECCHIO

VIA DI PARIONE

Chiesa Nuova
Die Kirche wurde Ende des 16. Jahrhunderts vom Oratorium, der Gemeinschaft des hl. Filippo Neri, errichtet. **15**

Zum Corso Vittorio Emanuele II

Via del Governo Vecchio
Die Straße zieren einige schöne Renaissance-Bauten. **14**

CORSO VITTORIO EMANUELE II

PIAZZA DI PASQU...

Pasquino
Die Römer kleben Spottverse und satirische Dialoge an die verwitterte Statue. **13**

Santa Maria della Pace
Das Medaillon zeigt Papst Sixtus IV. (1471–84), der die Kirche erbauen ließ. **6**

Palazzo Pamphilj
Das große Stadtpalais wurde Mitte des 17. Jahrhunderts für Papst Innozenz X. und seine Familie errichtet. **3**

PIAZZA DI SAN PANTALEO

NICHT VERSÄUMEN

★ Piazza Navona

★ San Luigi dei Francesi

★ Sant'Andrea della Valle

LEGENDE

– – – Routenempfehlung

0 Meter   75

Palazzo Braschi
Der Palazzo vom Ende des 18. Jahrhunderts beherbergt heute das Museo di Roma. **12**

Palazzo Massimo alle Colonne
Die wunderschönen Kolonnaden wurden 1536 von Baldassarre Peruzzi gestaltet. **11**

Hotels und Restaurants um die Piazza Navona *siehe Seiten 301 und 317f*

Sant'Agnese in Agone
Borrominis aufse-henerregende konka-ve Fassade (1657) prägt das Bild der Piazza Navona. ❹

Santa Maria dell'Anima
Vier Jahrhunderte lang war dies die Deutsche Kirche Roms. ❺

Fontana dei Quattro Fiumi
Der von einem Obelisken überragte Brunnen wurde von Bernini entworfen. ❶

Palazzo Madama
Ein steinerner Löwe schmückt den Eingang dieses Palazzo, der heute Sitz des italieni-schen Senats ist. ❽

Zur Orientierung
Siehe Stadtplan 11, 12

★ San Luigi dei Francesi
Eme Statue des hl. Ludwig (18. Jh.) schmückt eine Nische der Fassade. ❼

★ Piazza Navona
Der einmalige Platz verdankt sein Erschei-nungsbild einer alten Zirkusanlage und dem Genius römischer Barockbaumeister. ❷

Die Fontana del Moro
wurde 1653 von Bernini umge-staltet, der auch die Fontana dei Quattro Fiumi entwarf.

Sant'Ivo alla Sapienza
Die kleine Kuppelkirche ist eines von Borrominis originellsten Werken. An ihr arbeitete er von 1642 bis 1650. ❾

★ Sant'Andrea della Valle
Die Kirche mit der grandiosen Fassade von Carlo Rainaldi (1665) wurde als Schauplatz des ersten Akts von Puccinis Oper Tosca weltberühmt. ❿

Zum Campo de' Fiori

Stadtplan *siehe Seiten 396–419*

Fontana dei Quattro Fiumi ❶

Piazza Navona. **Stadtplan** 4 E4 (11 C3), **Karte** F5 (T3). 🚌 46, 62, 64, 70, 81, 87, 116, 492, 628.

Der von Bernini für Papst Innozenz X. Pamphilj 1651 erbaute Brunnen wurde auf unpopuläre Weise durch Sondersteuern, die u. a. auf Brot erhoben wurden, finanziert. Das päpstliche Wappen, Friedenstaube und Olivenzweig, schmückt den Felsenhintergrund des Brunnens. Er wird von einem römischen Obelisken überragt, der einst im Circus Maxentius in der Via Appia stand. Die vier Riesenfiguren des Brunnens stellen die vier größten damals bekannten Flüsse der Erde dar: Ganges, Donau, Nil und Río de la Plata.

Das verhüllte Haupt des Nil symbolisiert dessen damals unbekannten Ursprung, doch soll Bernini damit auch seine Kritik an Borrominis Entwurf der dem Brunnen gegenüberliegenden Kirche Sant'Agnese in Agone geäußert haben,

Blick auf den Palazzo Pamphilj an der Piazza Navona

dem er schwere Konstruktionsfehler unterstellte. Auch der Río de la Plata, der die Arme gegen die Kirche erhebt, soll die Angst zum Ausdruck bringen, dass diese einstürzen könnte. Die Interpretationen sprechen für den Humor der Römer. Tatsache ist, dass Borrominis Kirche später erbaut wurde als Berninis Brunnen.

Piazza Navona ❷

Stadtplan 4 E4 (11 C2), **Karte** F5 (T3). 🚌 46, 62, 64, 70, 81, 87, 116, 492, 628.

Roms schönster Platz folgt im Grundriss einem einst von Domitian angelegten Stadion, von dem noch einige Bogen unterhalb der Kirche Sant'Agnese in Agone zu sehen sind. Die *agones* waren Wettkämpfe, die man in dem Stadion (1. Jh.) abhielt. Von *in agone* leitet sich auch der Begriff »Navona« ab. Die einzigarti-

Symbolische Figur des Ganges in Berninis Fontana dei Quattro Fiumi

ge Atmosphäre des Platzes wurde im 17. Jahrhundert geprägt, als die Fontana dei Quattro Fiumi entstand. Die anderen Brunnen stammen aus dem 16. Jahrhundert, wurden seither jedoch mehrmals modifiziert. Der Sockel der Fontana di Nettuno im Norden des Platzes wurde 1576 von Giacomo della Porta gebaut, die Statuen von Neptun und den Nereiden datieren aus dem 19. Jahrhundert. Die Fontana del Moro im Süden des Platzes wurde auch von della Porta entworfen, wobei Bernini den Brunnen später umgestaltete und die Statue eines mit einem Delfin kämpfenden Mohren anfügte.

Bis ins 19. Jahrhundert wurde der Platz jeden August geflutet. Wohlhabende fuhren in Kutschen durch das Wasser, Straßenkinder planschten darin herum. Heute bietet der belebte Platz das ganze Jahr über Attraktionen: Im Sommer laden Straßencafés zum Verweilen ein, Anfang Januar werden zum Fest La Befana Buden mit Süßigkeiten und Spielsachen aufgestellt.

Palazzo Pamphilj ❸

Piazza Navona. **Stadtplan** 4 E4 (11 C3), **Karte** F5 (T3). 🚌 46, 62, 64, 70, 81, 492, 628. ⬤ für Besucher.

Taube und Olivenzweig an der Fassade des Palazzo Pamphilj

Giovanni Battista Pamphilj wurde 1644 Papst und nahm den Namen Innozenz X. an. In seiner zehnjährigen Amtszeit bereicherte er sich und seine Familie, vor allem aber seine Schwägerin Olimpia Maidalchini. Pasquino *(siehe S. 124)* gab ihr deshalb den Spitznamen »Olim Pia«, lateinisch für »einst fromm«. Olimpia lebte in dem von Borromini errichteten und mit Fresken von da Cortona ausgestatteten Palazzo, der heute Brasilianische Botschaft und Kulturzentrum ist.

Hotels und Restaurants um die Piazza Navona siehe Seiten 301 und 317f

Sant'Agnese in Agone ❹

Piazza Navona. **Stadtplan** 4 E4
(11 C3), **Karte** F5 (T3). ☎ 06 68 19
21 34. 🚌 46, 62, 64, 70, 81, 87,
116, 492, 628, 810. ◻ Di–Sa
9.30–12.30, 16–19 Uhr. ✝ ♿

Carlo Saracenis *Wunder des heiligen Benno*

Die Kirche steht angeblich
am Ort jenes Bordells, in
dem 304 die hl. Agnes nackt
zur Schau gestellt wurde, um
sie zu zwingen, ihrem Glauben zu entsagen. Das Wun-
der, das ihr geschah – plötzlich wuchsen ihre Haare und
bedeckten ihre Blöße – ist auf
einem Marmorrelief in der
Krypta zu sehen. Hier erlitt
sie ihr Martyrium. Bestattet
wurde die hl. Agnes in den
nach ihr benannten Katakomben in der Via Nomentana
(siehe S. 264).

Die heutige Kirche ließ
Papst Innozenz X. 1652 zunächst von Girolamo Rainaldi
und dessen Sohn Carlo und
danach von 1653 bis 1657
von Borromini errichten, der
in etwa den Plänen
der Rainaldis folgte,
allerdings die unge-
wöhnliche, nach
innen gewölbte
Fassade entwarf.
Es heißt, die
Statue der hl.
Agnes versichere
der Figur des Río
de la Plata an der
Fontana dei Quatt-
ro Fiumi, dass die
Kirche nicht ein-
stürzen werde.

Statue der hl.
Agnes, Fassade
von Sant'Agnese
in Agone

Papst. Das pompöse Grabmal,
das Baldassarre Peruzzi in
Santa Maria dell'Anima
schuf, hätte der beschei-
dene Papst sicherlich
nicht gutgeheißen. Es
befindet sich rechts
von einem beschädig-
ten Altarbild von
Giulio Romano und
erinnert stark an das
für die Renaissance ty-
pische Mäzenatentum.
Santa Maria dell'Anima
war die Deutsche Kir-
che in Rom, einige Bilder
dort, so das *Wunder des
heiligen Benno* von
Carlo Saraceni (1618),
zeigen Ereignisse der deutschen Kirchengeschichte.

Santa Maria dell'Anima ❺

Via Santa Maria dell'Anima 66.
Stadtplan 4 E4 (11 C2), **Karte** F5
(T2). ☎ 06 682 81 81. 🚌 46, 62,
64, 70, 81, 87, 116, 492, 628.
◻ tägl. 15–19 Uhr (Do–Di: auch
9–13 Uhr). ✝ ♿

Papst Hadrian VI. (1522/
23), Sohn eines Schiffsbau-
ers aus Utrecht, war bis zur
Ernennung Johannes Pauls II.
der letzte nichtitalienische

Santa Maria della Pace ❻

Vicolo dell'Arco della Pace 5. **Stadtplan** 4 E4 (11 C2), **Karte** F5 (T2).
☎ 06 686 11 56. 🚌 46, 62, 64, 70,
81, 87, 116, 492, 628. ◻ Mo, Mi, Sa
9–12 Uhr. ✝ ♿ 2 Stufen. **Ausstellungen, Konzerte**.

An der Stelle, an der Papst
Sixtus IV. della Rovere
(1471–84) Baccio Pontelli die

Kirche bauen ließ, soll ein be-
trunkener Soldat die Brust
eines Madonnenbilds durch-
bohrt und damit zum Bluten
gebracht haben. Um Maria zu
versöhnen und somit den
Krieg mit den Türken zu beenden, gab der Papst das
Gotteshaus in Auftrag. Es kam
zum Frieden, und die Kirche
erhielt den Namen Santa
Maria della Pace, hl. Maria
des Friedens. Den Glockenturm schuf Bramante 1504.
Wie in seinem berühmten
Tempietto *(siehe S. 219)* folgte
er auch hier akribisch den
klassischen Regeln der Pro-
portion und errichtete auf
kleinem Raum Monumentales.

Pietro da Cortona mag an
Bramantes Tempietto gedacht
haben, als er 1656 den halb-
kreisförmigen Portikus schuf.
Das Innere, ein kurzes Schiff
mit achteckiger Kuppel, zeigt
Raffaels Fresken der *Vier Sibyllen* sowie die *Vier Propheten* seines Schülers Timoteo
Viti, ein Auftrag des Bankiers
Agostino Chigi 1514. Baldassarre Peruzzi hinterließ ein
Fresko in der ersten Seitenkapelle links. Architekt Antonio
da Sangallo d. J. entwarf die
zweite Seitenkapelle rechts.

San Luigi dei Francesi ❼

Piazza di San Luigi dei Francesi 5.
Stadtplan 4 F4 (12 D2), **Karte** G5
(U2). ☎ 06 68 82 71. 🚌 70, 81, 87,
116, 186, 492, 628. ⭕ tägl. 10–
12.30, 16–19 Uhr. 🔵 Do nachmittags. 🔲 🔲 🔲 🚫

Die französische Nationalkirche Roms wurde 1518
gegründet, doch erst 1589
von u.a. Giacomo della Porta
und Domenico Fontana vollendet. Interessant sind die
vielen Grabmäler berühmter
Franzosen sowie drei Bilder
Caravaggios in der fünften
Seitenkapelle links, die dem
Apostel Matthäus geweiht ist.
Hier sind Caravaggios erste
religiöse Bilder zu sehen
(1597–1602): *Berufung des
Apostels, Martyrium des heiligen Matthäus* und *Matthäus
und der Engel.* Sein Entwurf
des letzten Bilds wurde
wegen der realistischen Darstellung zunächst nicht akzeptiert: Nie zuvor war ein Heiliger als alter, müder Mann mit
schmutzigen Füßen
gezeigt worden.
Die drei Bilder
zeichnen sich
durch Realis-
mus und die
für Caravaggios
Werk typischen
Lichteffekte aus.

**Schild an der Fassade
von San Luigi: die Verbindung
zwischen Frankreich und Rom**

Palazzo Madama ❽

Corso del Rinascimento. **Stadtplan**
4 F4 (12 D3), **Karte** G5 (U3). ☎ 06
670 61. 🚌 70, 81, 87, 116, 186, 492,
628. ⭕ 1. Sa im Monat 10–18 Uhr
(außer Aug.). Tickets sind am selben Tag
ab 8.30 Uhr erhältlich. **www**.senato.it

Den Palazzo (16. Jh.) ließ
die Familie Medici erbau-
en, die hier ein Jahrhundert
früher ihr Bankhaus hatte. Er
war Residenz der Medici-Kar-
dinäle Giovanni und Giuliano.
Beide wurden Päpste, Gio-
vanni als Leo X., Giuliano als
Clemens VII. Auch Katharina
von Medici, die Nichte von
Clemens VII., lebte hier bis zu
ihrer Hochzeit mit Heinrich,
dem Sohn von Franz I. von

Caravaggio – Bilder von ihm befinden sich in San Luigi dei Francesi

Frankreich, im Jahr 1533. Benannt ist der Palazzo nach
Madama Margarete von Österreich, der unehelichen Tochter Kaiser Karls V., die Alessandro de' Medici heiratete
und, nach dessen Tod, Otta-
vio Farnese. Aus dieser Heirat
stammt auch die Kunstsammlung der Familie Medici, die
zu großen Teilen von der Familie Farnese ererbt war.
Die Fassade mit den Deko-
rationen auf dem Dachsims
wurde im 17. Jahrhundert von
Paolo Maruccelli gestaltet. Seit
1871 befindet sich hier der
Sitz des italienischen Senats.

Sims am Palazzo Madama

Sant'Ivo alla Sapienza ❾

Corso del Rinascimento 40. **Stadtplan** 4 F4 (12 D3), **Karte** G5 (U3).
☎ 06 361 25 62. 🚌 40, 46, 64, 70,
81, 87, 116, 186, 492, 628. ⭕ So
9–12 Uhr. 🔵 Juli, Aug. 🔲

Das Kreuz über dem
spiralförmig nach
oben gezogenen
Dach der Kuppella-
terne der Kirche
bildet ein charak-
teristisches
Wahrzeichen
Roms. Aus der
Nähe betrach-
tet, erweist
sich der Bau
von Borromi-
ni zudem als

**Kuppellaterne
von Sant'Ivo**

ein wahres Kleinod des Barock: Über einem geometrischen Grundriss erheben sich
die Mauern in atemberaubenden konvexen und konkaven
Formen.
Die Kirche steht in dem
kleinen Hof des Palazzo della
Sapienza, der bis zum Jahr
1935 Sitz der alten Universität
von Rom war.

Sant'Andrea della Valle ⑩

Piazza Sant'Andrea della Valle.
Stadtplan 4 E4 (12 D4), **Karte** F5
(T/U4). 📞 686 13 39. 🚌 H, 40, 46,
62, 64, 70, 81, 87, 116, 186, 492,
628. 🚊 8. 🕐 tägl. 7.30–12,
16.30–19.30 Uhr. ✝

Kuppel von Sant'Andrea della Valle

Die Kirche ist Schauplatz des ersten Akts der Oper *Tosca*, auch wenn Opernfans die Kapelle Attavanti – eine poetische Fiktion Puccinis – dort nicht finden werden. Dafür bietet die Fassade feinste Barockarchitektur, während das Innere in goldenem Licht erstrahlt. Hier sind die beiden Päpste der Sieneser Familie Piccolomini beigesetzt, rechts vom Mittelschiff Pius II. (1458–64), der erste humanistisch geprägte Papst, gegenüber Pius III., dessen Amtszeit im Jahr 1503 kaum einen Monat währte.

Die Kirche ist berühmt für ihre wunderschöne Kuppel, die größte in Rom nach der des Petersdoms. Sie wurde 1622–25 von Carlo Maderno errichtet und von Domenichino und Giovanni Lanfranco mit wunderschönen Fresken ausgemalt. Der extravagante Stil Lanfrancos, zu sehen im großen Paradiesfresko der Kuppel, ließ diesen die Sympathie der Jury gewinnen, was, so heißt es, Domenichino dazu veranlasste, einen Mordanschlag auf seinen Kollegen zu planen. Das Attentat misslang – und eigentlich, so zeigen es seine Fresken rund um Altar und Apsis, war auch der Neid auf Lanfranco unbe-

rechtigt. Den Altar in der Strozzi-Kapelle schmücken mehrere Kopien von Michelangelos Skulpturen *Lea* und *Rachel*. Die Originale stehen in der Kirche San Pietro in Vincoli *(siehe S. 170).*

Palazzo Massimo alle Colonne ⑪

Corso Vittorio Emanuele II 141.
Stadtplan 4 F4 (11 C3), **Karte** F5
(T3). 🚌 40, 46, 62, 64, 70, 81, 87,
116, 186, 492, 628. **Kapelle**
🕐 16. März: 7–12 Uhr.

Römische Säule, Palazzo Massimo

Baldassarre Peruzzi baute in seinen letzten Lebensjahren den Palazzo für die Familie Massimo, während *sacco di Roma*, der großen Plünderung Roms, zerstört worden waren. Der ursprüngliche Bau hatte auf den Ruinen des Circus des Domitian gestanden, um den herum die Prozessionsstraße Via Papalis angelegt ist. Dieser Straßenführung folgt Peruzzis nach außen geschwungene Fassade, seine Genialität zeigt sich auch in den kleinen quadratischen Fenstern, dem Innenhof sowie dem stuckverzierten Vestibül. Die Fassade zur Piazza de' Massimi hin, auf der eine einzelne Säule aus dem Circus des Domitian steht, ist mit Fresken im Renaissance-Stil verziert.

Die Familie Massimo geht zurück auf Quintus Fabius Maximus, der im 3. Jahrhundert v. Chr. Hannibal besiegte. Ihr stolzes

Wappen ziert ein junger Herkules. Der Familie entstammen große Humanisten. Ein Massimo führte für Italien Friedensverhandlungen mit Napoléon. Einmal jährlich, am 16. März, ist der Palazzo öffentlich zugänglich, zur Erinnerung an die Wiederbelebung des jungen Paolo Massimo 1538 durch den hl. Filippo Neri.

Palazzo Braschi ⑫

Piazza San Pantaleo 10. **Stadtplan**
4 E4 (11 C3), **Karte** F5 (T3). 📞 06
67 10 83 46. 🚌 40, 46, 62, 64, 70,
81, 87, 116, 186, 492, 628. 🚊 8.
🕐 Di–So 9–19 Uhr (letzter Einlass
18.30 Uhr). ♿ 📷 🎧 📖 🏛

Der Bau an der Piazza San Pantaleo ist der letzte, der für die Familie eines Papstes erbaut wurde. Der Palazzo Braschi mit seiner eindrucksvollen Fassade, die die Piazza prägt, wurde für die Neffen von Papst Pius VI. Braschi erbaut.

Heute beherbergt der von Cosimo Morelli Ende des 18. Jahrhunderts errichtete Palazzo das städtische Museo di Roma mit Bildern und Zeichnungen sowie Einrichtungs- und Gebrauchsgegenständen vom Mittelalter bis zum 19. Jahrhundert.

Ercole Ferratas Engel an der Fassade der Kirche Sant'Andrea della Valle

Stadtplan *siehe Seiten 396–419*

Pasquino ⓫

Piazza di Pasquino. **Stadtplan** 4 E4
(11 C3), **Karte** F5 (T3). 🚌 40, 46,
62, 64, 70, 81, 87, 116, 492, 628.

Pasquino, die berühmteste der
»sprechenden Statuen« Roms

Der etwas grob gehauene
Marmorklotz ist der Rest
einer hellenistischen Skulptu-
rengruppe, die wahrscheinlich
jene Episode aus Homers *Ilias*
darstellte, in der Menelaos
den Körper des toten Patrok-
los schützend bedeckt. Jahrhundertelang lag sie unbeach-
tet in irgendeiner Straße, bis
sie 1501 hier aufgestellt
wurde, neben dem Laden des
Schneiders Pasquino. Da es
im Rom der Päpste keine Re-
defreiheit gab, heftete der
Schneider seine Satiren über
laufende Ereignisse an diese
Statue. Auch andere Bürger
Roms waren schnell dabei,
nachts Kritik und Spott hier
anzubringen. Die Missachtung
der päpstlichen Autorität
durch die »sprechende Statue«,
genannt Pasquino, wurde bis
ins 19. Jahrhundert als Teil
römischer Kultur gepflegt.
Auch andere Statuen in der
Stadt begannen zu »sprechen«.
So pflegte Pasquino einen
Dialog mit Marforio, einer Statue in der Via del Campidoglio, heute im Innenhof des
Palazzo Nuovo *(siehe S. 70f)*,
und mit Babuino in der Via
del Babuino *(siehe S. 135)*.
Pasquino tut auch heute noch
manchmal seine Meinung
kund. Roms englischsprachi-
ges Kino heißt übrigens
Pasquino.

Via del Governo Vecchio ⓬

Stadtplan 4 E4 (11 B3), **Karte** F5
(S/T3). 🚌 40, 46, 62, 64.

Die Straße ist nach dem
Palazzo del Governo Vec-
chio benannt, im 17. und
18. Jahrhundert Sitz der päpstlichen Regierung. Früher war
sie Teil der Via Papalis, die
vom Lateran zum Petersdom
führte. Neben Häusern aus
dem 16. Jahrhundert und
kleinen Werkstätten sind vor
allem die Häuser Nr. 104 und
Nr. 106 (15. Jh.) interessant.
Das Stadtpalais von Nr. 123
war ursprünglich als
Wohnsitz für Bramante
gedacht. Ihm gegenüber
liegt der Palazzo del
Governo Vecchio (1477),
auch bekannt als Palazzo Nar-
dini – so lautete der Name
des Bauherrn.

Via del Governo Vecchio

Chiesa Nuova ❺

Piazza d. Chiesa Nuova. **Stadtplan**
4 E4 (11 B3), **Karte** F5 (S3). 📞 06
687 52 89. 🚌 40, 46, 64. ⭘ tägl.
8–12 (So bis 13), 16.30–19 Uhr. ✝

Fassade der Chiesa Nuova

Der hl. Filippo Neri ist der
ansprechendste aller Hei-
ligen der Gegenreformation.
Höchst unkonventionell veranlasste er seine noblen römischen Anhänger, sich in aller
Öffentlichkeit zu demütigen:
Er ließ die jungen Männer in
Lumpen oder mit einem an
Rock angehefteten Fuchs-
schwanz durch Roms Straßen
ziehen und setzte sie als Arbeiter beim Bau seiner Kirche
ein. Mit der Hilfe Papst Gregors VIII. ließ er den Bau an
der Stelle der mittelalterlichen
Santa Maria in Vallicella errichten – so war sie von Anfang an die Chiesa Nuova, die
»neue Kirche«.
Der Bau wurde 1575 von
Matteo da Città di Castello begonnen, Martino Longhi d. Ä.
führte ihn weiter. 1599 wurde
die Kirche geweiht, obwohl
die Fassade Fausto Rughesis
erst 1606 fertiggestellt war.
Gegen Neris Willen wurde sie
nach seinem Tod im Inneren
ausgeschmückt – mit Fresken
von Pietro da Cortona sowie
Gemälden von Rubens: *Ma-
donna und Engel* über dem
Altar, *Die Heiligen Domitilla,
Nereus und Achilleus* rechts
vom Altar, *Die Heiligen Gregor, Maurus und Papias* links
vom Altar. San Filippo ist in
einer Seitenkapelle seiner Kirche, zur Linken des Altars,
beigesetzt.

Hotels und Restaurants um die Piazza Navona *siehe Seiten 301 und 317f*

Borrominis Fassade des Oratorio

Oratorio dei Filippini ⑯

Piazza della Chiesa Nuova. **Stadtplan** 4 E4 (11 B3), **Karte** F5 (S3).
☎ 06 687 52 89. 🚌 46, 62, 64.
🕐 auf Anfrage.

Zusammen mit Kirche und Konvent bildete das Oratorium das Zentrum der religiösen Gemeinschaft Filippo Neris, die dieser 1575 gründete. Der Begriff »Oratorium« (religiöser Gesang für Solisten und Chor) aus der Musik ist abgeleitet von den hier abgehaltenen Anbetungen. Neri kam als 18-Jähriger nach

Rom, um hier zu arbeiten. Doch nach dem *sacco di Roma*, der Plünderung Roms 1527, herrschten religiöse Verwahrlosung und wirtschaftlicher Niedergang, zudem brach die Pest aus. Es blieb Nichtrömern wie Neri und Ignatius von Loyola vorbehalten, das geistige Leben der Stadt zu erneuern.

Neri gründete eine Laienbruderschaft, deren Mitglieder gemeinsam Gottesdienste feierten sowie Pilger und Kranke betreuten *(siehe Santissima Trinità dei Pellegrini, S. 147)*. Als Zentrum ließ Neri das Oratorium errichten, dessen Fassade Borromini 1637–43 gestaltete.

Torre dell' Orologio ⑰

Piazza dell'Orologio. **Stadtplan** 4 E4 (11 B3), **Karte** F5 (S3). 🚌 40, 46, 62, 64.

Den Glockenturm errichtete Borromini in den Jahren 1647–49 zur Dekoration von Neris Konvent und Oratorium. Typisch für den Stil Borrominis sind die Innen-

und Außenwölbungen der Mauern. Das Madonnenmosaik unterhalb der Uhr stammt von Pietro da Cortona. In der Ecknische des Baus ist eine von Engeln flankierte Madonna im Stil Berninis zu sehen.

Pietro da Cortona (1596–1669)

Palazzo del Banco di Santo Spirito ⑱

Via del Banco di Santo Spirito. **Stadtplan** 4 D4 (11 A2), **Karte** E5 (R2). 🚌 40, 46, 62, 64. 🕐 während der Geschäftszeiten.

Früher war der Palazzo päpstliche Münze, weshalb er oft als Antica Zecca, »Alte Münze«, bezeichnet wird. Der obere Teil der Fassade wurde von Antonio da Sangallo d.J. um 1520 im Stil römischer Triumphbogen gestaltet. Darüber erheben sich zwei Statuen, die Freigebigkeit und Sparsamkeit symbolisieren. Im Rundbogen über dem Haupteingang erinnert eine Inschrift an die Gründung der Banco di Santo Spirito 1605 durch den Borghese-Papst Paul V.

Paul V. war geschäftstüchtig und ermutigte die Römer, ihr Geld auf dieser Bank zu deponieren. Als Sicherheit bot er die großen Ländereien des Hospitals Santo Spirito *(siehe S. 226)*. Eigentlich waren nur einfache Bankgeschäfte geplant, doch die Transaktionen wurden immer umfangreicher, da die Leute ihr Geld sicher wähnten und glaubten, es jederzeit gegen ihre Quittung zurückbekommen zu können. Alle profitierten von diesem Vertrauen – und so existiert die Bank Santo Spirito noch heute, wenn auch als Teil der Banca di Roma.

Fassade der Banco di Santo Spirito, die einem römischen Bogen ähnelt

Stadtplan *siehe Seiten 396–419*

Via dei Coronari ⑲

Stadtplan 4 D3 (11 B2), **Karte** E/F5
(S/T2). 🚌 40, 46, 62, 64, 70, 81, 87,
115, 116, 186, 280, 492.

Viele der Pilger im Mittelalter, die unterwegs zum Petersdom waren, kamen durch die Via dei Coronari, um beim Ponte Sant'Angelo den Tiber zu überqueren. Um ihnen Geld abzuknöpfen, verkaufte man ihnen *coronari* (Rosenkränze), so erhielt die Straße ihren Namen. Sie folgt der alten römischen Via Recta (Gerade Straße), die früher von der heutigen Piazza Colonna zum Tiber führte.

Sich seinen Weg durch die Via dei Coronari zu bahnen konnte damals lebensgefährlich sein. Im Heiligen Jahr 1450 starben hier etwa 200 Pilger, von den Massen erdrückt oder in den Tiber gedrängt. Aufgrund dieser Tragödie ließ Papst Nikolaus V. (1447–55) den römischen Triumphbogen entfernen, der bis dahin den Zugang zum Ponte Sant'Angelo bildete. Im späten 15. Jahrhundert regte Papst Sixtus IV. den Bau von Privathäusern und Palazzi entlang der Straße an.

Auch wenn die Rosenkranzverkäufer heute den vielen teuren Antiquitätenläden weichen mussten, weist die Via dei Coronari immer noch zahlreiche Häuser aus dem 15. und 16. Jahrhundert auf. Eines der ältesten, Haus Nr. 156/157, ist bekannt als das Haus der Fiammetta, der Geliebten Cesare Borgias.

Antiquitätenladen, Via dei Coronari

Kreuzgang, San Salvatore in Lauro

San Salvatore in Lauro ⑳

Piazza San Salvatore in Lauro 15.
Stadtplan 4 D3 (11 B2), **Karte** F4
(S2). 📞 06 687 51 87. 🚌 70, 81,
87, 116, 186, 280, 492. 🕐 tägl.
9–12, 15–18 Uhr. ✝

Die Kirche ist nach dem einstigen hiesigen Lorbeerhain benannt. Ottaviano Mascherino erbaute sie Ende des 16. Jahrhunderts. Glockenturm und Sakristei wurden im 18. Jahrhundert von Nicola Salvi, der als Baumeister der Fontana di Trevi *(siehe S. 159)* Berühmtheit erlangte, angefügt.

Die Kirche birgt in der ersten Seitenkapelle rechts das erste große Altarbild von Pietro da Cortona: *Die Geburt Jesu* (17. Jh.).

Im links angrenzenden Konvent San Giorgio finden sich ein schöner Renaissance-Kreuzgang, ein mit Fresken ausgemaltes Refektorium sowie das Denkmal für Papst Eugenius IV. (1431–47), das bis zu deren Abriss in der alten Peterskirche stand. Eugenius, ein extravaganter Venezianer, hatte Tausende von Talern für seine goldene Tiara ausgegeben, jedoch verfügt, dass sein Grab schlicht und einfach sein solle. Das Porträt des Papstes von Salviati hängt im Refektorium.

Im Jahr 1669 wurde San Salvatore in Lauro zum Sitz der Bruderschaft der Piceni, die sich aus der Region Marken hierher begeben hatte. Es war eine Belohnung, denn die dem Papst treu ergebenen Picener stellten traditionell dessen Soldaten und auch seine Steuereintreiber.

Museo Napoleonico ㉑

Piazza di Ponte Umberto 1. **Stadtplan** 4 E3 (11 C1), **Karte** F4 (T2).
📞 06 68 80 62 86. 🚌 70, 81, 87,
116, 186, 280, 492. 🕐 Di–So
9–19 Uhr. 🔴 1. Jan, 1. Mai, 25. Dez.
🖼 🚫 📷 📹 🏛

Das Museum ist Napoléon Bonaparte und seiner Familie gewidmet und zeigt neben einigen Bildern und persönlichen Andenken auch den indischen Schal, den Napoléon auf St. Helena trug.

Nach seinem Tod 1821 erlaubte der Papst der Familie, sich in Rom anzusiedeln. Napoléons Mutter lebte im Palazzo Misciatelli in der Via del Corso, wo sie 1836 starb. Seine Schwester, die als intrigant und flatterhaft galt, heiratete den römischen Prinzen Camillo Borghese. Das Museum zeigt einen Abdruck ihrer linken Brust, den Canova als Modell für seine Venusstatue im Museo Borghese *(siehe S. 260f)* nahm. Des Weiteren finden sich hier Uniformen, Abendroben und persönliche Gegenstände vieler anderer Familienmitglieder sowie ein reichlich abgenutztes Fahrrad, das Prinz Eugène, dem Sohn von Napoléon III., gehörte. Der letzte männliche Spross der römischen Linie der Familie war Napoleon Charles, dessen Porträt von Guglielmo de Sanctis ebenfalls zu sehen ist. Die Schätze des Museums wurden 1927 von den Söhnen von Charles' Schwester Carlotta Bonaparte gesammelt.

Fassade von San Salvatore in Lauro

Im benachbarten Palazzo in der Via Zanardelli ist die Sammlung Racolta Praz untergebracht: Über 1000 *objets d'art*, Gemälde und Möbel aus dem 17. und 18. Jahrhundert wurden hier vom Kunsthistoriker Mario Praz zusammengetragen.

Seitenrelief am Ludovisi-Thron (5. Jh. v. Chr.), Palazzo Altemps

Eingang zum Museo Napoleonico

Hostaria dell'Orso ㉒

Via dei Soldati 25. **Stadtplan** 4 E3 (11 C2), **Karte** F4 (T2). 70, 81, 87, 116, 186, 204, 280, 492, 628. Mo–Sa 8–13 Uhr.

Der alte Gasthof birgt einen Portikus (15. Jh.) und eine Loggia mit antiken römischen Säulen. Berühmte Gäste waren Dante oder Reisende im 16. Jahrhundert wie die französischen Dichter Rabelais und Montaigne.

Palazzo Altemps ㉓

Piazza Sant'Apollinare 46. **Stadtplan** 4 E3 (11 C2), **Karte** F4 (T2). 06 39 96 77 00. 70, 81, 87, 115, 116, 280, 492, 628. Di–So 9–19.45 Uhr (letzter Einlass 1 Std. vor Schließung). 1. Jan, 25. Dez.

In dieser Nebenstelle des Museo Nazionale Romano ist eine einzigartige Sammlung antiker Skulpturen untergebracht. Der Palazzo wurde für den Neffen von Papst Sixtus IV., Girolamo Riario, errichtet, dessen Wappen noch in der Pförtnerloge zu sehen ist. In einem Volksaufstand nach dem Tod des Papstes 1484 wurde der Palazzo geplündert. Girolamo floh aus der Stadt.

1568 kaufte Kardinal Marco Sittico Altemps den Palast. Seine Familie war deutschen Ursprungs – Altemps ist die italienische Fassung von Hohenems – und hatte im Vatikan großen Einfluss. So fand 1565, als der Bruder des Kardinals Ortensia, die Schwester des hl. Karl Borromäus, heiratete, ein großes Turnier, das letzte seiner Art, im Belvedere-Innenhof des Vatikans (*siehe S. 234f)* statt. Der Palazzo wurde 1570 von Martino Longhi d. Ä. restauriert, der auch den mit Obelisken und einem marmornen Einhorn verzierten Aussichtsturm errichtete. Die Altemps waren prunkliebende Sammler: Der Innenhof und das große Treppenhaus sind voller antiker Skulpturen. Sie sind Bestandteil des Museums, ebenso die Skulpturensammlung Ludovisi. Ein Hauptteil der Sammlung befand sich bisher

in einer Nebenstelle des Museo Nazionale Romano, in den Diokletian-Thermen (*siehe S. 163*). Im Erdgeschoss des Palazzo stehen die Statue der Athena Parthenos und die Dionysios-Gruppe, eine römische Kopie des griechischen Originals. Im ersten Stock können Besucher am Ende des Flurs eine bemalte Loggia von 1595 besichtigen. Auf dem gleichen Flur steht auch der Ludovisi-Thron (5. Jh. v. Chr.), ebenfalls ein griechisches Original. Der Thron ist mit Reliefs geschmückt, eines stellt wahrscheinlich Aphrodite dar. Im Salone del Camino befindet sich die Statue *Galatas Tod*. Der Ludovisi-Sarkophag stammt aus dem 3. Jahrhundert n. Chr.

Galatas Tod im Palazzo Altemps

Stadtplan siehe Seiten 396–419

Piazza di Spagna

Während des 16. Jahrhunderts kamen immer mehr Pilger und Geistliche nach Rom. Das Leben im engen mittelalterlichen Zentrum wurde unerträglich. Neue Straßenzüge entstanden, um den Ankommenden den direkten Weg vom nördlichen Stadttor, der Porta del Popolo, zum Vatikan zu weisen. Im 18. Jahrhundert entstanden viele Herbergen. Heute

Löwenbrunnen, Piazza del Popolo

bietet dieser Teil Roms neben herausragenden Werken der Renaissance und des Barock, etwa in Santa Maria del Popolo und Sant'Andrea delle Fratte, die Reliefs der Ara Pacis, Kunstausstellungen in der Villa Medici, einen herrlichen Blick von der Spanischen Treppe und dem Pincio-Park über die Stadt sowie Roms exklusivste Shopping-Straßen rund um die Via Condotti.

Sehenswürdigkeiten auf einen Blick

Kirchen
All Saints ⑫
San Rocco ㉑
Sant'Andrea delle Fratte ❶
Santa Maria dei Miracoli und
  Santa Maria in Montesanto ⑭
*Santa Maria del Popolo
  S. 138f* ⑰
Santi Ambrogio e Carlo
  al Corso ㉒
Trinità dei Monti ⑩

Museen und Sammlungen
Casa di Goethe ⑬
Keats-Shelley-Haus ❼

Historische Gebäude
Palazzo di Propaganda
  Fide ❷
Villa Medici ⑪

Bogen, Tore und Säulen
Colonna dell'Immacolata ❸
Porta del Popolo ⑱

Straßen und Plätze
Piazza del Popolo ⑯
Piazza di Spagna ❻
Spanische Treppe ❾
Via Condotti ❹

Denkmäler und Gräber
Ara Pacis ⑲
Mausoleum des Augustus ⑳

Park
Pincio-Park ⑮

Cafés und Restaurants
Babington's Tea Rooms ❽
Caffè Greco ❺

Anfahrt
Um die Piazza di Spagna oder die Via Condotti zu erreichen, ist es besser, die Metro-Linie A bis Spagna zu nehmen als der Bus über die Via del Corso und Via del Tritone. Wollen Sie zur Piazza del Popolo, fahren Sie mit der Metro bis Flaminio. Innerhalb des historischen Zentrums fahren die Busse 116 und 117.

LEGENDE
▢ Detailkarte
Ⓜ Metro-Station
— Stadtmauer

SIEHE AUCH
• *Stadtplan* 4, 5
• *Hotels* S. 301–303
• *Restaurants* S. 318f
• *Shopping* S. 334–353

◁ **Spanische Treppe mit Kirche Trinità dei Monti** *(siehe S. 134f)*

Im Detail: Piazza di Spagna

Die vielen Straßen zwischen Piazza di Spagna und Via del Corso mit ihren eleganten Geschäften bilden eines der belebtesten Viertel Roms, das Besucher wie Einheimische anlockt. Im 18. Jahrhundert suchte hier die Aristokratie frivole Abenteuer. Es kamen aber auch Künstler, Schriftsteller und Komponisten, die sich vor allem von der Kultur und Geschichte der Stadt angezogen fühlten.

Caffè Greco
Büsten und Porträts erinnern an das künstlerische Ambiente früherer Zeiten. ❺

★ Piazza di Spagna
Seit fast drei Jahrhunderten ist dieser Platz mit dem merkwürdigen Barkenbrunnen (Fontana della Barcaccia) Treffpunkt von Rom-Besuchern. ❻

Die Via delle Carrozze hat ihren Namen von den vielen Kutschen reicher Reisender, die hier in langen Schlangen zur Reparatur anstanden.

Via Condotti
Die kleine Straße bietet die ansprechendsten Läden in einem der reizendsten Einkaufsviertel der Welt. ❹

Bulgari verkauft edlen Schmuck hinter einer nüchternen Fassade in der Via Condotti.

0 Meter   75

LEGENDE

- - - Routenempfehlung

Ⓜ Metro-Station

PIAZZA DI SPAGNA

VIA VITTORIA

VIA DELLA CROCE

VIA BOCCA

VIA DELLE CARROZZE

DI LEONE

VIA DEL CORSO

VIA CONDOTTI

VIA BORGOGNONA

VIA FRAT

Hotels und Restaurants um die Piazza di Spagna *siehe Seiten 301–303 und 318f*

Trinità dei Monti
*Die Kirche (16. Jh.)
bietet einen der
schönsten Rundblicke
über Rom.* ❿

**Babington's
Tea Rooms**
*Hier trinkt
man Tee wie
im England
des ausgeben-
den 19. Jahr-
hunderts.* ❽

Zur Orientierung
Siehe Stadtplan 5

Colonna dell'Immacolata
*Die Marienstatue thront
auf einer antiken
Säule.* ❸

**Palazzo di
Propaganda Fide**
*Die Fassade von 1665 war
eines der letzten Werke des
großen Francesco
Borromini.* ❷

Sant'Andrea delle Fratte
*Pasquale Marinis Aller-
heiligenhimmel (1691)
schmückt die hohe Kuppel
von Borromini.* ❶

★ Keats-Shelley-Haus
*Die Bibliothek ist Teil eines kleinen
Museums in jenem Haus, in dem
1821 der englische Dichter Keats
starb.* ❼

★ Spanische Treppe
*Sie ist ein Juwel der
späten Barockarchi-
tektur.* ❾

NICHT VERSÄUMEN

★ Keats-Shelley-
Haus

★ Piazza di Spagna

★ Spanische Treppe

Stadtplan *siehe Seiten 396–419*

Sant'Andrea delle Fratte ❶

Via Sant'Andrea delle Fratte 1.
Stadtplan 5 A3, **Karte** H4 (W1).
📞 06 679 31 91. 🚌 116, 117.
Ⓜ *Spagna.* 🕐 *tägl. 6.30–12, 16–19 Uhr (Sommer: 16.30–19.30).* ✝

Als die Kirche im 12. Jahrhundert im Norden Roms errichtet wurde, gab es hier lediglich Gestrüpp, italienisch: *fratte*. Heute befindet sich die Kirche mitten in der Stadt, ihren Namen hat sie jedoch beibehalten.

Im 16. Jahrhundert wurde sie umgestaltet. Bemerkenswert sind Glockenturm und Kuppel, auf die man von der Via Capo le Case den besten Blick hat. Schön sind die geschwungenen Fassaden sowie die Engel mit Fackeln und Schriftrollen, die den Figurenschmuck an der Fassade des Glockenturms bilden.

1842 erschien an dieser Stelle die Jungfrau Maria einem jüdischen Bankier, der daraufhin zum christlichen Glauben konvertierte und Missionar wurde. Bekannt ist die Kirche vor allem für die Engelsfiguren, die Borrominis Rivale Bernini schuf. Ursprünglich wurden sie von Papst Clemens IX. für den Ponte Sant'Angelo in Auftrag gegeben. Er befand jedoch, dass die Statuen für die Brücke zu kostbar seien. Nachdem sie lange Zeit im Haus Berninis gestanden hatten, wurden sie schließlich 1729 in dieser Kirche aufgestellt.

Palazzo di Propaganda Fide ❷

Via di Propaganda 1. **Stadtplan** 5 A2 (12 F1), **Karte** H4 (W1). 📞 06 69 87 92 99. 📠 06 69 88 02 46. 🚌 116, 117. Ⓜ *Spagna.* **Museum** 🕐 Mo, Mi, Fr 14.30–18 Uhr.

Im Jahr 1622 wurde die Jesuiten-Kongregation für die Verbreitung des Glaubens gegründet. Als Architekten für den Hauptsitz beauftragte man Bernini. Allerdings bevorzugte Innozenz X., der 1644 Papst wurde, Borrominis Stil, und so übernahm dieser die Arbeit Berninis und übertraf die kühnsten Erwartungen. Borrominis Fassade ist durch mächtige Pilaster gegliedert, zwischen denen die Fenster des ersten Stocks zurückversetzt sind, während ein Risalit die Mitte betont. Eine klare Linie trennt Erdgeschoss und ersten Stock, das Gesims über dem Mittelrisalit schwingt jedoch wieder nach innen.

Heute beherbergt der Palazzo das Missionsmuseum des Vatikans.

Eingang zum Jesuitenkolleg

Colonna dell'Immacolata ❸

Piazza Mignanelli. **Stadtplan** 5 A2, **Karte** H3. 🚌 116, 117. Ⓜ *Spagna.*

Die 1857 begonnene Säule erinnert an die Verkündigung des Dogmas von der Unbefleckten Empfängnis durch Papst Pius IX. Dieses besagt, dass die Jungfrau Maria der einzige Mensch war, der ohne den Makel der Erbsünde geboren wurde. Die von einer Marienstatue gekrönte Säule stammt aus dem antiken Rom. Jedes Jahr am 8. Dezember legt der Papst mithilfe der Feuerwehr einen Kranz um das Haupt der Statue *(siehe S. 61).*

Porträt von Papst Pius IX. (Amtszeit 1846–78)

Engel von Bernini, Sant'Andrea delle Fratte

Via Condotti ❹

Stadtplan 5 A2, **Karte** H3. 🚌 81, 116, 117, 119, 492 und alle anderen Linien entlang der Via del Corso oder Busse zur Piazza S. Silvestro. Ⓜ Spagna. Siehe **Shopping** S. 337.

Benannt ist die Straße nach den Wasserleitungen, die zu den Agrippa-Bädern nahe dem Pantheon führten. Heute finden sich hier vor allem die Geschäfte vieler bekannter römischer Modeschöpfer. Auch für den typischen Stadtbummel am frühen Abend ist die Via Condotti ein guter Ort. Dann mischen sich elegant gekleidete Römer und Römerinnen mit Urlaubern in kurzen Hosen und Sandalen.

Valentino und Georgio Armani haben Läden in der Via Condotti, die Shops der etwas jüngeren Designer, etwa von Laura Biagiotti und den Geschwistern Fendi, liegen in der Parallelstraße Via Borgognona. Valentino besitzt einen zweiten Laden in der Via Bocca di Leone, die die Via Condotti unweit der Piazza di Spagna kreuzt. Auch Versace ist hier zu finden. Der zweite Armani-Shop liegt in der nahen Via del Babuino zwischen Kunstgalerien und Antiquitätengeschäften.

Blick von der Via Condotti auf die Spanische Treppe

Caffè Greco ❺

Via Condotti 86. **Stadtplan** 5 A2, **Karte** H3. ☎ 06 679 17 00. 🚌 81, 116, 117, 119, 492. Ⓜ Spagna. ◷ tägl. 9–20 Uhr. ◑ 1. Jan, 14./15. Aug. ♿

Das Café wurde 1760 von einem Griechen (il greco) eröffnet und war im 18. Jahr-

Das 250 Jahre alte Caffè Greco

hundert ein beliebter Treffpunkt für Künstler aus der ganzen Welt. Dichter wie Keats, Byron und Goethe, Komponisten wie Liszt, Wagner und Bizet kamen hierher, ebenso Casanova und der bayerische König Ludwig II. Heute stehen hier die italienischen Gäste an der Theke für einen schnellen Espresso, während Urlauber an den Tischen unter den Porträts der vormaligen Cafébesitzer relaxen.

Piazza di Spagna ❻

Stadtplan 5 A2, **Karte** H3. 🚌 116, 117, 119. Ⓜ Spagna.

Die Piazza di Spagna (der spanische Platz) ist Roms berühmtester Platz. Lange Zeit war er bevorzugter Treffpunkt aller Rom-Reisenden und der in Rom lebenden Fremden. Damals wie heute ist die Piazza den ganzen Tag und im Sommer auch die ganze Nacht über voller Menschen.

Im 17. Jahrhundert hatte hier der spanische Botschafter beim Heiligen Stuhl seine Residenz, deshalb war das Areal rund um die Botschaft spanisches Territorium. Ausländer, die sich hier ohne Erlaubnis aufhielten, wurden zur Strafe in die Spanische Armee verpflichtet. Da Rom im 18. und 19. Jahrhundert bei Besuchern fast so beliebt war wie heute, bildete der

Platz den Mittelpunkt eines bedeutenden Hotelviertels. Einige Reisende kamen aus Wissensdurst oder suchten künstlerische Inspiration, doch die meisten wollten sich bei Glücksspielen oder amourösen Affären amüsieren und vielleicht auch antike Statuen erstehen.

Kein Wunder, dass diese wohlhabenden Besucher einen Schwarm von Bettlern anzogen, die oft mit zu Tränen rührenden Briefen »arbeiteten«, die ihnen die hier am Platz angesiedelten Schreiber verfasst hatten.

Die meist von Menschenmengen umlagerte Fontana della Barcaccia ist der letzte

Das Wappen Papst Urbans VIII. mit den Bienen der Barberini

prunkvolle Barockbrunnen, der in Rom errichtet wurde. Er wurde entweder von Gian Lorenzo Bernini oder dessen Vater Pietro entworfen, jedoch bietet er keine allzu spektakulären Wasserspiele, da der Wasserdruck seiner Leitungen äußerst schwach ist. Entsprechend gestaltete Bernini den Brunnen in Form einer alten, halb verfallenen Barke, als barcaccia.

Die Verzierungen an der Fontana della Barcaccia sind dem Wappen von Papst Urban VIII. Barberini nachempfunden, der den Brunnen in Auftrag gegeben hatte.

Die Fontana della Barcaccia am Fuß der Spanischen Treppe

Stadtplan siehe Seiten 396–419

Büste Shelleys von Moses Ezekiel

Keats-Shelley-Haus ➐

Piazza di Spagna 26. **Stadtplan** 5 A2, **Karte** H3. ☎ 06 678 42 35. 🚌 116, 117, 119. Ⓜ Spagna. ◐ Mo–Fr 10–13, 14–18, Sa 11–14, 15–18 Uhr. ● 1. Jan, 15. Aug, 8., 24., 25. Dez. 📷 📱 🎫 mit Voranmeldung. 🖥 www.keats-shelley-house.org

Im November 1820 kam der an Tuberkulose erkrankte Dichter John Keats mit dem Maler Joseph Severn nach Rom. Gemeinsam bezogen sie an der Spanischen Treppe ein altes, rotes Haus, die Casina Rossa. Keats' Arzt hatte gehofft, der Dichter könne im milden Klima Roms genesen, doch Keats war zu geschwächt von seiner Krankheit, deprimiert wegen der Kritik an seinem Werk und zudem unglücklich verliebt. Er starb hier 25-jährig, im Februar des Jahres 1821.

Sein Tod inspirierte seinen Freund und Dichterkollegen Percy Bysshe Shelley, die Elegie *Adonais* zu schreiben. Im Juli 1822 ertrank Shelley bei einem Bootsunfall im Golf von La Spezia. Er wurde wie Keats und Severn auf dem Protestantischen Friedhof von Rom *(siehe S. 205)* bestattet.

1906 wurde die Casina Rossa von einer angloamerikanischen Stiftung zu einer Gedenkstätte und Bibliothek für die Dichter der englischen Romantik umgestaltet. Eine Haarlocke von Keats, Kno-

chenstücke Shelleys in einer Urne und eine Karnevalsmaske, die Lord Byron aus Venedig mitgebracht hatte, gehören zu den kostbarsten Schätzen des Museo Keats-Shelley. Auch Keats' Sterbezimmer ist zu sehen, doch wurde alles Mobiliar nach dessen Tod auf päpstliche Anordnung hin verbrannt.

Babington's Tea Rooms ➑

Piazza di Spagna 23. **Stadtplan** 5 A2, **Karte** H3. ☎ 06 678 60 27. 🚌 116, 117, 119. Ⓜ Spagna. ◐ tägl. 9–20.15 Uhr. ● 25. Dez. ♿

Der Teesalon wurde 1896 von den Engländerinnen Anna Maria und Isabel Cargill Babington eröffnet, um heimwehkranke Engländer mit Earl-Grey-Tee, Gebäck und Marmelade zu trösten. Noch heute wird hier englische Küche geboten. So bekommt man beispielsweise *shepherd's pie* zum Lunch, *muffins* und Zimttoast zum Tee, Pfannkuchen mit Ahornsirup zum Frühstück oder aber jederzeit *bacon and eggs*.

Anlaufstelle für alle heimwehkranken Engländer in Rom

Spanische Treppe ➒

Scalinata della Trinità dei Monti, Piazza di Spagna. **Stadtplan** 5 A2, **Karte** H3. 🚌 116, 117, 119. Ⓜ Spagna.

Im 17. Jahrhundert beschlossen die Franzosen, die von ihnen gegründete Kirche Trinità dei Monti durch eine Treppenanlage mit der Piazza di Spagna zu verbinden. Am Kopf der Treppe sollte ein Reiterstandbild von Louis XIV errichtet werden. Doch Papst

Frühling an der Spanischen Treppe mit blühenden Azaleen

Alexander VII. Chigi zeigte sich empört darüber, mit dem Standbild eines französischen Monarchen in seinem päpstlichen Rom konfrontiert zu sein. Der Streit über dieses Projekt dauerte bis 1720, als der italienische Architekt Francesco de Sanctis einen Entwurf vorlegte, der beide Seiten befriedigte. Die 1726 vollendete Treppe bildet mit ihren Terrassen und geraden Formen im unteren und der eher geschwungenen Anlage im oberen Abschnitt eines der markantesten Wahrzeichen Roms. Tag und Nacht ist sie ein beliebter Treffpunkt – vor allem für Besucher. Hier ruht man sich aus, schreibt Postkarten, fotografiert, hört den Straßenmusikern zu oder flirtet ein wenig. Essen auf der Treppe ist nicht erlaubt.

Trinità dei Monti ⑩

Piazza della Trinità dei Monti. **Stadtplan** 5 A2, **Karte** H3. 📞 *06 679 41 79*. 🚌 *116, 117, 119.* Ⓜ *Spagna.* 🕐 *Di–So 9–13, 15–19 Uhr.* ♿

Türme der Kirche Trinità dei Monti

Ü berragt von den beiden Glockentürmen der Trinità dei Monti, bietet der Platz vor ihrem Hauptportal einen der schönsten Blicke über Rom, weshalb die Kirche selbst oft kaum beachtet wird. Sie wurde 1495 errichtet, in den Napoleonischen Kriegen stark beschädigt und 1816 von Louis XVIII wiederhergestellt. In den Seitenkapellen finden sich Gemälde von Daniele da Volterra, jenes Schülers von Michelangelo, den Papst Pius VI. beauftragt hatte, in der Sixtinischen

Kapelle die Blöße der Figuren in Michelangelos *Jüngstem Gericht* mit Kleidern zu übermalen.

In den kräftigen, muskulösen Körpern von Daniele da Volterras Darstellung *Kreuzabnahme* (zweite Seitenkapelle links) ist der Einfluss seines Lehrers Michelangelo unverkennbar. Auf der anderen Seite entsprechen die bewegten Figuren und tanzenden Engel in seinem Gemälde *Mariä Himmelfahrt* (dritte Seitenkapelle rechts) dem eher anmutigen Stil Raffaels.

Villa Medici ⑪

Accademia di Francia a Roma, Viale Trinità dei Monti 1. **Stadtplan** 5 A2, **Karte** H3. 📞 *06 676 11.* 🚌 *117, 119.* Ⓜ *Spagna.* 🕐 *für Ausstellungen und Konzerte. Gärten* 🕐 *Zutritt tägl. 10.30, 11.45, 15, 16.15 Uhr.* 🛒 📷 💻 *www.villamedici.it*

D ie wunderschön auf dem Pincio-Hügel über der Piazza di Spagna gelegene Villa aus dem 16. Jahrhundert erhielt ihren Namen 1576, als Kardinal Ferdinando di Medici sie erwarb. Von ihrer Terrasse aus sieht man hinüber bis zur Engelsburg, von der aus Königin Christine von Schweden die Kanonenkugel abgeschossen haben soll, die heute noch im Brunnenbecken der Villa zu sehen ist.

Seit 1803 ist hier die 1666 von Louis XI gegründete Französische Akademie untergebracht. Sie

wollte Malern die Möglichkeit zum Studium in Rom geben. Nicolas Poussin war einer der ersten Studenten der Französischen Akademie, Ingres zeitweilig ihr Direktor. Auch Jean-Honoré Fragonard und François Boucher waren Absolventen. Später kamen auch Musiker hinzu, sowohl Berlioz als auch Debussy waren Stipendiaten.

All Saints ⑫

Via del Babuino 153B. **Stadtplan** 4 F2, **Karte** G3. 📞 *06 36 00 18 81.* 🚌 *117, 119.* 🕐 *tägl. 8–16 Uhr.* ♿

I m Jahr 1816 erteilte der Papst den englischen Einwohnern und Besuchern Roms das Recht, anglikanische Gottesdienste zu feiern. Erst um 1880 jedoch erhielten sie auch ein Grundstück für den Bau einer eigenen Kirche. Als Architekt wurde G. E. Street auserwählt, der durch seine gotisch anmutenden Kirchenbauten in England und die von ihm entworfenen London Law Courts bekannt war. All Saints ist ebenfalls im Stil viktorianischer Gotik errichtet. Obwohl ihr Inneres mit buntem italienischem Marmor ausgestattet ist, besitzt sie englisches Flair. Das Apsismosaik ist ein Werk des englischen Präraffaeliten Edward Burne-Jones, die Keramikfliesen stammen von William Morris, die Orgel von Huddersfield.

Stich aus dem 19. Jahrhundert: Innenhof der Villa Medici

Fontana del Sileno, seit 1957 in der Via del Babuino

Stadtplan *siehe Seiten 396–419*

Casa di Goethe ⑬

Via del Corso 18. **Stadtplan** 4 F1, **Karte** G3. ☎ 06 32 65 04 12. ▭ 95, 117, 119, 490, 628, 926. ☐ 2. Ⓜ *Flaminio*. ☐ *Di–So 10–18 Uhr.* 🖾 ♿ 📷 🛒 www.casadigoethe.it

Hier wohnte Johann Wolfgang von Goethe (1749–1832) von 1786 bis 1788. Seine Impressionen wurden 1829 als *Italienische Reise* veröffentlicht. Der Lärm der Straßen störte ihn, vor allem in der Karnevalszeit. Er war irritiert von den Morden in der Nachbarschaft. Doch Rom wurde zur Inspirationsquelle für Goethes weiteres Schaffen – und die *Italienische Reise* eines der meistgelesenen Werke, die über Italien verfasst wurden.

Goethe in der Campagna, Gemälde von Tischbein (1751–1821)

Santa Maria dei Miracoli und Santa Maria in Montesanto ⑭

Piazza del Popolo. **Stadtplan** 4 F1, **Karte** G2. ▭ 95, 117, 119, 490, 495, 628, 926. ☐ 2. Ⓜ *Flaminio*. **Santa Maria dei Miracoli** ☎ 06 361 02 50. ☐ *Mo–Sa 7–13, 16–19.30, So, Feiertage 8–13, 16.30–19.30 Uhr.* ♿ 🖾 **Santa Maria in Montesanto** ☎ 06 361 05 94. ☐ *Di–Sa 16–19, So 11–12.30 Uhr.* 🖾

Die Kirchen an der Südseite der Piazza del Popolo wurden von Carlo Rainaldi (1611–1691) entworfen und belegen, dass er seinen berühmten Kollegen Borromini und Bernini ebenbürtig war.

Als Blickfang der Piazza sollten die Kirchen symmetrisch angelegt sein, doch war der linke Bau-

platz schmaler als der rechte. Rainaldi löste das Problem, indem er Santa Maria dei Miracoli (rechts) eine runde und Santa Maria in Montesanto (links) eine ovale Kuppel gab, die auf die Längsachse des Baugrunds ausgerichtet wurde. Von der Piazza aus betrachtet, wirken die beiden Kuppeln identisch.

Pincio-Park ⑮

Il Pincio. **Stadtplan** 4 F1, **Karte** G2. ▭ 95, 117, 119, 490, 495, 628, 926. ☐ 2. Ⓜ *Flaminio*.

Il Pincio liegt oberhalb der Piazza del Popolo auf einem Hügel, dessen Terrassen derart kunstvoll angelegt sind, dass man die gewundenen Pfade, die den Hügel hinaufführen, von unten nicht sieht. Schon im Alten Rom gab es hier prächtige Gartenanlagen, der heutige Park wurde jedoch im frühen 19. Jahrhundert von Giuseppe Valadier entworfen, der auch die Piazza del

Wasseruhr im Pincio-Park

Popolo gestaltet hatte. Die breiten Wege, die von Palmen, Pinien und immergrünen Sträuchern gesäumt sind, erfreuten sich bei Spaziergängern schon immer großer Beliebtheit, etwa bei Berühmtheiten wie Gandhi, Mussolini, Richard Strauss oder dem ägyptischen König Farouk, die gern die Casina Valadier besuchten, ein schon 1837 eröffnetes, heute schön restauriertes Restaurant im Park *(siehe S. 319)*.

Vom Piazzale Napoleone I hat man einen faszinierenden Blick über Rom, vom Monte Mario bis hin zum Gianicolo. Besonders schön ist der Weg durch den Park von der Villa Borghese *(siehe S. 258f)* aus

Ansicht (19. Jh.) der Piazza del Popolo mit den Kuppeln von Santa Maria di Montesanto (links) und Santa Maria dei Miracoli (rechts)

Hotels und Restaurants um die Piazza di Spagna siehe Seiten 301–303 und 318f oder entlang dem Viale della Trinità dei Monti – vor allem bei Sonnenuntergang.

Bemerkenswert im Park ist ein ägyptischer Obelisk, den Kaiser Hadrian über dem Grab seines Lieblingssklaven Antinos errichten ließ, der bereits in jungen Jahren sein Leben gelassen hatte, um das des Kaisers zu retten. Hadrian erhob ihn in den Rang einer Gottheit.

In der Via dell'Orologio befindet sich eine Wasseruhr aus dem 19. Jahrhundert, die von einem Dominikanermönch konstruiert und auf der Pariser Weltausstellung 1889 gezeigt wurde.

Casina Valadier, ein elegantes Restaurant im Pincio-Park

Piazza del Popolo 🔟

Stadtplan 4 F1, **Karte** G2. 🚌 95, 117, 119, 490, 495, 926. 🚊 2. Ⓜ Flaminio.

Der ovale Platz, einer der größten Roms, erscheint wie ein großes, symmetrisch angelegtes Vorzimmer zum historischen Kern der Stadt. Die Porta del Popolo wird zur rechten und zur linken Seite von klassizistischen Fassaden gesäumt, die Mitte des Platzes krönt ein 3000 Jahre alter ägyptischer Obelisk. Den Eingang zur Via del Corso bilden die beiden einander ähnelnden Kuppeln der Barockkirchen Maria dei Miracoli und Maria in Montesanto.

Obwohl der Platz heute ein äußerst einheitliches Bild vermittelt, wurde er im Lauf der Jahrhunderte ständig verändert. Im Jahr 1589 ließ Papst Sixtus V., ein großer Stadtpla-

Traditionelle Karnevalsgruppe auf der Piazza del Popolo

ner, den Obelisken, der ursprünglich unter Augustus nach der Eroberung Ägyptens in Roms Circus Maximus aufgestellt worden war, in die Mitte des Platzes setzen. Etwa 100 Jahre später beauftragte Papst Alexander VII. Carlo Rainaldi mit dem Bau der beiden Kirchen an der Südseite des Platzes. Im 19. Jahrhundert wurde die Piazza von Giuseppe Valadier, der auch den Pincio-Park gestaltete, in ein großartiges Oval verwandelt. Valadier versah darüber hinaus die Kirche Santa Maria del Popolo mit einer klassizistischen Fassade, um sie dem Erscheinungsbild des Platzes anzupassen.

Trotz der harmonischen Atmosphäre, die die Piazza vermittelt, war sie oft Schauplatz grausamer Ereignisse. Im 18. und 19. Jahrhundert wurden hier, zum Teil im Rahmen von Karnevalsveranstaltungen, öffentliche Hinrichtungen vollzogen. Die zum Tod Verurteilten wurden nicht selten mit Hämmern erschlagen, so zuletzt 1826, obwohl es damals auch in Italien bereits die »humanere« Guillotine gab.

Auch nicht angenehm waren die Pferderennen, die von der Piazza aus die Via del Corso hinunter stattfanden: Dabei wurden die Pferde mit Nagelpeitschen angetrieben – oder durch Feuerwerkskörper, die man hinter ihnen explodieren ließ.

Santa Maria del Popolo 🔢

Siehe S. 138f.

Porta del Popolo 🔢

Zwischen Piazzale Flaminio und Piazza del Popolo. **Stadtplan** 4 F1, **Karte** G2. 🚌 95, 117, 119, 490, 495, 926. 🚊 2. Ⓜ Flaminio.

Die Via Flaminia, die 220 v. Chr. als Verbindung zwischen Rom und der adriatischen Küste gebaut wurde, erreichte Rom an der Porta del Popolo. Diese war im 16. Jahrhundert von Papst Pius IV. Medici errichtet worden und ist einem römischen Triumphbogen nachgebildet. Stadtauswärts ist sie mit den Statuen der Heiligen Peter und Paul sowie einem riesigen Medici-Wappen versehen.

100 Jahre später ließ Alexander VII. Bernini die zur Stadt weisende Fassade zu Ehren der Königin Christine von Schweden gestalten. Hier wurde das »gemeine Volk« der Stadt von Zollbeamten kontrolliert – außer die Leute zahlten Bestechungsgelder.

Torbogen der Porta del Popolo

Stadtplan *siehe Seiten 396–419*

Santa Maria del Popolo ⓱

Die Renaissance-Kirche, die Papst Sixtus IV. della Rovere 1472 errichten ließ, birgt viele der großartigsten Kunstschätze Roms. Andrea Bregno und Pinturicchio, später Bramante und Bernini arbeiteten an dem Gotteshaus. Viele berühmte Familien ließen sich glanzvoll ausgestattete Kapellen bauen: Die Della-Rovere-Kapelle birgt herrliche Fresken von Pinturicchio, die Cerasi-Kapelle zwei Meisterwerke Caravaggios: *Die Bekehrung des heiligen Paulus* und *Die Kreuzigung des heiligen Petrus.* Herausragend ist die Chigi-Kapelle, die Raffael für seinen Mäzen, den Bankier Agostino Chigi, entwarf. Das eindrucksvollste der vielen Renaissance-Grabmäler ist dasjenige hinter dem Hauptaltar. Gestaltet wurde es von Andrea Sansovino.

★ Chigi-Kapelle
Das Altarbild in Raffaels Kapelle stammt von Sebastiano del Piombo. Die Nischen beiderseits des Altarraums schmücken Skulpturen von Bernini und Lorenzetto. Das Kuppelmosaik zeigt Gott als Schöpfer der sieben Himmelskörper.

Kniendes Skelett
Das Bodenmosaik in der Chigi-Kapelle mit der Symbolfigur des Todes stammt aus dem 17. Jahrhundert.

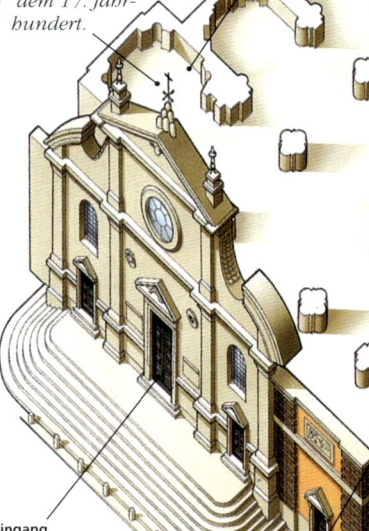

Neros Geist

Noch lange nach dem Untergang des Römischen Reichs lebte Nero in der Fantasie der Menschen weiter. Im Mittelalter entstand die Sage, der Kaiser spuke in dem Walnussbaum an der Stelle, an der seine Urne begraben liege. Raben, die in dem Baum lebten, galten als Dämonen, die Nero wegen seine furchtbaren Untaten quälten. Als 1099 unter Papst Paschalis II. hier die erste Kirche errichtet wurde, fällte man auch den Baum in der Hoffnung, den mysteriösen Ereignissen ein Ende zu setzen.

Eingang

Cybo-Kapelle

NICHT VERSÄUMEN

* ★ Caravaggio-Gemälde in der Cerasi-Kapelle
* ★ Chigi-Kapelle
* ★ Delphische Sibylle

Della-Rovere-Kapelle
Pinturicchio malte 1490 die Fresken in den Lünetten sowie die Anbetung des Kindes über dem Altar.

INFOBOX

Piazza del Popolo 12. **Stadtplan** 4 F1, **Karte** G2. 06 361 08 36. 95, 117, 119, 490, 495, 926. 2. M Flaminio. Mo-Sa 7.30–12, 16–19, So 7.30–13.30, 16.30–19.30 Uhr.

Das Altarbild *Mariä Himmelfahrt* stammt von Annibale Carracci (1540–1609).

★ Caravaggio-Gemälde in der Cerasi-Kapelle
Caravaggios Kreuzigung des heiligen Petrus *zeigt – durch Figuren- und Lichtregie dramatisch hervorgehoben – die große Anstrengung, die nötig ist, um das Kreuz aufzurichten.*

Bleiglas
1509 wurde der Franzose Guillaume de Marcillat nach Rom eingeladen, um hier die ersten Fenster malerisch zu gestalten.

Das Grab des Ascanio Sforza, der 1505 starb, wurde von Andrea Sansovino gestaltet.

★ Delphische Sibylle
Eines aus einer Serie von Fresken Pinturicchios mit antiken und biblischen Themen, mit denen er 1508–10 die Apsis ausschmückte.

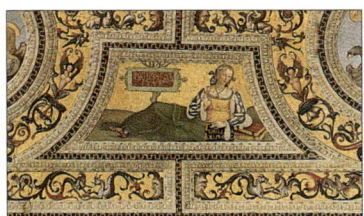

Den Altar schmückt ein Gemälde aus dem 13. Jahrhundert, die *Madonna del Popolo.*

Das Grabmal von Giovanni della Rovere (1483) schufen Schüler Andrea Bregnos.

ZEITSKALA

				1485–89 Pinturicchio malt die Della-Rovere-Kapelle aus	**1513–16** Raffael plant und baut die Chigi-Kapelle
1213–27 Erweiterung der Kirche unter Gregor IX.		*Pinturicchio (1454–1513)*			
1090	**1200**	**1300**	**1400**	**1500**	
1099 Zu Ehren Marias lässt Paschalis II. über den Gräbern der Familie Domitia, zu der auch Nero gehörte, eine Kapelle errichten		*Papst Paschalis II. (1099–1118)*	**1472–78** Sixtus IV. baut die Kirche, eine der ersten Renaissance-Kirchen Roms	**1530–34** Sebastiano del Piombo gestaltet den Altar der Chigi-Kapelle
			1473 Bau des Hauptaltars	

Stadtplan siehe Seiten 396–419

Ara Pacis ⑲

Lungotevere in Augusta. **Stadtplan** 4 F2, **Karte** G3. ☎ 06 06 08. 🚌 70, 81, 117, 119, 186, 628. ⏰ Di–So 9–19 Uhr (letzter Einlass 1 Std. vor Schließung). ⊘ 1. Jan, 25. Dez. ♿ ♿ 📷

Der Fries an der Südseite zeigt die Familie des Augustus

Der »Altar des Friedens«, eines der herausragendsten Monumente des Alten Rom, ist dem Frieden geweiht, der nach Augustus' Sieg über Spanien und Gallien im Mittelmeerraum einkehrte. Die quadratische An-

Marcus Agrippa (rechts)

lage mit einer im Zentrum höher gelegenen Plattform wurde 13 v. Chr. vom römischen Senat in Auftrag gegeben und 9 v. Chr. vollendet. Der Bau ist so konstruiert, dass der Schatten des Obelisken genau an Augustus' Geburtstag auf den Campus Martius fällt *(siehe S. 113)*.

Die gesamte Oberfläche ist mit Carrara-Marmor verziert, die hohe Qualität des Dekors lässt auf griechische Künstler schließen. Die Reliefs an der Nord- und Südwand des Altars zeigen eine am 4. Juli 13 v. Chr. erfolgte

Augustus' Enkel Lucius

Prozession. Zu sehen sind die Mitglieder der kaiserlichen Familie – nach ihrem Rang geordnet. Offizieller Thronerbe jener Zeit war Marcus Agrippa, Ehemann von Augustus' Tochter Julia. Alle Relieffiguren sind erstaunlich realistisch gearbeitet, beachtenswert ist das kleine Kind am Rockzipfel seiner Mutter.

Die Geschichte der Wiederentdeckung der Ara Pacis beginnt im 16. Jahrhundert, als man erste Teile des Altars fand, die nach Florenz bzw. London gebracht wurden. Im 19. Jahrhundert entdeckte man weitere Teile. Damals erahnten die Archäologen auch

die große Bedeutung der Funde. Nach systematischen Grabungen ab 1903 begann man 1938, den Altar in einem Pavillon aufzubauen. 1999 wurde der Architekt Richard Meier mit einem Gebäude für das Monument beauftragt.

Livia (rechts), Augustus' Frau und Mutter des Tiberius, mit einem unbekannten Familienmitglied

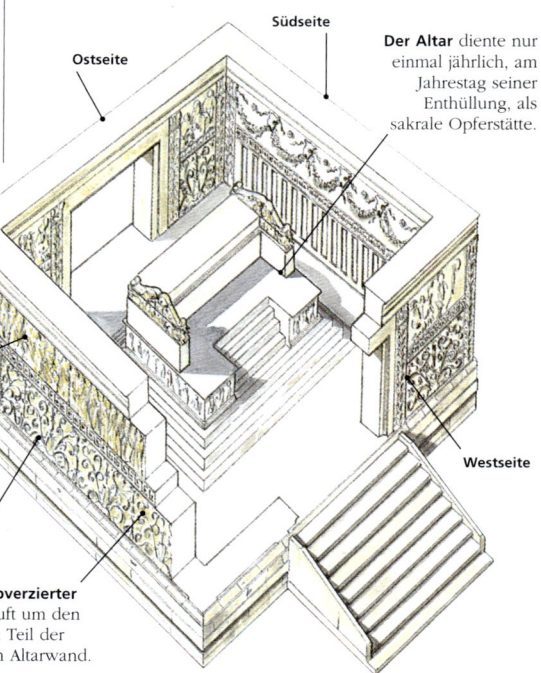

Südseite

Ostseite

Der Altar diente nur einmal jährlich, am Jahrestag seiner Enthüllung, als sakrale Opferstätte.

Westseite

Nordseite

Ein laubverzierter Fries läuft um den unteren Teil der äußeren Altarwand.

Mausoleum des Augustus ⓴

Piazza Augusto Imperatore. **Stadtplan** 4 F2, **Karte** G3. [06 06 08. ▦ 81, 117, 492, 628. ◯ nur nach Vereinbarung (siehe S. 375).

A ugustus ließ das Mausoleum 28 v. Chr. für sich und seine Nachkommen errichten, in dem Jahr, als er alleiniger Herrscher über Rom wurde. Der Rundbau hatte einen Durchmesser von 87 Metern und wurde an seinem Eingang von zwei Obelisken (heute auf der Piazza del Quirinale und der Piazza dell'Esquilino) flankiert.

Im Inneren waren in die Wände der vier konzentrisch angelegten Korridore Nischen eingelassen, in denen die Urnen mit der Asche eines jeden Familienmitglieds bewahrt wurden. Der Erste, der hier bestattet wurde, war Augustus' Lieblingsneffe Marcellus, der mit seiner Tochter Julia verheiratet war. Er starb 23 v. Chr., möglicherweise vergiftet von Augustus' zweiter Frau Livia, die ihren Sohn Tiberius als Nachfolger des Augustus sehen wollte. Als Augustus 14 n. Chr. starb, fand er seinen Platz im Mausoleum. Tiberius wurde sein Nachfolger. Die Thronfolge wurde weiterhin mittels Gift geregelt – die Familiengruft füllte sich also schnell mit Urnen. Später verfiel das Monument und diente zeitweise als Steinbruch, Weingarten, Privatgarten und im 18. Jahrhundert sogar als Auditorium und Theater.

Augustus, erster Kaiser von Rom

Madonna mit den Heiligen Rochus und Antonius sowie Pestkranken von Il Baciccia (1639–1709)

San Rocco ㉑

Largo San Rocco 1. **Stadtplan** 4 F2, **Karte** G3. [06 689 64 16. ▦ 32, 81, 117, 492, 628, 926. ◯ Mo–Sa 7.30–9.15, 16.30–20, So 8.30–13 Uhr. ● 17.–31. Aug. ✝

D ie Kirche diente einst als Kapelle eines Hospitals – San Rocco galt als Heiler der Pestkranken. Von Giuseppe Valadier erhielt der Bau 1834 eine schlichte klassizistische Fassade. Das Hospital unterhielt zudem eine Wöchnerinnenstation für die Frauen der Tiberschiffer, damit sie ihre Kinder nicht länger auf den Booten zur Welt bringen mussten. Für ledige Mütter wurde ein Trakt abgetrennt, damit sie ihre Kinder anonym gebären konnten. Sie durften sogar einen Schleier tragen, um während der Zeit ihres Aufenthalts unerkannt zu bleiben. Unerwünschte Kinder brachte man in Waisenhäusern unter. Starb eine Mutter oder ein Kind, so gab man ihnen ein anonymes Begräbnis.

Das Hospital wurde später aufgelöst und 1930, während der Ausgrabungsarbeiten am Augustus-Mausoleum, zerstört. In der Sakristei befindet sich ein künstlerisch interessantes barockes Altarbild (um 1660) von Il Baciccia, der auch das Langhausfresko von Il Gesù schuf (siehe S. 114f).

Santi Ambrogio e Carlo al Corso ㉒

Via del Corso 437. **Stadtplan** 4 F2, **Karte** G3. [06 682 81 01. ▦ 32, 81, 1*7, 492, 628, 926. ◯ tägl. 7–19 00 Uhr. ✗

D ie Lombarden erhielten 1471 von Papst Sixtus IV. in Rom eine Kirche, die sie dem hl. Ambrosius weihten. Dieser war 397 als Bischof der lombardischen Hauptstadt Mailand gestorben. Als 1610 Karl Borromäus – auch er war Bischof von Mailand – heiliggesprochen wurde, entstand die Kirche in neuem Glanz. Baumeister waren Onorio Longhi und sein Sohn Martino Nur die Kuppel, eine der größten Roms, ist ein Werk Pietro da Cortonas.

Das Altarbild von Carlo Maratta (1625–1713) stellt die Heiligen Ambrogio und Carlo dar. In einer Kapelle hinter dem Altar befindet sich ein reich verzierter Reliquienschrein, in dem das Herz des hl. Karl Borromäus aufbewahrt wird.

Attilio Selvas (1888–1970) Statue des hl. Karl Borromäus hinter der Apsis von Santi Ambrogio e Carlo

Stadtplan siehe Seiten 396–419

Campo de' Fiori

Zwischen Corso Vittorio Emanuele II und Tiber zeigt die Stadt viele Gesichter. Der bunte Markt auf dem Campo de' Fiori hat sich die lebendige Atmosphäre der mittelalterlichen Gasthäuser erhalten, die hier einmal florierten. Daneben befinden sich Renaissance-Palazzi wie der Palazzo Farnese und der Palazzo Spada, die sich einflussreiche römische Familien als

Madonna (18. Jh.) auf dem Campo de' Fiori

Festungen nahe dem päpstlichen Prozessionsweg errichten ließen. In der Nähe, bei der Tiberinsel, erstreckt sich das frühere jüdische Ghetto mit vielen Spuren des täglichen Lebens vergangener Jahrhunderte. Der Portikus der Oktavia und das Theater des Marcellus sind eindrucksvolle Beispiele von Bauwerken, die über dem antiken Rom errichtet wurden.

Sehenswürdigkeiten auf einen Blick

Kirchen und Tempel
San Carlo ai Catinari ⑱
San Giovanni dei Fiorentini ㉙
San Girolamo della Carità ⑨
San Nicola in Carcere ㉑
Sant'Eligio degli Orefici ⑩
Santa Maria dell'Orazione
   e Morte ⑦
Santa Maria in Campitelli ⑳
Santa Maria in Monserrato ⑪
Santissima Trinità
   dei Pellegrini ⑤

Museen und Sammlungen
Burcardo-Theatermuseum ⑮
Palazzo Spada ⑥
Piccola Farnesina ⑭

Historische Gebäude
Casa di Lorenzo Manilio ㉕
Palazzo Cenci ㉖
Palazzo del Monte di Pietà ③
Palazzo della Cancelleria ⑬
Palazzo Farnese ⑧
Palazzo Pio Righetti ②
Palazzo Ricci ⑫

Brunnen
Fontana delle Tartarughe ⑲

Straßen und Plätze
Campo de' Fiori ①
Ghetto und Synagoge ㉔
Tiberinsel ㉗
Via Giulia ㉘

Antike Stätten
Area Sacra dell'Argentina ⑰
Portikus der Octavia ㉓

Sotterranei di San Paolo
   alla Regola ④
Teatro di Marcello ㉒

Theater
Teatro Argentina ⑯

Anfahrt
Nur die Linie 116 fährt um den Campo de' Fiori, die Linien 40, 46, 62, 64 sowie die Tram 8 laufen am Largo Argentina zusammen, ein guter Ausgangspunkt für Exkursionen. Die Linien 40, 46, 62, 64 folgen dem Corso Vittorio Emanuele II, die Busse 23 und 280 fahren am Lungotevere entlang.

SIEHE AUCH

• **Stadtplan** 4, 8, 11, 12

• **Hotels** S. 303f

• **Restaurants** S. 319f

• **Via Giulia** S. 276f

LEGENDE
▨ Detailkarte

◁ **Marktstände zu Füßen der Statue von Giordano Bruno auf dem Campo de' Fiori (siehe S. 146)**

Im Detail: Campo de' Fiori

Dieser faszinierende Teil des Roms der Renaissance zieht auch heute noch viele Besucher an: Sie kommen zum Einkaufen oder zum Ausgehen. Die Via dei Giubbonari lockt junge Leute mit Modeläden. Restaurants liegen ganz in der Nähe. Die preiswerten Lokale sind bis spät in die Nacht belebt. Leider ist kaum eines der prächtigen Gebäude öffentlich zugänglich, lediglich die Piccola Farnesina mit ihrer Sammlung klassischer Statuen und der Palazzo Spada, der zahlreiche berühmte Gemälde birgt, stellen eine Ausnahme dar.

Sant'Eligio degli Orefici
Hinter der später gebauten Fassade ist ein Renaissance-Kirchlein von Raffael verborgen. ❿

Palazzo Ricci
In der Renaissance waren Malereien mit antiken Szenen als Fassadenschmuck sehr beliebt. ⓬

San Girolamo della Carità
Hauptattraktion dieser Kirche ist Borrominis legendäre Spada-Kapelle. ❾

Santa Maria in Monserrato
Die Kirche mit engen Verbindungen nach Spanien enthält eine Büste des Kardinals Pedro Foix de Montoya von Bernini. ⓫

Santa Maria dell'Orazione e Morte
Zwei geflügelte Totenschädel flankieren den Eingang dieser dem Todesthema gewidmeten Kirche. ❼

Palazzo Farnese
Michelangelo und andere große Künstler arbeiteten an dem mächtigen Renaissance-Palazzo mit. ❽

LEGENDE

- - - Routenempfehlung

0 Meter   75

Palazzo della Cancelleria
Die päpstliche Verwaltungsbehörde erledigt von hier aus die kirchlichen Geschäfte. ⓭

Piccola Farnesina
Die Tafel ist Giovanni Barracco gewidmet, dessen Skulpturensammlung im Palazzo untergebracht ist. ⓮

Zur Orientierung
Siehe Stadtplan ↑1

★ **Campo de' Fiori**
Der bunte Markt am »Blumenfeld« zählt zu den lebendigsten der ganzen Stadt. ❶

Palazzo Pio Righetti
Streng blicken Wappenadler von den Fenstergiebeln hinunter. ❷

Palazzo del Monte di Pietà
Dies war eine päpstliche Einrichtung, bei der die Armen ihren Besitz gegen Geld verpfänden konnten. ❸

Sotterranei di San Paolo alla Regola
Überreste eines römischen Hauses wurden im Keller des alten Palazzo entdeckt. ❹

★ **Palazzo Spada**
Die Galerie birgt die Bilder zweier eigenwilliger Kardinäle des 17. Jahrhunderts. ❻

Santissima Trinità dei Pellegrini
Aufgabe dieser Kirche war, den Rom-Pilgern Fürsorge und Obhut zu gewähren. ❺

NICHT VERSÄUMEN

★ Campo de' Fiori

★ Palazzo Spada

Stadtplan *siehe Seiten 396–419*

Campo de' Fiori ❶

Piazza Campo de' Fiori. **Stadtplan** 4 E4 (11 C4), **Karte** F6 (T4). 🚌 116 und die Linien zum Largo di Torre Argentina oder Corso Vittorio Emanuele II. Siehe **Märkte** S. 352.

Fenstergiebel mit Löwen und Pinienzapfen am Palazzo Pio Righetti

Der Campo de' Fiori (Blumenfeld), ursprünglich eine Wiese, liegt gegenüber dem Pompeius-Theater. Auf dem einst belebtesten Markt des mittelalterlichen Rom drängten sich Kardinäle und vornehmes Volk neben Fischhändlern und Fremden. Etwas von dieser Atmosphäre ist noch heute zu spüren.

Auf dem Platz steht eine Statue des Philosophen Giordano Bruno, der 1600 an dieser Stelle als Ketzer verbrannt wurde – eine Erinnerung an die hier vorgenommenen Hinrichtungen. Der Platz war gesäumt von Gasthäusern für Pilger und gewöhnliche Reisende. Eine ganze Reihe dieser Lokalitäten gehörte der erfolgreichen Kurtisane Vannozza de Catanei, die im 15. Jahrhundert die Geliebte Papst Alexanders VI. war. An der Ecke zur Via Pellegrino ist ein Wappen der Dame zu bewundern, das sie mit ihrem eigenen Emblem, dem ihres Ehemannes und dem ihres Geliebten, des Borgia-Papstes, verziert hat.

Markt auf dem Campo de' Fiori

Palazzo Pio Righetti ❷

Piazza del Biscione 89. **Stadtplan** 4 E5 (11 C4), **Karte** F6 (T4). 🚌 116 und Linien zum Largo Torre Argentina oder Corso Vittorio Emanuele II. ⬤ für Besucher.

Der ausladende Palazzo Pio Righetti entstand im 17. Jahrhundert über den Rui-

nen des Pompeius-Theaters. Die Fenstergiebel schmücken Löwen und Pinienzapfen aus dem Wappen der Familie Pio da Carpi, die hier residierte.

Die Via di Grotta Pinta folgt der Form des Pompeius-Theaters, das 55 v. Chr. fertiggestellt wurde. Es war Roms erstes festes Theater aus Stein. An einigen Stellen, so am Keller des Restaurants Pancrazio, kann man frühe Beispiele des *opus reticulatum* sehen: kleine quadratische Tuffsteinblöcke, die als Blenden an der Mauer angebracht wurden.

Palazzo del Monte di Pietà ❸

Piazza del Monte di Pietà 33. **Stadtplan** 4 E5 (11 C4), **Karte** F6 (T5). 📞 06 68 44 26 36. 🚌 116 und die Linien zum Largo di Torre Argentina. 🚋 8. **Kapelle** ⬜ nur nach tel. Vereinbarung (9–12 Uhr).

Der Monte di Pietà ist eine öffentliche Stiftung, die Papst Paul II. Farnese im Jahr 1539 als Pfandleihe einrichtete, um dem in der Stadt grassierenden Wucher kaufmännische Moral entgegenzusetzen. Heute befinden sich hier Büros und Auktionsräume für die Versteigerung nicht ausgelöster Gegenstände.

Die Sterne mit diagonalen Bändern auf der großen Gedenktafel der Fassade stammen aus dem Wappen von Papst Clemens VIII. Aldobrandini. Die Tafel wurde angebracht, als Carlo Maderno den Palazzo im 17. Jahrhundert erweiterte. Die Uhr links kam später hinzu.

Die Kapelle im Inneren ist ein Prachtstück barocker Baukunst – mit vergoldetem Stuck, Wandtäfelung und Reliefs aus Marmor. Die Innen-

ausstattung stellt den passenden Hintergrund für die Bildwerke von Domenico Guidi dar: eine Büste San Carlo Borromeos und ein Relief der *Pietà*.

Relief von Théudon im Palazzo del Monte di Pietà: *Josef verteilt Getreide an die Ägypter*

Sotterranei di San Paolo alla Regola ❹

Via di San Paolo alla Regola. **Stadtplan** 11 C5, **Karte** T5. 📞 06 06 08. 🚌 23, 116, 280 und die Linien zum Largo di Torre Argentina. 🚋 8. ⬜ nur nach Vereinbarung und mit Genehmigung (siehe S. 375).

Ein Palazzo beherbergt die Reste eines aus dem 2. bis 3. Jahrhundert stammenden römischen Hauses. Restauratoren arbeiten daran, Ausgrabungen für die Öffentlichkeit zu konservieren und zugänglich zu machen – eine Besichtigung ist nur mit Genehmigung möglich. Eine Rampe führt unter das Straßenniveau und zeigt die Lage der zur damaligen Zeit hier stehenden Läden. Darüber sieht man die Stanza della Colonna, früher ein offener Hof, mit Resten alter Fresken und Mosaiken.

Heilige Dreifaltigkeit von **Guido Reni**

Santissima Trinità dei Pellegrini ❺

Piazza della Trinità dei Pellegrini. **Stadtplan** 4 E5 (11 C5), **Karte** F6 (T5). 📞 06 686 84 51. 🚌 23, 116, 280 und die Linien zum Largo di Torre Argentina. 🚋 8. 🕐 Mo–Sa 9–12, So 8.30–13, 16.30–19.15 Uhr.

Die Kirche wurde im 16. Jahrhundert einer wohltätigen Gesellschaft vermacht, die der hl. Filippo Neri gegründet hatte, um für die Armen und Kranken, vor allem aber für die Pilger zu sorgen, die während der Heiligen Jahre Rom besuchten.

An der Fassade (18. Jh.) sind die Statuen der Evangelisten von Bernardino Ludovisi zu sehen. Der Innenraum wird von korinthischen Säulen gegliedert. Er endet in einer Apsis mit Guido Renis Altarbild *Heilige Dreifaltigkeit* (1625).

Andere interessante Gemälde sind *Der heilige Gregor der Große befreit Seelen aus dem Fegefeuer* von Baldassarre Croce (dritte Kapelle links), Cavalier d'Arpinos *Jungfrau Maria mit Heiligen* (zweite Kapelle links) und ein Bild von Borgognone von 1677, das Maria mit Heiliggesprochenen zeigt.

In der Sakristei sieht man, wie vornehme Bürger die Füße der Pilger waschen – ein Brauch, den San Filippo einführte.

Palazzo Spada ❻

Piazza Capo di Ferro 13. **Stadtplan** 2 F5, **Karte** F6 (T4/5). 📞 06 686 11 58 (Palazzo); 06 683 24 09 (Galleria). 🚌 23, 116, 280 und die Linien zum Largo di Torre Argentina. 🚋 8. **Galleria Spada** 🕐 Di–So 8.30–19.30 Uhr (letzter Einlass 19 Uhr). ⬤ 1. Jan, 25. Dez. 💳 🚫 ♿ 🖼 🛍 **www.**galleriaborghese.it/spada/it/

Der majestätische, um 1550 für Kardinal Capo di Ferro gebaute Palazzo hat einen mit Stuck verzierten Innenhof. An der Fassade erinnern Reliefs an Roms einstigen Ruhm. Kardinal Bernardino Spada, der im 17. Jahrhundert hier mit seinem Bruder wohnte, verpflichtete Bernini und Borromini für Arbeiten an dem Bau. Die Vorliebe der Brüder für die Scheinperspektive zeigt sich an einem Säulengang Borrominis, der viermal länger aussieht, als er ist.

Die Kardinäle trugen eine exquisite Privatsammlung von Gemälden zusammen. Sie sind gemeinsam mit klassischen Statuen und Möbeln (18. Jh.) ausgestellt. Die Galerie der gezeigten Künstler umfasst Rubens, Dürer und Guido Reni. Beachtenswert sind auch die Werke weniger bekannter Künstler, darunter *Die Heimsuchung* von Andrea del Sarto (1486–1530), *Kain und Abel* von Giovanni Lanfranco (1582–1647) und *Der Tod der Dido* von Guercino (1591–1666).

Santa Maria dell'Orazione e Morte ❼

Via Giulia 262. **Stadtplan** 4 E5 (11 B4), **Karte** F6 (S4). 📞 06 68 80 27 15. 🚌 23, 116, 280. 🕐 Mo–Fr 9–12, 16–18, Sa, So 16–18.30 Uhr. 🛗

Hier wurde ein fromme Bruderschaft ins Leben gerufen, die es sich zur Aufgabe machte, anonym verstorbenen Menschen ein christliches Begräbnis zu geben. Die Todesthematik beherrscht die Kirche.

Geflügelte Schädel schmücken Tore und Fenster der Barockfassade, die Ferdinando Fuga gestaltete. Über dem Haupteingang befindet sich eine *clepsydra*, ein antikes Sturzdenglas, das Symbol des Todes.

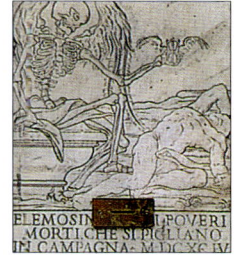

Opferstock, Santa Maria dell'Orazione e Morte

Palazzo Farnese ❽

Piazza Farnese. **Stadtplan** 4 E5 (11 B4), **Karte** F6 (S/T4). 🚌 23, 116, 280 und weitere Linien zum Corso Vittorio Emanuele II. 🕐 nur für Wechselausstellungen und nach Antrag bei der Franz. Botschaft.

Der Palazzo Farnese diente vielen fürstlichen Palazzi als Vorbild. Ursprünglich wurde er für Kardinal Alessandro Farnese (ab 1534 Papst Paul III.) erbaut, der die größten Künstler der Zeit mit den Entwürfen betraute.

Das Gebäude wurde 1517 zunächst von Antonio da Sangallo d. J. begonnen, dabei unterstützte ihn der junge Michelangelo, der das große Gesims, die Mittelfenster der Hauptfassade und die dritte Ebene des Hofs hinzufügte.

Michelangelo wollte die Farnese-Gärten durch eine Brücke mit der Villa Farnesina in Trastevere verbinden *(siehe S. 220f)*. Der Brückenbogen bei der Via Giulia gehört zu diesem nie verwirklichten Plan. Der Palazzo wurde 1589 von Giacomo della Porta fertiggestellt. Seit 1635 hat die Französische Botschaft im Palazzo Farnese ihren Sitz.

Fassade des Palazzo Farnese

Stadtplan siehe Seiten 396–419

Spada-Kapelle in San Girolamo

San Girolamo della Carità ❾

Via di Monserrato 62A. **Stadtplan** 4 E5 (11 B4), **Karte** T4. ☎ 06 687 97 86. 🚌 23, 40, 46, 62, 64, 116, 280. ⬜ So 10.30–12 Uhr. ✝

Die Kirche wurde an der Stelle errichtet, wo sich das Haus von San Filippo Neri, dem toskanischen Heiligen aus dem 16. Jahrhundert, befand. Der warmherzige Mensch erneuerte das spirituelle und kulturelle Leben Roms durch seine undogmatische Haltung. Er hätte die Putten, die in der Kapelle seine Statue umgeben, geliebt: Sie erinnern an die römischen Bengel, für die er zeit seines Lebens gesorgt hat.

Die atemberaubende Spada-Kapelle stammt von Borromini. Sie besticht als barockes

Gesamtkunstwerk *par excellence*. Alle tragenden architektonischen Teile sind derart geschickt verborgen, dass allein der Marmorschmuck und die Statuen den Raum bestimmen. Aus geädertem Jaspis und buntem Marmor wurden geblümte Damast- und Samtdraperien nachgeahmt. Auch die Begrenzung des Altarraums besteht aus einer Jaspisgirlande, die von zwei knienden Engeln mit Holzflügeln gehalten wird.

Obwohl vieles an die Familie Spada erinnert, fehlt jeder Hinweis darauf, welches Mitglied die Kapelle stiftete. Vermutlich war es der Kunstliebhaber Kardinal Virgilio Spada, ein Nachfolger von San Filippo Neri.

Sant'Eligio degli Orefici ❿

Via di Sant'Eligio 8A. **Stadtplan** 4 D4 (11 B4), **Karte** E6 (S4). ☎ 06 686 82 60. 🚌 23, 46, 62, 64, 116, 280. ⬜ Mo–Fr 9.30–13 Uhr (nur mit tel. Anmeldung). ⬤ Aug, Sep. ✝

Der Name belegt, dass die Kirche im 16. Jahrhundert von einem Zusammenschluss reicher Goldschmiede (*orefici*) in Auftrag gegeben wurde. Der ursprüngliche Entwurf stammt von Raffael. Wie sein Lehrmeister Bramante hatte er einen Sinn für das Grandiose der römischen Antike entwickelt. Der Einfluss einiger Werke Bramantes, etwa des Chors von Santa Maria del Popolo (*siehe S. 138f*), zeigt sich darin, wie Bogen und Pilaster die Wände gliedern. Die Kuppel von Sant'Eligio fügte Baldassarre Peruzzi hinzu. Die Fassade aus dem frühen 17. Jahrhundert stammt von Flaminio Ponzio.

Zu den Künstlern des 16. Jahrhunderts, die den Innenraum ausgestalteten, gehörte auch Taddeo Zuccari, der am Bau des Palazzo Farnese mitwirkte (*siehe S. 147*).

Santa Maria in Monserrato ⓫

Via di Monserrato. **Stadtplan** 4 E4 (11 B3), **Karte** F6 (S4). ☎ 06 686 58 65. 🚌 23, 46, 62, 64, 116, 280. ⬜ So 10–13.30 Uhr; zuätzliche Termine kann man in der Via Giulia 151 erfragen. ✝

Eine frühe Bernini-Büste von Kardinal Pedro Foix de Montoya

Die Ursprünge der spanischen Nationalkirche in Rom gehen auf das Jahr 1506 zurück, als eine Bruderschaft der Jungfrau von Montserrat ein Hospiz für spanische Pilger baute. Besonders beachtenswert sind Berninis Büste von Pedro Foix de Montoya, dem Stifter der Kirche, Annibale Carraccis *San Diego de Alcalá*, die Sansovino-Statue des hl. Jakob in der dritten Kapelle links und die prachtvollen Grabstätten (15. Jh.) von Andrea Bregno und Luigi Capponi im Hof und in den Seitenkapellen.

San Diego von Annibale Carracci

Statue San Filippo Neris von Pierre Legros

Hotels und Restaurants um den Campo de' Fiori *siehe Seiten 303f und 319f*

Palazzo Ricci

Piazza de' Ricci. **Stadtplan** 4 D4 (11 B4), **Karte** E/F5 (S4). 23, 40, 46, 62, 64, 65, 280, 870. für Besucher.

Der Palazzo Ricci war für seine heute verblasste Fresko-Fassade bekannt, die Polidoro da Caravaggio, ein Nachfolger Raffaels, im 16. Jahrhundert schuf. Im Rom der Renaissance gehörte es zum guten Ton, die Fassade mit Helden der klassischen Antike zu schmücken. Das Fresko eines führenden Malers wie Polidoro, vermutlich der Erfinder dieser Maltechnik, galt als Statussymbol.

Teil der Fresko-Fassade des Palazzo Ricci

Palazzo della Cancelleria

Piazza della Cancelleria. **Stadtplan** 4 E4 (11 C3), **Karte** F5 (T3/4). 06 69 89 34 05. 40, 46, 62, 64, 70, 81, 87, 116, 492. nach Vereinbarung (Di nachmittags und Sa vormittags). @ economato@apsa.va

Mit dem Bau des Palazzo, eines herausragenden Architekturbeispiels der Frührenaissance, wurde 1485 begonnen. Kardinal Raffaele Riario finanzierte ihn teilweise mit Spielgewinnen. Rosen, das Zeichen der Familie Riario, zieren Bogen und Kapitelle des dorischen Innenhofs.

Die Innenausstattung wurde 1527 nach dem Vorbild des Sacco di Roma geschaffen. Giorgio Vasari soll sich damit gebrüstet haben, einen riesigen Saal in nur 100 Tagen fertiggestellt zu haben, worauf Michelangelo geantwortet haben soll: »So sieht er auch aus!« Die manieristischen Künstler Perin del Vaga und Francesco Salviati statteten die Räume mit Fresken aus, beauftragt von der päpstlichen Kanzlei, die dem Palazzo seinen Namen gab, nachdem sie von Papst Leo X. hier eingerichtet worden war.

Rechts vom Haupteingang befindet sich die unprätentiöse Kirche San Lorenzo in Damaso, die von Papst Damasus (im Amt 366–384) ge-

Lilie an der Piccola Farnesina

gründet wurde. Die Kirche wurde 1495 wiederaufgebaut. 1638 nahm Bernini Veränderungen in der Apsis vor. Schließlich wurde der Bau abermals in dem bis heute erhaltenen Stil umgestaltet. In den umlaufenden Säulengängen sind Bibliotheken untergebracht, die auch das erste päpstliche Archiv enthalten.

Piccola Farnesina

Corso Vittorio Emanuele II 168. **Stadtplan** 4 E4 (11 C3), **Karte** F5 (T4). 06 68 80 68 48. 40, 46, 62, 64, 70, 81, 87, 116, 492. Di–So 9–19 Uhr.

Der hübsche kleine Palazzo hat seinen Namen von den Lilien, die das Gesims zieren. Sie wurden irrtümlich als Teil des Wappens der Farnese gedeutet, stammen jedoch aus dem Wappen des französischen Geistlichen Thomas Le Roy, für den der Bau 1523 errichtet wurde.

Der Eingang liegt in einer neueren Fassade, die den Corso Emanuele II überragen sollte, als die Straße um 1900 angelegt wurde. Die ursprüngliche Fassade (links vom heutigen Eingang) wird Antonio da Sangallo d. J. zugeschrieben. Beachten Sie die asymmetrische Anlage der Fenster und Simse.

Auch der Innenhof hat sein Erscheinungsbild erhalten.

Der Palazzo beherbergt das Museo Barracco. Diese sehenswerte Sammlung assyrischer, ägyptischer, griechischer, etruskischer und römischer Werke ließ der

Politiker Baron Giovanni Barracco im 19. Jahrhundert zusammentragen. Einige der Objekte sind nur fragmentarisch erhalten, allerdings haben sie auch so eine beeindruckende Wirkung. Eine Büste des Barons ist im Innenhof zu sehen.

Innenhof der Piccola Farnesina

Burcardo-Theatermuseum

Via del Sudario 44. **Stadtplan** 4 F4 (12 D4), **Karte** G5/6 (U4). 06 681 94 71. 40, 46, 60, 62, 64, 70, 81, 186, 492. 8. **Museum und Bücherei** Mo–Fr 9–13.30 Uhr. Aug. www.burcardo.org

Das Gebäude (Ende 15. Jh.) gehörte Johannes Burckhardt, Kämmerer von Papst Alexander VI. Borgia und Autor eines Tagebuchs über Rom zur Zeit der Borgia. Hier befindet sich Roms umfassendste Sammlung an Theaterliteratur, dazu chinesische Puppen und Masken aus diversen Gegenden Italiens.

Stadtplan siehe Seiten 396–419

Teatro Argentina ⑯

Largo di Torre Argentina 56. **Stadt-plan** 4 F4 (12 D4), **Karte** G6 (U4). ☎ 06 684 00 03 11. 🚌 40, 46, 62, 64, 70 81, 87, 186, 492, 810. 🚊 8. **Vorstellungen** Okt–Juni. Siehe **Unterhaltung** S.360f. **www** teatrodiroma.net

D as Theater wurde 1732 von der mächtigen Familie Sforza Cesarini gegründet. Die Fassade stammt aus dem 19. Jahrhundert. Viele Opern erlebten hier ihre Premiere. Unter einem schlechten Stern stand 1816 Rossinis *Barbier von Sevilla*. Während der Aufführung beschimpfte der Komponist das gleichgültige Publikum, das ihn dann durch die Straßen jagte. Auch viele Meisterwerke Verdis wurden hier uraufgeführt.

Fassadendetail, Teatro Argentina

Area Sacra dell'Argentina ⑰

Largo di Torre Argentina. **Stadtplan** 4 F4 (12 D4), **Karte** G6 (U4). 🚌 40, 46, 62, 64, 70, 81, 87, 186, 492, 640, 810. 🚊 8. ⬜ nur nach tel. Voranmeldung (0€ 06 08).

I n den 1920er Jahren wurden die Relikte von vier Tempeln aus republikanischer Zeit gefunden. Sie gehören zu den ältesten Roms und werden mit A, B, C und D bezeichnet. Der älteste, Tempel C (frühes 3. Jh. v.Chr.), wurde – typisch für römische Tempel – auf einer hohen Plattform mit vorgelagertem Altar angelegt. Über dem Fundament von Tempel B (3. Jh. v.Chr.) entstand im Mittelalter die Kirche San Nicola de' Cesarini. Die Überreste der Apsiden sind noch sichtbar. Die Säulenstümpfe im nördlichen Bereich stammen vom Porticus

San Carlo beim Gebet, Guido Reni

Hecatostylum (Portikus der 100 Säulen). In der Kaiserzeit wurden hier zwei marmorne Toiletten errichtet, Reste der einen sind noch zu sehen. Hinter B und C sieht man Relikte einer großen Plattform aus Tuffsteinblöcken. Sie ist Teil der Kurie des Pompeius, eines rechteckigen Baus mit Pompeius-Statue. Hier traf sich der Senat, Cäsar fiel hier am 15. März 44 v.Chr. einem Attentat zum Opfer.

In der Südwestecke der Anlage ist ein Katzenasyl.

Area Sacra – im Vordergrund die kreisförmigen Ruinen von Tempel B

San Carlo ai Catinari ⑱

Piazza B. Cairoli. **Stadtplan** 4 F5 (12 D4), **Karte** G6 (U4). ☎ 06 68 80 35 54. 🚌 siehe Area Sacra. 🚊 8. ⬜ tägl. 16–19 Uhr (Mo–Sa auch 7.30– 12, So 9.30–12.30 Uhr). ✝

D ie Mailänder Gemeinde entschied 1620, ihren heiliggesprochenen Landsmann

Kardinal Carlo Borromeo mit dieser Kirche zu ehren. Angelehnt an die Krugmacher (*catinari*) des Viertels heißt sie »ai Catinari«. Die Fassade stellte der römische Architekt Soria 1638 fertig. Die Basilika wird von Kapellen flankiert. Die Cäcilien-Kapelle entwarf Antonio Gherardi. Er fügte auch ein Familienporträt hinzu.

Die Malereien und Fresken stammen von Pietro da Cortona und Guido Reni. Es sind ausgereifte Werke der Gegenreformation, die Leben und Taten des 1610 heiliggesprochenen San Carlo schildern. Beachtenswert ist das verzierte Kruzifix mit Einlegearbeiten aus Marmor, Glas und Perlmutt auf dem Altar der Sakristei. Es stammt von der Hand des Bildhauers Algardi (16. Jh.).

Altar, Sakristei San Carlo ai Catinari

Fontana delle Tartarughe ⑲

Piazza Mattei. **Stadtplan** 4 F5 (12 D4), **Karte** G6 (U5). 🚌 46, 62, 63, 64, 70 87, 186, 492, 810. 🚊 8.

D ie Familie Mattei ließ die reizvolle Fontana delle Tartarughe (Schildkrötenbrunnen) zwischen 1581 und 1588 errichten, um »ihre« Piazza zu verschönern. Giacomo della Porta entwarf den Brunnen. Eigentlich verdankt er seine Grazie und seinen Charme Taddeo Landinis vier schlanken Bronzejünglingen, die ihren Fuß auf den Kopf eines Delfins setzen. Erst ein Jahrhundert später fügte ein un-

**Della Portas elegante Fontana
delle Tartarughe**

bekannter Bildhauer die Schildkröten hinzu und rundete die Komposition ab.

Santa Maria
in Campitelli ⑳

Piazza di Campitelli. **Stadtplan** 4 F5 (12 E5), **Karte** G6 (V5). 📞 06 68 80 39 78. 🚌 40, 46, 62, 63, 64, 70, 87 186, 780, 810. 🕐 tägl. 7.30–19 Uhr. ✝ ♿

I m Rom des 17. Jahrhunderts wütete die Pest in aller Heftigkeit. Da es keine wirksamen Heilmittel gab, flehten die Römer in ihrer Verzweiflung das Bildnis der Jungfrau, die Madonna del Portico, um Hilfe an. Als 1656 eine besonders schwere Pestwelle abklang, waren sie so dankbar, dass sie eine Kirche bauten, um dem Madonnenbild einen würdigen Rahmen zu geben.

**Prächtiger Tabernakel in
Santa Maria in Campitelli**

Das Gotteshaus wurde im Jahr 1667 fertiggestellt. Ein Schüler Berninis, Carlo Rainaldi, hatte es entworfen. Die Hauptelemente der lebendigen Barockfassade sind die anmutigen Säulen, die die »Stützen der Wahrheit« symbolisieren.

Der vergoldete Tabernakel mit Spiralsäulen für das Bild der Jungfrau Maria stammt von Giovanni Antonio de Rossi. Die Seitenkapellen wurden von Malern ausgeschmückt, die zu den besten ihrer Zeit zählen: Sebastiano Conca, Giovanni Battista Gaulli (bekannt als Il Baciccia) und Luca Giordano.

**Fassade und Glockenturm
von San Nicola in Carcere**

San Nicola
in Carcere ㉑

Via del Teatro di Marcello 46. **Stadtplan** 5 A4 (12 E5), **Karte** H7. 📞 06 68 30 71 98. 🚌 44, 63, 81, 95, 160, 170, 628, 780, 781. 🕐 tägl. 10.30–18 Uhr. Führungen zu neueren Ausgrabungen nach Vereinbarung. ✝

D ie mittelalterliche Kirche San Nicola in Carcere erhebt sich über dem ehemaligen Standort dreier Tempel aus der Zeit der Republik, die im Mittelalter zum Gefängnis *(carcere)* umgebaut wurden. Die Tempel von Juno, Spes und Janus lagen an einem Straßenzug, der vom Forum Holitorium, dem Gemüse- und Ölmarkt, bis zum Tiberhafen führte. Die Säulen in den Kirchenwänden gehörten zu zwei seitlichen Tempeln, deren Fundamente heute Rasen bedeckt. Die Kirche

wurde 1599 wieder aufgebaut und im 19. Jahrhundert restauriert. Nur der Glockenturm und die römischen Säulen gehören zur ursprünglichen Anlage.

Teatro di Marcello von Thomas Hartley Cromek (1809–1873)

Teatro
di Marcello ㉒

Via del Teatro di Marcello. **Stadtplan** 5 A4 (12 E5), **Karte** G6 (V5). 📞 06 06 08. 🚌 44, 63, 81, 95, 160, 170, 628, 780, 781. 🕐 9–18 Uhr (Sommer: bis 19 Uhr).

D ie geschwungene Außenmauer des riesigen Theaters hat ganze Generationen römischer Gebäude gestützt. Kaiser Augustus (27 v. Chr.– 14 n. Chr.) ließ es bauen und widmete es seinem Neffen und Schwiegersohn Marcellus, der schon im Jahr 23 v. Chr. als 19-Jähriger gestorben war.

Im 13. Jahrhundert ließ die Familie Savelli das Theater zur Festung umbauen. Im 16. Jahrhundert errichtete der Baumeister Baldassarre Peruzzi auf den Ruinen für die Familie Orsini einen riesigen Palazzo, zu dem auch ein Garten am Tiber gehörte. Die niedrigen Bogen wurden in späteren Jahren als Wohnungen und Werkstätten genutzt.

Nahe dem Theater sind noch drei korinthische Säulen und der Abschnitt eines Frieses zu sehen. Die Elemente gehörten einst zum Apollo-Tempel, in dem viele Kunstwerke untergebracht waren, die die Römer im 2. Jahrhundert v. Chr. aus Griechenland geraubt hatten.

Stadtplan *siehe Seiten 396–419*

Portikus der Octavia 23

Via del Portico d'Ottavia. **Stadtplan** 4 F5 (12 E5), **Karte** C6 (V5). 46, 62, 63, 64, 70, 87, 185, 780, 810.

Errichtet wurde der Portikus zu Ehren von Augustus' Schwester Octavia (der verlassenen Gattin Mark Antons). Er ist als einziger Teil der monumentalen Piazza des Circus Flaminius übrig geblieben.

Der rechteckige Portikus umfasste einen mit Bronzestatuen geschmückten, Jupiter und Juno geweihten Tempel. Der heute sichtbare Teil ist das zentrale, original mit Marmor verblendete Atrium.

Im Mittelalter entstanden in den Ruinen des Portikus ein Fischmarkt und die Kirche Sant'Angelo in Pescheria. Der Fischfang prägte die maritimen Schmuckelemente der Kirche Wasserpflanzen und Meerestiere. Die Beziehung zum Tiber ist auch in der Stuckfassade der benachbarten Fischhändler-Kapelle (1689) augenfällig. Die Kirche besitzt ein Fresko, das Maria umgeben von Engeln zeigt und aus der Schule Benozzo Gozzolis stammt.

Enge Gasse im Ghetto

Ghetto und Synagoge 24

Synagoge: Lungotevere dei Cenci. **Stadtplan** 4 F5 (12 E5), **Karte** G6 (V5). 06 68 40 06 61. 23, 63, 280, 780 und die Linien zum Largo di Torre Argentina. 8. **Museum** Mitte Juni–Mitte Sep: So–Do 10–19, Fr 10–16 Uhr; Mitte Sep–Mitte Juni: So–Do 10–17, Fr 9–14 Uhr. Jüd. Feiertage. **Ghetto:** Hauptstraße ist die Via del Portico d'Ottavia.

Pompeius der Große brachte sie als Sklaven nach Rom, geschätzt wurden die Juden im Römischen Reich

Die Synagoge überblickt den Tiber

aber wegen ihrer Begabung für Handel und Medizin. Im Mittelalter blieb ihre relative Freiheit bestehen. So entstammte sogar der Gegenpapst Anacletus einer Familie konvertierter Juden.

Bis ins 16. Jahrhundert gab es keine Verfolgungen. Doch 1556 wurden alle Juden Roms gezwungen, in einem eingemauerten Bezirk zu leben, den Papst Paul IV. in einem ungesunden Teil der Stadt einrichten ließ. Tagsüber durften sie das Ghetto verlassen, bei Nacht blieben die Tore geschlossen. Sonntags mussten Juden in der Kirche Sant'Angelo in Pescheria christlichen Predigern zuhören. Erst 1848 wurde dies aufgegeben. Zur Zeit des Faschismus wurden Hunderte von Juden von hier in Konzentrationslager gebracht.

Heute leben noch viele Juden hier. In den Straßen wird koscheres Fleisch verkauft. In der Synagoge von 1904 ist ein Jüdisches Museum untergebracht, das die Gemeindegeschichte mit Plänen, Thora-Ausgaben und religiösen Gegenständen präsentiert.

Casa di Lorenzo Manilio 25

Via del Portico d'Ottavia 1D. **Stadtplan** 4 F5 (12 D5), **Karte** G6 (U5). Siehe Portikus. für Besucher.

Vor der Renaissance hatten die meisten Römer lediglich eine vage Vorstellung von der Vergangenheit ihrer Stadt. Doch nachdem im 15. Jahrhundert das Interesse für antike Kunst und Philosophie stark zugenommen hatte, wurden sie ermutigt, in ihren Bauten den Glanz des antiken Rom zu huldigen. 1468 versah ein gewisser Lorenzo

Manilio sein großes Haus mit einer eleganten Gedenktafel. Die lateinische Inschrift gibt das Baudatum nach altrömischer Art an: 2221 Jahre nach Gründung der Stadt. Originalreliefs wurden ebenso wie Fragmente eines antiken Sarkophags in die Fassade integriert. Typisch für die Fassade an der Piazza Costaguti sind Fenster mit der patriotischen Inschrift »Heil dir, Rom!«

Balkon des Palazzo Cenci

Palazzo Cenci 26

Vicolo dei Cenci. **Stadtplan** 4 F5 (12 D5), **Karte** G6 (U5). Siehe Ghetto und Synagoge. für Besucher.

Der Palazzo Cenci gehörte der Familie von Beatrice Cenci. Sie wurde mit Bruder und Stiefmutter der Hexerei und der Ermordung ihres tyrannischen Vaters angeklagt und 1599 beim Ponte Sant' Angelo hingerichtet. Große

Römische Büsten an der Casa di Lorenzo Manilio

Die Tiberinsel ist durch den Ponte Cestio mit Trastevere verbunden

Teile des ursprünglichen Baus wurden abgerissen. Das heutige Gebäude geht auf die 1570er Jahre zurück. Sein Aussehen mutet jedoch mittelalterlich an.

Die Hauptfassade an der Via del Progresso schmücken heraldische Halbmonde. Auf der Gegenseite, auf der ein mittelalterlicher Bogen den Palazzo mit dem Palazzetto Cenci (von Martino Longhi d. Ä.) verbindet, öffnen sich anmutige Balkone. Der Innenhof hat eine Loggia im ionischen Stil. In zahlreichen Räumen ist noch die originale Ausstattung aus dem 16. Jahrhundert erhalten.

Tiberinsel ㉗

Isola Tiberina. **Stadtplan** 8 D1 (12 D5), **Karte** G7 (U5). H, 23, 63, 280, 780. 8.

Im Altertum zeigte die Insel gegenüber dem städtischen Hafen große Aufbauten aus weißem Travertin an beiden Enden, die Heck und Bug eines Schiffs ähneln sollten.

Seit 293 v.Chr., als Asklepios, dem Gott der Heilkunst und Schutzherrn gegen die Pest, hier ein Tempel geweiht wurde, ist die Insel mit der Medizin verbunden. Es gibt noch ein Krankenhaus – San Bartolomeo. Die Kirche auf dem zentralen Platz der Insel wurde im 10. Jahrhundert auf den Trümmern des Asklepiostempels errichtet. Ihr romanischer Glockenturm ist als Orientierungspunkt von den Tiberufern aus sichtbar.

Vom Ghetto führt eine Fußgängerbrücke zur Insel: der Ponte Fabricio (62 v.Chr.), die älteste, noch heute benutzte Originalbrücke über den

Tiber. Im Mittelalter kontrollierten zwei einflussreiche Familien, die Pierleoni und später die Caetani, von einem Turm aus den Übergang. Auf dem Ponte Cestio sind die Namen der byzantinischen Eroberer zu lesen, die die Brücke 370 n.Chr. restaurierten.

Via Giulia ㉘

Stadtplan 4 D4 (11 A3), **Karte** E5– F6 (R3–S5). 23, 116, 280, 870.

Die schöne Straße (16. Jh.) wurde von Bramante für Papst Julius II. della Rovere gebaut. Sie ist von Palazzi (16.– 18. Jh.), von Kirchen und Antiquitätenläden gesäumt – eine ideale Straße für einen hübschen Spaziergang *(siehe S. 276f).*

Maskenbrunnen, Via Giulia

San Giovanni dei Fiorentini ㉙

Via Acciaioli 2. **Stadtplan** 4 D4 (11 A2), **Karte** E5 (R2). 06 68 89 20 53. 23, 40, 46, 62, 64, 116, 280, 870. tägl. 7.30–12, 16–19 Uhr.

Die Kirche wurde für die Florentiner gebaut, die in diesem Viertel lebten. Papst Leo X. wollte damit die kulturelle Überlegenheit von Florenz über Rom zum Ausdruck bringen. Der Bau wurde im frühen 16. Jahrhundert begonnen und brauchte über ein Jahrhundert bis zur Vollendung. Antonio da Sangallo d.J. begann mit den Arbeiten, viele andere trugen dazu bei, bevor Carlo Madernos Kuppel den Bau 1620 abschloss. Die heutige Fassade wurde im 18. Jahrhundert hinzugefügt und kürzlich restauriert.

Hauptsächlich toskanische Künstler schmückten das Innere aus. Beachtenswert ist die Statue des hl. Johannes (15. Jh.) in einer Nische über der Sakristei, die der Sizilianer Mino del Reame schuf. Die Hochaltar birgt die Marmorgruppe von Antonio Raggi: *Taufe Christi.* Der Altar stammt von Borromini, der hier zusammen mit Carlo Maderno begraben liegt. Neben San Lorenzo in Lucina *(siehe S. 112)* heißt diese Kirche auch Tiere willkommen. Zu Ostern findet eine Lämmersegnung statt.

Antonio Raggis *Taufe Christi* in San Giovanni dei Fiorentini

Stadtplan *siehe Seiten 396–419*

Quirinal

Der Quirinal, einer der legendären sieben Hügel Roms, war zur Kaiserzeit ein vornehmes Wohnviertel. Im Osten befanden sich die weitläufigen Diokletian-Thermen, die gegenüber dem heutigen Hauptbahnhof liegen. Im Mittelalter war der Bezirk in Vergessenheit geraten, im späten 16. Jahrhundert kam

Stuckarbeit (1. Jh. v. Chr.), Museo Nazionale Romano

er wieder in Mode. Auf der Hügelkuppe errichteten die Päpste den Quirinalspalast. Etwas tiefer lagen die Palazzi bedeutender Familien, etwa der Colonna und der Aldobrandini. Nach dem Ende der päpstlichen Herrschaft 1870 diente der Quirinal als Residenz der Könige von Italien, nach 1948 als Sitz des italienischen Präsidenten.

Sehenswürdigkeiten auf einen Blick

Kirchen
San Carlo alle
  Quattro Fontane ⑫
San Marcello al Corso ⑤
Sant'Agata dei Goti ㉑
Sant'Andrea al Quirinale ⑪
Santa Maria degli Angeli ⑮
Santa Maria dei Monti ⑳
Santa Maria in Trivio ⑦
Santi Apostoli ④
Santi Domenico e Sisto ㉓
Santi Vincenzo e Anastasio ⑨

Historische Gebäude
Diokletian-Thermen ⑰
Palazzo Colonna ③
Palazzo del Quirinale ②

Museen und Sammlungen
Accademia Nazionale
  di San Luca ⑧
Museo Nazionale Romano
  (Palazzo Massimo) ⑯
Palazzo delle Esposizioni ⑲
Scuderie del Quirinale ⑩

Historischer Platz
Piazza della Repubblica ⑱

Brunnen und Statuen
Castor und Pollux ①
Fontana di Trevi ⑥
Le Quattro Fontane ⑬
Moses-Brunnen ⑭

Park
Villa Aldobrandini ㉒

Anfahrt
Hier liegen die Metro-Haltestellen Repubblica und Cavour. Wichtige Buslinien sind 40, 64 und 70 (entlang der Via Nazionale) und 71, 116 und 117, die den Hügel im Traforo-Umberto-I-Tunnel unterqueren. Oben auf dem Hügel ist keine Haltestelle. Man muss über die Via XXIV Maggio zu Fuß hinaufgehen.

LEGENDE

Detailkarte	
M	Metro-Station
i	Information

0 Meter — 300

SIEHE AUCH

◁ **Die Fontana delle Naiadi** *(siehe S. 53f)* **auf der Piazza della Repubblica**

Im Detail: Quirinal

Obwohl der Quirinalspalast meist nicht zugänglich ist, lohnt es sich, den Hügel hinaufzuspazieren. Oben sehen Sie die Dioskuren Castor und Pollux und genießen einen prachtvollen Blick über Rom. Schlendern Sie dann die engen Straßen und Gässchen wieder hügelabwärts zu einer der berühmtesten Sehenswürdigkeiten der Stadt: der Fontana di Trevi. In den umliegenden Straßen gibt es viele kleine Kirchen. Richtung Piazza Venezia stehen prächtige Palazzi, einer gehörte der mächtigen Familie Colonna.

Santa Maria in Via verdankt ihren Ruhm einem mittelalterlichen Brunnen und einer wundertätigen Marien-Ikone (13. Jh.).

Santa Maria in Trivio
Hinter der schönen Fassade der winzigen Kirche verbergen sich reiche Barockschätze. ❼

Accademia Nazionale di San Luca
Die Kunstakademie hat Werke berühmter ehemaliger Mitglieder, u. a. von Canova und Angelica Kauffmann. ❽

★ Fontana di Trevi
Roms schönster und bekanntester Brunnen füllt die kleine Piazza fast völlig aus. ❻

Santi Vincenzo e Anastasio
Die schöne Fassade der kleinen Barockkirche erhebt sich an einer Ecke der Piazza di Trevi. ❾

San Marcello al Corso
In der Sakristei hängt die ausdrucksstarke *Kreuzigung von van Dyck.* ❺

Den Palazzo Odescalchi ziert eine Bernini-Fassade (1664). Beachten Sie die Balustrade und das Gesims. Gegenüber steht die Kirche Santi Apostoli.

Das Museo delle Cere (Wachsfigurenmuseum) wurde 1953 eröffnet und setzt auf Horrorgestalten.

Zur Piazza Venezia

Labels on map: VIA POLI, VIA DEL, PIAZZA DI TREVI, VIA DI SAN, VIA DELLE MURATTE, VIA DELLE VERGINI, VIA DELL'UMILTÀ, PIAZZA DE, VIA DEL CORSO, VIA

I Giardini del Quirinale
Die Gärten des Präsi-
dentenpalasts können
einmal im Jahr, am
2. Juni, besucht
werden. ❷

Zur Orientierung
Siehe Stadtplan 5, 12

Palazzo del Quirinale
*Der einstige Palazzo des
Papstes ist heute Präsidenten-
palast. Oft sind Palastwachen
in farbenprächtiger Gala-
Uniform zu bewundern.* ❷

Castor und Pollux
*Die Statuen stehen
neben einem Obe-
lisken und einem
Brunnen.* ❶

Die Piazza della Pilotta
wird von der imposanten
Fassade der Gregorianischen
Universität beherrscht.

Santi Apostoli
*Die Statuen von Christus
und den Aposteln auf
der Säulenba-
lustrade fügte
Carlo Rainal-
di 1681
hinzu.* ❹

Palazzo Colonna
Annibale Carraccis
Bohnenesser *ist eines der
wertvollsten alten Meisterwerke der Kunstgalerie.* ❸

NICHT VERSÄUMEN

★ Fontana di Trevi

LEGENDE

– – – Routenempfehlung

0 Meter 75

Stadtplan *siehe Seiten 396–419*

Castor und Pollux ❶

Piazza del Quirinale. **Stadtplan** 5 B4, **Karte** J5. 🚌 H, 40, 64, 70, 170 und weitere entlang der Via del Tritone.

Quirinalsbrunnen und Obelisk mit den Statuen von Castor und Pollux

Castor und Pollux stehen mitsamt ihren Rössern in monumentaler Größe auf der Piazza del Quirinale. 5,60 Meter hoch sind die Dioskuren, römische Werke, die in der Kaiserzeit nach griechischen Originalen (5. Jh. v.Chr.) angefertigt wurden und einst den Eingang zu den nahe gelegenen Konstantins-Thermen zierten. Papst Sixtus V. ließ sie restaurieren und 1588 hier aufstellen. Nach dem Monument, das einst als »Die Rossbändiger« bekannt war, heißt der Platz im Volksmund auch Monte Cavallo (Pferdehügel). Der Obelisk stammt vom Mausoleum des Augustus und wurde 1786 hierhergebracht. 1818 kam das massive Granitbecken dazu. Es stand früher am Forum und diente dort als Viehtränke.

Palazzo del Quirinale ❷

Piazza del Quirinale. **Stadtplan** 5 B3, **Karte** J5. 📞 06 469 91. 🚌 H, 40, 64, 70, 170 und weitere Linien entlang Via del Tritone. ◐ So 8.30–12 Uhr. ● Feiertage, Ende Juni–Mitte Sep. 📷 **www**.quirinale.it

Im 16. Jahrhundert häuften sich im Vatikan Fälle von Malaria. Deshalb ließ Papst Gregor XIII. auf der Kuppe des höchsten Hügels eine päpstliche Sommerresidenz errichten. Die Arbeiten begannen 1573.

Viele Architekten waren beteiligt, bevor der Palazzo in den 1730er Jahren fertiggestellt wurde. Domenico Fontana entwarf die Hauptfassade, Carlo Maderno die riesige Kapelle und Bernini den schmalen Flügel, der die Via del Quirinale säumt. Nach 1870 diente der Bau als königliche Residenz, seit 1947 ist er Dienstsitz des Staatspräsidenten. Vor dem Palazzo findet an manchen Tagen um 16 Uhr ein zeremonieller Wachwechsel statt.

Die Gärten des Palazzo des Quirinale werden einmal im Jahr der Öffentlichkeit zugänglich gemacht, am Tag der Republik, dem 2. Juni.

Palazzo del Quirinale, der Sitz des italienischen Präsidenten

Palazzo Colonna ❸

Piazza SS. Apostoli 66. **Stadtplan** 5 A4 (12 F3), **Karte** H5. 📞 06 679 43 62. 🚌 H, 64, 70, 170, 640 und weitere Linien zur Piazza Venezia. ◐ Sa 9–13.30 Uhr (letzter Einlass 12.30 Uhr) und nach Vereinbarung. ● Aug, Feiertage. 📷 🚫

Papst Martin V. Colonna (1417–31) gab den Auftrag zu dieser Palastanlage, der größte Teil des heutigen Baus datiert jedoch aus dem 18. Jahrhundert. Die Galerie (1654–65 von Antonio del Grande) ist nur zum Teil zugänglich. Die Gemälde sind nummeriert, aber nicht beschriftet, am Eingang liegen

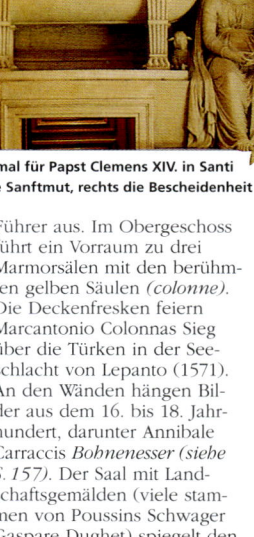

Canovas Denkmal für Papst Clemens XIV. in Santi Apostoli: links die Sanftmut, rechts die Bescheidenheit

Führer aus. Im Obergeschoss führt ein Vorraum zu drei Marmorsälen mit den berühmten gelben Säulen (colonne). Die Deckenfresken feiern Marcantonio Colonnas Sieg über die Türken in der Seeschlacht von Lepanto (1571). An den Wänden hängen Bilder aus dem 16. bis 18. Jahrhundert, darunter Annibale Carraccis Bohnenesser (siehe S. 157). Der Saal mit Landschaftsgemälden (viele stammen von Poussins Schwager Gaspare Dughet) spiegelt den Geschmack des Kardinals Girolamo Colonna wider. Den nächsten Raum ziert ein Deckenfresko der Apotheose Martins V., im sogenannten Thronsaal sind ein für päpstliche Besuche reservierter Stuhl und eine Kopie von Pisanellos Bildnis von Martin V. zu sehen. Die Galleria bietet Blick auf den Park mit den Ruinen des Tempels der Serapis.

Santi Apostoli ❹

Piazza dei Santi Apostoli. **Stadtplan** 5 A4 (12 F3), **Karte** H5 (W3). 📞 06 69 95 71. 🚌 H, 40, 64, 70, 170 und weitere Linien zur Piazza Venezia. ◐ tägl. 7.30–12, 16–19 Uhr.

Die im 6. Jahrhundert gegründete Kirche ließen die Päpste Martin V. Colonna und Sixtus IV. della Rovere (sein Eichenwappen schmückt die Kapitelle der Vorhalle) im 15. Jahrhundert umbauen. Links in der Vorhalle steht Canovas Denkmal für den Kupferstecher Giovanni Volpato (1807). Ein größeres Werk Canovas, das Grabmal für Clemens XIV. (1787), befindet sich im barocken Kircheninneren, das 1714 von Francesco und Carlo Fontana fertiggestellt wurde. Durch die räumliche Wirkung der Deckenfresken von Giovanni Odazzi scheinen seine *Verstoßenen Engel* vom Himmel herabzustürzen. Domenico Muratoris Altarbild (18. Jh.) zeigt das Martyrium der Apostel Philippus und Jakobus, die in der Krypta beigesetzt sind.

Triton und »Seepferd«, Detail an der Fontana di Trevi

San Marcello al Corso ❺

Piazza San Marcello 5. **Stadtplan** 5 A4 (12 F3), **Karte** H5 (W3). 📞 06 69 93 01. 🚌 62, 63, 81, 85, 95, 117, 119, 160, 175, 492, 628. ⬭ tägl. 7–12, 16–19 Uhr (Sa ab 10, So ab 9 Uhr). ✝

Der ursprüngliche Bau zählte zu den *tituli* oder Titelkirchen, den ältesten christlichen Gotteshäusern Roms. An die Stelle eines 1519 abgebrannten Gebäudes setzte Jacopo Sansovino einen einschiffigen Neubau, der von überreich geschmückten Privatkapellen gesäumt wurde. Die imposante Travertin-Fassade wurde von Fontana im Stil des Spätbarock gestaltet.

Die dritte Kapelle rechts birgt Fresken von Francesco Salviati mit Szenen aus dem Marienleben. Die Ausschmückung der nächsten wurde 1527 vom Sacco di Roma gestoppt. Raffaels Nachfolger Perin del Vaga floh. Erst nachdem wieder Frieden eingekehrt war, vollendeten Daniele da Volterra und Pellegrino Tibaldi die Deckenfresken.

Im Hauptschiff liegt das von Sansovino im venezianischen Stil gestaltete Doppelgrab des Kardinals Giovanni Michiel (1503 von den Borgia vergiftet) und seines Neffen, des Bischofs Antonio Orso.

Fontana di Trevi ❻

Piazza di Trevi. **Stadtplan** 5 A3 (12 F2), **Karte** H4 (W2). 🚌 52, 53, 61, 62, 63, 71, 80, 95, 116, 119 und weitere Linien entlang der Via del Corso und Via del Tritone.

Die meisten Besucher glauben, dass er schon immer hier steht, doch gemessen am Alter anderer Highlights der Ewigen Stadt ist der Trevi-Brunnen jung. Nicola Salvis dramatischer Entwurf für Roms größten und berühmtesten Brunnen wurde erst 1762 fertig. Im Zentrum herrscht Neptun, flankiert von zwei Tritonen. Einer versucht, ein feuriges »Seepferd« zu bändigen, der andere führt ein wesentlich ruhigeres Tier. Die beiden Rösser symbolisieren die gegensätzlichen Temperamente des Meeres. Ursprünglich endete an dieser Stelle die Accua Vergine (19 v. Chr.). Eine mit dem Brunnen verbundene Sage lautet, dass jeder Besucher, der eine Münze in den Brunnen wirft, eines Tages nach Rom zurückkehren wird.

Von Francesco Salviati ausgeschmückte Kapelle in San Marcello al Corso

Stadtplan siehe Seiten 396–419

Fassade von Santa Maria in Trivio

Santa Maria in Trivio ❼

Piazza dei Crociferi 49. **Stadtplan** 5 A3 (12 F2), **Karte** H4 (W2). ☎ 06 678 96 45. 🚌 52, 53, 61, 62, 63, 71, 80, 95, 116, 119. ⏰ tägl. 8–12, 16–19.30 Uhr. 🛐

D ie italienische Architektur hat den Ruf, großen Wert auf Fassaden zu legen. Diese Kirche ist ein exzellentes Beispiel dafür. Beachten Sie u. a. die Scheinfenster. Auch im Inneren gibt es illusionistische Elemente, etwa die Deckenfresken von Antonio Gherardi (1644–1702), die Episoden aus dem Neuen Testament zeigen. Der Name der winzigen Kirche bedeutet wohl »Heilige Maria an der Kreuzung von drei Straßen«.

Accademia Nazionale di San Luca ❽

Piazza dell'Accademia di San Luca 77. **Stadtplan** 5 A3 (12 F2), **Karte** H4 (W2). ☎ 06 679 88 50. 🚌 52, 53, 61, 62, 63, 71, 80, 95, 116, 119 *und weitere Linien entlang der Via del Corso und Via del Tritone.* ⏰ *Mo–Fr 10–13 Uhr (wg. Renovierung können einige Räume geschlossen sein).* 🌐 www.accademiasanluca.it

D er hl. Lukas soll Maler gewesen sein, daher der Name der Kunstakademie Roms. Passenderweise besitzt die Galerie auch ein Gemälde mit dem bezeichnenden Titel *Der heilige Lukas malt die Jungfrau.* Es ist ein Werk Raffaels und seiner Schüler. Ihre Blütezeit erlebte die Akademie im 17. und 18. Jahrhundert, als zur

Sammlung die Werke vieler Mitglieder kamen. So stiftete Canova einen Entwurf seiner Marmorgruppe *Drei Grazien.* Faszinierend sind die Selbstbildnisse dreier Frauen: der Italienerin Lavinia Fontana (17. Jh.), der Schweizerin Angelica Kauffmann (18. Jh.), die ein Porträt von Joshua Reynolds kopierte, und der Französin Elisabeth Vigée-Lebrun, die kurz vor der Französischen Revolution lebte.

Santi Vincenzo e Anastasio ❾

Vicolo dei Modelli 73. **Stadtplan** 5 A3 (12 F2), **Karte** H4. ☎ 331 284 55 96. 🚌 52, 53, 61, 62, 63, 71, 80, 95, 116, 119. ⏰ tägl. 10–20 Uhr. 🛐 (bulgarisch orthodox).

V on der Fontana di Trevi blickt man auf die auffällige Barockfassade. Auf einer Vielzahl von Säulen ruht, riesengroß, das Wappen von Kardinal Raimondo Mazzarino, der Martino Longhi d. J. 1650 mit dem Bau der Kirche beauftragte. Die Frauenbüste über dem Portal zeigt eine der berühmten Nichten des Kardinals, entweder Maria

Mancini (1639–1715), die erste Liebe von Louis XIV., oder aber ihre jüngere Schwester Ortensia. In der Apsis erinnern Tafeln an die Päpste, deren *praecordia* (ein Teil des Herzens) hier aufbewahrt sind. Diesen Brauch führte Papst Sixtus V. im 16. Jahrhundert ein, erst Anfang des 20. Jahrhunderts schaffte ihn Pius X. ab.

Scuderie del Quirinale ❿

Via XXIV Maggio 16. **Stadtplan** 5 B4 (12 F2), **Karte** J5. ☎ 06 39 96 75 00. 🚌 H, 40, 60, 64, 70, 170. ⏰ *für Ausstellungen So–Do 10–20, Fr, Sa 10–22.30 Uhr.* 🌐 www.scuderiequirinale.it

D ie Scuderie waren ursprünglich die Stallungen des nahen Palazzo del Quirinale. Ferdinando Fuga baute sie Anfang des 18. Jahrhunderts auf den Ruinen eines antiken Serapis-Tempels. Ende des 20. Jahrhunderts wurden die Scuderie von Gae Aulenti neu gestaltet. Heute finden hier die spannendsten Ausstellungen zeitgenössischer Kunst in ganz Italien statt.

Selbstbildnis von Lavinia Fontana, Accademia Nazionale di San Luca

Hotels und Restaurants auf dem Quirinal siehe Seiten 304 und 321

Das Innere von Berninis Ovalbau Sant'Andrea al Quirinale

Sant'Andrea al Quirinale ⓫

Via del Quirinale 29. **Stadtplan** 5 B3, **Karte** J4/5. 06 474 48 72. 116, 117 und die Linien entlang Via del Tritone. tägl. 8.30–12, 14.30–18 Uhr.

Sant'Andrea gilt wegen des rosenfarbenen Marmorinterieurs als «Perle barocker Architektur». Die Kirche basiert auf Plänen Berninis, die Assistenten des Meisters 1658–70 ausführten. Sie wurde für den Jesuitenorden errichtet, daher die zahlreichen IHS-Embleme (Iesus Hominum Salvator – Jesus Erlöser der Menschheit).

Da der Bauplatz zwar breit, aber nicht tief war, wählte Bernini als Grundriss ein Queroval. Der Blick des Besuchers trifft also beim Eintreten zunächst auf die Seitenwände, bevor er zum Altar findet. Hier arrangierte Bernini verschiedene Kunstwerke, die am besten als Ensemble zur Geltung kommen: Der hl. An-

dreas des Altarbilds blickt hinauf zu einer Stuckversion seiner selbst, die zur Laterne und zum Heiligen Geist auffährt.

Besonders interessant sind die Räume des hl. Stanislav Kostka. Die Unterkunft des Jesuiten-Novizen, der 1568 als 19-Jähriger starb, zeigt den Reichtum, mit dem sich die Jesuiten im 17. Jahrhundert umgaben. Pierre Legros (1666–1719) hat den polnischen Heiligen in Marmor verewigt.

San Carlo alle Quattro Fontane ⓬

Via del Quirinale 23. **Stadtplan** 5 B3, **Karte** J4. 06 488 32 61. 116, 117 und weitere Linien zur Piazza Barberini. Barberini. Mo–Fr 10–13, 15–18, Sa, So 10–13 Uhr.

Im Jahr 1634 beauftragte der spanische Trinitarierorden Borromini mit dem Bau einer Kirche und eines Konvents an der Kreuzung Via delle Quattro Fontane/Via del Quirinale. Die Kirche – sie ist so klein, dass sie zwischen den Pfeilern des Petersdoms Platz hätte – wird auch «San Carlino» genannt. Obwohl sie dem 1620 heiliggesprochenen Mailänder Kardinal Carlo Borromeo geweiht ist, ist San Carlo eher ein Denkmal für Borromini. Fassade und Innenraum weisen eine sehr dynamische Linienführung auf.

Besonders meisterhaft gerieten die ovale Kuppel und die winzige Laterne. Engel und die Figur des hl. Carlo schmücken die reich gegliederte Fassade. Sie ist eine der letzten Arbeiten Borrominis.

Das Spiel mit konvexen und konkaven Formen setzt sich in den Klosterbauten fort. Das Refektorium (heute Sakristei) beherbergt Orazio Borgiannis Bildnis des hl. Karl Borromäus (1611). In einem Nebenraum hängt ein Porträt von Borromini, auf dem er das Kreuz der Trinitarier trägt. Borromini beging 1667 Selbstmord, daher blieb die kleine Kapelle in der Krypta, in der er beigesetzt werden sollte, leer. Sie ist der Öffentlichkeit seit Kurzem zugänglich.

Indirekt beleuchtete Kuppel von San Carlo alle Quattro Fontane

Stadtplan siehe Seiten 396–419

Brunnen der Stärke (Juno)

Le Quattro Fontane ⑬

Kreuzung Via delle Quattro Fontane/ Via del Quirinale. **Stadtplan** 5 B3, **Karte** J4. 🚌 Linien zur Piazza Barberini oder Via Nazionale. Ⓜ Barberini.

Die vier kleinen Brunnen an den Ecken der eng umbauten Kreuzung zweier schmaler, verkehrsreicher Straßen entstanden bei der großen Stadtsanierung unter Papst Sixtus V. (1585–90). Jeden Brunnen schmückt die Figur einer Gottheit. Der Flussgott neben der Wölfin ist sicherlich der Tiber, die andere männliche Figur könnte der Arno sein. Die weiblichen Statuen repräsentieren Stärke und Treue bzw. die Göttinnen Juno und Diana. Die Kreuzung befindet sich auf dem höchsten Punkt des Quirinal und bietet eine prachtvolle Aussicht auf drei Obelisken:

die beiden, die Sixtus V. vor Santa Maria Maggiore und Trinità dei Monti aufstellen ließ, und den der Piazza del Quirinale.

Moses-Brunnen ⑭

Fontana dell'Acqua Felice, Piazza San Bernardo. **Stadtplan** 5 C2, **Karte** K4. 🚌 36, 60, 61, 62, 84, 175, 492. Ⓜ Repubblica.

Fontana dell'Acqua Felice lautet die offizielle Bezeichnung der Fontana del Mosè. Ihr landläufiger Name kommt von der kolossalen Mosesgestalt. Die massive Wand mit drei eleganten Bogen entwarf Domenico Fontana als Endpunkt der Acqua Felice, einem nach Felice Peretti (Papst Sixtus V.) benannten Aquädukt. Er wurde 1587 fertiggestellt und brachte erstmals frisches Trinkwasser in diesen Teil Roms.

Die auffällige Mosesfigur ist überlebensgroß und alles andere als gelungen. Geschaffen wurde sie von Prospero Bresciano oder Leonardo Sormani. Die Figur stellt den missglückten Versuch dar, die kraftvolle Ausstrahlung von Michelangelos Moses (in der Kirche San Pietro in Vincoli, *siehe S. 170*) wieder aufleben zu lassen. Es heißt, dass Moses bei seiner Enthüllung die Stirn runzelte, weil er sich schämte, von einem unfähigen Künstler geschaffen worden zu sein.

Auch die Seitenreliefs zeigen Szenen aus dem Alten

Fontanas Moses-Brunnen

Testament: Aaron führt das Volk Israel zum Wasser, Josua leitet die Armee zum Roten Meer.

Die vier Löwen des Brunnens sind Kopien ägyptischer Originale (mittlerweile in den Vatikanischen Museen), die Sixtus V. zur »Erbauung« der Öffentlichkeit hatte hierherbringen lassen.

Goldmünze mit dem Kopf von Kaiser Diokletian (285–305 n. Chr.)

Santa Maria degli Angeli ⑮

Piazza della Repubblica. **Stadtplan** 5 C3, **Karte** L4. 📞 06 488 08 12. 🚌 36, 60, 61, 62, 64, 84, 90, 116, 170, 492, 910. Ⓜ Repubblica, Termini. 🕐 tägl. 7–18.30 Uhr. 🚻 ♿ 🎧

In den verfallenen Diokletian-Thermen steht eine 1563 von Michelangelo erbaute Kirche, die Luigi Vanvitelli (18. Jh.) so »restaurierte«, dass vom ursprünglichen Charakter kaum etwas erhalten ist.

Wichtige Kunstwerke sind ein Fresko von Domenichino, *Das Martyrium des heiligen Sebastian*, und eine Kolossal-

Diana mit ihrem Hund, Sinnbild der Treue, Figur an den Quattro Fontane

Apotheke am Markt
Dorothea Apotheke
Rund um den Rüttenscheider Stern, 45130 Essen

Inh. Wolfgang Blume

Albert Schweitzer Apotheke

statue des hl. Bruno von Jean-Antoine Houdon. Eine Ausstellung in der Sakristei informiert über Michelangelos Entwurf.

Das Museo Nazionale Romano in den Diokletian-Thermen

Museo Nazionale Romano (Palazzo Massimo) **16**

Palazzo Massimo, Largo di Villa Peretti 1. **Stadtplan** 6 D3, **Karte** L4. 06 48 02 01. H, 36, 38, 40, 64, 84, 170, 175 und weitere Linien zur Piazza dei Cinquecento. Repubblica, Termini. Di – So 9 – 19.45 Uhr. 1. Jan, 25. Dez. Biglietto cumulativo *für alle fünf Standorte des Museums.*

Im 1889 gegründeten Museo Nazionale ist der größte Teil der Altertümer zu sehen, die seit 1870 in Rom entdeckt wurden. Aufgenommen wurden auch ältere Privatsammlungen, etwa die der Familie Ludovisi, sodass das Museum heute zu den führenden antiker Kunst zählt. In den 1990er Jahren wurde es einer umfassenden Neuorganisation unterzogen und hat nun fünf Standorte: Ein Teil der Sammlung ist im Palazzo Altemps

(siehe S. 127) untergebracht, ein anderer Teil ist am ursprünglichen Standort, in den Diokletian-Thermen, in der Aula Ottagona, der Crypta Balbi und im nahen Palazzo Massimo zu sehen.

Der 1883 – 87 als Jesuitenkolleg erbaute Palazzo steht neben einer Villa aus dem 16. Jahrhundert, die Sixtus V. gehörte. 1981 – 97 wurde er für Museumszwecke umgebaut und birgt nun einen wesentlichen Teil der Bestände. Auf drei Stockwerken sieht man Ausstellungsstücke aus dem 2. bis 4. Jahrhundert n. Chr. Im Untergeschoss befinden sich u. a. eine ausgezeichnete Sammlung antiker Münzen sowie das einzige mumifizierte Kind Roms. Das Erdgeschoss widmet sich römischen Statuen mit Grabmonumenten in Raum 2 und dem Kaiser Augustus als Pontifex Maximus in Raum 5. Im ersten Stock befinden sich Statuen aus dem Sommersitz Kaiser Neros in Anzio sowie römische Kopien bekannter griechischer Originale, z. B. des *Discobolos Ex-Lancellotti.*

Die Hauptattraktion des Museums befindet sich im zweiten Stock: antike Wandmalereien aus verschiedenen römischen Villen. Für diesen Bereich ist die Teilnahme an einer Führung notwendig. Das herausragendste Fresko

stammt aus dem Haus der Livia an der Prima Porta. Das *triclinium* (Esszimmer) ihres Hauses war naturalistisch mit Bäumen, Pflanzen und Früchten bemalt, um den Gästen den Eindruck zu vermitteln, sie würden in freier Natur speisen. Bei der Führung sind auch die erotischen Malereien aus dem Schlafzimmer der Villa Farnesina zu sehen.

Diokletian-Thermen **17**

Terme di Diocleziano, Viale E. de Nicola 79. **Stadtplan** 6 D3, **Karte** L4. 06 96 77 00. 36, 60, 61, 62, 84, 90. Repubblica, Termini. Di – So 9 – 19.45 Uhr. 1. Jan, 25. Dez.

Die Diokletian-Thermen wurden 298 – 306 n. Chr. erbaut – während der Regierungszeit von Kaiser Diokletian, der für die Hinrichtung Tausender Christen verantwortlich war. Es war die größte Anlage ihrer Art in Rom. Die Thermen fassten bis zu 3000 Badegäste gleichzeitig.

Als Teil des Museo Nazionale Romano zeigen die Thermen römische Statuen und Inschriften. Zu dem Komplex gehört auch das frühere Kartäuserkloster Santa Maria degli Angeli mit einem von Michelangelo entworfenen Kreuzgang.

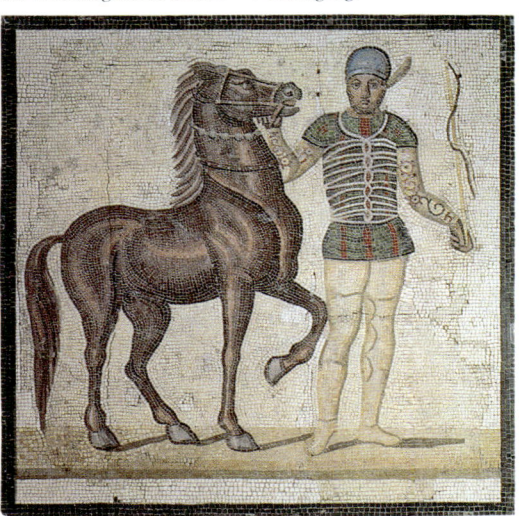

Quattro-Aurighe-Mosaik im Museo Nazionale Romano

Piazza della Repubblica ⓲

Stadtplan 5 C3, **Karte** K4. 🚌 *36, 60, 61, 62, 64, 84, 90, 170, 173, 492, 640, 910.* Ⓜ *Repubblica.*

Piazza della Repubblica mit der Fontana delle Naiadi

Viele Römer nennen den Platz noch bei seinem alten Namen: Piazza Esedra, denn hier lag die Exedra (halbrunde Nische) der Diokletian-Thermen. Ihre heutige Gestalt verdankt die Piazza den großen Umbaumaßnahmen, die in Zusammenhang mit der neuen Stellung Roms als Hauptstadt des geeinten Italien erfolgten. Die eleganten Kolonnaden (19. Jh.) beherbergten einst noble Geschäfte, sind heute jedoch in der Hand von Banken, Reisebüros und Cafés. Die Mitte der Piazza bildet die Fontana delle Naiadi. Mario Rutellis nackte Bronzenymphen verursachten bei ihrer Enthüllung 1901 einen Skandal. Alle vier Najaden spielen mit Geschöpfen, die verschiedene Formen von Wasser symbolisieren: das »Seepferd« die Ozeane, die Wasserschlange die Flüsse, der Schwan die Seen und die Echse die unterirdischen Ströme. Die Figur im Zentrum (1911 eingefügt) ist der Meeresgott Glaucus, Symbol für den Menschen, der die widrigen Naturkräfte besiegt.

Palazzo delle Esposizioni ⓳

Via Nazionale 194 (zweiter Eingang in der Via Milano). **Stadtplan** 5 B4, **Karte** J5. ☎ *06 48 94 11.* 🚌 *40, 60, 64, 70, 116T, 170.* 🕐 *Di–Do, So 10–20, Fr, Sa 10–22.30 Uhr.* 🔴 *Juli, Aug.* 🅿 ♿ *von der Via Piacenza oder der Via Milano aus.* 🔳 🔳 🔳 **www**.*palazzoesposizioni.it*

Fassade des Palazzo delle Esposizioni

Das grandiose Bauwerk mit seiner breiten Freitreppe sowie den korinthischen Säulen und Statuen entwarf der Architekt Pio Piacentini 1882 (während der Regierungszeit von Umberto I) für Ausstellungen von Gemälden und Plastiken. Der Haupteingang ähnelt einem Triumphbogen.

Der renovierte Palazzo wird für Ausstellungen zeitgenössischer Kunst genutzt, die alle drei Monate wechseln. Es gibt auch Live-Performances, Konzerte, Vorträge und Filme *(siehe S. 360).* Ausländische Filme laufen oft im Original mit Untertiteln.

Santa Maria dei Monti ⓴

Via Madonna dei Monti 41. **Stadtplan** 5 B4, **Karte** J6. ☎ *06 48 55 31.* 🚌 *75, 84, 117.* Ⓜ *Cavour.* 🕐 *Mo–Sa 7–20.30, So 7.30–13.30, 17–20.30 Uhr.* 🔳 ♿

Giacomo della Porta war der Architekt dieser Kirche (1580), die ihren Ruhm vor allem der herrlichen Kuppel verdankt. Über dem Hochaltar befindet sich ein Bild der Madonna, der Schutzheiligen dieses römischen Viertels.

Der Altar im linken Querschiff birgt das Grab und ein Bildnis des französischen Heiligen Benoît-Joseph Labre, der hier 1783 nach einem einsamen Pilgerleben starb. In Rom nächtigte er in den Ruinen des Kolosseums, verteilte Almosen und betete regelmäßig in dieser Kirche. Er war erst 30 Jahre alt, als er vor dem Gotteshaus zusammenbrach und starb. Die schmutzigen Lumpen, die er am Leib trug, werden als Reliquien aufbewahrt.

Eine der Bronzenymphen des Brunnens auf der Piazza della Repubblica

Hotels und Restaurants auf dem Quirinal *siehe Seiten 304 und 321*

Sant'Agata dei Goti ㉑

Via Mazzarino 16 und Via Paniserna 29. **Stadtplan** 5 B4, **Karte** J5.
📞 06 48 79 35 31. 🚌 40, 60, 64, 70, 71, 117, 170. ◯ Mo–Sa 7–8.30, 16–19, So 9–12, 16–18 Uhr. 🚹 ♿

Die Goten, denen diese Kirche ihren Namen verdankt, besetzten Rom im 6. Jahrhundert n.Chr. Sie waren Arianer, die die Gottgleichheit Christi verneinten. Die Kirche wurde kurz vor dem Einmarsch der Goten zwischen 462 und 470 n.Chr. geweiht, die herrlichen Granitsäulen stammen noch aus jener Zeit. Den Hauptaltar ziert ein gut erhaltener Cosmaten-Tabernakel (12. Jh.). Der schönste Teil der Kirche ist der bezaubernde Innenhof (18. Jh.) mit einem von Efeu umrankten Brunnen.

Villa Aldobrandini ㉒

Via Paniserna. Eingang zum Park in der Via Mazzarino 1. **Stadtplan** 5 B4, **Karte** J5. 🚌 40, 60, 64, 70, 71, 117, 170. **Park** ◯ tägl. von Sonnenaufgang bis -untergang. **Villa** ⬤ für Besucher.

Der Bau, den die Herzöge von Urbino im 16. Jahrhundert errichten ließen und den Papst Clemens VIII. Aldobrandini (1592–1605) für seine Familie erwarb, ist heute Staatseigentum und beherbergt eine internationale juristische Bibliothek.

Die wappengeschmückte Villa ist nicht zugänglich, doch Park und Terrassen hinter einer Mauer an der Via Nazionale sind über die Via Mazzarino zu erreichen. Stufen führen an Ruinen aus dem 2. Jahrhundert n.Chr. vorbei in den Park – eine Oase der Ruhe. Kieswege ermöglichen Spaziergänge durch die schönen Pflanzungen, Schilder informieren über Baumarten, und Bänke laden müde Besucher zum Ausruhen ein. Da der Park gute zehn Meter über Straßenniveau liegt, hat man auch eine schöne Aussicht.

Der Innenhof (18. Jh.) der Kirche Sant'Agata dei Goti

Santi Domenico e Sisto ㉓

Largo Angelicum 1 **Stadtplan** 5 B4, **Karte** J6. 📞 06 670 21. 🚌 40, 60, 64, 70, 71, 117, 170. ◯ Sa 9–13, 14.30–18 Uhr.

Kapelle in Santi Domenico e Sisto

Die hohe, zweistöckige Barockfassade der Kirche erhebt sich über einer steilen Rampentreppe, die in zwei Bogen zu der dem Portal vorgelagerten Terrasse führt. Auf dem Dreiecksgiebel befinden sich acht Flammenvasen.

Das Gewölbe des Innenraums ziert das große Fresko *Apotheose des heiligen Dominikus* von Domenico Canuti (1620–1684), ein Hauptwerk illusionistischer Malerei. Bernini, von dem auch der Entwurf zu der von Antonio Raggi 1649 ausgeführten Marmorgruppe *Noli me tangere* stammt, dekorierte die erste Seitenkapelle rechts.

Über dem Altar ist eine Terrakotta-Tafel der Madonna mit Kind aus dem 15. Jahrhundert zu bewundern. Auf der linken Seite, über einem Nebenaltar, hängt ein Madonnenbild aus derselben Kunstperiode. Es wird Benozzo Gozzoli (1420–1497) zugeschrieben, einem Schüler von Fra Angelico.

Fassade von Santi Domenico e Sisto

Stadtplan siehe Seiten 396–419

Esquilin

D er Esquilin ist der weitläufigste und höchste Hügel Roms. Auf dem Westhang über dem Forum lagen in der Kaiserzeit die bevölkerungsreichen Armenviertel, an der Ostseite einige Villen reicher Bürger. Einer davon war Maecenas, Berater des Augustus und Förderer der schönen Künste. Grundsätzlich hat sich der Charakter des Viertels über zwei Jahrtausende hinweg erhalten: Noch heute gehört der

Michelangelos
Rachel in San
Pietro in Vincoli

Esquilin zu den ärmeren Wohngegenden Roms. Bis auf einen eher zwielichtigen Park am Colle Oppio, einem kleineren Hügel südlich des Esquilin, ist das Viertel inzwischen dicht bebaut. Hier liegen die Ruinen der Domus Aurea, der Trajan-Thermen und der Thermen des Titus sowie viele Kirchen, deren Großteil aus Privathäusern hervorging, in denen Gläubige zur Zeit der Christenverfolgung heimlich ihre Gottesdienste abhielten.

Sehenswürdigkeiten auf einen Blick

Kirchen
San Martino ai Monti ❶
San Pietro in Vincoli ❷
Santa Bibiana ❼
Santa Maria Maggiore
S. 172f ❹
Santa Prassede ❺
Santa Pudenziana ❸

Museum
Museo Nazionale d'Arte
Orientale ❾

Historischer Platz
Piazza Vittorio Emanuele II ❽

Antike Stätten
Domus Aurea ⑫
Maecenas-Auditorium ❿
Sette Sale ⑪

Bogen
Gallienusbogen ❻

Anfahrt
Der Bezirk liegt in der Nähe der Stazione Termini und besitzt mehrere Metro-Stationen: Vittorio Emanuele und Manzoni (Linie A) sowie Cavour und Colosseo (Linie B), die sich bei Termini kreuzen. Nützliche Busse sind 16, 75 und 714 vom Hauptbahnhof aus und die Linie 84 sowie die Tram 3 entlang der Via Labicana.

SIEHE AUCH
• *Stadtplan* 5, 6
• *Restaurants* S. 322
• *Mosaiken-Spaziergang* S. 280f

LEGENDE
▨ Detailkarte
FS Bahnhof
M Metro-Station
i Information

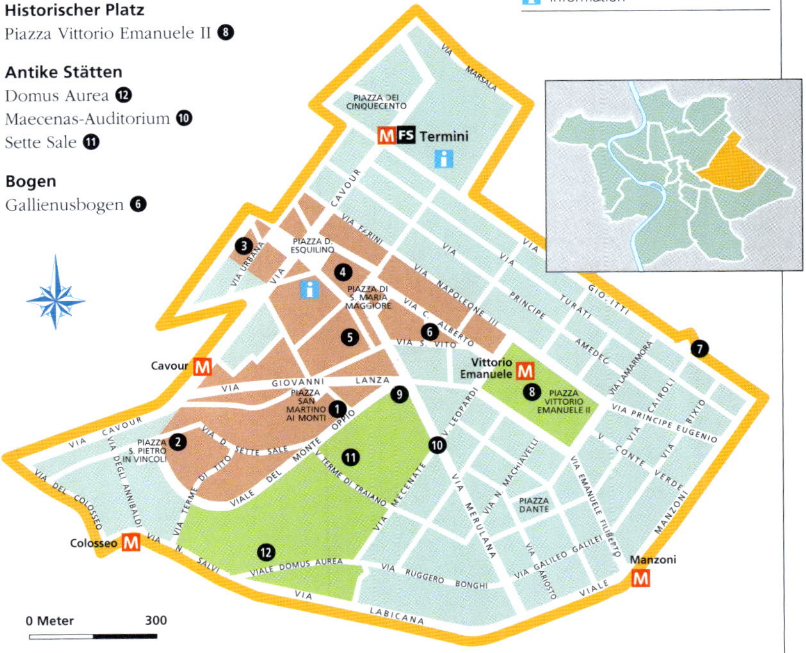

Südfassade von Santa Maria Maggiore *(siehe S. 172f)* bei Nacht

Im Detail: Esquilin

Wichtigste Attraktion in diesem eher ungepflegt wirkenden Teil Roms ist die Basilika Santa Maria Maggiore. Der Esquilin hat allerdings noch eine Reihe weiterer sehenswerter Kirchen zu bieten: etwa Santa Pudenziana und Santa Prassede mit ihren berühmten Mosaiken oder San Pietro in Vincoli, wo eine der bekanntesten Statuen Michelangelos steht. Weiter südlich, im Park Colle Oppio, liegen die Ruinen der Trajan-Thermen.

Santa Pudenziana
Ein wundervolles Mosaik (4. Jh. n. Chr.) schmückt die Apsis der alten Kirche. Es zeigt Christus inmitten der Apostel. ❸

Die Piazza dell'Esquilino
wurde 1587 von Papst Sixtus V. mit einem Obelisken versehen. Er sollte Pilgern, die aus Richtung Norden kamen, den Weg zur Kirche Santa Maria Maggiore weisen.

Zum Kolosseum

VIA SFORZA

VIA DEI QUATTRO CANT

VIA GIOVANNI LANZA

PIAZZA SAN MARTINO AI M

VIA IN SELCI

VIA CAVOUR

PIAZZA ESQ

PIAZZA DI SAN PIETRO IN VINCOLI

★ San Pietro in Vincoli
Schätze der Kirche sind Michelangelos Moses *und die Ketten, die Petrus fesselten.* ❷

VIALE DEL MONTE OPP

D
Traja
Therme
(109 n. Ch
wurden großzüg
angelegt – wie spä
die Diokletian- un
Caracalla-Therme

Restaurants auf dem Esquilin siehe Seite 322

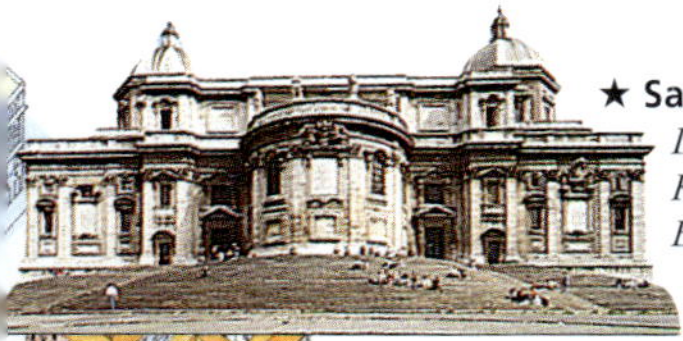

★ Santa Maria Maggiore
Die Chorfassade der Kirche gestaltete der Barockarchitekt Carlo Rainaldi 1673. Die Ausstattung von Maria Maggiore zählt zu den reichsten von Rom. ❹

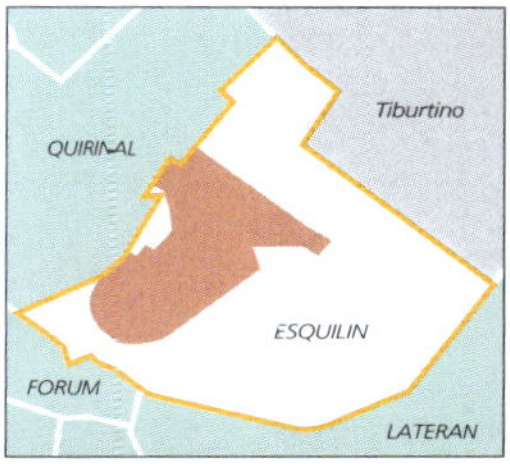
QUIRINAL
Tiburtino
ESQUILIN
FORUM
LATERAN

Zur Orientierung
Siehe Stadtplan 5, 6

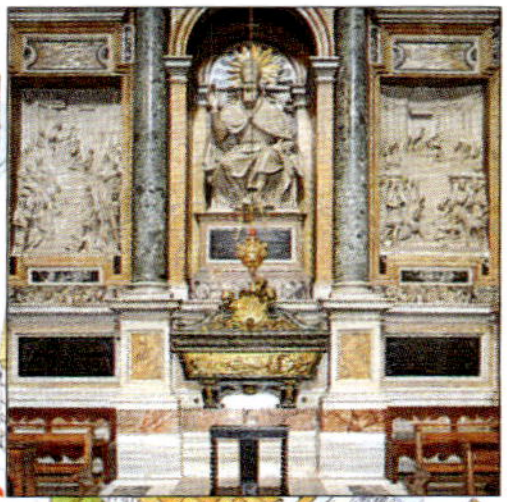

Das Grabmal Pius' V. (gest. 1572) von Domenico Fontana steht in dieser weniger bekannten Sixtinischen Kapelle unter der Nordostkuppel von Santa Maria Maggiore.

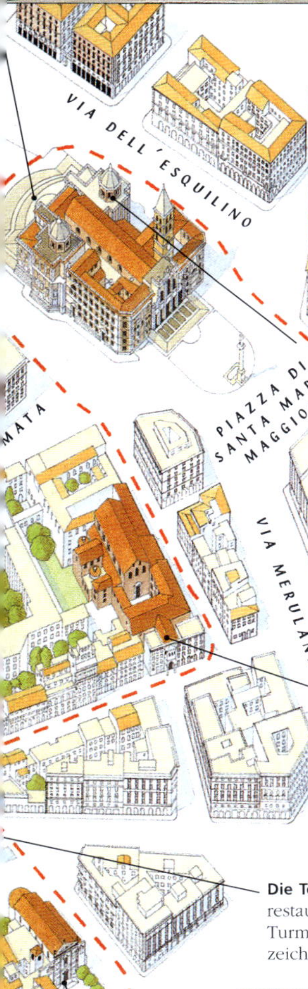
VIA DELL'ESQUILINO
PIAZZA DI SANTA MARIA MAGGIORE
VIA CARLO ALBERTO
VIA MERULANA

Gallienusbogen
Der Bogen ersetzte im 3. Jahrhundert ein Stadttor in der alten Servianischen Mauer. ❻

Zur Metro-Station Vittorio Emanuele

★ Santa Prassede
Die Mosaiken (9. Jh.) in der Cappella di San Zeno zählen zu den schönsten Roms. ❺

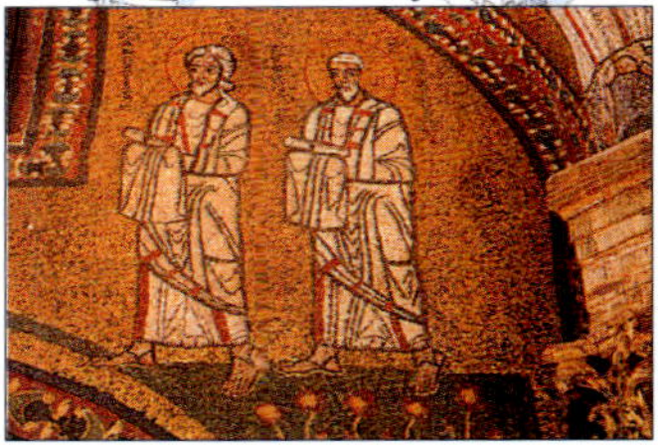

Die Torre dei Capocci, ein restaurierter mittelalterlicher Turm, ist eines der Wahrzeichen des Bezirks.

LEGENDE

– – – Routenempfehlung

0 Meter **75**

San Martino ai Monti
Die Kirche birgt herrliche Fresken (17. Jh.): Gaspare Dughets berühmte Landschaftsdarstellungen und Bilder aus dem Leben des Propheten Elias. ❶

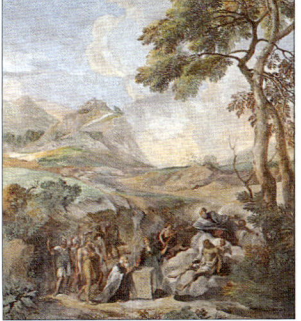

NICHT VERSÄUMEN

★ San Pietro in Vincoli

★ Santa Maria Maggiore

★ Santa Prassede

Stadtplan *siehe Seiten 396–419*

San Martino
ai Monti ❶

Viale del Monte Oppio 28. **Stadtplan**
6 D5, **Karte** L6. 📞 06 478 47 01.
🚌 16, 714. Ⓜ Cavour, Vittorio Emanuele. ⏰ Mo–Sa 8–11.30, 16.30–19,
So 8–12, 16–19.30 Uhr. 🚹 ♿

**Fresko der Lateransbasilika in
San Martino ai Monti**

Schon im 3. Jahrhundert
kamen hier, im Haus von
Equitius, Christen zum Gebet
zusammen. Nachdem Konstantin den christlichen Glauben legalisiert hatte, ließ
Papst Silvester I. im 4. Jahrhundert an diesem Platz eine
Kirche erbauen. Ansonsten
war Silvester ein eher unbedeutender Papst – weshalb
man im 5. Jahrhundert seine
Lebensgeschichte nachträglich aufwertete. Man sagte
ihm nach, er habe Konstantin bekehrt, von der
Lepra geheilt und ihn dazu
gebracht, alle heidnischen
Tempel zu schließen. Im
8. Jahrhundert erhielt Silvesters fiktive Vita weitere Nahrung. Damals tauchte ein
gefälschtes Dokument auf,
in dem Konstantin ihm die
Kaiserkrone anbot.

Silvesters Kirche wurde
um 500 n. Chr. von Papst
Symmachus umgebaut, im
9. Jahrhundert restauriert
und ab 1650 vollständig erneuert. Die einzigen Überreste des Urbaus sind die
korinthischen Pilaster, die
Hauptschiff und Seitenschiffe
trennen. Besondere Aufmerksamkeit verdienen die Landschaftsmalereien (rechtes Seitenschiff) mit der römischen
Campagna, die Poussins
Schwager, der französische

Maler Gaspare Dughet, im
17. Jahrhundert schuf. Die
Fresken von Filippo Gagliardi
(an beiden Enden des linken
Seitenschiffs) zeigen den Petersdom und das Innere von
San Giovanni in Laterano, wie
es vor dem Umbau durch
Borromini aussah. Der
Messner führt Besucher unter
die Kirche in die Reste von
Equitius' Haus.

San Pietro
in Vincoli ❷

Piazza di San Pietro in Vincoli 4A.
Stadtplan 5 C5, **Karte** K6. 📞 06
97 84 49 50. 🚌 75, 84, 117. Ⓜ Cavour, Colosseo. ⏰ tägl. 8–12.30,
15.30–19 Uhr (Okt–März: bis
18 Uhr). 🚹 ♿ 📷

Die Legende berichtet, dass
die beiden Ketten (vincoli), mit denen der Apostel

Michelangelos Moses in San Pietro

Reliquienschrein, Ketten des Petrus

Petrus im Mamertinischen
Kerker (siehe S. 91) gefesselt
war, später nach Konstantinopel gebracht wurden. Im
5. Jahrhundert schickte Kaiserin Eudoxia III. eine Kette an
ihre Tochter nach Rom. Diese
gab sie an Papst Leo I. weiter,
der dafür diese Kirche bauen
ließ. Einige Jahre später kam
auch die zweite Kette aus
Konstantinopel nach Rom, wo
sie auf wundersame Weise zu
ihrem Gegenpart fand. Die
Ketten befinden sich noch
immer unter dem Hochaltar.

Hauptattraktion der Kirche
ist Michelangelos Grabmal für
Papst Julius II. Nachdem er
1505 den Auftrag dazu erhalten hatte, verbrachte der
Meister acht Monate in den
Marmorbrüchen von Carrara
(Toskana), um den passenden Marmor zu finden. Da
Julius sich zwischenzeitlich
mehr für den Bau des
neuen Petersdoms interessierte, wurde das Projekt jedoch aufgeschoben, bis der Papst 1513
starb. Michelangelo
hatte gerade die Figuren des Moses und der Sterbenden Sklaven vollendet, als
Paul III. ihn überredete, mit
dem Jüngsten Gericht für
die Sixtinische Kapelle zu
beginnen. Michelangelo
hatte ein monumentales
Werk mit über 40 Figuren geplant, die jedoch
nie zur Ausführung
gelangten. Die Sterbenden Sklaven befinden
sich heute in Paris und
Florenz, der mächtige
Moses aber ist hier zu
bewundern. Die Hörner
auf seinem Kopf sollten
eigentlich Strahlen göttlicher Erleuchtung sein –
sie sind das Resultat einer
falschen Bibelübersetzung.

Restaurants auf dem Esquilin siehe Seite 322

Santa Pudenziana ❸

Via Urbana 160. **Stadtplan** 5 C4, **Karte** K5. [📞] 06 481 46 22. [🚌] 16, 75, 84, 105, 714. [Ⓜ] Cavour. [🕐] tägl. 8.30–12, 15–18 Uhr. [✝]

Meist sind Kirchen Heiligen geweiht, die schon sehr lange tot sind. Bei dieser Kirche ist es anders: Im 1. Jahrhundert n. Chr. lebte an dieser Stelle ein römischer Senator namens Pudens, der den hl. Petrus bei sich aufgenommen haben soll. Im 2. Jahrhundert entstand hier ein Badehaus, im 4. Jahrhundert errichtete man innerhalb der Therme eine Kirche, die den Namen *Ecclesia Pudentiana* (Kirche des Pudens) erhielt. Im Lauf der Zeit setzte sich die Meinung durch, »Pudentiana« sei ein Frauenname – deshalb erfand man eine Lebensgeschichte für sie: Pudentiana wurde zur Schwester der Praxedis (Prassede) erklärt. 1969 sprach man den »Schwestern« die Heiligkeit ab, die beiden Kirchen jedoch behielten ihre Namen.

Die Fassade (19. Jh.) der Kirche ziert ein Fries aus dem 8. Jahrhundert, das Praxedis und Pudentiana als byzantinische Kaiserinnen zeigt – die Kirche wollte nicht weniger bedeutend erscheinen als das damalige politische Machtzentrum Byzanz. Das Apsismosaik (4. Jh.) weist zahlreiche Elemente nichtchristlicher Kunst auf. Die Apostel sind als römische Senatoren in Togen abgebildet. Leider wurden bei Restaurationsversuchen im 16. Jahrhundert zwei der Apostel zerstört.

Apsismosaik in Santa Prassede: die Heilige mit dem Apostel Paulus

Santa Maria Maggiore ❹

Siehe S. 172f.

Santa Prassede ❺

Via Santa Prassede 9A. **Stadtplan** 6 D4, **Karte** L5. [📞] 06 488 24 56. [🚌] 16, 70, 71, 75, 714. [Ⓜ] Vittorio Emanuele. [🕐] tägl. 7.30–12.30, 16–18.30 Uhr. [🌙] Aug: vormittags. [✝][♿]

Im 9. Jahrhundert gründete Papst Paschalis I. die Kirche an der Stelle eines Oratoriums aus dem 2. Jahrhundert. Obwohl das Innere mehrmals umgebaut und verändert wurde, ist bis heute die ursprüngliche Struktur zu erkennen. Die drei Schiffe werden von mächtigen Granitsäulen getrennt. Im Mittelschiff erinnert ein Stein an Praxedis (Prassede), die Märtyrerin, die der Legende nach hier die sterblichen Überreste von 2000 Märtyrern bestattet haben soll.

Byzantinische Künstler verzierten den Bau mit prachtvollen, juwelenbestückten Mosaiken. Diejenigen in Apsis und Chor stellen die weiß gekleideten Ältesten dar, die von den blauen und goldenen Wänden herabschauen. Auf einem grünen Bodenstreifen entdeckt der Betrachter Lämmer sowie Palmen und Klatschmohn. In der Apsis stehen Praxedis und ihre »Schwester« *(siehe Santa Pudenziana)* zu beiden Seiten Christi, die Apostel Petrus und Paulus haben väterlich die Arme um sie gelegt.

Herrliche Mosaiken birgt auch die Cappella di San Zeno, der Grabraum für Theodora, die Mutter von Papst Paschalis. Teile des Kreuzes, an das Christus genagelt wurde, wurden aus Jerusalem hierhergebracht.

Medaillonfries (11. Jh.) an der Fassade von Santa Pudenziana

Stadtplan *siehe Seiten 396–419*

Santa Maria Maggiore ❹

Santa Maria Maggiore gilt als schönste Basilika Roms. Ihren kunstgeschichtlichen Wert verdankt sie dem harmonischen Zusammenspiel diverser Stile. Der dreischiffige Innenraum geht auf den Urbau (5. Jh.) zurück, der Mosaikfußboden, eine Cosmaten-Arbeit, und der romanische Campanile stammen aus dem Mittelalter. In der Renaissance wurde die Kassettendecke hinzugefügt, barock sind die Doppelkuppeln sowie die eindrucksvollen Fassaden. Die biblischen Szenen im Mittelschiff sowie die spektakulären Mosaiken des Triumphbogens datieren aus dem 5. Jahrhundert, das Apsismosaik entstand 1292–95.

★ **Cappella Paolina**
Flaminio Ponzio entwarf die reich dekorierte Kapelle (1611) für Papst Paul V. Borghese.

Obelisk auf der Piazza dell'Esquilino
Papst Sixtus V. ließ den Obelisken 1587 aufstellen – als Wahrzeichen und als Wegweiser für Pilger.

Schnee-Legende

356 n. Chr. erschien Maria dem Papst Liberius im Traum und trug ihm auf, an jener Stelle eine Kirche zu bauen, an der er Schnee vorfinden würde. Als es tatsächlich am 5. August, mitten an einem glutheißen römischen Sommertag, auf dem Esquilin schneite, befolgte der Papst ihre Anweisung sofort. Alljährlich erinnert ein Gottesdienst an das Wunder, dabei lässt man Tausende weißer Blütenblätter (früher Rosen, mittlerweile Dahlien) von der Kuppel schneien.

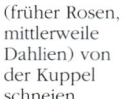

Kassettendecke
Die Decke, vermutlich von Giuliano da Sangallo, war ein Geschenk Alexanders VI. Borgias (Ende 15. Jh.). Für die Vergoldung soll das erste Gold verwendet worden sein, das aus Amerika kam.

ZEITSKALA

356 Die Jungfrau erscheint Papst Liberius

432–40 Vollendung des Baus unter Sixtus III.

Papst Gregor VII.

1347 Cola di Rienzo wird in Santa Maria zum »Volkstribun« gekrönt

1673 Carlo Rainaldi erneuert die Apsis

300 n. Chr.	600	900	1200	1500	1800

420 Vermutliches Gründungsdatum

1075 Papst Gregor VII. wird während der Christmette in Santa Maria entführt

Wappen Gregors VII.

1288–92 Nikolaus IV. lässt Apsis und Querschiff anbauen

1743 Ferdinando Fuga errichtet im Auftrag Benedikts XIV. die Hauptfassade

★ Mosaik mit der Krönung Mariens
*Die Marien-Mosaiken in der Halb-
kuppel (1295) stammen von
Jacopo Torriti.*

Baldacchino *(um 1740)*
*Der Baldachin aus rotem
Porphyr und Bronze ist
das Werk Ferdinando
Fugas.*

INFOBOX

Piazza di Santa Maria Maggiore.
Stadtplan 6 D4, **Karte** L5.
📞 06 69 88 68 00. 🚌 16, 70,
71, 714. 🚋 14. Ⓜ Termini,
Cavour. ⏱ tägl. 7–18.45 Uhr.
✝ ♿ 🏛 📷
www.vatican.va

**★ Grab des
Kardinals
Rodriguez**
*Das gotische
Grab (1299)
enthält Mar-
morarbeiten
von Giovanni
di Cosma.*

★ Cappella Sistina
*Die Kapelle wurde von Dome-
nico Fontana für Papst Sixtus
V. (1584–87) erbaut. Sie birgt
das Grab des Papstes.*

**Mariensäule auf der
Piazza Santa Maria Maggiore**
*1615 wurde die antike Marmorsäule mit
einer Statue der Madonna mit Kind gekrönt.
Die korinthische Säule stammt aus der
Konstantinsbasilika am Forum Romanum.*

NICHT VERSÄUMEN

★ Cappella Paolina

★ Cappella Sistina

★ Grab des Kardinals
Rodriguez

★ Mosaik mit der
Krönung Mariens

Stadtplan *siehe Seiten 396–419*

Gedenkbogen für Kaiser Gallienus

Gallienusbogen ❻

Via Carlo Alberto. **Stadtplan** 6 D4,
Karte L6. 🚌 *16, 71, 714.* Ⓜ *Vittorio Emanuele.*

Eingezwängt zwischen zwei
Gebäuden nahe der Via
Carlo Alberto steht der mittlere Bogen eines ursprünglich
dreibogigen Tors, das
zur Erinnerung an
Kaiser Gallienus er-
richtet wurde. Er war
262 n.Chr. von seinen
illyrischen Offizieren
ermordet worden. Der
Bogen steht am Platz des
einstigen Esquilin-Tors in
der Servianischen Mauer,
deren Reste in der Nähe
zu sehen sind.

Santa Bibiana ❼

Via Giovanni Giolitti 154.
Stadtplan 6 F4, **Karte** N5/6. 📞
06 446 10 21. 🚌 *5, 14.*
Ⓜ *Vittorio Emanuele.* 🕐 *tägl.
7.30–10, 16.30–19.30 Uhr.* ✝ ♿

Die schlichte Fassade der
Kirche war Berninis ers-
ter Exkurs in die Architektur. Der Entwurf ist mit
sparsamen Mitteln gestal-
tet, mit vortretenden
Pilastern und tiefen
Arkaden. Die Kirche
steht an der Stelle, an
der sich einst der Pa-
lazzo von Bibianas

Familie befand.
Hier wurde die
Heilige bestattet,
die während der
Christenverfolgung
unter Julian Apos-
tata (361–363) mit
bleibesetzten
Schnüren zu Tode
gegeißelt wurde.
Links vom Ein-
gang ist die Säule
zu sehen, an der
Bibiana der Legen-
de zufolge das
Martyrium erlitt.
Ihre sterblichen
Überreste liegen
zusammen mit
denen ihrer Mutter
Dafrosa und ihrer
Schwester Deme-
tria, die gleichfalls
den Märtyrertod
starben, in einer
Alabasterurne unter dem Altar.
In einer Nische darüber steht
Berninis Statue der Heiligen –
die erste bekleidete Figur, die
der Meister schuf. Die Geißel-
Schnüre in der Hand, lehnt
Bibiana der Ohnmacht nahe
an einer
Säule.

**Die Märtyrerin Bibiana, eine frühe
Skulptur Berninis (1626)**

Piazza Vittorio Emanuele II ❽

Stadtplan 6 E5, **Karte** M6. 🚌 *4, 9,
71.* 🚎 *5, 14.* Ⓜ *Vittorio Emanuele.
Siehe **Märkte** S. 352.*

Auf der Piazza Vittorio, wie
sie kurz genannt wird,
fand einer der größten Le-
bensmittelmärkte Roms statt.
Er wurde inzwischen in ein
überdachtes Areal in der
Nähe verlegt. Der arkaden-
säumte Platz entstand bei
Baumaßnahmen nach der
Einigung Italiens 1870. Er ist
nach dem ersten König Italiens benannt, wirkt heute
jedoch alles andere als könig-
lich. In den heruntergekom-
menen Arkaden werden in
schäbigen Geschäften Schuhe
und Kleidung angeboten. Die
Grünfläche in der Mitte weist
einige Ruinen auf, darunter
Reste eines Brunnens (3. Jh.
n.Chr.), und die Porta Magica,
ein Tor (17. Jh.), das mit al-
chimistischen Zeichen und
Formeln beschrieben ist.

Museo Nazionale d'Arte Orientale ❾

Via Merulana 248. **Stadtplan** 6 D5,
Karte L6. 📞 *06 46 97 48 32.*
🚌 *16, 70, 71, 714.* Ⓜ *Vittorio
Emanuele.* 🕐 *Di, Mi, Fr 9–14,
Do, Sa, So 9–19.30 Uhr.* 📷 ♿
🌐 *www.museoorientale.beniculturali.it*

Das Museum für Orientalische Kunst ist in dem
Teil des Palazzo Brancaccio
(spätes 19. Jh.) untergebracht,
der seit 1957 das italienische
Fernost-Institut beherbergt.
Die Sammlung
reicht von prä-
historischen
Keramiken aus
Afghanistan,
Nepal und Indi-
en bis hin zu
tibetischen Per-
gament-Malerei-
en (18. Jh.),
japanischen
Wandschirmen
und chinesi-
scher Jade. Die
ungewöhnlichs-
ten Exponate

**Relief (4. Jh.)
aus Kaschmir**

sind Funde, die italienische
Ausgrabungen im Nordosten
Pakistans zutage brachten.

Nepalesischer Bodhisattva, Museo Nazionale d'Arte Orientale

Aus der dort ansässigen Swat-Kultur (3. Jh. v. Chr. bis 10. Jh. n. Chr.) sind wunderschöne Reliefs erhalten, die eine ungewöhnliche Mischung hellenistischer, buddhistischer und hinduistischer Einflüsse aufweisen.

Maecenas-Auditorium ⑩

Largo Leopardi. **Stadtplan** 6 D5, **Karte** L6. [📞] 06 06 08. [🚌] 16, 71, 714. [Ⓜ] Vittorio Emanuele. [🕐] nur nach tel. Voranmeldung. [⚫] Mo. [♿][📷]

Maecenas, Dandy, Gourmet und Kunstmäzen, war ein enger Vertrauter und Berater von Kaiser Augustus. Er verfügte über sagenhafte Reichtümer und konnte daher für eine grandiose Villa mit einem riesige Park am Esquilin ein kleines Vermögen ausgeben. Der größte Teil davon liegt längst unter der modernen Stadt begraben, übrig ist nur das teilweise rekonstruierte Auditorium. Im Inneren lassen halbkreisförmig aufsteigende Stufen darauf schließen, dass hier Theateraufführungen stattfanden. Sollte dies tatsächlich der Fall gewesen sein, dann dürften Horaz und Vergil, zwei der Protegés des Maecenas, hier auch ihre Werke vorgetragen haben.

Es wurden allerdings auch Wasserleitungen gefunden, was eher darauf hindeutet, dass die Anlage als Nymphä-um diente, eine Art Sommerhaus mit Springbrunnen. An den Wänden sind noch Teile von Fresken erkennbar: Gartenszenen und eine Prozession, an der auch Dionysos teilnimmt. Der Gott des Weins ist berauscht und wird von einem Satyr gestützt.

Sette Sale ⑪

Via delle Terme di Traiano. **Stadtplan** 5 C5, **Karte** L6. [📞] 06 06 08. [🚌] 85, 87, 117, 186, 810, 850. [🚋] 3. [Ⓜ] Colosseo. [🕐] nur nach tel. Voranmeldung.

Unweit der Domus Aurea befindet sich die Zisterne von Sette Sale. Sie wurde für den gewaltigen Wasserbedarf der Trajan-Thermen gebaut. Die Bäder ließ Kaiser Trajan 104 n. Chr. auf den Resten der bei einem Feuer zerstörten Domus Aurea errichten. Treppen führen zur Zisterne hinab, die unter dem Straßenniveau liegt. Viel ist nicht zu sehen, allerdings haben die hallenden Gänge, in denen nur wenige Lichtstrahlen die Wasserfläche sichtbar machen, durchaus ihren eigenen Reiz. Die neun Sektionen der Zisterne – jede von ihnen ist 30 Meter lang und fünf Meter breit – haben ein Fassungsvermögen von ungefähr acht Millionen Litern.

Domus Aurea ⑫

Viale Domus Aurea 136. **Stadtplan** 5 C5, **Karte** K6. [📞] 06 06 08. [🚌] 85, 87, 117, 186, 810, 850. [🚋] 3. [Ⓜ] Colosseo. [⚫] wegen Ausgrabungen und Restaurierung (aktuelle Infos bitte tel. erfragen). [📷][♿][📞][🏛]

Nach dem Stadtbrand im Jahr 64 n. Chr., den er angeblich selbst legte, ließ sich Nero einen prunkvollen Palast bauen. Die Domus Aurea bedeckte einen Teil des Palatin und den größten Teil von Caelius und Esquilin. Das Vestibül auf der dem Palatin zugewandten Seite enthielt eine vergoldete Kolossalstatue des Kaisers. Es gab einen künstlichen See sowie einen großen Park mit Waldflächen, in denen exotische Tiere um-herstreiften. Glaubt man Suetons Schilderung, waren die Wände des Palasts mit Gold und Perlmutt verkleidet. In einigen Räumen soll es Vorrichtungen gegeben haben, aus denen die Gäste mit Blüten beregnet oder mit Parfüm besprüht wurden. Der Speisesaal drehte sich mit den Gestirnen, die Bäder hatten Becken mit Salzwasser und mit schwefelhaltigem Wasser.

Tacitus beschrieb Neros verschwenderische Gartenfeste, bei denen das Buffet auf Barkassen serviert wurde und adelige Damen männlichen Gästen jeden Wunsch erfüllten. Da Nero sich 68 n. Chr. das Leben nahm, blieb ihm nicht viel Zeit, den Luxus zu genießen.

Neros Nachfolger taten alles, um sämtliche Spuren der Domus Aurea zu beseitigen. Vespasian ließ den See trockenlegen und an seiner Stelle das Kolosseum *(siehe S. 92– 95)* errichten. Titus und Trajan erbauten über dem Palast Thermen, Hadrian platzierte den Doppeltempel der Venus und der Roma *(siehe S. 87)* über dem Vestibül.

Ein Flügel unter dem Trajan-Thermen am Colle Oppio hat die Jahrtausende teilweise überdauert. Nach einer Restaurierung ist er (mit Voranmeldung) manchmal zu besichtigen. Jüngste Ausgrabungen haben Fresken und Mosaiken hervorgebracht. Sie zeigen ein Panorama Roms aus der Vogelperspektive.

Freskengeschmückter Raum in der Domus Aurea

Stadtplan siehe Seiten 396–419

Lateran

Der alte Palazzo del Laterano (Lateranspalast) war im Mittelalter Sitz der Päpste. Die Basilika San Giovanni an seiner Südseite steht dem Petersdom an Schönheit in nichts nach. Als die Päpste Ende des 14. Jahrhunderts aus Avignon zurückkehrten, verlor der Ort an Bedeutung. Die Lateransbasilika

Cherub in der Lateransbasilika

und Santa Croce in Gerusalemme waren zwar wichtige Pilgerkirchen, das Areal blieb jedoch dünn besiedelt. Viele alte Klöster fielen in einen Dornröschenschlaf, bis 1870 Hauptstadt Italiens wurde und überall neue Wohnviertel entstanden. Von archäologischer Bedeutung sind die Aurelianische Mauer und der Nero-Aquädukt.

Sehenswürdigkeiten auf einen Blick

Kirchen
San Clemente S. 186f **12**
San Giovanni in Laterano S. 182f **1**
Santa Croce in Gerusalemme **5**
Santi Quattro Coronati **11**
Santo Stefano Rotondo **13**

Kultstätte
Scala Santa und Sancta Sanctorum **2**

Bogen und Tore
Porta Asinaria **3**
Porta Maggiore **7**

Antike Stätten
Anfiteatro Castrense **4**
Grab des Eurysaces **8**
Nero-Aquädukt und Gräber der Freigelassenen **9**

Museen und Sammlungen
Museo degli Strumenti Musicali **6**
Museo Storico della Liberazione di Roma **10**

SIEHE AUCH

• *Stadtplan* 6, 9, 10

• *Restaurants* S. 322f

• *Mosaiken-Spaziergang* S. 280f

Anfahrt
Die Linie A der Metro fährt zur Station San Giovanni in Laterano, auch mit den Buslinien 16, 81, 85, 87 und 186 und der Tram 3 erreichen Sie dieses Viertel. Die Fahrt dauert zwar recht lange, bietet dafür aber eine gute Gelegenheit, sich diesen Teil Roms anzusehen.

0 Meter 300

LEGENDE
Detailkarte
M Metro-Station
— Stadtmauer

◁ **Fresko in der Apsis von Santa Croce in Gerusalemme** *(siehe S. 181)*

Im Detail: Piazza di San Giovanni

Lateransbasilika und Lateranspalast beherrschen die weitläufige Piazza di San Giovanni, die Ende des 16. Jahrhunderts angelegt wurde und deren Mitte ein ägyptischer Obelisk – der älteste Roms – ziert. Allerdings trübt der durch die Porta San Giovanni rauschende Autoverkehr die Freude des Betrachters ein wenig. Gegenüber dem Lateranspalast liegt die Scala Santa (Heilige Treppe), einer der größten Anziehungspunkte für Rom-Pilger. Der Platz vor dem Lateranspalast wird auch für politische Kundgebungen genutzt. Jedes Jahr am 23. Juni feiern die Römer dort ein Volksfest *(siehe S. 59).*

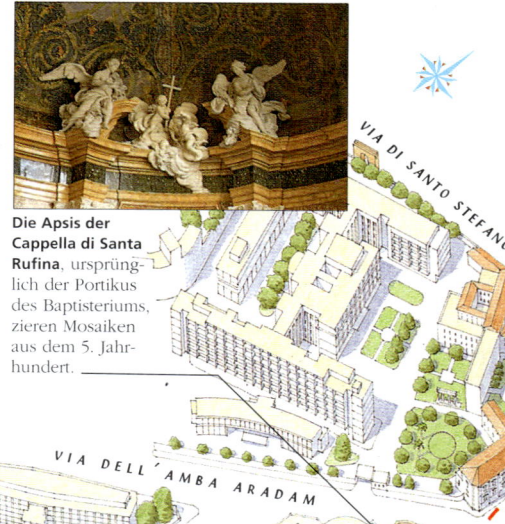

Die Apsis der Cappella di Santa Rufina, ursprünglich der Portikus des Baptisteriums, zieren Mosaiken aus dem 5. Jahrhundert.

VIA DI SANTO STEFANO R

VIA DELL'AMBA ARADAM

VIA DEI LATERANI

Der Kreuzgang hat glücklicherweise die zwei Brände überlebt, denen die ursprüngliche Basilika zum Opfer fiel. Er ist ein Meisterwerk der Mosaikkunst (13. Jh.) und beherbergt zahlreiche Fragmente der mittelalterlichen Basilika.

An der Piazza di San Giovanni in Laterano sind ein Obelisk und Fragmente von Neros Aquädukt zu sehen. Das Canaletto-Gemälde (18. Jh.) zeigt die Piazza von einst.

NICHT VERSÄUMEN

★ San Giovanni in Laterano

LEGENDE

− − − Routenempfehlung

0 Meter   75

Die Cappella di San Venanzio ist mit Mosaiken (7. Jh.) auf goldenem Untergrund ausgelegt. Dieses Detail aus der Apsis zeigt einen der beiden Engel, die Christus, die Zentralfigur, umrahmen. Der hl. Venantius war ein Poet aus dem 6. Jahrhundert, der in lateinischer Sprache schrieb.

Zur Orientierung
Siehe Stadtplan 9, 10

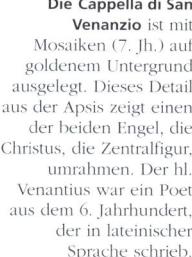

Der Lateranspalast war bis 1309 Residenz der Päpste. 1586 wurde er von Domenico Fontana umgebaut.

★ San Giovanni in Laterano
Das Innere wurde im 17. Jahrhundert von Borromini umgestaltet. Alessandro Galilei fügte die imposante Fassade 1735 hinzu. Die Statuen stellen Christus und die Apostel dar. ❶

PIAZZA DI SAN GIOVANNI IN LATERANO

VIA D. FONTANA

PIAZZA DI PORTA SAN GIOVANNI

Scala Santa
Das Portal am oberen Ende der Treppe führt zur Privat-kapelle der Päpste (Sancta Sanctorum). ❷

Der Triclinio Leoniano ist ein Mauerfragment und ein Mosaik aus dem Speisezimmer von Papst Leo III.

Porta Asinaria
Die Porta ist eines der kleineren Stadttore, die heute ausgedient haben. Sie ist so alt wie die Aurelianische Mauer (3. Jh. n.Chr.). ❸

Stadtplan *siehe Seiten 396–419*

San Giovanni in Laterano ❶

Siehe S. 182f.

Scala Santa und Sancta Sanctorum ❷

Piazza di San Giovanni in Laterano 14. **Stadtplan** 9 C1, **Karte** M7. 🅲 06 772 66 41. 🚌 16, 81, 85, 87, 186 und Linien zur Piazza di San Giovanni in Laterano. 🚊 3. Ⓜ San Giovanni. ⏲ tägl. 6.15–12, 15–18 Uhr (Sommer: 15.30–18.30 Uhr). ✝

Gläubige rutschen auf den Knien betend die Scala Santa hinauf

Die Ostseite der Piazza di San Giovanni schmückt ein von Domenico Fontana 1589 fertiggestelltes Gebäude, in das nach dem Abriss des alten Lateranspalasts die Privatkapelle der Päpste (Sancta Sanctorum) und die Scala Sancta (Heilige Treppe) verlegt wurden. Es heißt, Christus habe die aus 28 Stufen bestehende Treppe erklommen, als er Pilatus vorgeführt wurde. Die Treppe sei dann von der hl. Helena von Jerusalem nach Rom gebracht worden. Rekonstruieren lässt sich die Geschichte der Treppe allerdings nur bis zum 7. Jahrhundert.

Die Scala Santa wurde auf Geheiß Sixtus' V. (1585–90) hierherverlegt. Damit kein Fuß die heiligen Stufen betritt, sind diese mit Holz verkleidet. Gläubige dürfen nur auf den Knien hinaufrutschen, was vor allem am Karfreitag zu beobachten ist. Das Vestibül birgt verschiedene Skulpturen aus dem 19. Jahrhundert, u. a. auch *Ecce Homo* von Giosuè Meli (1874).

Die Scala Santa und zwei Seitentreppen führen zur Kapelle Sancta Sanctorum, die unter Papst Nikolaus III. errichtet wurde (1278). Ihr Inneres ist mit Cosmaten-Arbeiten verziert und birgt zahlreiche Reliquien. Die bedeutendste, ein Bild Christi, das *Acheiropoeton* («nicht von Menschenhand gemaltes Bild»), soll vom hl. Lukas und einem Engel geschaffen worden sein. Bei Ausbruch der Pest wurde es in Prozessionen durch die Stadt getragen.

Restauratoren haben auf den Wänden Fresken freigelegt, die aus dem 13. Jahrhundert stammen und 500 Jahre lang unter späteren Anstrichen verborgen lagen. Die Fresken erzählen die Legenden der Heiligen Nikolaus, Laurentius, Agnes und Paulus. Im Stil weisen sie Merkmale auf, die nur wenige Jahre später die Arbeiten Giottos in Assisi kennzeichnen.

Porta Asinaria ❸

Zwischen Piazza di Porta San Giovanni und Piazzale Appio. **Stadtplan** 10 D2, **Karte** M8. 🚌 16, 81, 85, 87 🚊 3. Ⓜ San Giovanni. Siehe **Märkte** S. 353.

Die Porta Asinaria (Tor der Esel) gehört zu den kleineren Toren in der Aurelianischen Mauer *(siehe S. 196)*. Zwei Rundtürme und eine Toreinfassung, deren Überreste noch zu sehen sind, kamen später hinzu. Von außerhalb der Stadtmauer sieht man die weiße Travertin-Fassade und zwei Reihen kleiner Fenster, durch die Licht in die beiden Gänge im Inneren der Mauer oberhalb des Torbogens fällt. Im Jahr 546 n. Chr. öffneten verräterische Söldner der römischen Armee den Horden des Ostgoten-Königs Totila das Tor. 1084 zog Heinrich IV., Kaiser des Heiligen Römischen Reichs, mit dem Gegenpapst, Erzbischof Wibert von Ravenna, durch die Porta Asinaria, um Gregor VII. zu vertreiben.

Rund um die Porta Asinaria, vor allem in der Via Sannio, findet ein Flohmarkt statt.

Anfiteatro Castrense ❹

Zwischen Piazza di Santa Croce in Gerusalemme und Viale Castrense. **Stadtplan** 10 E1, **Karte** N/P7. 🚌 649. 🚊 3. ⬤ für Besucher.

Säulen und vermauerte Bogen des Anfiteatro Castrense

Porta Asinaria – Tor der Esel

Im 3. Jahrhundert wurde das kleine Amphitheater als Arena für Gladiatorenspiele erbaut. Dank der Einbeziehung in die Aurelianische Mauer *(siehe S. 196)* blieb es erhalten. Die kunstvollen, auf Backsteinhalbsäulen ruhenden Bogen wurden zu diesem Zweck vermauert. Am besten sieht man das Amphitheater von außerhalb der Stadtmauer. Von dort bietet sich auch ein schöner Blick auf den Glockenturm von Santa Croce in Gerusalemme.

Entdeckung und Triumph des Heiligen Kreuzes (Antoniazzo Romano zugeschr.), Santa Croce in Gerusalemme

Santa Croce in Gerusalemme ❺

Piazza di Santa Croce in Gerusalemme 12. **Stadtplan** 10 E1, **Karte** P7. 📞 06 70 61 30 53. 🚌 *16, 81, 649, 810.* 🚋 *3.* ⭕ *tägl. 7–12.30, 15.30–19.30 Uhr.* 🚻 🔲

D ie Mutter Kaiser Konstantins, die hl. Helena, gründete die Kirche 320 auf dem Grundstück ihres Palazzo. Trotz der Stadtrandlage wurde Santa Croce in Gerusalemme zu einer viel besuchten Pilgerkirche – wegen der Passionsreliquien, die Helena aus Je-

rusalem mitgebracht hatte. Bedeutendste Stücke sind Teile des Kreuzes (*Croce = Kreuz*) und Fragmente der Inschrift »Jesus von Nazareth, König der Juden« auf Latein, Hebräisch und Griechisch.

Eine römische Juno-Statue in der Krypta (Fundstelle Ostia, *siehe S. 270f*) wurde durch Austausch von Kopf und Armen und Hinzufügen eines Kreuzes zu einer Statue der hl. Helena umgewandelt. Das Apsisfresko (15. Jh.) schildert Legenden, die sich um das Heilige Kreuz ranken. Helena hält es über ein totes Kind, um es wieder zum Leben zu erwecken. Eine weitere Episode stellt die Rückeroberung des Kreuzes von den Persern durch den byzantinischen Kaiser Herakleitos dar. Das Grabmal in der Mitte der Apsis schuf Jacopo Sansovino für Kardinal Quiñones (gest. 1540), den Beichtvater von Kaiser Karl V.

Museo degli Strumenti Musicali ❻

Piazza di Santa Croce in Gerusalemme 9A. **Stadtplan** 10 E1, **Karte** P7. 📞 06 701 47 96. 🚌 *16, 81, 649, 810.* 🚋 *3.* ⭕ *Di–So 8.30–19.30 Uhr.* ⭕ *1. Jan, 25. Dez.* 📷 ♿ **www**.museostrumentimusicali.it

E ines der weniger bekannten Museen Roms befindet sich auf dem Areal des Sesso-

rianum, Kaiserin Helenas prunkvoller Villa. In dem Museum sind über 3000 Musikinstrumente aus aller Welt ausgestellt, darunter auch die für die verschiedenen Regionen Italiens typischen Instrumente sowie Blas-, Saiten- und Schlaginstrumente aller Epochen (aus dem alten Ägypten, Griechenland und Rom). Auch Kirchen- und Militärmusik gehören zu den Themen der Ausstellung.

Den größten Teil der Sammlung bilden die Instrumente des Barock. Auf gar keinen Fall übersehen sollte man die erstaunlich gut erhaltene Barberini-Harfe (Raum 13, 1. Stock). Zu sehen sind außerdem verschiedene Spinette, Cembali und Klavichorde sowie eines der ersten Klaviere (1722).

Statue der hl. Helena (18. Jh.) an der Fassade von Santa Croce

Jugendstil-Eingang des Museo degli Strumenti Musicali

Stadtplan *siehe Seiten 396–419*

San Giovanni in Laterano ❶

Zu Beginn des 4. Jahrhunderts fiel die Familie Laterani in Ungnade. Kaiser Konstantin zog ihr Land ein und ließ darauf die erste christliche Basilika Roms erbauen. Zweimal zerstörten Brände die Kirche, doch jedes Mal baute man sie in der alten Form wieder auf. Die letzte Umgestaltung des Innenraums führte Borromini 1646 durch. Die Fassade wurde erst im 18. Jahrhundert angefügt. Bevor der Papst 1309 nach Avignon ins Exil ging, war der Lateranspalast die offizielle Papstresidenz. Bis 1870 wurden alle Päpste in der Basilika gekrönt. Der Papst nimmt hier als Bischof von Rom auch heute noch am Gründonnerstag die zeremonielle Fußwaschung vor.

Cappella di San Venanzio
Die Kapelle gehört zum Baptisterium. Mosaiken aus dem 7. Jahrhundert schmücken ihr Inneres.

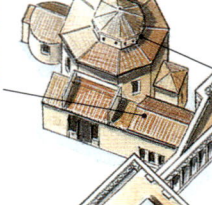

Eingang zum Museum

Apsis

Papst-Altar
Nur der Papst darf hier die heilige Messe zelebrieren. Der mit Fresken verzierte gotische Tabernakel stammt aus dem 14. Jahrhundert.

★ Kreuzgang
Er wurde um 1220 von Mitgliedern der Familie Vassalletto geschaffen und besitzt Doppelsäulen und Mosaiken aus Marmor.

ZEITSKALA

300 n. Chr.	800	1000	1400

313 n. Chr. Konstantin schenkt Papst Melchiades das Laterani-Grundstück für den Kirchenbau

314–18 Bau einer fünfschiffigen Basilika

896 Kirche durch Erdbeben zerstört

1144 Die Kirche wird dem hl. Johannes geweiht

1309 Sitz der Päpste nach Avignon verlegt

1377 Rückkehr der Päpste aus Avignon

1646 Borromini gestaltet den Innenraum um

324 Basilika wird unter Papst Silvester I. dem Erlöser geweiht

904–911 Die Kirche wird unter Papst Sergius III. wiederaufgebaut

1300 Erstes Heiliges Jahr

1308 Zerstörung der Kirch durch Brand

1360 Die Kirche brennt zum zweiten Mal ab

1586 Domenico Fontana errichtet die Nordfassade

1730–40 Alessandro Galilei errichtet die Hauptfassade

★ Baptisterium
Die häufig erneuerte und umgebaute Taufkirche stammt ursprünglich aus der Zeit Konstantins. Ihre heutige Achteckform, die später in der gesamten christlichen Welt aufgegriffen wurde, erhielt sie 432 n. Chr.

INFOBOX

Piazza di San Giovanni in Laterano 4 **Stadtplan** 9 C2, **Karte** M8. 06 69 88 64 33. 16, 81, 85, 87, 650, 810 und viele weitere Linien zur Piazza San Giovanni. San Giovanni. 3. **Kirche** tägl. 7–18.30 Uhr. **Kreuzgang** tägl. 9–18 Uhr. **Museum** Mo–Sa 9–13 Uhr. **Baptisterium** tägl. 8–12, 16–19 Uhr. Museum u. Kreuzgang. www.vatican.va

NICHT VERSÄUMEN

★ Baptisterium

★ Kreuzgang

Nordfassade
Sie wurde 1586 von Domenico Fontana errichtet. Der Papst erteilt seinen Segen von der Loggia aus.

Der ursprüngliche Lateranspalast wurde durch einen Brand fast völlig zerstört. Papst Sixtus V. beauftragte 1586 Fontana mit dem Wiederaufbau.

Statuen von Christus und den Aposteln

Freskenfragment von Bonifatius VIII.
Das Giotto zugeschriebene Fresko zeigt den Papst bei der Verkündung des Heiligen Jahrs 1300.

Das Seitenportal wird nur in einem Heiligen Jahr geöffnet.

Die bronzenen Hauptportale stammen aus der Curia (siehe S. 82).

Toter vor Gericht
Die Angst vor den Rivalen veranlasste manche Päpste zu kuriosen Maßnahmen. So bezichtigte 897 Papst Stefan VI. die Leiche seines Vorgängers Formosus der Untreue gegenüber der Kirche. Der Tote wurde für schuldig befunden, seine rechte Hand verstümmelt und der Leichnam in den Tiber geworfen.

Papst Formosus

Corsini-Kapelle
Die Kapelle wurde 1730–40 für Papst Clemens XII. gebaut. Das Altarmosaik ist eine Kopie von Guido Renis Fresko des hl. Andreas.

Stadtplan siehe Seiten 396–419

Porta Maggiore ❼

Piazza di Porta Maggiore. **Stadt-plan** 6 F5, **Karte** N7. 🚌 *105*. 🚋 *3, 5, 14, 19.*

Einst gehörten die beiden Bogen der Porta Maggiore nicht zur Stadtmauer, sondern zu einem Aquädukt, den Claudius 52 n. Chr. errichten ließ. Sie leiteten das Wasser der Acqua Claudia über die beiden wichtigsten, nach Süden führenden Straßen, die Via Labicana und die Via Prenestina. Die Straße ist unterhalb der Torbogen noch zu erkennen: große Blöcke aus Basalt, mit dem alle Straßen Roms gepflastert wurden. Die Wagenräder hinterließen tiefe Furchen. Oberhalb der Bogen verlaufen zwei separate Leitungen: die Acqua Claudia und der Aquädukt des Nero. Inschriften erinnern an die Restaurierungen unter Claudius, Vespasian (71 n. Chr.) und Titus (81 n. Chr.). Sechs Aquädukte leiteten Wasser aus verschiedenen Quellen durch die Porta Maggiore in die Stadt.

Von der 68 Kilometer langen Acqua Claudia verliefen über 15 Kilometer oberirdisch. Ihre Bogen sind heute noch ein charakteristisches Merkmal der Umgebung von Rom. Auch ein sehr beliebtes Mineralwasser trägt ihren Namen. In einem Abschnitt wurden die Bogen vermauert, als die Wasserleitung im 3. Jahrhundert in die Aurelianische Stadtmauer einbezogen wurde *(siehe S. 196).*

Relieffries auf dem Grab des Bäckers Eurysaces

Grab des Eurysaces ❽

Piazzale Labicano. **Stadtplan** 6 F5, **Karte** N/P7. 🚌 *105*. 🚋 *3, 5, 14, 19.*

Straßenbahnen fahren rings um das 30 v. Chr. errichte-te Grab des Bäckers Eurysaces und seiner Frau Atistia. Damals waren Bestattungen innerhalb der Stadtmauern verboten, sodass die Straßen außerhalb der Stadt mit Gräbern reicher Römer gesäumt waren. Dieses hat die Form eines Backofens. Der Fries im oberen Teil zeigt Eurysaces, wie er seine Sklaven beim Backen beobachtet. Die Inschrift weist auf seine Herkunft hin: Eurysaces war ein Freigelassener, vermutlich griechischer Abstammung. Viele Sklaven sparten einen Teil ihres kärglichen Lohns, um sich freizukaufen und selbstständig zu machen. Sie wurden bald zum Rückgrat der römischen Wirtschaft.

Nero-Aquädukt und Gräber der Freigelassenen ❾

Kreuzung Via Statilia/Via di Santa Croce in Gerusalemme. **Stadtplan** 10 D1, **Karte** N7. 🚌 *105, 649.* 🚋 *13, 14, 19.* 🕐 *nur für Gruppen nach tel. Voranmeldung (06 06 08).*

Der Aquädukt, eine Verlängerung der Acqua Claudia (zur Wasserversorgung der Domus Aurea), entstand im 1. Jahrhundert n. Chr. unter Nero. Später wurde er ausgebaut, um die Villen auf dem Palatin mit Wasser zu versorgen. Die imposanten Bogen ziehen sich vom Lateran bis zum Caelius. In der Via Statilia ist – in Form eines Hauses – ein Grabmal einer Gruppe Freigelassener aus dem 1. Jahrhundert v. Chr. zu sehen. Ihre Namen und Bildnisse sind in die Mauer gemeißelt. Der Name Statilii deutet darauf hin, dass sie von der adligen Familie Statilii freigelassen wurden, aus der auch Claudius' Gattin Messalina kam. Die Diener sammelten regelmäßig Geld, um Verstorbenen ein ehrenvolles Begräbnis zu ermöglichen.

Grab der Statilii-Freigelassenen

Porta Maggiore – ein Stadttor aus den Bogen eines Aquädukts

Gut erhaltener Abschnitt des Nero-Aquädukts nahe San Giovanni

Museo Storico della Liberazione di Roma ⑩

Via Tasso 145. **Stadtplan** 9 C1, **Karte** M7. 📞 06 700 38 66. Ⓜ *Manzoni, San Giovanni.* 🚋 3. ⏰ *Di–So 9.30–12.30, Di, Do, Fr auch 15.30–19.30 Uhr.*

Das Museum widmet sich auf einprägsame Weise dem Widerstand gegen die Besetzung Roms durch die Nationalsozialisten. Der Bau diente im Zweiten Weltkrieg der Gestapo als Gefängnis.

Santi Quattro Coronati ⑪

Via S. Quattro Coronati 20. **Stadtplan** 9 B1, **Karte** L7. 📞 06 70 47 54 27. 🚌 85, 117. 🚋 3. ⏰ *tägl. 6.30–12.30, 15.30–19.45 Uhr.* **Kreuzgang** ⏰ *tägl. 10–11.45, 16–17.45 Uhr.* 🚻 ♿

Kreuzgang, Santi Quattro Coronati

Der Name des befestigten Klosters (Vier Gekrönte Heilige) bezieht sich auf vier Bildhauer, die sich weigerten, ein Götzenbild zu schaffen, und daraufhin den Märtyrertod starben. Jahrhundertelang diente es als Befestigung des Lateranspalasts. Die hohe Apsis überragt noch heute alle umstehenden Häuser. Den Eingang beherrscht ein karolingischer Wehrturm. Die Kirche aus dem 4. Jahrhundert wurde wiederaufgebaut, nachdem die Normannen das Viertel 1084 in Brand gesetzt hatten. Im Inneren versteckt, liegt ein um 1220 entstandener Kreuzgang, einer der frühesten seiner Art.

Mittelalterliche Fresken zieren die Barbarakapelle. Die Hauptattraktion des Klosters ist jedoch das Oratorium des hl. Silvester, dessen Bekehrung Konstantins ein Freskenzyklus schildert: Konstantin erkrankt an Lepra und kann, zum Schrecken der Mütter Roms, nur durch ein Bad in Kinderblut geheilt werden. Im Traum erscheinen ihm Petrus und Paulus, die ihm raten, Papst Silvester aufzusuchen. Nachdem es diesem gelingt, ihn zu heilen, lässt Konstantin sich taufen. Die letzte Szene zeigt den vor dem Papst knienden Kaiser. Damit erlangte der Papst die Oberhoheit über den Kaiser, was nicht ohne Folgen für den weiteren Verlauf der Geschichte bleiben sollte.

Papst Silvester I. (314–335) beschloss sein Leben als Einsiedler auf dem Monte Soratte nördlich von Rom.

San Clemente ⑫

Siehe S. 186f.

Santo Stefano Rotondo ⑬

Via di Santo Stefano Rotondo 7. **Stadtplan** 9 B2, **Karte** K8. 📞 06 42 11 99. 📠 06 42 11 91 25. 🚌 81, 117, 673. ⏰ *nach Voranmeldung per Fax oder E-Mail.* @ santo.stefano. rotondo@cgu.it ✏

Santo Stefano Rotondo, einer der ältesten Sakralbauten Roms, wurde 468–483 erbaut. Die Kirche hat einen

Der charakteristische Rundbau von Santo Stefano Rotondo

ungewöhnlichen Grundriss: Vier Kapellen zweigen wie ein Kreuz von einem Rundbau ab. Höhe und Durchmesser des zylindrischen Innenraums betragen je 22 Meter, Licht erhält er aus 22 hohen Fenstern, die bei den Restaurierungsarbeiten im 15. Jahrhundert vom Florentiner Architekten Leon Battista Alberti teilweise vermauert wurden. Damals kam wohl auch die von zwei Säulen gestützte Bogenreihe im Mittelbau hinzu, da der äußere Umgang abgerissen wurde.

Die Fresken (16. Jh.) von Niccolò Pomarancio stellen den grausamen Tod zahlreicher christlicher Märtyrer dar. In den Kapellen ist der mittelalterliche Schmuck zum Teil noch zu erkennen: In der ersten Kapelle links vom Eingang ist ein Mosaik aus dem 7. Jahrhundert zu sehen. Es zeigt Christus zwischen San Primo und San Feliciano.

Fresko mit Konstantin und dem hl. Silvester, Santi Quattro Coronati

Stadtplan *siehe Seiten 396–419*

San Clemente ⑫

San Clemente gibt dem Besucher Gelegenheit zu einer dreifachen Reise in die Geschichte. Von der Straße aus gelangt man in die Oberkirche (12. Jh.) und von dort hinunter in die Unterkirche (4. Jh.), die auf antiken Bauten ruht, u. a. einem Mithräum. Der Mithraskult, ein aus Persien stammender, Männern vorbehaltener Kult, gewann vom 1. Jahrhundert v. Chr. an auch im Römischen Reich Anhänger. Die Unterkirche ist dem hl. Clemens geweiht, dem dritten Papst nach Petrus. Sein Leben – er starb auf der Krim den Märtyrertod – schildern Fresken an den Wänden. Die Kirche ist seit dem 17. Jahrhundert in der Hand irischer Dominikanermönche, die die 1857 von Pater Mullooly begonnenen Ausgrabungsarbeiten fortsetzen.

Der Eingang zur Kirche befindet sich in der Via di San Giovanni in Laterano.

Paschalis' Osterleuchter
Der mit funkelnden Mosaiken verzierte spiralförmige Kerzenständer (12. Jh.) ist ein Meisterwerk der Cosmaten.

Fassade (18. Jh.)
Die Säulen der Arkaden stammen aus dem 12. Jahrhundert.

★ Cappella di Santa Caterina
Die restaurierten Fresken des florentinischen Künstlers Masolino da Panicale (15. Jh.) schildern Szenen aus dem Leben der hl. Katharina von Alexandrien.

Kirche (12. Jh.)

Kirche (4. Jh.)

Piscina
Das tiefe Loch im Boden wurde 1967 entdeckt – vielleicht war es einmal ein Brunnen.

Tempel und Bauten (1.–3. Jh.)

ZEITSKALA

2. Jh. Vermutlich geheimer Kultraum von Christen	**867** Sterbliche Überreste des hl. Clemens angeblich nach Rom gebracht	**1108** Errichtung einer neuen Kirche auf der Unterkirche	**1857** Wiederentdeckung der Unterkirche durch Pater Mullooly	
Ende 2. Jh. Errichtung des Mithräums				
10 n. Chr.	**500**	**1000**	**1500**	**1900**
um 88–97 Pontifikat des hl. Clemens I.	**4. Jh.** Errichtung der Unterkirche auf antiken römischen Bauten	**1667** Übernahme von Kirche und Kloster durch die Dominikaner		
64 n. Chr. Von Nero gelegter Brand zerstört das Viertel	**1084** Zerstörung der Kirche durch die Normannen unter Robert Guiscard	**1861** Ausgrabung der Kirche und Entdeckung der römischen Ruinen		

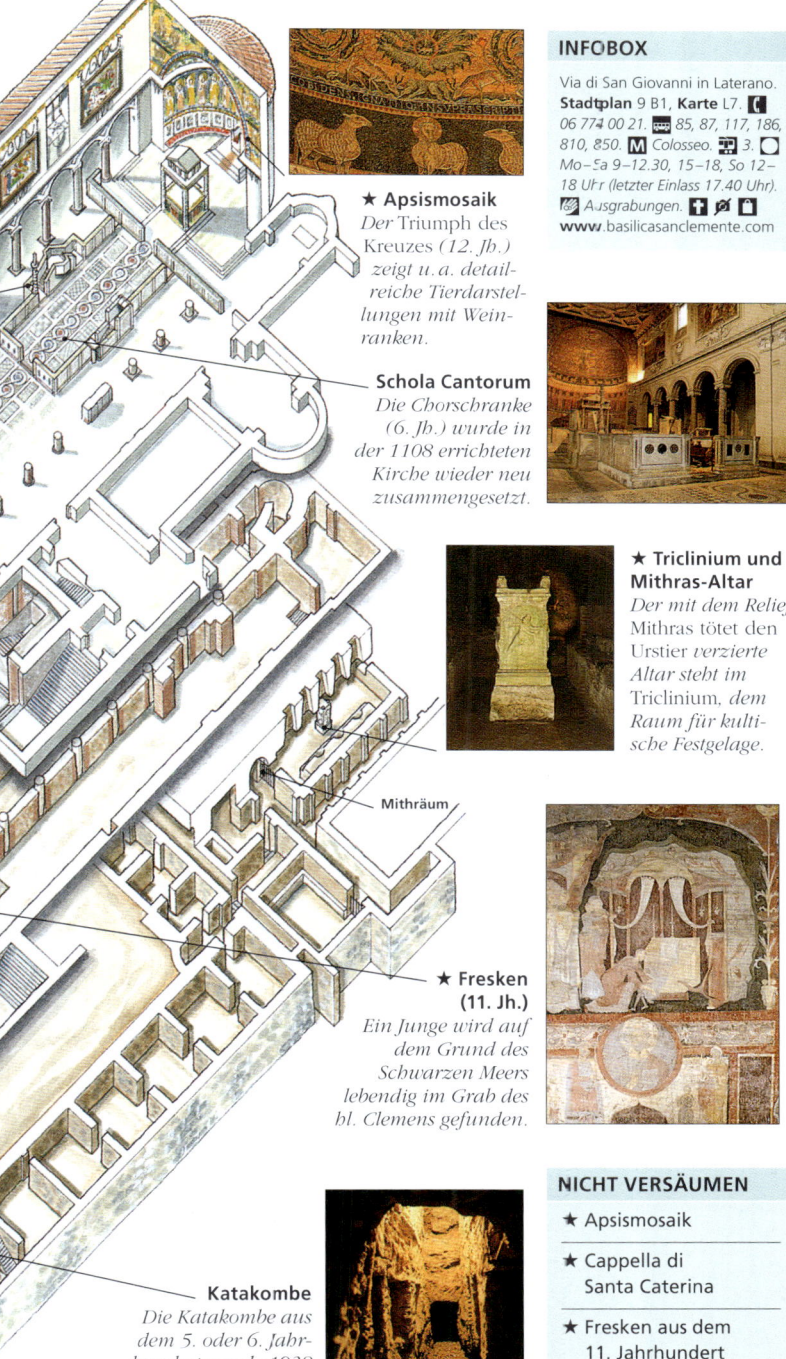

INFOBOX

Via di San Giovanni in Laterano.
Stadtplan 9 B1, **Karte** L7. [C]
06 774 00 21. [bus] 85, 87, 117, 186,
810, 850. [M] Colosseo. [tram] 3. [clock]
Mo–Sa 9–12.30, 15–18, So 12–
18 Uhr (letzter Einlass 17.40 Uhr).
[icon] Ausgrabungen. [icons]
www.basilicasanclemente.com

★ Apsismosaik
*Der Triumph des
Kreuzes (12. Jh.)
zeigt u. a. detail-
reiche Tierdarstel-
lungen mit Wein-
ranken.*

Schola Cantorum
*Die Chorschranke
(6. Jh.) wurde in
der 1108 errichteten
Kirche wieder neu
zusammengesetzt.*

**★ Triclinium und
Mithras-Altar**
Der mit dem Relief
Mithras tötet den
Urstier *verzierte
Altar steht im*
Triclinium, *dem
Raum für kulti-
sche Festgelage.*

Mithräum

**★ Fresken
(11. Jh.)**
*Ein Junge wird auf
dem Grund des
Schwarzen Meers
lebendig im Grab des
hl. Clemens gefunden.*

Katakombe
*Die Katakombe aus
dem 5. oder 6. Jahr-
hundert wurde 1938
entdeckt. Im Inneren
fand man 16 Wand-
nischengräber* (loculi).

NICHT VERSÄUMEN

★ Apsismosaik
★ Cappella di
   Santa Caterina
★ Fresken aus dem
   11. Jahrhundert
★ Triclinium und
   Mithras-Altar

Stadtplan *siehe Seiten 396–419*

Caracalla

Der Caelius (Celio) ist nach dem antiken Helden Caelius Vibenna benannt. Vom Hügel blickt man auf das Kolosseum. In der Antike wohnten hier die reichen Römer. Den einstigen Glanz lassen die Ruinen der Caracalla-Thermen noch erahnen. Auf dem Gelände herrscht wunderbare Ruhe, da dort Anfang des 20. Jahr-

Säulenkapitell (Caracalla-Thermen)

hunderts ein archäologischer Park angelegt wurde: eine riesige Grünanlage von der Aurelianischen Mauer bis zur Stadtmitte. Mitten hindurch verläuft die Via di Porta San Sebastiano, ein Abschnitt der Via Appia Antica. Sie führt zu einem der besterhaltenen Stadttore des antiken Rom, der Porta San Sebastiano.

Sehenswürdigkeiten auf einen Blick

Kirchen
San Cesareo **8**
San Giovanni in Oleo **10**
San Giovanni
  a Porta Latina **9**
San Gregorio Magno **2**
San Sisto Vecchio **6**
Santa Balbina **16**
Santa Maria in Domnica **4**
Santi Giovanni e Paolo **1**
Santi Nereo e Achilleo **7**

Bogen und Tore
Aurelianische Mauer und
  Porta San Sebastiano **14**
Dolabellabogen **3**
Drususbogen **13**
Sangallo-Bastion **15**

Antikes Bauwerk
Caracalla-Thermen **17**

Grabmäler
Columbarium
  des Pomponius Hylas **11**
Grabstätte der Scipionen **12**

Garten
Villa Celimontana **5**

Anfahrt
Zu den Kirchen und Parks auf dem Caelius fahren Sie zur Metro-Station Circo Massimo. Zu den Caracalla-Thermen und den näher an der Porta San Sebastiano gelegenen Sehenswürdigkeiten nehmen Sie den Bus 628 (über Viale delle Terme di Caracalla).

LEGENDE
Detailkarte
M Metro-Station
—— Stadtmauer

0 Meter 300

◁ **Darstellung eines Athleten, Mosaik in den Caracalla-Thermen** *(siehe S. 197)*

Im Detail: Caelius (Celio)

Bei einem Spaziergang über den zweithöchsten Hügel Roms erblickt man faszinierende antike Stätten und prachtvolle Kirchen. Als Ausgangspunkt bietet sich die Kirche San Gregorio Magno an, von der aus der Clivo di Scauro zur Spitze des Hügels hinaufführt. An der steilen, schmalen Straße liegt die alte, mit einer schönen Vorhalle geschmückte Kirche Santi Giovanni e Paolo, deren romanischer Glockenturm die umliegenden mittelalterlichen Klostergebäude überragt. Die bestgepflegte und ruhigste Parkanlage dieses Areals ist die Villa Celimontana – ideal für ein Picknick, zumal es hier nicht viele Restaurants gibt.

Clivo di Scauro, der römische Clivus Scauri, führt hinauf zu Santi Giovanni e Paolo. Die linke Längswand der Kirche wird von Strebebogen gestützt, die die steile Straße überspannen.

La Vignola ist der Nachbau (1911) eines hübschen Renaissance-Pavillons, der bei der Schaffung der archäologischen Anlage rund um die Caracalla-Thermen abgerissen worden war.

Zur Metro
Circo
Massimo

San Gregorio Magno
Ende des 6. Jahrhunderts gründete Papst Gregor der Große hier ein Kloster mit Kapelle. ❷

★ Santi Giovanni e Paolo
Das von Kerzen erleuchtete Hauptschiff der Kirche wurde häufig restauriert. Sein heutiges Aussehen erhielt es im 18. Jahrhundert. ❶

★ Villa Celimontana
Die heute im Zentrum eines Parks gelegene Villa wurde im 16. Jahrhundert für die Familie Mattei errichtet. ❺

Restaurant in Caracalla *siehe Seite 323*

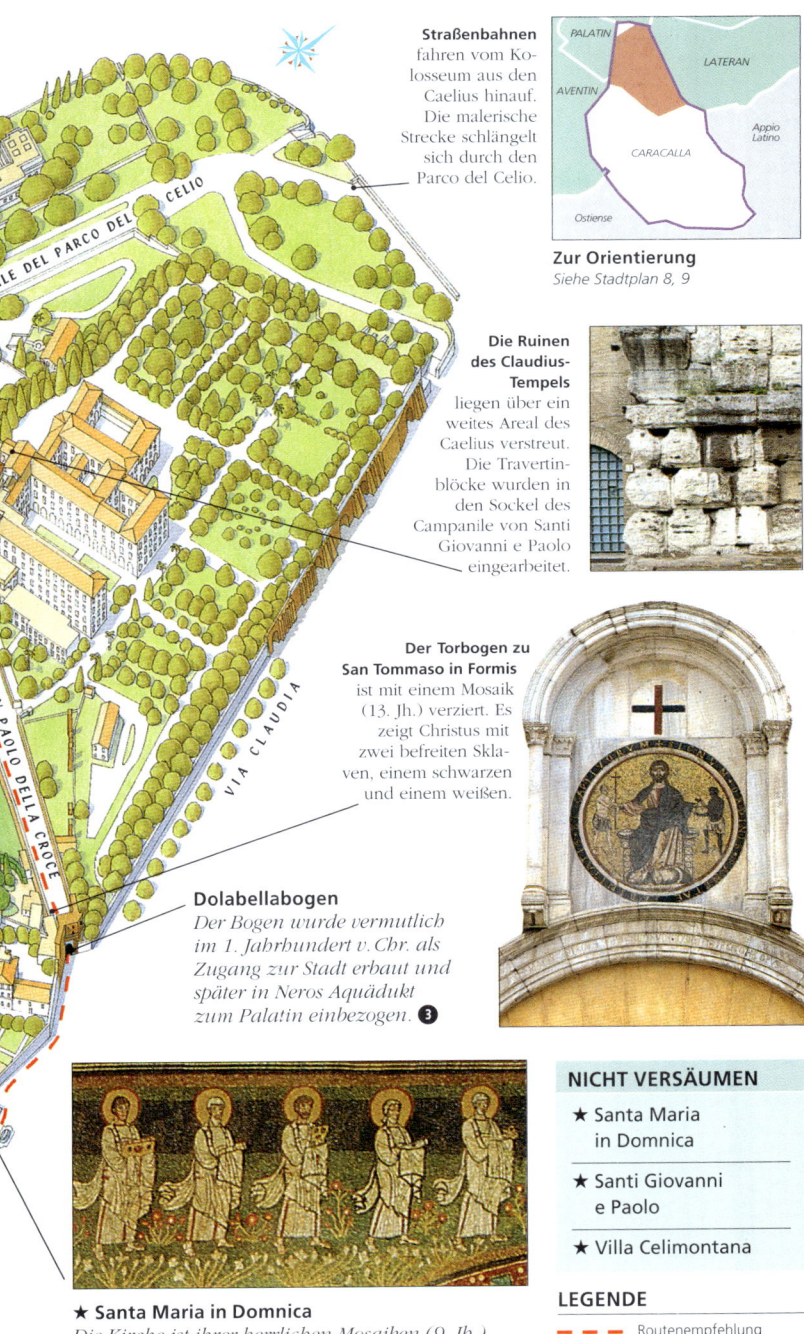

Straßenbahnen fahren vom Kolosseum aus den Caelius hinauf. Die malerische Strecke schlängelt sich durch den Parco del Celio.

Zur Orientierung
Siehe Stadtplan 8, 9

Die Ruinen des Claudius-Tempius liegen über ein weites Areal des Caelius verstreut. Die Travertinblöcke wurden in den Sockel des Campanile von Santi Giovanni e Paolo eingearbeitet.

Der Torbogen zu San Tommaso in Formis ist mit einem Mosaik (13. Jh.) verziert. Es zeigt Christus mit zwei befreiten Sklaven, einem schwarzen und einem weißen.

Dolabellabogen
Der Bogen wurde vermutlich im 1. Jahrhundert v. Chr. als Zugang zur Stadt erbaut und später in Neros Aquädukt zum Palatin einbezogen. ❸

NICHT VERSÄUMEN

★ Santa Maria in Domnica

★ Santi Giovanni e Paolo

★ Villa Celimontana

LEGENDE

– – – Routenempfehlung

0 Meter   75

★ Santa Maria in Domnica
Die Kirche ist ihrer herrlichen Mosaiken (9. Jh.) wegen berühmt. Die abgebildeten Apostel flankieren eine Christusfigur, die in der Mitte des Triumphbogens über der Apsis thront. ❹

Stadtplan *siehe Seiten 396–419*

Santi Giovanni e Paolo ❶

Piazza Santi Giovanni e Paolo 13. **Stadtplan** 9 A1, **Karte** K7. ☎ 06 77 27 11. 🚌 75, 81, 117, 175, 673. 🚋 3. Ⓜ Colosseo oder Circo Massimo. **Kirche** ☐ tägl. 8.30–12, 15.30–18 Uhr. **Römisches Haus** ☎ 06 70 45 45 44. ☐ Do–Mo 10–13, 15–18 Uhr. ♿ nur Kirche. **www**.caseromane.it

Christus und die Apostel, Fresko in der Kirche Santi Giovanni e Paolo

Hier soll das Haus von Giovanni (Johannes) und Paolo (Paul) gestanden haben, zwei römischen Militärs, die unter Konstantin gedient hatten. Als sie in die Armee des nichtchristlichen Kaisers Julian Apostata einberufen wurden, verweigerten sie den Dienst und wurden im Jahr 362 n.Chr. in ihrem Haus hingerichtet.

Die Ende des 4. Jahrhunderts errichtete Kirche enthält noch viele Bauelemente aus jener Zeit. Die ionische Vorhalle stammt aus dem 12. Jahrhundert, Apsis und Campanile kamen unter Papst Hadrian IV. (1154–59) hinzu. Der Campanile ruht auf Mauerresten des Claudius-Tempels, der einst hier stand. Wie bei vielen romanischen Glockentürmen wurde das Ziegelwerk mit Marmor verziert.

Das Kircheninnere wurde 1718 neu gestaltet. Es weist Pfeiler und Säulen aus Granit auf. Im Hauptschiff markiert ein Stein die Stelle, an der die beiden Märtyrer beigesetzt wurden. Ihre Reliquien werden heute unter dem Hochaltar aufbewahrt.

Ein winziger Raum beim Altar birgt ein prachtvolles Fresko (13. Jh.), das Christus und die Apostel zeigt (bitten Sie den Küster darum aufzuschließen).

Bei Ausgrabungen unterhalb der Kirche entdeckte man zwei römische Häuser (2./3. Jh. n.Chr.), in denen Christen ihre Toten bestatteten. Die zweistöckige Konstruktion mit 20 Räumen und einem Labyrinth von Gängen ist reich an vor- und frühchristlichen Malereien. Die Strebebogen links der Kirche gehörten zu einer frühen Einkaufspassage aus dem 3. Jahrhundert n.Chr.

San Gregorio Magno ❷

Piazza di S. Gregorio. **Stadtplan** 8 F2, **Karte** J8. ☎ 06 700 82 27. 🚌 75, 81, 117, 175, 673. 🚋 3. Ⓜ Circo Massimo. ☐ tägl. 9–12, 15.30–19 Uhr. ♿

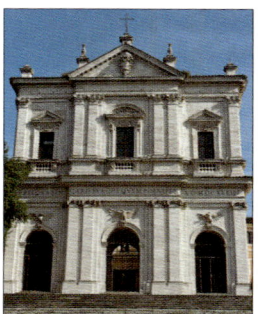

Fassade von San Gregorio Magno

Die Kirche verdankt ihre Entstehung San Gregorio Magno (Papst Gregor der Große), der aus einem alten römischen Geschlecht stammte und im Haus seiner Familie auf dem Caelius 575 n.Chr. ein Benediktinerkloster gründete.

Im Mittelalter wurde die Klosterkirche neu gebaut und 1629–33 von Giovanni Battista Soria restauriert. Die palastartige Fassade erreicht man über eine hohe Freitreppe.

Im Vorhof liegen einige interessante Grabmäler. Links ist die letzte Ruhestätte von Sir Edward Carne, der zwischen 1529 und 1533 als Gesandter Heinrichs VIII. mehrmals nach Rom kam, um vom Papst die Annullierung von Heinrichs Ehe mit Katharina von Aragón zu fordern.

Der Innenraum, den Francesco Ferrari im 18. Jahrhundert umgestaltete, ist, abgesehen vom Mosaikboden und einigen antiken Säulen, reinstes Barock. Am Ende des rechten Seitenschiffs liegt die Kapelle des hl. Gregor, von der aus man die Cella di San Gregorio erreicht, in der der Bischofsstuhl des hl. Gregor zu bewundern ist. Die Cappella Salviati links von der Apsis birgt ein Madonnenbild, das zum hl. Gregor gesprochen haben soll.

Links von der Kirche stehen zwischen Zypressen drei Kapellen des hl. Andreas, der hl. Sylvia und der hl. Barbara. Sie haben Fresken von Domenichino und Guido Reni.

Bischofsstuhl Gregors des Großen aus Marmor (1. Jh. v. Chr.)

Dolabellabogen ❸

Via di San Paolo della Croce. **Stadt-plan** 9 A2, **Karte** K8. 🚌 81, 117, 673. 🚋 3. Ⓜ Colosseo.

Die Konsuln Cornelius Dolabella und Caius Junius Silanus errichteten 10 n.Chr. den Bogen aus massiven Travertinblöcken an der Stelle, an der sich möglicherweise davor ein Stadttor der Servianischen Mauer befand. Der Bogen trug später Neros Erweiterung der Acqua Claudia, die den Kaiserpalast auf dem Palatin mit Wasser versorgte.

Restaurierter Dolabellabogen

Santa Maria in Domnica ❹

Piazza della Navicella 12. **Stadtplan** 9 A2, **Karte** K8. 🄲 06 77 20 26 85. 🚌 81, 117, 673. 🚋 3. Ⓜ Colosseo. ⏱ tägl. 9–12, 15.30–19 Uhr (Winter: bis 18 Uhr). 🔲 ♿

Die Kirche überblickt die Piazza della Navicella (kleines Boot), die ihren Namen von einem Brunnen (16. Jh.) ableitet. Die Kirche (7. Jh.) wurde vermutlich an der Stelle erbaut, an der einst Häuser römischer Feuerwehrleute standen und wo sich später Christen trafen. Im 16. Jahrhundert ließ Papst Leo X. Vorhalle und Kassettendecke anfügen. In der Apsis hinter dem modernen Altar ist ein prachtvolles Mosaik. Der Stifter, Papst Paschalis I., ist kniend zu Füßen der Muttergottes abgebildet. Er trägt den rechteckigen Heiligenschein der Lebenden. Die von Engeln umgebene Jungfrau hält ein Taschentuch in der Hand – damals Mode am byzantinischen Hof.

Villa Celimontana ❺

Piazza della Navicella. **Stadtplan** 9 A2, **Karte** K8. 🚌 81, 117, 673. **Park** ⏱ tägl. 7 Uhr bis Sonnenuntergang.

Die Herzöge von Mattei erwarben die Weinberge 1553 und ließen sie in einen Landschaftsgarten umwandeln. Subtropische Gewächse und ein Obelisk verleihen dem Park ein exotisches Aussehen. Die Villa Mattei (um 1580) heißt heute Villa Celimontana und ist Sitz der Geographischen Gesellschaft.

Am Tag des Besuchs der Sieben Kirchen, den der hl. Filippo Neri 1552 einführte, machte die Familie Mattei ihre Gärten öffentlich zugänglich. Von der Chiesa Nuova (S.124) gingen die Römer an diesem Tag zu Fuß zu den sieben wichtigsten Kirchen.

Bei der Villa erwartete sie ein Mahl aus Brot, Wein, Salami, Käse, Ei und Äpfeln. Noch heute ist der städtische Park ein beliebter Picknickplatz. Im Sommer findet hier ein Jazz-Festival statt *(siehe S.358)*.

Park der Villa Celimontana

San Sisto Vecchio ❻

Piazzale Numa Pompilio 8. **Stadtplan** 9 A3, **Karte** K9. 🄲 06 77 20 51 74. 🚌 160, 628, 671, 714. ⏱ tägl. 9–11, 15–17.30 Uhr. 🚫

Papst Honorius III. schenkte die kleine Kirche 1219 dem hl. Dominikus, dem Gründer des Dominikanerordens. Dieser verlegte sein Hauptquartier jedoch in die Kirche Santa Sabina *(siehe S.204)*. In San Sisto zogen die ersten Dominikanerinnen ein. Der interessanteste Teil des Baus ist der Campanile aus dem 13. Jahrhundert. In der Kirche finden heute viele Hochzeiten statt.

Madonna mit Kind, Engeln und Stifter: Apsismosaik der Kirche Santa Maria in Domnica

Stadtplan *siehe Seiten 396–419*

Santi Nereo e Achilleo ❼

Via delle Terme di Caracalla 28. **Stadtplan** 9 A3, **Karte** K9. ☎ *06 575 79 96.* 🚌 *160, 628, 671, 714.* ⭘ *Apr–Juli, Sep, Okt: Do–Mo 10–12, 16–18 Uhr.* ♿

Laut Legende soll Petrus nach seiner Flucht aus dem Gefängnis hier seinen Wundverband verloren haben. Bereits im 4. Jahrhundert entstand an der Stelle eine frühchristliche Kirche, die später den Märtyrern Nereus und Achilleus (1. Jh. n. Chr.) geweiht wurde.

Mosaikdetail, Santi Nereo e Achilleo

Der Bau wurde Ende des 16. Jahrhunderts erneuert, hat aber viele mittelalterliche Züge bewahrt. Sehenswert sind die Mosaiken (9. Jh.) auf dem Triumphbogen. Die Kanzel ruht auf einem Porphyr-Sockel, der aus den nahen Caracalla-Thermen stammt. Die Wände der Seitenschiffe schmückte Niccolò Pomarancio im 16. Jahrhundert mit furchterregenden Fresken, die detailliert die Grausamkeiten zeigen, die die Apostel bei ihren Martyrien erlitten.

***Martyrium des heiligen Simon*, Fresko von Niccolò Pomarancio, Santi Nereo e Achilleo**

Restaurant in Caracalla *siehe Seite 323*

San Cesareo ❽

Via di Porta San Sebastiano. **Stadtplan** 9 A3, **Karte** K9. ☎ *06 58 23 01 40.* 🚌 *218, 628.* ⭘ *So 10–12 Uhr und nach Vereinbarung.*

Die prächtige alte Kirche wurde auf römischen Ruinen (2. Jh. n. Chr.) erbaut. Giacomo della Portas herrliche Renaissance-Fassade kann man von außen bewundern. Um auch das Innere mit seinen Mosaiken und Schnitzarbeiten besichtigen zu können, sollten Sie sich anmelden. Tiermotive zieren den Bischofsthron, den Altar und die Kanzel. Papst Clemens VIII. ließ die Kirche im 16. Jahrhundert erneuern, seither ziert sein Wappen die Decke.

San Giovanni a Porta Latina ❾

Via di San Giovanni a Porta Latina. **Stadtplan** 9 B3, **Karte** L10. ☎ *06 77 40 00 32.* 🚌 *218, 360, 628.* ⭘ *tägl. 7.30–12.30, 15–19 Uhr.* 🚻 ♿

Die Basilika des »hl. Johannes am Lateinischen Stadttor« (5. Jh.) wurde 722 durch einen Neubau ersetzt, der wiederum 1191 erneuert wurde. Heute zählt der Bau, dessen mittelalterliche Vorhalle von antiken Säulen getragen wird, zu den malerischsten alten Kirchen Roms. Im Hof ist ein antiker Brunnen. Der romanische Campanile (12. Jh.) verdient besondere Aufmerksamkeit.

Bei der Restaurierung des Inneren wurde darauf geachtet, die frühromanische Schlichtheit zu erhalten. Die mittelalterlichen Fresken in der Kirche sind überaus wertvoll, vor allem der Freskenzyklus (12. Jh.), der 46 Szenen aus dem Alten und Neuen Testament zeigt.

Fresko, San Giovanni a Porta Latina

San Giovanni in Oleo ❿

Via di Porta Latina. **Stadtplan** 9 C4, **Karte** L10. 🚌 *628.* ⭘ *Fragen Sie in San Giovanni a Porta Latina nach.*

Fries, San Giovanni in Oleo

Der Name der oktagonalen Renaissance-Kapelle bedeutet »Heiliger Johannes im Öl«. An diesem Ort wurde der Heilige der Legende nach vom Märtyrertod errettet. Durch ein Wunder entstieg der Evangelist dem siedenden Öl völlig unbeschadet, ja sogar erfrischt. Der heutige Bau, der im wesentlichen älteres Gotteshaus ersetzt, datiert aus dem frühen 16. Jahrhundert und wird Baldassarre Peruzzi oder Antonio da Sangallo d. J. zugeschrieben. Im Rahmen von Restaurierungsarbeiten änderte Borromini das Kegeldach, krönte es mit einem rosengeschmückten Kreuz und fügte Gesims und Palmettenfries hinzu. Ein Fresko zeigt Johannes in einem Kessel mit siedendem Öl.

Nischen für die Begräbnisurnen im Columbarium des Pomponius Hylas

Columbarium des Pomponius Hylas ⑪

Via di Porta Latina 10. **Stadtplan** 9 B4, **Karte** L10. 📞 06 06 08. 🚌 218, 360, 628. ◷ nur nach tel. Voranmeldung.

Ein Columbarium – der Name bezieht sich auf die Ähnlichkeit mit einem Taubenschlag (columba = lat. für Taube) – ist eine Grabkammer, in der reiche Römer die eingeäscherten Überreste ihrer Freigelassenen beisetzten. In dem Teil Roms, der bis zum 3. Jahrhundert n. Chr. außerhalb der Stadtmauern lag, gibt es viele solcher Grabstätten. Dieses Columbarium, das 1831 entdeckt wurde, datiert aus dem 1. Jahrhundert n. Chr.

Mosaik-Inschrift im Columbarium des Pomponius Hylas

Eine Inschrift besagt, dass es sich um die letzte Ruhestätte von Pomponius Hylas und seiner Gattin Pomponia Vitalinis handelt. Das »V« über ihrem Namen bedeutet, dass sie noch lebte, als das Mosaik gelegt wurde. Vermutlich war das Columbarium ein Unternehmen. Die Nischen wurden an Leute verkauft, die sich keine eigene Grabkammer leisten konnten.

Grabstätte der Scipionen ⑫

Via di Porta San Sebastiano 9. **Stadtplan** 9 B4, **Karte** L10. 📞 06 06 08 19. 🚌 218, 360, 628. ◷ wg. Restaurierung.

Die Scipionen waren eine berühmte römische Feldherrenfamilie. Unter ihnen eroberte das römische Heer Süditalien, Korsika, Algerien, Spanien und Kleinasien. Berühmtestes Familienmitglied war Publius Cornelius Scipio Africanus, dem es 202 v. Chr. bei Zama gelang, den Karthager Hannibal kriegsentscheidend zu schlagen (siehe S. 23). Scipio Africanus selbst ist nicht in der Familiengruft beigesetzt, sondern auf seinem Lieblingslandsitz in Liternum bei Neapel.

Als die Grabstätte 1780 entdeckt wurde, enthielt sie mehrere Sarkophage, Statuen und Nischen mit Terrakotta-Urnen. Ein Großteil der Fundstücke wurde durch Kopien ersetzt. Die Originale befinden sich in den Vatikanischen Museen.

Der älteste Sarkophag war der des Cornelius Scipio Barbatus, der 298 v. Chr. Konsul war. Mitglieder seiner Familie ließen sich hier bis Mitte des 2. Jahrhunderts v. Chr. bestatten. In der Nähe wurden weitere Funde freigelegt: ein Columbarium ähnlich dem des Pomponius Hylas, christliche Katakomben und ein dreistöckiges Haus (3. Jh. n. Chr.).

Drususbogen ⑬

Via di Porta S. Sebastiano. **Stadtplan** 9 B4, **Karte** südl. L10. 🚌 218, 360.

Drususbogen, ein Teil der Acqua Antoniniana

Der Bogen, einst fälschlich als Triumphbogen angesehen, war Teil des Aquädukts, der die Caracalla-Thermen mit Wasser versorgte. Er wurde im 3. Jahrhundert n. Chr. errichtet, hatte also keine Verbindung zu Drusus, dem Stiefsohn von Kaiser Augustus. Sein monumentales Aussehen verdankt er der Tatsache, dass die Wasserleitung hier die wichtige Via Appia überquerte. Noch heute überspannt er 50 Meter vor der Porta San Sebastiano die alte Kopfsteinpflasterstraße.

Stadtplan siehe Seiten 396–419

Aurelianische Mauer und Porta San Sebastiano ⑭

Museo delle Mura, Via di Porta San Sebastiano 18. **Stadtplan** 9 B4.
🚌 *218, 360.* 📞 *06 70 47 52 84.*
🕐 *Di–So 9–14 Uhr (letzter Einlass 13.30 Uhr).* ⬤ *1. Jan, 1. Mai, 25. Dez.*
🌐 *www.museodellemuraroma.it*

Große Teile der Aurelianischen Mauer, die unter Kaiser Aurelian (270–275 n.Chr.) begonnen und von Probus (276–282 n.Chr.) fertiggestellt wurde, sind bis heute erhalten. Aurelian ließ den Wall zum Schutz gegen plündernde Germanen errichten, die immer weiter nach Italien vordrangen. Gut 18 Kilometer lang und mit 381 Türmen und 18 Toren umschloss der Schutzwall die sieben Hügel Roms. Anfang des 4. Jahrhunderts erhöhte Maxentius (306–312 n.Chr.) die Mauer auf fast das Doppelte ihrer ursprünglichen Höhe.

Bis 1870 war die Mauer Roms Hauptbefestigung, dann wurde sie von der italienischen Artillerie nahe der Porta Pia durchbrochen. Obwohl sich die Stadt weit über die ursprüngliche Umgrenzung hinaus ausgebreitet hat, liegen die meisten Sehenswürdigkeiten innerhalb der Aurelianischen Mauer.

Die Porta San Sebastiano, das Stadttor, das zur Via Appia Antica *(siehe S. 284f)* hinausführt, ist in der Aurelianischen Mauer das größte und am besten erhaltene. Kaiser Honorius ließ es im 5. Jahrhundert neu erbauen.

Ursprünglich hieß das Tor Porta Appia, erst später erhielt es den Namen Porta San Sebastiano, weil die Via Appia zur Kirche San Sebastiano außerhalb der Stadtbefestigung führt.

Zu Ehren von Marcantonio Colonna, der 1571 bei Lepanto die türkische Flotte besiegte, fand der letzte Triumphzug durch das Tor statt. Heute befindet sich in den Befestigungstürmen ein Museum zur Geschichte der Mauer. Von dort kann man zu einem kurzen Spaziergang aufbrechen.

Papst Paul III. Farnese

Sangallo-Bastion ⑮

Viale di Porta Ardeatina. **Stadtplan** 9 A4, **Karte** K10. 🚌 *160.*
⬤ *wg. Restaurierung.*

Eingedenk des Sacco di Roma (1527) und aus Furcht vor den Türken beauftragte Papst Paul III. Antonio da Sangallo d. J., die Aurelianische Mauer zu verstärken. 1537 begann der Bau der Bastion zwischen Porta San Sebastiano und San Paolo.

Hochaltar in Santa Balbina

Santa Balbina ⑯

Piazza di Santa Balbina 8. **Stadtplan** 8 F3, **Karte** J9. 📞 *06 578 02 07.* 🚌 *160.* 🚋 *3.* Ⓜ *Circo Massimo.*
🕐 *Mo–Fr 12.30–13, So 10.30–11.30 Uhr.* ✝

Die abgelegene frühchristliche Kirche überblickt die Caracalla-Thermen. Sie ist der hl. Balbina, einer jungfräulichen Märtyrerin aus dem 2. Jahrhundert, geweiht. Die Kirche, eine der ältesten der Stadt, wurde im frühen 5. Jahrhundert über den Ruinen einer römischen Villa erbaut. Papst Gregor der Große weihte sie, im Mittelalter war sie ein Wehrkloster. Das Gebäude hat sein Aussehen oft verändert, die romanische Wirkung wurde erst beim letzten Umbau in den 1920er Jahren wieder hervorgehoben.

Ein Portal mit drei Bogen führt in den Innenraum, der Licht durch hohe Fenster bekommt. Eine Urne mit den sterblichen Resten der hl. Balbina und ihres Vaters, des hl. Quirinus, steht am Hochaltar. In einer Ecke befindet sich das prachtvolle Grabmal des Kardinals Stefanus de Surdis, das Giovanni di Cosma 1303 schuf. Ein Bischofsstuhl (13. Jh.) und einige Freskenfragmente, u.a. eine *Madonna mit Kind* aus der Schule von Pietro Cavallini, befinden sich in der zweiten linken Seitenkapelle. Mosaikteile aus dem 1. Jahrhundert, die Vögel und Sternkreiszeichen zeigen, wurden in den 1930er Jahren entdeckt und sind nun in den Kirchenboden integriert.

Die mächtige Porta San Sebastiano, Teil der Stadtbefestigung

Restaurant in Caracalla *siehe Seite 323*

Caracalla-Thermen ⑰

Viale delle Terme di Caracalla 52.
Stadtplan 9 A3, **Karte** K9. ☎ 06
39 96 77 00. 🚌 160, 628. 🚊 3.
Ⓜ Circo Massimo. ⏰ Di–So 9 Uhr
bis 1 Std. vor Sonnenuntergang, Mo
9–14 Uhr. ⬤ 1. Jan, 25. Dez. ♿ ⬛

Kaiser Caracalla eröffnete
217 n.Chr. diese Bade-
anlage, die rund 300 Jahre
lang in Gebrauch war – bis
die einfallenden Goten die
Wasserzufuhr abschnitten.
Über 1600 Badegäste konnten
die Einrichtungen nutzen. Ein
römisches Bad war eine aufwendige Angelegenheit: Man
begann mit einer Art türki-
schem Bad, ver-
brachte dann
eine Weile im
caldarium,
einem großen
Schwitzraum.
Im lauwarmen
tepidarium
erholte man
sich von der
Schwitzkur
und erfrischte
sich dann im *frigidarium*.
Zuletzt folgte ein Bad
im *natatio*, im Frei-
luftschwimmbecken.

**Fragment des
Fußbodenmosaiks**

Teil eines Gymnasiums in den Caracalla-Thermen

Wer es sich leisten konnte,
ließ sich danach mit parfü-
mierten Tüchern abreiben.
Außer den Badeanlagen gab
es Sportmöglichkeiten, Bibliotheken, Kunstgalerien und
Gärten – ein echtes Frei-
zeitzentrum.
Einen Großteil der
prächtigen Marmoraus-
stattung ließ die Familie
Farnese im 16. Jahrhun-
dert entfernen, um damit
ihren Palazzo *(siehe S. 147)*

auszuschmücken. Seit 2011
können die Open-Air-Vorstellungen des Teatro dell'Opera
wieder stattfinden. Eine Aufführung an diesem Ort ist ein
ganz besonderes Erlebnis.

LEGENDE

🟪 *caldarium* (sehr heiß)

⬜ *tepidarium* (mäßig warm)

🟦 *frigidarium* (kalt)

⬜ *natatio* (Schwimmbecken)

🟨 Gartenanlagen

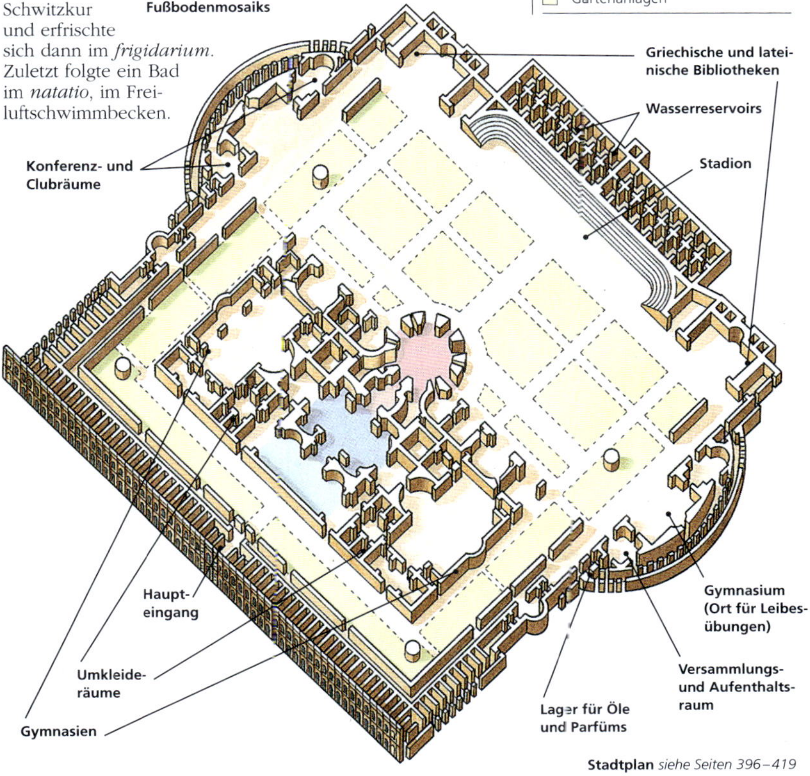

**Griechische und latei-
nische Bibliotheken**

Wasserreservoirs

Stadion

**Konferenz- und
Clubräume**

**Haupt-
eingang**

**Umkleide-
räume**

Gymnasien

**Lager für Öle
und Parfüms**

**Gymnasium
(Ort für Leibes-
übungen)**

**Versammlungs-
und Aufenthalts-
raum**

Stadtplan siehe Seiten 396–419

Aventin

Der Aventin, einer der ruhigsten Bezirke innerhalb der Stadtmauern, gilt als beliebtes Wohnviertel, doch gibt es auch historische Sehenswürdigkeiten. Vom Gipfel des Hügels, den die majestätische Basilika Santa Sabina krönt, bietet sich eine grandiose Aussicht über den Tiber nach Trastevere und auf den Petersdom. Am Fuß des Hügels erinnern zwei kleine Tempel am Forum Boarium und der Circus Maximus an das antike Rom. Lautes Straßenleben mit vielen Läden und Restaurants gibt es auf dem Testaccio. Ruhe bietet hingegen der protestantische Friedhof im südlichen Teil bei der Pyramide.

Brunnenkopf im Innenhof von Santa Sabina

Sehenswürdigkeiten auf einen Blick

Kirchen und Tempel
San Giorgio in Velabro ❸
San Giovanni Decollato ❻
San Saba ❶❺
San Teodoro ❹
Santa Maria della Consolazione ❺
Santa Maria in Cosmedin ❶
Santa Sabina ❾
Santi Bonifacio e Alessio ❿
Tempel am Forum Boarium ❽

Historisches Gebäude
Casa dei Crescenzi ❼

Bogen
Janusbogen ❷

Historischer Platz
Piazza dei Cavalieri di Malta ⓫

Antike Stätten
Circus Maximus ⓰
Monte Testaccio ⓬

Denkmäler und Grabmäler
Protestantischer Friedhof ⓭
Pyramide des Caius Cestius ⓮

Anfahrt
Der schnellste Weg ist die Metro-Linie B bis Piramide oder Circo Massimo. Interessanter ist die Tram 3. Mehrere Busse verkehren von der Piazza Venezia (Linien 81, 160, 628) aus. Die Linien 23 und 280 fahren entlang der Via Marmorata zur Pyramide.

LEGENDE
🟫	Detailkarte
Ⓜ	Metro-Station
—	Stadtmauer

0 Meter — 300

Circo Massimo Ⓜ

Piramide Ⓜ

SIEHE AUCH
• Stadtplan 7, 8, 12
• Hotels S. 306
• Restaurants S. 323f
• Spaziergang auf dem Aventin S. 290f

◁ Pinien und Orangenbäume am Aventin, im Hintergrund die Kuppel des Petersdoms (siehe S. 230–233)

Im Detail: Piazza della Bocca della Verità

Wer dieses Areal besucht, hat Gelegenheit, in der Vorhalle der Kirche Santa Maria in Cosmedin seine Hand in die Bocca della Verità (Mund der Wahrheit) zu stecken. Das ruhige, am Tiber gelegene Viertel, in dem der erste Hafen und der Rindermarkt des Alten Rom lagen, hat noch weitere Sehenswürdigkeiten zu bieten. Beachtung verdienen insbesondere die beiden Tempel aus der Zeit der Republik und der Janusbogen aus der späteren Kaiserzeit. Im 6. Jahrhundert ließen sich hier griechische Siedler aus Byzanz nieder und gründeten die Kirchen San Giorgio in Velabro und Santa Maria in Cosmedin.

Sant'Omobono (Ende 16. Jh.) steht heute inmitten einer wichtigen archäologischen Fundstätte, in der man die Überreste antiker Opferaltäre und zwei Tempel aus dem 6. Jahrhundert v. Chr. entdeckt hat.

Casa dei Crescenzi
In dieses Haus (11. Jh.) sind Säulen und Kapitelle altrömischer Tempel eingebaut. ❼

Der Ponte Rotto (»kaputte Brücke«) genannte einzelne Brückenbogen im Tiber bildet den Rest des Pons Aemilius, der im 2. Jahrhundert n. Chr. erbauten ersten Steinbrücke über den Fluss.

★ **Tempel am Forum Boarium**
Der kleine, runde Herkules-Tempel und der rechteckige Portunus-Tempel sind gut erhalten. ❽

LUNGOTEVERE DEI PIERLEONI

TEVERE (TIBER)

PONTE PALATINO

LEGENDE

– – – Routenempfehlung

0 Meter   75

NICHT VERSÄUMEN

★ Santa Maria
  in Cosmedin

★ Tempel
  am Forum Boarium

★ **Santa Maria in Cosmedin**
Die mittelalterliche Kirche besitzt einen Mosaikboden und ein gotisches Ziborium. ❶

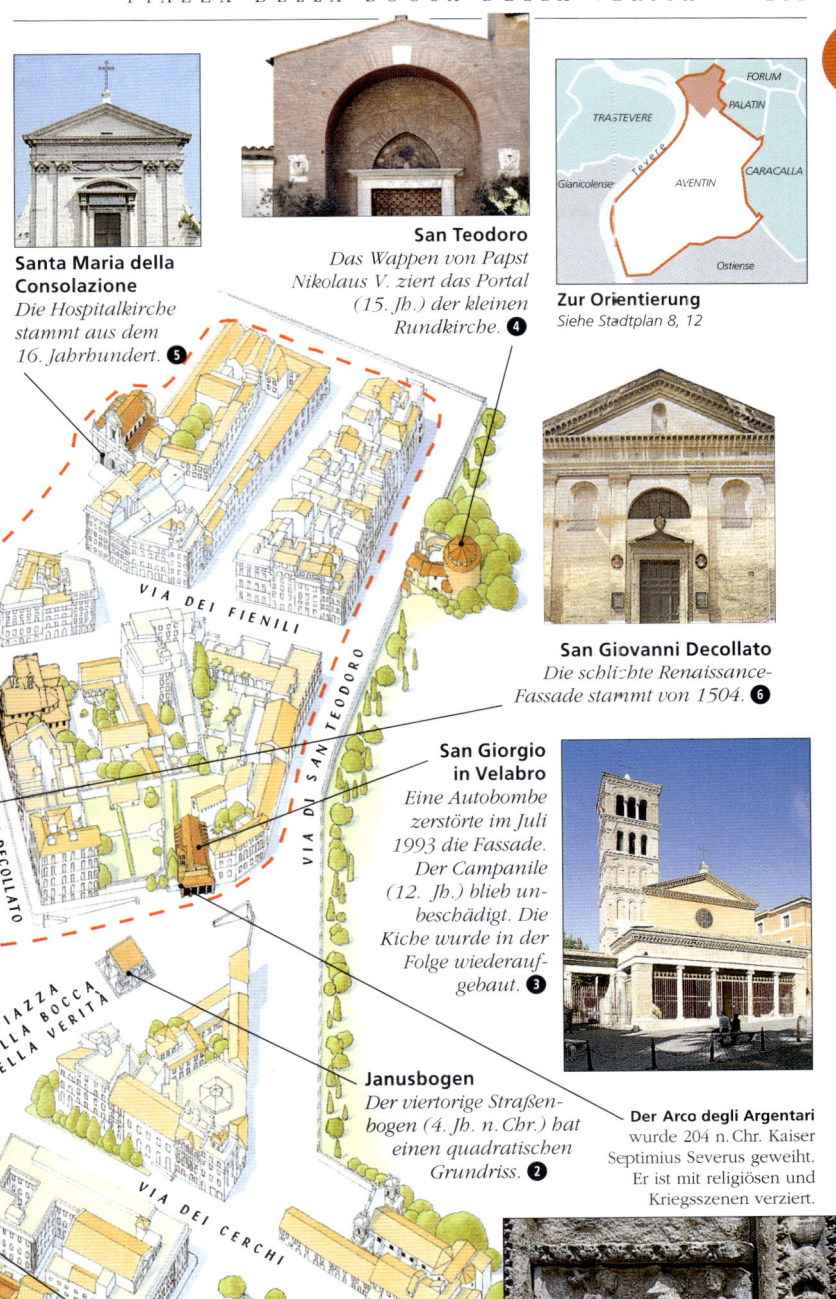

Santa Maria della Consolazione
Die Hospitalkirche stammt aus dem 16. Jahrhundert. ❺

San Teodoro
Das Wappen von Papst Nikolaus V. ziert das Portal (15. Jh.) der kleinen Rundkirche. ❹

Zur Orientierung
Siehe Stadtplan 8, 12

FORUM
PALATIN
TRASTEVERE
Tevere
CARACALLA
Gianicolense
AVENTIN
Ostiense

San Giovanni Decollato
Die schlichte Renaissance-Fassade stammt von 1504. ❻

San Giorgio in Velabro
Eine Autobombe zerstörte im Juli 1993 die Fassade. Der Campanile (12. Jh.) blieb unbeschädigt. Die Kiche wurde in der Folge wiederaufgebaut. ❸

Der Arco degli Argentari
wurde 204 n.Chr. Kaiser Septimius Severus geweiht. Er ist mit religiösen und Kriegsszenen verziert.

Janusbogen
Der viertorige Straßenbogen (4. Jh. n.Chr.) hat einen quadratischen Grundriss. ❷

Die Fontana dei Tritoni wurde 1715 von Carlo Bizzaccheri geschaffen. Der Stil ist deutlich von Bernini beeinflusst.

**Bocca della Verità,
Santa Maria in Cosmedin**

Santa Maria
in Cosmedin ❶

Piazza della Bocca della Verità 18.
Stadtplan 8 E1, **Karte** H7. 📞 *06
678 14 19.* 🚌 *23, 44, 81, 95, 160,
170, 280, 628, 715, 716.* 🕐 *Sommer: tägl. 9.30–18 Uhr; Winter: tägl.
9.30–17 Uhr.* 🔲🔲🔲

Die schöne, schlichte Kirche entstand im 6. Jahrhundert an der Stelle des früheren Lebensmittelmarkts.
Der romanische Campanile und die Vorhalle kamen im 12. Jahrhundert hinzu. Eine später vorgesetzte Barockfassade wurde im 19. Jahrhundert wieder entfernt, sodass die Kirche nun ihre ursprüngliche Schlichtheit zeigt. Innen findet man herrliche Cosmaten-Arbeiten: den Mosaikboden, den erhöhten Chor, den Bischofsstuhl und das Ziborium über dem Hauptaltar.

In eine Wand der Vorhalle ist die Bocca della Verità eingelassen. Laut mittelalterlicher Sage sollen jedem Lügner, der seine Hand in den »Mund der Wahrheit«, eine Tritonenmaske (4. Jh. v. Chr.), steckt, die Finger abgebissen werden.

Janusbogen ❷

Via del Velabro. **Stadtplan** 8 E1,
Karte H7. 🚌 *23, 44, 63, 81, 95,
160, 170, 280, 628, 715, 716, 780.*

Der viertorige Marmorbogen, der vermutlich unter der Regierung Kaiser Konstantins errichtet wurde, stand an einer Kreuzung am Forum Boarium (Rindermarkt), nahe den alten Hafen-

anlagen. Im Schatten des Bogens handelten Käufer und Verkäufer die Preise aus. Die Schlusssteine der Torgewölbe zeigen jeweils das Bild einer Gottheit: Roma, Juno, Ceres und Minerva. Im Mittelalter diente der Bogen als Sockel eines Wehrturms.

San Giorgio
in Velabro ❸

Via del Velabro 19. **Stadtplan** 8 E1,
Karte H7. 📞 *06 69 79 75 36.* 🚌 *23,
44, 63, 81, 95, 160, 170, 280, 628,
715, 716, 780.* 🕐 *tägl. 8.30–19 Uhr.*

Romanische Vorhalle und Campanile von San Giorgio in Velabro

Der Name der Straße und der Kirche erinnert an das Sumpfland *(velabrum)*, in dem die Wölfin Romulus und Remus gefunden haben soll. Die dem hl. Georg geweihte Kirche stammt aus dem 7. Jahrhundert und birgt unter dem Altar die Gebeine des Heiligen. Der Bau wurde oft von Hochwasser zerstört, aber immer wieder originalgetreu restauriert.

Doppelreihige Granit- und Marmorsäulen aus verschiedenen altrömischen Bauwerken unterteilen den strengen dreischiffigen Innenraum, der von goldenen, Pietro Cavallini zugeschriebenen Apsisfresken (um 1295) Glanz erhält. Fassade und Campanile stammen aus dem 12. Jahrhundert. Im Portikus zeigt eine Markierung, wie hoch die Kirche bei der Überschwemmung 1870 unter Wasser stand.

San Teodoro ❹

Via di San Teodoro 7. **Stadtplan**
8 E1, **Karte** H7. 📞 *06 678 66 24.*
🚌 *23, 44, 81, 95, 160, 170, 280, 628,
715, 716.* 🕐 *So–Fr 9.30–12.30 Uhr.*

Wer an einem Sonntagvormittag in der Nähe ist, sollte den griechisch-orthodoxen Gottesdienst der kleinen Rundkirche (6. Jh.) zu Füßen des Palatin besuchen. Die Apsismosaiken (6. Jh.) sind wie die florentinische Kuppel (1454) wunderschön. Den äußeren Hof gestaltete Carlo Fontana 1705.

**Die Kirche San Teodoro, einer von
Roms verborgenen Schätzen**

Janusbogen, Treffpunkt der Geschäftsleute des Forum Boarium

Fassade von Santa Maria della Consolazione

Santa Maria della Consolazione ❺

Piazza della Consolazione 84.
Stadtplan 5 A5, **Karte** H7. 06 678 46 54. 23, 44, 63, 81, 95, 160, 170, 280, 628, 716, 780. Mo–Sa 6.30–18, So 10–18 Uhr.

Die Kirche steht nahe dem Tarpejischen Felsen, einer bekannten Hinrichtungsstätte. 1385 spendete Giordanello degli Alberini, ein zum Tod verurteilter Adeliger, zwei Gulden für ein Marienbild, das den Gefangenen in den letzten Minuten vor der Hinrichtung Trost spenden sollte. Daher stammt der Name »Trostreiche Maria« der Kirche, die 1470 hier errichtet wurde. Zwischen 1583 und 1600 erfolgte ein Neubau durch Martino Longhi, der auch die frühbarocke Fassade schuf.

Die elf Seitenkapellen gehören adeligen Familien oder Mitgliedern der örtlichen Künstlergilde. Ein Madonnenbild, das Antoniazzo Romano zugeschrieben wird, befindet sich im Presbyterium.

San Giovanni Decollato ❻

Via di San Giovanni Decollato 22.
Stadtplan 8 E1, **Karte** H7. 06 679 18 90. 23, 44, 63, 81, 95, 160, 170, 280, 628, 716, 780. beim Küster anfragen.

Der Hauptaltar wird von Giorgio Vasaris Gemälde *Die Enthauptung von Johannes dem Täufer* (1553) beherrscht, einem Motiv, das

den Namen der Kirche illustriert. 1490 schenkte Papst Innozenz VIII. das Grundstück einer florentinischen Bruderschaft, deren schwarz gekleidete Mitglieder verurteilte Gefangene zur Reue bewegen und ihnen nach dem Tod am Strang ein ordentliches Begräbnis geben wollten. In Bauten der Bruderschaft befinden sich sieben Nischen für Leichname.

Das Oratorium enthält Fresken aus dem Leben Johannes' des Täufers von Jacopino del Conte und Francesco Salviati, führenden florentinischen Künstlern jener Zeit. Stilistisch ähneln einige Figuren denen der Sixtinischen Kapelle. Michelangelo war seit 1514 Mitglied der Bruderschaft.

Casa dei Crescenzi ❼

Via Luigi Petroselli. **Stadtplan** 8 E1, **Karte** H7. 23, 44, 63, 81, 95, 160, 170, 280, 628, 716, 780.

Das Haus aus Bruchstücken antiker Bauten war im 11. Jahrhundert Teil eines Wehrturms. Erbauen ließ es die Familie Crescenzi, die von hier die Hafenanlagen (heute ist hier das Nationalarchiv) und die Brücke beobachtete, für die sie Maut kassierte.

Altrömische Fragmente in der Casa dei Crescenzi

Tempel am Forum Boarium ❽

Piazza della Bocca della Verità.
Stadtplan 8 E1, **Karte** H7. 44, 81, 95, 60, 170.

Portunus-Tempel

Bei Mondlicht wirken die beiden verblüffend gut erhaltenen, von Pinien beschatteten Tempel aus der Zeit der Republik besonders stimmungsvoll. Sie stammen aus dem 2. Jahrhundert v. Chr. und blieben der Nachwelt nur deshalb nahezu unversehrt erhalten, weil sie im Mittelalter in christliche Kirchen umgewandelt wurden.

Der rechteckige Tempel (früher als Tempel der Fortuna Virilis bekannt) war Portunus, dem Gott der Flüsse und Häfen, geweiht, da der Hafen des Alten Rom ganz in der Nähe lag. Er steht auf einem Podium und hat vier ionische Säulen aus Travertin. Die zwölf der Cella (Raum mit dem Götterbild) vorgelagerten Halbsäulen bestehen aus Tuff. Nicht weit entfernt liegt der kleine, runde Herkules-Tempel, der wegen seiner Ähnlichkeit mit dem gleichnamigen Tempel am Forum oft auch Tempel der Vesta genannt wird. Er besteht vollkommen aus griechischem Marmor.

Stadtplan *siehe Seiten 396–419*

Das lichte Innere von Santa Sabina

Santa Sabina ❾

Piazza Pietro d'Illiria 1. **Stadtplan**
8 E2, **Karte** G8. 📞 06 57 94 06 00.
🚌 23, 280, 716. Ⓜ Circo Massimo.
🕐 tägl. 6.30–12.45, 15–19 Uhr
(Winter: bis 18 Uhr). ♿

Auf dem Aventin steht eine frühchristliche Basilika, die 425 n.Chr. von Petrus von Illyrien gegründet wurde. Nach der Renovierung Anfang des 20. Jahrhunderts zeigt sie wieder ihre ursprüngliche Schlichtheit. Das Licht fällt durch hohe Fenster (9. Jh.) ins Mittelschiff. Es wird von Säulen begrenzt, die eine mit Marmorfriesen geschmückte Arkade tragen. Über dem Hauptportal schildert ein Mosaik (5. Jh.) die Geschichte des Kirchenbaus. Kanzel, Chor und Bischofsstuhl sind aus dem 9. Jahrhundert. Im 13. Jahrhundert schenkte Honorius III. die Kirche den Dominikanern. Im Hauptschiff befindet sich das Mosaik-Grabmal eines frühen Ordensführers (Muñoz de Zamora, gest. 1300). Die Türen des Mittelportals (5. Jh.) präsentieren in Holzschnitzereien biblische Szenen.

Santi Bonifacio e Alessio ❿

Piazza di Sant'Alessio 23. **Stadtplan**
8 D2, **Karte** G8. 📞 06 574 34 46.
🚌 23, 280, 716. Ⓜ Circo Massimo.
🕐 tägl. 9–11.45, 15.30–18.30 Uhr
(Winter: bis 18 Uhr). ♿

Die Kirche ist nach zwei frühchristlichen Märtyrern benannt, deren Gebeine unter dem Hauptaltar begraben liegen. Die Legende berichtet, dass Alessio, der Sohn eines ortsansässigen reichen Senators, gen Osten floh, um einer unliebsamen Heirat zu entgehen. Jahre später kehrte er zurück und starb unerkannt als Dienstbote unter der Treppe des elterlichen Hauses, ein Manuskript mit seinem Lebensbericht in Händen.

Die Kirche (5. Jh.) wurde mehrfach umgebaut. Bemerkenswert sind die fünfbogige Fassade (18. Jh.), der restaurierte Cosmaten-Torbogen und der prachtvolle fünfstöckige romanische Campanile (1217). Ein Teil der berühmten Treppe ist in eine Barockkapelle (18. Jh.) von Andrea Bergondi integriert. Weitere Sehenswürdigkeiten sind der Brunnen aus Alessios Elternhaus und die byzantinische Madonna der Fürbitte, die Ende des 10. Jahrhunderts aus Damaskus nach Rom gebracht wurde.

Piazza dei Cavalieri di Malta ⓫

Stadtplan 8 D2, **Karte** G8. 🚌 23, 280, 716. Ⓜ Circo Massimo.

Piranesi entwarf die Piazza mit den Zypressen, Obelisken und militärischen Trophäen im Jahr 1765. Der Platz ist nach den Rittern des Malteserordens (Cavalieri di Malta) benannt, deren Priorat (Nr. 3) besondere Berühmtheit erlangt hat: Durch das Schlüsselloch des Portals bietet sich nämlich ein einmaliger Blick auf den Petersdom.

Die Prioratskirche Santa Maria del Priorato – von Giovanni Battista Piranesi im 18. Jahrhundert restauriert und im klassizistischen Stil ausgeschmückt – kann man nur mit Erlaubnis des Ordens besichtigen. An der Südwestecke des

Portal zum Priorat der Malteser

Monte Testaccio ⓬

Via Galvani. **Stadtplan** 8 D4, **Karte**
G10. 🚌 23, 95, 673. Ⓜ Piramide.
🚋 3. 🕐 nur nach tel. Voranmeldung
(06 06 08).

Der Berg besteht aus Abermillionen zerschlagener Amphoren (Testae), in denen zwischen 140 v.Chr. und 250 n.Chr. Waren transportiert wurden. Der künstliche Hügel ist 36 Meter hoch und voller archäologischer Schätze – was man allerdings erst im 18. Jahrhundert erkannte.

Platzes ertönen aus der Benediktinerkirche Sant'Anselmo sonntags gregorianische Gesänge.

Fassade von Santi Bonifacio e Alessio

Protestantischer Friedhof ⓭

Cimitero Protestante, Via Caio Cestio 6. **Stadtplan** 8 D4, **Karte** G10. 📞 *06 574 19 00.* 🚌 *23, 95, 280.* 🚇 *3.* Ⓜ️ *Piramide.* ⏰ *Mo–Sa 9–17, So 9–13 Uhr (letzter Einlass 30 Min. vor Schließung).* **Spende.** 🚻

Seit 1783 werden auf dem Cimitero Protestante oder Acattolico bei der Aurelianischen Mauer Nichtkatholiken, meist Deutsche und Engländer, beigesetzt. Im älteren Teil liegt das Grab des englischen Dichters John Keats (1795–1821), dessen Epitaph die Inschrift trägt: »Here lies One Whose Name was writ in Water.« Auch Percy Bysshe Shelley (1792–1822) und Keats' Freund Joseph Severn (1793–1879) liegen hier, ebenso Goethes Sohn August.

Grabmal von John Keats

Pyramide des Caius Cestius ⓮

P.le Ostiense. **Stadtplan** 8 E4, **Karte** H10. 🚌 *95, 280.* 🚇 *3.* Ⓜ️ *Piramide.*

Grabpyramide des Caius Cestius

Caius Cestius, ein 12 v. Chr. verstorbener reicher Praetor, ist nur seines imposanten Grabmals wegen in die Geschichte eingegangen – einer mit weißem Marmor verkleideten Pyramide (36 m) in der Aurelianischen Mauer direkt vor der Porta San Paolo. Einer Inschrift zufolge betrug die Bauzeit 330 Tage. Man darf annehmen, dass das Bauwerk damals nicht weniger auffällig wirkte als heute.

Detail eines Sarkophags in der Vorhalle der Kirche San Saba

San Saba ⓯

Via di San Saba. **Stadtplan** 8 F3, **Karte** H9. 📞 *06 64 58 01 40.* 🚌 *75, 175, 673.* 🚇 *3.* ⏰ *Mo–Sa 8.30–12, 16–18.30, So 9.30–13, 16–20 Uhr.* 🚻

San Saba ist ruhig gelegen. Die Kirche entstand als Oratorium für palästinensische Mönche, die im 7. Jahrhundert nach Rom kamen. Der heutige, oft veränderte Bau datiert aus dem 10. Jahrhundert. In der Vorhalle gibt es eine Sammlung archäologischer Funde.

Die drei Schiffe münden in drei Apsiden. Im 11. Jahrhundert wurde an das linke Seitenschiff ein kurzes viertes angebaut. Hier sind Bruchstücke von Fresken (13. Jh.) erhalten. Sie zeigen das Leben des hl. Nikolaus von Bari. Beachten Sie die Szene, in der

unser heutiger »Nikolaus« drei nackte Jungfrauen von der Armut befreit, indem er ihnen Gold schenkt. Marmorintarsien der Cosmaten (13. Jh.) schmücken Hauptportal, Fußboden und Chor.

Circus Maximus ⓰

Via del Circo Massimo. **Stadtplan** 8 F2, **Karte** J8. 🚌 *81, 160, 628, 715.* 🚇 *3.* Ⓜ️ *Circo Massimo.*

Kaum etwas erinnert heute an Roms größtes Stadion, das in der Senke zwischen Palatin und Aventin lag. Ab dem 4. Jahrhundert v. Chr. bis 549 n. Chr., als die letzten Rennen stattfanden, wurde das Stadion kontinuierlich vergrößert. Die Tribünen fassten über 300000 Zuschauer, die johlend Wagenrennen, Leichtathletik-Wettkämpfe, Tierhatzen und Gladiatorenspiele verfolgten und dabei hohe Wetten abschlossen.

Mitten durch die Arena verlief eine Aufschüttung (*spina*) mit sieben eiförmigen Aufsätzen, die den Zuschauern bei Rennen die Orientierung erleichterten. 33 v. Chr. kamen sieben Delfine mit ähnlicher Funktion hinzu. 10 v. Chr. ließ Augustus die Kaiserloge unter dem Palatin anlegen und die Spina mit jenem Obelisken schmücken, der nun auf der Piazza del Popolo (*siehe S. 137*) steht. Ein zweiter Obelisk, den Konstantin II. im 4. Jahrhundert hinzufügte, ist heute auf der Piazza di San Giovanni in Laterano (*siehe S. 178f*) zu sehen.

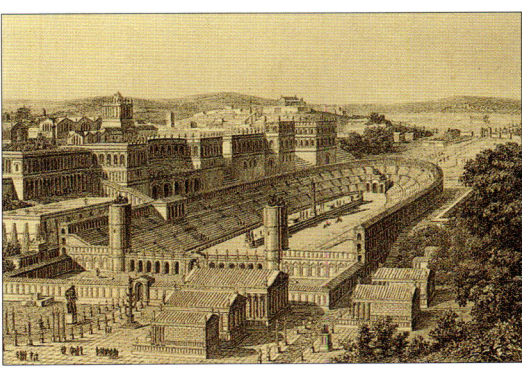

So dürfte der Circus Maximus zu seiner Blütezeit ausgesehen haben

Stadtplan *siehe Seiten 396–419*

Trastevere

Die stolzen und demonstrativ unabhängigen Bewohner von Trastevere, dem Stadtteil »jenseits des Tiber«, halten ihr Viertel – eines der malerischsten der Stadt – für das wahre Rom. Zuweilen hat man hier den Eindruck, in längst vergangenen Zeiten zu sein. Allerdings verliert sich in vielen Straßenzügen der bodenständig-proletarische Charakter zusehends, denn immer mehr Restaurants, Clubs und Boutiquen eröffnen im »Rione« (Vier-

Romanischer Glockenturm

tel). Im Netz enger Gassen liegen – oft nur durch den romanischen Campanile erkennbar – einige der faszinierendsten mittelalterlichen Kirchen Roms: Santa Cecilia wurde an der Stelle errichtet, an der die hl. Cäcilia, die Patronin der Musik, im Jahr 230 den Märtyrertod fand. San Francesco a Ripa erinnert an den Rom-Aufenthalt des hl. Franz von Assisi. Santa Maria in Trastevere bildet im Bezirk den traditionellen Mittelpunkt des geistlichen und weltlichen Lebens.

Sehenswürdigkeiten auf einen Blick

Kirchen
San Crisogono ⑥
San Francesco a Ripa ❿
Santa Cecilia in Trastevere ⑧
Santa Maria della Scala ③
Santa Maria in Trastevere
S. 212f ⑤

Museen und Sammlungen
Sant'Egidio und Museo
di Roma in Trastevere ④

Historische Gebäude
Casa della Fornarina ①
Caserma dei Vigili della
VII Coorte ⑦
San Michele a Ripa Grande ⑨

Brücke
Ponte Sisto ②

Park
Villa Sciarra ⑪

SIEHE AUCH
- *Stadtplan* 4, 7, 8, 11
- *Hotels* S. 306f
- *Restaurants* S. 324f
- *Spaziergang am Tiber* S. 274f;
  Spaziergang durch Trastevere
  und auf den Gianicolo S. 288f

LEGENDE

▨ Detailkarte
ℹ Information
— Stadtmauer

Anfahrt
Die beste Verbindung ist die Tramlinie 8 vom Largo di Torre Argentino, die den geschäftigen Via e di Trastevere entlangfährt. Bus H fährt den gleichen Weg ab Stazione Termini. Wenn Sie vom Vatikan kommen, wählen Sie Bus 23 oder 280, die den Lungotevere entlangfahren.

◁ Ein typischer *vicolo* (schmale Straße, Gasse) mit Altbauten in Trastevere

Im Detail: Trastevere

Das ganze Jahr über ist Trastevere ein lohnendes Ausflugsziel – wegen seiner Restaurants, Clubs und Kinos, aber auch wegen der malerischen labyrinthischen Gassen, in denen sich an Sommerabenden die Menschen tummeln. Besonders lebhaft geht es während der Festa de Noantri *(siehe S. 59)* zu. Café- und Restauranttische stehen auf dem Kopfsteinpflaster. Am beliebtesten sind die Lokale um die Piazza di Santa Maria in Trastevere und die Pizzerias entlang dem Viale di Trastevere. Hier bieten die Kioske erfrischende Melonenscheiben und *grattachecca*, eine Mischung aus Sirup und Eis, an. Wer den Charme von Trastevere wirklich genießen will, besucht das Viertel am frühen Morgen, wenn die meisten Besucher noch schlafen.

Casa della Fornarina
Raffaels Geliebte soll hier gewohnt haben. Im Garten des Hauses befindet sich heute ein Restaurant. ❶

Santa Maria dei Sette Dolori (1643) ist ein Werk Borrominis.

Santa Maria della Scala
Die Fassade ist unauffällig, doch der Barockschmuck im Inneren grandios. ❸

Sant'Egidio und Museo di Roma in Trastevere
Das Fresko (17. Jh.) von Pomarancio mit dem Namenspatron der Kirche schmückt die linke Seitenkapelle. Im benachbarten Kloster befindet sich das Museo di Roma. ❹

★ Santa Maria in Trastevere
Berühmteste Sehenswürdigkeit der Kirche sind die Mosaiken (12. Jh.) von P. Cavallini. Es gibt aber auch ältere Arbeiten wie dieses Mosaik des Propheten Jesaja (links der Apsis). ❺

Der Brunnen
(1692 von Carlo Fontana entworfen) an der Piazza Santa Maria in Trastevere ist ein beliebter Treffpunkt. Nachts wird er angestrahlt, Dutzende junger Leute sitzen auf den Stufen des achteckigen Sockels.

NICHT VERSÄUMEN

★ Santa Maria in Trastevere

LEGENDE

Routenempfehlung

0 Meter   75

Hotels und Restaurants in Trastevere *siehe Seiten 306f und 324f*

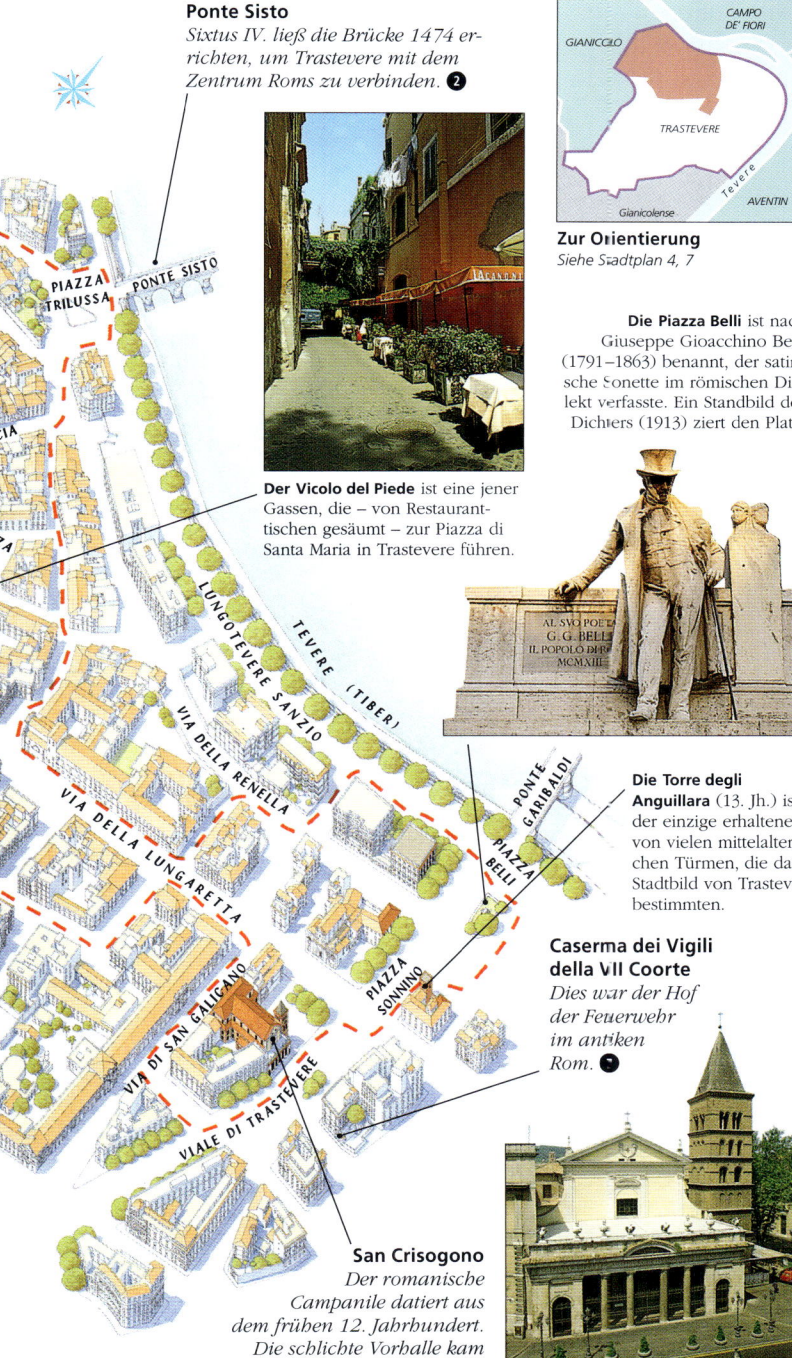

Ponte Sisto
*Sixtus IV. ließ die Brücke 1474 er-
richten, um Trastevere mit dem
Zentrum Roms zu verbinden.* ❷

Zur Orientierung
Siehe Stadtplan 4, 7

Die Piazza Belli ist nach
Giuseppe Gioacchino Belli
(1791–1863) benannt, der satirische Sonette im römischen Dia-
lekt verfasste. Ein Standbild des
Dichters (1913) ziert den Platz.

Der Vicolo del Piede ist eine jener
Gassen, die – von Restaurant-
tischen gesäumt – zur Piazza di
Santa Maria in Trastevere führen.

**Die Torre degli
Anguillara** (13. Jh.) ist
der einzige erhaltene
von vielen mittelalterli-
chen Türmen, die das
Stadtbild von Trastevere
bestimmten.

Caserma dei Vigili
della VII Coorte
*Dies war der Hof
der Feuerwehr
im antiken
Rom.* ⬤

San Crisogono
*Der romanische
Campanile datiert aus
dem frühen 12. Jahrhundert.
Die schlichte Vorhalle kam
später dazu (1626), passt aber
sehr gut zur alten Kirche.* ❻

Stadtplan *siehe Seiten 396–419*

Casa della Fornarina ❶

Via di Santa Dorotea 20. **Stadtplan** 4 D5 (11 B5), **Karte** E6 (S5). 🚌 23, 280.

Über Raffaels Modell und Geliebte La Fornarina ist wenig verbürgt, dennoch erhielt sie im Lauf der Zeit einen Namen und eine Biografie: Margherita soll die Tochter eines Sieneser Bäckers gewesen sein (*La Fornarina* heißt Bäckermädchen), dessen Geschäft nicht weit von Raffaels Fresken in der Villa Farnesina *(siehe S. 220f)* lag. Margheritas Verhältnis mit Raffael brachte ihr den Ruf eines »gefallenen Mädchens« ein. Auf dem Totenbett verstieß Raffael, der von allen Sünden erlöst werden wollte, Margherita. Vier Monate nach seinem Tod soll sie in das Kloster Santa Apollonia in Trastevere gegangen sein. Man nimmt an, dass sie für Raffaels Porträt *La Donna Velata* Modell stand.

Ponte Sisto ❷

Stadtplan 4 E5 (11 B5), **Karte** F6 (S/T5). 🚌 23, 280.

Papst Sixtus IV. della Rovere (1471–84) gab Baccio Pontelli den Auftrag, eine altrömische Brücke an dieser Stelle durch eine neue zu ersetzen. Sixtus IV. ließ auch die Sixtinische Kapelle *(siehe S. 244–247)* und das Ospedale di Santo Spirito *(siehe S. 226f)* bauen sowie zahlreiche Kirchen und Denkmäler erneuern. Er geriet jedoch in finanzielle Schwierigkeiten: Um seine Bauprojekte zu finanzieren, musste er persönliche Gegenstände veräußern. Das Geld für den Brückenbau soll er sich durch eine Prostitutionssteuer beschafft haben.

Papst Sixtus IV.

Vergoldeter Barockaltar, Santa Maria della Scala

Santa Maria della Scala ❸

Piazza della Scala 23. **Stadtplan** 4 D5 (11 B5), **Karte** E7. 📞 06 580 62 33. 🚌 23, 280. 🕐 tägl. 10–12.30, 16–19 Uhr. ✝

Die Kirche entstand in einer 30 Jahre dauernden Phase intensiver Bautätigkeit (Ende 16. Jh./Anfang 17. Jh.). Die schlichte Fassade steht in Gegensatz zum reich geschmückten Inneren mit farbigem Marmor, barocken Altäre und Reliefarbeiten. 1849 diente die Kirche als Lazarett für Garibaldis Soldaten.

Sant'Egidio und Museo di Roma in Trastevere ❹

Piazza Sant'Egidio 1. **Stadtplan** 7 C1, **Karte** F7. 🚌 H, 23, 280. 🚋 8. **Kirche** 📞 06 58 56 61. 🕐 Sa 10–12.30 Uhr. ✝ **Museo di Roma** 📞 06 581 65 63. 🕐 Di–So 10–19 Uhr. **www**.museodiromaintrastevere.it

Sant'Egidio (1630), dem hl. Ägidius geweiht, war die Kirche eines Karmeliterklosters, das Not leidenden Menschen Obdach gewährte. In den Klostergebäuden ist heute ein Museum untergebracht, das anhand vieler Exponate anschaulich illustriert, wie die Römer unter päpstlicher Herrschaft lebten. Es gibt Bilder, die zeigen, welche Bräuche damals gepflegt und wie die Feste begangen wurden. Alte Gemälde und Drucke zeigen, wie die Stadt damals aussah.

Zu den beliebtesten Exponaten zählen die Nachbauten von Läden und einer Taverne aus dem 18./19. Jahrhundert. Zudem besitzt das Museum Manuskripte der römischen Dialektdichter Giacomo Belli und Trilussa (1871–1950).

Bildnis eines öffentlichen Schreibers (1880) im Museo di Roma

Santa Maria in Trastevere ❺

Siehe S. 212f.

San Crisogono ❻

Piazza Sonnino 44. **Stadtplan** 7 C1, **Karte** F7. 📞 06 58 10 00 76. 🚌 H, 23, 280. 🚋 8. 🕐 Mo–Sa 7–12, 16.15–19.30, So 8.30–13, 16.15–19.30 Uhr. 📷 für die Ausgrabungen. ✝ ♿

Die Basilika wurde über einem antiken *tituli* (Privathaus, in dem die Christen ihre Gottesdienste abhielten) errichtet, dessen Grundriss in die Pläne des Neubaus (12. Jh.) einging. Darunter liegt eine Kirche (8. Jh.) mit schönen Fresken (11. Jh.). San Crisogono wurde von Pietro Cavallini ausgeschmückt. Erhalten ist noch das Apsismosaik aus seiner Schule. Die

Apsismosaik in San Crisogono

meisten Säulen, darunter auch die großen Porphyrsäulen des Triumphbogens, stammen aus älteren Bauten. Der Marmor für den Mosaikboden wurde ebenfalls aus römischen Ruinen zusammengetragen.

Caserma dei Vigili della VII Coorte ❼

Via della VII Coorte. **Stadtplan** 7 C1, **Karte** G7. ☎ 06 06 08. ▭ H, 23, 280, 780. ▯ 8. ● wg. Restaurierung (bitte tel. nachfragen).

Nicht alle antiken Ruinen sind kaiserliche Villen oder Tempelanlagen, es gibt auch solche, die den Alltag veranschaulichen. Zu diesen Relikten gehören die Kasernen der VII. Kohorte, der Feuerwehr der Antike. Sie wurden zur Zeit von Kaiser Augustus errichtet (1. Jh. n.Chr.). Der freigelegte Hof war der Sammelplatz für die Feuerwehrmänner.

Santa Cecilia in Trastevere ❽

Piazza di Santa Cecilia. **Stadtplan** 8 D1, **Karte** G7/8. ☎ 06 589 92 89. ▭ H, 23, 44, 280. ▯ 8. ◯ tägl. 9.30–12.30, 16–18.30 Uhr. ▨ Ausgrabungen. **Cavallini-Fresko** ◯ Mo–Sa 10–12.30 Uhr.

Die hl. Cäcilia, Schutzheilige der Musik, starb 230 n.Chr. hier den Märtyrertod. Nach dem erfolglosen Versuch, sie durch Verbrühen zu töten, wurde sie enthauptet. Vermutlich im 4. Jahrhundert errichtete man an der Stelle ihres Hauses eine Kirche. Das Haus mit Überresten einer römischen Gerberei unterhalb der Kirche ist zu besichtigen. Lange galt Cäcilias Leichnam als verschollen, wurde dann aber in den Katakomben von San Callisto (siehe S. 265) entdeckt. Im 9. Jahrhundert ließ Papst Paschalis I. die Kirche neu aufbauen und Cäcilias Gebeine darin beisetzen. Aus dieser Zeit stammt das Apsismosaik.

Das Altar-Ziborium (von Arnolfo di Cambio) und das Fresko Jüngstes Gericht (von Pietro Cavallini; Eingang

Detail des Freskos (13. Jh.) von Pietro Cavallini in Santa Cecilia

durch das angrenzende Kloster) stammen aus dem 13. Jahrhundert. Vor dem Altar befindet sich eine Marmorstatue der Cäcilia, die Stefano Maderno 1599 schuf.

San Michele a Ripa Grande ❾

Via di San Michele. **Stadtplan** 8 D2, **Karte** G8. ☎ 06 584 31. ▭ 23, 44, 75, 280. ◯ zu Sonderausstellungen.

Der riesige Gebäudekomplex, in dem heute das Kulturministerium untergebracht ist, erstreckt sich über 300 Meter entlang dem Tiberufer. Er wurde auf Initiative von Papst Innozenz XII. gebaut. Hier waren ein Heim für alte Männer, eine

Knabenschule, eine Wollmühle und verschiedene Kapellen unter einem Dach vereint.

San Francesco a Ripa ❿

Piazza San Francesco d'Assisi 88. **Stadtplan** 7 C2, **Karte** F8. ☎ 06 581 90 20. ▭ H, 23, 44, 75, 280. ▯ 8. ◯ Mo–Sa 7–12, 16–19.30, So 7–13, 16–19 Uhr. 🔼 ♿

Bei seinem Rom-Besuch (1219) wohnte der hl. Franz von Assisi hier in einem Hospiz. Der Stein, den er als Kissen benutzte, und sein Kruzifix sollen in der Zelle zurückgeblieben sein. Sein Nachfolger, Rodolfo Anguillara, den sein Grabmal im Franziskanergewand zeigt, erteilte den Auftrag zum Neubau der Kirche. Um 1680 ersetzte Kardinal Pallavicini die Basilika durch das heutige Bauwerk. Eindrucksvoll sind die Rospigliosi- und Pallavicini-Denkmäler in der Querhaus-Kapelle sowie die Paluzzi-Albertoni-Kapelle (vierte links im Hauptschiff) mit Berninis Verzückung der Beata Ludovica Albertoni.

Villa Sciarra ⓫

Via Calandrelli 35. **Stadtplan** 7 B2, **Karte** E8. ▭ 44, 75. **Park** ◯ tägl. 9 Uhr bis Sonnenuntergang. ♿

Zu Zeiten der Römer war der hübsche Park das Heiligtum einer Nymphe. Sehr schön ist die Anlage im Frühjahr, wenn die Kirschbäume und Glyzinien blühen. Die Wege werden von romantischen Figuren, Brunnen und Statuen gesäumt. Man genießt zudem einen herrlichen Blick über die Stadt.

Berninis Verzückung der Beata Ludovica Albertoni (1674) in der Kirche San Francesco a Ripa

Stadtplan siehe Seiten 396–419

Santa Maria in Trastevere ❺

Der vermutlich erste christliche Sakralbau Roms wurde rasch zum Zentrum der Marienverehrung. Angeblich gründete Papst Kallistus I. die Kirche im 3. Jahrhundert, als das Christentum noch Religion einer Minderheit war. Der heutige Bau (großteils aus dem 12. Jh.) verdankt seinen Ruhm vor allem den Mosaiken von Pietro Cavallini. Die 22 Granitsäulen des Mittelschiffs stammen aus den Ruinen altrömischer Bauwerke. Trotz einiger barocker Anbauten (18. Jh.) hat die Basilika ihren mittelalterlichen Charakter bewahrt. Die ansprechende Kirche ist eng mit der hier wohnenden Bevölkerung verbunden.

Piazza Santa Maria in Trastevere

Die Piazza vor der Kirche ist das Herz von Trastevere. Heute umgeben belebte Bars und Restaurants den Platz. Den achteckigen Brunnen (spätes 17. Jh.) entwarf Carlo Fontana.

Der Mosaikboden, der nach 1870 neu verlegt wurde, ist die Nachbildung eines Cosmaten-Bodenmosaiks aus dem 13. Jahrhundert.

Der Glockenturm wurde im 12. Jahrhundert errichtet. Ganz oben befindet sich ein kleines Mosaikbildnis Marias.

★ Fassadenmosaiken

Das Mosaik (12. Jh.) zeigt Maria beim Stillen des Jesuskinds sowie zehn Frauen mit Laternen. Acht brennen – sie symbolisieren die Jungfräulichkeit.

NICHT VERSÄUMEN

★ Cavallini-Mosaik

★ Fassadenmosaiken

Bescheidene Stifter

Viele römische Mosaiken zeigen den Papst oder Kardinal, der den Bau der betreffenden Kirche veranlasste. Meist erscheinen die Stifter winzig klein neben den Bildern der Heiligen, denen die Kirchen geweiht sind. An der Fassade von Santa Maria knien zu Füßen der Jungfrau zwei winzige Gestalten. Selbst stehend würden sie ihr nicht einmal bis zum Knie reichen.

Fassadenmosaik

Die Vorhalle wurde 1702 von Carlo Fontana umgestaltet. Vier Papststatuen schmücken die darüberliegende Balustrade.

Haupteingang

Wand-Tabernakel (15. Jh.) von Mino del Reame

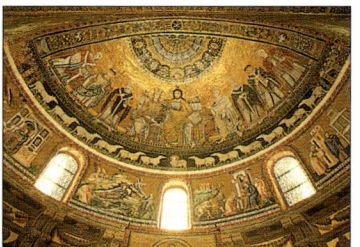

Apsismosaik
Das im 12. Jahrhundert geschaffene Mosaik in der Apsishalbkuppel zeigt die Krönung Mariens. Umgeben von Heiligen, sitzt die Jungfrau zur Rechten Christi.

INFOBOX

Via della Paglia 14C, Piazza Santa Maria in Trastevere. **Stadtplan** 7 C1, **Karte** F7. 06 581 48 02 H und 780 zur Piazza Sidney Sonnino; 23 und 280 Richtung Lungotevere Sanzio. 8 vom Largo Argentina. tägl. 7.30–20 Uhr. tägl. 9, 17.30 Uhr.

★ Cavallini-Mosaik
Die Details mit Szenen aus dem Marienleben (1291) sind von ergreifendem Realismus.

Madonna della Clemenza
Die lebensgroße Ikone stammt wohl aus dem 7. Jahrhundert. Über dem Altar der Cappella Altemps befindet sich eine Kopie der Ikone.

Grabmal des Kardinals Pietro Stefaneschi
Als Letzter seines Geschlechts starb Pietro Stefaneschi 1417. Sein Grabmal ist das Werk des ansonsten unbekannten Meisters Paolo.

ZEITSKALA

217–222 n. Chr. Papst Kallistus I. gründet eine Kirche	*Papst Innozenz II.*	**1291** Pietro Cavallini führt im Auftrag von Bertoldo Stefaneschi die Mosaiken mit Szenen aus dem Marienleben aus	**1617** Domenichino entwirft die Kassettendecke mit der oktogonalen *Himmelfahrt Mariens*
30 v. Chr.	200 n. Chr.	1400	1650 · 1900
38 v. Chr. Mineralöl tritt an dieser Stelle aus dem Boden, was später als Omen auf das Kommen Christi gedeutet wird	**um 1138** Papst Innozenz II. beginnt den Neubau der Kirche	**1580** Martino Longhi d. Ä. restauriert die Kirche und baut eine Familienkapelle für den Kardinal Marco Sittico Altemps	**1702** Papst Clemens XI. lässt die Vorhalle erneuern · **1866–77** Virginio Vespignani restauriert die Kirche

Stadtplan *siehe Seiten 396–419*

Gianicolo

Der Gianicolo, der eine herrliche Aussicht auf den Tiber und die Altstadt bietet, spielt in der Geschichte Roms eine wichtige Rolle. Garibaldi verteidigte sich 1849 hier gegen die französischen Truppen. Aus diesem Grund findet man im Park jede Menge Denkmäler für Garibaldi und seine Leute. Der Park lockt als ruhige Oase all jene an, die sich in den Straßen von Trastevere die Füße wund gelaufen

Puppen im Park auf dem Gianicolo

haben. Häufig finden hier auch Puppenspiele statt. Im Mittelalter lagen auf dem Gianicolo mehrere Klöster. Bramante schuf sein Miniatur-Meisterwerk, den Tempietto, im Hof des Franziskanerklosters San Pietro in Montorio. In die Zeit der Renaissance fiel auch die Bebauung des Flussufers an der Via della Lungara, wo reiche Römer sich prachtvolle Domizile (wie die Villa Farnesina) errichten ließen.

Sehenswürdigkeiten auf einen Blick

Kirchen und Tempel
San Pietro in Montorio **7**
Sant'Onofrio **6**
Tempietto **8**

Museen und Sammlungen
Palazzo Corsini und Galleria
Nazionale d'Arte Antica **2**

Historisches Gebäude
Villa Farnesina
S. 220f **1**

Brunnen
Fontana dell'Acqua
Paola **9**

Denkmal
Garibaldi-Denkmal **5**

Tor
Porta Settimiana **3**

Park
Botanischer Garten **4**

SIEHE AUCH

• *Stadtplan* 3, 4, 7, 11

• *Restaurant* S. 325

Anfahrt
Am besten erreichen Sie den Gianicolo vom Vatikan *(siehe S. 225)* oder von Trastevere *(siehe S. 207)* aus. Lediglich der Bus 870 fährt direkt auf den Hügel hinauf. Bus 44 verkehrt von der Piazza Venezia immerhin zu einem Punkt, von dem aus Sie bequem hinaufgehen können. Die Sehenswürdigkeiten entlang der Via della Lungara sieht man am besten von den Buslinien 23 oder 280 aus.

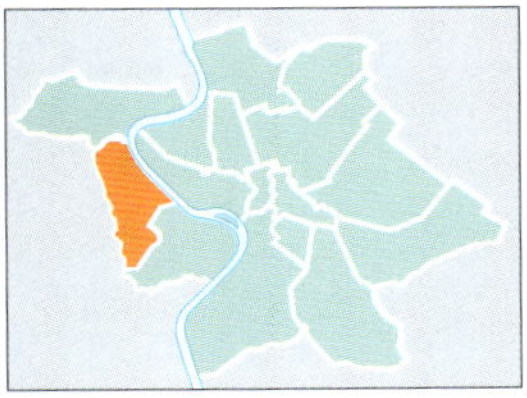

LEGENDE

Detailkarte

Stadtmauer

◁ Treppenbrunnen im Botanischen Garten *(siehe S. 218)*

Im Detail: Gianicolo

Der Aufstieg zur Hügelkuppe wird mit einem wunderbaren Blick über die Stadt belohnt. Zu den Sehenswürdigkeiten des Parks zählen ein Leuchtturm sowie Standbilder von Garibaldi und seiner Frau Anita. Jeden Mittag wird hier eine Kanone abgefeuert. An der Via della Lungara, zwischen Gianicolo und Tiber, stehen der Palazzo Corsini mit der Nationalgalerie und die Villa Farnesina, die Raffael für seinen Freund und Mäzen Agostino Chigi ausschmückte.

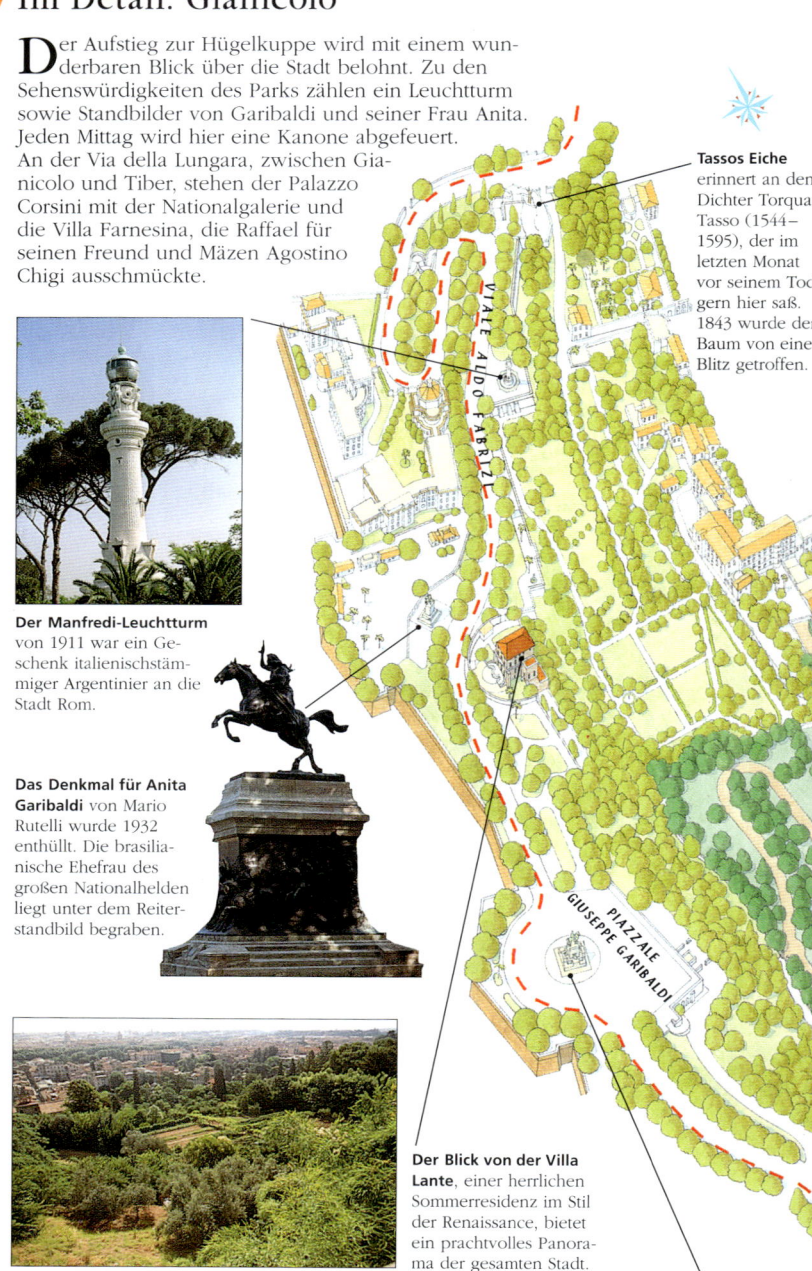

Tassos Eiche erinnert an den Dichter Torquato Tasso (1544–1595), der im letzten Monat vor seinem Tod gern hier saß. 1843 wurde der Baum von einem Blitz getroffen.

Der Manfredi-Leuchtturm von 1911 war ein Geschenk italienischstämmiger Argentinier an die Stadt Rom.

Das Denkmal für Anita Garibaldi von Mario Rutelli wurde 1932 enthüllt. Die brasilianische Ehefrau des großen Nationalhelden liegt unter dem Reiterstandbild begraben.

Der Blick von der Villa Lante, einer herrlichen Sommerresidenz im Stil der Renaissance, bietet ein prachtvolles Panorama der gesamten Stadt.

Garibaldi-Denkmal
Die Schrift auf dem Sockel des Reiterstandbilds lautet »Rom oder Tod«. ❺

ROMA O MORTE

Restaurant auf dem Gianicolo *siehe Seite 325*

Botanischer Garten
*Die Anlage entstand 1883,
als ein Teil des Palazzo
Corsini an die Uni-
versität von
Rom fiel.* ④

★ **Palazzo Corsini**
*Das Triptychon (15. Jh.) von
Fra Angelico hängt in der
Galleria Nazionale
d'Arte Antica.* ②

Zur Orientierung
Siehe Stadtplan 3, 4

★ **Villa Farnesina**
*Der Landsitz des Bankiers
Agostino Chigi verdankt
seinen Ruhm den Fresken
von Raffael, Baldassarre
Peruzzi und anderen
Renaissance-Künstlern.* ①

Porta Settimiana
*Wenn Sie von der Via della
Lungara durch den Renais-
sance-Bogen blicken, liegen
die malerischen schmalen
Gassen von Trastevere direkt
vor Ihnen.* ③

LEGENDE

– – – Routenempfehlung

0 Meter   75

NICHT VERSÄUMEN

★ Palazzo Corsini und
   Galleria Nazionale
   d'Arte Antica

★ Villa Farnesina

Stadtplan *siehe Seiten 396–419*

Villa Farnesina ❶

Siehe S. 220f.

Palazzo Corsini und Galleria Nazionale d'Arte Antica ❷

Via della Lungara 10. **Stadtplan** 4 D5 (11 A5), **Karte** E6 (R5).
☎ 06 68 80 23 23. 🚌 23, 280.
🕐 Di–So 8.30–19.30 Uhr (letzter Einlass 19 Uhr). ⬤ 1. Jan, 25. Dez.
📷 🚫 ♿ 🖼 📖
www.galleriaborghese.it

Schlafzimmer der Königin Christine im Palazzo Corsini

Die Geschichte des Palazzo Corsini ist eng mit derjenigen Roms verknüpft. Der für Kardinal Domenico Riario errichtete Bau (1510–12) beherbergte u. a. Bramante, Michelangelo, Erasmus von Rotterdam und Königin Christine von Schweden, die hier 1689 starb. 1736 baute Ferdinando Fuga den alten Palazzo für Kardinal Neri Corsini vollständig um. Da die Via della Lungara zu schmal war, um eine großzügige Vorderansicht des Gebäudes bieten zu können, entwarf Fuga die Fassade so, dass sie von der Seite aus zu bewundern ist.

Heute ist im Palazzo die Galleria Nazionale d'Arte Antica (auch Galleria Corsini genannt) untergebracht, mit Gemälden von Rubens, van Dyck, Murillo, Caravaggio und Guido Reni. Schwerpunkt der Sammlung ist die italienische Malerei des 17. und 18. Jahrhunderts. Der Palazzo

ist auch Sitz der Accademia dei Lincei, einer 1603 gegründeten Akademie der Naturwissenschaften, der auch Galilei angehörte.

1797 fand der General Duphot beim Zusammenstoß zwischen päpstlichen Truppen und Republikanern hier den Tod. Die französische Belagerung Roms und die Deportation von Papst Pius VI. führten zur Ausrufung der Römischen Republik (1798/99).

Porta Settimiana ❸

Zwischen Via della Scala und Via della Lungara. **Stadtplan** 4 D5 (11 B5), **Karte** E6 (S5). 🚌 23, 280.

Papst Alexander VI. Borgia ließ das Tor 1498 als Ersatz für einen Durchgang in der Aurelianischen Mauer bauen. Es markiert den Beginn der Via della Lungara, einer im frühen 16. Jahrhundert angelegten Straße.

Botanischer Garten ❹

Largo Cristina di Svezia 24, nahe Via Corsini. **Stadtplan** 4 D5, **Karte** R5.
☎ 06 49 71 71 07. 🚌 23, 280.
🕐 Mo–Sa 9–18.30 Uhr (Okt–März: bis 17.30 Uhr). ⬤ Feiertage. 📷
📖 tel. anmelden.

Mammutbäume, Palmen, prachtvolle Orchideen und Bromelien wachsen in Roms Botanischem Garten (Orto Botanico), der über 7000 verschiedene Pflanzenarten aus allen Erdteilen zeigt. Einheimische und exotische

Arten sind nach Pflanzenfamilien zusammengestellt, um ihre Anpassungsfähigkeit an verschiedene Klimazonen zu illustrieren. Es gibt auch interessante Arten wie den Ginkgo, der einige Erdzeitalter nahezu unverändert überlebt hat. Die Anlage war ursprünglich Teil des Palazzo Corsini, gehört seit 1983 jedoch zur Universität von Rom.

Garibaldi-Denkmal ❺

Piazzale Giuseppe Garibaldi. **Stadtplan** 3 C5, **Karte** D7. 🚌 870.

Sockel des Garibaldi-Denkmals

Das monumentale Reiterstandbild ist Teil eines Gedenkparks, der an die Taten Garibaldis auf dem Gianicolo erinnert, als die französische Armee 1849 Rom angriff. Garibaldis Republikaner leisteten den zahlenmäßig überlegenen Franzosen wochenlang erbitterten Widerstand, bevor sie schließlich überwältigt wurden. Garibaldi und seinen Getreuen glückte die Flucht. Das 1895 enthüllte Denkmal schuf Emilio Gallori. Die vier Bronzegruppen am Sockel zeigen Kampfszenen.

Treppenanlage mit Treppenbrunnen im Botanischen Garten

Restaurant auf dem Gianicolo *siehe Seite 325*

Hof von Sant'Onofrio

Sant'Onofrio ❻

Piazza di Sant'Onofrio 2. **Stadtplan** 3 C4, **Karte** D5. 📞 06 686 90 40. 🚌 870. 🕐 Mo–Fr 9–13 Uhr. ☀ Aug, außer 12. Aug. 🏛 **Museum** 📞 06 682 81 21. 🕐 nur nach tel. Vereinbarung.

Beato Nicola da Forca Palena, dessen Grab beim Eingang liegt, gründete die Kirche 1419 zu Ehren des Eremiten Onofrio. Die Vorhalle und der Kreuzgang sind noch in ihrer einstigen Schlichtheit (15. Jh.) erhalten. Anfang des 17. Jahrhunderts malte Domenichino den Portikus mit Fresken aus. Das benachbarte Kloster beherbergt ein Museum, das an den großen Dichter Torquato Tasso (16. Jh.) erinnert, der hier in einer der Zellen starb.

San Pietro in Montorio ❼

Piazza San Pietro in Montorio 2. **Stadtplan** 7 B1, **Karte** E7. 📞 06 581 39 40. 🚌 44, 75. 🕐 tägl. 8.30–12, Mo–Fr 14–16 Uhr (Sommer: bis 18 Uhr). Falls geschlossen, an der Tür rechts von der Kirche klingeln. 🏛

San Pietro in Montorio – die Kirche des hl. Petrus auf dem Goldenen Hügel – wurde im Mittelalter nahe der Stelle gegründet, an der der Heilige angeblich gekreuzigt wurde. Ferdinand II. und Isabella von Spanien veranlassten Ende des 15. Jahrhunderts einen Neubau, bei dem namhafte Renaissance-Künstler mitwirkten.

Die Fassade ist typisch für eine Zeit, in der man die klaren geometrischen Formen der Antike bevorzugte. Das einschiffige Innere endet in einer Apsis, die einst Raffaels *Verklärung* barg (heute im Vatikan). Zwei Seitenkapellen wurden von Michelangelos berühmtesten Schülern ausgeschmückt. Die linke Kapelle stammt von Daniele da Volterra, einem der wenigen Künstler, denen Michelangelo offen Bewunderung zollte. Volterra schuf auch das Altarbild *Taufe Christi*. Die rechte Kapelle ist das Werk von Giorgio Vasari, der in sein Altarbild *Bekehrung des heiligen Paulus* ein Selbstporträt (links, in Schwarz) einarbeitete.

Die erste Kapelle rechts birgt eine *Geißelung Christi* des venezianischen Künstlers Sebastiano del Piombo (1518). Der Entwurf dazu soll von Michelangelo stammen. In der zweiten Kapelle links und in den angrenzenden De-Raymondi-Grabmälern sind u.a. Werke von Bernini zu sehen.

Tempietto ❽

Piazza San Pietro in Montorio (im Hof). **Stadtplan** 7 B1, **Karte** E7. 📞 06 581 28 06. 🚌 44, 75. 🕐 Di–Sa 9.30–12.30, 14–16.30 Uhr (Sommer: 16–18 Uhr). Siehe **Die Geschichte Roms** S. 32f.

Um 1502 vollendete Bramante das erste echte Renaissance-Bauwerk Roms: den Tempietto, das »Tempelchen«. Der kreisförmige Grundriss geht auf frühchristliche *martyria* zurück, Kapellen am Ort des Martyriums eines Heiligen. Der Tempietto markiert die Stelle, an der das Kreuz Petri gestanden haben soll.

Die kuppelüberwölbte Kapelle umgab Bramante mit 16 dorischen Säulen und einer grazilen Balustrade. Obwohl der Tempietto sehr klein ist, zeigt Bramantes Umgang mit den Proportionen klassische Harmonie. Der Bau verkörpert den Traum der Renaissance, dass Rom zu seiner alten Pracht zurückfinden möge.

Fontana dell'Acqua Paola ❾

Via Garibaldi. **Stadtplan** 7 B1, **Karte** E7. 🚌 44, 75.

Fontana dell'Acqua Paola

Der monumentale Brunnen erinnert an die Wiedereröffnung (1612) eines Aquädukts, den Kaiser Trajan 109 n. Chr. anlegen ließ. Zu Ehren Pauls V., jenem Borghese-Papst, der die Erneuerung anregte, wurde er in Acqua Paola umbenannt. Ursprünglich hatte der Brunnen fünf kleine Becken, doch der neue Entwurf von Carlo Fontana 1690 sah ein einziges riesiges Becken vor. Obwohl es gesetzlich verboten war und ist, haben Generationen von Römern das Trinkwasserbecken zum Baden und zum Gemüsewaschen genutzt.

Bramantes Rundkapelle, der Tempietto

Stadtplan *siehe Seiten 396–419*

Villa Farnesina ❶

Der reiche Sieneser Bankier Agostino Chigi, der Rom zum Hauptsitz seines Finanzimperiums erwählt hatte, erteilte 1508 seinem Landsmann Baldassarre Peruzzi den Auftrag zum Bau der Villa. Der schlichte, harmonische Entwurf mit Hauptgebäude und Seitenflügeln macht das Gebäude zu einem Paradebeispiel der Hochrenaissance. Die Ausschmückung erfolgte 1510–19 und wurde mittlerweile restauriert. Einige der Fresken im Inneren stammen von Peruzzi selbst. Später fügten Sebastiano del Piombo sowie Raffael und dessen Schüler weitere Werke hinzu. Die Fresken illustrieren Szenen aus der antiken Mythologie, die Deckenbilder der Sala di Galatea stellen Agostino Chigis Horoskop in Sternbildern dar.

Maler, Dichter, Kardinäle, Prinzen und sogar der Papst ließen sich hier in großem Stil von ihrem wohlhabenden und überaus einflussreichen Gastgeber unterhalten. 1577 erwarb Kardinal Alessandro Farnese die Villa.

Nordfassade
Die Loggia mit Raffaels Amor und Psyche *blickt auf eine Gartenanlage, in der große Feste stattfanden.*

Eingang

Sodoma: Hochzeit Alexanders des Großen mit Roxane
Putten helfen der Braut Roxane, sich auf die Hochzeit vorzubereiten.

★ **Triumph der Galatea von Raffael**
Die wunderschöne Nymphe Galatea war eine der 50 Töchter des Gottes Nereus.

Architekt
Baldassarre Peruzzi, Maler und Baumeister, kam 1503 im Alter von 20 Jahren aus Siena nach Rom und wurde Bramantes Meisterschüler. Seine architektonischen Entwürfe sind von der Antike geprägt, seine Gemälde zeigen gotischen Einfluss. Nach Raffaels Tod übernahm er die Leitung der Bauarbeiten am Petersdom, wurde beim Sacco di Roma *(siehe S. 33)* gefangen genommen und ging bis 1535 nach Siena ins Exil. Er starb 1536.

Baldassarre Peruzzi

Fresken in der Sala di Galatea
Eine der mythologischen Szenen Peruzzis zeigt, wie Perseus Medusa enthauptet.

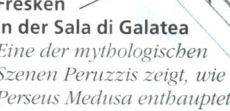

★ Salone delle Prospettive
Auf Peruzzis illusionistischen Fresken breiten sich hinter monumentalen Säulen Landschaften und Städtebilder aus.

INFOBOX

Via della Lungara 230.
Stadtplan 4 D5 (11 A5),
Karte E6 (R5). 🚌 *23, 280 nach Lungotevere Farnesina.*
📞 *06 68 02 72 68.*
🕐 *Mo – Sa 9 – 13 Uhr.*
⬤ *Aug.* 🚫 📷 ♿ 🚫

Fresko aus dem Salone delle Prospettive
Das Bild zeigt, wie die Torre delle Milizie (siehe S. 90) im 16. Jahrhundert aussah.

★ Loggia mit Amor und Psyche
Agostino Chigis Geliebte, die Kurtisane Imperia, soll für die linke Figur in Raffaels Drei Grazien Modell gestanden haben.

NICHT VERSÄUMEN

★ Loggia mit
  Amor und Psyche

★ Salone delle
  Prospettive

★ *Triumph der Galatea*
  von Raffael

Lünette in der Sala di Galatea
Der Jünglingskopf, einst Michelangelo zugeschrieben, stammt wohl von Peruzzi.

Stadtplan *siehe Seiten 396 – 419*

Vatikan

Der Ort, an dem der Apostel Petrus das Martyrium erlitt und begraben sein soll, wurde Sitz der Päpste, die als seine Nachfolger gelten und zugleich Bischöfe von Rom sind. Papst und Petersdom locken jährlich Millionen Pilger aus aller Welt in die Stadt. Im päpstlichen Palast neben dem Petersdom sind die Vatikanischen Museen untergebracht, die mit Michelangelos Sixtinischer Kapelle sowie den Stanzen Raffaels als die

Nonnen auf dem Petersplatz

bedeutendsten Museen Roms gelten. Durch die Lateranverträge (1929) erhielt die Vatikanstadt (Città del Vaticano) den Status eines souveränen Staats, was auch durch den Bau einer neuen Straße, der Via della Conciliazione, zum Ausdruck kam. Diese führt vom Petersdom zum Castel Sant'Angelo. Die »Engelsburg« wurde einst als Mausoleum für Kaiser Hadrian errichtet, sie diente als päpstliche Festung und Gefängnis – ein Schauplatz heftiger Machtkämpfe.

Sehenswürdigkeiten auf einen Blick

Kirchen
Petersdom S. 230–233 ❶
Santa Maria in Traspontina ❾
Santo Spirito in Sassia ❹

Museen und Sammlungen
Vatikanische Museen S. 234–247 ❷

Historische Gebäude
Castel Sant'Angelo S. 248f ⓭
Ospedale di Santo Spirito ❺

Palazzo del Commendatore ❻
Palazzo dei Convertendi ❼
Palazzo di Giustizia ⓮
Palazzo dei Penitenzieri ❽
Palazzo Torlonia ⓬

Tor
Porta Santo Spirito ❸

Historische Straßen und Plätze
Borgo ❿
Passetto ⓫

Anfahrt
Am schnellsten erreichen Sie die Vatikanstadt mit der Metro-Linie A bis Ottaviano S. Pietro. Die Busse 40 und 64 verkehren von der Piazza dei Cinquecento (vor Stazione Termini). Die Linie 62 fährt als einzige über die Via Conciliazione. Weitere Linien zu diesem Areal sind die Busse 23, 81 und 492, die an der Piazza del Risorgimento halten.

SIEHE AUCH

• *Stadtplan* 3, 4

• *Hotels* S. 307f

• *Restaurants* S. 325f

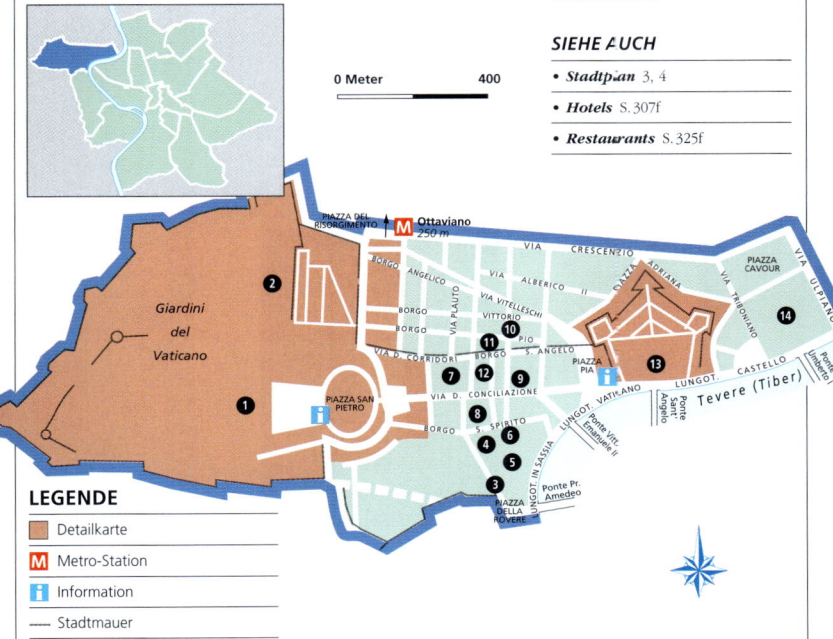

0 Meter   400

LEGENDE

- Detailkarte
- **M** Metro-Station
- **i** Information
- ---- Stadtmauer

◁ **Die Kuppel des Petersdoms** *(siehe S. 230–233)* **dominiert das Bild der Vatikanstadt**

Im Detail: Vatikanstadt

Der Vatikan ist das Glaubenszentrum für Katholiken, seit 1929 souveräner Staat und seit 1984 Weltbestätte. Knapp 1000 Menschen leben in der Vatikanstadt mit ihrer eigenen Gerichtsbarkeit und der Schweizergarde. Es gibt Läden, ein Postamt, eine Rundfunkanstalt, die in 34 Sprachen weltweit sendet, und eine eigene Tageszeitung, *L'Osservatore Romano*. Auf dem Gelände liegt auch der Campo Santo Teutonico (Dt. Friedhof; tägl. 7–12 Uhr).

Die Madonna von Guadalupe zeigt das Madonnenbildnis, das 1531 auf dem Umhang einer mexikanischen Indianerin erschien.

Hubschrauberlandeplatz

Die Grotta di Lourdes ist eine Kopie jener Grotte in Frankreich, wo 1858 der hl. Bernadette die Jungfrau erschien.

Der Vatikan-Bahnhof, (1930 eröffnet) ist an die Strecke Rom−Viterbo angebunden, wird aber nur noch für Frachtgut benutzt.

Radio Vatikan sendet von diesem Turm aus, der zum 847 erbauten Befestigungswall gehört.

Die Päpstliche Audienzhalle von Pier Luigi Nervi wurde 1971 eröffnet. Sie fasst 12 000 Gläubige.

Das Informationsbüro organisiert Führungen durch die Vatikanischen Gärten.

★ Petersdom
In den Grotten unter der Basilika liegt die Peterskapelle. Die reiche Marmorausstattung (Ende 16. Jh.) geht auf Clemens VIII. zurück. ❶

PIAZZA DEL SANT UFFIZIO

Die Piazza San Pietro (1656–67) ist ein Meisterwerk Berninis. Der schmale, trapezförmige Platz vor der Kirche öffnet sich zum riesigen, kolonnadenumsäumten Oval.

NICHT VERSÄUMEN

★ Petersdom

★ Vatikanische Museen

Der Obelisk wurde 1586 aufgestellt – mithilfe von 150 Pferden und 47 Seilwinden.

Hotels und Restaurants um den Vatikan *siehe Seiten 307f und 325f*

Der Adlerbrunnen entstand anlässlich der Eröffnung der Acqua Paola – des Aquädukts, der den Vatikan mit Wasser versorgt. Der Adler ist das Wappentier der Borghese.

Zur Orientierung
Siehe Stadtplan 3

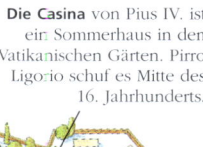

Die Casina von Pius IV. ist ein Sommerhaus in den Vatikanischen Gärten. Pirro Ligorio schuf es Mitte des 16. Jahrhunderts.

Eingang zu den Vatikanischen Museen

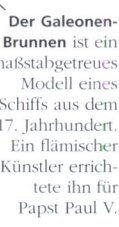

★ Vatikanische Museen
Raffaels Madonna von Foligno *(1513) ist eines der vielen Renaissance-Meisterwerke des Vatikans.* ❷

Der Galeonen-Brunnen ist ein maßstabgetreues Modell eines Schiffs aus dem 17. Jahrhundert. Ein flämischer Künstler errichtete ihn für Papst Paul V.

Der Cortile della Pigna ist das Werk Bramantes. Die Nische für den einstigen Brunnenschmuck fügte Pirro Ligorio 1562 hinzu.

LEGENDE

– – – Routenempfehlung

0 Meter   75

Zur Via della Conciliazione

Stadtplan *siehe Seiten 396–419*

Petersdom ❶

Siehe S. 230–233.

Vatikanische Museen ❷

Siehe S. 234–247.

Porta Santo Spirito ❸

Via dei Penitenzieri. **Stadtplan** 3 C3, **Karte** D5. 🚌 34, 62, 64, 98, 870, 881, 982.

Das Tor steht am Südende der »Leonischen Stadt«, die Papst Leo IV. mit einem Schutzwall umgeben ließ, um sie gegen weitere Angriffe der Sarazenen zu schützen. Diese hatten Rom 845 n. Chr. geplündert. Der Mauerumfang beträgt drei Kilometer.

Von Papst Leo IV. persönlich überwacht, begannen die Arbeiten an der Stadtbefestigung 846 n. Chr. Seinem Einsatz ist es auch zu verdanken, dass sie bereits vier Jahre später abgeschlossen waren. Das massive Bollwerk wurde feierlich eingeweiht. Seit der Zeit Leos wurde der Wall häufig verstärkt und repariert. Das Tor, das bei der Porta Santo Spirito zu sehen ist, baute Antonio da Sangallo d. J. 1543/44, die beiden seitlichen Bastionen ließ Papst Pius IV. Medici 1564 anbauen.

Leider wurden Sangallos Pläne für einen monumentalen Eingang zum Vatikan nie ganz ausgeführt. Die Hauptsäulen enden etwas abrupt in einer modernen Zementabdeckung.

Santo Spirito in Sassia ❹

Via dei Penitenzieri 12. **Stadtplan** 3 C3, **Karte** D4. 📞 06 687 93 10. 🚌 23, 34, 46, 62, 64, 98, 870, 881, 882. ⭕ tägl. 7.30–12 (So 7.30–13 Uhr), 15–19.30 Uhr. ✝ ♿

Mittelschiff von Santo Spirito

Die Kirche, das Werk von Antonio da Sangallo d. J., ersetzt einen Vorgängerbau, den König Ina von Sassia (Wessex) im 8. Jahrhundert bauen ließ. Santo Spirito wurde beim Sacco di Roma 1527 in Schutt und Asche gelegt und 1538–44 wiederaufgebaut. Die Fassade kam unter Papst Sixtus V. (1585–90) hinzu.

Mittelschiff und Seitenaltäre sind mit Fresken geschmückt. Der Glockenturm ist älter. Er datiert aus der Zeit von Sixtus IV. (1471–84) und wird dem päpstlichen Architekten Baccio Pontelli zugeschrieben, der auch das benachbarte

Wappen Sixtus' über dem Portal von Santo Spirit

Ospedale di Santo Spirito und den Ponte Sisto erbaute.

Ospedale di Santo Spirito ❺

Borgo Santo Spirito 2. **Stadtplan** 3 C3, **Karte** D4/5. 📞 06 68 21 08 54. 🚌 23, 34, 46, 62, 64. **Achteckige Kapelle** 🗓 Mo 10, 15.30 Uhr. 📷

Es heißt, dass der Bau des Hospitals auf einen Albtraum von Papst Innozenz III. (1198–1216) zurückzuführen ist: Ein Engel zeigte ihm die Leichname aller unerwünschten Kleinkinder, die aus dem Tiber gefischt wurden. Und so beeilte sich der Papst, eine Stiftung für Bedürftige zu errichten. 1475 ließ Papst Sixtus IV. das Krankenhaus um-

Fresko eines Engels in der Achteckigen Kapelle des Ospedale di Santo Spirito

Hotels und Restaurants um den Vatikan *siehe Seiten 307f und 325f*

organisieren, um auf den Ansturm der mittellosen Pilger vorbereitet zu sein, die im Heiligen Jahr erwartet wurden. Sixtus' Hospital war ein für seine Zeit revolutionärer Bau. Innenhöfe trennten die einzelnen Krankensäle, von denen einer nach wie vor für Waisen reserviert ist. Ungewollte Kinder fanden durch eine fassförmige Drehkonstruktion Einlass, die sogenannte *rota*, die Anonymität gewährleisten sollte. Sie liegt links vom Haupteingang und ist noch heute zu besichtigen.

Martin Luther, der 1511 die Stadt besuchte, zeigte sich angesichts der Unmenge ausgesetzter Kinder empört. Er bezeichnete sie als »leibliche Kinder des Papstes«.

Im Zentrum, unter dem Tambour des Hospitals, kann man die achteckige Kapelle besuchen, in der für Patienten die Messe gelesen wurde.

An der *rota* von Santo Spirito setzte man unerwünschte Kinder aus

Palazzo del Commendatore ❻

Borgo Santo Spirito 3. **Stadtplan** 3 C3, **Karte** D4. 🚌 *23, 34, 46, 62, 64.* ⬤ *wg. Renovierung (Infos unter 06 68 21 08 54).*

Als Direktor des Ospedale di Santo Spirito war der Commendatore nicht nur für die Leitung des Hospitals, sondern auch für die Verwaltung der Ländereien verantwortlich. Den Posten bekleideten meist Mitglieder der Familie des Papstes. Der Palazzo, der gleich neben dem Hospital liegt, hat eine der

Torbogen des Palazzo dei Convertendi

würdevollen Stellung des Amtsinhabers angemessene freskengeschmückte Loggia (16. Jh.). Links vom Eingang liegt die Apotheke. Sie enthält eine Mühle zum Zerkleinern von Chinarinde, aus der Chinin gewonnen wurde, ein Mittel, das Jesuiten 1632 aus Peru als Heilmittel gegen Malaria mitbrachten.

Im Innenhof befindet sich eine prächtige Uhr (1827), deren Zifferblatt in sechs Abschnitte unterteilt ist – die heutige Aufteilung des Tages in zweimal zwölf Stunden führte Papst Pius IX. erst 1846 in Rom ein.

Palazzo dei Convertendi ❼

Via della Conciliazione 43. **Stadtplan** 3 C3, **Karte** D4. 🚌 *23, 34, 62, 64.* ⬤ *für Besucher.*

Beim Bau der Via della Conciliazione wurde der Palazzo dei Convertendi Mitte der 1930er Jahre abgetragen und später hier, nahe dem ursprünglichen Standort, wiederaufgebaut. In dem Palais, das Bramante zugeschrieben wird, starb 1520 Raffael.

Palazzo dei Penitenzieri ❽

Via d. Conciliazione 33. **Stadtplan** 3 C3, **Karte** D4. 📞 *06 687 76 32.* 🚌 *23, 34, 62, 64* ⬤ *nur nach Vereinbarung per Fax* 📠 *06 68 80 22 98 oder E-Mail* @ *gmag@oessh.va.* ♿.

Della-Rovere-Wappen

Der Palazzo, der heute teilweise vom Hotel Columbus eingenommen wird, verdankt seinen Namen den Beichtvätern (*penitenzieri*) von St. Peter, die hier wohnten. Kardinal Domenico della Rovere ließ das Gebäude 1480 errichten. Der Brunnenkopf im Innenhof trägt noch immer das Wappen der Familie, eine Eiche (*rovere*).

Nach dem Tod des Kardinals erwarb Kardinal Francesco Alidosi, ein Günstling des Della-Rovere-Papstes Julius II., den Palazzo. Der des Hochverrats verdächtigte Kardinal wurde 1511 vom Neffen des Papstes, dem Herzog von Urbino, ermordet. Dieser zog anschließend selbst in den Palazzo ein.

Stadtplan *siehe Seiten 396–419*

Tiber und Borgo zwischen Castel Sant'Angelo und Petersdom von Gaspare Vanvitelli (1653–1736)

Santa Maria in Traspontina ❾

Via della Conciliazione 14. **Stadt-plan** 3 C3, **Karte** D4. ☎ 06 68 80 64 51. 🚌 23, 34, 62, 64. ☐ tägl. 7–12, 16–19 Uhr. ⬆ ⬇

Fassade der Karmeliterkirche Santa Maria in Traspontina

Die Kirche steht an der Stelle einer altrömischen Pyramide, die man im Mittelalter für das Grabmal des Romulus hielt. Papst Alexander VI. Borgia ließ die Pyramide abtragen, Abbildungen sind in den Bronzetüren des Portals des Petersdoms und in einem Triptychon Giottos in der Pinakothek des Vatikans *(siehe S. 240)* erhalten.

Die heutige Kirche (1566) ersetzt einen älteren Sakral-bau, der bei der Verteidigung des Castel Sant'Angelo während des Sacco di Roma 1527 in der Schusslinie der Kanonen lag. Da die päpstlichen Artillerieoffiziere auf eine möglichst niedrige Kuppel für die neue Kirche bestanden, verzichtete man auf einen Tambour.

Der erste Seitenaltar rechts ist der hl. Barbara, der Schutzheiligen der Artillerie, geweiht und mit Kriegsmotiven ausgeschmückt. Am dritten Altar links stehen zwei Säulen, an denen Petrus und Paulus der Legende zufolge festgebunden waren, bevor sie ihr Martyrium erlitten.

Borgo ❿

Stadtplan 3 C3, **Karte** D4. 🚌 23, 34, 40, 62.

Borgo leitet sich von »Burg« in der Bedeutung von »Stadt« ab. In dem Areal lagen die Herbergen, in denen frühe Wallfahrer abstiegen und häufig auch längere Zeit wohnten. Die ersten dieser ausländischen Kolonien, die »Schulen« genannt wurden, gründete 725 n. Chr. der angelsächsische König Ina von Sassia (Wessex), der als Büßer lebte und in der Nähe des hl. Petrus begraben sein wollte. Hier wohnen Pilger aus aller Welt. Bei der Sanierung in den 1930er Jahren büßte das Areal viel von seinem Charme ein, doch rechts und links der Via della Conciliazione sind einige Gassen erhalten.

Passetto ⓫

Castel Sant'Angelo bis Vatikan. **Stadtplan** 3 C3, **Karte** D4. 🚌 23, 34, 40, 62. ⬤ für Besucher.

Clemens VII., dem 1527 die Flucht über Il Passetto glückte

Passetto bedeutet »kleiner Korridor«. Der schmale, lange Gang wurde im Mittelalter angelegt und war als

Bindeglied zwischen Vatikan und Castel Sant'Angelo vorgesehen. Die bezinnte Mauer, die einen überdachten Fluchtweg enthält, diente auch dazu, den strategisch wichtigen Bereich des Borgo zu kontrollieren. Von ihr konnte man Pfeile und andere Geschosse auf die darunterliegenden Häuser und Straßen abfeuern. Beim Einfall der Truppen König Karls VIII. von Frankreich 1494 in Rom benutzte Papst Alexander VI. Borgia den Passetto zur Flucht. 1527 floh Papst Clemens VII. vor kaiserlichen Söldnertruppen über den Passetto ins Castel Sant'Angelo.

Der Palazzo Torlonia (1496) hat die Jahrhunderte überdauert

Palazzo Torlonia ⑫

Via della Conciliazione 30. **Stadtplan** 3 C3, **Karte** D4. 🚌 *23, 34, 40, 62, 64.* ⬤ *für Besucher.*

Ende des 15. Jahrhunderts ließ sich der reiche Kardinal Adriano Castellesi diesen Palazzo erbauen. Er ähnelt dem Palazzo della Cancelleria *(siehe S. 149).* Der Kardinal war ein weit gereister Gauner und bezog gigantische Einkünfte aus den Bistümern Bath und Wells, die ihm der

Papst Leo X.

englische König Heinrich VII. geschenkt hatte. Als Gegenleistung überließ er seinen Palazzo dem englischen Gesandten zur Benutzung. Schließlich entzog Papst Leo X. Medici Adriano Castellesi die Kardinalswürde.

Seither hat der Palazzo immer wieder den Besitzer gewechselt. Im 17. Jahrhundert wohnte Königin Christine von Schweden eine Zeit lang hier. Die Familie Torlonia, die das Gebäude 1820 erwarb, verdankte ihr Vermögen dem Finanzgenie und Bankier Giovanni Torlonia. Er verlieh Geld an die verarmten römischen Adligen und kaufte während der Napoleonischen Kriege deren Besitztümer reihenweise auf.

Castel Sant'Angelo ⑬

Siehe S. 248f.

Palazzo di Giustizia ⑭

Piazza Cavour. **Stadtplan** 4 E3, **Karte** F4 (S1). 🚌 *34, 49, 70, 87, 186, 280, 492, 913, 926, 990.* ⬤ *für Besucher.*

Der monumentale Palazzo di Giustizia (Justizpalast) entstand 1889–1910 als Sitz des nationalen Gerichtshofs. Statuen großer Rechtsgelehrter schmücken die zum Tiber blickende Fassade. Der Bau sollte die neue Rechtsordnung verkörpern, die die Ungerechtigkeit der päpstlichen Herrschaft ablöste, erfreute sich jedoch bei der Bevölkerung nie großer Beliebtheit und erhielt den Spitznamen Palazzaccio (»hässlicher alter Palast«). Seit den 1970er Jahren drohte das Gebäude unter seinem eigenen Gewicht zusammenzubrechen und wurde geschlossen. Inzwischen ist es restauriert.

Die reich verzierte Travertin-Fassade des Palazzo di Giustizia

Stadtplan *siehe Seiten 396–419*

Petersdom ❶

Das Zentrum der römisch-katholischen Kirche zieht Gläubige aus aller Welt an. Wohl jeder ist überwältigt, wenn er die üppig geschmückte Basilika unter Michelangelos mächtiger Kuppel betritt. Bereits im 2. Jahrhundert n.Chr. entstand über dem Grab des hl. Petrus eine Kirche, Kaiser Konstantin ließ um 324 die erste große Basilika errichten. Da der Bau im 15. Jahrhundert einzustürzen drohte, legte Papst Julius II. 1506 den Grundstein für eine neue Kirche. Die größten Architekten der Renaissance und des Barock benötigten über 100 Jahre für den Dom.

★ **Kuppel von St. Peter**
Die spektakuläre 136,5 Meter hohe Kuppel, der die Basilika ihre majestätische Dominanz verdankt, entwarf Michelangelo, der ihre Fertigstellung jedoch nicht mehr erlebte.

Das Mittelschiff ist 218 Meter lang.

Papstaltar
Der heutige Altar stammt aus der Zeit von Papst Clemens VIII. (1592–1605). Die schlichte Marmorplatte unter Berninis Baldachin wurde auf dem Nerva-Forum entdeckt. Davor befindet sich die tiefer liegende confessio *vor dem Petrus-Grab.*

Altarbaldachin
Das herrliche Ziborium aus vergoldeter Bronze ruht auf 20 Meter hohen gedrehten, reich ornamentierten Säulen. Der Entwurf (17. Jh.) stammt von Bernini.

ZEITSKALA

60 n. Chr.	800	1500	1550	1600	
61 n.Chr. Beisetzung des hl. Petrus		**1506** Grundsteinlegung	**1547** Michelangelo wird neuer verantwortlicher Architekt des Petersdoms	**1593** Vollendung der Kuppel	**1626** Urban VIII. weiht den neuen Petersdom
um 324 Konstantin erbaut Basilika	**1452** Nikolaus V. plant Neubau				
200 Ein Altar bezeichnet das Petrus-Grab		**1538** Antonio da Sangallo d.J. wird Bauleiter	**1606** Carlo Maderno erweitert die Basilika	**1614** Fertigstellung der Fassade durch Maderno	
800 Kaiserkrönung von Karl dem Großen in Alt-St. Peter	**1503** Papst Julius II. betraut Bramante mit dem Bau der neuen Basilika	**1514** Raffael übernimmt Bauleitung	**1564** Tod Michelangelos		

★ **Blick von der Kuppel**
Die perfekte Symmetrie von Berninis Kolonnaden bewundert man am besten von der Kuppel aus.

INFOBOX

Piazza San Pietro. **Stadtplan** 3 B3, **Karte** C4. ☎ 06 69 88 37 12 (Sakristei), 06 69 88 16 62 (Information). 🚌 62 zur Via della Conciliazione; 23, 49, 81, 492, 990 zur Piazza del Risorgimento; 64 zum Largo di Porta Cavalleggeri. Ⓜ Ottaviano S. Pietro.
Basilika 🕐 7–19 Uhr (Okt– März: 18 Uhr). 🚻 ♿ ✉ 🛒
Schatzkammer 🕐 9–18.50 Uhr (Okt–März: 17.50 Uhr).
Vatikanische Grotten
🕐 7– 17.40 Uhr (Okt–März: 16.40 Uhr). **Kuppel** 🕐 8– 17.45 Uhr (Okt–März: 8– 16.45 Uhr). 📷 Schatzkammer und Kuppel. **Nekropole** 🕐 nach tel. Vereinbarung (06 69 88 53 18).
Papstaudienzen: Regelmäßig Audienzen, meist Mi 10.30 Uhr in der Päpstlichen Audienzhalle, bisweilen auf der Piazza San Pietro. Tickets (kostenlos, aber oft vergriffen) unter ☎ 06 69 88 31 14. So 12 Uhr spricht der Papst häufig vom Bibliotheksfenster den Segen. Auf der Piazza San Pietro gilt: Schultern und Knie bedecken!

Die beiden Kuppeln an den Enden der Seitenschiffe entwarf Vignola.

Schlüssel von Urban VIII.
Am Sockel der Säulen des Ziboriums ist das Wappen von Papst Urban VIII. zu sehen: die Schlüssel zum Himmelreich.

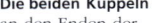

Fassade von Carlo Maderno (1614)

Treppe zur Kuppel

Bronzetür
Die Tür des Florentiner Bildhauers Filarete schmückte schon die alte Peterskirche.

Eingänge

NICHT VERSÄUMEN

★ Blick von der Kuppel

★ Kuppel von St. Peter

Piazza San Pietro
Sonntags und zu besonderen Anlässen segnet der Papst die Gläubigen vom Balkon über dem Platz.

Stadtplan siehe Seiten 396–419

Rundgang durch den Petersdom

Die Basilika ist 187 Meter lang, der prächtige marmorverkleidete Innenraum birgt neben unschätzbaren Kunstwerken auch elf Kapellen und 45 Altäre. Einige stammen aus der alten Peterskirche, andere sind Werke der Spätrenaissance oder des Hochbarock. Ein Großteil der Ausstattung basiert auf Entwürfen Berninis (Mitte 17. Jh.). Die beiden Seitenschiffe sind 76 Meter lang und laufen auf die von Vignola entworfenen Kuppeln zu. Das Zentrum bildet der Papst-Altar unter Berninis großartigem Bronzebaldachin zwischen den vier Pfeilern, die Michelangelos Kuppel tragen. Von der Basilika kann man die Grotten, die Schatzkammer und die Sakristei besuchen, aber auch auf das Dach der Basilika oder zur Laterne hinaufsteigen.

⑤ **Altarbaldachin von Bernini**
Das 1624 von Papst Urban VIII. in Auftrag gegebene aufwendige Barock-Ziborium beherrscht das Mittelschiff und krönt den Papst-Altar, wo einzig der Papst die Messe lesen darf.

Berninis Grabmal für Urban VIII.

④ **Cathedra Petri**
In der Chorapsis sollte man zum Fenster über Berninis Barockskulptur (1656–65) hochsehen. Es zeigt den Heiligen Geist in Gestalt einer Taube, umgeben von Wolken, Sonnenstrahlen und einem Engelsreigen.

Eingang zu Schatzkammer und Sakristei

Eingang zur Nekropole

Historischer Bauplan der Peterskirche

Petrus wurde um 64 n.Chr. in der Totenstadt beim Circus des Nero, dem Ort seiner Kreuzigung, begraben. 324 n.Chr. ließ Konstantin eine Basilika über dem Grab errichten. Der Umbau der alten Kirche begann im 15. Jahrhundert, noch bis zur Weihe 1626 waren Baumeister am Werk.

LEGENDE

⬛	Circus des Nero
🟪	Konstantinisch
🟦	Renaissance
🟨	Barock

③ **Grabmal für Papst Alexander VII.**
Berninis letzte Arbeit wurde 1678 vollendet. Der Papst kniet zwischen Allegorien der Wahrheit, Gerechtigkeit, Liebe und Weisheit.

② **Grabmal für Leo XI.**
Im ersten Joch des linken Seitenschiffs steht Alessandro Algardis Marmordenkmal (1650) für Leo XI., der nur 27 Tage lang Papst war.

LEGENDE

– – – Rundgang

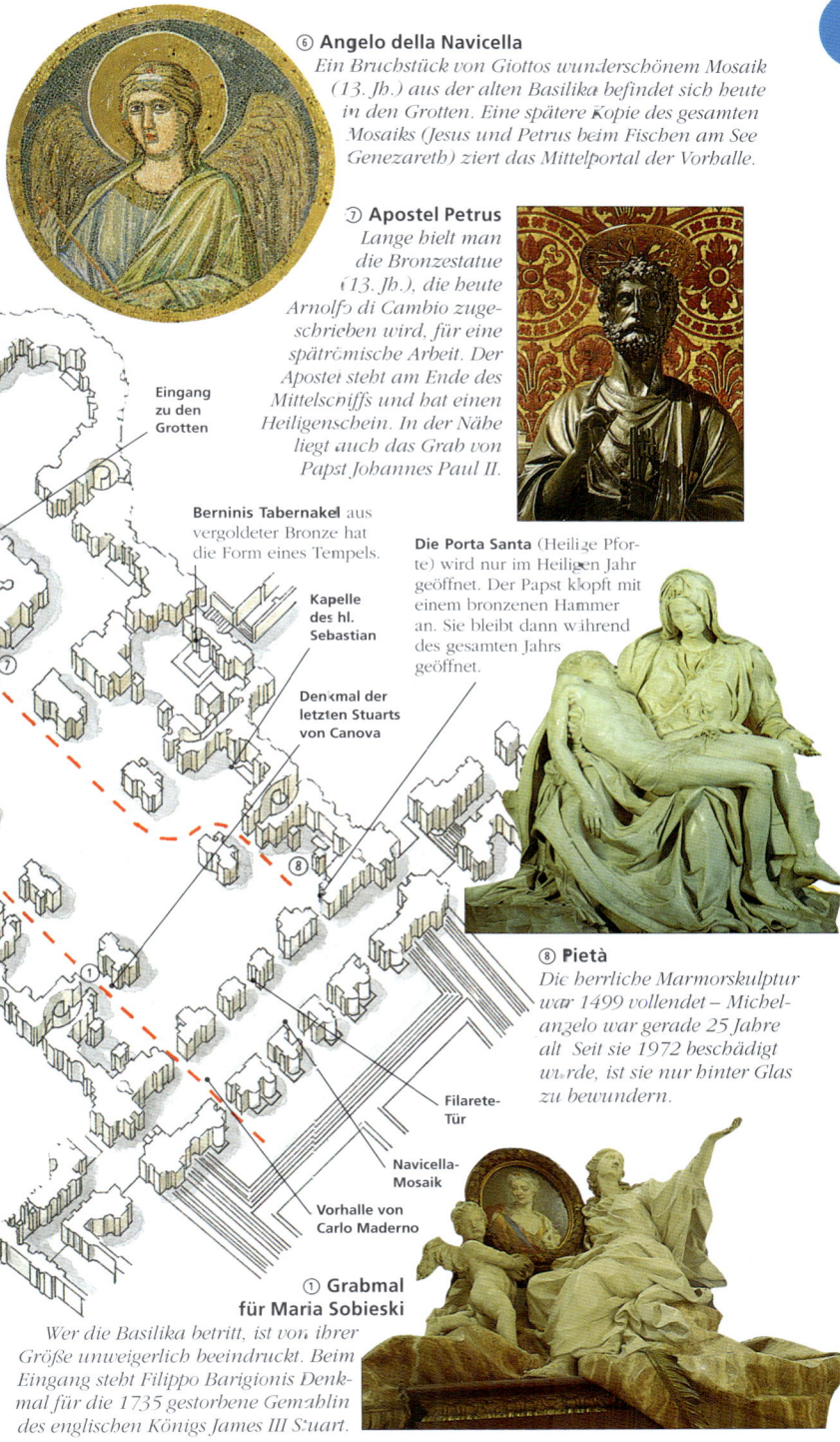

⑥ **Angelo della Navicella**

Ein Bruchstück von Giottos wunderschönem Mosaik (13. Jb.) aus der alten Basilika befindet sich heute in den Grotten. Eine spätere Kopie des gesamten Mosaiks (Jesus und Petrus beim Fischen am See Genezareth) ziert das Mittelportal der Vorhalle.

⑦ **Apostel Petrus**

Lange hielt man die Bronzestatue (13. Jb.), die heute Arnolfo di Cambio zugeschrieben wird, für eine spätrömische Arbeit. Der Apostel steht am Ende des Mittelschiffs und hat einen Heiligenschein. In der Nähe liegt auch das Grab von Papst Johannes Paul II.

Berninis Tabernakel aus vergoldeter Bronze hat die Form eines Tempels.

Eingang zu den Grotten

Kapelle des hl. Sebastian

Denkmal der letzten Stuarts von Canova

Die Porta Santa (Heilige Pforte) wird nur im Heiligen Jahr geöffnet. Der Papst klopft mit einem bronzenen Hammer an. Sie bleibt dann während des gesamten Jahrs geöffnet.

⑧ **Pietà**

Die herrliche Marmorskulptur war 1499 vollendet – Michelangelo war gerade 25 Jahre alt. Seit sie 1972 beschädigt wurde, ist sie nur hinter Glas zu bewundern.

Filarete-Tür

Navicella-Mosaik

Vorhalle von Carlo Maderno

① **Grabmal für Maria Sobieski**

Wer die Basilika betritt, ist von ihrer Größe unweigerlich beeindruckt. Beim Eingang steht Filippo Barigionis Denkmal für die 1735 gestorbene Gemahlin des englischen Königs James III Stuart.

Vatikanische Museen ❷

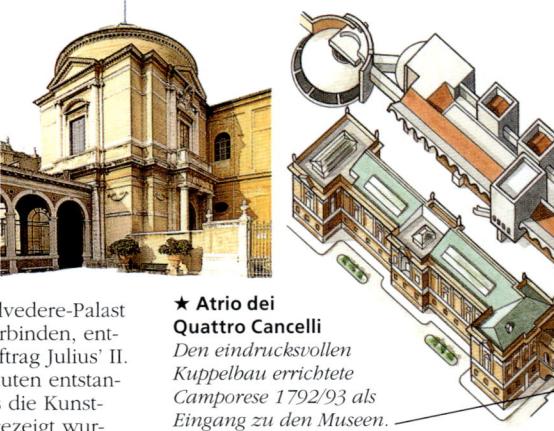

Die Gebäude, in denen eine der wertvollsten Kunstsammlungen der Welt untergebracht ist, waren als Palast für die Renaissance-Päpste Sixtus IV., Innozenz VIII. und Julius II. errichtet worden. Die Höfe und Galerien, die Innozenz' Belvedere-Palast mit den übrigen Bauten verbinden, entwarf Bramante 1503 im Auftrag Julius' II. Die meisten späteren Anbauten entstanden im 18. Jahrhundert, als die Kunstwerke erstmals öffentlich gezeigt wurden. Zum Museumskomplex gehören die Sixtinische Kapelle sowie die Stanzen und Loggien Raffaels. Knie und Schultern sind bedeckt zu halten.

★ Atrio dei Quattro Cancelli
Den eindrucksvollen Kuppelbau errichtete Camporese 1792/93 als Eingang zu den Museen.

Der Belvedere-Palast wurde Ende des 15. Jahrhunderts von Papst Innozenz VIII. in Auftrag gegeben.

★ Cortile della Pigna
Der riesige Pinienzapfen, Teil eines altrömischen Brunnens, stand früher im Hof des alten Petersdoms. Die Nische hat Pirro Ligorio entworfen.

Cortile della Biblioteca

Cortile del Belvedere

Appartamento Pio V

Sixtinische Kapelle

Borgia-Turm

Appartamento Borgia

Loggien Raffaels

Cortile di San Damaso

NICHT VERSÄUMEN

★ Atrio dei Quattro Cancelli

★ Cortile della Pigna

★ Scala Bramante

Spiraltreppe

Den spektakulären Aufgang, der von der Straße zu den Museen hinaufführt, entwarf Giuseppe Momo 1932.

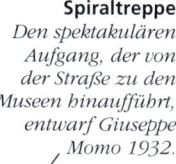

Eingang

INFOBOX

Città del Vaticano. Eingang Viale Vaticano. **Stadtplan** 3 B2, **Karte** C3/4. ▐ 06 69 88 38 60. ▬ ⇄ zum Eingang; 23, 81, 492, 990 zur Piazza del Risorgimento; 62 zum Petersdom. Ⓜ Cipro Musei Vaticani, Ottaviano S. Pietro. ◖ Mo–Sa 9–18 Uhr (Einlass bis 16 Uhr), letzter So im Monat 9–14 Uhr (Einlass bis 12.30 Uhr). ● Feiertage. **Sondergenehmigung** für Loggien des Raffael, Bibliothek, Galleria Lapidaria und Archive erforderlich. 🖼 letzter So im Monat frei. ⬆ Sonderwege. 🎬 *Sonderausstellungen, Vorträge und Führungen* (auch in die Gärten) 06 69 88 31 45 oder @ help.musei@scv.va. 🍴 ▢ ☐ 🎫 *Tickets* sind auch online erhältlich. **http://mv.vatican.va**

Scala Simonetti

Der Treppenabsatz (um 1780) mit dem Deckengewölbe entstand bei der Umwandlung des Belvedere-Palasts in das Museo Pio Clementino.

Cortile Ottagonale

Der Hof des Belvedere-Palasts erhielt seine achteckige Form 1773.

★ Scala Bramante

Papst Julius II. ließ die spiralförmige Treppe in einem quadratischen Turm als Eingang zu seinem Palast anlegen. In Notfällen konnte man die Rampe auch hinaufreiten.

Braccio Nuovo

ZEITSKALA

1000	1500	1600	1700	1800
1198 Innozenz III. erbaut den Papstpalast	**1503** Bramante legt den Cortile del Belvedere an	**1655** Bernini entwirft die Scala Regia	**1715** Gründung des Museo Sacro	**1800–23** Gründung des Museo Chiaramonti
	1509 Raffael beginnt mit der Arbeit an den Stanzen			**1837** Gründung des Museo Gregoriano Etrusco
1473 Papst Sixtus IV. erbaut die Sixtinische Kapelle	**1503–13** Papst Julius II. legt die Sammlung antiker Skulpturen an		**1758** Gründung des Museo Profano	**1822** Eröffnung Braccio Nuovo
		Bramante (1444–1514)	**1776–84** Pius VI. vergrößert das Museum	**1970** Paul VI. eröffnet das Museo Gregoriano Profano
				1970 Paul VI. eröffnet das Museo Gregoriano Profano

Stadtplan siehe Seiten 396–419

Vatikanische Museen: Glanzlichter

Vier Jahrhunderte mit großem Kunstverstand gepaartes päpstliches Mäzenatentum haben eine der bedeutendsten Sammlungen der Antike und Renaissance hervorgebracht.

Sie ist von unschätzbarem Wert. Zu den bekanntesten, aus Mittelitalien stammenden Funden zählen die *Laokoon-Gruppe* und der *Apoll von Belvedere* sowie eine etruskische Bronze, die unter dem Namen *Mars von Todi* bekannt ist. In der Renaissance wurden Teile des Museums mit schönen Fresken verziert – unbedingt besuchen sollten Sie die Sixtinische Kapelle, die Stanzen des Raffael und das Appartamento Borgia.

Mars von Todi

Galleria dei Candelabri
Die einst offene Loggia mit griechischen und römischen Skulpturen bietet einen schönen Blick auf die Vatikanischen Gärten.

Sala della Biga

Galerie der Gobelins

Etruskisches Museum

Die Belagerung Maltas
Die Galleria delle Carte Geografiche enthält kartografische Schätze aus dem 16. Jahrhundert.

Obere Etage

Loggien des Raffael

Moderne sakrale Kunst

Sixtinische Kapelle

Stanzen des Raffael

Kurzführer
Besucher werden weitgehend im Einbahnverkehr durch die Vatikanischen Museen geleitet. Konzentrieren Sie sich auf eine bestimmte Sammlung oder halten Sie sich an eine der vier vorgegebenen Routen, die in unterschiedlichen Farben ausgeschildert sind (90 Min. bis 5 Std.). Planen Sie Pausen ein, damit Sie nicht völlig erschöpft bei der Sixtinischen Kapelle und den Stanzen des Raffael ankommen. Diese liegen gut 20 Minuten vom Eingang entfernt – vorausgesetzt, Sie würden nicht nach rechts oder links schauen.

Sala dei Misteri
Der Saal ist einer der Räume des Appartamento Borgia mit herrlichen Fresken von Pinturicchio.

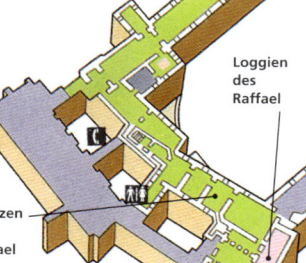

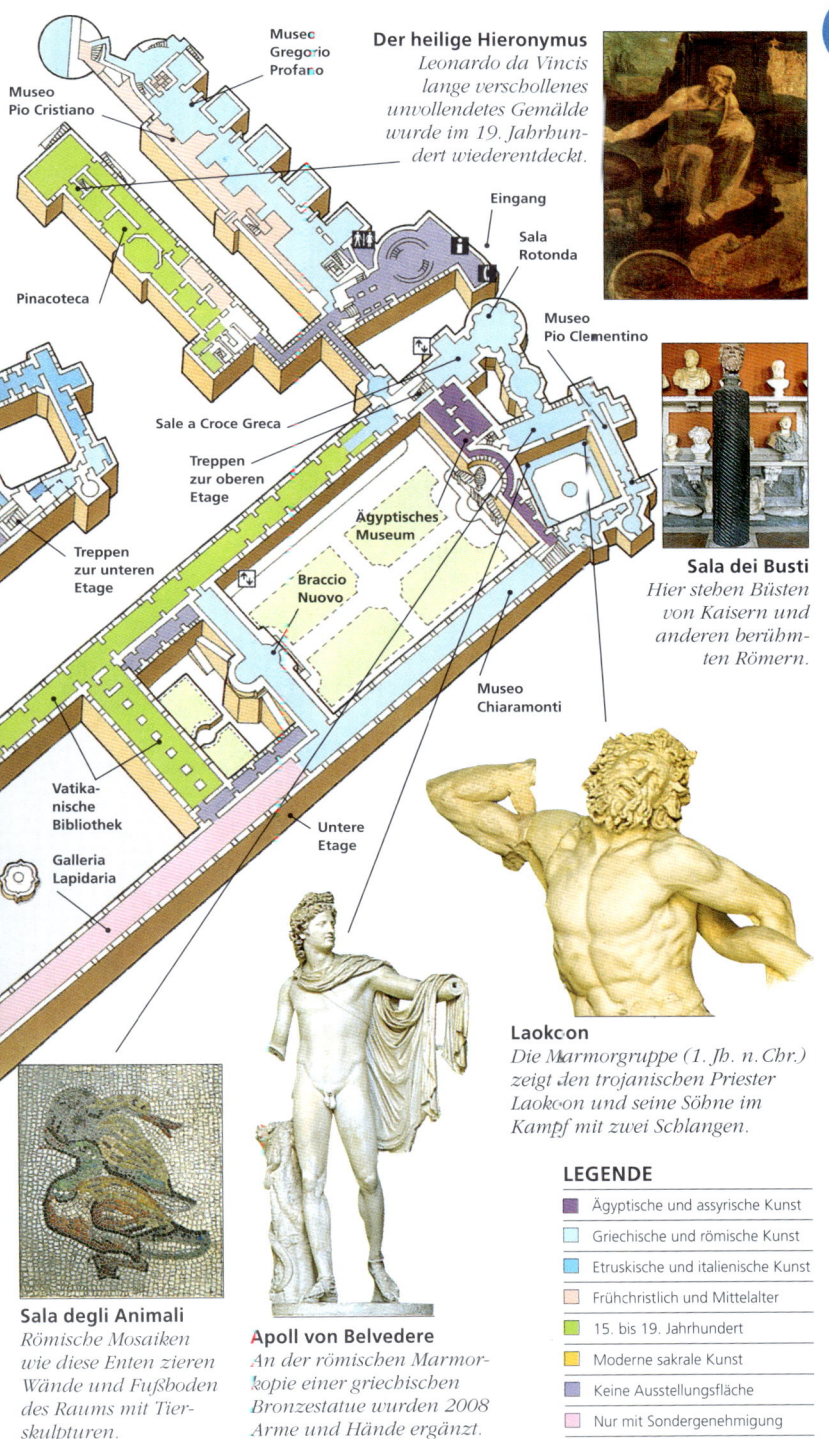

Der heilige Hieronymus
Leonardo da Vincis lange verschollenes unvollendetes Gemälde wurde im 19. Jahrhundert wiederentdeckt.

Museo Gregorio Profano

Museo Pio Cristiano

Eingang

Sala Rotonda

Pinacoteca

Museo Pio Clementino

Sale a Croce Greca

Treppen zur oberen Etage

Ägyptisches Museum

Sala dei Busti
Hier stehen Büsten von Kaisern und anderen berühmten Römern.

Treppen zur unteren Etage

Braccio Nuovo

Museo Chiaramonti

Vatikanische Bibliothek

Untere Etage

Galleria Lapidaria

Laokoon
Die Marmorgruppe (1. Jh. n. Chr.) zeigt den trojanischen Priester Laokoon und seine Söhne im Kampf mit zwei Schlangen.

Sala degli Animali
Römische Mosaiken wie diese Enten zieren Wände und Fußboden des Raums mit Tierskulpturen.

Apoll von Belvedere
An der römischen Marmorkopie einer griechischen Bronzestatue wurden 2008 Arme und Hände ergänzt.

LEGENDE

- Ägyptische und assyrische Kunst
- Griechische und römische Kunst
- Etruskische und italienische Kunst
- Frühchristlich und Mittelalter
- 15. bis 19. Jahrhundert
- Moderne sakrale Kunst
- Keine Ausstellungsfläche
- Nur mit Sondergenehmigung

Vatikanischen Museen: Sammlungen

Die wertvollsten Schätze des Vatikans sind Kunstgegenstände aus der griechischen und römischen
Antike, die seit dem 18. Jahrhundert hier ausgestellt
sind. Im 19. Jahrhundert kamen zahlreiche aufregende
etruskische und ägyptische Funde hinzu. In der Pinacoteca (Gemäldegalerie) hängen berühmte Werke von
Raffael, Tizian und Leonardo da Vinci. In den älteren
Teilen des Komplexes befinden sich weitere Arbeiten
großer Maler und Bildhauer, die im Auftrag der Renaissance-Päpste den Palast ausschmückten.

Koloriertes Relief aus einem ägyptischen Grab (um 2400 v. Chr.)

Ägyptische und assyrische Kunst

Die ägyptische Sammlung
enthält Funde, die im
19. und 20. Jahrhundert in
Ägypten ausgegraben wur-
den, sowie Statuen, die in der
Kaiserzeit nach Rom kamen.
Zu sehen sind auch römische
Kopien ägyptischer Kunstwerke aus der Villa Adriana (siehe S. 269) und vom Campus
Martius. Auch die Sala a Croce Greca, der Eingangsbereich
des 1780 von Michelangelo
Simonetti neu erbauten Flü-
gels, wurde mit Kunstwerken
im ägyptischen Stil aus der
Villa Adriana ausgeschmückt.

Ausstellungsstücke aus dem
alten Ägypten sind im Untergeschoss des Belvedere-Palasts zu sehen. Dazu gehören
Statuen, Statuetten, Mumien,
Sarkophage und Grabbeiga-
ben ebenso wie zahlreiche
Papyri. Zu den Hauptschätzen
zählen die granitene Kolossalstatue der Königin Tuja, Mutter von Ramses II., die man in
den Horti Sallustiani (siehe
S. 251) entdeckte. Die Statue

(13. Jh. v. Chr.) dürfte Kaiser
Caligula (reg. 37–41 n. Chr.)
nach Rom gebracht haben,
der nicht nur für Pharaonen,
sondern auch für seine leibliche Mutter Agrippina eine
äußerst ungesunde Vorliebe
hegte.

Beachtung verdienen auch
der Sandsteinkopf des Kö-
nigs Montuhotep IV.
(21. Jh. v. Chr.), der
wunderschöne
Holzsarkophag
der Königin
Hetepheres und
das Grab des
Iri, des Wäch-
ters der Cheops-
Pyramide (26. Jh.
v. Chr.).

Die Assyrische
Treppe ist mit
Relieffragmen-
ten aus dem
Palast der
Könige von
Ninive (8. Jh.
v. Chr.) verziert, die Szenen
aus Feldzügen von König
Sennacherib und seinem
Sohn Sargon II. sowie aus der
assyrischen und chaldäischen
Mythologie zeigen.

Etruskische und andere prärömische Kunst

Hier gibt es Kunstwerke
vorrömischer Kulturen
aus Etrurien und Latium, von
der Steinzeit bis zum 1. Jahrhundert v. Chr., als diese Völker dem römischen Imperium
einverleibt wurden. Den
Ehrenplatz des Museo Gregoriano Etrusco nehmen die
Objekte aus der Tomba Rego-
lini-Galassi, einem 1836 frei-
gelegten Kammergrab in der
Nekropole von Cerveteri
(siehe S. 271), ein. Die Grab-
anlage enthielt Gebrauchsge-
genstände sowie einen Thron,
ein Bett und einen Begräbnis-
wagen – alles aus Bronze und
alles aus dem 7. Jahrhundert
v. Chr. In der Sala dei Bronzi
sieht man herrliche Gefäße,
hübsche Terrakotta-Figurinen
und Großbronzen wie den
berühmten Mars von Todi, die
die Hochkultur der Etrusker
belegen.

Einige griechische Vasen,
die man in etruskischen Gräbern fand, sind in der antiken
Vasensammlung ausgestellt.
Die Sala dei Vasi Italioti enthält Gefäße aus dem 3. bis
1. Jahrhundert v. Chr., die in
den griechischen Städten
Süditaliens und in Etrurien
selbst hergestellt wurden.

Etruskisch
Goldspang
(fibula) au
dem 7. Jah
hundert v. Ch

Kopf eines Athleten, Mosaik aus den Caracalla-Thermen

Griechische und römische Kunst

Der größte Teil der Museen ist antiker Kunst gewidmet. Ausstellungsstücke säumen Korridore und Vorhallen. Wände und Böden sind mit feinen Mosaiken geschmückt, und berühmte Statuen zieren die großen Innenhöfe.

Julius II. (1503–13) veranlasste eine erste systematische Sammlung der Kunstwerke, die in den Räumen um Bramantes Cortile del Belvedere untergebracht waren. Die wertvollsten Stücke bilden heute den Kern des im 18. Jahrhundert gegründeten Museo Pio Clementino. In den Pavillons der achteckigen Hofs und in den umliegenden Galerien befinden sich Plastiken, die zum Bedeutendsten der abendländischen Kunst zählen. Der *Apoxyomenos* (ein Athlet nach dem Wettkampf) und der *Apoll von Belvedere* sind erstklassige römische Kopien griechischer Originale (um 320 v. Chr.). Die herrliche *Laokoon*, das Werk dreier Künstler von Rhodos, war lange Zeit nur aus einer Beschreibung Plinius' d. Ä. bekannt. 1506 wurde er nahe den Ruinen von Neros Domus Aurea (siehe S. 175) wiederentdeckt. Diese und andere Kunstwerke aus dem klassischen

Altertum hatten großen Einfluss auf Michelangelo. Das wesentlich kleinere Museo Chiaramonti ist nach Papst Fius VII. Chiaramonti benannt und wurde Anfang des 19. Jahrhunderts von Canova eingerichtet. Ein Highlight ist der mächtige Kolossalkopf der Göttin Athene. Der an das Chiaramonti angeschlossene, mit römischen Fußbodenmosaiken ausgeschmückte Braccio Nuovo birgt die berühmte Statue des Kaisers Augustus aus der Villa seiner Gemahlin Livia in Prima Porta. Die Haltung (Rednerpose) ist an den berühmten *Doryphoros* angelehnt. Eine römische Kopie dieses Werks des griechischen Bildhauers Polyklet steht gegenüber.

Die Exponate der Vasensammlung umfassen griechische, geometrisch gemusterte Amphoren (8. Jh. v. Chr.), schwarzfigurige attische Keramik wie die Exekias-Amphore (530 v. Chr.), die Achill und Ajax beim Würfelspiel zeigt, und spätere rotfigurige Vasen wie die *Kylix* mit einer Abbildung von Ödipus und der Sphinx (5. Jh. v. Chr.). Die Galleria dei Candelabri und die Sala della Biga (mit Zweigespann; Pferde und Fahrgeschirr kamen 1788 dazu) sind durch eine Treppe verbunden.

Das Museo Gregoriano Profano illustriert in einem neueren Flügel die Entwicklung der römischen Kunst von der Nachahmung griechischer Werke zum eigenen Stil.

Marmorrelief mit Kaiser Vespasian

Originale sind u. a. die Marmorfragmente vom Parthenon in Athen. Es gibt auch eine Kopie von Myrons *Athene-Marsyas-Gruppe* aus dem Parthenon. Römisch hingegen sind die beiden Cancelleria-Reliefs, die unter dem Palazzo della Cancelleria (siehe S. 149) gefunden wurden. Sie zeigen Militärparaden des Kaisers Vespasian und seines Sohns Domitian. Dort sind auch herrliche Bodenmosaiken zu bewundern. Zwei davon (Athleten und Kampfrichter; 3. Jh. n. Chr.) stammen aus den Caracalla-Thermen (siehe S. 197). Erstaunlich ist das Mosaik, das den Eindruck eines schmutzigen Fußbodens erweckt, der mit Resten eines Festmahls übersät ist. In der Vatikanischen Bibliothek befindet sich das römische Fresko der *Aldobrandinischen Hochzeit* (1. Jh. n. Chr.).

Doryphoros (Speerträger), die römische Marmorkopie der Bronzeplastik von Polyklet

Fußbodenmosaik aus den Otricoli-Thermen in Umbrien, Museo Chiaramonti

Ausschnitt aus Giottos *Stefaneschi-Triptychon*

ragt Giottos meisterliches *Stefaneschi-Triptychon* (um 1300) heraus, das ein typisches Merkmal frühchristlicher Arbeiten aufweist: die Kontinuität zwischen der antiken Welt des Römischen Reichs und der neuen Ordnung eines christlichen Europa. Die Kreuzigung des Apostels Petrus findet zwischen zwei antiken römischen Wahrzeichen statt, der Pyramide des Caius Cestius (*siehe S. 205*) und der Pyramide, die im Mittelalter als Grabmal des Romulus bekannt war und unweit des Vatikans stand. Auf dem Triptychon, das den Hauptaltar des alten Petersdoms zierte, sind auch Papst Coelestin V. (1294–96)

und der Stifter, Kardinal Jacopo Stefaneschi, abgebildet. Beide bringen Petrus das Triptychon dar.

Die Vatikanische Bibliothek birgt eine Reihe mittelalterlicher Schätze – kunstvoll gewebte und bestickte Gewänder, Reliquien, Emailarbeiten und Ikonen. Wichtiges Anliegen der Vatikanischen Museen war es, christliche Arbeiten dadurch hervorzuheben, dass man sie neben früheren »heidnischen« Artefakten ausstellte. In der Galleria Lapidaria befinden sich über 3000 Steintafeln auf der einen Seite mit christlichen, auf der anderen mit vorchristlichen Inschriften. Für diese bedeutende Sammlung benötigen Besucher eine Sondergenehmigung.

Frühchristliche und mittelalterliche Kunst

Der größte Teil der frühchristlichen Kunstwerke befindet sich im Museo Pio Cristiano, das Papst Pius IX. im 19. Jahrhundert gründete und das ursprünglich im Lateranspalast untergebracht war. Es enthält Inschriften und Skulpturen aus Katakomben und Basiliken. Die meisten Arbeiten sind Sarkophagreliefs, es gibt aber auch eine Statue des *Guten Hirten* (4. Jh.). Interessant ist daran, wie biblische Szenen mit heidnischer Mythologie verknüpft wurden. Um seine Lehre anschaulich zu verbreiten, griff das Christentum auf antike Bilder zurück: So wird etwa die Figur des Hirten, Symbol der Fürsorglichkeit, zur Christusfigur, während die Apostel in Funktion und Darstellung bärtige Philosophen ablösen. Gleichzeitig erhob das Christentum den Anspruch, das Römische geistigkulturell zu beerben.

Die ersten beiden Räume der Pinacoteca sind spätmittelalterlicher Kunst gewidmet – meist mit Temperafarben bemalte Holztafeln, die als Altarbilder dienten. Unter ihnen

Kunst des 15. bis 19. Jahrhunderts

Die Renaissance-Päpste, unter denen viele Kunstkenner waren, förderten die führenden Maler, Bildhauer und Goldschmiede ihrer Zeit. Vom 16. bis zum 19. Jahrhun-

Pietà des venezianischen Künstlers Giovanni Bellini (1430–1516)

Raffaels letztes Gemälde

Als Raffael 1520 starb, fand man in seinem Atelier eine fast vollendete *Transfiguration* oder *Verklärung Christi*. Die Arbeit wurde am Kopfende der Bahre des großen Meisters aufgestellt. Sie zeigt eine Episode aus dem Evangelium, in der Christus drei Apostel auf den Gipfel eines Bergs führt, wo er ihnen in göttlichem Glanz erscheint. Dieser Ausschnitt zeigt Christus im ewigen Licht über dem Boden schwebend.

Moderne sakrale Kunst

Die modernen Werke in den Vatikanischen Museen haben es nicht leicht, mit den großen Meisterwerken vergangener Zeiten zu konkurrieren. Nur wenige moderne Arbeiten sind an exponierter Stelle zu sehen. Eine Ausnahme bilden Momos Spiraltreppe (1932), die Besucher beim Betreten des Museums empfängt, und Giò Pomodoros abstrakte Skulptur im Cortile della Pigna.

Die Sammlung moderner Kunst wurde 1973 von Papst Paul VI. ins Leben gerufen. Im Appartamento Borgia zeigt sie mehr als 800 Arbeiten moderner Künstler aus aller Welt, die teilweise Mäzene, teilweise Maler und Bildhauer selbst stifteten. Die verschiedenen Techniken zeigen die unterschiedlichen Zugänge zum Thema Religion. Es gibt Gemälde, Zeichnungen, Radierungen und Plastiken sowie Mosaiken, Glaskunst, Keramiken und Gobelins.

Repräsentiert sind Maler wie Georges Braque, Paul Klee und Edvard Munch, es gibt Zeichnungen von Henry Moore, Keramiken von Pablo Picasso und Gläser von Fernand Léger. Henri Matisse' Entwürfe für die Rosenkranzkapelle in Vence sind ebenso zu sehen wie Luigi Fontanas Modelle für die Bronzetüren der Mailänder Kathedrale und Emilio Grecos Tafelbilder für das Portal der Kirche.

dert statteten große Meister die Galerien rund um den Cortile del Belvedere aus. Die Galleria degli Arazzi ist mit Gobelins behangen, die nach Entwürfen von Schülern Raffaels in Brüssel gewebt wurden. Die Räume Pius' V. sind mit prächtigen flämischen Wandteppichen (15. Jh.) geschmückt. Die Galleria delle Carte Geografiche zieren Fresken (16. Jh.) mit Bildern von Karten des antiken und zeitgenössischen Italien. Wenn Sie die Stanzen des Raffael *(siehe S. 242f)* besichtigen, sollten Sie auch die Sala dei Chiaroscuri und die winzige Privatkapelle von Nikolaus V. besuchen, die Fra Angelico 1447–51 ausmalte. Vor dem Besuch der Sixtinischen Kapelle *(siehe S. 244–247)* sollten Sie das Appartamento Borgia besichtigen, in dem Pinturicchio und seine Schüler Ende des 15. Jahrhunderts dekorative florale Fresken schufen. Der Kontrast zu Michelangelos Sixtinischer Kapelle (ab 1508) könnte nicht größer sein. Weitere faszinierende Fresken sind in den Loggien des Raffael zu bewundern, für die Besucher allerdings eine Sondergenehmigung brauchen.

In der Pinacoteca (Gemäldegalerie) hängen viele bedeutende Arbeiten großer Renaissance-Künstler. Zu den Highlights der Sammlung (15. Jh.) gehören Bellinis *Pietà* und Leonardo da Vincis

unvollendeter *Heiliger Hieronymus*. Aus dem 16. Jahrhundert stammen Tizians wundervolles Altarbild, Guido Renis *Kreuzigung des Apostels Petrus*, Caravaggios *Kreuzabnahme* und Domenichinos *Kommunion des heiligen Hieronymus*. Hier sehen Sie die Madonna von Foligno und die Verklärung Christi sowie acht Gobelins.

Anbetung der Könige von Pinturicchio in der Sala dei Misteri della Fede im Appartamento Borgia

Stadt mit gotischer Kathedrale von Paul Klee (1879–1940)

Vatikanische Museen: Stanzen des Raffael

Papst Julius II. ließ nach dem Tod seines verhassten Vorgängers Alexander VI. (1503) seine Privaträume über dem Appartamento Borgia völlig neu ausstatten und beauftragte den jungen Raffael mit der Ausschmückung der vier Zimmer

Der Ausschnitt aus *Die Vertreibung des Heliodor aus dem Tempel in Jerusalem* zeigt Papst Julius II., der die Szene beobachtet

(Stanzen). 1508 begannen Raffael und seine Schüler mit der Arbeit, die über 16 Jahre beanspruchte und das Werk vieler bekannter Künstler, darunter auch Arbeiten seines Lehrers Perugino, auslöschte. Raffael erlebte die Vollendung der Fresken, die die Ideale der Renaissance verkörpern, nicht mehr, doch verhalfen sie ihm rasch zu Ruhm. Bald galt er als ebenso großer Künstler wie Michelangelo, der zur gleichen Zeit an der Decke der Sixtinischen Kapelle arbeitete.

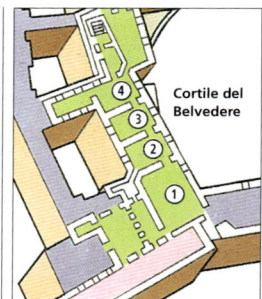

Cortile del Belvedere

LEGENDE

① Sala di Constantino
② Stanza d'Eliodoro
③ Stanza della Segnatura
④ Stanza dell'Incendio di Borgo

Sala di Constantino ①

Die Arbeit an den Fresken in diesem Raum wurde 1517, drei Jahre vor Raffaels Tod, begonnen, und man vermutet, dass Raffael selbst nur wenig an der Ausführung beteiligt war. Dies erklärt, weshalb dieser Raum nicht genauso hoch angesehen ist wie die anderen drei.

Unter Papst Clemens VII. vollendeten Giulio Romano und zwei weitere ehemalige Schüler Raffaels, Giovanni Francesco Penni und Raffaellino del Colle, die Malereien 1525.

Thema der Ausschmückung ist der Sieg des Christentums über das Heidentum. Die Hauptfresken zeigen Szenen aus Konstantins Leben, u.a. seine *Erscheinung des Kreuzes* und den Sieg über seinen Mitkaiser Maxentius in *Die Schlacht an der Milvischen Brücke*. In *Die Taufe Konstantins* sowie in *Die Konstantinische Schenkung* trägt die Figur von Papst Silvester *(siehe S. 170)* die Gesichtszüge von Clemens II.

Stanza d'Eliodoro ②

Raffael malte diesen Vorraum zwischen 1512 und 1514 aus. Die Hauptfresken zeigen thematisch den wunderbaren Schutz, der allen Dienern der Kirche zuteilwird. Der Name des Zimmers leitet sich von dem Fresko rechter Hand ab, der *Vertreibung des Heliodor aus dem Tempel*. Es zeigt eine Szene aus der jüdischen Geschichte, in der ein Reiter einen Dieb namens Heliodorus aufhält,

Schweizergarde beim Papstthron in *Die Messe von Bolsena*

der versucht, den Schatz aus dem Tempel von Jerusalem zu stehlen. In einer Sänfte sitzend, wohnt der Papst dem Schauspiel bei – der Bezug zu Julius' II. erfolgreichen Bemühungen, den Kirchenstaat von fremden Armeen zu befreien, ist klar ersichtlich. In *Leo I. gebietet Attila Halt* huldigt Raffael in ähnlicher Weise den politischen Fähigkeiten des Papstes. Zunächst trug Leo auch die Gesichtszüge von Julius II., doch ersetzte Raffael sie nach dessen Tod durch die seines Nachfolgers Leo X.

Die Messe von Bolsena erzählt von einem Wunder, das sich 1263 ereignet

Die Schlacht an der Milvischen Brücke, vollendet von einem Schüler Raffaels

Die Befreiung des Petrus aus dem Kerker, eine dreiteilige Komposition, zeigt im Mittelbild den Heiligen schlafend. Rechts wird er von einem Engel aus dem Verlies geleitet, links sieht man die erschrockenen Wächter

haben soll: Ein Priester, der anzweifelte, dass Brot und Wein tatsächlich Leib und Blut Christi seien, sah, während er die Messe las, plötzlich die Hostie bluten. Auch in *Die Befreiung des Petrus aus dem Kerker* taucht Julius II. auf, diesmal als Petrus. Trotz der seltsamen Form des Freskos und seiner Lage über einem Fenster lässt Raffaels Farbgebung die Lichteffekte besonders eindrucksvoll hervortreten.

Stanza della Segnatura ③

Der Name dieses Zimmers rührt daher, dass hier einst wichtige Dokumente unterzeichnet wurden. Bei der Komposition der Fresken (vollendet 1508–11) folgte Raffael den Anweisungen von Papst Julius II. Sie spiegeln den humanistischen Glauben wider, zwischen Antike und Christentum gäbe es wegen gemeinsamer Suche nach der Wahrheit eine Harmonie.

Die Disputation über das Altarsakrament repräsentiert den Triumph von Religion und geistiger Wahrheit. Die Hostie im Zentrum der irdischen Region des Rundbogens verbindet die Gelehrtengruppen, die ihre Bedeutsamkeit erörtern und sie der Heiligen Dreieinigkeit sowie den Heiligen, die auf der darüber befindlichen Wolkenschicht schweben, zu erläutern suchen.

Die Wand gegenüber präsentiert *Die Schule vor Athen (siehe S. 32)*, eine Debatte, in deren Mittelpunkt die Philosophen Plato und Aristoteles stehen. Das Fresko zeigt Porträts von Zeitgenossen Raffaels, u.a. Leonardo da Vinci, Bramante und Michelangelo. Auf anderen Werken ist auch der bärtige Julius II. zu sehen, der 1511 gelobte, sich nicht zu rasieren, bevor er nicht alle Usurpatoren aus Italien vertrieben habe.

Stanza dell'Incendio di Borgo ④

Ursprünglich ein Speisezimmer, wurde dieser Raum nach Fertigstellung der Ausschmückung unter Papst Leo X. zum Musikzimmer. Sämtliche Fresken preisen den regierenden Papst, indem sie Szenen aus dem Leben seiner Namensvorgänger, der Päpste Leo III. und IV. (beide 9. Jh.), darstellen. Die Hauptfresken wurden von zwei

Schülern Raffaels 1514–17 nach dessen Entwürfen angefertigt – so auch das berühmteste: *Der Brand des Borgo*. Es verherrlicht ein Wunder von 847, als Leo IV. einen Stadtbrand im Borgo *(siehe S. 228)* löschte, indem er darüber das Kreuz schlug. Dieses Ereignis verband Raffael mit der von Vergil beschriebenen Flucht des Äneas aus dem brennenden Troja. Die Figur des Äneas, seinen gebrechlichen Vater auf den Schultern, steht im Vordergrund. Das »Borgo« eines Motivs der antiken Mythenwelt zeigt Raffaels Experimentierfreude. Leider hielten sich seine Schüler oft nicht an die Entwürfe, was – zumal die Fresken auch schlecht restauriert wurden – dem Werk sehr schadete.

Ausschnitt aus Der Brand des Borgo: Der Trojaner Äneas flieht mit seinem Vater auf dem Rücken vor dem Feuer

Die Disputation über das Altarsakrament, das erste vollendete Fresko der Stanzen

Sixtinische Kapelle: Wände

Die Wände der Sixtinischen Kapelle, der größten Kapelle im Vatikanspalast, wurden von den bedeutendsten Künstlern des 15. und 16. Jahrhunderts mit Fresken bemalt. Die zwölf Fresken der Seitenwände, u. a. von Perugino, Ghirlandaio, Botticelli und Signorelli, schildern Szenen aus dem Leben Christi und Mose. Den Abschluss der herrlichen Arbeiten bildete Michelangelos Altarfresko *Das Jüngste Gericht*, das er zwischen 1534 und 1541 schuf.

LEGENDE

Das Jüngste Gericht

☐ Perugino ☐ Botticelli ☐ Ghirlandaio
☐ Rosselli ☐ Signorelli ☐ Michelangelo

1 Taufe Christi
2 Versuchung Christi
3 Berufung von Petrus und Andreas
4 Bergpredigt
5 Schlüsselübergabe an Petrus
6 Letztes Abendmahl
7 Auszug aus Ägypten
8 Brennender Dornbusch
9 Durchzug durch das Rote Meer
10 Anbetung des Goldenen Kalbes
11 Bestrafung der Rotte Korah
12 Tod von Moses

Michelangelos *Jüngstes Gericht*

Das 1993 nach einem Jahr Restaurierung freigelegte *Jüngste Gericht* gilt als der Höhepunkt des Spätwerks Michelangelos. Bevor dieser im Auftrag Papst Pauls III. tätig werden konnte, mussten erst einige frühere Fresken und zwei Fenster über dem Altar entfernt werden. Man zog eine neue Mauer hoch, die zum Schutz vor Staubablagerungen leicht nach vorn geneigt war. Michelangelo arbeitete allein an dem Fresko. Die Arbeiten dauerten sieben Jahre und waren 1541 abgeschlossen.

Das Fresko zeigt u. a. die Seligen auf ihrem Weg zu einem zornerfüllten Gott – ein für eine Altarwand seltenes Motiv, das der Papst jedoch in den Wirren der Reformation als warnendes Beispiel für alle Katholiken gewählt hatte. Zudem spiegelt sich hier die bittere Religiosität des alternden Michelangelo wider.

Alle Figuren der dynamisch-emotionalen Darstellung scheinen in Bewegung zu sein. Die Toten werden förmlich aus ihren Gräbern zu einem unerbittlichen Christus gesogen, dessen muskulöse Gestalt im Zentrum der Bewegung erscheint.

Christus zeigt kein Mitleid mit den gemarterten Heiligen um ihn herum, auch die Verdammten schickt er mit zorniger Geste in die Hölle, wo sie von Charon vom Boot aus in die Tiefen des Hades gestürzt werden. Sowohl Charon als auch Minos, der Richter der Hölle, sind von Dantes *Inferno* inspiriert. Minos ist mit Eselsohren dargestellt und trägt die Züge des päpstlichen Zeremonienmeisters Biagio da Cesena. Michelangelos Selbstporträt ist auf der abgezogenen Haut des Märtyrers Bartholomäus zu sehen.

Michelangelos *Jüngstes Gericht* (vollendet 1541) zeigt einen zornigen Weltenrichter

Seitenwände

Ausschnitt aus Botticellis Fresko
Versuchung Christi

Zur Zeit des Baus der Sixtinischen Kapelle besaß das Papsttum große politische Macht und immense Reichtümer. So war Papst Sixtus IV. 1475 in der Lage, die Kapelle von einigen der bedeutendsten Maler der Epoche ausschmücken zu lassen: Perugino, der Lehrmeister Raffaels, der auch das Projekt überwacht haben soll, Sandro Botticelli, Domenico Ghirlandaio, Cosimo Rosselli und Luca Signorelli arbeiteten 1481–83 an den Fresken.

Obwohl viele auf Michelangelos Meisterwerk konzentrierte Besucher diese Gemälde übersehen, zählen sie doch zu den schönsten italienischen Kunstwerken des 15. Jahrhunderts. Die beiden Freskenzyklen zeigen Szenen aus dem Leben Mose und Christi. Die Flächen zwischen den Fenstern sind mit Bildnissen der frühen Päpste geschmückt. Sie stammen u.a. von Botticelli.

Beide Freskenzyklen beginnen an der Altarwand, von dort aus gesehen ist links die Lebensgeschichte Christi, rechts die des Mose abgebildet. Ursprünglich zierten zwei weitere Gemälde, *Die Geburt Christi* und *Die Auffindung Mose*, die Wand hinter dem Altar. Sie wurden jedoch zerstört, um Michelangelos *Jüngstem Gericht* Platz zu machen. Auch die beiden letzten Bilder des Zyklus sind verloren. Sie befanden sich an der Rückwand der Kapelle, die im 16. Jahrhundert einstürzte. Beim Wiederaufbau wurden sie durch minderwertige Versionen ersetzt.

Wie damals üblich, enthält jedes Fresko Szenen, die thematisch mit der zentralen Episode zusammenhängen. Eine ausgeklügelte Symbolik verbindet jedes Bild mit dem ihm gegenüberliegenden, wobei die Künstler auch nicht mit Anspielungen auf zeitgenössische Ereignisse sparten.

Unter den architektonischen Details auf den Fresken finden sich viele bekannte römische Bauwerke: So bildet etwa der Konstantinsbogen *(siehe S. 91)* den Hintergrund zu Botticellis *Bestrafung der Rotte Korah* (fünftes Bild des Moses-Zyklus), in der der Künstler selbst als zweite Figur von rechts erscheint. Zwei ähnliche Bogen sieht man auch im gegenüberliegenden Gemälde, Peruginos *Schlüsselübergabe an Petrus*.

Moses war der Anführer seines Volkes. Indem er den Zorn Gottes auf all jene lenkte, die seine Entscheidungen anzweifelten, schuf er einen

Zuschauer in der *Berufung der Jünger Petrus und Andreas* von Ghirlandaio

Präzedenzfall für jene Machtvollkommenheit, die die Päpste für sich in Anspruch nahmen. In der *Schlüsselübergabe an Petrus* überträgt Christus die geistliche und weltliche Macht an Petrus – den ersten Papst –, dem er die Schlüssel für Himmel und Erde überreicht. Der Bau im Zentrum der riesigen Piazza repräsentiert sowohl den Jerusalemer Tempel als auch die von Petrus aufgebaute Kirche. Die fünfte Figur von rechts wird häufig als Selbstporträt Peruginos gedeutet.

Zentrale Szene in Botticellis
Bestrafung der Rotte Korah

Botticellis *Versuchung Jesu* enthält eine Ansicht des Ospedale di Santo Spirito, das Sixtus IV. wiederaufbauen ließ. Der Teufel ist als Franziskanermönch verkleidet. Links sieht man Porträts von Botticelli und Filippino Lippi. Der Neffe des Papstes, Girolamo Riario, ist in Rossellis Fresko *Durchzug durch das Rote Meer* abgebildet. Dieses Gemälde erinnert an den Sieg des Papstes bei Campomorto (1482).

Peruginos *Schlüsselübergabe an Petrus*

Sixtinische Kapelle: Decke

Michelangelo schuf das Deckenfresko zwischen 1508 und 1512 mithilfe eines eigens dafür gebauten Gerüsts. Die zentralen Bildfelder, Schöpfungsgeschichte und Sündenfall, sind von Szenen aus Altem und Neuem Testament umrahmt – mit Ausnahme der Sibyllen, die die Geburt Christi vorausgesagt haben sollen. Als die Decke in den 1980er Jahren restauriert wurde, traten unerwartet leuchtende Farben zutage.

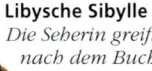

Libysche Sibylle
Die Seherin greift nach dem Buch der Weisheit. Michelangelo schuf wohl auch diese Frauengestalt wie die meisten seiner weiblichen Figuren nach dem Vorbild eines Mannes.

Schein-
architektur

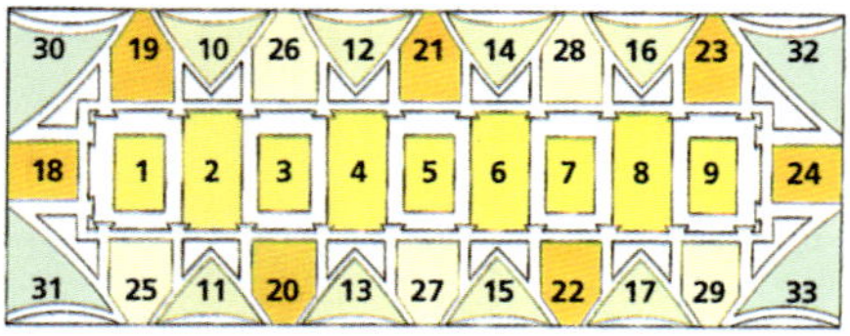

LEGENDE

🟨 **Genesis: 1** Erschaffung des Lichts; **2** Erschaffung der Gestirne; **3** Scheidung von Erde und Meer; **4** Erschaffung Adams; **5** Erschaffung Evas; **6** Sündenfall; **7** Opfer Noahs; **8** Die Sintflut; **9** Die Trunkenheit Noahs.

🟨 **Vorfahren Christi: 10** Salomon mit Eltern; **11** Jesse mit Eltern; **12** Rehabeam mit Mutter; **13** Asa mit Eltern; **14** Usia mit Eltern; **15** Hiskia mit Eltern; **16** Serubbabel mit Eltern; **17** Josia mit Eltern.

🟨 **Propheten: 18** Jonas; **19** Jeremia; **20** Daniel; **21** Hesekiel; **22** Jesaja; **23** Joel; **24** Zacharias.

🟨 **Sibyllen: 25** Libysche Sibylle; **26** Persische Sibylle; **27** Cumäische Sibylle; **28** Erythräische Sibylle; **29** Delphische Sibylle.

🟨 **Szenen aus dem Alten Testament: 30** Bestrafung Hamans; **31** Eherne Schlange; **32** David und Goliath; **33** Judith und Holofernes.

Erschaffung der Gestirne
Ein dynamischer, Furcht einflößender Gott befiehlt der Sonne, ihr Licht auf die Welt zu werfen.

Der Sündenfall

Dargestellt sind Adam und Eva mit dem verbotenen Apfel vom Baum der Erkenntnis sowie ihre Vertreibung aus dem Paradies. Michelangelo malte den Satan als Schlange in Frauengestalt.

Die genaue Bedeutung der **Ignudi** (männliche Akte) wurde bisher nicht geklärt.

Die Lünetten sind mit Fresken der Vorfahren Christi ausgemalt.

Restaurierung der Decke

Bei der letzten Restaurierung der Sixtinischen Kapelle wurden die Fresken mit Computern und Spektrometern vor Beginn analysiert. Dabei unterschied man zwischen Michelangelos Original und dem Werk früherer Restauratoren, wobei sich herausstellte, dass diese versucht hatten, die Fresken mit Brot und Retsina zu reinigen. Nach der letzten Restaurierung hatten die schmutzig-eierschalenfarbenen Figuren plötzlich einen rosigen Teint, leuchtendes Haar und recht bunte Gewänder – ein »Benetton-Michelangelo«, urteilte ein Kritiker, der behauptete, man habe auch die Schicht abgetragen, mit der Michelangelo seine Farben habe dämpfen wollen. Nach genauer Prüfung waren sich jedoch die Experten einig, dass die neue Farbigkeit dem Original entspricht.

Restaurierung der Libyschen Sibylle

Castel Sant'Angelo ⓭

Die Engelsburg ist nach dem Erzengel Michael benannt, dessen Statue ihr Dach krönt. Seit Kaiser Hadrian 139 n. Chr. hier ein Mausoleum errichten ließ, hatte der Rundbau verschiedenste Funktionen: Das Castel war Teil der Aurelianischen Mauer, diente im Mittelalter als Zitadelle und Gefängnis und in politisch unsicheren Zeiten als Wohnsitz der Päpste. Ein Museum führt von den Kellerverliesen hinauf zu den prunkvollen Gemächern der Renaissance-Päpste.

Mausoleum des Hadrian
So dürfte das Grabmal des römischen Kaisers ausgesehen haben, bevor Aurelian 270– 275 die Mauern verstärken ließ.

Cortile di Onore
Berge steinerner Kanonenkugeln schmücken den »Ehrenhof«, das einstige Waffendepot der Burg.

Die Sala del Tresoro (Schatzkammer) liegt vermutlich an der Stelle von Hadrians Grabkammer.

Sala delle Colonne

Loggia Pauls III.

Bibliothekssaal

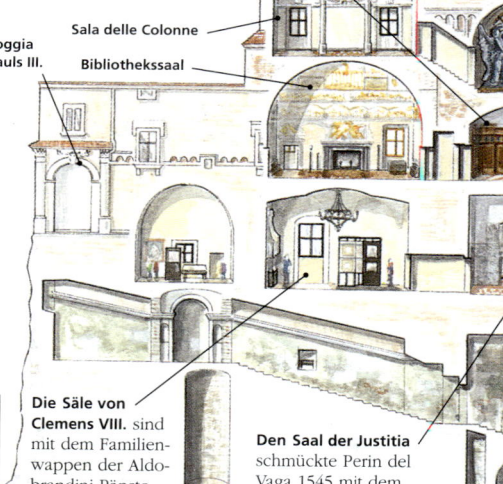

Zum Schutz der Päpste

Vom Vatikanischen Palast führt ein *Passetto* genannter Fluchtweg zur Engelsburg. Der Geheimgang wurde 1277 angelegt, um dem Papst bei Gefahr das Entkommen zu ermöglichen. Der Schutzwall entstand im 17. Jahrhundert und sollte die Burg uneinnehmbar machen.

Die Säle von Clemens VIII. sind mit dem Familienwappen der Aldobrandini-Päpste (1592–1605) geschmückt.

Den Saal der Justitia schmückte Perin del Vaga 1545 mit dem Fresko *Engel der Gerechtigkeit*.

Die Spiralrampe bildete den Zugang zum Mausoleum.

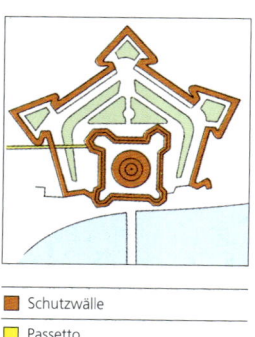

◻ Schutzwälle
◻ Passetto

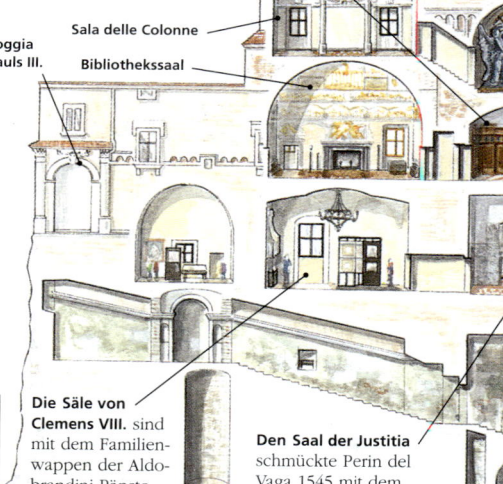

★ **Blick von der Terrasse**
Die Plattform des Mittelturms, Schauplatz des letzten Akts von Puccinis Tosca, bietet eine prachtvolle Aussicht.

In der Urnenkammer befindet sich die Asche von Mitgliedern aus Hadrians Familie.

NICHT VERSÄUMEN

★ Blick von der Terrasse

★ Sala Paolina

★ Treppe Alexanders VI.

Bronzeengel
Die barocke Statue des Erzengels Michael ist ein Werk des flämischen Künstlers Pieter Verschaffelt (18. Jh.).

Im Runden Saal steht das Originalmodell, nach dem Verschaffelts Engel gegossen wurde.

INFOBOX

Lungotevere Castello.
Stadtplan *4 D3 (11 A1),*
Karte *E4 (R1).* 06 681 91 11.
23, 40, 62, 271, 280, 982 bis Piazza Pia; 34 bis Via di Porta Castello; 49, 87, 926, 990 bis Piazza Cavour; 46, 64 bis Santo Spirito. Di–So 9–19.30 Uhr (letzter Einlass 18.30 Uhr).
1. Jan, 25. Dez. *Ausstellungen.*
www.castelsantangelo.com

★ Sala Paolina
Auf den illusionistischen Fresken von Perin del Vaga und Pellegrino Tibaldi (1546–48) tritt dem Besucher aus einer gemalten Türöffnung ein Höfling entgegen.

Apollosaal
Die Fresken mit Szenen aus der griechischen Mythologie sollen von Schülern Perin del Vagas stammen (1548).

Luftschacht

★ Treppe Alexanders VI.
Diese Treppe führt mitten durch das Bauwerk.

Brücke

ZEITSKALA

139 Antoninus Pius stellt das Mausoleum fertig	**590** Der Erzengel Michael erscheint Papst Gregor dem Großen über der Zitadelle	**1493** Papst Alexander VI. restauriert den *Passetto*	*Fassade des Castel Sant'Angelo*
		1390 Papst Bonifatius IX. baut das Kastell um	
100 n. Chr.	**500**	**1000**	**1500**
	271 Das Grabmal wird befestigt und Teil der Aurelianischen Mauer	**1527** Die Burg übersteht den Sacco di Roma	**1557** Schutzwall zur weiteren Befestigung
130 Hadrian beginnt mit dem Bau des Mausoleums	*Kanonenkugeln im Cortile di Onore*	**1542–49** Ausstattung der Sala Paolina und der Gemächer Papst Pauls III.	**1870** Burg dient als Kaserne und Militärgefängnis

Via Veneto

Zur Kaiserzeit war das Areal ein Wohnviertel der reichen Römer, die hier prächtige Villen mit großen Gärten besaßen. Reste aus jenen Tagen kann man bei den Ausgrabungen an der Piazza Sallustio sehen, die nach der größten Parkanlage der Gegend, den Horti Sallustiani, benannt ist. Nach der Plünderung Roms im 5. Jahrhundert verfiel das Viertel und erlebte erst im 17. Jahrhundert einen Aufschwung, als hier der Palazzo Barberini und die Villa Ludovisi (abgerissen) entstanden. Als Rom 1870 Hauptstadt Italiens wurde, verkauften die Ludovisi ihren Besitz als Bauland. Ein Grundstück wollten sie für ein neues Haus behalten, mussten dann aber so hohe Steuern zahlen, dass sie gezwungen waren, auch dieses abzutreten. Um 1900 war die Via Veneto von modernen Cafés und Hotels gesäumt. Im Jahr 1960 drehte Fellini hier *La Dolce Vita*, eine beißende Satire auf das Leben reicher Müßiggänger.

Regisseur Federico Fellini

Sehenswürdigkeiten auf einen Blick

Kirchen und Tempel
Santa Maria della
  Concezione ❸
Santa Maria della Vittoria ❽
Santa Susanna ❼

Historische Gebäude
Casino dell'Aurora ❷
Palazzo Barberini ❻

Berühmte Straße
Via Veneto ❶

Brunnen
Fontana delle Api ❹
Fontana del Tritone ❺

SIEHE AUCH

• *Stadtplan* 5

• *Hotels* S. 308f

• *Restaurants* S. 326f

0 Meter   200

Anfahrt

Das Areal ist mit öffentlichen Verkehrsmitteln hervorragend zu erreichen. Zwei Metro-Stationen der Linie A, Barberini und Repubblica, liegen sehr zentral, zur Stazione Termini geht man in 15 bis 20 Minuten zu Fuß. Die Via Veneto selbst beginnt an der Piazza Barberini, zu der Busse aus allen Stadtteilen verkehren. Bus 95 fährt die Via Veneto entlang bis zur Porta Pinciana. Weitere nützliche Linien sind 52, 53, 63, 80, 116 und 119.

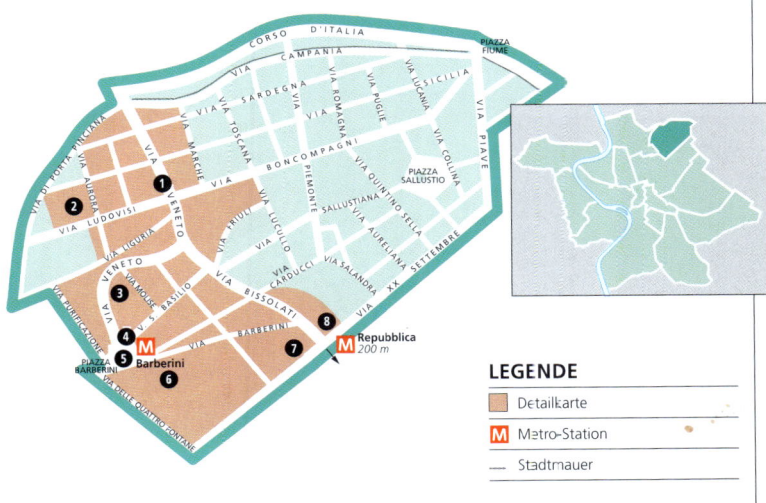

LEGENDE

Detailkarte	
M	Metro-Station
—	Stadtmauer

◁ **Spätsommer in der Via Veneto** (*siehe S. 254*)

Im Detail: Via Veneto

Das Viertel um die Via Veneto liegt zwar innerhalb der Stadtmauern des antiken Rom, doch findet man hier wenig Bausubstanz aus der Zeit vor 1870. Mit Hotels, Restaurants, Bars und Reisebüros ist die Gegend ein typisches Tourismuszentrum des 21. Jahrhunderts – so wie die Piazza di Spagna den Treffpunkt aller Rom-Reisenden des 18. Jahrhunderts bildete. Doch auch im modernen Straßenbild haben sich Relikte der Geschichte erhalten: Dazu gehört Santa Maria della Concezione, die Kirche der Kapuziner, deren Kloster einst hier lag. Im 17. Jahrhundert errichtete die mächtige Papstfamilie den Palazzo Barberini. Berninis Fontana del Tritone und Fontana delle Api schmückten die Piazza Barberini bereits, als sie noch Treffpunkt der Bauern war.

Casino dell'Aurora
Das Ludovisi-Anwesen umfasste einst das gesamte Areal, doch nur ein Pavillon hat die Zeiten überdauert. ❷

Santa Maria della Concezione
In der Krypta der Kirche ruhen die Gebeine von 4000 Kapuzinermönchen. ❸

Fontana delle Api
Berninis Brunnen ist mit Bienen verziert, den Wappentieren seiner Mäzene, der Barberini. ❹

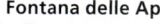

Fontana del Tritone
Seit 350 Jahren speit Berninis muskulöser Meeresgott Wasserfontänen aus. ❺

★ Palazzo Barberini
Pietro da Cortona malte sein Deckenfresko Triumph der göttlichen Vorsehung *zwischen 1633 und 1639.* ❻

Hotels und Restaurants um die Via Veneto *siehe Seiten 308f und 326f*

Von der Porta Pinciana
(403 n. Chr.) ist nur
der Mittelbogen
aus weißem
Travertin
erhalten.

Zur Orientierung
Siehe Stadtplan 5

Via Veneto
Die Straße mit ihren
Nobelhotels und edlen
Straßencafés entstand
gegen Ende des 19. Jahr-
hunderts. Ihre Blütezeit
erlebte sie in den 1950er
und 1960er Jahren. ❶

Santa Susanna
Die Kirche ist einer
Märtyrerin geweiht,
die während Dio-
kletians Christen-
verfolgung (3. Jh.
n. Chr.) hinge-
richtet wurde. ❼

NICHT VERSÄUMEN

★ Palazzo Barberini

★ Santa Maria
della Vittoria

LEGENDE

– – – – Routenempfehlung

0 Meter   75

★ **Santa Maria
della Vittoria**
Glanzpunkt der
Barockkirche ist die
Cappella Cornaro,
die einem Theater
nachempfunden ist.
Im Zentrum steht
Berninis Skulptur
Die Verzückung der
heiligen Theresa. ❽

Stadtplan *siehe Seiten 396–419*

Straßencafé auf der Via Veneto

Via Veneto ❶

Stadtplan 5 B1, **Karte** J3/4. 🚌 52, 63, 80, 95, 116, 119 und weitere Linien zur Piazza Barberini. Ⓜ Barberini.

Die Via (Vittorio) Veneto, deren oberer Teil von Luxushotels im Stil des späten 19. Jahrhunderts und von Straßencafés gesäumt ist, führt im Bogen von der Porta Pinciana zur Piazza Barberini hinab. Sie wurde 1879 angelegt, als die Familie Ludovisi während des Baubooms (infolge Roms neuer Stellung als Hauptstadt) ihren riesigen Besitz verkaufte. Im Palazzo Margherita, den die Ludovisi als neuen Familiensitz geplant hatten, ist heute die Botschaft der USA. In den 1960er Jahren war die Via Veneto Roms vornehmste Straße. In den Cafés traf man Filmstars und *paparazzi*. Heute sind die meisten Gäste Urlauber, die Filmbranche scheint Trastevere vorzuziehen.

US-Botschaft im Palazzo Margherita

Casino dell'Aurora ❷

Via Lombardia 46. Stadtplan 5 B2, **Karte** J3. 📞 06 83 46 70 00. 🚌 52, 53, 63, 80, 95, 116, 119. Ⓜ Barberini. ⏱ nach tel. Vereinbarung oder E-Mail @ aurorapallavicini@saita.it

Das Casino war ein Sommerhaus im Park der Ludovisi-Residenz. Es wurde im 17. Jahrhundert für Kardi-

nal Ludovisi erbaut und ist mit Fresken von Guido Reni ausgeschmückt. Thema des Deckenfreskos ist Aurora, die Göttin der Morgenröte. Die meisterhafte Arbeit vermittelt den Eindruck, das Casino habe überhaupt kein Dach, sondern liege direkt unter einem bewölkten Himmel, über den ein Pferdegespann den Wagen der Aurora zieht.

Santa Maria della Concezione ❸

Via Veneto 27. **Stadtplan** 5 B2, **Karte** J3. 📞 06 487 11 85. 🚌 52, 53, 61, 62, 63, 80, 95, 116, 119, 175. Ⓜ Barberini. ⏱ tägl. 7–12, 15–19 Uhr. 🔑 **Krypta** ⏱ tägl. 9–12, 15–18 Uhr. ● manche Feiertage. **Spende.**

Antonio Barberini, ein Bruder von Papst Urban VIII., war Kardinal und Mitglied des Kapuzinerordens. Er gründete 1626 die schlichte Kirche am unteren Ende der Via Veneto. Nach seinem Tod wurde er nicht wie die meisten Kardinäle in einem prunkvollen Marmorsarkophag beigesetzt, sondern unter einer einfachen Steinplatte. Das Epitaph trägt die Inschrift: »Hier ruht Staub, Asche, nichts«.
   Die Realität des Todes wird noch deutlicher, wenn man die Krypta der Kirche betritt, wo Generationen von Kapuzinermönchen die Wände der fünf Kapellen mit den Schädeln und Gebeinen ihrer verstorbenen Brüder schmückten. Das *memento mori* besteht aus rund 4000 Skeletten. Aus Knochen sind christliche Symbole zusammengesetzt. Es gibt auch vollständige Skelette, wie das einer Barberini-Prinzessin, die schon als Kind starb.
   Am Ausgang besagt eine Inschrift auf Latein: »Wir waren, was ihr seid, und ihr werdet sein, was wir sind.«

Fontana delle Api ❹

Piazza Barberini. **Stadtplan** 5 B2, **Karte** J4. 🚌 52, 53, 63, 80, 61, 62, 95, 116, 119, 175. Ⓜ Barberini.

Der Bienen-Brunnen – Bienen *(api)* sind die Wappentiere der Familie Barberini – zählt zu Berninis schlichtesten Arbeiten. Er liegt versteckt an einer Ecke der Piazza Barberini und wird häufig übersehen. Der Brunnen wurde 1644 zu Ehren von Papst Urban VIII. Barberini geschaffen. Er zeigt Bienen, die von dem Wasser, das in das Becken rinnt, zu trinken scheinen. Eine lateinische Inschrift besagt, dass das Wasser öffentlich, für Mensch und Tier bestimmt sei.

Berninis Fontana delle Api

Fontana del Tritone ❺

Piazza Barberini. **Stadtplan** 5 B3, **Karte** J4. 🚌 52, 53, 63, 80, 61, 62, 95, 116, 119, 175. Ⓜ Barberini.

Mitten auf der belebten Piazza Barberini steht Berninis Tritonen-Brunnen. Er entstand 1642 für Papst Urban VIII. Barberini, kurz nach Fertigstellung des Palazzo. Auf dem Kopf stehende akrobatische Delfine tragen mit ihren Schwanzspitzen eine riesige Muschel. Darin kniet ein Meeresgott, der aus einer Muschelschale Wasser schlürft, von der aus ein Strahl gen Himmel steigt.

Papst Urban VIII.

Kunstvoll zwischen den Delfinen platziert sind die päpstliche Tiara, die Schlüssel des Apostels Petrus und das Wappen der Familie Barberini.

Triton mit Muschelschale in Berninis Fontana del Tritone

Palazzo Barberini ❻

Via delle Quattro Fontane 13. **Stadtplan** 5 B3, **Karte** J4. 📞 06 482 41 84. 🚌 52, 53, 61, 62, 63, 80, 95, 116, 175, 492, 590. Ⓜ *Barberini.* ☐ *Di–So 8.30–19.30 Uhr (letzter Einlass 18.30 Uhr).* ● *1. Jan, 25. Dez.* 🎫📷🚻📷♿📷📷 www.galleriaborghese.it

Als Maffei Barberini 1623 Papst Urban VIII. wurde, entschloss er sich, einen prachtvollen Palazzo für seine Familie zu errichten. Er wählte dafür einen Platz am damaligen Stadtrand, der die Ruinen eines antiken Tempels überblickte. Der Architekt, Carlo Maderno, entwarf eine typisch ländliche Villa, deren Flügelbauten in den dazugehörigen Park hineinreichten. Als Maderno 1629 kurz nach der Grundsteinlegung starb, übernahmen Bernini und sein Assistent Borromini die Bauleitung. Für die Ziergiebel im Obergeschoss und das Treppenhaus zeichnete mit großer Wahrscheinlichkeit Borromini verantwortlich.

Der prachtvollste unter den vielen üppig ausgestatteten Räumen ist der Gran Salone, dessen verwirrend illusionistisches Deckenfresko von Pietro da Cortona stammt. Heute beherbergt der Palazzo einen Teil der Galleria Nazionale d'Arte Antica mit Gemälden aus dem 13. bis 16. Jahrhundert (u. a. Filippo Lippi, El Greco, Caravaggio). Hier hängt auch Holbeins Porträt Heinrichs VIII. von England. Mehr Bezug zu Rom haben Guido Renis Porträt von Beatrice Cenci und *La Fornarina,* das allgemein als ein Bildnis der Geliebten Raffaels *(siehe S. 219)* gilt.

Santa Susanna ❼

V. XX Sett. 14. **Stadtplan** 5 C2, **Karte** K4. 📞 06 42 01 45 54. 🚌 60, 62, 84, 492, 910. Ⓜ *Repubblica.* ☐ *tägl. 9–12, 16–19 (So bis 17.30) Uhr.* 🎫

Fassade von Santa Susanna

Santa Susanna verdankt ihren Ruhm Carlo Madernos kraftvoller Barockfassade (1603). Schon im 4. Jahrhundert befand sich hier ein Gotteshaus. Das Mittelschiff zieren vier riesige Fresken von Baldassarre Croce (1558–1628). Wandteppichen nachempfunden zeigen sie Szenen aus dem Leben zweier Susannen: einer wenig bekannten römischen Heiligen, die hier den Märtyrertod fand, und der Susanna aus dem Alten Testament, die von zwei lüsternen Richtern beim Bad beobachtet wurde.

Santa Susanna ist die Kirche der katholischen Amerikaner in Rom, täglich gibt es Messen auf Englisch.

Santa Maria della Vittoria ❽

Via XX Settembre 17. **Stadtplan** 5 C2, **Karte** K3. 📞 06 42 74 05 71. 🚌 60, 61, 62, 84, 492, 910. Ⓜ *Repubblica.* ☐ *tägl. 9–12, 15.30– 18.30 Uhr.* 🎫📷

Santa Maria della Vittoria ist eine hübsche Barockkirche. Sie birgt Berninis Skulptur *Die Verzückung der heiligen Theresa* (1646), die der Künstler selbst als sein Meisterwerk bezeichnete. Die Cornaro-Kapelle, in der die Figur steht, ähnelt einem Miniatur-Theater. Es gibt sogar ein Publikum: Skulpturen des Stifters der Kapelle, Kardinal Federico Cornaro, und seiner Ahnen sitzen in Logen, als ob sie das Schauspiel auf der Bühne vor sich beobachten und sich darüber unterhalten.

Viele Besucher erstaunt die Ausdruckskraft der Heiligen. Den Mund halb geöffnet, schwebt sie mit geschlossenen Augen, in ein fließendes Gewand gehüllt, auf einer Wolke. Über ihr, ein Lächeln auf den Lippen, das sanft und grausam zugleich wirkt, schwebt ein Engel. Er hält einen Pfeil in der Hand, mit dem er das Herz der Heiligen zum zweiten Mal durchbohren will. Beide Marmorfiguren sind von einem Kranz aus Bronzestrahlen umrahmt.

Berninis *Die Verzückung der heiligen Theresa*

Stadtplan *siehe Seiten 396–419*

Abstecher

Am Stadtrand Roms gibt es große Parks und interessante Kirchen zu besichtigen. Besucher, die einen Tag erübrigen können, sollten die Villen von Tivoli und die Ruinen des antiken römischen Hafens Ostia besuchen. Sehenswürdigkeiten aus der Antike wie verschiedene Katakom-

Teller (3. Jh. v. Chr.) in der Villa Giulia

ben oder die verfallenen Aquädukte im Parco Appio Claudio gewähren Einblicke in die Geschichte und die Traditionen der Campagna, der Landschaft um Rom. Neueren Datums sind die in der faschistischen Ära gebaute Vorstadt EUR und das Denkmal an den Fosse Ardeatine.

Sehenswürdigkeiten auf einen Blick

Stadtviertel
EUR ⑮
Tivoli ⑲

Historische Straße
Via Appia Antica ⑨

Kirchen
San Lorenzo fuori le Mura ⑧
San Paolo fuori le Mura ⑯
Sant'Agnese fuori le Mura ⑦
Santa Costanza ⑥

Museen und Sammlungen
Centrale Montemartini ⑰
MAXXI ④
Museo d'Arte Contemporanea
 di Roma ⑤
*Museo e Galleria Borghese
 S. 260f* ②
Villa Giulia S 262f ③

Antike Stätten
Hadriansvilla ㉒
Ostia Antica ㉓

Parks und Gärten
Villa Borghese ①
Villa Doria Pamphilj ⑱
Villa d'Este ⑳
Villa Gregoriana ㉑

Gräber und Katakomben
Domitilla-Katakomben ⑫
Fosse Ardeatine ⑬
Grabmal der Cecilia Metella ⑭
San-Callisto-Katakomben ⑩
San-Sebastiano-Katakomben ⑪

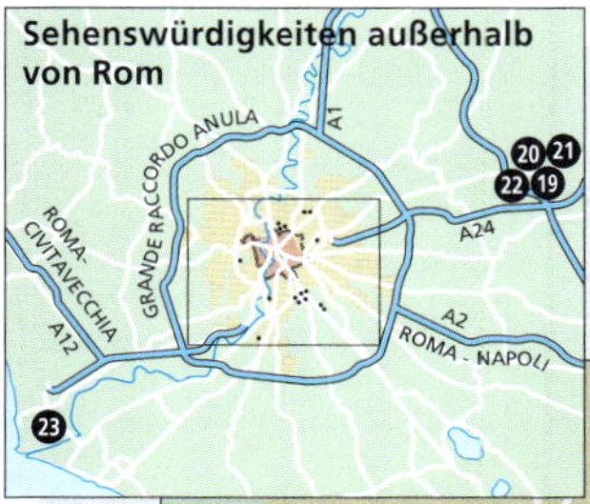

Sehenswürdigkeiten außerhalb von Rom

LEGENDE
▨ Rom Zentrum *siehe S. 64–255*
— Autobahn

0 Kilometer   2

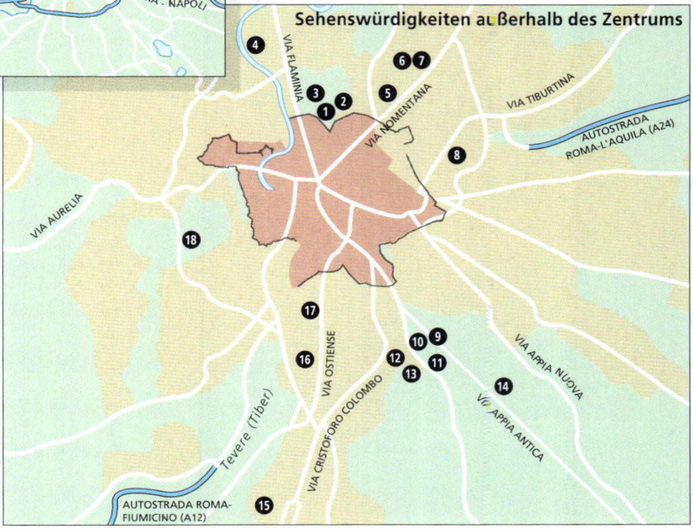

Sehenswürdigkeiten außerhalb des Zentrums

Villa Borghese ❶

Stadtplan 2 E5, Karte J2. 🚌 52, 53, 56, 88, 95, 116, 490, 495. 🚋 3, 19. ⭕ Park Sonnenaufgang bis -untergang. Bioparco Viale del Giardino Zoologico 20. Stadtplan 2 E4, Karte J1. ☎ 06 360 82 11. 🚌 52. 🚋 3, 19. ⭕ tägl. ⬤ 25. Dez. ♿ 🛒 🍴 🏛 Galleria Nazionale d'Arte Moderna Viale delle Belle Arti 131. Stadtplan 2 D4, Karte H1. ☎ 06 32 29 82 21. ⭕ Di–So 8.30–19.30 Uhr (letzter Einlass 18.45 Uhr). ⬤ 1. Mai. ♿ 🛒 🍴 🖥 🏛 Museo Carlo Bilotti Viale Fiorello la Guardia. Stadtplan 2 D5, Karte H2. ⭕ Di–So 9–19 Uhr. ⬤ 1. Jan, 1. Mai, 25. Dez. 📷 ♿ 🏛 www.museocarlobilotti.it

Britische Schule in Rom von Edwin Lutyens (1911)

V illa und Park wurden 1605 für Kardinal Scipione Borghese, den Neffen von Papst Paul V., entworfen. Der Park – die erste Anlage dieser Art – hatte 400 neu gepflanzte Pinien, Gartenskulpturen von Berninis Vater Pietro und imposante Wasserspiele von Giovanni Fontana. Die Struktur der Parkanlage wurde bei den Gärten der Villa Ludovisi und der Villa Doria Pamphilj nachgeahmt.

Im frühen 19. Jahrhundert trug Fürst Camillo Borghese die prachtvolle Kunstsammlung der Familie im Casino Borghese zusammen, das jetzt die Galleria und das Museo Borghese beherbergt. 1901 ging der Park in den Besitz des italienischen Staats über. Auf dem großen Anwesen befinden sich Museen und Galerien, ausländische Akademien und archäologische Institute, ein Zoo, eine Reitschule, ein Rasen-Amphitheater, ein künstlicher See, ein Vogelhaus, etliche Sommerhäuser, Brunnen und klassizistische Statuen.

Der Park hat mehrere Zugänge, besonders prächtig ist der monumentale Eingang am Piazzale Flaminio, den sich Fürst Camillo Borghese 1825 von Luigi Canina erbauen ließ. Andere Eingänge befinden sich an der Porta Pinciana am Ende der Via Veneto und im Pincio-Park (siehe S. 136f).

Die von hohen Pinien umstandene Piazza di Siena, ein offenes, mit Gras bewachsenes Amphitheater, inspirierte Ottorino Respighi 1924 zu seinem berühmten sinfonischen Gedicht I pini di Roma. Nahe dem Platz befinden sich die Casina di Raffaelo, die Raffael gehört haben soll, und der Palazetto dell'Orologio. Diese Sommerhäuser boten den Bewohnern früher herrliche Ausblicke über den Park. Viele Gebäude waren ursprünglich von

Statue des Dichters Byron von Thorvaldsen

Grünanlagen umgeben: Das Casino Borghese und das nahe Casino della Meridiana (17. Jh.) samt Vogelhaus (uccelliera) liegen noch immer inmitten geometrischer Rabatten. Weggabelungen werden von Brunnen und Statuen geziert.

Etwas westlich der Piazza di Siena steht die Fontana dei Cavalli Marini (Seepferdchen-Brunnen), die bei der Umgestaltung der Anlage (18. Jh.) hinzukam. Spaziergänger kommen zudem an Statuen von Goethe, Byron und Victor Hugo vorbei sowie am Reiterbild des finsteren Königs Umberto I.

Über den Park verstreut finden sich pittoreske, auf Ruinen getrimmte Tempel, so – zwischen der Piazza di Siena und der Porta Pinciana – ein runder Diana-Tempel und – auf dem Hügel nördlich der Piazza di Siena – ein Tempel der Faustina, der Frau des Kaisers Antonius Pius. Die nahe mittelalterlich anmutende Fortezzuola von Canina beherbergt die Arbeiten des Bildhauers Pietro Canonica, der hier lebte und 1959 starb. Im Garten steht Canonicas Denkmal Gebirgsjäger und sein Maultier, das den Soldaten gewidmet ist, die im Ersten Weltkrieg in den Alpen gegen Österreich kämpften.

Das Zentrum des Parks bildet der Giardino del Lago, sein Hauptzugang ist eine Kopie des Septimius-Severus-

Klassizistischer Diana-Tempel

Hotels und Restaurants um die Villa Borghese siehe Seiten 309 und 327

Dem Asklepios gewidmeter ionischer Tempel auf der Insel des Sees

Bogens (18. Jh.). Im Garten gibt es einen künstlichen See mit einem Äskulap-Tempel (18. Jh) des Architekten Antonio Asprucci. Ruderboote und Enten machen den See zum Kinderparadies. Bananen und Bambuspflanzen säumen die Ufer, die Freiflächen sind mit Statuen geschmückt.

Südlich des Sees steht inmitten von Blumenbeeten die Fontana di Fauni im Jugendstil, wohl eine der schönsten Skulpturen des Parks. Auf einer Lichtung nahe dem Eingang zum Viale Pietro Canonica befinden sich die Tritonen, die ursprünglich zur Fontana del Moro auf der Piazza Navona *(siehe S. 120)* gehörten und im 19. Jahrhundert hierher geschafft wurden.

Von Nordwesten führt der Viale delle Belle Arti in den Park. Hier beherbergt die Galleria Nazionale d'Arte Moderna eine Bildersammlung aus dem 19. und 20. Jahrhundert. Seinen Jugendstil-Charakter verdankt das Areal der Weltausstellung von 1911. Damals errichteten hier viele Nationen Pavillons, der eindrucksvollste ist die von Edwin Lutyens geschaffene British School at Rome, die eine dem Westportal der Londoner St Paul's Cathedral nachempfundene Fassade hat. Hier kann man Literatur, Kunst und Geschichte studieren. Die Statuen nahebei sind international: u. a. Simón Bolívar und weitere südamerikanische Freiheitskämpfer.

Jenseits der Galerie, in der nordöstlichen Ecke des Parks, befinden sich der kleine Bioparco und das Museo Zoologico. Attraktiv ist die Villa Giulia (16. Jh.) mit Sammlungen etruskischer und prärömischer Funde.

Ein weiteres Renaissance-Gebäude ist die Palazzina von Pius IV. unweit des Ausgangs zur Via Flaminia. Das Gebäude wurde 1552 von Vignola entworfen und für Carlo Borromeo zur eleganten Stadtwohnung umgestaltet. Heute ist dort die Italienische Botschaft beim Heiligen Stuhl ansässig.

Mitten im Park wurde die ehemalige Orangerie zum Museo Carlo Bilotti – der Name geht auf den Hauptmäzen zurück – umgestaltet. Hier kann man Werke von Giorgio de Chirico, Andy Warhol und Gino Severini sehen.

Museo e Galleria Borghese ❷

Siehe S. 260f.

Villa Giulia ❸

Siehe S. 262f.

MAXXI (Mueso Nazionale delle Arti del XXI secolo) ❹

Via Guido Reni 4A. **Stadtplan** 1 A2. 📞 06 39 96 73 50. 🚌 53, 217, 225, 910. 🚋 2. ⏰ Di–So 11–19 Uhr (Do, Sa bis 22 Uhr). ⬤ 1. Mai, 25. Dez. ♿ 🍴 🖥 📷 ✍ *Kinder unter 14 Jahren frei.* 🌐 www.fondazionemaxxi.it

Das im Mai 2010 eröffnete MAXXI nahe dem Parco della Musica *(siehe S. 358)* ist ein Forum für zeitgenössische Kunst. In dem Gebäude der Architektin Zaha Hadid ist keine Wand gerade, kein Boden eben. Das neue Museum ist der erste Kunstraum Italiens für ausschließlich zeitgenössische Werke und umfasst auch das erste Architekturmuseum Italiens.

MAXXI – Roms neues Kunstmuseum der Architektin Zaha Hadid

Stadtplan *siehe Seiten 396–419*

Museo e Galleria Borghese ❷

Die Villa und den Park ließ Kardinal Scipione Borghese anlegen, der Lieblingsneffe Pauls V., um dort der Geselligkeit zu frönen. Der sinnenfrohe Kardinal war ein großzügiger Kunstmäzen und gab Skulpturen bei dem jungen Künstler Bernini in Auftrag, die zu dessen berühmtesten Arbeiten zählen. Scipione gewährte auch der Öffentlichkeit Zutritt zum Park. Heute beherbergt die Villa die private Skulpturen- und Gemäldesammlung der Borghese.

Fassade der Villa Borghese
Das Bild (1613) des flämischen Architekten der Villa zeigt die reich ornamentierte Fassade des ursprünglichen Entwurfs.

Kurzführer

Das Museum besteht aus zwei Abteilungen, der Skulpturensammlung (Museo Borghese) und der Gemäldegalerie (Galleria Borghese). Die Skulpturensammlung erstreckt sich über das ganze Erdgeschoss. Nach Renovierungsarbeiten ist auch das Obergeschoss wieder zugänglich.

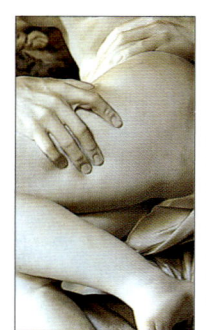

★ Raub der Proserpina
Eine der schönsten Arbeiten von Bernini bezeugt seine Meisterschaft im Umgang mit Marmor. Hier sieht man Pluto, der seine Braut davonträgt.

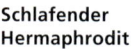

Schlafender Hermaphrodit

Diese römische Marmorskulptur (um 150 v. Chr.) ist eine Kopie des griechischen Originals von Polyklet. Kopf und Matratze fügte Andrea Bergondi im 17. Jahrhundert hinzu.

Ägyptisches Zimmer
Fresken zeigen ägyptische Motive und Episoden aus der ägyptischen Geschichte.

ZEITSKALA

1613 Der 15-jährige Bernini stellt *Äneas und Anchises* fertig	**Frühes 19. Jh.** Die Statuen und Reliefs an der Fassade der Villa gelten als überladen und werden entfernt	**1809** Fürst Camillo Borghese verkauft einen Großteil der Sammlung an den Louvre	**1902** Der Staat erwirbt Villa, Grundstück und Sammlung
1621–25 Berninis Skulptur *Der Raub der Proserpina*			

1625	1725	1825

1622–25 Berninis *Apollo und Daphne*		**1805** Canova schafft die ruhende, halb nackte *Pauline Borghese*
1613–15 Der flämische Architekt Jan van Santen entwirft und baut die Villa Borghese	*Daphnes Finger verwandeln sich in Blätter*	**Frühes 20. Jh.** Lord Astor erwirbt die Balustrade des Vorplatzes für das Cliveden-Anwesen in England

Rückwärtiger Eingang

★ Apollo und Daphne
Berninis berühmtestes Meisterwerk zeigt die vor Apollo fliehende Nymphe Daphne im Augenblick ihrer Verwandlung in einen Baum.

David wird im Moment des Steinwurfs dargestellt. Bernini gab ihm sein Gesicht.

INFOBOX

Villa Borghese, Piazzale Scipione Borghese 5. **Stadtplan** 2 F5, **Karte** K1. ☎ 06 841 39 79. 🚌 52, 53, 116, 910 zur Via Pinciana. 🚊 3, 19 zum Viale delle Belle Arti. 🕐 Di–So 8.30–19.30 Uhr (letzter Einlass 19 Uhr). 🔴 1. Jan, 25. Dez. 📷 Achtung: Die *Reservierung* von Tickets unter ☎ 06 328 10 bzw. online unter **www**.ticketeria.it *ist obligatorisch.* 📷 🎧 ♿ ⌀ 🖥 📷
www.galleriaborghese.it

★ Galleria Borghese
Die Sammlung Alter Meister besitzt auch Tizians Himmlische und Irdische Liebe *(1514).*

★ Pauline Borghese
Napoléons Schwester Pauline saß dem Bildhauer Canova Modell. Ihr Ehemann Camillo Borghese verschloss die Skulptur sogleich, sogar vor Canova selbst.

Haupteingang

Gladiatorenmosaik
Den Boden schmücken Mosaikfragmente (4. Jh. n.Chr.) aus einer Villa in Torrenova.

LEGENDE

☐ Ausstellungsfläche

🟪 Eingangsbereich

NICHT VERSÄUMEN

★ *Apollo und Daphne* von Bernini

★ Galleria Borghese

★ *Pauline Borghese* von Canova

★ *Raub der Proserpina* von Bernini

Stadtplan *siehe Seiten 396–419*

Villa Giulia ❸

Papst Julius III. ließ sich die Villa als Landhaus erbauen. Sie diente in erster Linie für gesellschaftliche Anlässe. Der Bau beherbergte früher eine Statuensammlung – 160 Bootsladungen wurden 1555 nach dem Tod des Papstes in den Vatikan transportiert. Villa, Gärten, Pavillons und Brunnen wurden von außergewöhnlichen Architekten entworfen: von Vignola (Baumeister der Kirche Il Gesù), Vasari, dem Bildhauer Ammannati und auch Michelangelo. Besonders sehenswert sind die Fassade, der Innenhof, der Garten und das Nymphäum. Seit 1889 ist das Museo Nazionale Etrusco mit seiner hervorragenden Sammlung prärömischer Funde hier untergebracht.

★ Ficoroni Cista
Die mit feinen Gravierungen verzierte Bronze-Hochzeitstruhe stammt aus dem 4. Jahrhundert v. Chr.

Chigi-Vase
Kampf- und Jagdszenen schmücken die korinthische Vase (6. Jh. v. Chr.).

★ Sarcofago degli Sposi
Das Meisterwerk aus Cerveteri (6. Jh. v. Chr.) zeigt ein verstorbenes Ehepaar beim ewigen Festmahl.

Kurzführer
Das wichtigste etruskische Museum Italiens beherbergt Funde von den Ausgrabungsstätten im Latium und in der Toskana. In den Räumen 1–13b und 25–26 sind Städte wie Vulci, Todi, Veio und Cerveteri im Modell rekonstruiert. Privatsammlungen sind in den Räumen 14–24.

Votivgabe
Die Etrusker fertigten zu Ehren der Götter Kunstwerke wie diesen Jungen, der einen Vogel füttert.

ZEITSKALA

1550	1650	1750	1850	1950

1550 Unter Papst Julius III. Baubeginn der Villa Giulia

    Spätes 16. Jh. Funde etruskischer Kunstwerke lösen wissenschaftliches Interesse aus

1889 Gründung des etruskischen Museums

Spätes 18. Jh. Systematische Erforschung etruskischer Funde

1919 Privatsammlung der Castellani wird dem Museum übereignet

    1655 Königin Christine von Schweden wohnt als Gast des Vatikans in der Villa

1555 Fertigstellung der Villa

1908 Staat erwirbt Privatsammlung der Barberini

1972 Staat erwirbt Privatsammlung der Pesciotti

Bronze-Streitwagen zur Verbrennung von Räucherwerk

Fassade

Die Fassade der Villa stammt von 1551. Der Eingang ist in Form eines Triumphbogens angelegt.

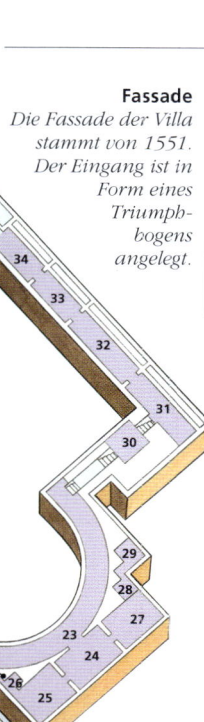

INFOBOX

Piazza e di Villa Giulia 9.
Stadtplan 1 C4, **Karte** G1.
📞 06 322 65 71. 🚌 52, 926 zum Vale Bruno Buozzi; 88, 95, 490, 495 zum Viale Washington.
🚋 3, 19 zur Piazza Thorwaldsen.
🕐 Di–So 8.30–19.30 Uhr *(letzter Einlass 18.30 Uhr).*
🔴 1. Jan, 1. Mai, 25. Dez. 🎫
✔ Anmeldung 1 Woche vorher.
🍴 🛒 🏛 🚫 ♿
www.villagiulia.beniculturali.it

★ Rekonstruierter etruskischer Tempel

Graf Adolfo Cozza ließ den Tempel von Alatri 1891 hier errichten. Sein Entwurf stützt sich auf Angaben des Vitruv und Ausgrabungsergebnisse aus dem 19. Jahrhundert.

Nymphäum

Der »den Nymphen gewidmete Ort« ist ein mit antiken Mosaiken, Statuen und Brunnen geschmückter, abgesenkter Innenhof.

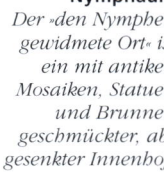

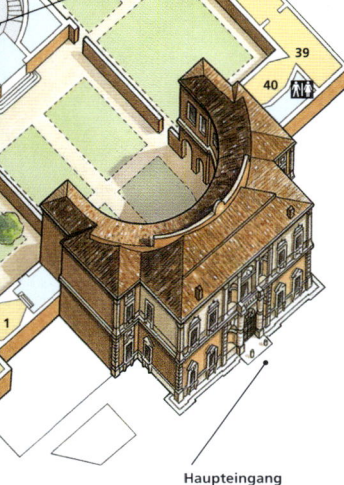

Haupteingang

NICHT VERSÄUMEN

★ Ficoroni Cista

★ Rekonstruierter etruskischer Tempel

★ Sarcofago degli Sposi

Faliskischer Krater

Das reich verzierte Gefäß (4. Jh. v. Chr.) zeigt die Ankunft der Aurora (des Sonnenaufgangs) im Streitwagen.

LEGENDE

🟨 Untergeschoss

🟨 Erdgeschoss

🟪 Erster Stock

⬜ Keine Ausstellungsfläche

Stadtplan *siehe Seiten 396–419*

Museo d'Arte Contemporanea di Roma ❺

Via Cagliari (Ecke Via Nizza). **Stadt-plan** 6 E1, **Karte** L2. 📞 06 671 07 04 00. 🚌 36, 60, 84, 90. 🕐 Di–So 11–21 Uhr. 🅿️ 📱 Außenstelle auch: Piazza O. Giustiniani 4. **Stadt-plan** 7 C4, **Karte** F10. 🚌 23, 95, 280, 719. 🕐 Di–So 16–23.30 Uhr. www.macro.roma.museum

Die frühere Peroni-Brauerei ist nun Sitz des MACRO, des Museums für zeitgenössische Kunst. Zu den Exponaten des späten 20. Jahrhunderts zählen Werke von Carla Accardi und Mario Schifano. Ausstellungen hier und in der Testaccio-Außenstelle zeigen die neuesten Entwicklungen der italienischen Kunstszene.

Der Innenraum der Kirche Santa Costanza aus dem 4. Jahrhundert

Santa Costanza ❻

Via Nomentana 349. 📞 06 861 08 40. 🚌 36, 60, 84, 90. 🕐 Mo–Sa 9–12, 16–18, So 16–18 Uhr. 🅿️ ♿ 📷

Die Rundkirche der hl. Konstanze wurde ursprünglich im frühen 4. Jahrhundert für Konstantins Töchter Konstantia und Helena gebaut. Die Kuppel wird von einer kreisförmigen Arkade gestützt, die auf zwölf Paaren herrlicher Granitsäulen ruht. Der Rundgang um die Zentralarkade hat eine mit schönen Mosaiken (4. Jh.)

Teil des Mosaiks (4. Jh.) im Rundgang von Santa Costanza

verzierte Gewölbedecke, auf der Früchte, Blumen, Tiere und Szenen von der römischen Weinernte dargestellt sind. In einer Nische auf der dem Eingang gegenüberliegenden Seite finden Sie eine Kopie des reich verzierten Porphyr-Sarkophags der Konstantia. Das Original wurde 1790 in die Vatikanischen Museen überführt.

Der Heiligenstatus Konstantias ist nicht unumstritten – der Historiker Marcellinus hat sie als Furie beschrieben, die unentwegt ihren ebenso unangenehmen Ehemann Hannibalianus zur Gewalt anstachelte. Ihre Kanonisierung verdankt sie möglicherweise der Verwechslung mit einer Nonne gleichen Namens.

Sant'Agnese fuori le Mura ❼

Via Nomentana 349. 📞 06 861 08 40. 🚌 36, 60, 84, 90. 🕐 tägl. 7.30–12, 16–19.45 Uhr. 📷 zu den Katakomben. ♿ 📷

Sant'Agnese gehört zu einer Gruppe frühchristlicher Bauwerke, zu denen auch die Ruinen eines verschütteten Friedhofs, Katakomben und die Krypta zählen, in der die 13-jährige Märtyrerin Agnes seit 304 n.Chr. ruht. Agnes wurde auf Befehl des Kaisers Diokletian, der wütend darüber war, dass sie die Avancen eines jungen Mannes seines Hofs abwies, nackt vorgeführt, aber wundersamerweise wuchs ihr Haar und bedeckte ihren Körper. Die Kirche wurde angeblich auf Wunsch von Kaiser Konstantins Tochter Konstantia gebaut, nachdem sie am Grab der hl. Agnes um Heilung von der Lepra gebetet hatte.

Form und Struktur der Basilika (4. Jh.) überstanden die zahlreichen Umbauten unbeschadet. Auf einem Mosaik in der Apsis (7. Jh.) erscheint die hl. Agnes als juwelengeschmückte byzantinische Kaiserin mit einer Goldstola und einem violetten Kleid. Der Legende nach erschien sie so acht Tage nach ihrem Tod, ein Lamm haltend. Alljährlich werden am 21. Januar zwei Lämmer an dem Altar der Kirche gesegnet. Aus ihrer Wolle wird ein *pallium* (Gewand) gewebt. Jeder neu ernannte Erzbischof erhält vom Papst ein solches *pallium*.

Apsismosaik in Sant'Agnese: Zwei Päpste flankieren die Heilige

Kreuzgang in San Lorenzo

San Lorenzo fuori le Mura ❽

Piazzale del Verano 3. 📞 06 49 15 11. 🚌 71, 492. 🚃 3, 19. ○ tägl. 7.30–12, 16–19 Uhr. ♿

Unmittelbar außerhalb der östlichen Stadtmauer, vor einem Zypressenhain auf dem Friedhof Campo Verano, erinnert diese Kirche an Lorenzo, der 258 n.Chr. auf dem Scheiterhaufen verbrannt wurde und einer der meistverehrten frühchristlichen Märtyrer Roms ist. Die erste über dem Grab des Heiligen errichtete Basilika ließ Papst Pelagius II. 576 umbauen. In der Nähe stand eine der Jungfrau Maria geweihte Kirche (5. Jh.).

Das heutige, auf zwei Ebenen angelegte Gotteshaus entstand aus der Vereinigung zweier Kirchen. Begonnen wurde diese im 8. Jahrhundert, der Umbau endete im 13. Jahrhundert, als unter Papst Honorius III. Mittelschiff und Säulengang hinzukamen. Die Überreste des hl. Laurentius befinden sich im Chor (6. Jh.) der Kirche unter dem Hochaltar (13. Jh.).

Romanischer Glockenturm, San Lorenzo

Via Appia Antica ❾

🚌 118, 218. Siehe **Spaziergänge** S. 284f. **www**.parcoappiaantica.it

Den ersten Teil der Via Appia ließ 312 v.Chr. der Zensor Appius Claudius Caecus bauen. Als sie 190 v.Chr. bis Benevento, Taranto und Brindisi verlängert wurde, avancierte sie zur Hauptverbindung Roms mit dem expandierenden Reich im Osten. Über diese Straße zogen die Trauerzüge des Diktators Sulla (78 v.Chr.) und des Kaisers Augustus (14 n.Chr.), über sie wurde Paulus 56 n.Chr. in die Gefangenschaft geführt.

Papst Pius IV. ließ die im Mittelalter verwahrloste Straße Mitte des 16. Jahrhunderts wiederherstellen. Sie ist von verfallenen Familien- und Gemeinschaftsgräbern (columbaria) gesäumt. Unter den Feldern rechts und links erstreckt sich ein Labyrinth von Katakomben. Heute beginnt die Straße an der Porta San Sebastiano (siehe S. 196). Sehenswürdigkeiten sind die Kirche Domine-Quo-Vadis?, die dort steht, wo Petrus auf der Flucht aus Rom Christus begegnet sein soll, die San-Castillo- und die San-Sebastiano-Katakomben, das Grabmal der Cecilia Metella (siehe S. 266) und das des 309 n.Chr. verstorbenen Romulus. Die antike Villa dei Quintili steht in der Nähe in der Via Appia Nuova 1092.

San-Callisto-Katakomben ❿

Via Appia Antica 126. 📞 06 51 30 15 80. 🚌 118, 218. ○ Do–Di 9–12, 14–17 Uhr. ● 1. Jan, Feb, Ostersonntag, 25. Dez. 📷 🚻 🚼 ♿ 🚻 ○ **www**.catacombe.roma.it

Mit der Bestattung ihrer Toten in unterirdischen Friedhöfen außerhalb der Stadtmauern befolgten die frühen Christen die Gesetze jener Zeit. Da viele Heilige dort liegen, galten die Katakomben später als Heiligengräber und zogen Pilger an. Die San-Callisto-Katakomben sind viergeschossig und nur teilweise erforscht. Die Räume und Verbindungsgänge sind

in den vulkanischen Kalktuff geschlagen worden. Die Toten wurden zu zweit oder dritt in Nischen (loculi) gelegt. Die wichtigsten Räume der Katakomben schmückte man mit Stuck und Fresken aus.

Zum heute der Öffentlichkeit zugänglichen Bereich gehören die Krypta der Päpste und die Krypta der hl. Cäcilia, in der 820 der Körper der Heiligen vor seiner Überführung in die ihr geweihte Kirche in Trastevere (siehe S. 211) entdeckt wurde.

San-Sebastiano-Katakomben ⓫

Via Appia Antica 136. 📞 06 785 03 50. 🚌 118, 218. ○ Mo–Sa 9–12, 14–17 Uhr. ● 1. Jan, Mitte Nov–Mitte Dez, 25. Dez. 📷 🚻 🚼 ♿ **www**.catacombe.roma.org

Die im 17. Jahrhundert über den Katakomben errichtete Kirche San Sebastiano nimmt die Stelle einer Basilika aus konstantinischer Zeit ein. Am Eingang zu diesen Katakomben ist noch die triclia erhalten, ein Gebäude, in dem Trauernde Erfrischungen zu sich nehmen konnten. Die Wände sind mit Inschriften übersät, die an die Heiligen Petrus und Paulus gerichtet sind.

Zypressen säumen die Via Appia Antica zu beiden Seiten

Stadtplan siehe Seiten 396–419

Domitilla-Katakomben ⓬

Via delle Sette Chiese 282. 📞 *06 511 03 42.* 🚌 *218, 716.* 🕐 *Mi–Mo 9–12, 14–17 Uhr.* ⚫ *3 Wochen im Jan, Ostersonntag, 25. Dez.* 📷 🚫 📷

Die Katakomben sind die größten von Rom. Viele der Gräber aus dem 1. und 2. Jahrhundert sind vorchristlichen Ursprungs. Die Grabkammer birgt sowohl antike Fresken als auch Darstellungen christlicher Szenen, darunter eine der frühesten Darstellungen von Jesus als Gutem Hirten. Über den Katakomben steht die Basilika Santi Nereo e Achilleo. Sie stammt aus dem 4. Jahrhundert, doch ist wenig von der Originalkirche erhalten.

Mirko Basaldellas Bronze-Eingangstüren an den Fosse Ardeatine

Fosse Ardeatine ⓭

Via Ardeatina 174. 📞 *06 513 67 42.* 🚌 *218, 716.* 🕐 *Mo–Fr 8.15– 15.15 Uhr, Sa, So 8.15–16.15 Uhr.* ⚫ *Feiertage.*

Am Abend des 24. März 1944 erschossen Nazi-Truppen 335 Gefangene in dem verlassenen Steinbruch südlich von Rom. Die Hinrichtung war ein Racheakt: Zuvor waren 32 deutsche Soldaten einem Bombenattentat zum Opfer gefallen. Zu den Ermordeten zählten politische Gefangene, 73 Juden und zehn weitere Zivilisten, darunter auch ein Priester und ein 14-jähriger Junge. Die Deutschen sprengten die Tunnel, in denen das Massaker stattgefunden hatte, doch ein

Bauer, der die Szene beobachtet hatte, half, die Leichen zu finden. Der Schauplatz ist jetzt ein Denkmal für den Widerstand gegen die deutsche Besatzung, aus dem die moderne italienische Republik hervorging *(siehe S. 185).*

Ein bunkerähnliches Gebäude beherbergt die Reihen identischer Gräber der Toten. Zu den interessantesten modernen Skulpturen gehören Francesco Coccias *Die Märtyrer* sowie die Türen, die Mirko Basaldella wie eine Dornenwand gestaltete.

Grabmal der Cecilia Metella ⓮

Via Appia Antica, km 3. 📞 *06 39 96 77 00.* 🚌 *118, 660.* 🕐 *Di–So 9 Uhr bis 1 Std. vor Sonnenuntergang.*

Eines der Wahrzeichen der Via Appia Antica ist das riesige zylindrische Grab der Cecilia Metella. Ihr Vater und ihr Ehemann waren überaus wohlhabende Patrizier und erfolgreiche Generäle in spätrepublikanischen Rom, über die Dame selbst ist kaum etwas bekannt. Byron besingt ihr Geschick in seinem Gedicht *Childe Harold.*

1302 überließ Papst Bonifatius VIII. das Grab seiner Familie, den Caetani. Diese integrierten es in ihre burgähnliche Festung, von der aus sie die Straße kontrollierten und Wegezölle eintrieben. Die Marmorfassade der Grabstätte fiel einem anderen Papst zum Opfer: Sixtus V. raubte sie Ende des 16. Jahrhunderts.

Gegenüber sieht man Reste der Kirche San Nicola aus dem frühen 14. Jahrhundert.

Fragmente eines Marmorreliefs am Grabmal der Cecilia Metella

Palazzo della Civiltà Italiana, das »Colosseo quadrato« in EUR

EUR ⓯

🚌 *170, 671, 714 und weitere Linien.* Ⓜ *EUR Fermi, EUR Palasport.*
Museo della Civiltà Romana
Piazza G. Agnelli 10. 📞 *06 54 22 09 19.* 🕐 *Di–So 9–14 Uhr.* ⚫ *1. Jan, 1. Mai, 25. Dez.* 📷

Die Esposizione Universale di Roma (EUR), eine Vorstadt im Süden Roms, wurde für eine für 1942 geplante Weltausstellung gebaut, die wegen des Zweiten Weltkriegs nie stattfand. Die Architektur sollte den Faschismus verherrlichen, die Gebäude sind entsprechend pompös. Der Palazzo della Civiltà Italiana (auch Palazzo della Civiltà del Lavoro genannt) ist vom Flughafen Fiumicino aus nicht zu übersehen.

Der Stadtteil wurde in den 1950er Jahren vollendet, und unter dem Gesichtspunkt der Stadtplanung muss EUR als Erfolg gelten: Viele Menschen zieht es noch immer in diesen Vorort hinaus. Die großen Marmorhallen beherbergen eine Reihe von Behörden und Museen.

Das Museo della Civiltà Romana zeigt ein riesiges Modell der Stadt Rom zur Zeit Konstantins I. und Teile des Reliefbands der Trajanssäule. Auch ein Planetarium gehört dazu. Südlich schließen sich See und Park an sowie der – anlässlich der Olympischen Spiele 1960 gebaute – gewaltige Palazzo dello Sport, der heute PalaLottomatica heißt.

San Paolo fuori le Mura 🔟

Via Ostiense 186. 📞 06 541 03 41.
🚌 23, 128, 170, 670, 707, 761, 769.
Ⓜ San Paolo. ◯ tägl. 7–18.30 Uhr.
Kreuzgang ◯ 9–18 Uhr. 🚻 ♿ 📷

Die Kirche ist eine getreue Rekonstruktion der Basilika (4. Jh.), die am 15. Juli 1823 niederbrannte. Nur der Kreuzgang blieb vom Feuer verschont. Er wurde von der Familie Vassalletto in Auftrag gegeben und 1214 fertig.

Den Triumphbogen über dem Mittelschiff zieren auf einer Seite restaurierte Mosaiken (5. Jh.), auf der anderen Mosaiken von Pietro Cavallini, die von der Fassade stammen. Die prächtigen venezianischen Apsismosaiken (1220) zeigen Christus mit den Heiligen Petrus, Andreas, Lukas und Paulus. Den Marmorbaldachin des Hochaltars schuf Arnolfo di Cambio 1285.

Einen halben Meter unter dem Hauptaltar liegt die *confessio*, der gut 1600 Jahre alte Sarkophag des Apostels Paulus, der 67 als Märtyrer starb und 390 hier begraben wurde. Über seinem Grab entstand die Basilika (4. Jh.). Derzeit kann man durch ein kleines Fenster aufs Grab blicken.

Mosaik (19. Jh.) an der Fassade von San Paolo fuori le Mura

2009 verkündete Papst Benedikt XVI., dass die Knochenreste im Grab wissenschaftlichen Untersuchungen zufolge von Paulus stammen.

Centrale Montemartini 🔟

Via Ostiense 106. 📞 06 574 80 42.
🚌 23, 769. ◯ Di–So 9–19 Uhr (letzter Einlass 18.30 Uhr). ● 1. Jan, 1. Mai, 25. Dez. 📷 ♿ 📱 📷 💻
♿ www.centralemontemartini.org

Das ACEA-Kunstmuseum entstand in einem alten Industriekomplex. Einst befand sich hier das erste Kraftwerk Roms, zwei der riesigen Generatoren in der zentralen Maschinenhalle schaffen einen markanten Kontrast zu den Kunstwerken. Die antiken Statuen stammen aus den Kapitolinischen Museen (siehe S. 70–73). Viele Werke wurden bei Ausgrabungen im späten 19. und frühen 20. Jahrhundert gefunden, lagen lange in Depots und können hier erstmals ausgestellt werden. Besonders interessant sind die Funde aus der Area Sacra dell'Argentina (siehe S. 150).

Casino del Bel Respiro, Villa Doria Pamphilj

Villa Doria Pamphilj 🔟

Via di San Pancrazio. 🚌 31, 44, 75, 710, 870. Park ◯ tägl. bei Tageslicht.

Roms größter öffentlicher Park, die Villa Doria Pamphilj, wurde Mitte des 17. Jahrhunderts für den Fürsten Camillo Pamphilj angelegt. Sein Onkel, Papst Innozenz X., finanzierte die Sommerresidenz, das Casino del Bel Respiro, viele Brunnen sowie Sommerhäuser, von denen einige noch stehen. Der Park ist bei Joggern und Hundefreunden beliebt.

Statue im Centrale Montemartini – ein Kraftwerk als Kunstmuseum

Ausflüge

Tivoli – ideal, um der Hitze des römischen Sommers zu entfliehen

Tivoli ⓳

31 km nordöstlich von Rom. **FS** *von Tiburtina.* 🚌 *COTRAL von Ponte Mammolo (Metro-Linie B).*

Tivoli war schon zur Zeit der römischen Republik eine beliebte Sommerfrische. Zu den berühmten Männern, die hier Villen besaßen, gehörten die Dichter Catull und Horaz, Cäsars Mörder Brutus und Cassius sowie die Kaiser Trajan und Hadrian. Populär war Tivoli wegen seiner Luft und der schönen Lage in den Tiburtinischen Bergen, seiner Schwefelquellen und des Aniene-Wasserfalls. Kaiser Augustus behauptete, dass hier seine Schlaflosigkeit geheilt wurde. Den luxuriösen Lebensstil nahmen in der Renaissance die Besitzer der Villa d'Este – der wohl berühmtesten Sehenswürdigkeit der Stadt – wieder auf.

Detail der Fontana dell'Organo

Das strategisch sehr günstig gelegene Tivoli erlebte durch die Jahrhunderte eine ganze Reihe von Invasionen. 1461 ließ Papst Pius II. die Rocca-Pia-Festung errichten und erklärte: «Es ist leichter, Rom zurückzugewinnen, wenn man Tivoli besitzt, als Tivoli zurückzugewinnen, wenn man Rom besitzt.»

Nach schweren Bombenschäden (1944) wurden die Gebäude wiederaufgebaut. Die Kopfsteinpflasterstraßen werden noch immer von mittelalterlichen Häusern gesäumt. Der Dom beherbergt eine lebensgroße Holzgruppe aus dem 13. Jahrhundert mit dem Titel *Kreuzabnahme.*

Villa d'Este ⓴

Piazza Trento 5, Tivoli. 📞 *0774 33 29 20.* 🚌 *COTRAL von Ponte Mammolo (Metro-Linie B).* ⭘ *Di–So 8.30 Uhr bis 1 Std. vor Sonnenuntergang.* ⬤ *1. Jan, 1. Mai, 25. Dez.* 📷 🖥 *www.villadestetivoli.info*

Die Villa steht auf dem Gelände eines alten Benediktinerkonvents. Im 16. Jahrhundert wurde das Anwesen von Kardinal Ippolito d'Este, einem Sohn Lucrezia Borgias, umgestaltet. Pirro Ligorio machte bei seinem Entwurf das Beste aus der Hügellage, doch ihren eigentlichen Ruhm verdankt die Villa den von Ligorio und Giacomo della Porta angelegten Terrassengärten und Brunnen. Obwohl die Gärten im Lauf der Jahrhunderte gelitten haben, vermitteln die Grotten und Brunnen noch immer einen guten Eindruck vom frivolen Leben der damaligen Kirchenfürsten.

Von der großen Loggia aus wandert man auf ligustergesäumten Wegen zur Diana-Grotte und Berninis Fontana del Bicchierone. Rechts unten befindet sich die Rometta, ein Modell der Tiberinsel mit alle-

gorischen Figuren und der legendären Wölfin. Die Rometta liegt am Ende des Viale delle Cento Fontane. Sie wird von 100 mit Moos bewachsenen Brunnen gesäumt. Diese wurden in Form von Fantasiegestalten, Obelisken, Schiffen und dem Wappenadler der d'Este gestaltet.

Die Brunnen werden nach und nach restauriert, so die Fontana dell'Organo, eine Wasserorgel. Von der unteren Ebene der Gärten bietet sich ein wunderschöner Ausblick über die Ebene.

Terrasse der 100 Brunnen im Park der Villa d'Este

Villa Gregoriana ⓴①

Largo Sant'Angelo, Tivoli. 📞 *06 39 96 77 01.* **FS** 🚌 *bis Tivoli, dann kurzer Spaziergang.* ⭘ *Apr–15. Okt: Di–So 10–18.30 Uhr; März, 16. Okt–30. Nov: 10–14.30 Uhr.* 📷 📶

Highlight des Parks sind die vom Fluss Aniene geschaffenen Wasserfälle und Grotten. Der Park ist nach Papst Gregor XVI. benannt, der hier um 1830 einen Tunnel bauen ließ, um der ständigen Überflutungsgefahr Einhalt zu gebieten. Durch den Tunnelbau entstand ein neuer Wasserfall, die Grande Cascata, die hinter dem Ort rund 160 Meter tief ins Tal stürzt.

Hotels und Restaurants in Tivoli *siehe Seiten 309 und 327*

Der weitgehend restaurierte Canopus mit Repliken der originalen Karyatiden am Kanalufer

Hadriansvilla ㉒

Villa Adriana, Via Tiburtina, 6 km südwestlich von Tivoli. ☎ 0774 53 02 03. 🚆 Tivoli, dann mit Bus 4. 🚌 COTRAL von Ponte Mammolo (Metro-Linie B). 🕐 tägl. 9 Uhr bis 1 Std. vor Sonnenuntergang (letzter Einlass 1 Std. vor Schließung). ● 1. Jan, 1. Mai, 25. Dez. 🈲🛆🛆🛆

Die 118–134 n. Chr. als Sommersitz gebaute Hadriansvilla war früher ein riesiges Freilichtmuseum der besten Architektur der römischen Welt. Die kaiserlichen Paläste bedeckten eine Fläche von 120 Hektar und waren mit Kopien der griechischen und ägyptischen Lieblingsbauten des Kaisers übersät. Obwohl erste Ausgrabungen bereits im 16. Jahrhundert vorgenommen wurden, sind noch viele nicht identifizierte Ruinen in den umliegenden Feldern verstreut. Das Gelände eignet sich vorzüglich für ein Picknick zwischen Olivenbäumen, Zypressen und Säulenfragmenten.

Das Modell im Gebäude neben dem Parkplatz vermittelt einen Eindruck, wie der Komplex im Originalzustand ausgesehen hat. Die wichtigsten Bauwerke sind beschildert, manche auch restauriert oder wiederaufgebaut. Besonders imposant ist das Maritim-Theater – ein rundes Becken mit einer von Säulen umstandenen Insel in der Mitte. Die über eine Schwingbrücke erreichbare Insel war vermutlich Hadrians Rückzugsort. Er widmete sich dort seinen Lieblingsbeschäftigungen, der Malerei und der Architektur. Es gab auch Theater, griechische und lateinische Bibliotheken, Badehäuser, ausgedehnte Räumlichkeiten für Gäste und das Personal sowie Parkanlagen mit Brunnen, Statuen und Wasserbecken.

Hadrian liebte die griechische Philosophie und Architektur. Ein Teil der Gärten soll dem Wäldchen von Akademe nachempfunden gewesen sein, wo Platon seine Schüler lehrte. Hadrian ließ auch eine Replik der Stoa Poikile bauen, einer schön bemalten Säulen-

Fragment des Marmormosaik-Fußbodens im kaiserlichen Palast

halle in Athen, von der die Stoiker ihren Namen herleiten. Hadrians Kopie umschloss eine große Piazza mit einem Becken in der Mitte. Die Philosophenhalle gleich neben der Poikile war vermutlich eine Bibliothek.

Der ambitionierteste von Hadrians Nachbauten war der Canopus, ein Serapis-Heiligtum aus der Nähe von Alexandria. Gesäumt wurde der Bau von einem 119 Meter langen Kanal, zur Dekoration des Tempels und des Anwesens wurden Statuen aus Ägypten importiert. Das eindrucksvolle Bauwerk wurde restauriert, die Kanalufer werden heute wieder von Karyatiden flankiert.

Ebenfalls pittoresk ist das Tal von Tempe, legendärer Ort der Göttin Diana. Ein dort fließender Bach versinnbildlicht den Fluss Peneios. Der Kaiser ließ sogar eine fanta-

Ionisches Säulenpaar in den Badegewölben der Hadriansvilla

sievolle Nachbildung des Hades bauen, wohin man durch Tunnel gelangte, von denen viele die verschiedenen Teile der Villa miteinander verbanden. Durch plündernde Barbaren (600 und 800 n. Chr.) erlitt die Villa irreparable Schäden. Der Marmor wurde zur Gewinnung von Zementkalk verbrannt. In der Renaissance trieben Altertumsliebhaber durch Plünderungen die Zerstörung weiter.

Ausgegrabene Statuen werden in den verschiedensten europäischen Museen gezeigt. Die Ägyptische Sammlung des Vatikans (siehe S. 238) besitzt viele Artefakte von hier.

Ostia Antica ㉓

Viale dei Romagnoli 717. Die Stätte
liegt 25 km südwestlich von Rom.
📞 06 56 35 80 99. Ⓜ Piramide, dann
Zug vom Bahnhof Porta San Paolo.
Ausgrabungen und Museum ▢
*Di–So 8.30–18 Uhr (Nov–Feb: bis
16 Uhr; März: bis 17 Uhr).* ● *1. Jan,
1. Mai, 25. Dez.* 📷 🏠 🚻 ♿ 🏪
www.ostiantica.info

Verfallene Läden und Wohnhäuser nahe dem Theater von Ostia

In republikanischer Zeit war Ostia Roms größter Handelshafen, aber auch eine Militärbasis, der die Verteidigung der Küste und der Tibermündung oblag. Der Hafen florierte noch zur Kaiserzeit, obwohl im 2. Jahrhundert n. Chr. weiter nordwestlich der Hafen Portus entstanden war.

Ostias Niedergang begann im 4. Jahrhundert mit dem Rückgang des Handels und der gleichzeitigen Versandung des Hafens. Größeres Unglück suchte die Stadt in Form der Malaria heim, die meisten der 100 000 Einwohner flohen vor ihr.

Die jahrhundertelang unter Sand begrabene Stadt ist bemerkenswert gut erhalten. Die Stätte ist weniger spektakulär als Pompeji oder Herculaneum, denn Ostia starb einen langsamen Tod. Man gewinnt hier aber einen vollständigeren Eindruck vom Leben der Kaiserzeit. Menschen aller sozialen Klassen und aus dem ganzen Mittelmeerraum wohnten und arbeiteten hier.

Das Straßensystem Ostias ist gut überschaubar. In der Hauptstraße, dem Decumanus Maximus, wichen geschäftige Sklaven und Bürger dem Gewühl der Wagen aus, während Kaufleute unter den seitlichen Säulengängen ihren Geschäften nachgingen. Die Grundrisse der die Straße säumenden öffentlichen Gebäude sind leicht zu entziffern. Viele Bauten waren Badehäuser, so das Bad der *cisiarii* (Fuhrleute) und das größere – nach schönen schwarzweißen Mosaikböden benannte – Neptun-Bad.

Neben dem Theater sieht man drei in Stein gehauene Masken, die ursprünglich zur Bühnenausstattung gehörten, auf drei großen Tuffsteinblöcken. Unter den mächtigen Backsteinbogen, die die halbkreisförmig angeordneten Sitzreihen trugen, gab es Tavernen und Läden. Heute werden hier im Sommer klassische Theaterstücke aufgeführt.

Seit der Zeit der Römer hat sich der Lauf des Tiber erheblich verändert. Früher floss er direkt hinter dem nördlichen Piazzale delle Corporazioni vorbei, dem Platz hinter dem Theater. Die *corporazioni* waren die Gilden der Gewerbe, die mit der Ausstattung und Versorgung der Schiffe betraut waren: Gerber, Seilmacher, Schiffsbauer und -ausrüster, Holzhändler sowie Getreidewieger. An dem Platz befanden sich 60 bis 70 Kontore. Noch heute kann man Mosaiken sehen, die Szenen aus dem Alltagsleben sowie die Namen und Symbole der Gilden zeigen. Es gab auch Kontore, die von Reedern und ihren Agenten aus fernen Ländern wie Tunesien, Südfrankreich, Sardinien und Ägypten unterhalten wurden. In einem Kontor, das einem Kaufmann aus Sabratha in Nordafrika gehörte, ist ein Elefantenmosaik zu sehen.

**Maske aus
dem Theater**

Das wichtigste Handelsgut, das nach Rom verschifft wurde, war Getreide aus Nordafrika. Ein Großteil des Korns wurde kostenlos verteilt, um soziale Unruhen zu verhindern. Obwohl nur Männer diese *annona*, Getreidegabe,

Wandgemälde mit Handelsschiff aus Ostia, das Getreide geladen hat

erhielten, waren bisweilen mehr als 300 000 bezugsberechtigt. In der Mitte des Platzes stand ein wohl der Erntegöttin Ceres geweihter Tempel. Die ausgegrabenen Gebäude sind meist Lagerhäuser, in denen das Getreide verwahrt wurde, bevor man es nach Rom transportierte.

Der Decumanus führt zum Forum und zu dem unter Hadrian gebauten, Jupiter, Juno und Minerva geweihten Haupttempel (2. Jh. n.Chr.), der im 18. Jahrhundert als

Bodenmosaik mit Nereide und Seeungeheuer im Haus der Dioskuren

Detail eines Bodenmosaiks vom Piazzale delle Corporazioni

Schafstall diente. An dem romantischen Ort fällt es schwer, sich das Forum als brodelndes Zentrum vorzustellen, wo Recht gesprochen wurde und die Stadtverwaltung zusammenkam.

Die Bewohner Ostias wohnten abseits der Hauptstraße, meist in Mietwohnungen mehrstöckiger Häuserblocks *(insulae)*, die unterschiedlich ausgeschmückt waren. Das Haus Diana gehörte zu den besseren Blocks und hatte im zweiten Stock einen umlaufenden Balkon, ein Badehaus und einen Innenhof mit Zisterne. Im Erdgeschoss gab es Läden, Tavernen und Bars. In einer Bar ist noch die Marmortheke zu sehen, an der die Kunden u.a. Würste und mit Honig gesüßten heißen Wein bestellen konnten.

Die Wohlhabenden lebten in Einzelhäusern *(domus)* wie dem mit bunten Mosaiken ausgestatteten Haus der Dioskuren oder im Cupido-und-Psyche-Haus, das seinen Namen einer dort gefundenen Statue verdankt. Sie befinden sich jetzt zusammen mit anderen in Ostia entdeckten Kostbarkeiten im Museo Ostiense unweit des Forums der Ruinenstadt. Hier sieht man auch eine Wäscherei und die Feuerwehrkaserne.

Die in Ostia praktizierten Religionen unterstreichen den kosmopolitischen Charakter des Hafens. So sind 18 Tempel dem persischen Gott Mithras gewidmet. Auch eine jüdische Synagoge und eine christliche Basilika (1. Jh. n.Chr.) sind vertreten. Eine Gedenkplatte vermerkt den Tod der Mutter des hl. Augustinus, die hier 387 n.Chr. in einer Pension starb.

Weitere Ausflugsziele

Anagni FS *Von Termini (60 Min.), dann Bus oder zu Fuß (weit).* Bergstadt mit Papstpalast und romanischer Kathedrale.

Bracciano FS *Von Ostiense (70 Min.).* *Von Lepanto, Metro-Linie A (Bus 90 Min.).* Vulkanischer See mit Dörfern und bewaldeten Hügeln. Schöne Spazierwege. Interessant ist die Burg Orsini. Im Sommer kann man baden.

Cerveteri FS *Von Termini, Tiburtina oder Ostiense nach Cerveteri-Ladispoli, dann Bus (70 Min.).* *Von Cerveteri, Metro-Linie A (Bus 80 Min.).* Eine der größten etruskischen Städte. In der Nekropole sind

komplette Straßenzüge und Häuser erhalten.

Nemi *Von Anagnina, Metro-Linie A (Bus 60 Min.), evtl. in Genzano umsteigen.* Charmantes Dorf an Vulkansee in den Castelli Romani. Berühmt für Wein und Erdbeeren.

Palestrina *Von Anagnina, Metro-Linie B (Bus 70 Min.).* Römisches Fortuna-Heiligtum. Museum und Nil-Mosaik.

Pompeji FS *Richtung Neapel, dann Nahverkehrszug (130 Min.).* *Reisebüros organisieren Busausflüge.* Ausgrabungen der reichen Römerstadt, deren Wohlstand durch den Vesuvausbruch 79 n.Chr. ein jähes Ende fand.

Subiaco *Von Ponte Mammolo, Metro-Linie B (110 Min.).* Geburtsort des hl. Benedikt. Zwei sehenswerte Klöster.

Tarquinia FS *Von Termini oder Ostiense aus, dann Bus (100 Min.).* *Von Lepanto, Metro-Linie A. Umsteigen in Civitavecchia.* Außergewöhnliche Sammlung etruskischer Funde und Fresken aus der Nekropole.

Viterbo FS *Von Ostiense (ca. 110 Min.) oder Zug von Rom-Nord, Piazzale Flaminio, Metro-Linie A (2 Std.) oder bis Saxa Rubra und von dort mit dem Bus (90 Min.).* Mittelalterliches Viertel, Papstpalast, archäologisches Museum und Stadtmauer (13. Jh.).

Neun Spaziergänge

Rom ist eine ideale Stadt für Spaziergänge. Die Entfernungen zwischen den wichtigsten Sehenswürdigkeiten im historischen Stadtkern kann man leicht zu Fuß bewältigen, viele Straßen sind Fußgängerzonen. Den müden Spaziergänger laden Straßencafés und Restaurants zu einer Erfrischung ein – beispielsweise auf der Piazza Navona und der Piazza di Campo de' Fiori. Wer sich für Archäologie interessiert, sollte die Ruinen des Forum Romanum

Bernini-Engel am Ponte Sant'Angelo

(siehe S. 76–87) erkunden oder die Zypressenhaine des Palatin *(siehe S. 96–101)* durchstreifen.

Der erste Spaziergang führt Sie in die malerischen Viertel beiderseits des Tiber. Auf dem zweiten, durch die schnurgerade Via Giulia, lernen Sie das Rom der Renaissance kennen.

Die darauf folgenden drei Spaziergänge widmen sich jeweils einem Schwerpunktthema. Wer sich in die Zeit der Antike zurückversetzen möchte, wählt die Triumphbogen-Route, das Mittelalter wird beim Mosaiken-Spaziergang durch die frühen Kirchen lebendig, Liebhaber des Barock wählen den Spaziergang, der Berninis Beiträge zum Stadtbild Roms zeigt. Der sechste Spaziergang führt ins Grüne entlang der Via Appia Antica. Mysteriös wird es beim siebten Spaziergang – er verläuft durch einen Park, in dem Neros Geist spuken soll. Der achte Spaziergang verbindet das Leben in Trastevere mit den Ausblicken vom Gianicolo. Beschaulicher verläuft der neunte Spaziergang durch die Kirchen auf dem Aventin.

Spaziergänge auf einen Blick

Grabmäler, Legenden und Künstler *(S. 286f)*

Via Giulia *(S. 276f)*

Bernini *(S. 282f)*

Neun Spaziergänge
Die Routen von acht der neun Spaziergänge sind auf der Karte eingetragen, die auch die Stadtviertel mit den wichtigsten Sehenswürdigkeiten zeigt. Die kleine Karte rechts unten verdeutlicht die Entfernung der Via Appia Antica vom Zentrum.

Trastevere und Gianicolo *(S. 288f)*

Mosaiken *(S. 280f)*

Tiber *(S. 274f)*

Triumphbogen *(S. 278f)*

LEGENDE

•••• Routenempfehlungen

— Stadtmauer

0 Kilometer   1

Aventin *(S. 290f)*

Via Appia Antica *(S. 284f)*

◁ Beschaulicher Spaziergang über den Ponte Sant'Angelo *(siehe S. 283)*

Spaziergang entlang dem Tiber (2 Std.)

Rom verdankt seine Existenz dem Tiber, denn an einer seiner Furten entstand einstmals ein kleiner Marktflecken. Doch der Fluss entpuppte sich zeitweise auch als Gefahrenquelle: Bis zum Jahr 1870 trat er jeden Winter über die Ufer und überschwemmte die Stadt. Daraufhin befestigte man die beiden Ufer, so entstand auf jeder Seite eine von Platanen gesäumte Uferstraße, der Lungotevere. Dieser Spaziergang führt über diese Promenade hinaus zu den angrenzenden Vierteln, insbesondere in das ehemalige jüdische Ghetto und nach Trastevere, die beide ihren ursprünglichen Charakter bewahren konnten.

Vom alten Hafen bis zur Via dei Funari

Überqueren Sie die Piazza an der Kirche Santa Maria in Cosmedin ① (siehe S. 202), und gehen Sie zu den Tempeln des Forum Boarium ② (siehe S. 203), des ehemaligen Rindermarkts nahe dem Hafen. Zwei weitere Relikte der Antike sind weniger auffällig: die Mündung des Hauptabwasserkanals, der Cloaca Maxima ③, und ein Bogen des zerstörten Ponte Rotto ④. In der Via Petroselli ist die wundervolle, mit Fragmenten römischer Tempel verzierte mittelalterliche Casa dei Crescenzi ⑤ (siehe S. 203) zu bewundern. Vorbei am Anagrafe (Standesamt) ⑥ an der Stelle des einstigen Hafens geht es weiter bis zur Kirche San Nicola in Carcere ⑦ (siehe S. 151).

Sie sind am Foro Olitorio, dem Gemüsemarkt des antiken Rom. Links sind die Reste eines Portikus und das aus dem Mittelalter stammende Haus der Familie Pierleoni zu sehen. Auf dem Weg zum Marcellus-Theater ⑧ (siehe

Santa Maria in Cosmedin ①

S. 151) können Sie die drei zum Apollo-Tempel des Sosius gehörenden korinthischen Säulen nicht verfehlen. Biegen Sie in die Piazza Campitelli ⑨, und gehen Sie bis zu Santa Maria in Campitelli (siehe S. 151), deren wundertätigem Madonnenbild man 1656 die Befreiung von der Pest zuschrieb. Im Haus Nr. 6 der Piazza Campitelli lebte Flaminio Ponzio, der Erbauer der Kirche. Folgen Sie der Via dei Delfini zur Piazza Margana und den Türmen der Margani (14. Jh.) ⑩. Gehen Sie wieder zurück und rechts in die Via dei Funari (Straße der Seiler) zu Santa Caterina dei Funari mit ihrer schönen Fassade (16. Jh.) ⑪.

Das Ghetto

Von der Piazza Lovatelli aus führt die Via Sant'Angelo in Pescheria zu den Ruinen des Portikus der Octavia ⑫ (siehe S. 152) im Ghetto (siehe S. 152). Der einstige römische Fischmarkt umschließt Sant'Angelo in Pescheria. Die Marmortafel an der Fassade besagt: Fische, die länger als die Tafel waren, erhielten die conservatori (Senatoren). Im Ghetto fallen zwei Säulenstümpfe auf, die Reste eines Portikus vor einem aus Fragmenten römischer Skulpturen errichteten Durchgang. Die engen Straßen und gedrängten Häuser in der Via del Por-

Bogen des Ponte Rotto ④

Hauptaltar von Santa Maria in Campitelli ⑨

tico d'Ottavia sind typisch für das Alte Rom. Versäumen Sie nicht die Casa di Lorenzo Manilio ⑬ *(siehe S. 152).* Die Via del Progresso führt am Palazzo Cenci ⑭ *(siehe S. 152f)* vorbei zum Fluss. Auf dem Lungotevere gehen Sie an der Synagoge ⑮ *(siehe S. 152)* vorbei zu San Gregorio ⑯. Hier waren einst die Tore des Ghettos, die man bei Sonnenuntergang schloss.

Über den Fluss nach Trastevere
Der Ponte Fabricio, mit seinen Steinköpfen auf der Brüs-

Antikes Medusa-Relief über dem Eingang des Palazzo Cenci ⑭

Piscinula und die engen Straßen des Viertels haben ihre pittoreske Originalität bewahrt. Gehen Sie zur Piazza Belli. Dort

Belli ㉑ *(siehe S. 209).* In der Via della Lungaretta, die zur Piazza Santa Maria in Trastevere ㉒ führt, sollten Sie sich die alte Apotheke (Nr. 7) ansehen, bevor Sie sich in das rege Treiben auf dem Platz vor Santa Maria in Trastevere *(siehe S. 212f)* stürzen. Gehen Sie jetzt wieder ein Stück zurück zur Via del Moro und zur Piazza Trilussa mit dem Brunnen der Acqua Paola ㉓ – und zum Ufer des Tiber. Achten Sie auf die lebensechte Statue des römischen Mundartdichters Trilussa. Vom Ponte Sisto ㉔ *(siehe S. 210)* sehen Sie noch einmal die Tiberinsel und dahinter den mittelalterlichen Glockenturm von Santa Maria in Cosmedin vor der mit Zypressen bewachsenen Kuppe des Palatin.

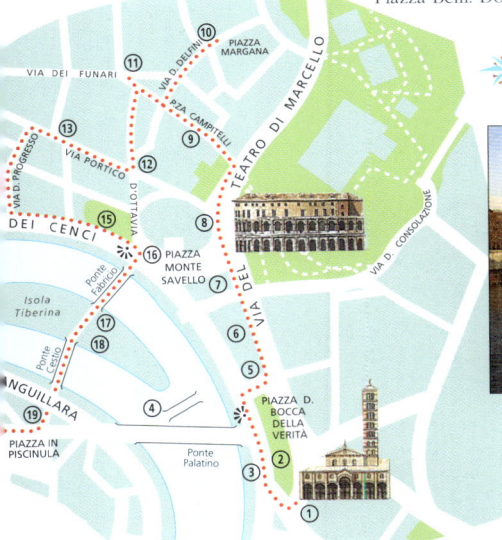

Westspitze der Tiberinsel

0 Meter   250

tung, führt zur Tiberinsel *(siehe S. 153),* von der Sie den Fluss in beide Richtungen überblicken können. Auf der Insel lohnt sich vor allem ein Besuch des Turms der Pierleoni ⑰ und von San Bartolomeo all'Isola ⑱.

Trastevere
In Trastevere sehen Sie gleich das aus dem Mittelalter stammende Haus der mächtigen Mattei ⑲ mit seinen Fragmenten antiker Skulpturen. Die dahinter gelegene Piazza in

beginnt der Viale di Trastevere. Wenn Sie die Straße überquert haben, blicken Sie zurück auf die mittelalterliche Torre degli Anguillara ⑳ und die Statue von Gioacchino

Piazza in Piscinula

LEGENDE

・・・ Routenempfehlung

⚹ Aussichtspunkt

ROUTENINFOS

Start: Piazza della Bocca della Verità.
Länge: 3,5 Kilometer.
Anfahrt: Die Busse 23, 44, 81, 160, 280, 628, 715 u. 716 halten nahe Santa Maria in Cosmedin.
Beste Zeit: Besonders romantisch ist der Spaziergang am Abend.
Rasten: An der Piazza Campitelli und der Piazza Margana findet man elegante Restaurants, in der Via del Portico d'Ottavia unterschiedliche Restaurants und eine Bäckerei. Auf der Tiberinsel warten eine Bar und das berühmte Restaurant Sora Lella (siehe S. 320) auf Gäste. Am Viale Trastevere gibt es allerlei Bars und Pizzerias, an der Piazza Santa Maria in Trastevere Bars und Straßencafés.

Spaziergang entlang der Via Giulia (1 Std.)

Die von Bramante im frühen 16. Jahrhundert auf Anweisung von Papst Julius II. angelegte Via Giulia war eine der ersten Renaissance-Straßen im Gewirr enger, mittelalterlicher Gassen. Die Via Giulia ist heute mit Antiquitätenhändlern und Möbelrestauratoren bevölkert. An Sommerabenden erleuchten Hunderte von kleinen Öllaternen die Straße. Kreuzgänge und Höfe bilden dann eine romantische, stimmungsvolle Kulisse für Open-Air-Konzerte.

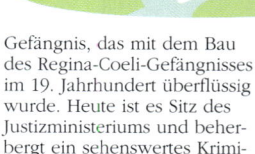

Barockkapitell an der Fassade von Sant'Eligio degli Orefici ⑦

Vom Lungotevere zum Largo della Moretta

Vom Lungotevere dei Tebaldi ① am östlichen Ende der Via Giulia aus sehen Sie eine Brücke ②, die die Straße überspannt: Sie ist der erste Abschnitt einer von Michelangelo geplanten, aber unvollendeten Verbindung des Palazzo Farnese und seines Parks (siehe S. 147) mit der Villa Farnesina (siehe S. 220f) auf der anderen Flussseite.

Kurz vor der Brücke steht links die seltsam anmutende Fontana del Mascherone ③, ein Barockbrunnen mit einer Wasser speienden Maske und einem Granitbassin.

Jenseits der Brücke fällt links die eindrucksvolle Barockfassade von Santa Maria dell'Orazione e Morte ④ (siehe S. 147) auf. Auf derselben Straßenseite erhebt sich etwas weiter der Palazzo Falconieri ⑤, den Borromini 1650 erweiterte. Man beachte die beiden Steinfalken rechts und links, die sich über die gesamte Breite des Palazzo hinweg anschauen. Nur ein Stückchen weiter taucht rechts die gelbliche Fassade von Santa Caterina da Siena ⑥ mit ihren schönen Reliefs (18. Jh.) auf. Sie ist die Kirche der sienesischen Gemeinde Roms. Die Figuren von Romu-

Relief von Romulus und Remus, Santa Caterina da Siena ⑥

lus und Remus symbolisieren Rom und Siena (Remus soll Siena gegründet haben). Nachdem Sie die kleine Straße, die zur Kirche Sant'Eligio degli Orefici ⑦ (siehe S. 148) führt, und die Fassade des Palazzo Ricci ⑧ (siehe S. 149) passiert haben, erreichen Sie den Vicolo della Moretta mit seinen halb zerstörten Häusern um die Ruinen der Kirche San Filippo Neri ⑨. Wenn Sie links zum Fluss hinunterblicken, sehen Sie den

Fontana del Mascherone ③

Ponte Mazzini und das große Regina-Coeli-Gefängnis. Rechts um die Ecke, am Beginn der Via del Pellegrino, weist eine Inschrift ⑩ darauf hin, wo das *pomerium*, die Stadtgrenze, zur Zeit von Claudius verlief.

Vom Largo della Moretta zu den »Sofas der Via Giulia«

Etwas weiter, gegenüber dem Vicolo del Malpasso, sind die Carceri Nuove ⑪ zu sehen, das unter Papst Innozenz X. 1655 errichtet und für die damalige Zeit äußerst humane

Gefängnis, das mit dem Bau des Regina-Coeli-Gefängnisses im 19. Jahrhundert überflüssig wurde. Heute ist es Sitz des Justizministeriums und beherbergt ein sehenswertes Kriminalmuseum.

An der Ecke der Via del Gonfalone, einer zum Ufer führenden Seitenstraße, erkennt man das Fundament eines von Julius II. geplanten Tribunalpalasts. In dem klei-

LEGENDE

• • • Routenempfehlung

 Aussichtspunkt

0 Meter   250

Farnese-Brücke über der Via Giulia
(nach Plänen von Michelangelo) ②

nen Oratorio di Santa Lucia del Gonfalone ⑫ am Ende der Straße finden oft Konzerte statt.

Die nächste reizvolle Fassade ist linker Hand zu sehen: an der im 17. Jahrhundert von Carlo Rainaldi erbauten Kirche Santa Maria del Suffragio ⑬. Ebenfalls links liegt San Biagio degli Armeni ⑭, die Kirche der armenischen Gemeinde Roms. Sie wird auch als San Biagio della Pagnotta bezeichnet (*pagnotta* bedeutet Brotlaib), weil früher jedes Jahr am Tag des hl. Blasius Brot an die Armen verteilt wurde.

An der Ecke fällt der Blick erneut auf einige Travertinblöcke, die zum Fundament des bereits erwähnten Tribunalspalasts gehören. Sie werden aufgrund ihrer eigenwilligen Form die »Sofas der Via Giulia« genannt.

Florentiner-Viertel

Die nächste Sehenswürdigkeit auf diesem Spaziergang ist der eindrucksvolle Palazzo Sacchetti ⑮ (Nr. 66). Ursprünglich wohnte hier Antonio da Sangallo d. J., der Architekt des Palazzo Farnese. Die späteren Bewohner vergrößerten das Gebäude. Im Hof sind außer einem Portikus noch eine Madonna (15. Jh.) und ein römisches Relief (3. Jh.) zu bewundern. Achten Sie auch auf die wunderschöne Renaissance-Fassade des Palazzo Donarelli ⑯ gegenüber dem Palazzo Sacchetti, die Stuckverzierungen und Wappen am Haus Nr. 93 ⑰ und die Rustika-Fassade im Erdgeschoss des Hauses Nr. 5 ⑱, ebenfalls ein charakteristischer Renaissance-Bau, der – wie viele Häuser der damaligen Zeit –

Sangallo-Gedenktafel an der Fassade des Palazzo Sacchetti ⑮

Raffael gehört haben soll. Den Palazzo Clarelli ⑲ errichtete Antonio da Sangallo d. J. für sich selbst. Über dem Portal ließ der spätere Besitzer seinen Namen anbringen: Herzog Cosimo II de' Medici.

In diesem Viertel wohnte früher eine wohlhabende Florentiner Gemeinde, die auf Plattformen auf dem Tiber ihre eigenen Wassermühlen errichtete. Ihre Hauptkirche war San Giovanni dei Fiorentini ⑳ *(siehe S. 153)*, ein barockes Wahrzeichen am Nordende der Via Giulia. Viele Florentiner Künstler und Architekten waren an den Plänen für dieses Gotteshaus beteiligt gewesen, unter ihnen auch Sangallo und Jacopo Sansovino.

Wappen Papst Pauls III. an der Fassade von Haus Nr. 93 in der Via Giulia ⑰

ROUTENINFOS

Start: Lungotevere dei Tebaldi, nahe Ponte Sisto.
Länge: 1 Kilometer.
Anfahrt: Bus 116 fährt entlang der Via Giulia, alternativ 46, 62 oder 64 zum Corso Vittorio Emanuele II, dann die Via dei Pettinari hinunter oder 23 oder 280 entlang dem Lungotevere.
Beste Zeit: An Sommerabenden erleuchten Öllaternen die Straße, an Weihnachten sind die Schaufenster mit Krippen geschmückt.
Rasten: In der Via Giulia 18 und 84 sind Bars, am Campo de' Fiori Bars mit Tischen im Freien. Es gibt mehrere Restaurants: ein chinesisches in der Via dei Giubbonari und ein Fischrestaurant an der Piazza Santa Barbara dei Librai (So geschlossen).

Detail an der Seite des Portals von Santa Maria del Suffragio ⑬

Spaziergang zu Roms Triumphbogen (1:30 Std.)

Der Bogen war Roms schönstes Geschenk an die Architektur und der Triumphbogen der höchste Tribut, den die Römer ihren siegreichen Feldherren zollten. In der Glanzzeit des Imperiums ehrten viele Triumphbogen die siegreichen Feldzüge der Kaiser – zur Untermauerung des Personenkults und der späteren Apotheose. Unter dem Jubel der begeisterten Menge fuhren siegreiche Feldherren in ihren Triumphwagen unter den Bogen hindurch zum Kapitol – im Gefolge die Legionäre mit der Beute des Feldzugs.

Teilstück der einst vom Augustus-bogen ③ überspannten Via Sacra

Bogen im Forum

Unser Spaziergang durch das Forum Romanum und am Fuß des Palatin führt an drei noch erhaltenen Triumphbogen vorbei sowie an zwei weniger

Gefangene Barbaren (Relief am Septimius-Severus-Bogen) ①

imposanten Bogen, unter denen Kaufleute bei ihren Geschäften Schutz vor Sonne und Regen suchten. Der Rundgang beginnt im Forum am Septimius-Severus-Bogen ①, der auch den Söhnen des Kaisers, Geta und Caracalla (siehe S.83), gewidmet ist. Er wurde 203 zur Erinnerung an die Siege im Vorderen Orient errichtet. Acht Jahre später ließ Caracalla seinen Bruder ermorden und dessen Namen aus der Inschrift entfernen.

Die Reliefs schildern die Phasen der Schlachten. Sie sind in mehreren Reihen übereinander angeordnet und stellen vermutlich die Pendants zu den Tafeln mit den Heldentaten der Feldherren dar, die auf den Triumphzügen für alle sichtbar mitgetragen wurden. Rechts ergeben sich die Einwohner einer befestigten Stadt den römischen Belagerern. Die Friese darunter bilden einen Triumphzug ab.

Etwas weiter östlich liegt der Julius-Cäsar-Tempel ②, den Augustus 29 v.Chr. an der Stelle errichten ließ, an der Cäsars Leichnam verbrannt wurde und Mark Anton eine berühmte Grabrede hielt. Ein nahes Schild weist auf die Ruinen eines Augustusbogens ③ hin, der die Via Sacra zwischen dem Castor-und-Pollux-Tempel ④ (siehe S.84) und dem Cäsar-Tempel überspannte. Der nach dem Sieg des Augustus über Mark Anton und

Kapitell am Tempel des Castor und Pollux ④

Kleopatra erbaute Bogen wurde 1545 zerstört, die Steine benötigte man für den Bau des neuen Petersdoms. Gehen Sie nun hügelaufwärts zum eleganten Titusbogen ⑤ (siehe S.87). Nehmen Sie sich Zeit für die kalligrafische Inschrift, bevor Sie sich die Flachreliefs an den

ROUTENINFOS

Start: Forum Romanum, Eingang Largo Romolo e Remo, an der Via dei Fori Imperiali.
Länge: 2,5 Kilometer.
Anfahrt: Die nächste Metro-Station ist Colosseo der Linie B. Die Buslinien 84, 85, 87, 117, 175, 186, 810, 850 halten in der Via dei Fori Imperiali, nahe dem Eingang zum Forum.
Beste Zeit: Während der Öffnungszeiten (siehe S.82).
Rasten: Es gibt mehrere Bars und Restaurants am Kolosseum. Am Anfang der Via di S. Teodoro ist eine kleine Bar, eine schickere hinter San Giorgio in Velabro an der Piazza San Giovanni Decollato (So geschlossen). Gutes Essen bietet Alvaro al Circo Massimo, Via di San Teodoro (Mo geschlossen).

LEGENDE

• • • Routenempfehlung

⧏⧐ Aussichtspunkt

Ⓜ Metro-Station

0 Meter   250

Der Titusbogen ⑤ auf einem Aquarell (19. Jh.)
des englischen Malers Thomas Hartley Cromek

18. und 19. Jahrhundert ausgegraben wurde. Viele der Wagen, die ihre Spuren hinterließen, transportierten vermutlich Fragmente der Ruinen des Forums ab, die anderweitig als Baumaterial gebraucht wurden.

Konstantinsbogen

Verlassen Sie nun das Forum, und gehen Sie hügelabwärts zum Kolosseum ⑥ (siehe S. 92–95). Dort erhebt sich der Konstantinsbogen ⑦, der nach dem Sieg Konstantins über seinen Rivalen Maxentius im Jahr 312 innerhalb kürzester Zeit errichtet wurde. Er ist mit Reliefs aus verschiedenen Epochen verziert. Stellen Sie

**Unter Domitian angelegte
Abzweigung der Acqua Claudia ⑨**

sich auf die Seite der Via di San Gregorio, und vergleichen Sie die frühen Reliefs ganz oben (180–193) mit den bewegten Schlachtszenen oberhalb der zwei kleineren Durchgänge. An den zwergenähnlichen Soldaten wird der Übergang von der klassischen Antike zum größeren mittelalterlichen Stil besonders deutlich.

Folgen Sie der Via di San Gregorio zwischen Palatin und Celio. In der Antike war dies die Straße für Triumphzüge. Vorbei am Eingang zum Palatin ⑧ und rechts am gut erhaltenen Bogen der Acqua

Claudia ⑨ gelangen Sie zur Piazza di Porta Capena ⑩, die nach dem gleichnamigen Tor, dem Anfang der Via Appia (siehe S. 284f), benannt ist. Gehen Sie auf der Via dei Cerchi hinten um den Palatin herum, die ovale Rasenfläche ist die Stelle, an der einst der Circus Maximus ⑪ (siehe S. 205) stand.

Bogen im Forum Boarium

An der Kirche Sant'Anastasia ⑫ biegen Sie rechts in die Via di San Teodoro ein und gleich links in die Via del Velabro. Die Straßenkreuzung wird vom Janusbogen ⑬ (3. Jh. n. Chr.) überdeckt, der wegen seiner vier Fronten auch Janus-Quadrifrons genannt wird. Das Bauwerk ist kein Triumphbogen, sondern diente als Überdachung, die Kaufleuten beim Handeln Schutz vor Sonne und Regen bot. Ebenso wie der Titusbogen wurde auch dieser Bogen im Mittelalter in die Festung der Frangipani einbezogen.

An die nahe gelegene Kirche San Giorgio in Velabro ⑭ (siehe S. 202) schmiegt sich ein Bogen, der wie ein rechteckiges Portal aussieht: der Bogen der Geldwechsler, Arco degli Argentari ⑮. Der Inschrift zufolge wurde er im Jahr 204 zu Ehren von Septimius Severus und seiner Familie von Silberschmieden errichtet. Wie am Triumphbogen ließ Caracalla auch hier den Namen seines ermordeten Bruders Geta entfernen. Das Bildnis Getas an der Innenwand des Bogens wurde ebenfalls entfernt. Im Alten Rom war Triumph – zumindest für manche – offenbar sehr kurzlebig.

Der Janusbogen ⑬ mit seinen vier
Fronten am Forum Boarium

Innenwänden ansehen. Sie zeigen römische Legionäre, die Beute aus dem besiegten Jerusalem mitführen, Herolde mit Tafeln, in die die Namen der untergegangenen Völker und Städte eingraviert sind, und den siegreichen Titus in seiner Quadriga.

Im Mittelalter verwandelte die Familie Frangipani das Kolosseum in eine uneinnehmbare Festung und bezog auch den Titusbogen ein. Beachten Sie die Furchen, die die Wagen im Lauf der Jahrhunderte an den Innenwänden des Bogens hinterließen. An ihnen erkennen Sie, wie weit sich der Boden des Forums gehoben hatte, bis es im

Kartenbeschriftungen: FORI IMPERIALI, FORO, M Colosseo, PIAZZA DEL COLOSSEO, ⑤, ⑥, ⑦, ⑧, ⑨, ⑩, MONTE CELIO, VIA DI SAN GREGORIO, PIAZZA DI PORTA CAPENA

Mosaiken-Spaziergang (3 Std.)

Wie die Audienzräume der Kaiserpaläste waren auch die frühen christlichen Kirchen Roms mit prächtigen Mosaiken verziert. Sie bestehen aus kleinen Marmorwürfeln, bunten Steinen und Glasstückchen. Blattgold, das zwischen zwei Glasstückchen gelegt und so lange erhitzt wird, bis alles miteinander verschmilzt, bildet den Hintergrund. Die farbenfrohen Szenen vermittelten den Gläubigen einen Eindruck vom Reich Gottes. Auf diesem Spaziergang lernen Sie einige dieser üppig ausgeschmückten Kirchen kennen.

Apsismosaik der Cappella di Santa Rufina ③

San Giovanni

Starten Sie auf der Piazza di Porta San Giovanni, wo sich ein großteils restauriertes Mosaik des Triclinio Leoniano *(siehe S. 179)* befindet. Es stammt ursprünglich aus dem Bankettsaal Papst Leos III. (795–816) ①. Dargestellt sind Christus und die Apostel. Links sieht man Papst Silvester und Kaiser Konstantin, rechts Papst Leo und Karl den

Obelisk und Seitenansicht der Lateransbasilika ②

Großen unmittelbar vor seiner Krönung zum Kaiser des Heiligen Römischen Reichs Deutscher Nation im Jahr 800. Das Apsismosaik im Inneren der Lateransbasilika ② *(siehe S. 182f)* zeigt das wundersame Erscheinen Christi bei der Einweihung der Kirche. Achten Sie bei den Mosaiken neben den Fenstern auf die zwei kleinen Figuren von Franziskanermönchen. Sie stellen die

Künstler Jacopo Torriti (links) und Jacopo de Camerino (rechts) dar. Verlassen Sie die Kirche durch den rechten Ausgang bei der imposanten Orgel (16. Jh.), und gehen Sie zum achteckigen Baptisterium ③. Die Cappella di Santa Rufina birgt ein Apsismosaik in Grün, Himmelblau und Gold (5. Jh.). In den Mosaiken der benachbarten Cappella di San Venanzio überwiegt Gold, was auf den Einfluss der orthodoxen Kirche hindeutet.

Von Santo Stefano Rotondo nach San Clemente

Von der Piazza führt eine enge Straße zu Santo Stefano Rotondo ④ *(siehe S. 185)*. In einer der Kapellen erinnert ein byzantinisches Mosaik (7. Jh.) an die beiden Märtyrer, die dort begraben sind. Etwas weiter, an der Piazza della Navicella, erwartet Sie Santa Maria in Domnica ⑤ *(siehe S. 193)* mit einem herrlichen Mosaik, das Papst Paschalis I. im 9. Jahrhundert in Auftrag gab. Das Mosaik zeigt den Papst neben Maria kniend. Sehenswert ist die Fassade von San Tommaso in Formis ⑥ mit einem Mosaik (13. Jh.), das Christus zwischen zwei freigelassenen Sklaven postiert,

Deckenmosaik, Baptisterium von San Giovanni ③

Im Baptisterium von San Giovanni ③

umranktes Kreuz. Der Mosaikboden (12. Jh.) erinnert an Cosmaten-Arbeiten.

Colle Oppio

Verlassen Sie die Kirche durch den alten Eingang, überqueren Sie die Via Labicana, und steigen Sie den Colle Oppio ⑨ hinauf zu einem Park mit Blick auf das Kolosseum mit den Ruinen von Neros Domus Aurea ⑩ (siehe S. 175) und den Trajan-Thermen ⑪. Auf der anderen Seite des Parks liegen San Martino ai Monti ⑫ (siehe S. 170) mit einem Mosaikporträt von Papst Silvester in der Nähe der Krypta (6. Jh.) und Santa Prassede ⑬ (siehe S. 171). Die Kapelle des hl. Zeno birgt das bedeutendste byzantinische Mosaik Roms. Papst Paschalis I. ließ die Kapelle als Mausoleum für seine Mutter Theodora errichten. Auch die

Mosaiken (5. Jh.) mit Darstellungen aus dem Alten Testament schmücken die Langhauswände im Inneren. Der Triumphbogen zeigt Szenen um Jesu Geburt, in einer tragen die Heiligen Drei Könige Ringelstrümpfe. Die *Marienkrönung* in der Apsis ist ein Werk Jacopo Torritis (1295).

Gehen Sie am Obelisken ⑮ auf dem Platz hinter der Kirche vorbei und hügelabwärts zur Via Urbana und Santa Pudenziana ⑯ (siehe S. 170). Die Figuren des Apsismosaiks (390 n. Chr.), eines der ältesten Roms, sind äußerst naturalistisch. Die beiden bekrönten Frauen stellen die »Schwestern« Praxedis und Pudenziana dar. Anschließend können Sie auf demselben Weg zu Santa Maria Maggiore zurückkehren oder durch die Via Urbana zur Metro-Station Via Cavour gehen.

Heiligenmosaik in Santa Prassede ⑬

einem weißen und einem schwarzen. Wenn Sie den Hügel hinaufgehen, kommen Sie an Santi Quattro Coronati ⑦ (siehe S. 185) vorbei und erreichen San Clemente ⑧ (siehe S. 186f). Das Apsismosaik (12. Jh.) zeigt ein von Akanthusblättern

Fries (11. Jh.) über dem Portal von Santa Pudenziana ⑯

LEGENDE

- ● ● ● Routenempfehlung
- — Stadtmauer
- ☀ Aussichtspunkt
- Ⓜ Metro-Station

PIAZZA DI S. GIOVANNI IN LATERANO

PIAZZA DI PORTA S. GIOVANNI

San Giovanni Ⓜ

0 Meter   250

Mosaiken der Apsis und des Triumphbogens sind sehenswert. Gehen Sie Richtung Santa Maria Maggiore ⑭ (siehe S. 172f). Von der Säule in der Mitte der Piazza können Sie die Fassadenmosaiken (14. Jh.) von Filippo Rusuti genießen.

ROUTENINFOS

Start: Piazza di Porta San Giovanni.

Länge: 3,5 Kilometer.

Anfahrt: Die nächste Metro-Station ist San Giovanni an der Linie A, an der Piazzale Appio, außerhalb der Porta San Giovanni. Die Buslinien 16, 81, 85, 87, 650 und 850 und Tram 3 halten vor San Giovanni in Laterano, die Busse 117 und 218 an der Piazza San Giovanni in Laterano.

Beste Zeit: In den Morgenstunden gibt es die günstigste Beleuchtung für die Mosaiken.

Rasten: In den Bars und Restaurants an der Piazza del Colosseo treffen sich Künstler, die das Kolosseum auf die Papiertischtücher zeichnen. Im Parco del Colle Oppio gibt es einen Café-Kiosk mit Tischen im Freien. Auch um die Kirche Santa Maria Maggiore können Sie unter freiem Himmel essen.

Spaziergang durch das Rom Berninis (2 Std.)

Kaum einer hat Rom einen so prägenden Stempel aufgedrückt wie Gian Lorenzo Bernini (1598–1680). Er war der beliebteste Architekt, Bildhauer und Stadtplaner dreier aufeinanderfolgender Päpste und prägte Rom als Barockstadt. Unser Spaziergang präsentiert Ihnen den großen Einfluss Berninis auf Entwicklung und Erscheinungsbild der Stadt. Er beginnt am belebten Largo di Santa Susanna nördlich der Stazione Termini an der Kirche Santa Maria della Vittoria.

Fassade von Santa Maria in Via ⑬

Berninis Fontana del Tritone ②

Um die Piazza Barberini

Die Cappella Cornaro von Santa Maria della Vittoria ① *(siehe S. 255)* birgt eine der revolutionärsten und umstrittensten Skulpturen Berninis: *Die Verzückung der heiligen Theresa* (1646). Von hier aus führt die Via Barberini zur Piazza Barberini, deren Mitte die ausdrucksvolle Fontana del Tritone ② *(siehe S. 254f)* Berninis ziert. Die Fontana delle Api ③ *(siehe S. 254)* am Rand des Platzes gibt sich etwas unauffälliger. In der Via delle Quattro Fontane können Sie den Palazzo Barberini ④ *(siehe S. 255)* sehen, den Bernini mit anderen Künstlern für Papst Urban VIII. schuf. Eingangsportal und Gesims zieren die Bienen des Barberini-Wappens. Gehen Sie nun bis zur Kreuzung mit den Brunnen Le Quattro Fontane ⑤ *(siehe S. 162)*, und genießen Sie den Blick in alle vier Himmelsrichtungen.

Hinter der winzigen Kirche San Carlo alle Quattro Fontane ⑥ *(siehe S. 161)* von Ber-

ninis Rivalen Borromini biegen Sie in die Via de Quirinale. Das lange Nebengebäude des Palazzo del Quirinale ⑦ *(siehe S. 158)*, die Manica Lunga (langer Ärmel), stammt von Bernini. Auf der gegenüberliegenden Straßenseite erhebt sich die Fassade von Sant'Andrea al Quirinale ⑧ *(siehe S. 161)*, eines seiner schönsten Werke. Achten Sie auf der Piazza del Quirinale ⑨ auf

Berninis Portal zum Palazzo. Von hier führen Stufen zur Via della Dataria. Nehmen Sie nun den Vicolo Scanderbeg zur gleichnamigen Piazza ⑩. Scanderbeg war der Spitzname des albanischen Prinzen Giorgio Castriota (1403–1468), auch »Schrecken der Türken« genannt. Sein Bildnis ist an dem Haus zu besichtigen, in dem der Adelige einst wohnte.

Fontana di Trevi

Im Vicolo dei Modelli ⑪ warteten früher männliche Modelle darauf, von einem Künstler entdeckt zu werden. Gleich um die Ecke steht die Fontana di Trevi ⑫ *(siehe S. 159)*, die den Einfluss Berninis auf den

Geschmack der Römer seinerzeit verdeutlicht. Biegen Sie in die Via delle Muratte ein: Im Haus Nr. 77 wohnte einst der

Neptun-Brunnen an der Nordseite der Piazza Navona ⑱

Komponist Donizetti. In der Via Santa Maria in Via besticht die Barockfassade des Bernini-Nachfolgers Carlo Rainaldi an der gleichnamigen Kirche ⑬.

Am oberen Ende der Straße biegen Sie links in die Via del Corso. Von der anderen Straßenseite aus sehen Sie die Mark-Aurel-Säule ⑭ (siehe S. 113) auf der Piazza Colonna. Dahinter befindet sich der Palazzo Montecitorio ⑮, den Bernini 1650 zu errichten begann. Heute ist der Palazzo Sitz des italienischen Parlaments (siehe S. 112).

Statue des Nils an der Fontana dei Quattro Fiumi

Navona ⑱ (siehe S. 120), die Bernini im Auftrag von Papst Innozenz X. neu gestaltete. Er entwarf die Fontana dei Quattro Fiumi (siehe S. 120) in der Platzmitte, die vier Flussgötter schufen andere Künstler. Die zentrale Figur der Fontana del Moro wiederum ist ebenfalls Berninis Werk. Seine Zeitgenossen beeindruckte, wie er Muscheln und andere Naturelemente in seine Brunnen integrierte und wie raffiniert er das Wasser in einem steten Kreislauf zirkulieren ließ.

Abstecher

Am Tiber kann man die Bernini-Engel am Ponte Sant'Angelo bewundern und am Petersdom (siehe S. 230–233) Berninis Meisterwerk: den Petersplatz mit Kolonnaden, die Grabmonumente sowie Papst-Altar und Baldachin.

Vom Pantheon zur Piazza Navona

Die Via in Aquiro führt zum Pantheon ⑯ (siehe S. 110f). Der Anweisung Papst Urbans VIII., die Kuppel neu zu verzieren, widersetzte sich Bernini: Im Gegensatz zum Petersdom sei das Pantheon tadellos. Von hier lohnt sich ein kleiner Umweg zur Piazza della Minerva und der Kirche Santa Maria sopra Minerva ⑰

LEGENDE

••• Routenempfehlung

☼ Aussichtspunkt

Ⓜ Metro-Station

0 Meter 250

Engel am Ponte Sant'Angelo

(siehe S. 108) mit dem Obelisken auf Berninis kleinem Elefanten. Gehen Sie zum Pantheon zurück und durch die Salita dei Crescenzi zur Piazza

ROUTENINFOS

Start: Largo di Santa Susanna.
Länge: 3,5 Kilometer.
Anfahrt: Metro-Linie A zur Station Repubblica oder alle Busse nach Termini, dann zu Fuß. Die Busse 61, 62, 175 und 492 halten in der Via Barberini.
Beste Zeit: Zwischen 9 und 12 Uhr oder 16 und 19 Uhr sind die Lichtverhältnisse in den Kirchen am schönsten.
Rasten: Um die Piazza Barberini und die Fontana di Trevi warten viele Bars und Pizzerias auf Gäste. Zu den eleganten Cafés und Eisdielen hier gehört das Caffè Giolitti (siehe S. 109).
Um die Piazza della Rotonda und die Piazza Navona gruppieren sich Cafés und Restaurants mit Tischen im Freien.

Spaziergang auf der Via Appia Antica (1:30 Std.)

Eine besondere Atmosphäre herrscht heute wie damals, als die Römer hier nachts bei Fackelschein ihre Toten beisetzten, auf der von Zypressen und Pinien gesäumten Via Appia Antica. Auf den Feldern heben sich vereinzelte Ruinen vor der Kulisse der Albaner Berge ab. Die meisten marmor- oder travertinverkleideten Grabkammern wurden zwar geplündert, doch einige Statuen und Reliefs sind erhalten oder durch Kopien ersetzt worden.

Grabmal des Sextus
Pompeius Justus ⑨

Capo di Bove

Starten Sie am Grabmal der Cecilia Metella ① *(siehe S. 266)*. Im Mittelalter hieß dieses Areal Capo di Bove – nach dem heute noch sichtbaren Fries an der Grabkammer, das Festons und Stierköpfe zeigt.

Gotische Fenster der
Kirche San Nicola ②

Auf der anderen Straßenseite sind die Ruinen der gotischen Kirche San Nicola ② zu sehen, die wie das Grabmal der Cecilia Metella im Mittelalter zur Festung der Caetani gehörte.

Gehen Sie bis zur Kreuzung ③, an der noch das alte Pflaster aus robusten Basaltblöcken erhalten ist. Unmittelbar hinter der nächsten Biegung

Überreste der Kirche San Nicola ②

(Via Capo di Bove) sehen Sie links das Kernstück eines efeubewachsenen Mausoleums, die Torre di Capo di Bove ④. Dahinter wird die Via Appia beiderseits von

Gräbern gesäumt. Auf manchen sind sogar noch Fragmente mittelalterlicher Wachttürme zu erkennen. Es folgen auf der rechten Seite die Reste eines Thermalbads und das militärische Sperrgebiet des Forte Appio ⑤, eine von mehreren Befestigungsanlagen, die im 19. Jahrhundert um die Stadt angelegt wurden. Ein Stück weiter links sieht man die Ruinen des Grabmonuments des Marcus Servilius ⑥ mit Relieffragmenten, die der Bildhauer Antonio Canova 1808 ausgrub. Er war einer der Ersten, die sich dafür einsetzten, dass freigelegte Grabmonumente an Ort und Stelle bleiben sollten. Das Heroische Relief ⑦ auf dem gegenüberliegenden Grabmal zeigt einen Mann, der lediglich mit einem kur-

zen Cape bekleidet ist. Linker Hand befindet sich das Grab des Seneca ⑧, der in einer Villa unweit von hier 65 n. Chr. auf Befehl Kaiser Neros Selbstmord beging.

Das nächste große Grabmal ist das der Familie des Sextus Pompeius Justus ⑨, eines freigelassenen Sklaven, aus dem 1. Jahrhundert. Die gereimte Inschrift äußert die Trauer des Vaters darüber, dass er seine so jung gestorbenen Kinder bestatten musste.

So könnten die Mausoleen und Grabmäler an der Via Appia im 2. Jahrhundert n. Chr. ausgesehen haben

Abschnitt der Via Appia Antica mit originalen Basaltblöcken

Von der Via dei Lugari zur Via di Tor Carbone

Unmittelbar hinter der Via dei Lugari, umrahmt von Bäumen, liegt das Grabmal des hl. Urban ⑩, der 222–230 das Ponifikat innehatte. Linker Hand sind etwas abseits der Straße die Ruinen eines Sockels zu sehen, der wohl zum Jupitertempel ⑪ gehörte. Das sich anschließende Areal legte der Architekt Luigi Canina zu Beginn des 19. Jahrhunderts frei. Rechts befindet sich das Grabmal des Caius Licinius ⑫, dahinter ein kleineres dorischen Stils ⑬ und das imposante Grabmal des Hilarius Fuscus ⑭ mit fünf Büsten von Familienmitgliedern. Es folgt das Grab des Tiberius Claudius Secondinus ⑮, in dem mehrere freigelassene Sklaven des kaiserlichen Hofs im 2. Jahrhundert beigesetzt wurden.

Vorbei an den Ruinen eines Columbariums geht es zum Grab des Quintus Apuleius ⑯ und dem wiederaufgebauten Grabmal der Freigelassenen der Familie Rabirius (1. Jh. v. Chr.) ⑰. Beachten Sie die drei Brustbilder über der Inschrift. Die rechte Figur stellt eine Priesterin der Isis dar. Hinter ihr erkennt man die Umrisse eines *sistrum*, einer bei kultischen Zeremonien eingesetzten Metallrassel.

Die meisten Gräber sind nicht mehr als verwitterte Steinhaufen. Ausnahmen auf dem letzten Wegstück sind das Grab der Girlanden ⑱ mit einem restaurierten Puttenfries und das Frontispiz-Grab ⑲. Das Relief, auf dem die beiden mittleren Figuren sich an den Händen halten, ist eine Kopie.

Hinter der Via di Tor Carbone geht die Via Appia schnurgerade weiter. Wenn Sie noch Lust haben, können Sie sich weitere Grabmäler und Ruinen alter Villen ansehen.

LEGENDE

• • • Routenempfehlung

❄ Aussichtspunkt

0 Meter 250

Figur des Heroischen Reliefs ⑦

ROUTENINFOS

Start: Grabmal der Cecilia Metella.
Länge: 3 Kilometer.
Anfahrt: Direkt bringt Sie der Archeobus (siehe S. 392) zur Via Appia Antica. Bus 118 fährt vom Piazzale Ostiense, Bus 660 von Colli Albani an der Metro-Linie A.
Beste Zeit: Sonntags, wenn die Straße für den Autoverkehr gesperrt ist. Brechen Sie früh auf, bevor es zu heiß wird.
Rasten: An der Ecke zur Via Metella gibt es eine Bar. Einen Picknickplatz finden Sie auf dem Gelände eines antiken Thermalbads hinter dem Vicolo di Tor Carbone. Im ersten Abschnitt der Via Appia stehen einige Restaurants, so Cecilia Metella, Via Appia Antica 129, ☎ 06 513 67 43 (Mo geschlossen).

Spaziergang zu Grabmälern, Legenden und Künstlern (2 Std.)

Fries an der Ara Pacis

Der nördliche Teil des Stadtzentrums wird von Geheimnissen umrankt – ein idealer Platz zum Stöbern (auch für Kinder). Bei diesem Spaziergang reihen sich gruselige Stätten wie eine Krypta mit Mönchsgebeinen, monumentale kaiserliche Grabmäler und Zeugnisse der künstlerischen Vergangenheit des Viertels aneinander. Kunst findet hier nicht nur in den Museen und in der Accademia di Belle Arti statt, sondern ist in Galerien und auf den Straßen allgegenwärtig.

Castel Sant'Angelo ①, die Grabstätte von Kaiser Hadrian

Kaiserliche Grabstätten

Beginnen Sie den Spaziergang am Mausoleum von Kaiser Hadrian im Castel Sant'Angelo ① *(siehe S. 248f)*. Vom Eingang an der Tiberseite halten Sie sich links, dann wieder links entlang der mit Sternen verzierten Mauer, bis Sie rechts in die Piazza Cavour einbiegen. Der Palazzo di Giustizia ② *(siehe S. 229)* an der Südseite scheint unter seinem Gewicht einzuknicken. Biegen Sie rechts in die Via Colonna, um den Tiber auf dem Ponte Cavour zu überqueren. Gehen Sie am Lungotevere in die Kirche San Rocco ③ *(siehe S. 141)*. Gleich daneben steht in einem Zypressenhain das Mausoleum des Kaisers Augustus ④ *(siehe S. 141)*, vor diesem wiederum der Altar Ara Pacis ⑤ *(siehe S. 140)*.

Tridente

Folgen Sie der Via di Ripetta weiter nach Norden. Linker Hand sehen Sie die mit Graffiti verzierte Fassade der Accademia di Belle Arti ⑥, die 1845 von Pietro Camporese gestaltete Kunstakademie von Rom. Rechts, an der Ecke zur Via Canova, erhebt sich die Kirche Santa Maria Portae Paradisi ⑦, die 1523 von Antonio Sangallo d. J. entworfen wurde und mit einer *Madonna mit Kind* (1509) des Bildhauers Sansovino geschmückt ist. Das achteckige Innere entstand 1645. Wenden Sie sich nach rechts in die nach dem Bildhauer Antonio Canova benannte Via Canova, um

an der Nr. 16 die Fassade seines Ateliers ⑧, eines Eckgebäudes mit Statuen und Schnitzereien, zu bewundern. Nach links geht es in die Via del Corso ⑨, wo sich auf 1500 Metern *palazzi* und Läden aneinanderreihen. In dieser Prachtstraße finden seit Jahrhunderten Umzüge, Paraden und Prozessionen statt. Noch immer ist sie Roms Flaniermeile für die *passeggiata*, den Abendspaziergang. Links sehen Sie San Giacomo, einst die Kirche eines Hospitals, das 1339 für Pilger gegründet wurde, danach

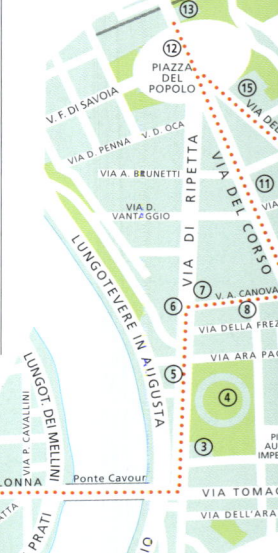

(Kartenbeschriftungen:)
⑬
⑫ PIAZZA DEL POPOLO
⑮ VIA DEL
V. F. DI SAVOIA
VIA D. PENNA   V. D. OCA
VIA A. BRUNETTI
VIA D. VANTAGGIO
⑪ VIA L
VIA DI RIPETTA
VIA DEL CORSO
⑦ V. A. CANOVA
⑥ ⑧
LUNGOTEVERE IN AUGUSTA
VIA DELLA FREZZ
VIA ARA PACIS
⑤
④
③ PIAZ AUGL IMPERA
VIA P. CAVALLINI
LUNGOT. DEI MELLINI
VIA V. COLONNA   Ponte Cavour.
VIA TOMACE
VIA DELL'ARANC
PIAZZA CAVOUR
VIA V. CALAMATTA
VIA ULPIANO
LUNGOTEVERE PRATI
②
VIA TRIBONIANO
(Tiber)
LUNGOTEVERE MARZIO
LUNGOT. CASTELLO
Ponte Umberto
①
Tevere
Ponte Sant'Angelo
LUNGOTEVERE TOR DI NONA

0 Meter   200

LEGENDE

••• Routenempfehlung

Ⓜ Metro-Station

Barocke Pracht in der Chiesa di Gesù e Maria ⑩

Die Piazza di Spagna mit der berühmten Spanischen Treppe ist ein beliebter Treffpunkt – erst im Morgengrauen kommt sie zur Ruhe ⑱

ROUTENINFOS

Start: Castel Sant'Angelo.
Länge: 3,6 Kilometer.
Anfahrt: Busse 30, 34, 40, 49, 62, 70, 87, 130, 186, 224, 280, 492, 913, 926 oder 990.
Beste Zeit: Am Nachmittag pulsiert das Leben in dem Viertel.
Rasten: An der Piazza del Popolo gibt es zwei typisch römische Cafés mit klarer politischer Ausrichtung – das »linke« Rosati (siehe S. 329) an der Westseite des Platzes und das »rechte« Canova an der Ostseite. Um die Spanische Treppe gruppieren sich gute Restaurants ebenso wie Filialen von Fast-Food-Ketten (siehe S. 318f).

rechts die Chiesa di Gesù e Maria (1675) ⑩, Carlo Rainaldis Meisterwerk aus dem Barock. Ein paar Meter weiter gelangen Sie zu Haus Nr. 18, der Casa di Goethe ⑪ *(siehe S. 136)*. Die Via del Corso endet in der Piazza del Popolo ⑫ *(siehe S. 137)*. Der Platz wurde nach Santa Maria del Popolo ⑬ *(siehe S. 138f)* benannt, die sich an der Nordseite erhebt und durch ihre überreichen Kunstschätze besticht. Die Kirche wurde erbaut, um Neros Geist *(siehe S. 138)* aus einem Walnussbaum an dieser Stelle zu vertreiben. Die Urne des Kaisers befindet sich hier, da das Gelände zum Besitz seiner Familie gehörte. Das Anwesen zog sich die Hänge bis zum heutigen Pincio-Park ⑭ *(siehe S. 136f)* im Osten des Platzes hoch. Man sagt, die Schreie der Raben seien die Schreie des berüchtigten Kaisers.

Verlassen Sie nun die Piazza del Popolo nach Südosten, und schlendern Sie auf der Via del Babuino ⑮ an den Kunstgalerien vorbei, die Werke Alter Meister wie auch moderne Bilder anbieten. An der dritten Kreuzung geht es links und gleich rechts in die ruhige Via Margutta ⑯, seit Jahrhunderten die Stätte vieler Künstlerateliers. Nach rechts kommen Sie über die Via Orto di Napoli wieder auf die Via del Babuino, wo Sie sich links halten. Dort steht an einem Brunnen eine der hässlichsten und dennoch sehr geachteten Statuen Roms: Babuino ⑰ zählt wie Pasquino *(siehe S. 124)* zu den »Sprechenden Statuen«, an der die Bürger Roms ihre Meinung durch Anheften von Zetteln kundtaten. Die Via del Babuino endet in der Piazza di Spagna ⑱ *(siehe S. 133)*. Rechts von der Spanischen Treppe befindet sich das Keats-Shelley-Haus ⑲ *(siehe S. 134)*.

Von der Spanischen Treppe zur Krypta der Kapuziner

Gehen Sie – wie das die allermeisten Besucher tun – die Spanische Treppe ⑳ *(siehe S. 134f)* zur Kirche Trinità dei Monti ㉑ *(siehe S. 135)* hinauf, dann rechts in die Via Gregoriana zum Palazzetto Zuccari ㉒ (Nr. 28), dessen Fassade der Maler und Bewohner Federico Zuccari mit Monstern verzierte.

Am Fuß der Via Gregoriana biegen Sie in die Via F. Crispi ein, dann in die Via Sistina zur Piazza Barberini ㉓ mit Berninis Brunnen *(siehe S. 252)*. In der Via Veneto halten Sie sich links. Hier ist es nur ein paar Schritte zur Kirche Santa Maria della Concezione. Eine Treppe führt zur gruseligen Krypta des Kapuzinerordens ㉔ *(siehe S. 254)* hinab, in der Mönche die Kapellen mit den Gebeinen ihrer verstorbenen Mitbrüder ausschmückten. Hinter der Krypta befindet sich an der Piazza Barberini die Metro-Station gleichen Namens.

Gebeine von Mönchen in der Krypta der Kapuziner ㉔

Spaziergang durch Trastevere und auf den Gianicolo (2 Std.)

Der Spaziergang beginnt im Labyrinth der kopfstein-gepflasterten mittelalterlichen Gassen von Traste-vere und führt Sie eher zu verborgenen Schätzen als zu den Hauptsehenswürdigkeiten. Am Vormittag kann man Mosaiken und Fresken in Kirchen bewundern. Zum Mittagessen locken viele Restaurants im Herzen von Trastevere. Anschließend geht es den Gianicolo hinauf. Der lang gestreckte Hügel verläuft parallel zum Tiber und bietet die besten Panoramablicke von ganz Rom. Nirgendwo sind die Sonnenuntergänge schöner.

Altar in San Benedetto ③

Südliches Trastevere

Starten Sie bei Santa Cecilia in Trastevere ① *(siehe S. 211)*. Bei Ausgrabungen wurde hier das Haus der hl. Cäcilia frei-gelegt. Im angrenzenden Kloster befindet sich Pietro Cavallinis einziges in Rom erhaltenes Fresko. Nördlich der Kirche verläuft die Via dei Salumi, von der Sie rechts in die Via in Piscinula zur Piazza in Piscinula ② abbiegen. Platz und Straße wurden nach den Resten eines Wasserbeckens an dieser Stelle benannt. An der Südseite der Piazza ragt die kleine Kirche San Benedetto in Piscinula ③ mit ihrem Glockenturm aus dem 11. Jahrhundert auf (Einlass nach Klingeln an der Tür). Die Kirche schmücken ein Cosmaten-Mosaikboden und Fresken (13. Jh.). Gehen Sie in der Via della Lungaretta nach Westen. Am Viale di Trastevere steht die Basilika San Crisogono ④ *(siehe S. 210f)* aus dem 5. Jahrhun-dert. In der Kirche darunter sind Fresken erhalten.

Im Herzen von Trastevere

Entlang der Via della Lunga-retta geht es nun zur Piazza Santa Maria in Trastevere ⑤,

die »gute Stube« des Viertels. Besucher zieht es in die vie-len Cafés oder zum Brunnen auf dem Platz. Ein wahres Schmuckstück ist Santa Maria in Trastevere ⑥ *(siehe S. 212f)*. Südlich des Platzes liegt die kleine Piazza San Callisto, von der Sie nach Westen, die Via di San Cosi-mato entlang auf die drei-eckige Piazza San Cosimato ⑦ kommen. Allein schon das Markttreiben (bis 14 Uhr) lohnt einen Abstecher zum Platz. Wieder zurück auf der Piazza Santa Maria in Traste-vere folgt man nach Norden der engen Straße hinein in das Wirrwarr der Gassen und efeuumrankten Häuser im Herzen des Viertels. Die Straße führt nach links, eine Abzweigung rechts leitet zum Vicolo del Piede. Von dort sind es nur wenige Schritte zur winzigen Piazza de' Renzi, die von mittelalterlicher Häu-sern umrahmt wird. Folgen Sie nun der Via della Pelliccia, um in eine Fußgängerzone zu kommen. Sie mündet an der dreieckigen Piazza Sant'Egi-

dio ⑧ mit ihren vielen Cafés und Bars. Eine kurze Treppe bei Nr. 9 führt zum Museo di Roma in Trastevere ⑨ *(siehe S. 210)*, in dem das Alltags-leben unter päpstlicher Herr-schaft dokumentiert wird. Nach Überqueren des Vicolo del Cedro geht es weiter auf

Die Piazza Santa Maria in Trastevere mit ihrer entzückenden Kirche ⑤

Raffaels Fresko Galatea in der Villa Farnesina ⑬

Porta Settimiana ⑫ *(siehe S. 218)* – und vor allem mit La Fornarina, Raffaels Modell und Geliebte. Dies hinderte ihn, Fresken für die Villa Farnesina ⑬ *(siehe S. 220f)* zu malen, sodass das ihm zugeschriebene Gemälde *Amor und Psyche* wohl eher von seinen Schülern geschaffen wurde. Appetit auf noch mehr Kunst kann hinter dem Palazzo Corsini in der Galleria Nazionale d'Arte Antica ⑭ *(siehe S. 218)* gestillt werden. Ein Stückchen die Via della Lungara zurück gelangen Sie über die Via Corsini in den idyllischen Botanischen Garten ⑮ *(siehe S. 218).*

Gianicolo

Wenden Sie sich auf der Via della Lungara nach Süden und dann rechts in die Via G. Garibaldi. Von dort geht es den Gianicolo hinauf. Nach einer engen Linkskurve verläuft der Weg über Treppen zur Kirche San Pietro in Monto-

ROUTENINFOS

Start: Santa Cecilia in Trastevere.
Länge: 4,7 Kilometer.
Anfahrt: Busse 23, 44, 280.
Beste Zeit: Wochentags (für das Fresko von Cavallini). Starten Sie am Vormittag, wenn die Kirchen im südlichen Trastevere noch geöffnet sind.
Rasten: Sie haben die Auswahl: In Trastevere ist die Dichte an Restaurants, Cafés und Bars höher als in jedem anderen Viertel von Rom (siehe S. 324f).

rio mit Bramantes Tempietto ⑯ *(siehe S. 219)*. Die Via G. Garibaldi wartet mit der monumentalen Fontana dell'Acqua Paola ⑰ *(siehe S. 219)* auf. Die 1644 errichtete Porta San Pancrazio ⑱ musste nach schweren Schäden durch Kanonenfeuer 1849 wiederaufgebaut werden. Die Passeggiata del Gianicolo führt zu einem Park mit einer grandiosen Aussicht über den Piazzale Garibaldi mit einem

der Via della Scala zur Piazza della Scala mit der Kirche Santa Maria della Scala ⑩ *(siehe S. 210)*, deren Inneres prachtvoll geschmückt ist.

Nördliches Trastevere

Der Norden von Trastevere – das Gebiet zwischen Gianicolo und Tiber – ist das Gebiet, in dem der Maler Raffael viel Zeit verbrachte, nämlich in der Casa della Fornarina ⑪ *(siehe S. 210)* kurz vor der

LEGENDE

• • •   Routenempfehlung

☼   Aussichtspunkt

Treppe zum idyllischen Botanischen Garten ⑮

Reiterstandbild des bekannten Freiheitskämpfers ⑲ *(siehe S. 218)*. Die Wege im Park werden von Marmorbüsten weiterer Helden des Risorgimento flankiert. Am Manfredi-Leuchtturm ⑳ *(siehe S. 216)* können Sie im Norden den Petersdom sehen. Ein paar Treppenstufen hinunter stehen die Reste von Tassos Eiche ㉑ *(siehe S. 216)*. Am unteren Ende der Treppe kommen Sie auf die Passeggiata del Gianicolo zurück. Der Spaziergang endet bei Sant'Onofrio ㉒ *(siehe S. 219)*. Bus 870 fährt vom Viale Aldo Fabrizi ins Zentrum.

Spaziergang auf dem Aventin (2 Std.)

Der dicht bewohnte Hügel Aventin erhebt sich vom Palatin aus gesehen gleich hinter dem Circus Maximus. Seit der Kaiserzeit ist er als gehobenes Wohnviertel mit Villen und Grünanlagen bekannt. Der südlichste der sieben Hügel Roms hat sich ein Stück Beschaulichkeit bewahrt. Trotz der schönen Kirchen, der antiken Ruinen und der fantastischen Ausblicke zieht das Viertel aber kaum Besucher an. Testaccio lohnt sich wegen der Restaurants und der römischen Pyramide.

Das Gymnasium im nordwestlichen Teil der Caracalla-Thermen ①

Das Viertel Aventin

Starten Sie an der eindrucksvollsten antiken Stätte Roms, den Caracalla-Thermen ① *(siehe S. 197)*, wo sich in der Antike die Römer ungeachtet der Standesunterschiede vergnügten. Sehr viel später fand der romantische Dichter Shelley hier Ruhe und Inspiration für sein Werk *Der entfesselte Prometheus*. Gleich außerhalb der Anlage steht die Kirche Santi Nereo e Achilleo ② *(siehe S. 194)* mit ihren Mosaiken aus dem 9. Jahrhundert. Auf der anderen Seite des Viale delle Terme di Caracalla erhebt sich San Sisto Vecchio ③ *(siehe S. 193)*, wo die ersten Dominikanerinnen einzogen. Den Viale delle Terme di Caracalla weiter nach Nordwesten und dann die erste Straße nach rechts geht es in die baumbestandene Via di Valle delle Camene. Biegen Sie in die Salita di San Gregorio ein, und steigen Sie die Treppe von San Gregorio Magno ④ *(siehe S. 192)* empor – die Aussicht auf den Palatin lohnt sich. Ein wahres

Prachtstück ist der Marmoraltar in der Kapelle, die der hl. Barbara geweiht ist. Gregor der Große teilte hier sein Essen mit den Armen. Nach links geht es nun über die ausladende Piazza di Porta Capena, vorbei am riesigen Oval des Circus Maximus ⑤ *(siehe S. 205)*. Am Beginn des Viale Aventino liegt linker Hand das FAO-Gebäude ⑥. Ursprünglich war es als Sitz der Verwaltung der italienischen Kolonien in Afrika geplant, der Bau verzögerte sich jedoch. Seit seiner Fertigstellung 1952 dient das Anwesen als Sitz der Food and Agriculture Organization der UNO.

Über den Aventin

Nach einem kurzen Stück die Via del Circo Massimo entlang führt eine Abzweigung auf die Via della Fonte di Fauno zum eigentlichen Anstieg auf den Aventin. Über eine kleine Piazza

Apsis in Santa Prisca ⑦

erreicht man die Kirche Santa Prisca ⑦, die ursprünglich aus dem 3. Jahrhundert stammt. Der heutige Kirchenbau ist im Stil der Renaissance gehalten und umfasst ein sehr schönes Altargemälde von Passignano. Über die Via di Santa Prisca und die Via Eufemiano gelangt man zur Via Sant'Alberto Magno. Sie leitet in den Parco Savello ⑧, eine Grünanlage mit Orangenbäumen und einer wunderbaren Aussicht über Trastevere.

0 Meter   300

Nach Verlassen des Parks führt der Spaziergang rechts auf die Via di Santa Sabina und dann zur gewaltigen Basilika Santa Sabina ⑨ *(siehe S. 204)*. Die Türen des Mittelportals (5. Jh.) der Kirche zeigen Holzschnitzereien und biblische Szenen, darunter auch eine der frühesten erhaltenen Kreuzigungen. Sehenswert sind auch die Cosmaten-Arbeiten in der Kirche Santi Bonifacio e Alessio ⑩ *(siehe S. 204)*.

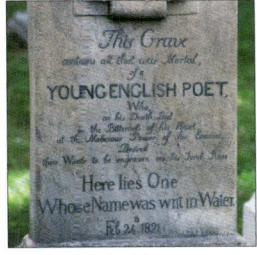

Keats' Grabstein auf dem Protestantischen Friedhof ⑮

rechts den Testaccio-Markt. Von hier geht es hinauf zum Monte Testaccio ⑬ *(siehe S. 204)*. Der künstliche Hügel wurde aus Millionen von Tonscherben

ROUTENINFOS

Start: Eingang zu den Caracalla-Thermen am Viale delle Terme di Caracalla 52.
Länge: 5 Kilometer.
Anfahrt: Metro bis zur Station Circo Massimo sowie Busse 118 oder 628.
Beste Zeit: Wenn Sie am Vormittag starten, können Sie ganz gemütlich im Testaccio zu Mittag essen.
Rasten: Um und an der Piazza Testaccio gibt es diverse Lokale. Das Angebot reicht von recht einfachen Pizzerias bis zu gehobenen Restaurants.

Kopf und Füße der Tiere. Auf diesen Körperteilen basieren bis heute viele römische Gerichte, etwa *pajata* (Kalbdärme, heute wegen BSE vom Lamm). Die Via Caio Cestio führt zum Protestantischen Friedhof ⑮ *(siehe S. 205)*, auf dem auch Berühmtheiten wie Keats und Shelley begraben sind. Das Stadttor Porta San Paolo ⑯ wurde 402 errichtet. Beim Spaziergang durch die Überreste der Aurelianischen Mauer Richtung Piazzale Ostiense kommen Sie an der Pyramide des Caius Cestius ⑰ *(siehe S. 205)* vorbei.

Der letzte Wegabschnitt verläuft nach Süden entlang der Via Ostiense. Sie können auch den Bus (23, 271 oder 769) nehmen, um schneller Centrale Montemartini ⑱ zu erreichen. Im Kraftwerk aus der Frühzeit der Industrialisierung stehen heute antike Skulpturen *(siehe S. 267)*. Die Busse 23 und 769 fahren zur Metro-Station Piramide.

Die Via di Santa Sabina endet in der Piazza dei Cavalieri di Malta ⑪ *(siehe S. 204)*. Dort blickt man auf den Petersdom. Die Route verläuft nun nach Süden. Auf der Via di Porta Lavernate kommen Sie an der Fassade von Sant'Anselmo ⑫ vorbei. Die 1900 vollendete Kirche birgt ein Mosaik aus dem 3. Jahrhundert. Von der Piazza dei Servili gelangen Sie auf die Via Asinio Pollione, die vom Aventin wieder nach unten führt.

aufgeschüttet. Verschiedene Restaurants bieten hier Rastmöglichkeiten. Nach dem Überqueren der Piazza Orazio Giustiniani geht es weiter zur Via Monte Testaccio. Hinter dieser Straße befinden sich die Arkaden von Mattatoio ⑭. Die Arbeiter in dem ehemaligen Schlachthaus wurden oft mit dem *quinto quarto* (fünftes Viertel) bezahlt: Innereien,

Testaccio und der Süden
An der Via Galvani, gleich hinter der Kreuzung Via Nicola Zabaglia, sehen Sie

LEGENDE

• • • Routenempfehlung

Ⓜ Metro-Station

❊ Aussichtspunkt

Skulpturen im Centrale Montemartini, einem früheren Kraftwerk ⑱

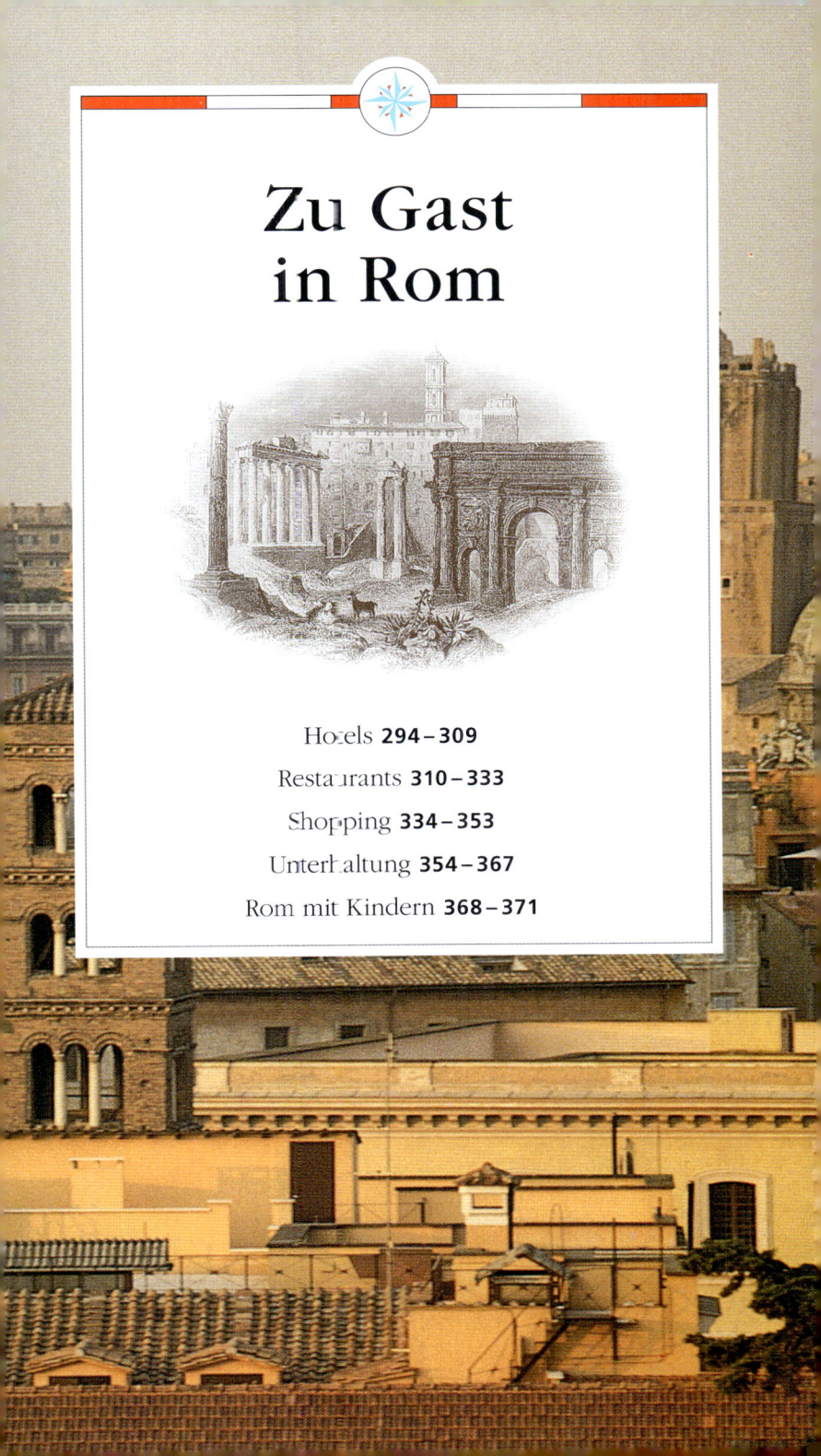

Zu Gast
in Rom

Hotels

Rom ist seit dem Mittelalter Anziehungspunkt für zahllose Menschen aus aller Welt. Schon damals kamen Pilger aus ganz Europa in die Hochburg des Katholizismus, um die zahlreichen Kirchen mit ihren Reliquien zu sehen. Nostalgiker können hier in einem der Hotels aus dem 15. Jahrhundert übernachten oder aber beim Campo de' Fiori, wo sich in der Renaissance Geistliche mit Kurtisanen amüsierten. Wer etwas Züchtigeres vorzieht, logiert in einem ehemaligen Kloster. Romantiker können auf den Spuren berühmter Dichter wandeln. Wer Stars und Sternchen

Portier im Hotel Majestic

sucht, hat die größten Chancen in einem der ehemaligen Palazzi, von jeher Treffpunkt von Berühmtheiten. In Rom findet jeder Gast eine Unterkunft nach seinem Geschmack. Die meisten befinden sich in alten Häusern. *Pensione* gilt nicht mehr als offizielle Kategorie, doch viele Häuser führen noch diese Bezeichnung und sind sehr beliebt. Weitere Unterkunftsmöglichkeiten sind Jugendherbergen, Apartment-Hotels und Ferienwohnungen. Die Hotelauswahl auf den Seiten 300–309 listet die Häuser nach Vierteln und nach der Preiskategorie auf.

Hotelsuche

Am stärksten vom Tourismus geprägt ist das Viertel um die Spanische Treppe und die Piazza di Spagna. Dort liegen einige der exklusivsten kleineren Hotels, die über die gesamte Innenstadt bis westlich der Via del Corso verteilt sind.

Die Hotels im Zentrum mögen zwar großteils der gehobenen Preisklasse angehören, dafür liegen sie recht günstig, denn die meisten Sehenswürdigkeiten erreicht man bequem zu Fuß – ein Vorteil, den Sie nicht unterschätzen sollten. Sie können

sogar mittags wieder im Hotel sein, eine Dusche nehmen oder Siesta halten. Sollten die von uns ausgewählten preisgünstigeren Hotels im Zentrum belegt sein, versuchen Sie es einmal im Borgo unweit der Vatikanstadt oder in Trastevere. Für einen etwas extravaganteren Geschmack bietet Rom die Via Veneto mit ihren zahlreichen Luxushotels. Steht Ihnen der Sinn eher nach Ruhe, suchen Sie sich ein Hotel in der Gegend um den Aventin. Vielleicht wollen Sie sich aber für wenige Tage auch eines der Luxushotels rund um die Villa Borghese leisten?

Das Viertel um die Stazione Termini wirkt etwas heruntergekommen, gegen die preisgünstigen, teils sehr einfachen Hotels dort ist jedoch nichts zu sagen. Wir empfehlen die relativ sichere Gegend östlich des Bahnhofs. Hier gibt es gute Hotels, die sich auch für Geschäftsreisende eignen.

Hotelpreise

Hotels sind verpflichtet, an jeder Zimmertür eine Liste mit den Preisen anzuschlagen. Die Mehrwertsteuer ist in der Regel inbegriffen, auch in den Preisangaben der Hotelauswahl ab Seite 300.

Bei einigen Hotels variieren die Preise je nach Saison. Allerdings berechnen die Hotels gerne automatisch den Preis für die Hauptsaison, auch in den Wintermonaten. Versuchen Sie gegebenenfalls zu verhandeln. Oft sind auch Ermäßigungen für Langzeitaufenthalte und Gruppen möglich. Im Internet finden Sie Sonderangebote, besonders wenn Sie sehr früh im Voraus oder sehr spät buchen.

Zimmer ohne Bad können bis zu 30 Prozent billiger sein. Alleinreisende sind etwas im Nachteil: Im Durchschnitt zahlen Sie für ein Einzelzimmer 60 bis 90 Prozent des Doppelzimmerpreises.

Wenn der Preis für eine Übernachtung mit Frühstück

Verdi-Zimmer im Hotel Majestic in der Via Veneto *(siehe S. 308)*

◁ **Blick über die Dächer Roms**

Grand Hotel de la Minerve (S. 301)

gilt, Sie aber nicht im Hotel frühstücken möchten, erkundigen Sie sich nach entsprechender Preisermäßigung.

Versteckte Preisaufschläge

Alle Hotels, hotelähnlichen Einrichtungen und Campingplätze in Rom sind verpflichtet, von Besuchern eine Steuer *(contributo di soggiorno)* zu erheben, die auf die Rechnung aufgeschlagen wird. Bei Campingplätzen beträgt diese Steuer einen Euro pro Person und Tag, bei Hotels bis zu drei Sternen zwei Euro und bei Hotels mit vier oder fünf Sternen drei Euro pro Person und Tag. Kinder unter zehn Jahren sind von dieser Steuer befreit, ebenso Gäste in Jugendherbergen.

Auch wenn der Service im Preis inbegriffen ist, wird von Gästen erwartet, dass sie Zimmermädchen und Pagen ein Trinkgeld geben. Das Frühstück muss oft extra bezahlt werden. In einigen Hotels wird auch der Parkplatz oder die Klimaanlage gesondert berechnet. Auslandsgespräche vom Hoteltelefon und Getränke aus der Minibar können teuer werden.

Ausstattung

In Mittelklasse-hotels kann man Internet-Zugang, Klimaanlage, Haar-

trockner und Direktwahltelefon auf dem Zimmer voraussetzen. In einem sehr billigen Hotel dagegen sollten Sie nicht viel mehr als ein sauberes Zimmer erwarten.

Da es sich bei vielen Hotels um historische Gebäude handelt, bestehen große Unterschiede bei der Größe der Zimmer, selbst innerhalb desselben Hotels (was sich oft im Preis niederschlägt). Lassen Sie sich daher das Zimmer zeigen, bevor Sie einchecken. Swimmingpools sind relativ selten, aber viele Hotels aller Preisklassen haben Dachterrasse oder Dachgarten.

Luxushotels sind meist mit Schallschutzfenstern ausgestattet. Wenn Sie empfindlich auf Straßenlärm reagieren, fragen Sie nach einem Zimmer, das nach hinten geht.

Im Zentrum ist die Parkplatzsuche oft schwierig. Einige Hotels haben eigene Parkplätze. Manche Hotels bieten Geschäftsreisenden alles – vom Online-Anschluss bis zum Konferenzraum.

Reservierung

Da die italienische Post nur bedingt zuverlässig ist, empfiehlt es sich, telefonisch, per Fax oder per Internet zu buchen. Dies sollte mindestens zwei Monate im Voraus geschehen, wenn Sie in der Hochsaison (Mai, Juni, September), an Ostern oder an Weihnachten/Neujahr reisen. Wenn Sie besondere Wünsche wie eine gute Aussicht, ein ruhiges Zimmer oder eine Terrasse haben, sollten Sie sich die Zusage dafür schriftlich bestätigen lassen.

Anzahlungen leisten Sie in der Regel per Kreditkarte. In Italien gilt ein Zimmer als gebucht, sobald die Anzahlung entrichtet ist. Meist bekommen Sie bei einer Stornierung Ihr Geld nicht zurück.

Um ganz sicher zu gehen, dass Ihre Reservierung geklappt hat, sollten Sie vor Ihrer

Garten der Villa San Pio *(siehe S. 306)*

Anreise noch einmal im Hotel anfragen. In einigen weniger zuverlässigen Hotels kann es durchaus zu Überbuchungen kommen, weshalb Reservierungen manchmal einfach storniert werden. Leider müssen Sie mindestens eine Übernachtung zahlen, selbst wenn Sie bei der Ankunft nicht das gebuchte Zimmer erhalten.

Bei der Anreise mit dem Zug wird man eventuell gleich am Bahnhof versuchen, Sie in ein Hotel zu locken. Das kann nützlich sein, wenn Sie günstig wohnen wollen, doch in der Regel wenden Sie sich besser an ein Tourismusbüro.

Hotel Locarno *(siehe S. 302)*

An- und Abreise

Die italienischen Hotelbesitzer sind gesetzlich verpflichtet, ihre Gäste polizeilich zu melden. Daher werden Sie Ihren Ausweis am ersten Tag für einige Zeit an der Rezeption lassen müssen. Denken Sie daran, dass man sich in Italien jederzeit ausweisen können muss – holen Sie den Ausweis also bald wieder ab.

Wundern Sie sich nicht, wenn man Sie in einigen kleinen Hotels bereits bei der Ankunft um Bezahlung der gesamten Übernachtungskosten bittet. Geben Sie rechtzeitig Bescheid, wenn Sie per Kreditkarte zahlen möchten. Viele Hotels bevorzugen Barzahlung, was aber nicht obligatorisch ist.

Hotel Portoghesi *(siehe S. 301)*

Behinderte Reisende

Für behinderte Reisende wird in Rom noch nicht allzu viel getan. Doch einige Hotels reservieren für Behinderte ein Zimmer im Erdgeschoss oder verfügen über behindertengerechte Zimmer. Rampen, breite Türen und Haltegriffe im Bad sind selten. Die in der Hotelauswahl gemachten Angaben über die Eignung für Rollstuhlfahrer beruhen auf Angaben der Hotels. Welche Einrichtungen vorhanden sind, sollten Sie bei der Buchung erfragen.

Informationen für Rollstuhlfahrer in Rom enthält die Website www.romapertutti.it, Infos über das Latium erhalten Sie telefonisch unter 800 27 10 27. Die Agentur **Bus Abile** bietet einen Busservice für Rollstuhlfahrer an, den Sie beizeiten buchen sollten.

Mit Kindern reisen

Im kinderfreundlichen Italien sind Kinder in den meisten Hotels quer durch alle Preisklassen gern gesehen. Kinderbetten, die bei Bedarf ins Zimmer gestellt werden können, sind in der Regel vorhanden. In kleineren Familienbetrieben bemüht man sich sehr um Reisende mit Kindern. Hotels mit kinderfreundlicher Ausstattung sind in der Hotelauswahl mit einem entsprechenden Symbol gekennzeichnet. In solchen Häusern sind Hochstühle vorhanden, auf der Speisekarte gibt es Kindergerichte.

Viele Hotels haben – vor allem in der Hauptsaison – keine Sonderpreise für Kinder, sie berechnen den Standardpreis bei Aufstellung eines zusätzlichen Bettes. Das kann dann bis zu 40 Prozent des Doppelzimmerpreises betragen. Für Familien mit älteren Kindern bieten manche Hotels Zweizimmersuiten.

Bed & Breakfast

Privatzimmer mit Frühstück, auch in Italien oft B & B genannt, sind eine relativ neue Unterkunftsmöglichkeit in Rom. Die Spannbreite ist sehr groß: Es kann sich um

Rezeption und Foyer des Regina Hotel Baglioni *(siehe S. 309)*

ein einfaches Zimmer in einer Privatwohnung handeln (wobei man sich das Bad teilen muss) oder um eine Unterkunft, die an ein Hotel erinnert. Einige Betreiber laden ihre Gäste zum Frühstück in die Küche ein, andere servieren ein üppiges Frühstücksbuffet. Die **Bed & Breakfast Association of Rome** hilft bei der Vermittlung, auch die Website von **APT** oder der US-amerikanischen Agentur **Rome Bed & Breakfast** halten Informationen bereit.

Apartment-Hotels

Wenn Sie Komfort und Privatsphäre kombiniert mit dem Service eines guten Hotels schätzen, ist eventuell eine *residenza* das Richtige für Sie. Die Preise variieren von 300 bis zu mehr als 3000 Euro für eine Woche im Zweibettzimmer. Manche *residenze* muss man für mindestens zwei, andere für vier Wochen buchen. Eine Liste erhalten Sie in allen Tourismusbüros.

Zimmer in der Residenza Cellini *(siehe S. 305)*

Kirchliche Einrichtungen

Wenn Sie kein Nachtschwärmer sind, kommt für Sie eventuell auch eine der kirchlichen Einrichtungen, die Gäste aufnehmen, in Betracht. Dafür muss man keineswegs praktizierender Katholik sein. Die Hausregeln in den Einrichtungen sind jedoch streng. Buchen Sie früh, da auch Studentengruppen und Pilger aufgenommen werden. **Il Rosario** liegt nahe beim Kolosseum, **Nostra Signora di Lourdes** und die **Casa di Santa Brigida** befinden sich im Zentrum. Die Preise entsprechen in etwa denen der preisgünstigen Hotels.

Preisgünstige Unterkünfte

Auch mit schmalem Geldbeutel finden Sie in Rom eine ordentliche Übernachtungsmöglichkeit. Ein Bett in einem Schlafsaal gibt es zu Niedrigstpreisen in einfachen Einrichtungen wie dem **Ottaviano**. Jugendherbergen sind eine gute Alternative, nicht nur für ganz junge Menschen. Im **Downtown Hostel** bekommt man ein Bett, Frühstück und Duschgelegenheit zu einem akzeptablen Preis. In den **Fawlty Towers** gibt es sogar eine Dachterrasse. Ein weiteres Hostel bei der Stazione Termini ist **Stargate**.

Frauen können auch bei **Foresteria Orsa Maggiore** in Trastevere oder beim **Christlichen Verein Junger Frauen** (YWCA) bei der Stazione Termini übernachten. Auch im Stadtzentrum gibt es günstige

Optionen mit sauberen Zimmern sowie Frühstück. Informationen bieten Websites wie www.venere.com und www.eurocheapo.com.

Selbstversorger

Eine weitere Alternative sind Apartments. Die meisten Wohnungen bieten komplett ausgestattete Küchen, Handtücher und Bettwäsche. **RetRome Bed & Breakfast** vermittelt Ferienwohnungen an mehreren Standorten, ebenso tun dies viele deutsche Agenturen, etwa **Romabed** oder **Romehome**.

Camping

Die Zeit spartanisch ausgestatteter Zeltplätze ist vorbei. Die Campingplätze in der Umgebung der Stadt haben vollständig eingerichtete Holzhäuschen (mit Bad). Einige

Pool des Aldrovandi Villa Borghese *(siehe S. 309)*

bieten zusätzlich Jacuzzis oder Discos. Die meisten stellen ihren Gästen einen Shuttleservice ins Zentrum und zum Flughafen zur Verfügung. Nur sechs Kilometer nördlich von Rom liegt **Flaminio Village** mit Pool, Restaurant und Internet-Zugang.

Tourismusbüros

Die Büros von **APT** (Azienda Provinciale Turismo) liefern Informationen aller Art. **Hotel Reservation** bucht Zimmer in den Büros an der Stazione Termini und in den Flughäfen sowie via Internet.

AUF EINEN BLICK

Behinderte Reisende

Bus Abile
☎ 800 46 95 40
(Mo–Fr 8–13 Uhr).
www.atac.roma.it

Bed & Breakfast

Bed & Breakfast Association of Rome
Via A. Pacinotti 73.
☎ 06 55 30 22 48.
FAX 06 55 30 22 59.
www.b-b.rm.it

Rome Bed & Breakfast
☎ 1-800 872 26 32.
FAX 1-619-531 16 86.
www.romebandb.com

Apartment-Hotels

Di Ripetta
Via di Ripetta 231, 00186.
☎ 06 323 11 44.
FAX 06 320 39 59.
www.ripetta.it

In Trastevere
Vicolo Moroni 35–36, 00153.
☎ 06 808 33 75.
www.romerenting.com

Residence Babuino
Via d. Babuino 172, 00187.
☎ und FAX 06 361 16 63.

Vittoria
Via Vittoria 60–64, 00187.
☎ 06 679 75 33. www.residencevittoria.com

Kirchliche Einrichtungen

Casa di S. Brigida
Piazza Farnese 96, 00186.
☎ 06 68 89 25 96.

Casa Il Rosario
Via Sant'Agata dei Goti 10, 00184.
☎ 06 679 23 46.

Nostra Signora di Lourdes
Via Sistina 113, 00187.
☎ 05 474 53 24.

Preisgünstige Unterkünfte

Associazione Italiana Alberghi per la Gioventù
(Jugendherbergsverband)
Via Cavour 44, 00184.
☎ 06 487 11 52.
FAX 06 488 04 92.
www.aighostels.com

Donwtown Hostel
Via Cattaneo 23, 00185.
☎ 06 44 34 01 47.
FAX 06 49 38 05 34.
www.hihostels.com

Fawlty Towers
Via Magenta 39, 00185.
☎ 06 445 03 74.
FAX 06 4543 59 42.
www.fawltytowers.org

Foresteria Orsa Maggiore
Via di San Francesco di Sales 1A, 00165.
☎ 06 689 37 53.
www.casainternazionale delledonne.org

Ottaviano
Via Ottaviano 6, 00192.
☎ 06 3973 81 38.
www.pensione ottaviano.com

Stargate
Via Palestro 88, 00185.
☎ 06 445 71 64.
FAX 06 4938 41 34.
www.stargatehotels.net

YWCA
Via C. Balbo 4, 00184.
☎ 06 488 39 17.
FAX 06 487 10 28.
www.ywca-ucdg.it

Selbstversorger

RetRome Bed & Breakfast
www.retrome.net

Romabed
www.romabed.de

Romehome
www.romehome.de

Camping

Flaminio Village
Via Flaminia Nuova 821, 00189. ☎ 06 333 26 04.
FAX 06 333 06 53. www.campingflaminio.com

Tourismusbüros

Azienda Provinciale Turismo (APT)
Aeroporto Leonardo da Vinci, Fiumicino, Terminal 3 (Ankunft).
◻ tägl. 9–18 Uhr.
Stazione Termini, Piazza dei Cinquecento, 00185.
☎ 05 06 08.
◻ tägl. 8–20.30 Uhr.
www.060608.it

Hotel Reservation
☎ 06 699 1000.
◻ tägl. 7–22 Uhr.
www.hotelreservation.it

Highlights: Hotels

Unterkünfte in Rom reichen von eleganten Palazzi über Fin-de-Siècle-Bauten, denen noch der Glanz der Vergangenheit anhaftet, bis hin zu kleinen Pensionen. Die hier und auf den Seiten 300–309 aufgeführten Hotels bieten unabhängig von der Preisklasse etwas Besonderes – sei es eine günstige Lage oder eine Dachterrasse mit Ausblick. Die Häuser auf dieser Doppelseite stechen besonders hervor, es sind die besten ihrer Art oder die empfehlenswertesten in ihrer Preisklasse. Buchen Sie diese Hotels auf jeden Fall frühzeitig.

Locarno
Das Hotel in einem Art-déco-Gebäude liegt nur wenige Schritte von der Piazza del Popolo entfernt (siehe S. 302).

0 Meter   500

Raphaël
Hinter der von Efeu umrankten Fassade verbirgt sich ein Hotel mit vielen Kunstgegenständen und Antiquitäten in der Lobby und in den einzelnen Gästezimmern (siehe S. 301).

Campo de' Fiori
Das preisgünstige Hotel im Zentrum bietet schöne Zimmer und eine Dachterrasse im sechsten Stock mit einer fantastischen Aussicht (siehe S. 303).

Vatikan

Gianicolo

Trastev

Piazz Navon

Grand Hotel de la Minerve
Das hübsche internationale Hotel bietet eine beeindruckende postmoderne Einrichtung (siehe S. 301).

Sant'Anselmo
Um in der ruhig gelegenen Villa ein Zimmer zu bekommen, muss man rechtzeitig buchen. Ein Pluspunkt ist der schöne, ruhige Garten (siehe S. 306).

Hassler Roma
Luxussuiten und ein Hauch von vergangenem Glanz erinnern an die großen Zeiten dieses Hotels. Das Dachrestaurant ist das berühmteste Restaurant in der ganzen Stadt (siehe S. 303).

Hotel Eden
Eines der vornehmsten und exklusivsten Hotels der Stadt mit eleganter Einrichtung und innovativer Küche (siehe S. 308).

Boscolo Aleph
Das anheimelnde, in warmen Rottönen gehaltene Interieur ist Markenzeichen für das aufwendig gestaltete, luxuriöse Hotel (siehe S. 308).

St Regis Grand Hotel
Guten Service und zahlreiche Einrichtungen für Geschäftsleute findet man in diesem Luxushotel vor (siehe S. 305).

Fontana
Das einzigartige Hotel steht gleich bei der Fontana di Trevi. Auch die Dachterrasse macht die Unterkunft für viele Besucher anziehend (siehe S. 304).

Hotelauswahl

A lle Hotels auf den folgenden Seiten wurden aufgrund ihres guten Preis-Leistungs-Verhältnisses, ihrer Ausstattung und Lage ausgewählt. Die Liste deckt alle vorgestellten Stadtviertel ab und umfasst Unterkünfte aus mehreren Preiskategorien. Die Hotels sind innerhalb ihrer Preisklasse in alphabetischer Reihenfolge aufgeführt.

PREISKATEGORIEN
Die Preise gelten für ein Doppelzimmer pro Nacht, inkl. Frühstück, Steuern und Service:

€ unter 100 Euro
€€ 100–180 Euro
€€€ 180–280 Euro
€€€€ 280–380 Euro
€€€€€ über 380 Euro

Forum

Nicolas Inn
€€
Via Cavour 295, Scala A, Int. 1, 00184 06 97 61 84 83 *Zimmer 4*   *Stadtplan 5 B5* *Karte J6*

Kleines Bed & Breakfast, nur einen kurzen Spaziergang vom Forum und der Piazza Venezia. Die Zimmer verfügen über WLAN, Klimaanlage und Zentralheizung. Frühstück nimmt man in der Bar nebenan zu sich, die Rezeption ist von 8 bis 16 Uhr besetzt. Kinder unter fünf Jahren werden nicht aufgenommen. **www.nicolasinn.com**

Paba
€€
Via Cavour 266, 2. Stock, 00184 06 47 82 49 02 FAX 06 47 88 12 25 *Zimmer 7*   *Stadtplan 5 B5* *Karte J6*

Die kleine Pension im zweiten Stock eines eleganten Gebäudes liegt in der Nähe der Piazza Venezia und des Forums. Die sauberen, geräumigen und lärmgeschützten Zimmer sind sehr ansprechend möbliert. Sie haben Internet-Zugang, Parkettboden und Kühlschrank sowie Wasserkessel für heiße Getränke. **www.hotelpaba.com**

Forum
€€€
Via Tor de Conti 25, 00184 06 679 24 46 FAX 05 678 64 79 *Zimmer 80*   *Stadtplan 5 B5* *Karte J6*

Der im alten Stil gehaltene Palazzo bietet atemberaubende Blicke auf Forum und Trajansmärkte. Das Frühstück wird auf der sonnigen Dachterrasse serviert, auf der es auch eine Bar und ein Restaurant gibt. Die Zimmer sind ausnehmend sauber und geräumig. In der Lobby stehen viele Antiquitäten. **www.hotelforumrome.com**

Hotel Celio
€€€
Via SS. Quattro 35C, 00184 06 70 49 53 33 FAX 06 709 63 77 *Zimmer 20*   *Stadtplan 9 A1* *Karte K7*

Prachtvolles Dekor und freundliches Personal sind die Markenzeichen des Celio. Die Zimmer wurden mit Geschmack eingerichtet, die Fresken im Stil von Meistern der Renaissance wie Tizian und Cellini gemalt. Die oberen Zimmer haben Jacuzzis, die Suite bietet eine private Terrasse. Es gibt auch einen Dachgarten. **www.hotelcelio.com**

Lancelot
€€€
Via Capo d'Africa 47, 00184 06 70 45 06 15 FAX 06 70 45 06 40 *Zimmer 60*   *Stadtplan 9 A1* *Karte K7*

Beliebte Unterkunft ganz in der Nähe des Kolosseums. Das Personal ist freundlich, die Zimmer sind geräumig und gemütlich. Einige haben Terrassen mit schönem Ausblick. Zwei Zimmer sind für behinderte Gäste reserviert. Halbpension wird angeboten, das herzhafte Frühstück wird im Innenhof serviert. **www.lancelothotel.com**

Piazza della Rotonda

Mimosa
€€
Via di Santa Chiara 61, 00186 06 68 80 17 53 FAX 06 683 35 57 *Zimmer 11*   *Stadtplan 4 F4 (12 D3)* *Karte U3*

Das freundliche, familiengeführte Hotel hat einfache, geräumige Zimmer, fünf davon mit Klimaanlage. Es gibt auch günstigere Zimmer mit Gemeinschaftsbad – beliebt bei Reisenden mit begrenztem Budget. Das Mimosa ist ein guter Ausgangspunkt für die Erkundung der Sehenswürdigkeiten. Frühstück. **www.hotelmimosa.net**

Pantheon View B & B
€€
Via del Seminario 87, 00186 und FAX 06 699 02 94 *Zimmer 3*   *Stadtplan 4 F4 (12 D3)* *Karte G5 (V3)*

Angenehmes Bed & Breakfast mit hübsch eingerichteten Zimmern, zwei davon verfügen über einen kleinen Balkon. Nicht nur wegen der exzellenten Aussicht auf das Pantheon ist die Unterkunft im vierten Stock eines Palazzo eine hervorragende Wahl. **www.pantheonview.it**

Cesari
€€€
Via di Pietra 89A, 00186 06 674 97 01 FAX 06 67 49 70 30 *Zimmer 47*   *Stadtplan 12 E2* *Karte V2*

Das vierstöckige Cesari liegt an einem romantischen Platz, nur wenige Schritte von Pantheon und Hadrian-Tempel entfernt. Das 1787 eingerichtete Hotel war bis 1899 im Besitz derselben Familie. Die Zimmer sind elegant und sehr geräumig. Das Hotel bietet Dachterrasse, Nichtraucher-Etagen und freien Internet-Zugang. **www.albergocesari.it**

Rinascimento

Via del Pellegrino 112, 00186 📞 *06 68 80 95 56* 📠 *06 68 21 24 10* **Zimmer** *15* **SP** *4 E4 (11 B3)* **Karte** *F5*

Das sehr gut gelegene Hotel ist klein und stilsicher eingerichtet. Die Zimmer variieren in Ausstattung und Preis, sind aber alle komfortabel und gut möbliert. Zu einem kleinen Doppelzimmer gehört eine schöne Terrasse, ein teureres weist sogar einen Wohnbereich auf. **www.hotelrinascimento.com**

Santa Chiara

Via di Santa Chiara 21, 00186 📞 *06 687 29 79* 📠 *06 687 31 44* **Zimmer** *96* **Stadtplan** *4 F4 (12 D3)* **Karte** *U3*

Familiengeführtes Hotel in einem orangefarbenen Palazzo. Hinter der eleganten, mit Marmor und Kronleuchtern eingerichteten Lobby verbergen sich Zimmer mit Parkettboden und alten Möbeln. Im oberen Bereich des Hotels gibt es drei kleine Apartments mit Terrassen. **www.albergosantachiara.com**

Albergo del Senato

Piazza della Rotonda 73, 00186 📞 *06 678 43 43* 📠 *06 69 94 02 97* **Zimmer** *57* **SP** *4 F4 (12 D3)* **Karte** *G5 (U3)*

Großes, nobles und altehrwürdiges Hotel mit Blick auf Pantheon und Piazza. Die Zimmer sind elegant ausgestattet, der Service ganz nach »alter Schule«. Einige Zimmer verfügen über Bad oder Terrasse, die Suite zieren Fresken an der Decke. Schallschutzfenster sowie Dachterrasse. **www.albergodelsenato.it**

Grand Hotel de la Minerve

Piazza della Minerva 69, 00186 📞 *06 69 52 01* 📠 *06 679 41 65* **Zimmer** *135* **Stadtplan** *4 F4 (12 D3)* **Karte** *G5 (U3)*

Seit Generationen fasziniert dieses Hotel durch seine Mischung aus gediegener Eleganz und Zeitgeist. Vieles hier ist in Marmor gehalten. Kronleuchter und wunderschöne Fresken schaffen eine heimelige Atmosphäre. Auf dem Dach gibt es ein exzellentes Restaurant und eine Bar. **www.grandhoteldelaminerve.com**

Piazza Navona

Due Torri

Vicolo del Leonetto 23, 00186 📞 *06 687 69 83* 📠 *06 686 54 42* **Zimmer** *26* **Stadtplan** *4 E3 (11 C1)* **Karte** *T1*

Das Due Torri liegt in einer ruhigen kopfsteingepflasterten Straße nahe dem Tiber. Roter Samt und Brokat, goldgelb gestrichene Wände, Marmor und Parkettböden schaffen eine einzigartige Atmosphäre. Die Zimmer sind recht klein, einige haben Terrasse oder Balkon mit hervorragender Aussicht. **www.hotelduetorriroma.com**

Fontanella Borghese

Via Fontanella Borghese 84, 00186 📞 *06 68 80 95 04* 📠 *06 686 12 95* **Zimmer** *29* **SP** *4 F3 (12 D1)* **Karte** *G4 (U2)*

Die Zimmer sind größer als in dem vom gleichen Besitzer betriebenen Due Torri, das Dekor ist jedoch weniger üppig. Man ist im zweiten oder dritten Stock eines noblen Palazzo untergebracht, der einst der Familie Borghese gehörte. Die Ausstattung ist modern, einige Zimmer weisen zum ruhigen Innenhof. **www.fontanellaborghese.com**

Portoghesi

Via dei Portoghesi 1, 00186 📞 *06 686 42 31* 📠 *06687 69 76* **Zimmer** *27* **Stadtplan** *4 F3 (11 C2)* **Karte** *T/U1*

Ganz in der Nähe der Via della Scrofa ist das unaufdringlich wirkende Portoghesi ein idealer Ausgangspunkt für Besichtigungen. Die Zimmer sind klein und eher modern ausgestattet als stilvoll eingerichtet. Das Personal ist sehr freundlich, die Dachterrasse ist geradezu entzückend. **www.hotelportoghesiroma.com**

Teatro Pace

Via del Teatro Pace 33, 00186 📞 *06 687 90 75* 📠 *06 68 19 23 64* **Zimmer** *23* **Stadtplan** *11 C3* **Karte** *T3*

Das Hotel liegt nur einen Katzensprung von der Piazza Navona entfernt. Der schöne ockerfarbene Palazzo wurde geschmackvoll restauriert, die erhaltenen Holzbalken, Stuckaturen und Wendeltreppen wurden geschickt integriert. Die geräumigen Zimmer sind stilvoll eingerichtet, der Service ist gut. **www.hotelteatropace.com**

Raphaël

Largo Febo 2, 00186 📞 *06 68 28 31* 📠 *06 687 89 93* **Zimmer** *50* **Stadtplan** *11 C2* **Karte** *T2*

Das Raphaël befindet sich in einem schönen Palazzo nahe der Piazza Navona. Die Atmosphäre ist romantisch und stilvoll. Das Dachrestaurant hat im Sommer geöffnet, der Ausblick ist atemberaubend. Die Zimmer sind passabel eingerichtet, aber etwas klein. Die Lobby bietet prachtvolle Kunstwerke. **www.raphaelhotelrome.com**

Piazza di Spagna

Hotel Suisse

Via Gregoriana 54, 00187 📞 *06 678 36 49* 📠 *06 678 12 58* **Zimmer** *12* **Stadtplan** *5 A2 (12 F1)* **Karte** *W1*

Die ruhige Pension oben an der Spanischen Treppe wird seit den 1920er Jahren von derselben Familie geführt. Die meisten Zimmer gehen auf den Innenhof – ideal für die Nachtruhe nach einem langen Tag in Rom. Zur Ausstattung gehören Parkettböden und antike Möbel. Frühstück wird auf dem Zimmer serviert. **www.hotelsuisserome.com**

Stadtplan *siehe Seiten 396–419*

Panda
🖥 W   €€

Via della Croce 35, 00187 ☎ 06 678 01 79 📠 06 69 94 21 51 **Zimmer** 28   **Stadtplan** 5 A2 **Karte** G/H3

Ansprechendes kleines Hotel mit günstigen Zimmerpreisen in einer der teuersten Gegenden Roms. Einige Zimmer haben ein Bad, alle haben Klimaanlage, Telefon und WLAN. Besonders schön ist ein Aufenthalt in einem der Zimmer, die von Fresken (19. Jh.) geschmückt werden. Sehr aufmerksames Personal. **www.hotelpanda.it**

Art
🖥 🎱 🛎 📄   €€€

Via Margutta 56, 00187 ☎ 06 32 87 11 📠 06 36 00 39 95 **Zimmer** 46   **Stadtplan** 4 F1 (5 A2) **Karte** G3

Stilvoll und zeitgenössisch präsentiert sich das Art in einem der beliebtesten Künstlerviertel. Hier lebte in den 1950er Jahren schon Fellini. Es gibt einen begrünten Innenhof und Möbel in hellen Farben. In einer umgewandelten Kapelle ist nun eine gut besuchte Bar. Die Zimmer sind klein, man fühlt sich darin dennoch wohl. **www.hotelart.it**

Casa Howard
🖥 W   €€€

Via Capo le Case 18, 00187 ☎ 06 69 92 45 55 📠 06 679 46 44 **Zimmer** 5   **Stadtplan** 5 A2 (12 F1) **Karte** W1

Das extrem modische Hotel nahe der Spanischen Treppe wird von Engländern geführt. Die Zimmer sind individuell eingerichtet, allerdings etwas klein. Das Personal hat für jeden Wunsch ein offenes Ohr. Das Hotel bietet Extras wie die Benutzung der Sauna oder des *hammam*. **www.casahoward.com**

Concordia
🖥 📄   €€€

Via Capo le Case 14, 00187 ☎ 06 679 19 53 📠 06 679 54 09 **Zimmer** 24   **Stadtplan** 5 A2 (12 F1) **Karte** W1

Die freundlichen Betreiber des Concordia haben lange Erfahrung bei der Betreuung ihrer Gäste. Die Zimmer sind kompakt und sauber, der Frühstücksraum hübsch eingerichtet, die kleine Dachterrasse einfach entzückend. Die Lage zwischen Fontana di Trevi und Spanischer Treppe spricht allein schon für sich. **www.concordiahotel.it**

Hotel Madrid
🖥 ♿ 📄 W   €€€

Via Mario de' Fiori 93–95, 00187 ☎ 06 699 15 10 📠 06679 16 53 **Zimmer** 26   **Stadtplan** 12 F1 **Karte** W1

Die Lage mitten in einer exklusiven Shopping-Gegend ist perfekt. Die Zimmer sind sehr geschmackvoll eingerichtet und bieten kostenloses WLAN. Einige Zimmer sind sogar groß genug für Familien. Beim Frühstück auf der Dachterrasse genießt man einen fantastischen Blick über die Stadt. **www.hotelmadridroma.com**

La Lumière di Piazza di Spagna
📄   €€€

Via Belsiana 72, 00187 ☎ 06 69 38 08 06 📠 06 69 29 42 31 **Zimmer** 10   **Stadtplan** 4 F2 **Karte** G3

Das Hotel an der Ecke Via Condotti bietet seinen Gästen gut ausgestattete Zimmer mit viel Platz. Die Suite verfügt über eine Terrasse. Die Bäder sind etwas klein, einige haben dafür eine Jacuzzi. Im Sommer wird das Frühstück auf der Dachterrasse serviert. **www.lalumieredipiazzadispagna.com**

Locarno
🖥 P 📄 W   €€€

Via della Penna 22, 00186 ☎ 06 361 08 41 📠 06 321 52 49 **Zimmer** 66   **Stadtplan** 4 F1 **Karte** F/G2

Tolles Art-déco-Hotel mit vielen gut erhaltenen Einrichtungsgegenständen in den öffentlichen Bereichen und den Zimmern. Nur ein paar Minuten von der Piazza del Popolo entfernt und mehr als nur ein Platz zum Schlafen. Der blumengeschmückte Innenhof und der Dachgarten sind inspirierend. Fahrradverleih. **www.hotellocarno.com**

Parlamento
🖥 📄   €€€

Via delle Convertite 5, 00187 ☎/📠 06 69 92 10 00 **Zimmer** 23   **Stadtplan** 12 E1 **Karte** V1

Reizendes Hotel in den oberen Stockwerken eines Gebäudes nahe der Via del Corso. Die umgänglichen Inhaber bieten geräumige, mit schweren Holzmöbeln eingerichtete Zimmer mit gut ausgestatteten Bädern an. Zimmer mit Klimaanlage gibt es nur auf Anfrage. Hübsche Dachterrasse. **www.hotelparlamento.it**

Piranesi
🖥 🛎 🎱 📄   €€€

Via del Babuino 196, 00187 ☎ 06 32 80 41 📠 06 361 05 97 **Zimmer** 32   **Stadtplan** 4 F1 **Karte** G2

Direkt neben der Piazza del Popolo findet man das Boutique-Hotel in einem restaurierten historischen Palazzo, den einst Valadier erbaute. Die Zimmer sind mit viel dunklem Holz und gold durchwirkten Stoffen eingerichtet. Es gibt eine Sauna, einen Fitnessraum und eine Dachterrasse mit Blick auf den Pincio. **www.hotelpiranesi.com**

Relais Pierret
🖥 🎱 📄 W   €€€

Piazza di Spagna 20, 00187 ☎ 06 69 19 0237 📠 06 69 78 45 92 **Zimmer** 6   **Stadtplan** 5 A2 **Karte** H3

Die Lage im altehrwürdigen Palazzo Pierret direkt unterhalb der Spanischen Treppe könnte nicht besser sein. Die sechs Suiten (einige für bis zu vier Personen) sind großzügig geschnitten und elegant möbliert, die Badezimmer sind ultramodern. Kein Frühstück, aber vor der Haustür locken jede Menge Bars. **www.relaispierret.com**

San Carlo
🖥 📄   €€€

Via delle Carrozze 93, 00187 ☎ 06 678 45 48 📠 06 69 94 11 97 **Zimmer** 50   **Stadtplan** 5 A2 **Karte** G/H3

Das San Carlo liegt nur wenige Schritte von der Spanischen Treppe in einer der Shopping-Meilen der Stadt. Für Lärm-empfindliche ist es nicht geeignet. Die Zimmer in den oberen Stockwerken sind besser ausgestattet, einige von ihnen haben Terrasse. Das Personal ist sehr hilfsbereit. **www.hotelsancarloroma.com**

De Russie
🖥 P 🎱 🛎 🎱 📄 W   €€€€€

Via del Babuino 9, 00187 ☎ 06 32 88 81 📠 06 32 88 88 88 **Zimmer** 122   **Stadtplan** 4 F1 **Karte** G/H3

Eines der Top-Hotels in Top-Lage nahe der Piazza del Popolo. Den Gästen gefallen der großzügige Garten, der erholsame Spa-Bereich und das romantische Restaurant. Die Zimmer sind in angenehmen Farben gestrichen, an den Wänden hängen Blumenbilder. Die Bäder sind Oasen in Marmor oder voller Mosaiken. **www.hotelderussie.it**

Preiskategorien *siehe S. 300* **Zeichenerklärung** *siehe hintere Umschlagklappe*

Hassler Roma

Piazza Trinità dei Monti 6, 00187 06 69 93 40 FAX 06 678 99 91 **Zimmer** 95   **Stadtplan** 5 A2 **Karte** H3

Beliebter Treff für Schickimickis oben an der Spanischen Treppe. Der Service ist tadellos, die öffentlichen Bereiche sind luxuriös mit Marmor, Kronleuchtern und Holztäfelungen ausgestattet. Die Zimmer sind individuell eingerichtet, die meisten bieten eine gute Aussicht. Das Dachrestaurant ist einfach Spitze. **www.hotelhasslerroma.com**

Portrait Suites

Via Bocca di Leone, 00187 06 69 38 07 42 FAX 06 69 19 06 25 **Zimmer** 14   **Stadtplan** 5 A2 **Karte** H3

Das Boutique-Hotel gehört zur Gruppe der Lungarno-Hotels des Designers Salvatore Ferragamo. Die 14 Stadthäuser sind luxuriös eingerichtet, drei verfügen über eine Terrasse mit Blick auf die Piazza di Spagna und die Umgebung. Die Dachterrasse ist allen Gästen zugänglich. **www.lungarnohotels.com**

Campo de' Fiori

Casa Banzo

Piazza de Monte di Pietà 30, 00186 06 683 39 09 FAX 06 68 30 05 29 **Zimmer** 6   **Stadtplan** 4 E5 **Karte** T5

Das familiengeführte Bed & Breakfast ist in einem Stadthaus aus dem 15. Jahrhundert untergebracht. Vom fresken-geschmückten Eingangsbereich bis zum Salon – Stil ist hier Programm. Jedes Zimmer ist individuell eingerichtet, zum Mobiliar gehören auch Antiquitäten. Die ruhige Lage ist ein weiterer Pluspunkt. **www.casabanzo.it**

Smeraldo

Vicolo dei Chiodaroli 9, 00186 06 687 59 29 FAX 06 68 80 54 95 **Zimmer** 50   **Stadtplan** 12 D4 **Karte** U4

Das Smeraldo liegt in einer hübschen Ecke etwa auf halber Strecke zwischen Campo de' Fiori und Largo Argentina. Die renovierten Zimmer sind klein, aber heimelig, eines ist für behinderte Besucher reserviert. Die Dachterrasse ist laut, aber ein guter Platz für einen Drink. Herzhaftes Frühstück. **www.smeraldoroma.com**

Sole

Via del Biscione 76, 00186 06 68 80 68 73 FAX 06 689 37 87 **Zimmer** 59   **Stadtplan** 11 C4 **Karte** T4

Einige Zimmer in diesem preisgünstigen Hotel nahe dem Campo de' Fiori haben ein Bad, bei anderen nutzt man ein Gemeinschaftsbad. Der kleine Garten und die Dachterrasse sorgen für Frische. Die Zimmer sind ziemlich groß und ansprechend eingerichtet. Eines der Doppelzimmer hat eine Terrasse. Haustiere willkommen. **www.solealbiscione.it**

Campo de' Fiori

Via del Biscione 6, 00186 06 68 80 68 65 FAX 06 687 60 03 **Zimmer** 223   **Stadtplan** 11 C4 **Karte** T4

Der rosafarbene, efeuumrankte Palazzo steht direkt am gleichnamigen Platz. Die Dachterrasse bietet einen schönen Ausblick. Die Zimmer variieren in Größe und Ausstattung, haben aber alle Schallschutzfenster, was den Lärm vom Campo de' Fiori deutlich dämmt. Es gibt auch zwölf Apartments in der Nähe. **www.hotelcampodefiori.com**

Locanda Cairoli

Piazza Benedetto Cairoli 2, 00186 06 68 80 92 78 FAX 06 68 89 29 37 **Zimmer** 15   **Stadtplan** 12 D4 **Karte** U5

Geschäftsreisende wie Urlauber fühlen sich in dem alten Palazzo nahe dem Largo Argentina gleichermaßen wohl. Jedes der 15 Zimmer ist individuell eingerichtet – mit Antiquitäten oder mit moderner Kunst. Auf Wunsch kann man einen Butler-Service buchen. Das Frühstück ist exzellent. **www.locandacairoli.it**

Ponte Sisto

Via dei Pettinari 64, 00186 06 685 31 00 FAX 06 68 30 17 12 **Zimmer** 103   **Stadtplan** 4 A5 (11 C5) **Karte** T5

Das Haus liegt ideal zwischen Campo de' Fiori und Trastevere. Es bietet hervorragende Ausstattung für behinderte Reisende. Das Hotel in einer früheren Klosteranlage hat große Terrassen sowie einen Kreuzgang mit Restaurant und Bar. Für die Belvedere-Suite ganz oben ist eine frühzeitige Buchung erforderlich. **www.hotelpontesisto.it**

Residenza Argentina

Largo di Torre Argentina 47, 00186 06 68 19 32 67 FAX 06 68 13 57 94 **Zimmer** 6 **Stadtplan** 12 D4 **Karte** U4

Das im Stil eines Boutique-Hotels eingerichtete Haus ist vom kleinen Garten her zugänglich. Viele Gäste schätzen die ruhige Lage abseits der umtriebigen Plätze. Besonders angenehm: Die Bäder verfügen über modernes Equipment für Wassermassagen. Das Frühstück wird im Eingangsbereich serviert. **www.argentinaresidenza.com**

Residenza Farnese

Via del Mascherone 59, 00186 06 68 21 09 80 FAX 06 80 32 10 49 **Zimmer** 31   **SP** 4 E4 (11 B4) **Karte** S/T4

Klein, aber fein. Die Residenza Farnese liegt in einer ruhigen Straße hinter der Piazza Farnese und nicht weit vom Tiber entfernt. Der Palazzo aus der Renaissance hat große Gesellschaftsräume und eine Bar mit Billardtisch. Die Zimmer sind geschmackvoll eingerichtet, das Personal ist sehr freundlich. **www.residenzafarneseroma.it**

Suore di Santa Brigida

Piazza Farnese 96, 00186 06 68 89 25 96 FAX 06 68 89 15 73 **Zimmer** 20   **Stadtplan** 4 E4 (11 C4) **Karte** T4

Die Ordensschwestern des ungastlichen Hotels vermieten Doppelzimmer mit Klimaanlage. Frühstück und Halb-pension werden zusätzlich angeboten. Gäste haben Zutritt zur Kapelle und zur Bibliothek. Im Unterschied zu anderen religiösen Einrichtungen muss man abends nicht zu einer bestimmten Uhrzeit zurück sein. **www.brigidine.org**

Stadtplan *siehe Seiten 396–419*

Teatro di Pompeo
€€€

Largo di Pallaro 8, 00186 📞 *06 687 28 12* 📠 *06 68 80 55 31* **Zimmer** *12*   **Stadtplan** *11 C4* **Karte** *T4*

Das überaus ansprechende, kleine Hotel wurde auf den Überresten des gleichnamigen Theaters errichtet. Die Zimmer sind groß, die Einrichtung ist durch Holzbalken und Mobiliar in dunklem Holz geprägt. Das Frühstück wird in einem antiken Gewölbe serviert. **www.hotelteatrodipompeo.it**

Hotel Saint George
€€€€

Via Giulia 62, 00186 📞 *06 68 66 11* 📠 *06 68 66 12 30* **Zimmer** *64*   **Stadtplan** *11 B4* **Karte** *S4*

Eleganz ist Markenzeichen des Renaissance-Palazzo. Zeitgenössisches Dekor und sanfte Farben prägen die Atmosphäre in den geradezu verschwenderisch möblierten Zimmern. Das Hotel befindet sich im Herzen des historischen Zentrums. Spa-Einrichtungen, exzellentes Restaurant und Lounge. **www.stgeorgehotel.it**

Quirinal

B & B Fellini
€€

Via Rasella 55, 00187 📞 *06 42 74 27 32* 📠 *06 42 39 16 48* **Zimmer** *5*   **Stadtplan** *5 B3* **Karte** *J4*

Die von einem Franzosen geführte Pension ist ein Knaller. Die Zimmer haben Parkett oder Marmorböden und sind in Grün und Gold dekoriert. Alle bieten Bad und Klimaanlage. Gäste genießen das Frühstücksbuffet mit Blick auf den Quirinal. **www.fellinibnb.com**

Giardino
€€

Via XXIV Maggio 51, 00187 📞 *06 679 49 97* 📠 *06 679 51 55* **Zimmer** *11*   **Stadtplan** *5 B4* **Karte** *J5*

Das Giardino liegt nur ein paar Minuten von der Fontana di Trevi und dem Forum entfernt sowie nahe dem Amtssitz des Staatspräsidenten. Die Hotelzimmer sind geräumig und ansprechend möbliert. Klimaanlagen gehören zur Zusatzausstattung. Frühstück wird mit Blick auf den Innenhof eingenommen. **www.hotel-giardino-roma.com**

Julia
€€

Via Rasella 29, 00187 📞 *06 488 16 37* 📠 *06 481 70 44* **Zimmer** *33*   **Stadtplan** *5 B3* **Karte** *J4*

Das Julia ist ein freundliches Hotel in einer ruhigen Straße nahe der Fontana di Trevi. Die Zimmer werden von Parkettböden, gelb gestrichenen Wänden und einfacher Einrichtung geprägt. Das Hotel bietet auch zwei Apartments mit gehobener Ausstattung. **www.hoteljulia.it**

Daphne Inn
€€€

Via degli Avignonesi 20, 00187 📞 *06 87 45 00 87* 📠 *06 233 24 09 67* **Zimmer** *9*   **Stadtplan** *5 B3* **Karte** *J4*

Daphne Inn besteht aus zwei Häusern – Trevi und Veneto –, die nur einen kurzen Spaziergang voneinander entfernt liegen. Die Zimmer variieren in Größe und Preis, für die mit Bad ist die Nachfrage besonders groß. Die Zimmer sind modern eingerichtet und haben bequeme Betten. Der Service ist ausgezeichnet. **www.daphne-rome.com**

Fontana
€€€

Piazza di Trevi 96, 00187 📞 *06 678 61 13* 📠 *06 679 00 24* **Zimmer** *25*   **Stadtplan** *12 F2* **Karte** *H4 (W2)*

Das grandiose Gebäude steht gegenüber der Fontana di Trevi. Bevor es im 8. Jahrhundert zum Hotel umfunktioniert wurde, war es ein Kloster. Dies spürt man noch in den Zimmern, die mit alten Möbeln eingerichtet sind. Nur ein paar haben Klimaanlage. Die Dachterrasse bietet eine schöne Aussicht. **www.hotelfontana-trevi.com**

Tritone
€€€

Via del Tritone 210, 00187 📞 *06 69 92 25 75* 📠 *06 678 26 24* **Zimmer** *43*   **Stadtplan** *5 A3 (12 F1)* **Karte** *H/J4 (W1)*

Perfekte Lage nahe der Piazza Barberini und der Fontana di Trevi. Das Tritone bietet eine gute Ausstattung. Einige Zimmer haben Holzfurnier an den Wänden, flache TV-Bildschirme und hochmoderne Duschanlagen. Im Sommer wird das Frühstück auf der Dachterrasse serviert. **www.tritonehotel.com**

Termini

B & B Piccolo Principe
€

Via G. Giolitti 255 (5. Stock), 00185 📞 *320 699 31 10* **Zimmer** *8*   **Stadtplan** *6 E4* **Karte** *M5*

In der kleinen Pension fühlt man sich wie im Hotel. Die Zimmer sind in lebhaften Farben gehalten. Manche haben Balkone zum Hauptbahnhof, andere Fenster zum Innenhof. Gäste können die kleine, modern eingerichtete Küche benutzen. Beim Frühstück gilt Selbstbedienung. TV in allen Zimmern, kostenloses WLAN. **www.bebromatermini.it**

Beehive
€

Via Marghera 8, 00185 📞 *06 44 70 45 53* **Zimmer** *8*   **Stadtplan** *6 E3* **Karte** *M4*

Genau das Richtige für Katzenliebhaber. Das Hotel wird von einem Paar aus den USA geführt, das einige Katzen hat. Es bietet günstige Zimmer und vegetarische Gerichte. Moderne Kunst dominiert, der Innenhof ist hübsch. Es gibt auch einige Apartments bei der Stazione Termini. Rauchen ist nicht gestattet. **www.the-beehive.com**

Preiskategorien *siehe S. 300* **Zeichenerklärung** *siehe hintere Umschlagklappe*

Italy B & B

Via Palestro 49, 00185 ☎ *und* FAX *06 445 26 29* **Zimmer** *3*   *Stadtplan 6 E2/3* **Karte** *M4*

Gleich um die Ecke von ihrer alten Pension eröffnete die sizilianische Familie Restivo dieses kleine Bed & Breakfast. Die Ausstattung kann sich sehen lassen. Die Zimmer sind sehr sauber, nur einige haben ein eigenes Bad. Für Studenten gibt es bei längerem Aufenthalt attraktive Preisvergünstigungen. **www.italybnb.it**

Canada

Via Vicenza 58, 00185 ☎ *06 445 77 70* FAX *06 445 07 49* **Zimmer** *70*   *Stadtplan 6 E2* **Karte** *M4*

Das Best Western Hotel bietet schöne Zimmer und einen exzellenten Service. Früher diente das Canada Offizieren der nahe gelegenen Kasernen als Unterkunft. Zimmer gibt es in allen Größen, alle haben gefliese Böden und antike Möbel, einige auch Deckengemälde. In Gehweite zum Bahnhof. **www.hotelcanadaroma.com**

Des Artistes

Via Villafranca 20, 00185 ☎ *06 445 43 65* FAX *06 446 23 68* **Zimmer** *40*   *Stadtplan 6 E2*

Ein wirklich reizendes Hotel für jeden Geschmack. Die Zimmer sind mit hübschen Accessoires dekoriert und zum Teil mit Mahagonimöbeln bestückt. Einige haben ein eigenes Bad, für Gäste anderer Zimmer stehen Gemeinschaftsbäder zur Verfügung. Das Personal ist hilfsbereit. Dachterrasse. **www.hoteldesartistes.com**

Fiori

Via Nazionale 163, 00184 ☎ *06 679 72 12* FAX *06 679 54 33* **Zimmer** *19*   *Stadtplan 5 B4* **Karte** *J/K5*

Das Hotel liegt an einer lauten Straße, aber ideal für die Besichtigung des Forums und anderer Attraktionen. Das kleine Hotel bietet gediegene Einrichtung. Vom Frühstücksraum blickt man auf die Gärten der Villa Aldobrandini. Die geräumigen Zimmer bieten Schallschutzfenster. Klimaanlage auf Anfrage. **www.hotel-fiori.it**

Hotel Art Deco

Via Palestro 19, 00185 ☎ *06 445 75 88* FAX *06 444 14 83* **Zimmer** *70*   *Stadtplan 6 D2* **Karte** *L3*

Wie der Name schon sagt, hat dieses Best Western Hotel viele Art-déco-Elemente – manche sind Originale, andere sind Nachbildungen. Die Zimmer sind recht groß und ansprechend ausgestattet. Schwere Holzmöbel gehören zum Inventar. Einige Zimmer haben Jacuzzis. **www.hotelartdecorome.com**

Hotel Columbia

Via del Viminale 15, 00185 ☎ *06 488 35 09* FAX *06 474 02 09* **Zimmer** *45*   *Stadtplan 5 C3* **Karte** *K4*

Das Hotel liegt in einem der betriebsamsten Viertel Roms ganz in der Nähe der Stazione Termini und ist trotz dieser zentralen Lage ruhig. Dunkles Holz und helle Stoffe sorgen für eine frische, mediterrane Atmosphäre. Frühstücken kann man auf der hübschen Dachterrasse. **www.hotelcolumbia.com**

Oceania

Via Firenze 38, 00184 ☎ *06 482 46 96* FAX *06 488 55 86* **Zimmer** *24*   *Stadtplan 5 C3* **Karte** *K4*

Klein, aber sehr beliebt und direkt gegenüber dem Opernhaus. Die großen Zimmer sind angenehm hell. Alle haben Bad, Klimaanlage und Heizung. Gäste können ihr Auto in der Hotelgarage abstellen. Das Personal bemüht sich sehr um das Wohl seiner Gäste. **www.hoteloceania.it**

Palladium Palace

Via Gioberti 36, 00185 ☎ *06 446 69 17* FAX *06 446 69 37* **Zimmer** *81*   *Stadtplan 6 D4* **Karte** *L5*

Das Palladium Palace liegt nahe der Stazione Termini und nur einen kurzen Spaziergang von Santa Maria Maggiore entfernt. Die Zimmer sind geräumig und geschmackvoll eingerichtet. In einigen Bädern gibt es Jacuzzis. Auch die Dachterrasse wird gern genutzt. Die Angestellten sind sehr freundlich. **www.hotelpalladiumpalace.it**

Radisson Blu es. Hotel

Via Filippo Turati 171, 00185 ☎ *06 44 48 41* FAX *06 44 34 13 96* **Zimmer** *232*   *Stadtplan 6 E4* **Karte** *M5*

Glas, Holz und Stahl prägen den Stil des Radisson neben der Stazione Termini. Auf der Dachterrasse mit der schicken Bar und dem Restaurant neben einem Schwimmbecken unter freiem Himmel fühlt man sich wie auf einem Kreuzfahrtschiff. Die Zimmer sind modern eingerichtet. **www.radissonblu.com**

Residenza Cellini

Via Modena 5, 00185 ☎ *06 47 82 52 04* FAX *06 47 88 18 06* **Zimmer** *6*   *Stadtplan 5 C3* **Karte** *K4*

Das Cellini nahe der Piazza della Repubblica ist ein wahres Juwel, auch wenn es von außen nicht vielversprechend aussieht. Die Zimmer der liebenswerten Pension wurden mit großer Sorgfalt eingerichtet. Antiquitäten und frische Schnittblumen prägen das Ambiente. Das Personal hat für jeden Sonderwunsch ein Ohr. **www.residenzacellini.it**

Boscolo Exedra

Piazza Repubblica 47, 00185 ☎ *06 48 93 81* FAX *06 48 93 80 00* **Zimmer** *240*   *Stadtplan 5 C3* **Karte** *K4*

Das Hotel an der Piazza della Repubblica hat eine hübsche Dachterrasse, von der aus man über die Diokletian-Thermen und die Fontana delle Naiadi blickt. Die Zimmer sind luxuriös-modern ausgestattet. Hier gibt es auch einen der wenigen Hotel-Pools in Rom sowie Spa-Einrichtungen. **www.boscolohotels.com**

St Regis Grand Hotel

Via Vittorio Emanuele Orlando 3, 00185 ☎ *06 470 91* FAX *06 474 73 07* **Zimmer** *161*   *Stadtplan 5 C3* **Karte** *K4*

So groß wie sein Name schon sagt. Das 1894 eröffnete Hotel war das erste luxuriöse Gästehaus in Rom. Nach kompletter Renovierung zählt es zu den erlesensten Hotels der Welt. Nicht umsonst beherbergt es Staatsoberhäupter und Prominente. Das Restaurant Vivendo gehört zu den besten der Stadt. **www.starwoodhotels.com/stregis**

Stadtplan *siehe Seiten 396–419*

Aventin

Hotel Santa Prisca
€€

Largo M. Gelsomini 25, 00153 06 574 19 17 FAX 06 574 66 58 *Zimmer 49* **Stadtplan** 8 E3 **Karte** G9

Das Mittelklassehotel in der Nähe von Testaccio und vielen stadtbekannten Nachtclubs verfügt über einen hübschen Garten und ruhige Zimmer. Bei der Ausstattung dominieren blaue und gelbe Farbtöne. Fantasievoll gestaltete Wandgemälde und ansprechende Möblierung sind weitere Akzente. **www.hotelsantaprisca.it**

Sant'Anselmo
€€

Piazza di Sant'Anselmo 2, 00153 06 57 00 57 FAX 06 578 36 04 *Zimmer 34* **Stadtplan** 8 D2 **Karte** G8

Die hübsche Villa steht an einem ruhigen Platz auf halber Höhe des Aventin. Die Zimmer sind elegant und individuell eingerichtet, einige verfügen über Himmelbetten. Die Badezimmer wurden in Marmor ausgestattet und bieten Jacuzzis. Die Lounge geht zum Hotelgarten hinaus. Der Service ist sehr freundlich. **www.aventinohotels.com**

Domus Aventina
€€€

Via di Santa Prisca 11B, 00153 06 574 61 35 FAX 06 57 30 00 44 *Zimmer 26* **Stadtplan** 8 E2 **Karte** H8/9

Domus Aventina ist ein tadelloses Hotel, das am Fuß des Aventin in einer Klosteranlage aus dem 14. Jahrhundert eingerichtet wurde. Die großen, einfach möblierten Zimmer sind ganz in Pastelltönen gehalten. Viele Zimmer und die riesige Terrasse bieten eine wunderbare Aussicht. **www.hoteldomusaventina.com**

FortySeven
€€€

Via Petroselli 47, 00186 06 678 78 16 FAX 06 69 19 07 26 *Zimmer 61* **Stadtplan** 8 E1 **Karte** H7

Vom FortySeven blickt man auf den Herkules-Tempel und die schöne Santa Maria in Cosmedin. Das stilvolle Hotel bietet eine Dachterrasse mit Aussicht, Restaurant und Bar sowie viel Kunst an den Wänden. In den geräumigen Zimmern ist Luxus angesagt. Das Personal tut alles, um seine Gäste zufriedenzustellen. **www.fortysevenhotel.com**

Villa San Pio
€€€

Via di Santa Melania 19, 00153 06 57 00 57 FAX 06 574 11 12 *Zimmer 78* **Stadtplan** 8 E3 **Karte** H9

Die Villa San Pio wird von einem Garten voller Statuen umrahmt. Die Sitzmöbel in der Eingangshalle haben Überzüge aus Samt und Brokat, die Wandteppiche sind aus dem 18. Jahrhundert. Viele der in Marmor gehaltenen Bäder sind mit Jacuzzis ausgestattet. Einige Zimmer haben Terrasse. **www.aventinohotels.com**

Kolbe Hotel
€€€€

Via di San Teodoro 44, 00186 06 679 88 66 FAX 06 679 49 75 *Zimmer 72* **Stadtplan** 8 E1 **Karte** H7

Ein guter Ausgangspunkt für die Besichtigung von Palatin und Forum. Das ehemalige Franziskanerkloster wurde schön renoviert und beeindruckt mit seinem minimalistischen und doch eleganten Dekor. Die Fenster einiger Zimmer gehen auf den Palatin, die Zimmer zum Garten hin sind ruhiger. **www.kolbehotelrome.com**

Trastevere

Cisterna
€€

Via della Cisterna 7–9, 00153 06 581 72 12 FAX 06 581 00 91 *Zimmer 20* **Stadtplan** 7 C1 **Karte** F7

Das Cisterna im Herzen von Trastevere ist ein komfortables Hotel mit einem kleinen Innenhof und einer ruhigen Dachterrasse. Die Zimmer sind recht geräumig, aber einfach ausgestattet. Alle haben Klimaanlage und Bad. Die Möblierung ist eher funktional, dafür ist der Service im Cisterna sehr gut. **www.cisternahotel.it**

Domus Tiberina
€€

Via in Piscinula 37, 00153 /FAX 06 580 30 33 *Zimmer 10* **Stadtplan** 8 D1 **Karte** G7

Das Domus Tiberina liegt nahe dem Tiber und der Isola Tiberina. Es hat in jedem Zimmer Klimaanlage und Bad. Die Rezeption ist rund um die Uhr besetzt. Die Zimmer sind gemütlich und reich dekoriert, die Bettdecken sind aus Brokat. Die Wände sind gelb gestrichen, die Decken haben Holzbalken. **www.hoteldomustiberina.it**

Hotel Trastevere
€€

Via Luciano Manara 24A, 00153 06 581 47 13 FAX 065 88 10 16 *Zimmer 9* **Stadtplan** 7 B/C1 **Karte** E/F7

Ein altes Hotel mit einem neuen Namen. Das Trastevere bietet einfach eingerichtete Zimmer mit gefliesten Böden, robusten Möbeln und weißen Wänden. Alle Zimmer haben Bad, die Doppelzimmer außerdem eine Klimaanlage. Im Restaurant Carlo Menta wird auch Halbpension angeboten. **www.hoteltrastevere.net**

San Francesco
€€

Via Jacopa de' Settesoli 7, 00153 06 58 30 00 51 FAX 06 58 33 34 13 *Zimmer 24* **Stadtplan** 7 C2

Nettes, kleines Hotel abseits der großen Massen. Die Zimmer in dem ehemaligen Franziskanerkloster sind sehr modern und elegant, das Personal ist professionell. Ideale Verkehrsanbindungen: Ein Bus um die Ecke fährt nach Trastevere, eine Tram über den Fluss ins Zentrum. Schöne Dachterrasse. **www.hotelsanfrancesco.net**

Villa della Fonte 📋 ⓦ €€
Via della Fonte dell'Olio 8, 00153 📞 *06 580 37 97* 📠 *06 580 37 96* **Zimmer** *5* **Stadtplan** *7 C1*

Reizendes Bed & Breakfast mit einem sehr umgänglichen Inhaber. Die Villa della Fonte ist nur einen Katzensprung von der Piazza Santa Maria di Trastevere entfernt. Die Zimmer sind gemütlich und haben Bad und Klimaanlage. Das Frühstück wird im blumengeschmückten Innenhof – eine Oase der Ruhe – serviert. **www.villafonte.com**

Santa Maria 🅿 📋 ♿ ⓦ €€€
Vicolo del Piede 2, 00153 📞 *06 589 46 26* 📠 *06 589 48 15* **Zimmer** *19* **Stadtplan** *7 C1*

Eine schmuckes Hotel in einem Viertel, das sich dem Zeitgeist erfolgreich widersetzt. Die Zimmer im Erdgeschoss haben eine kleine Terrasse, die zu dem mit Zitrusbäumen bestandenen Innenhof geht. An der Weinbar werden auch kleine Imbisse gereicht. Ein Zimmer ist für behinderte Reisende geeignet. **www.hotelsantamaria.info**

Vatikan

Colors 📋 €
Via Boezio 31, 00192 📞 *06 687 40 30* 📠 *06 686 79 47* **Zimmer** *7* **Stadtplan** *4 D2* **Karte** *D/E3*

Sehr beliebt bei Besuchern, die eine günstige Unterkunft suchen. Es gibt Zimmer mit Bad oder mit Gemeinschaftsbad sowie Schlafsäle. Die Einrichtung ist hell und freundlich, Farben werden gezielt eingesetzt. Den Gästen steht eine Küche zur Verfügung, es gibt auch eine Dachterrasse. Das Personal ist sehr hilfsbereit. **www.colorshotel.com**

Lady 📺 €
Via Germanico 198, 00192 📞 *06 324 21 12* 📠 *06 324 34 46* **Zimmer** *7* **Stadtplan** *3 C2* **Karte** *D3*

Eine etwas altmodisch wirkende, aber saubere Pension mit rustikaler Einrichtung nahe der Metro-Station Lepanto. Holzbalken an den Decken prägen das Ambiente. Die Zimmer mit Bad sind teurer als diejenigen mit Benutzung des Bads auf dem Gang. Ventilatoren sind vorhanden, das Frühstück ist gut. **www.hotelladyroma.it**

Adriatic 📺 📋 €€
Via Vitelleschi 25, 00193 📞 *06 68 80 80 80* 📠 *06 689 35 52* **Zimmer** *42* **Stadtplan** *3 C2* **Karte** *D4*

Das Adriatic liegt in einer ruhigen Straße wenige Häuserblocks vom Petersdom entfernt. Es bietet Zimmer mit oder ohne Bad. Die Zimmer sind mit Teppichen ausgelegt und in freundlichen Farben gehalten. Die etwas teureren Suiten haben Balkon. Zimmer mit Klimaanlage gibt es auf Nachfrage. Sonniger Innenhof. **www.adriatichotel.com**

Florida 📺 📋 €€
Via Cola di Rienzo 243, 00192 📞 *06 324 18 72* 📠 *06 324 18 57* **Zimmer** *18* **Stadtplan** *3 C2* **Karte** *D/E3*

Das Florida befindet sich im zweiten Stock eines Wohnhauses nahe dem Petersdom und ist ein guter Platz zum Entspannen. Komfortable Ausstattung zu passablen Preisen. Es gibt Zimmer mit Bad oder Gemeinschaftsbad. Einige Zimmer haben Klimaanlage. Das Frühstück muss extra bezahlt werden. **www.hotelfloridaroma.it**

Il Gattopardo Relais 📋 €€
Viale G. Cesare 94, 00192 📞 *06 37 35 84 80* 📠 *06 37 50 10 19* **Zimmer** *6* **Stadtplan** *3 C1* **Karte** *D2/3*

Das kleine charmante Hotel liegt nahe der Metro-Station Ottaviano und nur fünf Minuten Fußweg vom Vatikan entfernt. Die nach sizilianischen Inseln benannten Zimmer sind in einem Mix aus Alt und Neu individuell eingerichtet. Zum Frühstück gibt es Bio-Produkte. **www.ilgattopardorelais.it**

La Rovere 📺 🅿 📋 ⓦ €€
Vicolo Sant'Onofrio 4, 00165 📞 *06 68 80 67 39* 📠 *06 68 80 70 62* **Zimmer** *20* **Stadtplan** *3 C4* **Karte** *D5*

Das familiengeführte Hotel liegt südlich der Piazza Rovere, etwa auf halber Strecke zwischen Vatikan und Trastevere. Einige der behaglichen Zimmer haben holzgetäfelte Decken und Parkettböden. Im Sommer reizt die Dachterrasse zum längeren Verweilen. Zu einer Brücke über den Tiber ist es nicht weit. **www.hotellarovere.com**

Pensione Paradise 📺 €€
Viale G. Cesare 47, 00192 📞 *06 36 00 43 31* 📠 *06 36 09 25 63* **Zimmer** *10* **Stadtplan** *4 D1* **Karte** *D2/3*

Die Pension neben der Metro-Station Lepanto wird von den Inhabern des Hotels Panda (nahe der Spanischen Treppe; *siehe S. 302*) betrieben. Die Zimmer sind sauber und mit TV ausgestattet. Die Gäste können zwischen Bad im Zimmer oder Gemeinschaftsbad auf dem Gang wählen. Gutes Preis-Leistungs-Verhältnis. **www.pensioneparadise.com**

Residenza dei Quiriti 📺 📋 €€
Via Germanico 198, 00192 📞 *06 36 00 53 89* 📠 *06 36 79 04 87* **Zimmer** *10* **Stadtplan** *3 C2* **Karte** *D3*

Gute Ausstattung zu vernünftigen Preisen. Die kleine Residenza ist im vierten Stock eines Wohnhauses eingerichtet. Die Zimmer wirken mit ihren dezenten Farbtönen recht elegant. Die Pension liegt zwischen zwei Metro-Stationen und ist nur einen Spaziergang vom Petersdom entfernt.

Spring House 📺 🅿 📋 ♿ ⓦ €€
Via Mocenigo 7, 00192 📞 *06 39 72 09 48* 📠 *06 39 72 10 47* **Zimmer** *54* **Stadtplan** *3 A1/B2* **Karte** *B/C3*

Das hypermoderne Spring House liegt in unmittelbarer Nähe der Vatikanischen Museen und somit ideal für Kunstinteressierte. Die öffentlichen Bereiche sind hell und freundlich gestaltet, die Zimmer sind einfach, aber farbenfroh. Einige Zimmer verfügen über eine behindertengerechte Ausstattung. **www.hotelspringhouse.com**

Stadtplan *siehe Seiten 396–419*

Bramante
▤ Ⓦ   €€€

Vicolo delle Palline 24, 00193 ☎ *06 68 80 64 26* 🕿 *06 68 13 33 39* **Zimmer** *16*   **Stadtplan** *3 C3*

Das Bramante liegt in einer ruhigen Straße. Es ist seit Ende der 1870er Jahre in Betrieb und damit das älteste Hotel der Umgebung. Die Lage zum Petersdom ist perfekt. Das komplett renovierte Haus wurde im 16. Jahrhundert erbaut. Die Zimmer sind komfortabel und modern ausgestattet. **www.hotelbramante.com**

Dei Mellini
🖼 🅿 🏃 🍴 ▤ Ⓦ   €€€

Via Muzio Clementi 81, 00193 ☎ *06 32 47 71* 🕿 *06 32 47 78 01* **Zimmer** *80*   **Stadtplan** *4 E2* **Karte** *F3*

Komfortables Hotel nahe dem Castel Sant'Angelo, in dem sich moderne Kunst und etwas altmodischer Charme gut mischen. Die Zimmer sind ausreichend groß, einige der Marmorbäder sind mit Badewannen ausgestattet. Auf der Dachterrasse gibt es auch eine Bar. Das Frühstück ist üppig. **www.hotelmellini.com**

Farnese
🖼 🅿 ▤ Ⓦ   €€€

Via A. Farnese 30, 00192 ☎ *06 321 25 53* 🕿 *06 321 51 29* **Zimmer** *23*   **Stadtplan** *4 D1* **Karte** *E2*

Sehr gute Lage nahe der Metro-Station Lepanto und nur einen kurzen Spaziergang vom Vatikan entfernt. Das kleine Hotel wird von Parkettböden, mit Möbeln aus Walnuss und sehr schönen Badezimmern geprägt. Die gemütliche Dachterrasse bietet eine unvergleichliche Aussicht auf den Petersdom. **www.hotelfarnese.com**

Palazzo Cardinal Cesi
🖼 🅿 ▤   €€€

Via della Conciliazione 51, 00193 ☎ *06 684 03 90* 🕿 *06 68 19 33 33* **Zimmer** *30*   **Stadtplan** *3 C3* **Karte** *D4*

Der ehemalige Kardinalssitz wird von einer kulturellen Vereinigung betrieben, die auch diverse Veranstaltungen organisiert. Die Einrichtung mit schönem Holz und gestreiften Stoffen ist stilvoll, Parkettböden runden die angenehme Atmosphäre ab. Die Zimmer sind modern ausgestattet. **www.palazzocesi.it**

Sant'Anna
🖼 ▤   €€€

Borgo Pio 134, 00193 ☎ *und* 🕿 *06 68 80 16 02* **Zimmer** *20*   **Stadtplan** *3 C3* **Karte** *D4*

Das Hotel ist in einem terrakottafarbenen Palazzo aus dem 17. Jahrhundert untergebracht. Die Zimmer sind überaus geschmackvoll eingerichtet, die Badezimmer mit Marmor ausgestattet. Die oberen Zimmer haben Terrassen. Das Frühstück wird im Untergeschoss mit Wandgemälden oder im Innenhof serviert. **www.hotelsantanna.com**

Via Veneto

Lilium
🖼 ▤   €€

Via XX Settembre 58A, 00187 ☎ *06 474 11 33* 🕿 *06 23 32 83 87* **Zimmer** *14*   **Stadtplan** *6 E2* **Karte** *K/L3*

Das Hotel befindet sich im dritten Stock eines Wohngebäudes auf halbem Weg zwischen Stazione Termini und der Via Veneto. Einfach und charmant ist das Motto. Jedes der kleinen, hübsch eingerichteten Zimmer ist nach einer Blume benannt. Im Frühstücksraum stehen jeden Tag frische Blumen auf den Tischen. **www.liliumhotel.it**

Oxford
🍴 ▤   €€€

Via Boncompagni 89, 00187 ☎ *06 420 36 01* 🕿 *06 42 81 53 49* **Zimmer** *58*   **Stadtplan** *6 C1* **Karte** *K3*

Das Haus liegt in einem ruhigen Wohngebiet nahe der Piazza Fiume und der Via Veneto. Gästen stehen auch sechs Apartments zur Verfügung. Gutes Restaurant und freundliche Bar. Die Zimmer sind recht komfortabel, die Sofas in den modernen öffentlichen Bereich gut zum Entspannen. **www.hoteloxford.com**

La Residenza
🖼 🅿 ▤   €€€

Via Emilia 22–24, 00187 ☎ *06 488 07 89* 🕿 *06 48 57 21* **Zimmer** *29*   **Stadtplan** *5 B2*

Hotel in einer ruhigen Straße in den Hügeln oberhalb der Via Veneto und nicht weit von der Villa Borghese und der Spanischen Treppe. Der Service ist zuvorkommend, einige der ansprechenden Zimmer haben Balkone. Eine relativ günstige Bleibe in einer teuren Gegend. Üppiges Frühstück, nette Dachterrasse. **www.hotel-la-residenza.com**

Boscolo Aleph
🖼 🅿 🍴 🍴 ▤ 🚹   €€€€€

Via di San Basilio 15, 00187 ☎ *06 42 29 01* 🕿 *06 42 29 00 00* **Zimmer** *96*   **Stadtplan** *5 B2*

Das superschicke Hotel nahe der Piazza Barberini hat ein spezielles Motto: Himmel und Hölle. Vom rot beleuchteten Eingang weg will das Hotel seine Gäste in eine Welt der Verzückung entführen. Die Spa-Einrichtungen sind grandios. Nicht jedermanns Sache, aber spannend allemal. **www.aleph.boscolohotels.com**

Hotel Eden
🖼 🅿 🍴 🍴 ▤ 🚹   €€€€€

Via Ludovisi 49, 00187 ☎ *06 47 81 21* 🕿 *06 482 15 84* **Zimmer** *121*   **Stadtplan** *5* **Karte** *J3*

Eines der ältesten Hotels in Rom und eines mit illustrem Gästebuch. Das Eden funktioniert wie ein Uhrwerk. Die Zimmer und Suiten funkeln vor Sauberkeit, der Service ist einfach perfekt. Der Dachgarten bietet wundervolle Ausblicke, das mit Michelin-Stern bewertete Restaurant ist Spitzenklasse, aber sehr teuer. **www.edenroma.com**

Majestic
🖼 🅿 🍴 🍴 ▤   €€€€€

Via Veneto 50, 00187 ☎ *06 42 14 41* 🕿 *06 488 09 84* **Zimmer** *93*   **Stadtplan** *5 B* **Karte** *J3*

Das Majestic, das älteste Hotel der Umgebung, wurde 1889 eröffnet. Die Gästeliste reicht von Luciano Pavarotti bis Sylvester Stallone. Viele Möbel und einiges an Dekor sind noch original. Zimmer und Korridore sind hell und freundlich. Das Fitness-Center lässt keine Wünsche offen. **www.hotelmajestic.com**

Regina Hotel Baglioni

Via Veneto 72, 00187 📞 *06 42 11 11* FAX *06 42 01 21 30* **Zimmer** *143*   **Stadtplan** *5 B2* **Karte** *J3*

Das mit viel Jugendstil-Dekor versehene Baglioni wirkt mit seinen Marmorböden, Gobelins und Teppichen überaus edel. Die schmiedeeiserne Treppe im Eingangsbereich wird von einer Statue des Neptun bewacht. Sehr hübsch ist die Art-déco-Suite. Die Zimmer sind gemütlich, die Lage ist sehr gut. **www.baglionihotels.com**

Westin Excelsior

Via Veneto 125, 00187 📞 *06 470 81* FAX *06 482 62 05* **Zimmer** *319*   **Stadtplan** *5 B2* **Karte** *J3*

Prachtvolle Balkone und eine Kuppel sind das Markenzeichen des extravaganten Hotels in der Via Veneto. Es umfasst Boutiquen, einen Spa-Bereich mit Pool, ausgezeichnete Panorama-Restaurants und Bars. Die üppige Einrichtung der Zimmer ist klassisch-elegant. Die Suite Villa Cupola soll die größte Europas sein. **www.excelsior.hotelinroma.com**

Villa Borghese

Buenos Aires

Via Clitunno 9, 00198 📞 *06 855 48 54* FAX *06 841 52 72* **Zimmer** *50*

Ein familiengeführtes Hotel im Wohngebiet Parioli. Das Buenos Aires liegt etwa zehn Gehminuten nördlich der Villa Borghese. Die Zimmer sind sehr gepflegt und bieten alles, was den Aufenthalt angenehm macht. Viele Geschäftsreisende kommen hierher, an Wochenenden gibt es oft Preisnachlässe. **www.hotelbuenosaires.it**

Degli Aranci

Via Barnaba Oriani 11, 00197 📞 *06 807 02 02* FAX *06 807 07 04* **Zimmer** *58*   **Stadtplan** *2 D2*

Steineichen, Orangenbäume und das Plätschern eines Springbrunnens – allein schon der hübsche Hotelgarten lohnt einen längeren Aufenthalt. Zur Ausstattung der Zimmer gehören Antiquitäten, beruhigende Farben und modernes Equipment. Einige Zimmer haben Jacuzzi oder Balkon. **www.gruppoloan.it**

The Duke Hotel

Via Archimede 69, 00197 📞 *06 36 72 21* FAX *06 36 00 41 04* **Zimmer** *78*   **Stadtplan** *1 C3*

Zu den Stammgästen des Duke gehören Musiker und Schauspieler, die das ruhige Ambiente des Hauses zu schätzen wissen. Die Zimmer sind stilvoll möbliert, die Badezimmer erstrahlen in Marmor. Der Service ist exzellent, das Frühstück lässt keinen Wunsch offen. Kostenloser Shuttleservice in die Innenstadt. **www.thedukehotel.com**

Villa Mangili

Via G. Mangili 31, 00197 📞 *06 321 71 30* FAX *06 322 43 13* **Zimmer** *12*   **Stadtplan** *2 D4*

Die Villa Mangili liegt in einer ruhigen Ecke von Parioli nahe der Villa Borghese und der Villa Giulia. Das Anwesen ist relativ klein, die Zimmer sind dafür recht geräumig und sehr geschmackvoll. Parkettböden schaffen eine angenehme Atmosphäre. Frühstück im schönen Garten. Ausstellung und Verkauf von Kunstwerken. **www.hotelvillamangili.it**

Aldrovandi Villa Borghese

Via Aldrovandi 15, 00197 📞 *06 322 39 93* FAX *06 322 14 35* **Zimmer** *108*   **Stadtplan** *2 E4*

Für Besucher, die eine Unterbringung abseits der Hektik der Innenstadt suchen, ist das luxuriös ausgestattete Hotel in ausgedehnten Gartenanlagen um die Villa Borghese ideal. Die Zimmer sind elegant und in gedämpften Farbtönen gehalten. Hauptattraktionen sind jedoch der Pool und das Restaurant. **www.aldrovandi.com**

Sofitel Villa Borghese

Via Lombardia 47, 00187 📞 *06 47 80 21* FAX *06 482 10 19* **Zimmer** *114*   **Stadtplan** *5 B2* **Karte** *J3*

Der Ableger der Hotelkette Sofitel offeriert Zimmer in klassischer Eleganz und mit luxuriöser Ausstattung. Von vielen bietet sich ein schöner Blick auf die Gartenanlagen. Das Restaurant des Hauses ist unbedingt einen Besuch wert. Sowohl vom Restaurant La Terasse als auch von der Bar hat man eine fantastische Aussicht. **www.sofitel.com**

Tivoli

Palazzo Maggiore

Via Domenico Giuliani 89 📞 *393 104 49 37* **Zimmer** *3*

Der im Zentrum von Tivoli stehende Palazzo aus dem 16. Jahrhundert besticht durch schön eingerichtete Zimmer zu vernünftigen Preisen. Im Zwei-Zimmer-Apartment können bis zu sechs Personen übernachten. Frühstück wird im Zimmer, auf der Terrasse oder in der kleinen Küche des Hauses eingenommen. **www.palazzomaggiore.com**

Grand Hotel Duca d'Este

Via Tiburtina Valeria 330, 00011 📞 *077 438 83* FAX *077 38 81 01* **Zimmer** *184*

Modernes, gut ausgestattetes Haus in der Nähe der Hadriansvilla. Sowohl mit dem Zug als auch mit dem Auto ist das Duca d'Este leicht zu erreichen. Die Zimmer sind groß, die Bäder der Suiten haben Jacuzzis. Es gibt einen Spa-Bereich und ein Schwimmbad innen. Außen findet man Gärten mit Pool und Tennisplätze vor. **www.ducadeste.com**

Stadtplan *siehe Seiten 396–419*

Restaurants

ssen ist für die Römer Vergnügen und Unterhaltung zugleich. An warmen Sommerabenden stellen die Restaurants Tische ins Freie, damit sich die Gäste dem beliebten Volkssport »Leute beobachten« hingeben können. Schon die alten Römer hatten eine Schwäche für ausgiebiges Tafeln. Die opulenten Festmahle von damals sind allerdings passé: Die moderne römische Küche besteht im Wesentlichen aus einfachen Gerichten, die je nach Saison aus frischen Zutaten der Region zubereitet werden. Auch Fast Food hat inzwi-

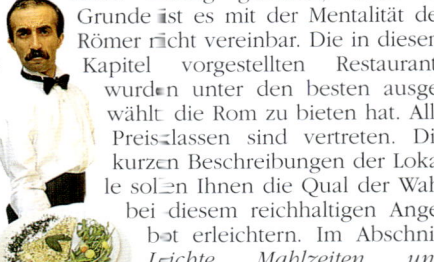

Kellner in einem römischen Restaurant

schen Einzug gehalten, doch im Grunde ist es mit der Mentalität der Römer nicht vereinbar. Die in diesem Kapitel vorgestellten Restaurants wurden unter den besten ausgewählt die Rom zu bieten hat. Alle Preisklassen sind vertreten. Die kurzen Beschreibungen der Lokale sollen Ihnen die Qual der Wahl bei diesem reichhaltigen Angebot erleichtern. Im Abschnitt *Leichte Mahlzeiten und Snacks (siehe S. 328–333)* erfahren Sie Näheres über Cafés, Pizzerias, Weinbars und andere Lokalitäten, in denen man eine Kleinigkeit zu essen bekommt.

Restaurantvielfalt

Mit eigenen kulinarischen Spezialitäten kann jedes Viertel aufwarten, wobei an einigen Plätzen wirklich authentisch gekocht wird. Im alten Schlachthofviertel Testaccio gibt es einige Lokale mit Gerichten, die schon seit Generationen zubereitet werden. Im jüdischen Viertel (Ghetto) in der Nähe des Campo de' Fiori wird die römisch-jüdische Küche gepflegt. Sie hat nach Meinung vieler Restaurantkritiker die kulinarische Szene der Stadt stark beeinflusst. Im Uni-Viertel San Lorenzo nordöstlich vom Stadtzentrum locken die zahlreichen preisgünstigen Pizzarias Einheimische und Besucher an.

In der Gegend um die Stazione Termini gibt es einige sehr gute afrikanische Restaurants – vor allem mit Spezialitäten aus Äthiopien. Daneben findet man auch indische und pakistanische Restaurants. Das Quartiere Monti zwischen Via Nazionale und Via Cavour ist nicht weniger bekannt für internationale Küche sowie für seine Weinbars. Wenn Sie lieber im Freien essen – häufig sind die Lokale an einer hübschen Piazza oder vor antiker Kulisse –, versuchen Sie es doch einfach einmal in den engen Straßen von Trastevere (dem alten Künstlerviertel), in der Gegend um den Campo de' Fiori oder an der Via Appia Antica.

Frische Artischocken, eine römische Spezialität

Restaurantkunde

Eine *trattoria* ist im Allgemeinen ein recht einfacher Familienbetrieb, der sehr gute hausgemachte Gerichte serviert. Ein *ristorante* ist dagegen vornehmer, eleganter und damit auch teurer. Viele Gaststätten haben gar keine Bezeichnung – Papiertischdecken deuten

oft auf niedrige Preise. Es gibt meist einfache, hausgemachte Speisen, doch ist die Chance, hier in den Genuss echter römischer Küche zu kommen, manchmal größer als in den teureren Restaurants.

Auch für den kleinen Hunger bietet Rom eine Fülle von Alternativen. Hier kommen all jene auf ihre Kosten, die in lockerer Atmosphäre essen möchten (*siehe S. 328–333*). In einer *enoteca* kann der Gast nicht nur aus einem großen Angebot an Weinen wählen, meist gibt es auch Imbisse. In einer *birreria* kann man – selbst wenn man kein Biertrinker ist – einfach nur etwas trinken oder auch Pizza und manchmal sogar Vier-Gänge-Menüs bestellen.

An vielen Buden überall in Rom bekommen Sie rund um die Uhr Essen zum Mitnehmen, etwa *pizza al taglio* (Pizzastücke). Wenn Sie lieber eine ganze Pizza möchten, halten Sie Ausschau nach dem Schild *forno a legna* (Steinofen mit Holzbefeuerung). Hähnchen, Pommes frites, *pomodori al riso* (mit Reis gefüllte Tomaten) oder *suppli* (frittierte Reiskroketten) zum Mitnehmen bekommen Sie in den *rosticcerie*.

Selbstbedienungsrestaurants sind oft mit dem Hinweis *tavola calda* versehen und ideal, wenn Sie mittags schnell etwas essen möchten.

Im Sapori del Lord Byron *(siehe S. 327)*

Vegetarische Gerichte

Rein vegetarische Restaurants sind in Rom dünn gesät, aber überall haben Sie eine große Auswahl an Gemüse bzw. Pasta- oder Reisgerichten (risotto). Die meisten Menüs beinhalten einzelne Gänge mit viel Gemüse oder Salat: etwa Artischocken, gedünstet (alla Romana) oder gebraten (alla giudia), gemischtes Sommergemüse, Spinat, Mangold oder Chicorée. Verbreitet und sehr schmackhaft sind auch die mit Reis gefüllten Paprikaschoten. Immer mehr Restaurants stellen Menüs nach Wünschen der Gäste zusammen. Die Kellner beraten jeden vegetariano und jede vegetariana gern.

Preise

Die Höhe der Rechnung hängt natürlich auch von der Art der Gaststätte ab. In einer tavola calda oder Pizzeria kann man für etwa zwölf Euro pro Person essen. In einer Trattoria bezahlt man pro Kopf um die 20 Euro, in einem Restaurant müssen Sie mit etwa 30 Euro oder mehr rechnen. Flaschenweine sind im Gegensatz zum Hauswein (vino della casa) teurer, dafür ist die Auswahl größer (siehe S. 314f). Doch auch der Hauswein ist meist akzeptabel.

Speisekarte

Nicht in jedem Restaurant legt man Ihnen automatisch die Speisekarte vor. Häufig zählt Ihnen der Ober die Tagesgerichte (piatti del giorno) auf, die meist nicht auf

Café in Trastevere

Straßencafé an der Piazza vor Santa Maria in Trastevere

der Speisekarte stehen. Es lohnt sich, ein solches Tagesgericht zu bestellen. Wenn Sie sich nicht sicher sind, können Sie sich jederzeit la lista (die Speisekarte) geben und vom Ober beraten lassen.

Ein Essen könnte z. B. mit antipasti (Vorspeisen) oder primi piatti beginnen. Zu den Letzteren zählen z. B. pasta asciutta (Nudeln mit Sauce), pasta in brodo (Nudeln in Brühe), pasta al forno (überbackene Nudeln), risotto oder eine Suppe. Dann gehen Sie zu den secondi, dem Hauptgericht (Fleisch oder Fisch), über. Beilagen (contorni) müssen Sie normalerweise extra bestellen. Den Abschluss bilden formaggi (Käse), frutta (Obst) oder dolci (Desserts). Die Römer essen entweder Käse oder Dessert. Ein Espresso und eventuell ein Schnaps (amaro oder digestivo) runden das Mahl ab (siehe S. 315). Sie können den ersten Gang auch auslassen oder einen Salat wählen. Pasta gilt normalerweise nicht als Hauptgericht. Antipasti können das Hauptgericht ersetzen.

Öffnungszeiten

Restaurants sind in der Regel von 12 bis 15 und von 20 bis 23 Uhr oder später geöffnet. Sehr viele Gäste kommen mittags zwischen 13 und 13.30 Uhr und abends zwischen 21 und 21.30 Uhr. Für das Abendessen nimmt man sich mehr Zeit, vor allem im Sommer. Dann gehen die Römer erst spät zum Essen und bleiben entsprechend lange. Die Bars sind ganztägig offen, häufig schon morgens. Sie servieren Getränke und kleinere Gerichte aller Art.

Ruhigster Monat ist der August, an vielen Restaurants hängt dann das Schild chiuso per ferie (Urlaub).

Reservierung

Eine Tischreservierung (prenotazione) ist meist empfehlenswert, samstagabends und sonntags sogar notwendig, da dann besonders großer Andrang herrscht. Beachten Sie den jeweiligen Ruhetag, falls Sie ohne Reservierung essen gehen. Viele Lokale haben montags, einige auch sonntagabends geschlossen. Lassen Sie sich im Sommer einen Tisch im Freien reservieren, nicht alle Restaurants haben Klimaanlage.

Behinderte Reisende

Rom tut zwar immer mehr für Rollstuhlfahrer – Sie sollten dennoch vorher im Restaurant anrufen, um einen entsprechenden Tisch zu bekommen.

Mit Kindern essen

Kinder sind vor allem in Familienbetrieben gern gesehen. Viele Lokale servieren Kinderportionen, Sie können sich auch einen weiteren Teller bringen lassen. Einige Restaurants haben Kinderstühle (seggioline).

Rauchen

Seit 2005 ist das Rauchen in allen öffentlichen Räumen, auch in Restaurants und Bars, verboten. Es wird also kein Problem sein, ohne störenden Qualm zu speisen. Geraucht werden darf nur noch im Freien und in separierten Räumen mit Lüftung.

Römische Küche

Zu einem Aufenthalt in der Ewigen Stadt gehört es, auf der Terrasse eines Restaurants in Ruhe genussvoll zu speisen. Die römische Küche ist lecker und sehr vielfältig. Das Angebot umfasst Produkte der jeweiligen Jahreszeit, außerdem gibt es eine ganze Reihe von Spezialitäten, die vor allem an bestimmten Wochentagen gegessen werden. Der Donnerstag ist traditionell der Tag für Gnocchi, am Freitag steht Fisch auf der Speisekarte; oft gibt es dann Stockfisch *(baccalà)*. Viele Gerichte werden mit aromatischen Kräutern, Olivenöl, Knoblauch und Zwiebeln zubereitet. Zahlreiche typische Gerichte basieren auf Pasta.

Oliven und Olivenöl

Herstellung von Nudeln nach traditioneller Art

Cucina romana

Die römische Küche hat ihren Ursprung im Stadtviertel Testaccio nahe dem alten Schlachthaus. Die dortigen Fleischer *(vaccinari)* bekamen ihren Lohn in Geld und in Fleisch – oft Innereien – bezahlt. Eine Vielzahl an Gerichten basiert auf dem *quinto quarto*, dem »fünften

Viertel«, zu dem Kopf, Innereien, Füße, Schwanz o. Ä. zählen. All dies wurde mit großer Sorgfalt zubereitet. Die Verwendung von Kräutern und Gewürzen machte daraus wahre Leckerbissen. Die kräftigen Gerichte, etwa *coda alla vaccinara*, stehen noch immer auf den Speisekarten von einigen der besten Restaurants in Rom.

Lammfleisch ist ebenfalls populär, häufig wird es gebraten. Viele Römer schätzen insbesondere Kalbfleisch.

Die authentische *cucina romana* wurzelt auch in der jüdischen Küche, die ab Mitte des 16. Jahrhunderts im jüdischen Viertel entstand. Saftige Artischocken *(carciofi alla giudia)* werden in Olivenöl frittiert oder *alla romana* mit Öl, Knoblauch und Minze serviert. Weitere Gerichte sind gebratene Zucchini oder salzige Kabeljaufilets *(filetti di baccalà)*.

In Rom gibt es eine ganze Reihe hervorragender Fisch-

Eingelegte Artischocken | Gebratene Paprika | Getrocknete Tomaten | Oliven | Peperoni | Eingelegte Pilze

Auswahl an schmackhaften römischen *antipasti*

Regionale Spezialitäten

Ein idealer Appetitanreger ist *bruschetta*, geröstetes Brot, auf das Salz, Knoblauch, Olivenöl und Tomatenstückchen kommen. Andere beliebte *antipasti* sind angebratene oder eingelegte Gemüse. Einer der Favoriten unter den Nudelgerichten ist *bucatini all'amatriciana* – Nudeln in herzhafter Sauce aus Speck, Tomaten und Zwiebeln werden mit pikantem Pecorino bestreut. Kalbfleisch wird in vielen Variationen serviert, z. B. beim Nudelgericht *rigatoni alla pajata*. Zu den

Bruschetta

beliebtesten Lammgerichten gehören u. a. *abbacchio al forno* (Braten) sowie *alla cacciatore* (mit Anchovissauce). Auch Innereien *(animelle)* spielen in der römischen Küche eine große Rolle. Spezialitäten sind *cervelle* (Kalbshirn) und *trippa* (Kutteln).

Supplì *sind mit Mozzarella gefüllte, frittierte Reisbällchen, die als pikante Zwischenmahlzeit sehr beliebt sind.*

Marktstand mit frischem Gemüse im Zentrum von Rom

restaurants, viele von ihnen sind allerdings recht teuer. Das Angebot reicht von riesigen Platten mit Meeresfrüchten bis zu Fisch, der frisch von der Küste kommt. Fischsuppen haben genauso ihre Anhänger wie Wolfsbarsch, der *alle romana* zubereitet und mit Steinpilzen serviert wird.

Pasta, Pasta

Pasta ist ein Hauptbestandteil der römischen Küche. Vor allem Spaghetti stehen sehr hoch im Kurs. *Spaghetti alla carbonara* werden mit Speck, Ei und Pecorino serviert. Ein weiterer Klassiker sind *spaghetti alle vongole* mit Venusmuscheln. In der Stadt ist sogar ein Nationalmuseum, das Museo delle Paste Alimentari (www. museodellapasta.it), der Geschichte der Pasta gewidmet.

Liebhaber behaupten, dass es für jeden Tag des Jahres eine andere Nudelsorte gibt. Einige davon haben romantische Namen wie etwa *capelli d'angelo* (Engelshaar). Das Motto des Museums lautet *La pasta è gioa di vivere* – »Pasta ist Lebensfreude«.

Pecorino in Laiben fast in der Größe von Wagenrädern

La Dolce Vita

Für Naschkatzen hält die römische Küche viele Verführungen bereit. Die Kunst der Kreation von Eiscreme hat in Rom ihr allerhöchstes Niveau erreicht. Die Auswahl an *gelati* ist gigantisch, einige Eisdielen bieten sogar mehr als 100 Sorten an. Das Spektrum reicht von Klassikern wie *crema* und *frutta* bis zu *grattachecca* (Wassereis), von *semifreddo* (eine halbgefroren servierte Süßspeise) bis zu *granità* (gestoßenes Eis mit Fruchtsirup). Eis essen gehört zu den großen Vergnügen, die Rom bietet – egal ob tagsüber oder mitten in der Nacht.

Auf der Speisekarte

Abbacchio alla cacciatore: Gekochtes Lammfleisch in Weinsauce mit Anchovis, Rosmarin und Olivenöl.

Bruschetta: Mit Salz, Knoblauch, Tomaten und Olivenöl bestrichenes Brot wird geröstet und warm serviert.

Gnocchi alla romana: Kleine Grillklößchen werden mit Tomaten oder nur mit Butter gereicht.

Pecorino romano: Der aus Schafmilch produzierte Käse wird meist gerieben.

Spigola alla romana: Wolfsbarsch mit Steinpilzen, Schalotten und Knoblauch in einer Sauce aus Wein und Olivenöl.

Spaghetti alla carbonara *haben als Zutaten Speckwürfel, Eier und Käse – ein bekanntes Gericht.*

Saltimbocca alla romana *sind Kalbsschnitzel, die mit Parmaschinken umwickelt und mit Salbei zubereitet werden.*

Crostata di ricotta *ist ein mit Ricotta gefüllter und mit Marsala und Zitrone verfeinerter üppiger Käsekuchen.*

Typische Getränke

Mosaik mit Vogel und Trauben

Italien zählt zu den wichtigsten Weinanbauländern Europas. Die bis heute lebendige Tradition begann vor über 2000 Jahren an den Hängen um Rom. Heute ist Wein – *rosso* (rot) und *bianco* (weiß) – *das* Getränk zum Essen. Bier bekommen Sie ebenso, außerdem eine gute Auswahl an Aperitifs und Digestifs. Das römische Trinkwasser ist besonders frisch und wohlschmeckend und steht zudem in großen Mengen zur Verfügung – eine weitere Annehmlichkeit, die die Stadt den alten Römern verdankt.

Die Weinberge Frascatis

Weißwein

Das warme Klima im Latium lässt den Wein gedeihen und in die römischen Gaststätten fließen, die den Wein meist in Karaffen servieren. Der bekannteste Weißwein der Region ist der Frascati. Daneben sind noch Castelli Romani, Marino, Colli Albani und Velletri zu nennen, die ebenfalls aus der Trebbiano-Rebe gekeltert werden. Zu den besseren, kräftigen, blumigen Weinen gehört zusätzlich ein wenig Malvasia-Traube. Auch der Orvieto und der Verdicchio, ebenfalls aus Mittelitalien, laden zum Probieren ein. In jedem römischen Restaurant erhalten Sie auch andere sehr gute Weißweine aus ganz Italien, u. a. auch aus dem Friaul.

Orvieto   Frascati

Calcaia – ein guter Orvieto des bekannten Weinguts Barberani.

Bigi – vor allem das Weingut Torricella bürgt für trinkbaren Orvieto.

Casal Pilozzo ist ein süffiger Wein aus der Frascati-Kellerei Colli di Catone. Am besten wählen Sie den jüngsten Jahrgang.

Colle Gaio, kräftig und fruchtig, zählt zu den besonders guten trockenen Frascatis.

Weinsorte	Gute Jahrgänge	Gute Hersteller
WEISSWEIN		
Friuli (Pinot Bianco/ Grigio, Chardonnay, Sauvignon)	Der jüngste	Gravner, Jermann, Puiatti, Schiopetto, Volpe Pasini
Orvieto/ Orvieto Classico	Der jüngste	Antinori, Barberani, Bigi, Il Palazzone
ROTWEIN		
Chianti/ Chianti Classico/ Chianti Rufina	2007, 2006, 2001, 2000, 1999, 97, 95, 90, 88, 85	Antinori, Castello di Ama, Castello di Cacchiano, Castello di Volpaia, Felsina Berardenga, Fontodi, Frescobaldi, Isole e Olena, Il Palazzino, Riecine, Rocca delle Macìe, Ruffino, Vecchie Terre di Montefili, Villa Cafaggio
Brunello di Montalcino/ Vino Nobile di Montepulciano	2007, 2004, 2001, 1999, 97, 95, 90, 88, 85	Altesino, Avignonesi, Biondi Santi, Caparzo, Case Basse, Lisini, Il Poggione, Poliziano, Villa Banfi
Barolo/ Barbaresco	2006, 2004, 2000, 1999, 97, 95, 90, 89	Aldo Conterno, Altare, Ceretto, Clerico, Gaja, Giacomo Conterno, Giacosa, Mascarello, Ratti, Voerzio

Rotwein

Montepulciano
d'Abruzzo ist ein kräftiger, fruchtiger Rotwein. Er wird in den Abruzzen östlich von Rom angebaut.

Chianti Classico
Riserva ist älter und kräftiger als der herkömmliche Chianti Classico.

I m Latium gibt es zwar Rotwein, die meisten römischen Restaurants servieren jedoch Rotweine aus anderen Regionen Italiens. Toskana und Piemont liefern nicht nur gute Tischweine, sondern auch Spitzenweine wie den Barolo. Gute, nicht zu teure Rotweine sind Dolcetto, Rosso di Montalcino oder Montepulciano.

Torre Ercolana wird nur in kleinen Mengen aus Cesanese- und Chardonnay-Reben gekeltert und gilt als einer der besten Rotweine des Latium. Er muss mindestens fünf Jahre lagern.

Toskanischer
Tischwein   Barolo

Etikett

Z wei verschiedene Qualitätsprädikate kennzeichnen einen guten Wein: DOC (Denominazione di origine controllata) bedeutet, dass der Wein aus dem auf dem Etikett genannten Anbaugebiet stammt und aus den entsprechenden Trauben gekeltert wurde. Das Prädikat DOCG (Denominazione di origine controllata e garantita) erhalten nur Spitzenweine wie Barolo, Barbaresco, Chianti Classico und Brunello di Montalcino.

Chianti Classico

Aperitifs und andere Getränke

B eliebte Aperitifs sind Martini, der etwas bittere Campari und Aperol. Als analcolico bezeichnet man einen alkoholfreien Aperitif. Italiener trinken den Aperitif pur oder mit Eis und Soda. Mit einem digestivo oder amaro, einem Kräuterschnaps, tun Sie Ihrem Magen etwas Gutes. Italienischer Branntwein oder Grappa brennt teilweise wie Feuer. Italienisches Bier, ideal zur Pizza, wird wie Lagerbier gebraut.

Campari

Trinkwasser

Rom wird ständig mit frischem Trinkwasser versorgt. Dieses wird aus den umliegenden Bergen durch über- und unterirdische Wasserleitungen, die noch fast genauso aussehen wie die Aquädukte der Antike, in die Stadt geleitet. Das Schild Acqua non potabile bedeutet »Kein Trinkwasser«.

Einer der vielen Brunnen
mit frischem Trinkwasser

Alkoholfreies

D ie meisten Bars servieren wohlschmeckende Fruchtsäfte, frisch gepressten Orangensaft (spremuta di arancia), im Sommer auch Eistee und -kaffee sowie Früchtetees, etwa mit Pfirsicharoma.

Kühlschrank für
Wein und Bier

Kaffee ist den Römern fast wichtiger als Wein. Espresso ist ein starker, schwarzer Kaffee. Zum Frühstück oder nachmittags trinkt man Cappuccino mit geschäumter Milch oder Caffè Latte mit viel Milch.

Espresso

Cappuccino

Caffè latte

Restaurantauswahl

Die hier aufgeführten Restaurants wurden wegen ihrer günstigen oder guten Küche oder nach ihrem besonderen Ambiente ausgewählt. Die Lokale sind nach Stadtvierteln und dort innerhalb ihrer Preisklasse alphabetisch aufgeführt. Weitere Informationen gibt es unter *Leichte Mahlzeiten und Snacks* auf den Seiten 328–333.

PREISKATEGORIEN
Preise für ein Drei-Gänge-Menü pro Person mit einer halben Flasche Hauswein, inkl. Gedeck, Steuern und Service:

€ unter 25 Euro
€€ 25–45 Euro
€€€ 45–65 Euro
€€€€ 65–80 Euro
€€€€€ über 80 Euro

Piazza della Rotonda

Enoteca Corsi   ⑤   €
Via del Gesù 87/88, 00186 ☎ 06 679 08 21   **Stadtplan** *4 F4 (12 E3)* **Karte** *G5 (V3/4)*

Weinbar mit ansprechender Atmosphäre. Die Holzregale der Enoteca Corsi scheinen sich unter dem Gewicht der Weinflaschen zu biegen. *Pasta e fagioli* (Bohnen), *zuppa di farro* (Dinkelsuppe), *orecchiette pasta con carciofi* (Nudeln mit Artischocken) und *pollo con peperoni* (Geflügel mit Paprika) sind typische Gerichte.

Alle Due Colonne   👥 📋   €€
Via del Seminario 122, 00186 ☎ 06 678 14 49   **Stadtplan** *4 F4 (12 D3)* **Karte** *G5 (V3)*

Hier scheint das Alte Rom zum Leben erweckt zu werden. Das Interieur wird von einem Springbrunnen und zwei stattlichen Säulen geprägt, nach denen das Restaurant benannt wurde. Mediterrane Elemente beherrschen die Küche. Spezialitäten sind *spigola alla griglia* (gegrillter Wolfsbarsch) und Büffelmozzarella mit Radicchio.

Boccondivino   📋 ⑤   €€
Piazza Campo Marzio 6, 00186 ☎ 06 68 30 86 26   **Stadtplan** *4 F3 (12 D2)* **Karte** *G4 (U2)*

Der »göttliche Mund voll« bietet panitalienische Küche. Spezialität des Hauses sind *tonnarelli con gamberi* (Pasta mit Gambas). Im Boccondivino stehen saisonale Produkte im Vordergrund. Genauso ansprechend wie das Essen ist das überaus moderne Interieur (Stühle mit Zebrastreifen).

Da Gino   📋 ⑤   €€
Vicolo Rosini 4, 00186 ☎ 06 687 34 34   **Stadtplan** *4 F3 (12 D1)* **Karte** *G4*

Politiker und Journalisten reißen sich bei gutem Wetter um die Tische unter der freskenverzierten Pergola des Lokals. Zu den hier angebotenen Klassikern gehören *spaghetti alla carbonara, l'abbacchio alla cacciatora* (Lammgericht nach »Jägerart«), *seppie con piselli* (Tintenfisch mit Erbsen) und Kaninchen.

Grano   👥   €€
Piazza Rondanini 53, 00186 ☎ 06 6819 20 96   **Stadtplan** *12 D2* **Karte** *U2*

Mediterrane Küche nahe dem Pantheon. Die lokalen Spezialitäten wie *spaghetti alla carbonara* und *bucatini alla amatriciana* (Nudeln mit Speck in Tomatensauce) werden in großen Portionen als erster Gang serviert, als Hauptgang wählen viele Gäste die Speisen mit saftigem Schweinefleisch. Im Sommer wird auf der Terrasse gespeist.

L'Eau Vive   👥 📋 ⑤   €€
Via Monterone 85, 00186 ☎ 06 68 80 10 95   **Stadtplan** *12 D3* **Karte** *U3*

Hier kochen und servieren Schwestern eines französischen Ordens. Die Küche dieses Landes spielt in L'Eau Vive eine große Rolle. Ein Teil der Einnahmen geht an Missionsstationen in Afrika und Indien. *Quiche lorraine, escargots,* französische Zwiebelsuppe und Ente *à l'orange* sind Standards neben Couscous und internationalen Gerichten.

La Matricianella   👥 📋   €€
Via del Leone 2–4, 00186 ☎ 06 683 21 00   **Stadtplan** *4 F3 (12 D1)* **Karte** *G4*

La Matricianella ist nur einen kurzen Spaziergang vom Parlament entfernt und hebt sich angenehm von den vielen Touristenfallen der Umgebung ab. Die Gäste schätzen die italienische Küche ebenso wie die entspannte Atmosphäre und den guten Service. Spezialitäten sind Bries, *fettuccine* mit Leber und Eintöpfe. Gute Weine, große Käseauswahl.

Maccheroni   👥 📋   €€
Piazza delle Coppelle 44, 00186 ☎ 06 68 30 78 95   **Stadtplan** *12 D2* **Karte** *U2*

In dem attraktiven Restaurant mischen sich Retro-Design und moderner Look. Unkonventionell ist auch die Auswahl an Gerichten: Traditionelles wie *tonnarelli alla carbonara* wird ebenso offeriert wie Ungewöhnliches (z. B. *fettuccine al tartufo*). Auch gegrilltes Fleisch ist sehr lecker. Für das Wochenende sollte man reservieren.

Il Bacaro   📋   €€€
Via degli Spagnoli 27, 00186 ☎ 06 687 25 54   **Stadtplan** *4 F3 (12 D2)* **Karte** *U2*

Das romantische Restaurant liegt in einer kleinen Gasse unweit des Pantheon und rühmt sich zu Recht seiner kreativen Küche. Risotto mit Käse, Pasta mit Spargelsauce sowie Filetsteak in Rotweinsauce zählen zu den beliebtesten Gerichten. Unter den vorzüglichen Desserts empfiehlt sich die Mousse au Chocolat. Vorher reservieren.

La Campana

Vicolo della Campana 18, 00186 📞 *06 686 78 20*

👤🈁 €€€

Stadtplan 12 D1 Karte U1

La Campana eröffnete 1518 und gilt damit als ältestes Restaurant von Rom. Die Fassade wirkt nicht gerade vielversprechend, doch dahinter verbirgt sich ein wahres Juwel. So genießen etwa frittierte Zucchiniblüten. Pasta mit Brokkoli und scharf gewürztes Hähnchen von einem Dessert aus heißen Kirschen und Eiscreme abgerundet. Gute Weinkarte.

Clemente alla Maddalena

Piazza della Maddalena 4/5, 00186 📞 *06 683 36 33*

🈁👤🈁♿ €€€

Stadtplan 4 F3 (12 D2) Karte U2

Das Lokal liegt direkt gegenüber der Kirche La Maddalena in einem Palazzo (16. Jh.). Das Ambiente wird von den holzgetäfelten Wänden und der gemütlichen Terrasse geprägt. Eine gute Wahl sind etwa die *spaghetti Senatore Cappelli* (mit Pecorino und Zucchini), der Oktopus-Salat oder das Filetsteak mit Pilzen. Gute Weinkarte.

Fortunato al Pantheon

Via del Pantheon 55, 00186 📞 *06 679 27 88*

🈁 €€€

Stadtplan 4 F4 (12 D2) Karte U2

Die exzellente Küche und die Lage beim Pantheon ziehen viele Politiker aus dem nahe gelegenen Parlament an, obwohl (oder vielleicht gerade weil) die Einrichtung etwas altmodisch ist. Das Fortunato ist eine wahre Institution, doch die Küche erweitert ihr Repertoire kontinuierlich. Die Preise sind durchaus angemessen.

Riccioli Café

Via delle Coppelle 13, 00186 📞 *06 68 21 03 13*

🈁🈂 €€€

Stadtplan 2 F3 Karte U2

Der trendige Hotspot bietet Seafood en masse. Die Speisekarte präsentiert klassische Mittelmeerküche, Suhsi und Sashimi. Zudem gibt es eine Austernbar. Einige Fleischgerichte sind natürlich auch erhältlich. Umfassende Weinkarte mit internationalen Tropfen. Das Riccioli hat zum Frühstück, Mittagessen, zur Happy Hour und abends geöffnet.

Sangallo

Via dei Coronari 180, 00186 📞 *06 686 55 49*

🈁 €€€

Stadtplan 4 E3 Karte V3

Elegantes Restaurant mit täglich wechselnder Speisekarte. Sehr beliebt sind die Fischgerichte, die aus dem Fang des Tages zubereitet werden. Weitere Favoriten des Hauses sind Büffel-*ragù*, *carpaccio*, *stracotto* (eine Art Eintopf) und die vielfältigen Käsegerichte.

Trattoria

Via del Pozzo delle Cornacchie, 00186 📞 *06 68 30 14 27*

👤🈁 €€€

Stadtplan 12 D2 Karte U2

Auf der Speisekarte finden sich interessante Versionen sizilianisch inspirierter Gerichte, die durch Kräuter, Zitronenschalen oder Nüsse ihr Aroma erhalten. Gern gewählt werden Fleischbällchen mit Pinienkernen und Mandeln oder Jakobsmuscheln mit Orangen und Nüssen. Dazu passt sicher einer der sizilianischen Weine.

La Rosetta

Via della Rosetta 8, 00186 📞 *06 68 30 98 41*

🈁 €€€€€

Stadtplan 4 F3 (12 D2) Karte U2

Frühzeitige Reservierung ist im feinsten Fischrestaurant von Rom absolut erforderlich. Der Fisch für die einfachen, aber hervorragend zubereiteten Gerichte wird jeden Tag frisch aus Sizilien eingeflogen. Um die Kosten in Grenzen zu halten, ist das Mittagsmenü eine gute Alternative. Zu jedem Gericht gibt es den passenden edlen Tropfen.

Piazza Navona

Fraterna Domus

Via di Monte Brianzo 62 (Ecke Via del Cancello), 00186 📞 *06 68 80 27 27*

👤🈁♿ €

Stadtplan 11 C1 Karte F4 (T1)

Ein etwas anderes gastronomisches Erlebnis: Das von Ordensschwestern betriebene Fraterna Domus ist spartanisch eingerichtet und doch der ideale Ort für ein schmackhaftes Essen ohne jeglichen Schnickschnack. *Minestrone* oder *pollo arrosto* (gebratenes Geflügel) sind typische Gerichte. Achtung: Sie müssen an der Eingangstür klingeln.

Da Tonino

Via del Governo Vecchio 18, 00186 📞 *33 35 8770 79*

👤 €

Stadtplan 4 E4 Karte F5 (S/T3)

Riesige Portionen typischer römischer Hausmannskost zu vernünftigen Preisen sind Markenzeichen des Lokals. Sie bekommen hier mit die beste *carbonara* der Stadt. Die Atmosphäre könnte kaum authentischer sein. Wählen Sie den Hauswein, und behalten Sie noch etwas Appetit für ein *tiramisù* oder ein *crostata* mit Pinienkernen.

Cul de Sac

Piazza di Pasquino 73, 00186 📞 *06 68 80 10 94*

€€

Stadtplan 4 E4 (11 C3) Karte T3

Mit einer mehr als 30-jährigen Tradition ist das Cul de Sac die älteste Weinbar in Italiens Hauptstadt. Hunderte von Weinen – aus Italien und anderen Ländern – stehen auf der endlos langen Weinkarte. Auch die Auswahl an Speisen ist groß. Klassiker sind z. B. geräucherter Schwertfisch, Püree von roten Linsen, *salumi* und diverse Pasteten.

La Focaccia

Via della Pace 11, 00186 📞 *06 68 80 33 12*

👤🈁 €€

Stadtplan 11 C3 Karte T2/3

Das schicke, sehr lebhafte Restaurant liegt in einer schönen Straße nahe der Piazza Navona. La Focaccia bietet ein wahrhaft beeindruckendes Interieur, im Sommer wird auch auf der Terrasse serviert. Die Küche ist sehr bodenständig: *zeppole* (Schmalzgebackenes), Pizza, Pasta und gegrilltes Fleisch. Die Gäste kommen aus aller Welt.

Stadtplan *siehe Seiten 396–419*

Da Luigi

Piazza Sforza Cesarini 24, 00186 06 686 59 46   *Stadtplan 11 B3* **Karte** *S3*

Traditionelle römische Küche ist in diesem gemütlichen Restaurant angesagt. Das Essen ist nicht nur recht günstig, sondern auch mehr als sättigend. Da Luigi bietet ein reichhaltiges Salatbuffet. Weitere Spezialitäten sind Fisch-*carpaccio*, Austern, Pastagerichte sowie gegrillte Fisch- und Fleischgerichte.

Il Cantuccio

Corso Rinascimento 71, 00186 06 68 80 29 82   *Stadtplan 4 E3 (11 C2)* **Karte** *F5 (T3)*

Wenn im Cantuccio das Kerzenlicht in großen Spiegeln leuchtet, gibt sich die italienische Prominenz hier ein Stelldichein. Köstlich: mit Kabeljaurogen und Pecorino angereicherte Kartoffelsuppe oder Steinbutt in Kartoffel-Zucchini-Kruste. Danach gibt es *profiteroles* oder Vin Santo mit *cantucci*. Exzellenter Service. Bis nach Mitternacht geöffnet.

Etabli' Restaurant & Wine Bar

Vicolo delle Vacche 9A, 00186 06 97 61 66 94   *Stadtplan 4 E4* **Karte** *U2*

Weinbar und Restaurant in einem. Das Angebot umfasst Gerichte aus Italien und anderen Mittelmeerländern. Versuchen Sie Fischtatar oder Calamari, auch Pasta und Käseplatten stellen jeden Gast zufrieden. Das Ambiente passt ebenfalls: Pasteltöne und Antiquitäten schaffen eine heimelige Atmosphäre. Die Weinauswahl ist groß.

Hostaria dell'Orso

Via dei Soldati 25C, 00186 06 68 30 11 92   *Stadtplan 11 C2* **Karte** *T2*

Modisch elegantes Restaurant in einem Palazzo aus dem 14. Jahrhundert. Erlesene Gerichte, exzellenter Service und umfangreiches Weinangebot sind Pluspunkte. Wolfsbarsch mit Pestosauce oder Spanferkel mit Birnen gehören zu den typischen Gerichten. Pianobar und Nachtclub im Untergeschoss. Nur abends geöffnet.

Piazza di Spagna

Tad Café

Via del Babuino 155A, 00187 06 95 06 14 82   *Stadtplan 5 A2* **Karte** *G3*

Perfekte Lage nahe der Piazza del Popolo und ein malerischer begrünter Innenhof – das hypermoderne Café bietet leichte Snacks und Tagesgerichte. Am besten kommt man nach einer ausgiebigen Shopping-Tour am späten Vormittag oder am Sonntag zum Brunch hierher. Das Essen zeigt neben italienischen auch fernöstliche Einflüsse.

Edy

Vicolo del Babuino 4, 00187 06 36 00 17 38   *Stadtplan 4 F1* **Karte** *G3*

Das Edy ist ein freundliches, manchmal aber etwas lautes Lokal in guter Lage. Für das ansonsten hochpreisige Stadtviertel sind die Preise durchaus moderat. Die Tafel am Eingang kündigt die Spezialitäten des Tages an, darunter z. B. *fettuccine ai funghi porcini*, *scamorza al prosciutto* (geräucherter Käse mit Schinken) oder gegrillte Garnelen.

Fiaschetteria Beltramme

Via della Croce 39, 00187   *Stadtplan 5 A2* **Karte** *G/H3*

Das Lokal nahm seinen Betrieb 1886 auf und hat sich seine Faszination seither bewahrt. Die Atmosphäre ist ungezwungen, die Wände sind mit Bildern quasi zugepflastert. Allerdings ist es hier manchmal sehr voll. Reservierung ist nicht möglich. Das Speisenangebot ist typisch für Rom. Freitags wird Fisch serviert.

'Gusto

Piazza Augusto Imperatore 9, 00186 06 322 62 73   *Stadtplan 4 F2* **Karte** *G3*

Familienbetrieb mit Weinbar, Osteria, Pizzeria und Restaurant zur Auswahl. Das 'Gusto ist überaus beliebt, das Essen ist für seine hohe Qualität bekannt. Es kann einem passieren, dass man keinen Platz bekommt, obwohl es hier keinen Ruhetag gibt. Der Brunch am Sonntag ist legendär. Gemütlich ist es auch auf der Terrasse.

Il Giardino

Via Zucchelli 29, 00187 06 488 52 02   *Stadtplan 5 B3* **Karte** *J4*

Das Lokal liegt in Gehweite zur Piazza Barberini und ist nach dem hübschen Garten benannt, in dem man nicht nur zur warmen Jahreszeit gemütlich sitzen kann. Vor allem die Pastagerichte sind exzellent, darunter *spaghetti con vongole veraci* (mit Venusmuscheln) oder *linguini al limone*. Für die Gegend eine günstige Wahl.

Margutta Vegetariana

Via Margutta 118, 00187 06 32 65 05 77   *Stadtplan 4 F1* **Karte** *G/H3*

Ein farbenfroher, mit Pflanzen prunkender Speiseraum mit moderner Kunst und Jazz im Hintergrund – dies zeichnet die Atmosphäre von Roms bestem vegetarischem Lokal aus. Die Mittagsbuffets sind gut und günstig, auch der Brunch am Sonntag ist ganz hervorragend. Wie zu erwarten, serviert man hier sehr gute Bio-Weine.

Palatium

Via Frattina 94, 00187 06 69 20 21 32   *Stadtplan 5 A2* **Karte** *V1*

Das Restaurant mit Weinbar ist einzigartig. Es wird von der Region Latium gesponsert und verarbeitet die besten Produkte der Gegend, darunter Wein, Käse, Schinken sowie das hiesige Olivenöl und Mineralwasser. Empfehlenswert: Kichererbsensuppe mit *baccalà* (Stockfisch) und *abbacchio alla scottadito* (gegrillte Lammkoteletts).

Buca di Ripetta ▤ €€€
Via di Ripetta 36, 00186 📞 *06 321 93 91*   **Stadtplan 4 F1 Karte G3**

Das Buca di Ripetta befindet sich in einer historischen Weinhandlung und hat neben Holzregalen mit vielen Weinflaschen und schönen schmiedeeisernen Kronleuchtern auch ein paar Tische. Zum Wein (auch glasweise) gibt es klassische Pasta oder Tagesgerichte, etwa Filet in Barolosauce oder Spanferkel vom Grill.

Nino dal 1934 ▤ ♿ €€€
Via Borgognona 11, 00187 📞 *06 679 56 76*   **Stadtplan 5 A2 (12 E1) Karte V1**

Familiengeführtes Restaurant in eleganter Umgebung. Toskanische Küche prägt das Angebot auf der Speisekarte. Bekannt ist das Lokal für seine Gemüsesuppen (vor allem aus Spinat, Bohnen und Tomaten), auch Pastagerichte sind beliebte Vorspeisen. Viele Gäste wählen ein Steak als Hauptgang. Alle Weine sind aus Italien, viele aus der Toskana.

La Penna d'Oca ▤ ♿ €€€
Via della Penna 53, 00126 📞 *06 320 28 98*   **Stadtplan 4 F1 Karte G2**

Unweit der Piazza del Popolo liegt diese ansprechende Trattoria mit ihrem urgemütlichen Speiseraum. Im Sommer wird auf der ebenso angenehmen Terrasse serviert. Kreative mediterrane Küche, freundlicher Service und exzellente Weine. Spezialitäten sind *risotto alle ostriche* (Austernrisotto) oder Steinbutt. Nur abends geöffnet.

Le Sorelle ▤ €€€
Via Belsiana 30, 00187 📞 *06 679 49 69*   **Stadtplan 4 F2 Karte G3**

Die beiden Schwestern, die dieses Lokal betreiben, können sich auf ihr Stammpublikum verlassen. Hier sitzt man sehr gemütlich, die mediterran angehauchte Küche ist kreativ. Steinpilzcreme in Teigmantel, Rührei mit Trüffel oder *pasta gricia al tartufo* sind typische Gerichte. Die Weinauswahl kann sich sehen lassen.

Dal Bolognese ▤ €€€€
Piazza del Popolo 1, 00187 📞 *06 361 14 26*   **Stadtplan 4 F1 Karte G2**

Das günstig gelegene und seit Langem etablierte Restaurant lockt mit der Küche der Emilia ein großes Publikum an, darunter auch Politiker und andere Prominenz. Auf der Speisekarte stehen Bandnudelgerichte wie *tagliatelle al tartufo* (mit Trüffeln) oder *pappardelle* mit Geflügel-*ragù*. Prompter Service und beeindruckende Weinkarte.

Casina Valadier ▤ ♿ 🍴 €€€€
Piazza Bucarest, 00187 📞 *06 69 92 20 90*   **Stadtplan 5 A1 Karte J1**

Der erhabene Palazzo befindet sich mitten im Pincio-Park um die Villa Borghese, nur zehn Minuten zu Fuß von der Spanischen Treppe entfernt. Nach kostspieliger Renovierung erstrahlt das Anwesen nun wieder im alten Glanz. Auf zwei Stockwerken und auf der geräumigen Terrasse wird italienische Küche serviert.

Hassler-Roof Garden Imagò ▤ ♿ 🎵 🍴 €€€€€
Piazza Trinità dei Monti 6, 00187 📞 *06 69 93 47 26*   **Stadtplan 5 A2 Karte H3**

Vom Restaurant im Obergeschoss des Hotels Hassler oberhalb der Spanischen Treppe blickt man über das Häusermeer der Innenstadt. Mit seinem tadellosen Service und dem delikaten italienischen Essen, das die kreativen Küchenchefs jeweils der Jahreszeit anpassen, ist es ideal für eine Genusssorgie.

Le Jardin du Russie 🪑 ▤ ♿ €€€€€
Via del Babuino 9, 00187 📞 *06 32 88 88 70*   **Stadtplan 4 F1 Karte G3**

Le Jardin in traumhafter Lage inmitten bezaubernder Gärten serviert italienische Küche, die keine Wünsche offenlässt. Die täglich wechselnde Karte bietet Verlockungen wie *foie gras*, Kürbisravioli mit Steinpilzen, getrüffelter Petersfisch und als Dessert Schokoladentarte an einem Sorbet aus Passionsfrucht. Es gibt auch Kindermenüs.

Campo de' Fiori

Insalata Ricca 🪑 ▤ €
Via dei Chiavari 85, 00186 📞 *06 68 80 36 56*   **Stadtplan 11 C4 Karte F6 (T4)**

Das Restaurant ist das Flaggschiff der gleichnamigen Kette. Liebhaber von Pasta sind hier an der richtigen Adresse. Geradezu berühmt sind jedoch die vielfältigen Salatplatten. Mehr als 30 Variationen stehen zur Auswahl – zu den meistgewählten gehört *insalata baires* (mit Gorgonzola, Äpfeln und Walnüssen).

Sora Margherita 🗄 €
Piazza delle Cinque Scole 30, 00186 📞 *06 687 42 16*   **Stadtplan 12 D5 Karte U5**

Die gut besuchte Trattoria ist eine Institution. Serviert werden traditionelle römisch-jüdische Gerichte wie *carciofi alla giudia* (frittierte Artischocken), aber auch Klassiker wie *pasta cacio e pepe* (Pasta mit Pecorino und Peperoni) oder *ossobucco* (geschmorte Beinscheibe vom Kalb). Keine Angst: Sie müssen eine Mitgliedskarte ausfüllen.

Ar Galletto ▤ ♿ €€
Piazza Farnese 107, 00186 📞 *06 686 17 14*   **Stadtplan 11 C4 Karte T4**

Die Hauptattraktion der Trattoria ist ihre Lage: Wenn es warm genug ist, um draußen zu sitzen, haben Sie einen wunderbaren Blick auf die Brunnen am Platz und auf den Palazzo Farnese. Das Essen ist anständig, besondere Erwähnung verdienen die *penne all'arrabbiata* (Pasta in scharfer Tomatensauce).

Ditirambo   🧍 ☰   €€

Piazza della Cancelleria 74–75, 00186 📞 *06 687 16 26*   **Stadtplan** 11 C4 **Karte** T4

Das beliebte Lokal serviert klassische italienische Küche aus Bio-Produkten. Auf der Speisekarte stehen auch vegetarische Gerichte wie *ravioli alla zucca* (Ravioli mit Kürbisfüllung) oder Spezialitäten wie *baccalà* (Stockfisch) in Sesam-Thymian-Kruste. Schneller Service. Reservierung empfohlen.

Il Gonfalone   €€

Via del Gonfalone 7, 00186 📞 *06 6880 12 69*   **Stadtplan** 11 A3 **Karte** R3

Das Restaurant ist in einem Renaissance-Palazzo nahe der Via Giulia untergebracht und vor allem im Sommer eine gute Wahl, wenn man im Freien essen will. Abends trägt das Kerzenlicht viel zur Atmosphäre bei. Die Weinauswahl ist erlesen, die neapolitanischen Gerichte werden mit frischen Produkten zubereitet. Es gibt auch Pizzas.

Da Pancrazio   🧍   €€

Piazza del Biscione 92, 00186 📞 *06 686 12 46*   **Stadtplan** 11 C4 **Karte** T4

Hauptattraktion ist der Speiseraum im Untergeschoss – dieser Bereich zählte einst zum Pompeius-Theater. Auf der Speisekarte regiert typisch römische Küche: *pasta alla amatriciana* (Pasta mit Speck in Tomatensauce), *saltimbocca* (Kalbsschnitzel mit Parmaschinken und Salbei) und *abbacchio* (Lammfleisch). Mi geschlossen.

Al Pompiere   ☰   €€

Via S. M. de' Calderari 38, 00186 📞 *06 686 83 77*   **Stadtplan** 4 F5 (12 D5) **Karte** U5

Das Restaurant liegt im Obergeschoss des Palazzo Cenci im jüdischen Viertel und strahlt mit Fresken und Holzbalken ein angenehmes Flair aus. Zu den Highlights der römisch-jüdischen Küche gehören *carciofi alla giudia* (frittierte Artischocken), *rigatoni con la coda* (mit Ochsenschwanzsauce), Rindfleischeintopf, Milchlamm oder *ricotta fritta*.

Thien Kim   🧍 ☰   €€

Via Giulia 201, 00186 📞 *06 6830 78 32*   **Stadtplan** 4 E5 (11 C5) **Karte** R/S4

Das vietnamesische Restaurant serviert seit 1974 authentische südostasiatische Speisen und hat viele Stammgäste. Hier bekommt man Frühlingsrollen, Nudel- und Reisgerichte mit Schweinefleisch, Geflügel und Rindfleisch – verfeinert mit Kokosmilch oder Zitronengras. Nur abends geöffnet.

Il Drappo   ☰ ♿   €€€

Vicolo del Malpasso 9, 00186 📞 *06 687 73 65*   **Stadtplan** 4 D4 (11 B3) **Karte** S3

Ein mit Stoffen, Pflanzen und Kerzen gemütlich dekoriertes Restaurant mit Innenhof und Terrasse. Hier kann man sardische Küche kosten, die Speisen werden mit viel Kreativität zubereitet. Verschiedene Arten von Ravioli (u. a. mit Spinat und Minze), *aragosta* (Hummer) *alla catalana* und Ente mit Äpfeln und Blaubeeren.

Da Giggetto   €€€

Via Portica d'Ottavia 21, 00186 📞 *06 686 11 05*   **Stadtplan** 4 F5 (12 D/E5) **Karte** V5

Ein traditionelles Restaurant mit aufmerksamem Service. Im Sommer wird auf der gemütlichen Terrasse serviert, von der man auf die Portica d'Ottavia blickt. Die Speisen werden ganz im Stil römisch-jüdischer Tradition zubereitet. Das Artischockengericht *carciofi alla giudia* ist der Stolz des Hauses. Bei Besuchern und Einheimischen beliebt.

Monserrato   ☰   €€€

Via Monserrato 96, 00186 📞 *06 687 33 86*   **Stadtplan** 4 D4 (11 B4) **Karte** S4

Nicht nur wegen seiner guten Lage ist das Monserrato sehr beliebt. Vor allem die Gerichte mit Seafood sind für ihre hohe Qualität bekannt, die Zutaten werden jeden Tag frisch geliefert. *Bigoli* mit Garnelen und Spargel zählen zu den Klassikern. Auch Steaks und andere Fleischgerichte werden gern gewählt. Freundlicher Service.

Sora Lella   🧍 ☰   €€€

Via Ponte Quattro Capi 16, 186 📞 *06 686 16 01*   **Stadtplan** 8 D1 **Karte** G7

Das Sora Lella hat eine beneidenswerte Lage auf der Tiberinsel. Gegründet wurde das Restaurant 1959 von der berühmten Schauspielerin Lella Fabrizi. Hervorragende römische Klassiker wie *tonarelli alla cuccagna* (Pasta mit Wurst, Schinken und Walnüssen). Es gibt auch Fisch- und vegetarische Gerichte.

Piperno   ☰ ♿   €€€€

Via Monte de' Cenci 9, 00186 📞 *06 68 80 66 29*   **Stadtplan** 4 F5 (12 D5) **Karte** U5

Seit Mitte des 19. Jahrhunderts wird hier ein Restaurant betrieben. Der Name Piperno ist im Viertel ein Begriff. Kein Wunder, zählen die Gerichte doch zum Feinsten, was die römisch-jüdische Küche bereithält. Der Fisch ist tagesfrisch, auch die Nudeln werden jeden Tag frisch zubereitet. Lecker: *carciofi alla giudia* (hier zweimal frittierte Artischocken).

Camponeschi   ☰   €€€€€

Piazza Farnese 50, 00186 📞 *06 687 49 27*   **Stadtplan** 4 E5 (11 C4) **Karte** F6 (T4)

Das Camponeschi, eines der besten Restaurants in Rom, bietet einen wundervollen Blick auf die Piazza Farnese. Die Küche verknüpft italienische und andere mediterrane Einflüsse auf raffinierte Art. Sehr gute Fisch- und Fleischgerichte. Der Weinkeller umfasst über 400 Weine, auch Tropfen vom eigenen Weinberg. Nur abends geöffnet.

Il Pagliaccio   ☰   €€€€€

Via dei Branchi Vecci 129A, 00186 📞 *06 68 80 95 95*   **Stadtplan** 11 A3/4 **Karte** R/S3

Das Top-Restaurant in einem eher unauffälligen Gebäude bietet kreative italienische Küche mit internationalem Touch. Empfehlenswert: *sogliola in crosta di riso* (Seezunge in Safran-Risotto-Kruste), die mit Fischsuppe serviert wird. Außergewöhliche Desserts. Unbedingt reservieren. Mo, So, 1.–10. Jan, 10 Tage im Winter, 3 Wochen im Aug geschlossen.

Quirinal

Antica Birreria Peroni
Via di San Marcello 19, 00187 06 679 53 10

Stadtplan 5 A4 (12 F3) **Karte W3** €

Zur Mittagszeit geht es hier hoch her, vor allem Gruppen schätzen das gute Essen und die üppigen Portionen in der Birreria. Käse- und Wurstplatten, Salate Pasta, Hamburger und Gulasch sind die Favoriten. Ein herbes Peroni-Bier ist dafür der ideale Begleiter. Sehr bequemer Platz für einen herzhaften Imbiss.

Abruzzi ai SS. Apostoli
Via del Vaccaro 1, 00187 06 679 38 97

Stadtplan 12 F3 **Karte W3** €€

Ein Restaurant im alten Stil mit starken gastronomischen Einflüssen aus den Abruzzen und vorzüglichem Service. Die *pasta amatriciana* (mit Speck und Tomatensauce) oder der Risotto mit Kräutern sind eine gute Wahl. Auch frischer Fisch und Schweinefleischgerichte zählen zu den Spezialitäten. Als Digestif empfiehlt sich das Bittergetränk *amaro*.

Colline Emiliane
Via degli Avignonesi 22, 00187 06 481 75 38

Stadtplan 5 B3 **Karte J4** €€

Ruhig und elegant ist das Ambiente im Colline Emiliane, einer familiengeführten Trattoria. Ihren guten Ruf verdankt sie der exzellenten Küche und hervorragenden Auswahl an Weinen aus der Region Emilia-Romagna. Beliebt sind hausgemachte Tortellini mit Kürbis und Parmesan, hauchdünner Parmaschinken und köstliche Fleischgerichte.

Il Cuore di Napoli
Via Cernaia 31, 00185 06 4434 02 52

Stadtplan 6 D2 **Karte L3** €€

Das angenehme Lokal in der Nähe der Stazione Termini bietet neapolitanische Küche. Die Seafood-Antipasti und der Büffelmozzarella sind sehr schmackhaft. Die Auswahl an Pasta und Pizza ist groß, oft wird auch das Fischgericht des Tages gewählt. Geradezu verführerisch ist die Nachspeise *babà*. Die Weine sind aus Kampanien. Mittägliche Menüs.

Ristorante del Giglio
Via Torino 137, 00184 06 488 16 06

Stadtplan 5 C3 **Karte K4** €€

Das seit langer Zeit familienbetriebene Restaurant nahe dem Opernhaus und der Via Nazionale ist ein Schmuckstück. Sehr zuvorkommender Service, gute Weine und klassische Gerichte. *Fettuccine alla Tosca* (mit Ricotta und Tomaten), *sfogliatine di Manzo al radicchio* sowie gebackener Steinbutt mit Kartoffeln sind Spezialitäten des Hauses.

La Taverna dei Fori Imperiali
Via Madonna dei Monti 9, 00184 06 679 86 43

Stadtplan 5 B5 **Karte J6** €€

In einer Seitenstraße nicht weit vom Forum verbirgt sich das familienbetriebene Restaurant, in dem man solide, leckere römische Küche bekommt. Probieren Sie die *pappardelle alla carbonara* oder die *spaghetti alla amatriciana*. Unter den Hauptgerichten ist auch *saltimbocca*. Reservierung empfehlenswert. Di und 10 Tage im Aug geschlossen.

F.I.S.H.
Via dei Serpenti 16, 00184 06 47 82 49 62

Stadtplan 5 B4 **Karte J5/6** €€€

Das F.I.S.H. ist eines von Roms modischen Imbisslokalen. Die beiden Inhaber verbrachten einige Jahre in Ozeanien. Rot und Schwarz dominieren bei der Ausstattung, die L'Aqua Bar eignet sich für einen Aperitif, die Sushi Bar offeriert japanisches Bier, die Grill Lounge kreiert verlockende Fischgerichte. Nur abends geöffnet.

Al Moro
Vicolo delle Bollette 13, 00187 06 678 34 95

Stadtplan 5 A3 (12 F2) **Karte W2** €€€

Die typische Trattoria, in der traditionelle römische Gerichte serviert werden, existiert seit 1929. Wie in vielen Restaurants der Stadt gibt es einige Gerichte nur an bestimmten Tagen, z. B. Gnocchi am Donnerstag, Lamm oder Kabeljau am Freitag. *Spaghetti alla carbonara* ist eine genauso gute Wahl wie der frische Fisch. Leckere Desserts.

Termini

Da Vincenzo
Via Castelfidardo 4/6, 00185 06 48 45 96

Stadtplan 6 D2 **Karte L3** €€

Fisch ist die Spezialität im Da Vincenzo, einem Restaurant nahe der Stazione Termini. Beginnen Sie z. B. mit Seafood-Antipasti oder geräuchertem Schwertfisch. Als Nudelgang bietet sich *tonnarelli all'astice* (Nudeln mit Hummer) an, gefolgt von gebackener Seebrasse oder Steinbutt mit Kartoffeln. Die hausgemachten Desserts sind köstlich.

Vivendo
Via V. Emanuele Orlando 3, 00185 06 47 09 27 36

Stadtplan 5 C3 **Karte K4** €€€€€

Das stilvolle Vivendo zählt zu den Restaurants der absoluten Spitzenklasse. Die Einrichtung ist stylisch und modern. Die Küche umfasst italienische und internationale Gerichte, die meisten als gelungene Verbindung traditioneller Rezepte mit ungewöhnlichen Gewürzen. Es gibt auch Kinderportionen. Perfekter Service, umfangreiche Weinkarte.

Stadtplan *siehe Seiten 396–419*

Esquilin

La Galina Bianca
Via Rosmini 9, 00184 📞 *06 474 37 77*   🚹 ♿   ©
Stadtplan *6 D4* **Karte** *L5*

La Galina Bianca besitzt eine hübsche Terrasse und einen weitläufigen Speiseraum. Es ist vor allem für seine neapolitanischen Pizzas aus dem Holzkohleofen bekannt. Das Personal ist schnell und freundlich. Gute Antipasti und Pastavariationen. Die Nachspeisen sind hausgemacht. Köstlich: das Tiramisu.

Baires
Via Cavour 315, 00184 📞 *06 69 20 21 64*   🚹 ▤ 🎵 ♿   ©©
Stadtplan *5 B5* **Karte** *J6*

Das Baires hält, was es verspricht: Essen aus Argentinien, Wein und Bier aus Südamerika, dienstags, mittwochs und donnerstags gibt es Live-Musik. Typische Gerichte sind *empanadas* (Fleischpasteten), *pollo all'escabeche* (Hühnchen in würziger Sauce), *matambre* (Rindfleisch) und Steaks vom Holzkohlegrill. Die Mittagsmenüs sind ihren Preis wert.

Cavour 313
Via Cavour 313, 00184 📞 *06 678 54 96*   🚹 ▤   ©©
Stadtplan *5 B5* **Karte** *J6*

Freundliche, holzgetäfelte *enoteca* am westlichen Ende der Via Cavour nahe dem Forum. Die Speisekarte bietet Salate, *carpaccio*, Käse und Wurstwaren sowie eine Reihe warmer Gerichte. Die Zutaten hierfür werden mit großer Sorgfalt ausgewählt, die lange Weinkarte ist – natürlich – hervorragend. Zuvorkommender Service.

Oppio Café & Oppio Grill
Via delle Terme di Tito 72, 00184 📞 *06 474 52 62*   🚹 ▤ 🎵   ©©
Stadtplan *5 C5* **Karte** *K6*

Restaurant, Café und Cocktailbar unter einem Dach. Die Speisekarte umfasst eine Auswahl an Fleisch- und Fischgerichten sowie einige vegetarische Optionen. Die Bar lockt mit raffinierten Drinks und Musik von DJs. Von der Terrasse aus hat man einen fantastischen Blick auf das Kolosseum.

Urbana 47
Via Urbana 47, 00184 📞 *06 47 88 40 06*   🚹 ▤   ©©
Stadtplan *5 C4* **Karte** *K5*

Mit seinem alternativen Touch passt das Restaurant ideal in dieses Viertel. Die mediterranen Gerichte werden überwiegend aus regionalen Zutaten kreiert, manche sind aus biologischem Anbau. Die Weine stammen von Winzern aus Latium. Das Mobiliar (überwiegend Retro-Stil) wird in dem Laden ZOC gleich um die Ecke angefertigt.

Monti
Via di San Vito 13A, 00185 📞 *06 446 65 73*   🚹 ▤   ©©©
Stadtplan *6 D4* **Karte** *L6*

Die zu Recht beliebte, familiengeführte Trattoria bietet Essen aus den Marken. Die Pasta ist hausgemacht, typische Gerichte sind Gemüse-*lasagnette*, Kaninchen oder Hühnchen in Kräutersauce sowie Truthahn in Balsamico. Freitags kommt frischer Fisch von der Adria. Die Weinkarte ist erstklassig, die Nachspeisen ein Traum. Vorab reservieren.

Agata e Romeo
Via Carlo Alberto 45, 00185 📞 *06 446 61 15*   🚹 ♿ 🍴   ©©©©©
Stadtplan *6 D4* **Karte** *L5/6*

Die ehemalige Trattoria wurde in ein international bekanntes Restaurant umgewandelt. Küchenchefin Agata verwendet für ihre kreativen römischen und süditalienischen Gerichte nur feinste Zutaten. Ihr Gatte Romeo empfiehlt als Sommelier zu jedem Essen den geeigneten Tropfen. Das Probiermenü ist hervorragend. Sa, So geschlossen.

Lateran

Arancia Blu
Via Prenestina 396E, 00171 📞 *06 445 41 05*   🚹 ▤ ♿   ©©

Das Restaurant liegt östlich der Stazione Termini und bietet vegetarische Gerichte mit Zutaten aus biologischem Anbau. Risotto mit Gorgonzola und Safran, Kartoffeln mit Ravioli mit Minze, Gemüsebällchen in herzhafter Tomatensauce oder Auberginen-Cannelloni sind Klassiker. Gute Weine und Biere aus kleinen Brauereien.

I Clementini
Via di San Giovanni in Laterano 106, 00184 📞 *06 70 45 42 63 95*   🚹 ▤   ©©
Stadtplan *9 B1* **Karte** *L7*

Passanten kommen hier genauso her wie die Geistlichen der nahe gelegenen Kirche San Clemente. I Clementini ist eine nette, alte Trattoria mit römischer Küche. *Spaghetti alla carbonara, bucatini all'amatriciana* (mit Speck und Tomatensauce), *carciofi alla romana* (Artischocken mit Minze), Kaninchen oder Lamm sind typische Gerichte.

Roberto e Loretta
Via Saturnia 18–24, 00183 📞 *06 77 20 10 37*   🚹 ▤ ♿   ©©
Stadtplan *9 C3* **Karte** *M9*

Der Speiseraum der Trattoria in Familienbesitz wirkt reizvoll altmodisch. Gemütlich ist es auch draußen unter der Pergola. Römische Küche ist angesagt, Fisch- und Fleischgerichte stehen im Vordergrund. Die Speisen werden in üppigen Portionen serviert. Hier stimmt das Preis-Leistungs-Verhältnis, auch beim Wein. Freundlicher Service

SAID dal 1923   🍽️   €€
Via Tiburtina 135, 00185 📞 *06 446 92 04*   **Stadtplan** 6 F4 **Karte** N/P5

Wenig erinnert mehr an die 1923 eröffnete Schokoladenfabrik, in der das Restaurant eingerichtet wurde. Auf der Speisekarte stehen typisch italienische Gerichte. Spezialität des Hauses: *fettuccine di Said* (mit Avocado, Pecorino, Chili und Bitterschokolade). Bestellen Sie zum Dessert die leckere Haselnusscreme, die man auf frisches Brot streicht.

San Lollo   🧑   €€
Via dei Sabelli 51, 00185 📞 *06 494 07 26*   **Stadtplan** 6 F4 **Karte** N/P5

Der Betreiber der sizilianischen Trattoria stammt aus Palermo und serviert Pizza, Fleisch vom Grill sowie klassische Gerichte mit kreativer Note. Beliebt sind z. B. *caponata* (Ratatouille), *vermicelli con la molluca* (Anchovis mit Orangenschalen und Croûtons) oder *paccheri alla Norma* (Nudeln mit Ricotta). Vorzügliche Desserts.

Tram Tram   🧑🍽️   €€
Via dei Reti 44–46, 00185 📞 *06 49 04 16*

Das Restaurant liegt im Herzen des Viertels San Lorenzo und ist wie ein alter Straßenbahnwaggon eingerichtet. Im Tram Tram speist man in ausgelassener Atmosphäre, weit weg von den Touristenmeilen. Die Küche wird stark von Apulien und Sizilien inspiriert. Seafood, Steaks und Pasta mit Fleischsauce werden gern bestellt. Gute Weine.

Charly's Saucière   🍽️♿   €€€
Via San Giovanni in Laterano 270, 00184 📞 *05 70 49 56 66*   **Stadtplan** 9 B1 **Karte** L7

Charly's Saucière ist ein etabliertes schweizerisch-französisches Restaurant, das vor allem an kalten Winterabenden sehr gemütlich ist. Kerzenlichtatmosphäre, delikates Essen und französische Weine machen den Reiz aus. Probieren Sie Gänseleberpastete, Käsesoufflé, Fondue, *bœuf bourguignon*, *crêpes suzette* oder französischen Käse.

Caracalla

Tramonti & Muffati   🍷🍽️   €€
Via di Santa Maria Ausiliatrice 105, 00181 📞 *06 780 13 42*   **Stadtplan** 10 F4

Die freundliche *enoteca* liegt in unmittelbarer Nähe der Via Appia und der Metro-Station Furio Camillo. Das Angebot an Weinen ist exzellent. Tagesmenüs sowie teilweise hausgemachte Käse und Wurstwaren in teilweise sehr überraschenden Kombinationen stehen im Mittelpunkt der Speisekarte. Nur abends geöffnet. Unbedingt reservieren.

Aventin

Divinare   🧑   €€
Via A. Manunzio 13, 00153 📞 *06 57 25 04 32*   **Stadtplan** 8 D3 **Karte** G9

Das Divinare im Viertel Testaccio erstreckt sich fast über einen ganzen Häuserblock. Weinbar und Restaurant sind recht exklusiv. *Spuntini* (Imbisse), Platten von *formaggi e salumi* (Käse und geräucherte Wurstwaren) und Salate werden oft bestellt. Dazu gibt es ein Glas Wein aus der umfangreichen Karte. Günstige Tagesgerichte.

Felice   🍽️   €€
Via Mastro Giorgio 29, 00153 📞 *06 574 68 00*   **Stadtplan** 8 D3 **Karte** G9

Das überaus populäre Restaurant besticht durch die Qualität seiner römischen Küche. *Spaghetti alla carbonara* oder *cacio e pepe* (mit Pecorino) sind ideale Vorspeisen. Eine gute Wahl für den Hauptgang ist *abbacchio arroste* (Lammbraten), als Dessert lockt *torta di ricotta*. So abends und 3 Wochen im Aug geschlossen.

Né Arte Né Parte   🍽️   €€
Via Luca della Robbia 15–17, 00153 📞 *06 575 02 79*   **Stadtplan** 8 D3 **Karte** G9

Einfache Trattoria, in der Klassiker wie *saltimbocca* (Kalbsschnitzel mit Salbei und Schinken), aber auch ungewöhnlichere Gerichte wie *zuppa di fave* (Suppe aus Saubohnen) oder Pasta mit Zucchini und geräuchertem Käse serviert werden. Für ein leichtes Mittagessen findet man am Buffet mit den Antipasti Verführerisches.

Da Oio a Casa Mia   🧑🍽️♿   €€
Via Galvani 43, 00153 📞 *06 578 26 80*   **Stadtplan** 8 D3 **Karte** G10

Die familienbetriebene Trattoria bietet bodenständige römische Gerichte. Die Auswahl an Speisen zählt zum Besten, was Testaccio zu bieten hat, darunter *bucatini alla amatriciana*, *alla gricia* (mit Speck und Käse) oder *alla carbonara*, *tonnarelli cacio e pepe* (mit Pecorino), *rigatoni con la pajata* (mit Rindermagen) oder *abbacchio* (Lamm).

Tuttifrutti   🍽️🎵   €€
Via Luca della Robbia 3A, 00153 📞 *06 575 79 02*   **Stadtplan** 8 D3 **Karte** G9

Essen in flotter Atmosphäre. Das Tuttifrutti bietet kreative römische Küche und Speisen aus anderen Teilen Italiens zu moderaten Preisen. Zu den Standards gehören Antipasti und Pastavariationen, die Fleisch- und Fischgerichte wechseln jeden Tag. Nur abends geöffnet. Gelegentlich gibt es Live-Musik.

Stadtplan *siehe Seiten 396–419*

Checchino dal 1887   ⌖   €€€€
Via Monte Testaccio 30, 00153 ☎ *06 574 63 18*   **Stadtplan** *8 D4* **Karte** *G10*

Checchino dal 1887 ist auf traditionelle *cucina romana* spezialisiert, viele Gerichte basieren auf dem *quarto quinto* (u. a. Innereien). Ursprünglich war es im Schlachthaus gegenüber untergebracht. Es gibt *rigatoni alla pajata* (Darm vom Milchkalb), *coda alla vaccinara* (Ochsenschwanz), *carciofi alla romana* oder Schweinsfußsülze. Preiswerte Menüs.

Trastevere

ArtTwo   ▤   €
Largo M. D. Fumasoni Biondi 5, 00153 ☎ *06 588 03 98*   **Stadtplan** *7 C1*

Ein Mix aus angelsächsischem und italienischem Stil. Das freundliche Lokal bietet solide Kost wie z. B. Sandwiches, Pasta, Steaks und am frühen Abend ein gutes Buffet. Die Restaurant-Bar befindet sich im ehemaligen Presbyterium von Santa Maria di Trastevere, beim Dekor ließ man sich von Mondrian inspirieren. Es gibt sehr gutes Bier vom Fass.

Il Boom   ▤   €€
Via dei Fienaroli 30A, 00153 ☎ *06 589 71 96*   **Stadtplan** *7 C1* **Karte** *F7*

Das geschäftige Bistro ist extravagant eingerichtet. Die bunten Stühle, die großen Schwarz-Weiß-Fotos mit Szenen aus dem Rom der 1960er Jahre und die alte Musikbox mit italienischen Klängen harmonieren perfekt. Der junge Koch aus Kalabrien bringt südliches Flair in die Küche. Das Angebot wechselt täglich und ist saisonal orientiert.

Alle Fratte di Trastevere   ♟▤   €€
Via delle Fratte di Trastevere 49, 00153 ☎ *06 583 57 75*   **Stadtplan** *7 C1* **Karte** *F7*

Das Restaurant im Herzen von Trastevere bietet römisch-neapolitanisch inspirierte Küche – egal, ob Pasta- oder Fleischgerichte. Auch Fisch steht zur Auswahl. Klassiker sind Oktopus-Antipasto oder gebackene Seebrasse, aber auch die einfachen Bruschette. Die Portionen sind großzügig bemessen. Sehr beliebtes Lokal.

Isole di Sicilia   ♟▤⌖   €€
Via Garibaldi 68/69, 00153 ☎ *06 58 33 42 12*   **Stadtplan** *7 B1* **Karte** *E7*

Das Restaurant ist eine sonnige sizilianische Weinbar nahe der Straße, die zum Gianicolo hinaufführt. Holztische und Keramik aus Caltagirone sorgen für eine behagliche Atmosphäre. Die Küche ist genauso sizilianisch wie die mehr als 250 Weine. Das Angebot an Salaten und *focacce* ist übergroß.

Da Lucia   ♟   €€
Vicolo del Mattonato 2B, 00153 ☎ *06 580 36 01*   **Stadtplan** *7 B1* **Karte** *E7*

Kleine, familiengeführte Trattoria in einer der schönsten Straßen von Trastevere. Es gibt nur wenige Tische, im Sommer wird auf der Terrasse serviert. Das Essen ist vorzüglich, auch wenn die Auswahl nicht sehr groß ist. Typische Gerichte sind *alici al limone* (Anchovis in Zitronensaft), Pasta mit Brokkoli und Stechrochen, Kaninchen und Kutteln.

Antica Pesa   ♟▤   €€€
Via Garibaldi 18, 00153 ☎ *06 580 92 36*   **Stadtplan** *4 D5, 11 B5, 7 B1* **Karte** *E7*

Im früheren Zollhaus (17. Jh.) des Vatikans hat sich das Antica Pesa mit seinem begrünten Innenhof eingerichtet. Die vorzügliche Küche trägt deutlich mediterrane Züge, das Angebot auf der Speisekarte wechselt je nach Saison und Gusto des Küchenchefs. Die Weinkarte ist lang. Ein schöner Platz zum Essen und Entspannen.

Asinocotto   ▤   €€€
Via dei Vascellari 48, 00153 ☎ *06 589 89 85*   **Stadtplan** *8 D1* **Karte** *G7*

In einer ruhigeren Ecke von Trastevere findet man das elegante, einladende Restaurant von Giuliano Brenna. Das Angebot der Speisekarte wechselt nach Saison, die Gerichte haben alle das gewisse Etwas, etwa die hausgemachte Pasta mit Enten-*ragù*, das Lamm in Biersauce oder das in Honig glacierte gebratene Täubchen.

Enoteca Ferrara   ▤⌖   €€€
Via del Moro 1A, 00153 ☎ *06 58 33 39 20*   **Stadtplan** *7 C1* **Karte** *F7*

Die Enoteca Ferrara liegt hinter der Piazza Trilussa in einem Palazzo aus dem 17. Jahrhundert. Weinbar, Laden und Restaurant bieten in insgesamt fünf Räumen einen exzellenten Service. Die hervorragende Küche besticht durch ihre Kreativität, das Weinangebot umfasst mehr als 1000 verschiedene Tropfen.

La Gensola   ▤   €€€
Piazza della Gensola 15, 00153 ☎ *06 581 63 12*   **Stadtplan** *8 D1* **Karte** *G7*

Ende des 19. Jahrhunderts trafen sich hier die Maler, heute betont das Ehepaar Claudio und Irene die lockere Atmosphäre des Lokals. Die Küche orientiert sich an Sizilien, frischer Fisch prägt das Angebot. Unter den Spezialitäten ist das Thunfischtatar mit Meerrettichsauce. 2 Wochen im Aug geschlossen.

Ripa 12   ▤⌖   €€€
Via di San Francesco a Ripa 12, 00153 ☎ *06 580 90 93*   **Stadtplan** *7 C2* **Karte** *F7/8*

Im südlichen Trastevere, weit weg von den Touristenmeilen, liegt das Ripa 12. Hier sind exzellente Speisen aus dem gesamten Mittelmeerraum mit einem großen Angebot an Fischgerichten zu haben. Marinierter Barsch ist ein guter Einstieg, dann könnte Fisch oder eine Seafood-Platte folgen. Bei den Leuten aus der Nachbarschaft sehr beliebt.

Somo

🏃 ▤   €€€

Via Goffredo Mameli 5, 00153 📞 *06 588 20 60*   **Stadtplan** *7 B1* **Karte** *E7/8*

Das etwas glatt wirkende japanische Fusionsrestaurant ist ein weiterer Beleg für die Veränderung der sich Trastevere unterzieht. Die Speisekarte listet die gesamte Palette japanischer Spezialitäten auf – Sushi, Sashimi sowie Reis- und Nudelgerichte in allen Variationen. Dazu munden die italienischen Weine, auch die Cocktails sind perfekt.

Vizi Capitali

▤   €€€

Vicolo della Renella 94, 00153 📞 *06 581 88 40*   **Stadtplan** *7 C1* **Karte** *F7*

Vizi Capitali hat einen eleganten Speiseraum mit Ölgemälden, die die sieben Todsünden thematisieren. Beliebte Spezialitäten des Hauses sind Oktopus mit mariniertem Gemüse oder Bresaola mit Pecorino und Kastanienhonig. Als leckeres Dessert eignet sich warmer Schokoladenkuchen mit karamellisierten Früchten.

Gianicolo

Lo Scarpone

🏃   €€

Via di San Pancrazio 15, 00152 📞 *06 581 40 94*   **Stadtplan** *7 A1* **Karte** *D7/8*

Auf diesem Hügel liegt Ihnen ganz Rom zu Füßen. Lo Scarpone ist ein elegantes Restaurant mit edler Einrichtung. Im Sommer ist es im Garten ausgesprochen gemütlich. Das Ambiente des Speiseraums ist auf liebenswerte Art rustikal. Die Speisen werden nach alten Rezepten zubereitet. Gute Angebote an Fisch- und Fleischgerichten.

Vatikan

Il Bar Sotto il Mare

▤   €€

Via Tunisi 27, 00192 📞 *06 39 72 84 53*   **Stadtplan** *3 B2* **Karte** *C3*

Familiengeführtes Restaurant mit freundlichem Service gegenüber den Vatikanischen Museen. Meeresfrüchte dominieren hier die Speisekarte. Il Bar Sotto il Mare serviert Krustentiere als Vorspeise, gefolgt von immer wieder neuen Pastagerichten oder gegrilltem Fisch.

Borgo Antico

▤   €€

Borgo Pio 21, 00193 📞 *06 686 59 57*   **Stadtplan** *3 C3* **Karte** *D4*

Borgo Antico ist eine gediegene Taverne, in der vor allem originelle Wurst- und Fleischplatten verzehrt werden. Das Angebot reicht von Käsefondue bis zu *La Papalina* (Kartoffeln mit Trüffeln), der Spezialität des Hauses. Die Pasta ist hausgemacht, es gibt auch Bruschetta und Polenta. Die vorzüglichen Weine kann man auch glasweise bestellen.

Osteria dell'Angelo

▤   €€

Via G. Bettolo 24–32, 00195 📞 *06 372 94 70*   **Stadtplan** *3 B1* **Karte** *C2*

Dell'Angelo ist eine Trattoria mit zeitloser Küche. Die Atmosphäre ist ungezwungen und geschäftig. *Tonnarelli cacio e pepe* (Pecorino und Pfefferschoten), *rigatoni alla carbonara*, *coda alla vaccinara* (Ochsenschwanz) und andere Gerichte aus der Schatztruhe römischer Küche. Das Essen ist günstig. Reservierung empfohlen.

La Piccola Irpinia

🏃 ▤   €€

Via Muzio Clementi 69–75, 00193 📞 *05 320 45 08*   **Stadtplan** *4 E2* **Karte** *F3*

Nahe der Piazza Cavour und dem Castel Sant'Angelo liegt dieses Restaurant einer Familie aus Irpinia (unweit von Neapel). La Piccola bietet mit großer Sorgfalt zubereitete Fleisch- und Fischgerichte ebenso wie hausgemachte Pasta, die allein schon den Besuch lohnt. Probieren Sie auch die Montella-Kastanien.

Taverna Angelica

▤   €€

Piazza A. Capponi 6, 00193 📞 *06 687 45 14*   **Stadtplan** *3 C2* **Karte** *D3/4*

Kreativ zubereitete Speisen aus der Region werden in diesem modernen Restaurant serviert. Auf der Speisekarte stehen u.a. hausgemachte Pasta mit Garnelen und Kürbis, Meeresfrüchte-Gnocchi oder Geflügelgerichte. So leckeren Nachspeisen wie dem Käsekuchen mit Zitronenaroma kann wohl niemand widerstehen.

Da Benito e Gilberto

▤   €€€

Via del Falco 19, 00193 📞 *06 686 77 69*   **Stadtplan** *3 C2* **Karte** *D4*

Die Wände des kleinen, eleganten Restaurants sind mit Bildern übersät. Nur die frischesten Fische und Meeresfrüchte kommen hier auf den Teller. Die Speisen sind recht einfach, doch mit großer Sorgfalt zubereitet. Die Liste von edlen Tropfen bietet für jeden Gaumen etwas. Reservierung wird empfohlen. So und Mo geschlossen.

Da Cesare

▤   €€€

Via Crescenzio 13, 00193 📞 *06 686 12 27*   **Stadtplan** *4 D2* **Karte** *E3*

Das 1966 eröffnete Restaurant offeriert klassische Gerichte mit erlesenen Zutaten. Der elegante Speiseraum wird von Gewölben geprägt, der Service ist aufmerksam, die Weinkarte ausgewogen. Räucherfisch, Wildschinken, Fischsuppe, Hummer und Italiens bestes Rindfleisch aus dem Val di Chiana sind die Renner auf der Speisekarte.

Stadtplan *siehe Seiten 396–419*

Siciliainbocca 🕴 ▤ €€€
Via E. Faà di Bruno 26, 00195 ☎ *06 37 51 24 85*

Siciliainbocca ist ein reizendes sizilianisches Restaurant. Leuchtendes Gelb und Keramik aus Caltagirone prägen das Ambiente. Serviert wird alles, was den gastronomischen Reiz der Insel ausmacht: *pasta alla Norma* (mit Auberginen, Tomaten und Ricotta) oder *pasta con le sarde* (mit Sardinen und Fenchel) sowie Fisch- und Fleischgerichte.

Dal Toscano ▤ €€€
Via Germanico 58, 00192 ☎ *06 39 72 57 17* **Stadtplan 3 B2 Karte C/D3**

Auf die gleichbleibend hohe Qualität der Speisen im Dal Toscano kann man sich verlassen. Der Speiseraum ist holzgetäfelt, im Sommer kann man im Freien essen. Der Service ist ganz nach alter Schule. Sehr beliebt sind die Gerichte aus gekochtem Fleisch sowie *pappardelle al sugo di lepre* (Hasenfleisch), Polenta und *bistecca alla Fiorentina*.

Velando ▤ ⅄ €€€
Borgo Vittorio 26, 00193 ☎ *06 68 80 99 55* **Stadtplan 3 C3 Karte D4**

Eine Mischung aus traditioneller Küche und *nouvelle cuisine* mit Gerichten aus dem Val Camonica in der Lombardei. Die Speisekarte des minimalistisch wirkenden Lokals bietet Überraschungen, darunter Risotto mit Walderdbeeren, Truthahn mit Birnen oder Gerichte mit Kastanien, Käse und Steinpilzen. Auch die Nachspeisen sind vorzüglich.

Veranda ▤ ⅄ €€€€
Hotel Columbus, Borgo Santo Spirito 73, 00193 ☎ *06 687 29 73* **Stadtplan 3 C3 Karte D4**

Das Veranda im eleganten Palazzo della Rovere bietet die Qualität, die man von einem guten Hotelrestaurant erwarten kann. Die Decke des Speisesaals zieren Fresken von Pinturicchio. Kreative italienische Küche, z.B. Pasta aus Kastanienmehl mit Lamm-*ragù* oder Täubchenbrust an Barolosauce. Preiswertere Mittagsmenüs.

La Pergola ▤ ⅄ 🕇 €€€€€
Via A. Cadlolo 101, 00136 ☎ *06 35 09 21 52*

La Pergola liegt in den Hügeln oberhalb des Vatikans und zählt zu den besten Restaurants der Stadt. Das Essen kann nur mit Superlativen beschrieben werden und stellt selbst härteste Kritiker zufrieden (drei Michelin-Sterne). Serviert wird auch auf der Dachterrasse mit wunderbarer Aussicht. Exzellentes Probiermenü, perfekt darauf abgestimmte Weine.

Via Veneto

Cantina Cantarini €€
Piazza Sallustio 12, 00187 ☎ *06 48 55 28* **Stadtplan 5 C2 Karte K3**

Das altehrwürdige Lokal ist eine Trattoria par excellence – mit dicht besetzten Tischen, geschäftigen Kellnern und riesigen Portionen römischer und regionaler Gerichte, etwa *coniglio alla cacciatore* (Kaninchen mit Knoblauch und Rosmarin). Montag bis Donnerstag dominiert mittags Fleisch, Donnerstagabend bis Samstag gibt es Fisch.

Da Giovanni 🕴 ▤ €€
Via Antonio Salandra 1, 00187 ☎ *06 48 59 50* **Stadtplan 5 C2 Karte K3**

Da Giovanni liegt an der Ecke zur Via XX Settembre. Das familiengeführte Restaurant bietet Klassisches. Versuchen Sie *agnolotti* und Cannelloni. Auch Fleischgerichte wie *pollo arrosto* (Brathähnchen) und Kalbsschnitzel sind sehr gut zubereitet. Es gibt auch ein täglich wechselndes Fischgericht, die Fische werden am Tisch filetiert.

Taverna Flavia ▤ €€
Via Flavia 9, 00187 ☎ *06 474 52 14* **Stadtplan 5 C2 Karte K3**

Die erhabene Taverna Flavia nahe der Via XX Settembre regt nostalgische Gefühle an. An den Wänden hängen Fotos von amerikanischen Filmstars. Elizabeth Taylor und Richard Burton aßen hier regelmäßig während der Dreharbeiten zu *Kleopatra*. Die ausgesuchten Speisen sind von exzellenter Qualität und nach Musen benannt.

Asador Café Veneto ▤ ⅄ €€€
Via V. Veneto 116, 00187 ☎ *06 482 71 07* **Stadtplan 5 B2 Karte J3**

Elegantes argentinisches Steakhouse. Der Inhaber verarbeitet das Fleisch seiner eigenen Viehherden, die in den Pampas weiden. Rind, Ente, Lamm und Wurstwaren werden *sulla parrilla* (auf dem Grill) zubereitet. Das Asador Café Veneto ist ideal zum Beobachten der Passanten auf der Via Veneto. Tadelloser Service zu hohen Preisen.

Edoardo ▤ ♫ €€€
Via Lucullo 2, 00187 ☎ *06 48 64 28* **Stadtplan 5 C2 Karte K3**

Das elegante Restaurant serviert bodenständige Gerichte, die mit einfallsreichen Zutaten variiert werden, darunter etwa Risotto mit Kirschen, *fusilli con carciofi* (mit Artischocken) oder Kalbsschnitzel an Orangensauce. Mittags ist alles günstiger, freitag- und samstagabends spielt ein Pianist. Schöne Terrasse.

Girarrosto Fiorentino ▤ ⅄ €€€
Via Sicilia 46, 00187 ☎ *06 42 88 06 60* **Stadtplan 5 C1 Karte K2**

Elegantes Restaurant mit über 50 Jahren Tradition. Das Fiorentino serviert klassische Fisch- und Fleischgerichte aus der Toskana. *Salumi toscano* und *prosciutto crudo* sind genauso exzellent wie *ribollita* (Brotsuppe) oder *zuppa Senese* mit Steinpilzen. Markenzeichen ist allerdings *bistecca alla fiorentina* (gegrilltes T-Bone-Steak vom Chian na-Rind).

Papà Baccus 🍽 €€€
Via Toscana 36, 00187 📞 *06 42 88 19 85* **Stadtplan 5 C1 Karte K3**

Eine der besten Adressen in Rom für eine toskanische Küche. Von der klassischen *ribollita* (Suppe mit Bohnen, Gemüse und Brot) über die verschiedenen Steaks aus Chianina-Rindfleisch bis hin zu den Gerichten aus Schweinefleisch, das vom eigenen Bauernhof kommt, schmeckt hier alles hervorragend.

Brunello Lounge & Restaurant 🍽🏋♿🚰 €€€€€
Via Vittorio Veneto 70A, 00187 📞 *06 48 90 28 67* **Stadtplan 5 B2 Karte J3**

Ein Hauch von Exotik weht durch die Räume des Restaurants im Baglioni Regina Hotel. Filigrane Lampen, Wandteppiche und der offene Weinkeller schaffen eine einzigartige Atmosphäre. Die mediterranen Gerichte sind wundervoll arrangiert. Die erstklassige Weinkarte umfasst mehr als 500 edle Tropfen.

Mirabelle 🍽♿🚰 €€€€€
Via di Porta Pinciana 14, 00187 📞 *06 42 16 88 38* **Stadtplan 5 B1 Karte K1/2**

Das Mirabelle im siebten Stock eines eleganten Hotels nahe der Via Veneto hat eine Terrasse (vorab reservieren) mit schöner Aussicht, einen ansprechenden Speisesaal und fabelhaften Service. Die mit hohem Sachverstand zusammengestellte Weinkarte ergänzt Gerichte wie Risotto mit Safran-Spargel-ragù, Ente in Orangensauce oder Seebarsch.

La Terrazza, Hotel Eden 🍽♿🚰 €€€€€
Via Ludovisi 49, 00187 📞 *06 47 81 27 52* **Stadtplan 5 B2 Karte J3**

Mit der atemberaubenden Aussicht über die Stadt ist La Terrazza zweifellos eines der verlockendsten Restaurants von Rom. Das Panorama und der erstklassige Service machen die hohen Preise erträglich. Der junge Chefkoch kombiniert internationale Küche mit mediterranem Flair. Beim Probiermenü ist der Wein inklusive.

Villa Borghese

Caffè delle Arti 🏋♿ €€
Via A. Gramsci 73, 00197 📞 *06 32 65 12 36* **Stadtplan 1 C4**

Ein ruhiger Platz zum Verweilen. Das Café-Restaurant liegt unweit der Galleria Nazionale d'Arte Moderna. Die sehr hübsch eingerichteten Speiseräume und die Gärten locken nicht nur für eine Tasse Kaffee oder einen Aperitif – man kann hier auch einen leichten Imbiss oder ein Tagesgericht zu sich nehmen. Guter Sonntagsbrunch.

Duke's 🍽♿ €€€
Viale Parioli 200, 00197 📞 *06 80 66 24 55* **Stadtplan 2 E3**

Jede Nacht geben sich die Reichen und die Schönen hier ein Stelldichein. Duke's ist eine Bar für einen Aperitif und etwas zum Knabbern, aber auch ein exzellentes Restaurant. Die kalifornisch geprägte Küche ist vom Mittelmeer, Orient und von Mexiko beeinflusst. Der Service ist professionell. Von der Terrasse will man gar nicht mehr weg.

Al Ceppo 🏋🍽♿ €€€€
Via Panama 2, 00198 📞 *06 841 96 96* **Stadtplan 2 F3**

Al Ceppo wurde vor über 35 Jahren von zwei Schwestern aus der Region Marken eröffnet. Das Restaurant hat seither nichts von seinem Glanz eingebüßt. Das Angebot wechselt regelmäßig, der Service lässt keine Wünsche offen. Typische Gerichte sind Gemüsestrudel mit Speck und Ricotta, *pappardelle* mit Enten-*ragù* und Kaninchen.

Ristorante Oliver Glowig 🍽♿🚰 €€€€€
Via U. Aldrovandi 15, 00197 📞 *06 321 61 26* **Stadtplan 2 D4**

Das Restaurant im Hotel Aldovandi Villa Borghese *(siehe S. 309)* wird von Sternekoch Oliver Glowig auf höchstem Niveau geführt. Die grandios zubereiteten Speisen zeigen den Einfluss süditalienischer Küche. Der Speisesaal ist stilvoll elegant eingerichtet, auch auf der Terrasse wird serviert.

Sapori del Lord Byron 🍽🚰 €€€€€
Via Giuseppe de Notaris 5, 00197 📞 *06 322 04 04* **Stadtplan 2 D4**

Das malerische Restaurant in einem erstklassigen Hotel nahe der Villa Borghese serviert *haute cuisine* zu etwas hohen Preisen. Die italienische Küche ist international verfeinert und bietet kreative Abwandlungen von traditionellen Gerichten. Der Service ist aufmerksam, die Umgebung wunderschön, die Weinliste preisgekrönt.

Tivoli

Avec 55 €€€
Via D. Giuliani 55, 00010 📞 *0774 31 12 43*

Tradition und Moderne kombiniert das Restaurant im historischen Zentrum von Tivoli. Auf der Karte findet man römische Klassiker ebenso wie Fusionsküche. Die Zutaten sind stets frisch, die Kreationen des Küchenchefs manchmal überraschend: Geöffnet: Di–Sa nur abends, So mittags und abends. Geschlossen: Mo, 1 Woche im Aug.

Stadtplan *siehe Seiten 396–419*

Leichte Mahlzeiten und Snacks

Wohin, wenn man nur eine Kleinigkeit essen will? In Rom kommt der Magen praktisch rund um die Uhr zu seinem Recht. Gutes Essen und das entsprechende Getränk dazu bekommt man fast an jeder Ecke in einer der zahllosen *pizzerie, enoteche, rosticcerie, tavole calde, pasticcerie* oder *gelaterie*.

Beginnen Sie mit einem klassischen Frühstück, bestehend aus Cappuccino und einem *cornetto* (Hörnchen), in einer Bar in Ihrer Nähe. Wenn Sie im Winter nach Rom kommen, gibt es dort die saftigen Blutorangen aus Sizilien. Bestellen Sie sich dann *spremuta*, ein Glas mit frisch gepresstem Saft.

Nach einem anstrengenden Besichtigungsprogramm bietet sich ein Aperitif in einer der eleganten Bars aus dem 19. Jahrhundert an, bevor Sie zum Mittagessen in eine Weinstube gehen oder sich schnell irgendwo etwas mitnehmen. Nachmittags locken dann Kaffee und Kuchen in einer der vielen *pasticcerie*. In den Bars mit Tischen im Freien können Sie den Tag in aller Ruhe bei einem Drink oder einem Eis ausklingen lassen.

Pizzerie

In den römischen Pizzerias kann man in zwangloser Atmosphäre essen, die meisten öffnen allerdings erst am Abend. Achten Sie auf das Schild *forno a legna* (Holzofen), Pizza aus einem elektrischen Backofen schmeckt weitaus weniger gut. In besseren Pizzerias sehen Sie vom Platz aus, wie die *pizzaioli* den Teig flach drücken und die Pizzas geschickt auf Holzschiebern hin und her schaufeln. Hier funktioniert alles schnell. Längeres Verweilen der Gäste wird nicht so gern gesehen.

Die Speisenfolge könnte in etwa so aussehen: als Vorspeise *bruschetta* (getoastetes Knoblauchbrot mit Tomatenstückchen), *supplì* (frittierte Reisbällchen), *fiori di zucca* (gebratene Zucchiniblüten), *filetti di baccalà* (frittierte Kabeljaufilets) oder weiße Bohnen in Öl. Dann kann man entweder zu *calzone* (gefüllte Pizzataschen) oder zur klassischen Pizza (rund, dünn und knusprig) mit unterschiedlichem Belag übergehen – *napoletana* (Tomaten, Anchovis, Mozzarella), *margherita* (einfach), *capricciosa* (Schinken, Artischocken, Eier, Oliven) oder irgendein anderer Belag – je nach Laune. Das typische Getränk zur Pizza ist *birra alla spina* (Bier vom Fass), aber Wein ist natürlich auch überall erhältlich (wenn auch gelegentlich von minderer Qualität). Pro Person bezahlt man etwa 14 Euro.

Die in jeder Hinsicht herausragenden Pizzerias in der italienischen Hauptstadt sind **Da Baffetto** (Schlange vor dem Lokal), **La Montecarlo**, **Remo** in Testaccio, **Dar Poeta** und **Pizzeria Ivo** in Trastevere (im Sommer Tische auf dem Bürgersteig).

Panattoni – I Marmi, vor dem im Sommer immer Gäste geduldig auf einen Tisch am Viale Trastevere warten, sollte man sich auf keinen Fall entgehen lassen. Den Spitznamen »Leichenhalle« verdankt es den Marmortischen im Inneren. Wenn man es ein wenig schicker mag und Pizzas auf neapolitanische Art bevorzugt, ist man in Lokalen wie **'Gusto** oder **Squisito** richtig. Auch hier muss man sich oft in die Schlange einreihen.

Enoteche (Weinstuben)

Eine gute Auswahl an italienischen und internationalen Weinen offerieren die *enoteche*. Sie werden in der Regel von Weinkennern geführt, die Sie jederzeit gern beraten und Ihnen sagen, welcher Wein am besten zu welchem Essen passt. Manche *enoteche* sind ganz normale Weinhandlungen. Bei anderen wie der **Achilli Enoteca al Parlamento** (*siehe S. 351*) und **Bevitoria Navona** handelt es sich dagegen um eine *mescita* (eine Weinschenke, in der es offene Weine und Champagner sowie Snacks und Kanapees gibt). Die Weine sind meist erschwinglich: rund drei Euro für ein Glas Wein vom Fass, ab vier Euro für eines guten Wein und ab fünf Euro für Prosecco.

Eine gute *mescita* ist **La Vineria** (*siehe S. 350*) am Campo de' Fiori. In der Nähe liegen **L'Angolo Divino** (*siehe S. 362*) und das schöne **Il Goccetto** mit seinen bemalten Decken, gutem Service und vorzüglichem Essen.

Einige der ältesten Weinbars befinden sich in historischen Gebäuden, etwa das **Caffè Novecento**, das viele vegetarische Gerichte serviert. Die **Antica Locanda** ist in einem Palazzo (17. Jh.) untergebracht. **La Curia di Bacco** logiert in einem kerzenbeleuchteten Keller (70 v. Chr.).

Bei mehr Hunger können Sie die mittags oder spätabends geöffneten *enoteche* mit Bistro- und Restaurantbetrieb ausprobieren (15 bis 20 Euro pro Person). Empfehlenswert sind das moderne **Cul de Sac**, **Trimani** (*siehe S. 351*), das **Il Tajut** (Spezialitäten aus Friaul) und das **Cavour 313**. Das **'Gusto** (*siehe S. 350f*) ist eine Weinbar mit erlesener Käseauswahl, Spezialität im **Al Bric** ist *sarcofage bretone* – Bœuf Stroganoff mit Barolo und Artischocken. Das **Antico Forno Roscioli** bietet u. a. Pasta mit *raaicchio* und Orangenschalen oder Birnenkuchen mit Kokosnuss.

Enoteche befinden sich oft abseits der Sehenswürdigkeiten. **Vinando** ist vom Kapitol aus gut erreichbar, die toskanische **Vineria Il Chianti** ist nahe der Fontana di Trevi. **Divinare** in Testaccio bietet neben edlen Tropfen auch feinste Schokolade.

Immer mehr *enoteche* eröffnen auf der anderen Seite des Tiber in Trastevere. Gäste der

Enoteca **Trastevere** stehen bis auf die Straße. Die **Cantina Paradiso** dagegen ist wesentlich ruhiger, hier kann man abends auch gemütlich essen.

Am frühen Abend ist die **In Vino Veritas Art Bar** am Fuß des Gianicolo eine gute Wahl.

Birrerie (Bierkneipen)

Ihre Glanzzeit hatten die römischen *birrerie* Anfang des 20. Jahrhunderts. Zu jener Zeit waren einige geradezu verschwenderisch eingerichtet. Obwohl inzwischen viele geschlossen haben, erfreuen sich Bierkneipen nun einer gewissen Renaissance, nicht nur bei jungen Leuten. Zu den besten *birrerie* zählen diejenigen, die nach deutschem Reinheitsgebot brauen.

In vielen Bierkneipen kann man auch einen Imbiss zu sich nehmen. **Old Bear** ist ein wahres Schmuckstück. Die in einem Klosterbau (17. Jh.) untergebrachte *birreria* bietet gutes Bier und exzellentes Essen in behaglicher Atmosphäre. **Löwenhaus** ist mit Gemälden ausgestattet, die Motive aus Bayern zeigen. Ein Besuch in der **Birreria Peroni**, wo klassische Biersorten ausgeschenkt werden, lohnt sich schon wegen ihres ansehmelnden Fin-de-Siècle-Ambientes. Die **Birreria Viennese/ Wiener Bierhaus** zieht mit ihren ausgezeichneten, auf Holztellern servierten und großzügig bemessenen Spezialitäten aus Siebenbürgen nicht nur Italiener, sondern auch ausländische Gäste an. Wie auch in der ebenso gemütlichen **L'Oasi della Birra** zahlen Sie hier etwa 25 Euro.

Andere beliebte Bierkneipen mit guter Atmosphäre, umfassender Speisekarte und langen Öffnungszeiten sind z.B. **The Fiddler's Elbow**, in dem es oft Live-Musik gibt, oder **La Pace del Cervello**. Das **Trinity College** ist ein Favorit bei Einheimischen und Besuchern der Stadt.

Fast Food

Für preiswertes und schnelles Essen hat Rom eine ganze Menge Fast-Food-Läden zu bieten. Pizzastücke gibt es für ein oder zwei Euro an Imbissbuden mit dem Schild *pizza al taglio*, wo Sie auch Brathähnchen *(pollo allo spiedo)*, *supplì* und viele weitere typische Frittiergerichte erhalten. **Frontoni** und **Forno La Renella** in Trastevere sind zwei der besten. Pizzas mit Schinken oder Kartoffeln sind hier die Klassiker. Bei **La Pratolina** nahe dem Vatikan stehen Pizzas mit Wurst, Kartoffeln und Trüffeln auf der Karte. **Chagat** im jüdischen Ghetto macht koscheres Essen, **Rosticceri** mit Filialen in Testaccio und nahe der Piazza Navona bietet kreative römische Klassiker zum Mitnehmen.

Rosticcerie offerieren komplette Mahlzeiten zum Mitnehmen, z.B. knusprige Brathähnchen mit Pommes frites, Pastagerichte, gedünstetes Gemüse, Salate und Desserts. Nahe dem Vatikan sind einige der besten *rosticcerie*: **Franchi** *(siehe S. 350)*, **Volpetti Più** und **Ercoli dal 1928**.

Die Bars mit *tavola calda* (warmer Küche) haben das gleiche Angebot, nur nicht zum Mitnehmen. Eine der elegantesten ist die **Caffeteria Nazionale**. Traditionelle Frittiergerichte erhalten Sie im **Cose Fritte** in der Nähe der Piazza del Popolo. In der Galleria Alberto Sordi gegenüber der Piazza Colonna gibt es das ausgezeichnete **Trevi e Tritone**, in dem man bis 22 Uhr kalte und warme Mahlzeiten erhält.

In *alimentari* (Lebensmittelläden) und *salumerie* (Feinkostläden) macht man Ihnen gern ein *panino* (belegtes Brötchen). Besonders lecker schmecken die warmen, nach Wunsch gefüllten Pizzataschen von **Lo Zozzone**. Dazu können Sie ein Glas Wein trinken. Wenn Sie das Schild *porchetta* sehen, probieren Sie diese römische Spezialität einmal aus: knusprige Spanferkelstücke in frischen *rosette* (Brötchen) oder auf einer dicken Scheibe Bauernbrot. Gute Spanferkel gibt es an einer Imbissbude an der Straßenbahnhaltestelle auf dem Viale Carlo Felice, direkt gegenüber der Lateransbasilika. Im winzigen **Er Buchetto** kann man relativ bequem sitzen und zudem noch ein Glas Wein trinken.

Oder soll es ein echt römischer Imbiss sein? Dann machen Sie am späten Nachmittag einen Abstecher zu **Filetti di Baccalà**, wo es – wie der Name schon sagt – frittierte Kabeljaufilets und noch ein paar andere kleinere Gerichte gibt.

Sehr guten Käse bekommt man im **Obikà** beim Pantheon. Die Bar bietet eine reichhaltige Auswahl an Büffel- und Kuhmozzarella. In Termini gibt es zwei Optionen, um lange Wartezeiten am Bahnhof zu überbrücken: das Selbstbedienungsrestaurant **Chef Express Gusto** und **Vyta** *(siehe S. 350)*, wo man sich leckere Sandwiches holen kann.

Bars, Cafés und Teesalons

Bars lassen sich aus dem Leben der Römer nicht wegdenken. Man kommt zum Essen und Trinken dorthin, holt Milch, kauft Kaffee, telefoniert, oder man geht nur auf die Toilette. Manche Bars besitzen lediglich eine Theke, an der man im Stehen schnell ein *cornetto* isst und einen Cappuccino trinkt. Andere sind etwas größer und haben zusätzlich noch ein Kuchenbuffet, eine Eisdiele, einen Teesalon, eine *tavola calda* oder gleich alles zusammen. Die meisten Bars öffnen um 7.30 Uhr und schließen – vor allem am Wochenende – erst um Mitternacht oder gegen 2 Uhr. Wenn im Sommer die Tische draußen stehen, beginnt der Kampf um die Plätze im Schatten. Bei großem Andrang muss man auch innen oft auf einen freien Tisch warten.

Wer Leute beobachten möchte, sollte eine der eleganten, teuren, aber dafür schön gelegenen Bars aufsuchen wie das **Rosati**, das **Doney**, das **Caffè Greco** *(siehe S. 133)*, die im 19. Jahrhundert Stammlokale von Schriftstellern und Komponisten waren, oder das sorgfältig renovierte **La Caffettiera** in der Nähe des Pantheon. Auch das **Antico Caffè della Pace** oder das **Café Romano** sind sehr beliebte Adressen – vor allem wegen ihrer Cocktails.

Das **Zodiaco** auf dem Monte Mario ist für seine schöne Aussicht bekannt. Gleiches gilt für das **Oppio Café** nahe der Domus Aurea. Ist Ihnen nach dekadentem Charme, gehen Sie ins **Stravinsky** im Hotel de Russie, um dort einen Martini oder eine gute Tasse Kaffee entspannt zu genießen.

Am Nachmittag treffen sich die Römer mit Vorliebe in Teesalons. **Babington's Tea Rooms** *(siehe S. 134)* an der nicht zu verfehlenden Piazza di Spagna serviert Tee und englisches Teegebäck in einer etwas affektierten Atmosphäre zu geradezu unverschämt hohen Preisen. Im **Dolci e Doni** geht es entspannter zu. Wesentlich preiswerter sind **Il Giardino del Tè** und **Makasar**. Steht Ihnen der Sinn eher nach Luxus, können Sie beim Tee einen ganzen Nachmittag in der **Grand Bar** im St Regis Grand Hotel *(siehe S. 299)* verbringen.

Probieren sollten Sie auch einen *gran caffè speciale* an der Theke des **Caffè Sant' Eustachio** oder einen Espresso im **La Tazza d'Oro** *(siehe S. 104)*. Empfehlenswert sind auch das **Antico Caffè del Brasile** *(siehe S. 351)*, die **Bar del Cappuccino**, **Ciamei** oder **Spinelli**. Ciampini al Café du Jardin mit seiner Terrasse und einer schönen Aussicht ist im Sommer eine unschlagbare Adresse. Für einen Aperitif eignet sich das **Caffè Parnaso** in Parioli.

In Rom eröffnen immer mehr Cafés in Buchläden – **Caffè la Feltrinelli** und **Bibliotèq** sind dafür zwei Beispiele – und in Museen. Die **Caffetteria d'Art al Chiostro del Bramante** ist in der oberen Loggia eines Kreuzgangs in einer Kunstgalerie untergebracht. Die Bar in den Kapitolinischen Museen serviert nur durchschnittliches Essen, dafür kann man hier die schöne Aussicht über die Dächer von Rom genießen. Das Café im **Palazzo delle Esposizioni** *(siehe S. 164)* serviert auch gute kleine Gerichte und verschiedene Drinks.

Pasticcerie (Konditoreien)

A m Sonntagvormittag sieht man oft Römer mit einer auffälligen Kuchenschachtel aus einer *pasticceria* kommen. Darin befinden sich Kuchen oder Torten, Oster-*colombe* (Tauben) oder Weihnachts-*panettoni* (Rosinenkuchen mit Zitronat) als Nachspeise für das sonntägliche Mittagessen im Familien- oder Freundeskreis.

Die Schaufenster von vielen Konditoreien sind oft überaus verlockend, so lass man sich gern davon – und vom Geruch nach frischem Kaffee – morgens zu einem warmen *cornetto* oder einer *brioche*, mittags zu einer *pizzetta* und nachmittags zu Kuchen, Gebäck oder einem Stück Obsttorte verleiten lässt.

Cipriani *(siehe S. 347)* biete seit 1906 vorzügliches Gebäck und ist für seinen Apfelkuchen bekannt. **Regoli** produziert hervorragende *millefeuilles* und *torta con crema e pinoli* (Cremetorte mit Pinien-kernen). **Dagnino** bereitet Hunderte von sizilianischen Spezialitäten zu. **Boccione** hat sich auf traditionelle römisch-jüdische Backwaren spezialisiert. Viele dieser völlig zu Recht renommierten Läden bieten hausgemachte Schokolade und Pralinen an, darunter **Rivendita di Cioccolata e Vino** *(siehe S. 350)*.

Gelaterie (Eisdielen)

E twas Besonderes ist das Eis *(gelato)*, vor allem im Sommer. Eine großartige Auswahl bieten die *gelaterie*: Fruchteis in einer geradezu unglaublichen Vielfalt, *granita* (zerstoßenes Fruchtsaft-eis in vielen Geschmacksrichtungen) und Spezialitäten wie *zuppa inglese* (mit Biskuit), *zabaglione* oder *tiramisù*. Sie können ein Eis in der Waffel oder im Becher – auf Wunsch auch mit Sahne *(panna)* – kaufen oder sich an einen der meist recht kleinen Tische setzen und sich in aller Ruhe einen Eisbecher mit allen nur denkbaren Schikanen gönnen. Die meisten *gelaterie* haben den ganzen Tag über bis spätabends geöffnet.

Tre Scalini ist eine berühmte Eisdiele an der Piazza Navona mit vorzüglichen – aber nicht ganz billigen – Eisspezialitäten. Im EUR-Viertel endet ein Sommerabend, vor allem mit Kindern, fast immer mit einem Abstecher ins **Giolitti**. Hinter diesem Namen verbirgt sich eine lange Tradition und für viele Einheimische wie Besucher der Stadt auch die beste Eisdiele in ganz Rom. Fans kommen aber auch im **San Crispino** auf ihre Kosten, wo sehr gute hausgemachte Eisdelikatessen angeboten werden. Die Sorte *zabaglione* wird mit 20 Jahre lang in Fässern gereiftem Marsala zubereitet. Vor allem im Sommer schmeckt *susine* (gelbe Pflaume), im Winter ist *arancia selvatica* (Wildorange) kaum zu schlagen. Überaus gemütlich ist es vor allem abends auch in der an einem See gelegenen Eisdiele **Chalet del Lago**, ebenfalls im EUR-Viertel. Die Atmosphäre ist hier sehr entspannt.

Wenn Sie in Rom das Schild *grattachecche* an einem Kiosk sehen (vor allem in Trastevere und Testaccio), sollten Sie die Gelegenheit nutzen, eine der ältesten Spezialitäten der italienischen Hauptstadt kennenzulernen: mit der Hand abgeschabtes Eis mit Fruchtsaft in allen denkbaren Geschmacksrichtungen. Ein guter Ort, dies zu kosten, ist **Sora Mirella** nahe der Tiberinsel.

Jeder hat seine Lieblingssorte und seine bevorzugte *gelateria*, doch das Ausprobieren von neuen macht viel Spaß. Bestes *Zabaglione*-Eis gibt es bei **Fiocco di Neve**, **Giolitti** und **Petrini dal 1926**. **Palazzo del Freddo** kreiert nach Geheimrezept *La Caterinetta*. **Al Settimo Gelo** (»Im siebten Himmel«) offeriert himmlisches Kastaniensorbet, Schokoladeneis mit *peperoncino* oder Ingwer. Die sizilianische *gelateria* **Gelarmony** bietet 14 verschiedene Eissorten auf Sojabasis an. **Fior di Luna** in Trastevere verwendet ausschließlich biologische Zutaten, **Duse** in Parioli ist berühmt für sein dunkles und weißes Schokoladeneis, im Frühling gibt es *ortica*, Eis mit jungen Brennnesseln.

AUF EINEN BLICK

Kapitol

BARS, CAFÉS UND TEESALONS

Caffè Capitolino
Piazzale Caffarelli.
Stadtplan 12 F5.

Piazza della Rotonda

PIZZERIE

Barroccio
Via dei Pastini 13.
Stadtplan 12 D2.

Er Faciolaro
Via dei Pastini 123.
Stadtplan 12 D2.

La Sagrestia
Via del Seminario 89.
Stadtplan 12 E3.

ENOTECHE

Achilli Enoteca al Parlamento
Via dei Prefetti 15.
Stadtplan 12 D1.

Corsi
Via del Gesù 88.
Stadtplan 12 E3.

BIRRERIE

Trinity College
Via del Collegio Romano 6. **Stadtplan** 12 E3.

FAST FOOD

Obikà
Piazza Firenze 28.
Stadtplan 12 D1.

BARS, CAFÉS UND TEESALONS

Caffè Sant'Eustachio
Piazza Sant'Eustachio 82.
Stadtplan 12 D3.

Ciampini
Piazza S. Lorenzo in Lucina 29. **Stadtplan** 12 D1.

La Caffettiera
Piazza di Pietra 65.
Stadtplan 12 E2.

La Tazza d'Oro
Via degli Orfani 82/84.
Stadtplan 12 D2.

Teichner
Piazza S. Lorenzo in Lucina 15–17. **Stadtplan** 12 D3.

Vitti
Piazza San Lorenzo in Lucina. **Stadtplan** 12 E1.

GELATERIE

Fiocco di Neve
Via del Pantheon 51.
Stadtplan 12 D2.

Giolitti
Via degli Uffici del Vicario 40.
Stadtplan 12 D2.

Piazza Navona

PIZZERE

Da Baffetto
Via del Governo Vecchio 114. **Stadtplan** 11 B3.

Da Francesco
Piazza del Fico 29.
Stadtplan 11 B2.

La Montecarlo
Vicolo Savelli 12/13.
Stadtplan 11 C3.

ENOTECHE

Bevitoria Navona
Piazza Navona 72.
Stadtplan 11 C2.

Caffè Novecento
Via del Governo Vecchio 12. **Stadtplan** 11 B3.

Cul de Sac
Piazza Pasquino 73.
Stadtplan 11 C3.

Giulio Passami l'Olio
Via di Monte Giordano 28.
Stadtplan 11B2.

Il Piccolo
Via del Governo Vecchio 74–75. **Stadtplan** 11 C3.

BIRRERIE

Old Bear
Via dei Gigli d'Oro 2–4.
Stadtplan 11 C2.

FAST FOOD

Lo Zozzone
Via del Teatro Pace 32.
Stadtplan 11 B3.

BARS, CAFÉS UND TEESALONS

Antico Caffè della Pace
Via della Pace 5.
Stadtplan 11 C3.

Caffetteria D'Art al Chiostro del Bramante
Via della Pace.
Stadtplan 11 C2.

PASTICCERIE

La Deliziosa
Vicolo Savelli 50.
Stadtplan 11 B3.

GELATERIE

Bar Navona
Piazza Navona 67.
Stadtplan 11 C3.

Da Quinto
Via di Tor Millina 15.
Stadtplan 11 C3.

Tre Scalini
Piazza Navona 28.
Stadtplan 11 C3.

Piazza di Spagna

PIZZERIE

PizzaRé
Via di Ripetta 14.
Stadtplan 4 F1.

'Gusto
Piazza Augusto Imperatore 9.
Stadtplan 4 F2.

ENOTECHE

Antica Enoteca di Via della Croce
Via della Croce 76B.
Stadtplan 5 A2.

Buccone
Via di Ripetta 19.
Stadtplan 4 F1.

'Gusto
Siehe Pizzerie.

Il Brillo Parlante
Via della Fontanella 12.
Stadtplan 4 F1.

BIRRERIE

Birreria Viennese/ Wiener Bierhaus
Via della Croce 21.
Stadtplan 5 A2.

Löwenhaus
Via della Fontanella 16B.
Stadtplan 4 F1.

FAST FOOD

Cose Fritte
Via di Ripetta 3.
Stadtplan 4 F1.

Difronte A
Via della Croce 38.
Stadtplan 4 F2.

Fratelli Fabbi
Via della Croce 27.
Stadtplan 4 F2.

BARS, CAFÉS UND TEESALONS

Babington's Tea Rooms
Piazza di Spagna 23.
Stadtplan 5 A2.

Café Romano
Via Borgognona 4.
Stadtplan 12 E1.

Caffè Greco
Via Condotti 86.
Stadtplan 5 A2.

Ciampini al Café du Jardin
Viale Trinità dei Monti.
Stadtplan 5 A2.

Dolci e Doni
Via delle Carrozze 85B.
Stadtplan 4 F2.

Rosati
Piazza del Popolo 5.
Stadtplan 4 F1.

Stravinsky Bar
Hotel de Russie,
Via del Babuino 9.
Stadtplan 4 F1.

GELATERIE

Caffetteria-Gelateria Barcaccia
Piazza di Spagna 71.
Stadtplan 5 A2.

Campo de' Fiori

PIZZERIE

Acchiappafantasmi
Via dei Cappellari 66.
Stadtplan 11 B3.

ENOTECHE

Al Bric
Via del Pellegrino 51.
Stadtplan 11 B3.

Antico Forno Roscioli
Via dei Giubbonari 21.
Stadtplan 11 C4.

Il Goccetto
Via dei Banchi Vecchi 14.
Stadtplan 11 B3.

L'Angolo Divino
Via dei Balestrari 12.
Stadtplan 11 C4.

La Curia di Bacco
Via del Biscione 79.
Stadtplan 11 C4.

La Vineria
Piazza Campo de' Fiori 15.
Stadtplan 11 C4.

Stadtplan *siehe Seiten 396–419*

AUF EINEN BLICK

Vinando
Piazza Margana 23.
Stadtplan 12 E4.

FAST FOOD

Chagat
Via Santa Maria del Pianto
64. **Stadtplan** 12 D5.

Da Benito
Via dei Falegnami 14.
Stadtplan 12 D4.

Filetti di Baccalà
Largo dei Librari 88.
Stadtplan 11 C4.

**Forno Campo
de' Fiori**
Piazza Campo de' Fiori 22.
Stadtplan 11 C4.

Pizza Florida
Via Florida 25.
Stadtplan 12 D4.

**BARS, CAFÉS
UND TEESALONS**

Alberto Pica
Via della Seggiola 12.
Stadtplan 12 D5.

Bar del Cappuccino
Via Arenula 50.
Stadtplan 12 D4.

Bernasconi
Piazza Cairoli 16.
Stadtplan 12 D4.

Bibliotèq
Via dei Banchi Vecchi 124.
Stadtplan 11 B3.

Caffè la Feltrinelli
Largo Torre Argentina 5.
Stadtplan 12 D4.

PASTICCERIE

Boccione
Via del Portico d'Ottavia 1.
Stadtplan 12 E5.

La Dolceroma
Via del Portico d'Ottavia
20B. **Stadtplan** 12 E5.

GELATERIE

Blue Ice
Via dei Baullari 130 u. 141.
Stadtplan 11 C4.

**L'Angolo
dell'Artista**
Largo dei Librari 86.
Stadtplan 11 C4.

Quirinal

PIZZERIE

Al Giubileo
Via Palermo 7.
Stadtplan 5 B4.

Est! Est! Est!
Via Genova 32.
Stadtplan 5 C4.

ENOTECHE

Antica Locanda
Via del Boschetto 85.
Stadtplan 5 B4.

Cavour 313
Via Cavour 313.
Stadtplan 5 B5.

Vineria Il Chianti
Via del Lavatore 81.
Stadtplan 12 F2.

BIRRERIE

The Albert
Via del Traforo 132.
Stadtplan 5 B3.

Birreria Peroni
Via San Marcello 19.
Stadtplan 12 F3.

FAST FOOD

**Caffetteria
Nazionale**
Via Nazionale 26–27.
Stadtplan 5 C3.

Er Buchetto
Via Viminale 2.
Stadtplan 5 C3.

Fior di Pizza
Via Milano 33.
Stadtplan 5 B4.

Trevi e Tritone
Galleria Alberto Sordi,
Via del Corso.
Stadtplan 12 E2.

**BARS, CAFÉS
UND TEESALONS**

**Antico Caffè
del Brasile**
Via dei Serpenti 23.
Stadtplan 5 B4.

Il Giardino del Tè
Via del Boschetto 107.
Stadtplan 5 B4.

**Palazzo delle
Esposizioni**
Via Milano 15–17.
Stadtplan 5 B4.

Spinelli
Piazza del Viminale 18.
Stadtplan 5 C3.

Teatro caffè
Largo Magnanapoli 157A.
Stadtplan 5 B4.

PASTICCERIE

Dagnino
Galleria Esedra, Via
Vittorio Emanuele Orlando
75. **Stadtplan** 5 C2.

GELATERIE

San Crispino
Via della Panetteria 42.
Stadtplan 12 F2.

Termini

PIZZERIE

Formula Uno
Via degli Equi 13.
Stadtplan 6 F4.

San Marco
Via Sardegna 38D.
Stadtplan 5 B1.

ENOTECHE

Enoteca Chirra
Via Torino 132–133.
Stadtplan 5 C3.

Trimani
Via Cernaia 37B.
Stadtplan 6 D2.

FAST FOOD

Chef Express Gusto
Galleria Termini –
zur Via Marsala.
Stadtplan 6 D3.

Vyta
Galleria Termini –
zur Via Marsala.
Stadtplan 6 D3.

Wok
Stazione Termini (untere
Ebene). **Stadtplan** 6 D3.

**BARS, CAFÉS
UND TEESALONS**

Grand Bar
St Regis Grand Hotel.
Via Vittorio Emanuele
Orlando 3.
Stadtplan 5 C3.

Esquilin

BIRRERIE

The Fiddler's Elbow
Via dell'Olmata 43
Stadtplan 6 D4.

Old Marconi
Via di Sante Prassede 9C.
Stadtplan 6 D4.

FAST FOOD

Panella
Via Merulana 54.
Stadtplan 6 D5.

**BARS, CAFÉS
UND TEESALONS**

Ciamei
Via Emanuele Filiberto 57.
Stadtplan 6 E5.

Oppio Café
Via delle Terme di Tito 72.
Stadtplan 5 C5.

PASTICCERIE

Cipriani
Via C. Botta 21.
Stadtplan 6 D5.

Regoli
Via dello Statuto 60.
Stadtplan 6 D5.

GELATERIE

Palazzo del Freddo
Via Principe Eugenio
65/67. **Stadtplan** 6 E5.

Lateran

BIRRERIE

**La Pace
del Cervello**
Via dei SS Quattro 63.
Stadtplan 9 A1.

ENOTECHE

Il Tajut
Via die San Giovanni in
Laterano 244.
Stadtplan 9 B1.

FAST FOOD

Porchetta Stall
Viale Carlo Felice.
Stadtplan 10 D1.

PASTICCERIE

Paci
Via dei Mars. 35.
Stadtplan östlich von
6 F4.

GELATERIE

**Gelateria
Fantasia**
Via La Spezia 100/102.
Stadtplan 10 E1.

San Crispino
Via Acaia 56.
Stadtplan 9 C4.

Aventin

PIZZERIE

Remo
Piazza Santa Maria
Liberatrice 44.
Stadtplan 8 D3.

BIRRERIE

L'Oasi della Birra
Piazza Testaccio 41.
Stadtplan 8 D3.

ENOTECHE

Divinare
Via Manunzio 13.
Stadtplan 8 D3.

FAST FOOD

Farinando
Via Luca della Robbia 30.
Stadtplan 8 D3.

Rosticcerì
Piazza Testaccio 24–25.
Stadtplan 8 D3.

Volpetti Più
Via Alessandro Volta 8.
Stadtplan 8 D3.

GELATERIE

Café du Parc
Piazza di Porta San Paolo.
Stadtplan 8 E4.

Giolitti
Via Vespucci 35.
Stadtplan 8 D3.

Trastevere

PIZZERIE

Da Vittorio
Via di S. Cosimato 14A.
Stadtplan 7 C1.

Dar Poeta
Vicolo del Bologna 45.
Stadtplan 11 B5.

Panattoni – I Marmi
Viale Trastevere 53.
Stadtplan 7 C1.

Pizzeria Ivo
Via S. Francesco a Ripa
158. **Stadtplan** 7 C1.

ENOTECHE

Cantina Paradiso
Via S. Francesco a Ripa 73
Stadtplan 7 C2.

Ferrara
Via del Moro 1A.
Stadtplan 7 C1.

Trastevere
Via della Lungaretta 86.
Stadtplan 7 C1.

FAST FOOD

Forno La Renella
Via del Moro 15.
Stadtplan 7 C1.

Frontoni
Viale Trastevere 52.
Stadtplan 7 C1.

BARS, CAFÉS UND TEESALONS

Caffè Settimiano
Via di Porta Settimiana 1.
Stadtplan 11 B5.

PASTICCERIE

Innocenti
Via della Luce 21A.
Stadtplan 7 C2.

Pasticceria Trastevere
Via Natale del Grande 49.
Stadtplan 7 C1.

River dita di Cioccolato e Vino
Vicolo del Cinque 11A.
Stadtplan 11 B5.

GELATERIE

Fior di Luna
Via della Lungaretta 96.
Stadtplan 7 C1

La Fonte della Salute
Via Cardinale Marmaggi
2–4. **Stadtplan** 7 C1.

Sora Mirella
Lungotevere degli Anguillara (Ecke Ponte Cestio).
Stadtplan 7 C.

Gianicolo

ENOTECHE

In Vino Veritas Art Bar
Via Garibaldi 2.
Stadtplan 11 B5.

Vatikan

PIZZERIE

Pizzeria San Marco
Via Tacito 29.
Stadtplan 4 D2.

Napul'è
Viale Giulio Cesare 91.
Stadtplan 3 C1.

ENOTECHE

Costantini
Piazza Cavour 16.
Stadtplan 3 C1.

Del Frate
Via degli Scipioni 118.
Stadtplan 3 C1.

Il Pane et le Rose
Via Quirino Visconti 61A.
Stadtplan 4 E2.

BIRRERIE

Cantina Tirolese
Via Vitelleschi 23.
Stadtplan 3 C1.

The Proud Lion
Borgo Pio 36.
Stadtplan 3 C2.

FAST FOOD

Ercoli dal 1928
Via Montello 26.
Stadtplan westlich von
1 A5.

Franchi
Via Cola di Rienzo 200.
Stadtplan 4 D2.

La Pratolina
Via degli Scipioni 248.
Stadtplan 3 C1.

BARS, CAFÉS UND TEESALONS

Art Studio Café
Via dei Gracchi 187A.
Stadtplan 4 D2.

Faggiani
Via G. Ferrari 23.
Stadtplan 1 A5.

Makasar
Via Flauto 33.
Stadtplan 3 C3.

PASTICCERIE

Antonini
Via Sabotino 19–29.
Stadtplan 1 A5.

Gran Caffè Esperia
Lungotevere Mellini 1.
Stadtplan 4 E1.

GELATERIE

Al Settimo Gelo
Via Vodice 21A.
Stadtplan 1 A5.

Gelarmony
Via Marcantonio Colonna
34. **Stadtplan** 4 D1.

Via Veneto

PIZZERIE

Squisito
Via Lucullo 22.
Stadtplan 5 C2.

BARS, CAFÉS UND TEESALONS

Café de Paris
Via Veneto 90.
Stadtplan 5 B2.

Cine Caffè
Largo M. Mastroianni 1.
Stadtplan 5 B1.

Doney
Via Veneto 141.
Stadtplan 5 B2.

EUR

ENOTECHE

La Cave des Amis
Piazzale Ardigò 27–29.

BARS, CAFÉS UND TEESALONS

Palombini
Piazzale Adenauer 12.

GELATERIE

Chalet del Lago
Am See, EUR.

Giolitti
Casina dei Tre Laghi,
Viale Oceania 90.

Abstecher

PIZZERIE

Al Forno della Soffita
Via Piave 62.
Stadtplan 6 D1.

La Pantera Rosa
Piazzale del Verano 84.
Stadtplan östlich
von 6 F4.

BARS, CAFÉS UND TEESALONS

Caffè Parnaso
Piazzale delle Muse 22.
Stadtplan 2 E2.

Zodiaco
Viale Parco Mellini 88–92.
Stadtplan westlich
von 3 A1.

PASTICCERIE

Mondi
Via Flaminia 468.
Stadtplan westlich
von 1 A1.

GELATERIE

Duse
Via Eleonora Duse 1B.
Stadtplan 2 F2.

Petrini dal 1926
Piazza dell'Alberone 16A.
Stadtplan 10 F4.

Stadtplan siehe Seiten 396–419

Shopping

Seit der Antike ist Rom ein Zentrum für Design und Waren aus aller Welt. Schon in der Blütezeit des Römischen Reichs zog es die besten Handwerker nach Rom. Kunstgegenstände und Güter aller Art wie Gold, Pelze, Wein (und Sklaven) wurden aus den entlegensten Winkeln des Reichs hierhergebracht, um die Bedürfnisse von wohlhabenden Römern zu befriedigen. Diese Tradition spürt man auch bei einem Shopping-Bummel durch

Elegantes Schaufenster von Valentino

das heutige Rom. Nicht nur exklusive Mode, Strick- und Lederwaren, sondern auch Stoffe, Keramik und Glas von italienischen Designern genießen weltweit hohes Ansehen. Die kunsthandwerkliche Tradition und die Liebe zum Design spiegeln sich selbst im kleinsten Detail wider. Rom ist keine Stadt der günstigen Gelegenheitskäufe (obwohl es häufig preiswerter als Florenz oder Mailand ist) – doch schon ein Schaufensterbummel ist immer ein Vergnügen.

Shopping-Tipps

Italien ist bekannt für Lederwaren aller Art, u. a. für Schuhe und Taschen. Prêt-à-porter-Mode ist zwar nicht gerade billig, aber immer noch preiswerter als im Ausland, beispielsweise Armani-Jeans (*siehe S. 339*).

Auch Designerlampen dürften in Rom günstiger sein als anderswo. Oft bekommt man sehr schöne moderne und alte Keramiken oder anderes Kunsthandwerk.

Wenn Sie Zeit für einen Bummel durch die Seitenstraßen haben, können Sie mit etwas Glück ausgefallene Geschenke und Mitbringsel finden.

Schlussverkauf

Schnäppchenjäger kommen zu den Schlussverkäufen (*saldi*) nach Rom: von Mitte Juli bis Mitte September und von kurz nach Weihnachten bis zur ersten Märzwoche. Die großen Modeschöpfer (*siehe S. 338*) reduzieren ihre Preise dabei um die Hälfte, aber selbst im Schlussverkauf sind die Sachen noch teuer genug. Preiswerteres bieten viele Boutiquen, die Mode von jungen Designern verkaufen (*siehe S. 339*), auch Schuhe von guter Qualität können durchaus sehr günstig sein. Im Allgemeinen kann man jedoch keine spektakulären Rabatte erwarten. Reduzierte Ware sollte mit dem ursprünglichen Preis und dem Schlussverkaufspreis ausgezeichnet sein. Wirklich sparen können Sie bei *liquidazioni* (Ausverkauf wegen Geschäftsauflösung). Andere Schilder, etwa *vendite promozionali* (Aktionspreise) und *sconti* (Rabatte) sollen meist nur Kunden in die Läden locken. Die Waren sind dabei nicht unbedingt günstiger.

Antiquitäten bei Acanto (S. 348)

Öffnungszeiten

Die Läden haben in der Regel von 9 bis 13 Uhr und von 15.30 bis 19.30 Uhr geöffnet (im Sommer von 16 bis 20 Uhr), manche Shops im Zentrum haben auch durchgehend von 10 bis 19.30 Uhr auf. Die meisten Läden bleiben montagvormittags und sonntags zu. Ausgenommen sind Geschäfte für Lebensmittel und technischen Bedarf: Sie haben im Winter am Donnerstagnachmittag und im Sommer am Samstagnachmittag geschlossen.

Früher flüchtete ganz Rom im August vor der Hitze ans Meer oder in die kühleren Berge. Doch das hat sich geändert, weil die Römer jetzt kürzere Ferien machen. Die Mehrzahl der Läden schließt ab dem Nationalfeiertag am 15. August für mindestens zwei Wochen.

Blumenstände auf der Piazza Campo de' Fiori (*siehe S. 352*)

Allgemeines

Abgesehen von ein paar Kaufhäusern handelt es sich bei den meisten römischen Läden um Fachgeschäfte. Hier gibt es Verkäufer, die beraten. Ein gut gekleideter Kunde wird im Allgemeinen besser und höflicher bedient. *Fare una bella figura* (einen guten Eindruck machen) lautet die Devise.

Vorsicht: Italienische Größenbezeichnungen sind nicht überall einheitlich, meist fallen die Kleidungsstücke deutlich kleiner aus, als man erwartet. Sie sollten sie vor dem Kauf möglichst anprobieren. Die Rückerstattung des Kaufpreises oder ein Umtausch ist leider häufig nicht möglich oder mit viel Diskussionen verbunden.

Bezahlung

In den allermeisten Geschäften können Sie mit einer der gängigen Kreditkarten bezahlen, meist wird das jedoch erst ab einer gewissen Summe gern gesehen – vor allem in kleinen Läden. Die entsprechenden Schilder der akzeptierten Kreditkarten sind außen am Laden angebracht. Bei Barzahlung können Sie sich auch nach einem Rabatt erkundigen, die meisten Geschäfte haben allerdings *prezzi fissi* (Festpreise).

Wenn Sie etwas erwerben, müssen Sie nach italienischem Gesetz dafür eine *ricevuta fiscale* (Quittung, Kassenbon) ausgestellt bekommen.

D & G – einer von vielen Designershops um die Piazza di Spagna

Mehrwertsteuer

Die Mehrwertsteuer (IVA) beträgt 20 Prozent, es gibt ermäßigte Sätze zu vier und zehn Prozent.

Die ausgezeichneten Preise verstehen sich inklusive Mehrwertsteuer. Nur Bürger eines Nicht-EU-Lands haben die Möglichkeit, sich bei Einkäufen im Wert von über 155 Euro die Mehrwertsteuer bei der Ausreise über **Global Blue** rückerstatten zu lassen.

Feine Lederhandschuhe

Kaufhäuser und Einkaufszentren

Kaufhäuser (*grandi magazzini*) sind in Rom eher dünn gesät. Ihre Preise sind in der Regel niedriger, die Öffnungszeiten länger als in den kleinen Läden. Das Angebot weicht allerdings nicht wesentlich davon ab, was die meisten Besucher auch bei sich zu Hause kaufen können.

Mercato delle Stampe (siehe S. 352)

Mode von der Stange, Haushaltswäsche und Kurzwaren kauft man in **La Rinascente** und in **Coin**, die darüber hinaus auch sehr große Parfümerieabteilungen haben. Warenhausketten wie **Oviesse** und **Upim** führen Kleidung und Haushaltswaren von mittlerer Qualität zu relativ günstigen Preisen. Da die Italiener für ihr hohes Modebewusstsein bekannt sind, kann man bei Damen- und Herrenkonfektion interessante Modelle zu attraktiven Preisen finden.

Auch ein Shopping-Zentrum lädt zum Bummel ein: In der **Cinecittà Due Centro Commerciale** befinden sich mehr als 100 Läden sowie Bars, Banken und Restaurants. Das Centro ist mit der Metro leicht erreichbar (Linie A bis Cinecittà) und kann schon allein wegen der kli-

In der Via Sannio (siehe S. 353)

matisierten Umgebung an einem heißen Tag ein lohnenswertes Ziel sein.

AUF EINEN BLICK

Cinecittà Due Centro Commerciale
Viale Palmiro Togliatti 2.
06 722 09 10.

Coin
Piazzale Appio 7.
Stadtplan 10 D2.
06 708 00 20.
Via Cola di Rienzo 173.
Stadtplan 3 C2.
06 36 00 42 98.

Global Blue
Flughafen Fiumicino,
bei den Abflug-Gates H1 und G2.
00800 32 11 11 11.
www.global-blue.com

La Rinascente
Galleria Alberto Sordi.
Stadtplan 12 E2.
06 678 42 09.
Piazza Fiume. **Stadtplan** 6 D1.
06 884 12 31.

Oviesse
Viale Trastevere 62. **Stadtplan** 7 C2.
06 5833 3633.
Via Appia Nuova 181–185.
Stadtplan 10 D2.
06 702 32 14.

Upim
Circonvallazione Gianicolense 78.
Stadtplan 7 A5. 06 53 66 92.
Stazione Termini. **Stadtplan** 6 D3.
06 47 82 59 09.
Piazza Santa Maria Maggiore.
Stadtplan 6 D4.
06 446 55 79.

Stadtplan *siehe Seiten 396–419*

Highlights: Shopping-Meilen

Da die interessantesten Geschäfte Roms in der Altstadt liegen, lassen sich Besichtigung und Shopping gut kombinieren. Oft befinden sich die Läden in Gebäuden aus dem Mittelalter oder der Renaissance. Ebenso wie die damaligen Kaufleute haben sich auch die modernen Ladenbesitzer meist auf eine Ware spezialisiert. Viele Straßennamen deuten noch heute auf die alten Handwerksbetriebe hin: Schlosser in der Via dei Chiavari, Lederwamsmacher in der Via dei Giubbonari und Stuhlmacher in der Via dei Sediari. Antiquitätenläden säumen die Via dei Coronari, wo früher Rosenkränze verkauft wurden. Die großen Modeschöpfer findet man um die Via Condotti. Das Viertel um den Campo de' Fiori und die Piazza Navona ist von handwerklicher Tradition geprägt.

Via Cola di Rienzo
Die lange, breite Straße unweit der Vatikanischen Museen bietet Lebensmittel, Bücher, Stoffe und Geschenke.

Via dei Coronari
Jugendstil- und Antiquitätenliebhaber werden an den Läden in der kleinen Straße nordwestlich der Piazza Navona ihre helle Freude haben. Machen Sie sich aber auf hohe Preise gefasst.

Via del Pellegrino
In dieser Straße der Altstadt findet man Buchhandlungen neben Werkstätten. Sehenswert ist der Spiegeldurchgang nahe dem Campo de' Fiori.

Vatikan

Piazza Navona

Gianicolo

Cam, de' Fi

Trastever

Via dei Cappellari
In der engen mittelalterlichen Straße können Sie Möbelrestauratoren und anderen Handwerkern bei ihrer Arbeit im Freien zuschauen.

Porta Portese
Auf dem sonntäglichen Flohmarkt von Trastevere bekommt man alles – von Trödel bis zu Antiquitäten (siehe S. 339).

Via Margutta

Antiquitätenläden und Restaurans säumen die ruhige Straße mit Kopfsteinpflaster.

Via del Babuino

Die Straße ist für Designermöbel, Leuchten und Glas ebenso bekannt wie für ihre Antiquitäten- und Modegeschäfte.

Exklusive Läden

In den vornehmen Shopping-Straßen unweit der Spanischen Treppe findet man die ganz Großen der italienischen *alta moda*, zudem exklusive Juweliere, Geschenkshops, Schuhläden und Schneider. Hier gehen die Römer frühabends gern bummeln.

Via Borgognona

Ganz Rom strömt hierher, um aktuelle Kleidertrends, Schuhe, Ledertaschen und andere Accessoires zu kaufen oder auch nur anzuschauen.

0 Meter   500

Testaccio-Markt

Frisches und schön präsentiertes Obst und Gemüse lacken den Besucher des beliebten Markts an (siehe S. 352).

Damen- und Herrenmode

Italien ist eines der führenden Länder in Sachen Haute Couture, die dort als *alta moda* firmiert. Viele der bekannten Designer haben ihren Sitz in Mailand, doch die Heimat der raffiniertesten und international anerkanntesten Modehäuser ist Rom. Dort findet man auch die exquisitesten *Alta-moda*-Läden. Boutiquen, die ein ausgesuchtes Sortiment an Designerware anbieten, befinden sich Tür an Tür mit Läden, die nur Einzelkollektionen zeigen. Auch wer sich nichts aus Mode macht, wird einen Schaufensterbummel durch die exklusiven Straßen rund um die Piazza di Spagna genießen. Einige der Schaufenster sind wahrhaft spektakulär.

Für den durchschnittlichen Geldbeutel ist die in den Ateliers nach Maß gefertigte Mode unerschwinglich, doch in den Boutiquen werden zumindest etwas günstigere Prêt-à-porter-Varianten angeboten.

Damen-Haute-Couture

Roms bekanntester Designer dürfte **Valentino** (eigenlich Valentino Garavani) sein. Seine Boutique an der Piazza di Spagna ist ein Mekka für Modebewusste. Oben an der Spanischen Treppe, in der schicken Via Sistina, liegt die römische Filiale von **Gattinoni**, die das extravagante Design von Guillermo Mariotto führt.

Ebenso beeindruckend ist das Label **Fendi**, das seinen Sitz in einem Palazzo am Largo Goldoni hat. Fendi machte sich mit Namen mit Haute-Couture-Pelzmoden, später gehörten auch Lederwaren, Accessoires und Prêt-à-porter-Mode zur Kollektion. Als Fendis Kreativdirektor fungiert Karl Lagerfeld, der auch das Doppel-F-Logo entwarf.

Mehr als eine Dekade lang war **Laura Biagiotti** die Königin diskret-konservativer Mode. In ihrem Hauptquartier, einem Schloss außerhalb Roms, entwirft sie zeitlos elegante Strickwaren und seidene Zweiteiler für Frauen, die nicht des Stils wegen auf Komfort verzichten wollen. Sie bevorzugt Kaschmir und die Farbe Weiß. Ihr schöpferischer Umgang mit Stoffen und die Qualität der Verarbeitung werden gerühmt. In ihrem Haupthaus in der Via Mario de' Fiori wird die gesamte Kollektion geführt, inklusive Strümpfen, Parfums, Bademode und Lederwaren.

Schals von Laura Biagiotti eignen sich ideal als Geschenke. Sie sind während des Schlussverkaufs oft reduziert, überhaupt Stücke aus früheren Kollektionen ganzjährig preisgünstiger zu erstehen sind. In der nahen Via Condotti residiert ein weiterer Modetempel: die Boutique von Salvatore Ferragamo.

Andere international bekannte römische Designer sind **Renato Balestra**, zuständig für maßgefertigte Kostüme und glamouröse Abendgarderoben, sowie **Roberto Capucci**, dessen Spezialität wunderschöne Muster und Stoffe sind.

Mailands Modehaus **Prada** hat eine Filiale in der Via Condotti und bietet Schuhe, Kleidung und Accessoires in unverwechselbarem Stil. Das Schaufenster ist immer einen Blick wert. Andere Stars der italienischen Modebranche mit den entsprechenden Läden in der Stadt sind **Giorgio Armani**, **Gianni Versace**,

Trussardi und **Dolce & Gabbana**. Ein Fixstern am Himmel der Prêt-à-porter-Mode ist **Roberto Cavalli**, der innovative Mode kreiert.

Sollten Sie eher Kleider von unkonventionellen Designern suchen, gehen Sie am besten zu **Gente**. Dort verfügt man über die Exklusivrechte der Couture-Kollektionen von Avantgarde-Stylisten wie Dolce & Gabbana, Moschino oder auch Jean-Paul Gaultier. **MaxMara** betreibt hier ebenfalls eine Anzahl von Filialen. Die Qualität der Stoffe und die Verarbeitung sind vorzüglich. Ein Kostüm ist hier bereits für rund 500 Euro zu haben und somit erheblich günstiger als die Prêt-à-porter-Linien anderer *Alta-moda*-Schöpfer.

Herrenschneider- und Designermode

Der italienische Mann ist mindestens genauso modebewusst wie die italienische Frau. Entsprechend umfangreich ist auch die Auswahl für die gut gekleideten Herrn. Die Preise für Anzüge beginnen bei ca. 600 Euro, Jacketts bei 400 Euro. Hosen sind ab 150 Euro zu haben.

Die meisten der großen *Alta-moda*-Designer haben auch Läden für den Herrn, z.B. **Valentino**, **Prada** und **Gianni Versace**. Die Herrenlinie ist weniger spektakulär, der Akzent liegt auf zurückhaltender Raffinesse und zwangloser Sportlichkeit. Valentinos Monogramm-Accessoires sind noch relativ erschwinglich.

Valentino

Das Atelier des italienischen Modepapstes **Valentino Garavani** wurde 1959 in Rom eröffnet. Es hatte illustre Kunden, etwa Sophia Loren, Audrey Hepburn und Jackie Kennedy. Bevor er sich 2008 zurückzog, gelangen Valentino einige der aufsehenerregendsten Abendgarderoben der vergangenen Jahrzehnte. In den 1970er Jahren begann er, neben seinen *Alta-moda*-Kollektionen Prêt-à-porter-Mode für Damen und Herren zu entwerfen. Auch findet sich sein »V«-Logo auf einer Reihe von Accessoires. Die Valentino-Zentrale nimmt einen Palazzo an der Piazza Mignanelli ein. Ganz in der Nähe gibt es zwei Prêt-à-porter-Läden (*siehe S. 342*).

Battistoni ist wahrscheinlich der angesehenste unter den Designern für Herrenmode. Seine feinen maßgefertigten Hemden und Anzüge sind schon seit über 50 Jahren bei der gehobenen Gesellschaft begehrt. **Etro** verkauft klassisch geschnittene Mode und Accessoires für Damen und Herren in exotisch gemusterten italienischen Stoffen.

In barockem Interieur offeriert **Ermenegildo Zegna** elegante Prêt-à-porter-Mode, der Meisterschneider Gaetano versteht es ebenfalls, an Kunden Maß zu nehmen. Für Liebhaber des englischen Country-Look ist seit 1926 **Davide Cenci** die zuständige Adresse.

Brioni bietet traditionell maßgefertigte Herrenmode, aber auch eine eigene Linie von der Stange. **Trussardi** verkauft gut verarbeitete Klassiker. **Testa** führt Maßanzüge nach dem Geschmack der jungen Römer. **Degli Effetti** führt eine Reihe von Avantgarde-Designern wie Romeo Gigli und Jean-Paul Gaultier.

Junge Designermode

Für junge Leute steht eine riesige Auswahl zur Verfügung. Valentino und Armani wussten ihren unverwechselbaren Stil auch auf erschwinglichere Kollektionen zu übertragen und bieten sie bei **Valentino Sport** und **Emporio Armani** an (Armani-Jeans gibt es ab 90 Euro).

Fendi hat seine spezielle Fendissime-Linie, **Ermanno Scervino** führt eine Boutique an der Piazza di Spagna, nicht weit von **Gianfranco Ferré**. Für jüngere Kunden mit stilvollsportlichem Geschmack sind dies die richtigen Läden.

Auch **Timberland** ist eine beliebte Marke. Die Hemden kosten hier um die 50 Euro, für Regenmäntel muss man ca. 200 Euro zahlen.

Energie ist ein Renner. Der Laden bietet u.a. die beste Schaufensterdekoration der Stadt. Hauptsächlich Teenager kommen in Scharen hierher. Trussardis lässige Kollektion finden Sie bei **Tru Trussardi** und **Aria**. **Diesel** und SBU sind ebenfalls gefragt. **Eventi** repräsentieren eher die Avant-

garde-Richtung mit einer Mischung aus Gothic, New Age und Punk mit provokativen Schaufenstern.

Damenmode ist in der Via de Governo Vecchio reich vertreten. **Arsenico e Vecchi Merlett**, **Luna e L'Altra** und **Maga Morgana** bieten unkonventionelle Designerkleidung in angenehmem Ambiente an.

Günstige Mode

Rom ist nicht unbedingt ein Ort, um sich nach preiswerter Alltagskleidung umzusehen. Es herrscht ein deutlicher Mangel an Läden der mittleren Preislage, die den extremen Gegensatz zwischen der schwindelerregend teuren Exklusivität der *alta moda* und den Billigwaren der Straßenmärkte *(siehe S.352)* überbrücken könnten. Läden für den schmalen Geldbeutel sind zwar vorhanden, aber die angebotene Qualität ist meist schlecht. Mit einigem Durchhaltevermögen können Sie vielleicht entlang der Via del Corso, Via del Tritone, Via Nazionale, Via Cavour, Via Cola di Rienzo, Via Ottaviano oder der Via dei Giubbonari ein Schnäppchen machen.

Günstige Orte sind Kaufhäuser wie La Rinascente, Coin und Upim *(siehe S.335)*. Das sind keine klingenden Namen, aber dort können Sie in aller Ruhe stöbern und durchaus nette Sachen finden.

Ein weiterer Tipp sind Läden mit junger Designermode und die preisgünstigeren Zweit-Linien der *Altamoda*-Designer wie **Emporio Armani**. In den Filialen von **Discount dell'Alta Moda** können Sie am Ende der Saison Kollektionsteile 50 Prozent billiger als in den Boutiquen erwerben. Sie müssen auch nicht extra nach Rom kommen, um bei **Benetton** einzukaufen, gleichwohl gibt es hier viele Läden dieser Marke.

Strickwaren

Strickwaren sind eine besondere italienische Stärke. In Form finden Sie eine Fülle von Geschäften. **Laura Biagiotti** wird gefeiert für ihre recht luxuriösen Modelle aus

Kaschmir, **Missoni** für spektakuläre Farben und Designs. Krizias raffinierte Strickmode gibt es zwar nicht im eigenen Laden zu kaufen, doch findet man die Ware bei **Liz**.

Andere Läden, z.B. **Luisa Spagnoli** oder **Stefanel**, führen eine breite Palette an modischen Strickwaren und auch preiswertere Artikel.

Dessous

Führend in Stil und Qualität ist Italien auch im Dessousbereich. Marken wie La Perla exportieren weltweit. Lingerie wird in besonders guten Wäscheläden *(siehe S.343)* verkauft.

Cesari bietet eine eigene Kollektion an. Manche Boutiquen haben sich auch ganz auf Dessous und Bademoden spezialisiert. **Liberblu** offeriert eine große Auswahl an Bademoden, Dessous und Nachtwäsche. Bei **Brighenti**, sagt man, kaufen Filmstars ihre exklusiven Stücke für darunter. **Schostal** führt traditionellere Unterwäsche und bietet auch eine große Auswahl für Herren an.

Secondhand-Kleidung

Wer gern herumstöbert – entweder weil er Retro-Mode liebt oder wegen eines kleinen Geldbeutels –, findet in Rom eine riesige Auswahl an Secondhand-Kleidung. Die Via del Governo Vecchio ist neben den Märkten der Via Sannio und der Porta Portese *(siehe S.353)* das Secondhand-Mekka. Zu den besten Läden in dieser ehrwürdigen Straße nicht weit der Piazza Navona gehört **Mado**, der überwiegend Mode, Hüte und Schmuck aus den 1920er Jahren führt.

Le Gallinelle hat sowohl Secondhand-Ware als auch Auslaufmodelle und eigene Artikel im Angebot. Bei **Daniela e Daniela** in der Via Mastro Giorgio in Testaccio gibt es eine große Auswahl an Damenkleidung. Darunter befindet sich auch Ware von bekannten Sportartikelherstellern. Auch die Via del Pellegrino ist eine gute Adresse für Secondhand-Läden.

Schuhe und Accessoires

Die Lederindustrie Italiens genießt weltweit Ansehen. Schuhe, Taschen und Gürtel gehören deshalb zu den Kauftipps für Rom. Für gut gekleidete Römer sind Accessoires Teil der Grundausstattung. Das Angebot an Modeschmuck, Schals, Krawatten und anderen Accessoires ist dementsprechend exquisit.

Schuhe

Rom ist ein Dorado der Schuhläden: angefangen von den exquisiten Geschäften im Bereich der Via Condotti (wo Sie mit Preisen ab 170 Euro aufwärts rechnen müssen) über die preislich ausgeglicheneren Läden in der Nähe der Fontana di Trevi bis hin zu den Billigschuhständen, die in jedem Supermarkt zu finden sind.

Der wahrscheinlich bekannteste Laden ist **Ferragamo**, eines der renommiertesten Schuhgeschäfte der Welt. Geführt werden klassische und modisch aktuelle Schuhe, außerdem gibt es Damenmode und Lederwaren. Die hier verkauften Seidentücher sind schon fast ein Muss.

Fratelli Rossetti ist ein harter Konkurrent der oben genannten Nummer eins. Das Unternehmen wurde vor 50 Jahren von den Brüdern Renzo und Renato gegründet und stellt nun klassische Herrenschuhe und für die Dame formschönes, elegantes Schuhwerk her. Die Produktpalette folgt stets neuesten Trends. Zusammen mit Läden wie **Tod's** in der Via Condotti stellen sie den Gipfel der Eleganz dar. Kein Wunder, dass sich die Preise hier in schwindelerregenden Höhen bewegen.

Boccanera führt einige Filialen in Testaccio. Dort gibt es die neuesten Herren- und Damenmodelle von italienischen und britischen Top-Designern zu angemessenen Preisen.

Silvano Lattanzi zählt zu den ältesten Schuhläden in Rom: Innerhalb von 20 Jahren hat sich der Laden einen hervorragenden Ruf in der Stadt erworben. Verkauft werden hier maßgeschneiderte Lederschuhe für Damen und Herren, ein Schwerpunkt sind

Schuhe für ganz besondere Anlässe. Auch Taschen fertigt der Besitzer auf spezielle Kundenwünsche an. Sehr viel länger als Silvano Lattanzi existiert allerdings **Domus**, das 1938 eröffnet wurde. Domus verkauft eine Auswahl hochwertiger Damenschuhe. Hinzu kommt eine kleine, aber feine Kollektion an Taschen.

Auf der Via Frattina existieren aber auch preislich gemäßigtere Schuhgeschäfte wie **Pollini**. Pollini fertigt trendige und fantasievolle Stiefel und Taschen für die Dame und den Herrn. **Fausto Santini** bietet originelle farbige Entwürfe für ein jüngeres Publikum zu zivilen Preisen an. Dasselbe gilt für **Cervone**, der sich auf besonders farbenfrohe Damenschuhe spezialisiert hat. **Borini** führt einfache Formen mit flacheren Absätzen. Das Angebot der **Mr-Boots**-Läden besteht vorwiegend aus modischen Stiefeln und bequemem Schuhwerk für Damen und Herren, während **Nuyorica** witzige und erschwingliche Damenschuhe der neuesten Mode verkauft.

Falls Sie mehr auf Komfort für Ihre Füße achten, finden Sie im Flagship Store von **Geox** in der Via del Corso bestimmt das Richtige.

Lederwaren

Das berühmteste Lederwarengeschäft Roms ist **Gucci**, dessen Name und Produkte mittlerweile weltweit vertreten sind. Außer Schuhen, Koffern, Hand- und Brieftaschen, Gürteln und anderen Accessoires bietet eine eigene Modeboutique sehr trendige Damen- und Herrenbekleidung an. Beliebt sind auch die bekannten Seidenkrawatten und -tücher. **Fendi** verfügt über vergleichbar exquisite Lederwaren, darunter auch preiswertere

Modelle aus synthetischen Materialien und eine gute Auswahl an Mitbringseln. Auch wenn Sie hier für eine der ledereingefassten Taschen aus Synthetik aus der berühmten Streifenserie etwa 130 Euro bezahlen müssen (komplett aus Leder gearbeitete Taschen beginnen bei 150 Euro), ist es immer noch günstiger, sie hier zu erwerben, als im Ausland. **Skin**, in der Nähe der Via Sistina, ist ebenfalls nicht gerade preiswert. Etwas weiter südlich beim Trevi-Brunnen verkauft **La Sella** Schuhe, Taschen und Gürtel.

Mandarina Duck leuchtend bunte Taschen und Kofferserien aus textilen Materialien sind sehr in Mode. Sie bieten eine gute Alternative zu traditionellen Modellen aus Leder.

Wenn Sie außergewöhnliche topmodische Handtaschen suchen, ist **Furla** die richtige Adresse. Auch die berühmten Taschen von **Alviero Martini** sind etwas Besonderes.

Möchten Sie ein eher ungewöhnliches Geschenk für den Herrn erwerben, dann sei Ihnen **La Cravatta** in Trastevere empfohlen. Zusätzlich zur erlesenen Kollektion an klassischen handgefertigten Krawatten erfüllt das Geschäft auch jeden individuellen Kundenwunsch. Sie können das Design, das Material, die Länge und den Schnitt Ihrer Krawatte selbst bestimmen und so sicherlich ein ganz individuelles Geschenk aus Rom mitbringen.

Klassischer Schmuck

Was Cartier für Paris, Tiffany & Co. für New York und Asprey's für London, das ist **Bulgari** für Rom. Vor den Auslagen des international angesehenen Juweliers bleiben die Passanten stehen und schauen wie verzaubert auf die Preziosen. Die Schaufenster sind wunderliche kleine, in die Wand eingelassene Schaukästchen. In jedem befinden sich nur ein oder zwei Stücke, sodass der Betrachter das Gefühl hat, ein wertvolles Exponat aus einem Museum vor sich zu haben. Bulgaris elegante Armbanduhren, vor allem die Herrenuhren, sind ebenso begehrt wie die berühmten geflochtenen Halsgeschmeide. Bulgari ist spezialisiert auf große, farbige Steine, die in passende Fassungen im Stil der Hochrenaissance eingelassen sind. Es gibt jedoch auch zeitgenössisches Design. Der palastartige Laden in der Via Condotti war eines von Andy Warhols Lieblingsgeschäften. Im Inneren herrscht eine Atmosphäre von beinahe religiöser Ehrfurcht.

Buccellati ist ein Spross der berühmten Florentiner Dynastie, die ihren Aufstieg in den 1920er Jahren mit Mario Buccellati begann und von dem Schriftsteller Gabriele D'Annunzio favorisiert wurde. Die feinen Gravuren auf den Schmuckstücken beziehen ihre Motive aus der italienischen Renaissance. Diese Klassiker zeugen von wahrer Handwerkskunst.

Die Entwürfe von **Ansuini** sind modern, bewahren aber eine klassische Linie. Die klaren, durchaus fantasievollen Themen wechseln mit jeder Kollektion. **Massoni** wurde 1790 gegründet und ist einer der ältesten Juweliere Roms. Seine erlesenen Einzelstücke und Broschen sind außergewöhnlich. Auch bei **Moroni Gioielli** finden sich einzigartige Stücke hochwertiger Handwerkskunst.

Der altehrwürdige Laden von **Peroso** besteht seit 1891 und ist spezialisiert auf antiken Schmuck und Silberwaren. **Boncompagni Sturni** entwirft im traditionellen Stil mit Betonung auf Qualität und Handwerkskunst. Diese beiden Läden sind so exklusiv, dass Kunden nur nach Klingeln eingelassen werden. Stellen Sie sich dafür aber auf einen überaus persönlichen Service ein. **Tiffany & Co.** verkauft in der eleganten Via del Babuino klassisches Design.

Modeschmuck

Für den eher unkonventionellen Geschmack gibt es einige Läden, die modischen Avantgarde-Schmuck anbieten, für den auch weniger

teure Metalle und Halbedelsteine Verwendung finden. Für günstigen, aber interessanten Schmuck lohnt es sich beispielsweise, bei **Granuzzo** in der Via dei Coronari vorbeizuschauen.

Tempi Moderni kann eine interessante Schmuckkollektion aus der Jugendstil- und der Art-déco-Epoche vorweisen. Hier findet man darüber hinaus eine ganze Reihe von ansprechenden Stücken aus den 1950er und 1960er Jahren.

Danae produziert Modeschmuck aus Silber und wertvollen Steinen, bei dem man unwillkürlich an Coco Chanel erinnert wird.

Paola Volpi verwendet Industriematerial. Er zählt zu den spannendsten und einflussreichsten Designern für Modeschmuck in ganz Italien.

Traditioneller Gold- und Silberschmuck

Die Hauptstütze der römischen Schmuckindustrie ist nach wie vor das traditionsreiche Handwerk des Gold- und Silberschmieds, das in winziger Werkstätten ausgeübt wird.

Die zum Teil sehr kleinen, oft in Familienbesitz befindlichen Ateliers drängen sich vor allem in alten jüdischen Viertel, am Campo de' Fiori, am Ponte Sisto in der Nähe von Via Giulia und Montepietà (wo die Pfandleiher sitzen).

Es gibt auch Goldschmiede in der Via dei Coronari, der Via del'Orso und der Via del Pellegrino. Die Juweliere arbeiten nach eigenen Entwür-

fen und haben ihr Handwerk meist von ihren Eltern und Großeltern gelernt. Sie führen in der Regel auch Reparaturen aus oder nehmen alten Goldschmuck, schmelzen ihn ein und fertigen daraus etwas für Sie Passendes. So produziert beispielsweise **Gioie d'Arte** Schmuck sowohl nach herkömmlichen Entwürfen als auch nach Wünschen und Vorstellungen seiner Kunden auf Bestellung.

Handschuhe, Hüte und Strumpfwaren

Wenn Sie in Rom nur eine modische Kleinigkeit erwerben wollen und Spitzenqualität suchen, finden Sie bei **Di Cori** und **Sermoneta** eine entsprechende Kollektion von Handschuhen aller erdenklichen Arten. Etwas bezahlbarer und ebenso chic sind die Lederhandschuhe bei **Settimio Mieli**.

Auch **Catello d'Auria** ist auf Handschuhe spezialisiert, führt aber zusätzlich eine große Auswahl an Strumpfwaren.

Calzedonia hat mehrere Niederlassungen in der Stadt und kann mit Strümpfen und Leggins in nahezu jeder Farbe und jedem Modell dienen.

Und *last, but not least:* **Borsalino** ist *die* Adresse, wenn es um Hüte geht. Seit rund 150 Jahren gelten die feinen klassischen Hüte, die ursprünglich nur in Alessandria im Piemont gefertigt wurden, als Inbegriff von Eleganz. Sie wurden oft kopiert, doch das Original ist und bleibt unerreicht.

Umrechnungstabelle

Italienische Größen fallen deutlich kleiner aus als die deutschen Kleidergrößen. Eine genaue Umrechnung ist nicht möglich, weil die von den Herstellern angenommenen Verhältnisse der einzelnen Körpermaße zueinander in Südeuropa anders sind als in Deutschland. Am besten ist es, wenn Sie die Kleidungsstücke anprobieren.

Damengrößen							
Italien	38	40	42	44	46	48	50
Deutschland	34	36	38	40	42	44	46

Herrengrößen							
Italien	46	48	50	52	54	56	58
Deutschland	44	46	48	50	52	54	56

AUF EINEN BLICK

Damen-Haute-Couture

Dolce & Gabbana
Via Condotti 51–52.
Stadtplan 5 A2.
[06 69 92 49 99.

Fendi
Largo Goldoni 419.
Stadtplan 12 E1.
[06 69 66 61.

Gattinoni
Via Sistina 44.
Stadtplan 5 A2.
[06 678 39 72.

Gente
Via del Babuino 81.
Stadtplan 4 F1.
[06 320 76 71.
Via Frattina 69.
Stadtplan 5 A2.
[06 678 91 32.

Gianni Versace
Via Bocca di Leone 26–27.
Stadtplan 5 A2.
[06 678 05 21.

Giorgio Armani
Via Condotti 77.
Stadtplan 5 A2.
[06 699 14 61.

Laura Biagiotti
Via Mario de' Fiori 26.
Stadtplan 12 F1.
[06 679 12 05.

Max & Co
Via Condotti 46.
Stadtplan 5 A2.
[06 678 79 46.

MaxMara
Via Frattina 28.
Stadtplan 5 A2.
[06 679 36 38.

Prada
Via Condotti 92–95.
Stadtplan 5 A2.
[06 679 08 97.

Renato Balestra
Via Abruzzi 3.
Stadtplan 5 C1.
[06 679 55 37.

Roberto Capucci
Foro Troiano 1A.
Stadtplan 5 A4.
[06 482 17 23.

Roberto Cavalli
Via Borgognona 25.
Stadtplan 5 A2.
[06 69 92 54 69.

Salvatore Ferragamo
Via Condotti 73–74.
Stadtplan 5 A2.
[06 679 15 65.

Trussardi
Via Condotti 49–50.
Stadtplan 5 A2.
[06 679 21 51.

Valentino
Via Condotti 15.
Stadtplan 5 A2.
[06 673 94 20.

Herrenschneider- und Designermode

Battistoni
Via Condotti 61A.
Stadtplan 5 A2.
[06 697 61 11.

Brioni
Via Condotti 21A.
Stadtplan 5 A2.
[06 678 34 28.

Davide Cenci
Via Campo Marzio 1–7.
Stadtplan 4 F3 (12 D2).
[06 699 06 81.

Degli Effetti
Piazza Capranica 79.
Stadtplan 4 F3 (12 D2).
[06 679 02 02.

Ermenegildo Zegna
Via Borgognona 7E.
Stadtplan 5 A2.
[06 678 91 43.

Etro
Via del Babuino 102.
Stadtplan 5 A2.
[06 678 82 57.

Gianfranco Ferré
Via Borgognona 7A.
Stadtplan 12 E1.
[06 69 20 08 15.

Gianni Versace
Via Bocca di Leone 26–27.
Stadtplan 5 A2.
[06 678 05 21.

Gucci
Via Condotti 8.
Stadtplan 5 A2.
[06 679 04 05.

Testa
Via Borgognona 13.
Stadtplan 12 E1.
[06 679 05 60.
Piazza Euclide 27.
Stadtplan 2 D2.
[06 807 01 18.

Trussardi
Siehe Damen-Haute-Couture.

Valentino
Via Bocca di Leone 15.
Stadtplan 5 A2.
[06 673 94 30.

Junge Designermode

Aria
Via Nazionale 239.
Stadtplan 5 C3.
[06 48 44 21.

Armani Jeans
Via del Babuino 70A.
Stadtplan 4 F1.
[06 36 00 18 48.

Arsenico e Vecchi Merletti
Via del Governo Vecchio 36.
Stadtplan 4 E4 (11 B3).
[06 683 39 36.

Diesel
Via del Corso 186.
Stadtplan 4 F3 (12 E1).
[06 678 39 33.

Emporio Armani
Via del Babuino 139.
Stadtplan 4 F1
[06 322 15 81.

Energie
Via del Corso 485.
Stadtplan 4 F2.
[06 322 70 45.

Ermanno Scervino
Piazza di Spagna 82–83.
Stadtplan 5 A2.
[06 679 22 94.

Eventi
Via dei Serpenti 134.
Stadtplan 5 B4.
[06 48 49 60.

Gianfranco Ferré
Piazza di Spagna 70.
Stadtplan 5 A2.
[06 679 14 51.

Luna e L'Altra
Piazza Pasquino 76.
Stadtplan 4 E4 (11 C3).
[06 68 80 49 95.

Maga Morgana
Via del Governo Vecchio 27 und 98.
Stadtplan 4 E4 (11 C3).
[06 687 99 95.

SBU
Via S. Pantaleo 68.
Stadtplan 11 C3.
[06 68 80 25 47.

Timberland
Via del Corso 488.
Stadtplan 4 F2.
[06 324 33 63.

Tru Trussardi
Via Frattina 42.
Stadtplan 5 A2.
[06 69 38 09 39.

Valentino Sport
Via del Babuino 61.
Stadtplan 4 F1.
[06 36 00 19 06.

Günstige Mode

Benetton
Via del Corso 288.
Stadtplan 5 A2.
[06 68 10 25 20.

Discount dell'Alta Moda
Via di Gesù e Maria 14 u. 16A.
Stadtplan 4 F2.
[06 361 37 96.
Via de Pretis 88.
Stadtplan 5 C3.
[06 47 82 56 72.

Emporio Armani
Siehe Junge Designermode.

Zara
Galleria Alberto Sordi.
Stadtplan 12 E2.
[06 69 92 54 01.

Strickwaren

Laura Biagiotti
Siehe Damen-Haute-Couture.

Liz
Via Appia Nuova 90.
Stadtplan 10 D2.
[06 700 36 09.

Luisa Spagnoli
Via del Tritone 30.
Stadtplan 5 A3 (12 F1).
06 69 92 27 69.
Via Vittorio Veneto 130.
Stadtplan 5 B1.
06 42 01 12 81.
Via Frattina 84B.
Stadtplan 5 A2.
06 699 17 06.

Missoni
Piazza di Spagna 78.
Stadtplan 5 A2.
06 679 25 55.

Stefanel
Via Frattina 31–33.
Stadtplan 5 A2.
06 679 26 67.

Dessous

Brighenti
Via Borgognona 27.
Stadtplan 5 A2.
06 678 38 98.

Cesari
Via del Babuino 195.
Stadtplan 5 B3.
06 638 12 41.

Liberblu
Via del Tritone 101.
Stadtplan 12 F1.
06 488 22 46.

Schostal
Via Fontanella Borghese 29.
Stadtplan 4 F3 (12 D1).
06 679 12 40.

Secondhand-Kleidung

Daniela e Daniela
Via Mastro Giorgio 79B.
Stadtplan 8 D3.
06 57 28 52 08.

Le Gallinelle
Via Panisperna 61.
Stadtplan 5 B4.
06 488 10 17.

Mado
Via d. Governo Vecchio 89A.
Stadtplan 4 E4 (11 B3).
06 687 50 28.

Schuhe

Boccanera
Via Luca della Robbia
34–36. **Stadtplan** 8 D3.
06 575 68 04.

Borini
Via dei Pettinari 86–87.
Stadtplan 4 E5 (11 C5).
06 687 56 70.

Cervone
Via del Corso 99.
Stadtplan 4 F2.
06 678 35 22.

De Bach
Via del Babuino 123.
Stadtplan 4 F1.
06 678 33 84.

Domus
Via Belsiana 52.
Stadtplan 4 F2.
06 678 90 83.

Fausto Santini
Via Frattina 120.
Stadtplan 5 A2.
06 678 41 14.

Ferragamo
Via Condotti 73–74.
Stadtplan 5 A2.
06 679 15 65.
Via Condotti 66
Stadtplan 5 A2.
06 678 11 30.

Fratelli Rossetti
Via Borgognona 5A.
Stadtplan 5 A2
06 678 26 75.

Geox
Via del Corso 443.
Stadtplan 4 F2
06 68 89 27 20.

Mr Boots
Piazza Re di Roma 10.
Stadtplan 10 D3.
06 77 20 86 72.
Via A. Brunetti 2.
Stadtplan 4 F1.
06 321 57 32.

Nuyorica
Piazza della Pollarola
36–37. **Stadtplan** 11 C4.
06 68 89 12 43.

Pollini
Via Frattina 22–24.
Stadtplan 5 A2 (12 E1).
06 679 83 60.

Silvano Lattanzi
Via Bocca di Leone 59.
Stadtplan 5 A2.
06 678 51 19.

Tod's
Via Condotti 52–53A.
Stadtplan 5 A2.
06 699 10 89.

Lederwaren

Alviero Martini
Via Frattina 116.
Stadtplan 5 A2.
06 69 92 33 81.

La Cravatta
Via di Santa Cecilia 12.
Stadtplan 8 D1.
06 89 01 69 41.

Furla
Via Condotti 56.
Stadtplan 5 A2.
06 679 19 75.

Gucci
Via Borgognona 7D.
Stadtplan 5 A2.
06 69 19 06 61.
Via Condotti 8.
Stadtplan 5 A2.
06 679 04 05.

Mandarina Duck
Via Due Macelli 59F/G.
Stadtplan 12 F1.
06 678 64 14.

La Sella
Via del Lavatore 56.
Stadtplan 5 A3 (12 F2).
06 679 66 54.

Skin
Via Capo le Case 41.
Stadtplan 5 A3 (12 F1).
06 678 55 31.

Klassischer Schmuck

Ansuini
Corso Vitt. Emanuele 151.
Stadtplan 4 E4 (11 C3).
06 68 80 69 09.

Boncompagni
Via Vittoria 4A. **Stadtplan**
4 F2. 06 321 39 50.

Buccellati
Via Condotti 31.
Stadtplan 5 A2.
06 679 03 29.

Bulgari
Via Condotti 10.
Stadtplan 5 A2.
06 69 62 61.

Massoni
Via Margutta 54.
Stadtplan 4 F1.
06 321 69 16.

Moroni Gioielli
Via Belsiana 32A.
Stadtplan 4 F2.
06 678 04 66.

Peroso
Via Sistina 29A.
Stadtplan 5 B3.
06 474 79 52.

Tiffany & Co.
Via del Babuino 118
Stadtplan 5 A2.
06 679 07 17.

Modeschmuck

Danae
Via della Maddalena.
Stadtplan 12 D2.
06 679 18 81.

Granuzzo
Via dei Coronari 193.
Stadtplan 4 E3 (11 B2).
06 68 80 15 03.

Paolo Volpi
Piazza dei Satiri 55.
Stadtplan 11 C4.
06 587 33 66.

Tempi Moderni
Via del Governo
Vecchio 108.
Stadtplan 4 E4 (11 B3).
06 687 70 07.

Traditioneller Gold- und Silberschmuck

Gioie d'Arte
Via de Gigli d'Oro 10.
Stadtplan 4 E3 (11 C2).
06 687 75 24.

Handschuhe, Strumpfwaren und Hüte

Borsalino
Piazza del Popolo 20.
Stadtplan 4 F1.
06 32 65 08 38.
Via Sistina 58A.
Stadtplan 5 B2.
05 678 88 21.

Calzedonia
Via del Corso 106.
Stadtplan 4 F2.
06 69 92 54 36.

Catello d'Auria
Via dei Due Macelli 55.
Stadtplan 5 A2 (12 F1).
06 679 33 64.

Di Cori
Piazza di Spagna 53.
Stadtplan 5 A2.
06 678 44 39.

Fendi
Siehe Damen-Haute-Couture.

Sermoneta
Piazza di Spagna 61.
Stadtplan 5 A2.
06 679 19 60.

Settimio Mieli
Via San Claudio 70.
Stadtplan 5 A3 (12 E2).
06 678 59 79.

Stadtplan *siehe Seiten 396–419*

Inneneinrichtung

Italienisches Design hat eine lange Tradition, die auf den Fertigkeiten der Handwerksmeister beruht. Einige Firmen können auf jahrhundertealte Erfahrung zurückblicken. Es lohnt sich in jedem Fall, die stilvollen Inneneinrichtungs-Läden Roms aufzusuchen – sei es, um sich nur ein wenig umzuschauen und dabei die eine oder andere Idee für die Ausstattung des eigenen Heims zu finden oder um etwas Interessantes zu erwerben. Mitunter stößt man auch auf kleine Mitbringsel.

Möbel

Italien ist für stilvolle Möbel in bester Qualität berühmt. In Rom findet sich zwar kein spezielles Viertel, das explizit für seine Möbelgeschäfte bekannt ist, doch die renommiertesten und größten Läden konzentrieren sich im Norden der Stadt.

In der Via dei Banchi Vecchi im Herzen des historischen Zentrums stößt man auf **Bernardini**: Der Laden ist vollgestopft mit Markenware in elegantem Design – von Holz- und Stahlmöbeln bis zu erschwinglichen Haushaltswaren.

Decoration 2000 verkauft zu durchaus annehmbaren Preisen schmiedeeiserne Produkte aus der Toskana und venezianische Möbel in vielen zarten Farbtönen.

Spazio Sette, nahe dem Largo Argentina, belegt drei Etagen des Palazzo Lazzaroni, eines ehemaligen Kardinalspalais, mit seinem aufsehenerregenden Ausstellungsraum. Es ist eines der besten Einrichtungshäuser von Rom. Neben Möbeln bietet es auch Geschenkartikel an. Die modernen Möbel sowie Vasen, Glas, Schalen und Kochgeschirr ergeben eine faszinierende Ausstellung.

In der Nähe, an der Piazza Cairoli, befindet sich **Confalone**, ein Möbelgeschäft, das für seine perfekt gepolsterten Sofas und Sessel bekannt ist. Auch Esstische und Stühle sind erhältlich. Bei der großen Auswahl findet man hier für jedes Wohnambiente das Richtige.

Benedetti betreibt eine ganze Reihe von Geschäften in der Via Marmorata und bietet eine große Auswahl ausgesprochen edler moderner Holzmöbel. **Fattorini** an der Via Arenula führt Möbel im Retro-Design der 1970er Jahre.

Leuchten

Leuchten gehören zu den beliebtesten und auch noch relativ leicht zu transportierenden Rom-Einkäufen. Es gibt eine ganze Anzahl von exklusiven Lampengeschäften und Lichtstudios.

Flos ist eine Vereinigung zweier Designhäuser, in deren Ausstellungsraum die Leuchten wie Museumsstücke präsentiert werden. Der Stil ist minimalistisch – Schwarz und Weiß, Chrom und Stahl dominieren.

In unmittelbarer Nähe liegt **Artemide**. Es ist genau wie Flos ein Designhaus mit hohem Anspruch und auch im Ausland bekannt, vor allem für seine klassischen Anglepoise-Lampen in allen Farbnuancen. In den stilvollen Präsentationsräumen werden Hightech-Leuchten der gehobenen Preisklasse gezeigt.

Gegenüber von Palazzo delle Esposizioni stellt **Targetti** seine Produktpalette vor: futuristisch gestylte Lichtsysteme, die eine perfekte Symbiose zwischen Technik und Design verkörpern.

Borghini bedient den kleineren Geldbeutel und bietet weniger bekannte Namen zu moderaten Preisen an. Die Produkte sind jedoch nicht weniger chic. Beleuchtungskörper von allen führenden Designern Italiens, von traditionellen Leuchten bis hin zu Hightech-Objekten, findet man bei **Obor**.

Italienische Leuchten und Elektrogeräte sind auf 220 bis 240 Volt Spannung ausgelegt, innerhalb Europas funktionieren sie also problemlos. In der Regel werden auch in Italien handelsübliche Glühbirnen und Leuchtstoffröhren verwendet, bei ausgefallenen Leuchtkörpern sollten Sie sich eventuell erkundigen, ob Sie diese später auch zu Hause nachkaufen können.

Küchen und Bäder

Wer den Transport nicht scheut oder sich für zu Hause Inspirationen holen möchte, kann in Rom einige der ultramodernen Hightech-Küchen genauer in Augenschein nehmen. Einen Überblick über die neuesten Entwürfe bietet **Arclinea**, ein Geschäft nahe dem Ponte Garibaldi. Ebenso anregend kann ein Besuch bei **Emporio Cucina** in der Nähe der Piazza Navona sein.

Italienische Läden für Badausstattungen orientieren sich fast ausnahmslos an modernem Design. **Favasini** führt sehr dekorative Installationen mit floralen Motiven und passenden Accessoires.

Auch **Materia** hat eine große Auswahl an Artikeln, die den neuesten Trends der Badezimmergestaltung entsprechen.

Fliesen

Die Herstellung von Keramikfliesen hat in Italien eine lange Tradition. Eine große Vielfalt findet man in den Ausstattungsgeschäften für Küchen und Bäder.

Ceramiche Musa kombiniert moderne Fliesen mit floralen und antiken römischen Motiven, die insbesondere bei ausländischen Besuchern beliebt sind.

Glas

Glas ist gefragter denn je, dekorative Glasobjekte sind ein beliebtes Mitbringsel von einem Rom-Urlaub. **Murano Più** verkauft hübsche Murano- und andere Glasartikel zu erschwinglichen Preisen. Der Laden hinter der Piazza Navona hat auch sonntags geöffnet.

Archimede Seguso ist ebenfalls auf Murano-Glas spezialisiert und bietet kleinere Stücke und zudem eine Auswahl an hübschen Geschenkartikeln an.

Auch **Arteque** ist ein schöner Laden. Für günstigere Geschenke wie Pasta-Schüsseln, Glas und Keramik sollten Sie bei **Stilvetro** Ihr Glück probieren. Der Versand der Waren an Ihre Heimatadresse kann in der Regel von den genannten Unternehmen arrangiert werden.

Stoffe

Aus einer überaus reichhaltigen Auswahl an Mustern und Materialien können bei **Il Sigillo** Stoffe und Tapeten direkt gekauft oder auch zum Liefern bestellt werden. **Celsa** bietet ebenfalls eine riesige Auswahl an Stoffen an, darunter sind zahlreiche Designermarken zu oft erstaunlich günstigen Preisen.

Für eine Schnäppchenjagd hummeln Sie durch das alte jüdische Viertel, das sich vom Largo Argentina bis zum Tiber hinunterzieht. In unzähligen preiswerten Stoffläden, z. B. bei **Paganini**, kann man vor allem während der Schlussverkäufe *(saldi; siehe S. 334)* wirklich günstige Restposten *(scampoli)* erwerben.

Haushaltswaren und Accessoires

Ein Sortiment von schöner Tisch- und Bettwäsche findet man bei **Frette** direkt an der Piazza di Spagna.

Liebhaber von Designer-Küchenutensilien besuchen **C.u.c.i.n.a.**, das versteckt in der Via Mario de' Fiori 65 liegt. Angeboten werden Haushaltswaren, Töpfe und Pfannen, die aus aller Welt zusammengetragen wurden. Es gibt Küchenutensilien im rustikalen genauso wie im Hightech-Stil.

House & Kitchen nahe der Piazza Venezia ist spezialisiert auf Tisch- und Kochkultur. Hier findet man jedes nur erdenkliche Gerät und viele Accessoires. Auch die Pizzeria **'Gusto** *(siehe S. 331)* bietet in ihrem Laden im Erdgeschoss ein sehr interessantes Angebot an Küchenutensilien.

Für die Preisbewussten ist **Limentani** nahe der Synagoge eine gute Adresse. Das Sortiment umfasst viele Geschenkartikel. Es gibt alles für Küche und Haushalt, z. B. Besteck, Porzellan, Glaswaren sowie Silber- und Chromartikel.

AUF EINEN BLICK

Möbel

Benedetti
Via Marmorata 141.
Stadtplan 8 D3.
06 574 66 10.

Bernardini
Via dei Banchi Vecchi 109.
Stadtplan 4 D4 (11 A3).
06 68 80 46 22.

Confalone
Piazza Cairoli 110.
Stadtplan 12 D4.
06 68 80 36 84.

Decoration 2000
Piazza Nicosia 33–34.
Stadtplan 11 C1.
06 68 39 20 64.

Fattorini
Via Arenula 55.
Stadtplan 12 D5.
06 68 13 56 15.

Spazio Sette
Via dei Barbieri 7.
Stadtplan 4 F5 (12 D4).
06 68 80 42 61.

Leuchten

Artemide
Via Margutta 107.
Stadtplan 4 F1.
06 36 00 18 02.

Borghini
Via Besiana 87–89.
Stadtplan 4 F2.
06 679 06 29

Flos
Via del Babuino 84.
Stadtplan 5 A2.
06 320 76 31.

Obor
Piazza San Lorenzo
in Lucine 28.
Stadtplan 12 E1
33 35 87 14 96.

Targetti
Via Nazionale 193.
Stadtplan 5 B4.
05 574 46 94.

Küchen und Bäder

Arclinea
Lungotevere
dei Cenci 4E.
Stadtplan 4 F5 (12 D5).
06 686 51 04.

Emporio Cucina
Piazza delle Cinque Lune
74. **Stadtplan** 11 C2.
06 68 80 36 85.

Materia
Corso Vittorio Emanuele II
189. **Stadtplan** 11 C3.
06 686 18 96.

Ravasini
Via d Ripetta 69–71.
Stadtplan 4 F2.
06 322 70 96.

Fliesen

Ceramiche Musa
Via Campo Marzio 39.
Stadtplan 4 F3 (12 D1).
06 687 12 42.

Glas

Archimede Seguso
Via dei Due Macelli 56.
Stadtplan 5 A2.
06 679 17 81.

Arteque
Via Giulia 13.
Stadtplan 4 D4 (11 A3).
06 687 73 88.

Murano Più
Corso Rinascimento
43–45.
Stadtplan 4 E3.
06 68 80 80 38.

Stilvetro
Via Frattina 56.
Stadtplan 5 A2.
06 679 02 58.

Stoffe

Celsa
Via delle Botteghe Oscure
44. **Stadtplan** 12 D4.
06 69 94 08 72.

Il Sigillo
Via Laurina 15.
Stadtplan 4 F1.
06 361 32 47.

Paganini
Via Aracoeli 23.
Stadtplan 4 F5 (12 E4).
06 678 68 31.

Haushaltswaren und Accessoires

C.u.c.i.n.a.
Via Mario de' Fiori 65.
Stadtplan 5 A2.
06 679 12 75.

Frette
Piazza di Spagna 10.
Stadtplan 5 A2.
06 679 06 73.

'Gusto
Piazza Augusto
Imperatore 7.
Stadtplan 4 F2.
06 323 63 63.

House & Kitchen
Via del Plebiscito 103.
Stadtplan 12 E3.
06 679 42 08.

Limentani
Via del Portico d'Ottavia
48. **Stadtplan** 12 E5.
06 68 80 69 49.

Stadtplan *siehe Seiten 396–419*

Bücher und Geschenke

Rom eröffnet unendliche Möglichkeiten für den Einkauf von Geschenken. Das Angebot umfasst Produkte aus ganz Italien und Kunsthandwerk aus der Stadt selbst. Es ist ein Erlebnis, die kleinen sehenswerten Läden aufzuspüren, die in Stadtvierteln liegen, die man sonst nicht aufgesucht hätte. Es finden sich außergewöhnliche Keramik, Bücher über italienische Kunst und Architektur, Filmposter und ein vielfältiges Angebot an Papierprodukten. Kulinarische Mitbringsel sind immer willkommen, vor allem verführerische Süßwaren gibt es an jeder Ecke. Neben den üblichen Souvenirs wird eine Fülle von Devotionalien angeboten. Michelangelos Meisterwerke sind ein bevorzugtes Motiv für T-Shirts, Skulpturen und Postkarten.

Buchläden

Rom bietet viele Buchläden – mit allgemeinem Sortiment bis hin zu Fachbuchhandlungen. Allerdings sind die Preise sowohl für gebundene wie für Taschenbücher recht hoch.

Italiens größte und bekannteste Buchladenkette ist **Feltrinelli**. Die Filialen führen in ihren endlos langen Regalen sowohl moderne als auch klassische italienische Literatur sowie eine breite Palette an Sachbüchern. **Feltrinelli International** in der Via Emanuele Orlando führt eine große Auswahl an fremdsprachigen wie italienischen Büchern zu Themen wie Kunst, Geschichte, Kochen und Reisen. Auch Kunstdrucke oder Filmplakate sind hier erhältlich. Darüber hinaus gibt es Zeitschriften und Schreibwaren. Interessant ist auch das Schwarze Brett mit Informationen über Sprachkurse, günstige Wohnungen oder andere interessante Angebote.

Deutschsprachige Bücher und Zeitschriften sind im **Herder International Book Center** erhältlich. Die Buchhandlung an der Piazza Montecitorio führt auch Werke in anderen Sprachen.

Libreria del Viaggiatore ist bis unter das Dach vollgestopft mit Landkarten und Reiseführern. **Libreria Godel** ist eine Fundgrube für Bücher über Rom, Postkarten, Kunstkalender und antiquarische Kunstbücher. **Bibli** liegt auf der anderen Seite des Tiber und versteht sich mit seinem Café/Bistro und den vielen Veranstaltungen nicht nur als Buchladen, sondern auch als Kulturzentrum.

Angehende Küchenchefs und Hobbyköche finden in der **Emporio Libreria 'Gusto** an der Piazza Augusto Imperatore bücherweise Rezepte für italienische und internationale Gerichte.

Secondhand-Buchläden gibt es in der Via delle Terme di Diocleziano am Largo della Fontanella di Borghese.

Multimedia und Musik

Die **Feltrinelli**-Filiale in der Galleria Alberto Sordi an der Via del Corso und die Filiale am Largo Argentina verfügen neben großen Sortimenten an Büchern auch über eine beachtliche CD- und DVD-Auswahl populärer Musik und Filme.

Wenn Sie etwas fernab vom Mainstream suchen, werden Sie bei **Ricordi** Erfolg haben, dem größten Musikladen in Rom. Neben CDs, DVDs und Platten werden in den vier Filialen auch Musikinstrumente angeboten.

Schreibwaren und Papierprodukte

In der Nähe des Pantheon findet man **Il Papiro** mit einem umfassenden Angebot an Schreibwaren und Büroartikeln. Dazu gehören Notizblöcke in vielerlei Variationen, Tagebücher und Briefumschläge in allen Farben und Größen. Hier findet sicherlich jeder Besucher ein passendes Geschenk. Ähnlich gut sortiert ist **Laboratorio Scatole**, ein Laden, dessen Regale voll mit Schreibblöcken und Aktenordnern sowie Schachteln in allen nur denkbaren Größen, Farben und Mustern sind.

Bekannt für die Produktion von exklusiven Visitenkarten ist **Pineider**, das die feinere Gesellschaft beliefert. Etwas weniger vornehm ist **Vertecchi** mit originellen Geschenkartikeln, z. B. Behältnissen in allen Formen und Größen. **Fabriano** führt seine eigene Marke mit verschiedenen Papierwaren, Schreibtischutensilien und Notizbüchern.

Poster und Drucke

Bei **L'Image**, in der Nähe der Piazza Navona, finden Liebhaber von Postern eine große Auswahl an Filmplakaten oder Kunstdrucken. Auch Schreibwaren, Souvenirs und Kalender bereichern das Sortiment.

Liebhaber von Sammlerstücken zieht es eher in die **Galleria Trincia**. Dort werden qualitativ hochwertige Drucke zu akzeptablen Preisen verkauft, darunter auch Stadtansichten aus früheren Jahrhunderten. Die Betreiber widmen sich auch der Restaurierung alter Drucke.

Poster und Plakate früherer Ausstellungen sowie Postkarten und Geschenkartikel werden in mehreren Museumsläden verkauft, etwa bei **Il Chiostro del Bramante** nahe der Piazza Navona oder bei **Complesso del Vittoriano** am Forum.

Kunsthandwerk und Design

Die zentral gelegene Via del Pellegrino ist voller kleiner Fachgeschäfte wie **Le Tre Ghinee**, das Keramik und Glasobjekte anbietet. **La Chiave** ist eine gute Adresse für Ethno-Objekte, mit Schwerpunkt auf hellen Möbeln und originalem Schmuck.

Anhänger von zeitgenössischem Design besuchen die **Palazzo delle Esposizioni** (siehe S. 164), in dem sie eine beachtenswerte Auswahl an bekannten Designerstücken vorfinden. Für ein wirklich originelles Geschenk können Sie in der **Bottega del Marmoraro** fündig werden. Die Werkstatt bildet antike römische und pompejanische Marmorinschriften nach und fertigt auch auf Bestellung.

Souvenirs und Devotionalien

Fast alle Tabakhändler in der Innenstadt verkaufen neben Postkarten und Briefmarken auch eine Vielzahl von Souvenirs. Eher billiger Kitsch wird an den Ständen bei den Sehenswürdigkeiten feilgeboten. Buchläden in der Nähe der wichtigsten Kirchen,

etwa die **Libreria Belardetti**, bieten eine Vielzahl an Souvenirs und religiösen Andenken an. Andere Läden haben sich eher auf den kirchlichen Bedarf für Geistliche und Laien spezialisiert.

Gegenüber den Toren des Vatikans, in der Via d. Porta Angelica, gibt es Läden wie **Al Pellegrino Cattolico**, die Devotionalien in großer Auswahl führen.

Süßwaren und Gebäck

Neben den zahllosen Bars und Cafés, die Kuchen und Gebäck zum Mitnehmen *(da portare via)* verkaufen, gibt es viele Spezialgeschäfte, die eine(n) kurzen (oder längeren) Aufenthalt wert sind.

La Deliziosa *(siehe S. 331)* nahe der Piazza Navona ist klein, bietet aber eine große Auswahl an typischen italienischen Desserts und Kuchen. In der Galleria Esedra bei der Piazza della Repubblica ist **Dagnino** bekannt für seine sizilianischen Leckereien, etwa *cannoli* und *cassate*.

Eine verführerische Fülle unterschiedlichster italienischer Backwaren für alle Gelegenheiten und jeden Geschmack finden Sie bei **Cipriani** *(siehe S. 330)* im Esquilin-Viertel oder bei **Innocenti** *(siehe S. 333)*, einer seit langer Zeit etablierten *pasticceria* in Trastevere, die ihr beliebtestes Süßgebäck mit Honig, Mandeln und Pinienkerne verfeinert.

AUF EINEN BLICK

Buchläden

Bibli
Via del Moro 45.
Stadtplan 7 C1.
[tel] 06 583 69 42.

Emporio Libreria 'Gusto
Piazza Augusto Imperatore 7. **Stadtplan** 4 F2.
[tel] 06 323 63 63.

Feltrinelli
Largo Argentina 5A.
Stadtplan 4 F4.
[tel] 06 68 80 32 48.
Galleria Alberto Sordi 31–35. **Stadtplan** 12 E2.
[tel] 06 69 75 50 01.

Feltrinelli International
Via E. Orlando 84–86.
Stadtplan 5 C3.
[tel] 06 482 78 78.

Herder International Book Center
Piazza Montecitorio 120.
Stadtplan 4 F3 & 12 E2.
[tel] 06 679 46 28.

Libreria del Viaggiatore
Via del Pellegrino 78.
Stadtplan 11 B3.
[tel] 06 68 80 10 48.

Libreria Godel
Via Poli 46.
Stadtplan 12 F2.
[tel] 06 679 87 16.

Multimedia und Musik

Feltrinelli
Siehe Buchläden

Ricordi
Via del Corso 506.
Stadtplan 12 E1.
[tel] 06 361 23 70.

Schreibwaren, Papierprodukte

Fabriano
Via del Babuino 173.
Stadtplan 4 F2.
[tel] 06 32 60 07 61.

Il Papiro
Via del Pantheon 50
(Richtung Via dOrfani).
Stadtplan 12 D2.
[tel] 06 679 55 97.

Laboratori Scatole
Via della Stelletta 27.
Stadtplan 12 D2.
[tel] 06 68 80 10 53.

Pineider
Via dei Due Macelli 68.
Stadtplan 12 E1.
[tel] 06 679 58 84.

Vertecchi
Via della Croce 70.
Stadtplan 4 E2.
[tel] 06 332 21 21.

Poster und Drucke

Il Chiostro del Bramante
Via della Pace 5.
Stadtplan 11 C2.
[tel] 06 880 90 98.

Complesso del Vittoriano
Via San Pietro in Carcere.
Stadtplan 5 A5.
[tel] 06 678 06 64.

Galleria Trincia
Via Laurina 12.
Stadtplan 4 F1.
[tel] 06 361 23 22.

L'Image
Via della Scrofa 67.
Stadtplan 12 D2.
[tel] 06 686 40 50.

Kunsthandwerk und Design

Bottega del Marmoraro
Via Margutta 53B. **Stadtplan** 5 A2.
[tel] 06 320 76 60.

La Chiave
Largo delle Stimmate 28.
Stadtplan 12 D4.
[tel] 06 68 30 88 48.

Palazzo delle Esposizioni
Via Milano 15–17.
Stadtplan 5 B4.
[tel] 06 48 91 33 61.

Le Tre Ghinee
Via del Pellegrino 90.
Stadtplan 11 B3.
[tel] 06 687 27 39.

Souvenirs und Devotionalien

Al Pellegrino Cattolico
Via di Porta Angelica 83.
Stadtplan 3 C2.
[tel] 06 68 80 23 51.

Libreria Belardetti
Via della Conciliazione 4A.
Stadtplan 3 C3.
[tel] 06 5686 55 02.

Süßwaren und Gebäck

Cipriani
Via C. Botta 21.
Stadtplan 6 D5.
[tel] 06 70 45 39 30.

Dagnino
Galleria Esedra,
Via Vittorio Emanuele Orlando 75.
Stadtplan 5 C2.
[tel] 06 481 86 60.

La Deliziosa
Vicolo Savelli 50.
Stadtplan 11 B3.
[tel] 06 68 80 31 55.

Innocenti
Via della Luce 21A.
Stadtplan 7 C2.
[tel] 06 580 39 26.

Kunst und Antiquitäten

Der Kunst- und Antiquitätenmarkt Roms reicht von traditionellen Geschäften bis zu Galerien zeitgenössischer Kunst. Mit der Mode, Kunst des frühen 20. Jahrhunderts zu sammeln, entstanden viele neue Kunsthandlungen. Veninis Murano-Glas ist beliebt, es dürfen aber auch Leuchten oder Möbel sein. Natürlich gibt es überall Läden, die Nippes und Schmuck verkaufen. Kopien alter Drucke kosten einen Bruchteil der Preise für die Originale. Rom ist kein günstiges Pflaster für den Antiquitätenkauf, doch es lohnt sich, die Läden entlang der Via dei Cappellari und der Via del Pellegrino zu durchstöbern oder den Markt an der Porta Portese.

Antiquitäten und Alte Meister

Antiquitätenläden sind in ganz Rom verteilt. Die besten befinden sich in wenigen Vierteln. Diskretes Handeln ist die Regel, aber versichern Sie sich, dass der Händler auch bei reduzierten Preisen die nötigen Exportpapiere vorweisen kann.

Etwa 30 der größten Ausstellungsräume für antike Möbel, Gemälde Alter Meister und *objets d'art* befinden sich in der berühmten Via del Babuino und der Via Margutta, die vor allem für ihre Kunstgalerien berühmt ist. **Cesare Lampronti** und Carlo Peruzzi behaupten eine unangefochtene Stellung auf dem Gebiet der europäischen Malerei des 16. bis 18. Jahrhunderts mit Schwerpunkt auf italienischen Arbeiten.

Alberto di Castro residiert an der Piazza di Spagna. Er ist auf Statuen, Gemälde und weitere kostbare Objekte vom Mittelalter bis zum Klassizismus spezialisiert. In der Nähe bietet **M Simotti-Rocchi** griechische und römische Statuen an, aber auch antike Münzen und Figurinen.

In der Via Giulia *(S. 153)* können Sie zwischen mehr als 20 gehobenen Antiquitätenläden wählen. Einen Besuch lohnt auf jeden Fall **Antichità Cipriani**, das Paola Cipriani, die Inhaberin, zu einem Tempel für Antiquitäten und exquisite Gemälde gemacht hat.

Auch das **Antiquariato Valligiano** in der Via Giulia lohnt einen Besuch. Nur dort finden Sie italienische Bauernmöbel des 19. Jahrhunderts – die

rustikale Gegenwelt zum allgegenwärtigen Barock. In der Parallelstraße Via Monserrato können Sie etwas weniger hochwertige, dafür aber erschwingliche Stücke finden.

Ein weiteres interessantes Viertel befindet sich nördlich der Via Giulia. **Mario Prilli**, ein exklusiver Laden in der Via Banchi Nuovi, ist bis ins hinterste Eck mit Antiquitäten gefüllt, die auch für den interessant sind, der nur mit den Augen kaufen möchte. In der Via dei Coronari reihen sich fast ausschließlich Antiquitätenläden aneinander. Die Qualität ist sehr hoch, die Preise sind entsprechend. Es dominieren kunstvolle Vasen mit Einlegearbeiten, Sekretäre und Konsolen im Barock- und Empire-Stil. Das **Ad Antiqua Domus** ist eine wahre Schatzkammer für Liebhaber alter italienischer Möbel. Hier werden Möbel aus einer Zeitspanne verkauft, die vom Alten Rom bis ins 19. Jahrhundert reicht.

Liberty führt hochwertige Objekte des Jugendstils, der hier auch *Liberty* genannt wird. Die **Art Deco Gallery** verkauft Möbel und Skulpturen aus den 1920er Jahren.

Piero Taglioni kann eine erlesene, vom Barock bis zum Art déco reichende Kollektion von Beleuchtungskörpern vorweisen. **Antichità Arredamenti** hat sich auf italienisches Light-Design und Kerzen spezialisiert.

Nahbei liegt die Via della Stelletta, in der einige sehr ungewöhnliche, faszinierende Läden ihren Sitz haben: Im **Acanto** fühlt man sich geradezu wie in Aladins Höhle. Die

originelle Mischung von *objets d'art* ist preiswert. Wer religiöse Andenken, italienische Kuriositäten und Drucke sucht, ist hier genau richtig.

Mit **Bilenchi** trifft man auf einen weiteren Spezialisten. Er offeriert Leuchten aus dem frühen 20. Jahrhundert. Noch recht unentdeckt ist das Areal um die Via del Boschetto und die Via Panisperna. Dort finden sich überwiegend Kunstwerke des 20. Jahrhunderts, daneben auch Stücke aus der viktorianischen Epoche. **Tad** lädt zum Stöbern ein. Hier gibt es eine große Auswahl ausgefallener Designerstücke aus verschiedenen Teilen der Welt.

Selbstverständlich findet man auch noch andernorts Dauerrenner in Sachen Antiquitäten und Kunst. Man fragt am besten oder schlendert einfach durch die Straßen. **Antichità Carnovale** ist ein Laden mit einer Vielzahl an Gemälden aus dem 19. und 20. Jahrhundert.

Agostini zählt zu den ältesten und größten Antikläden der Stadt. Im Angebot ist eine eindrucksvolle Sammlung von Antiquitäten aus verschiedenen europäischen Ländern.

Moderne Kunst

Rom ist reich an Avantgarde-Galerien: von den Bildern anerkannter Meister der Moderne bis hin zu Vertretern der aufstrebenden Generation, hier hauptsächlich italienische Künstler.

Die Kunstgalerien sind gewöhnlich dienstags bis samstags 10 bis 13 und 17 bis 20 Uhr geöffnet. Einige öffnen nur am Nachmittag, andere sind auch am Montagnachmittag zu besuchen.

Ähnlich den Antiquitätenläden gibt es auch bei den Kunstgalerien den Trend zur Konzentration in bestimmten Vierteln. Das Dreieck zwischen Via del Babuino, Via di Ripetta und den angrenzenden Straßen bietet die meisten Läden.

In der Via Margutta sind einige renommierte Privatgalerien angesiedelt. Die **Galleria Valentina Moncada** stellt zeitgenössische italienische und internationale Kunst sowie Fotografien aus, **Monogramma Arte Contemporanea** präsentiert junge italienische und internationale Künstler. Eines der Glanzlichter in dieser Gegend ist die Kunstmesse in der Via Margutta (S. 353), die gewöhnlich um Weihnachten sowie im Frühjahr stattfindet.

Die Galerie **Fontanella Borghese** zeigt Arbeiten ausländischer Künstler wie Sam Francis und Andy Warhol. Daneben gibt es auch Werke italienischer Künstler wie Boetti, Festa oder Turcato.

Es bleiben noch die Via Giulia und ihre Umgebung: Die **Galleria Giulia** ist eine Galerie mit Buchladen, die Arbeiten von Künstlern wie Argeles, Boille, Cano, Cascella, Echaurren, Erba und Lionni sowie der Bauhaus-Künstler und der deutschen Expressionisten ausstellt. Fabio Sargentini im **L'Attico** verfolgt die vielfältigen Trends der italienischen Kunst von

Del Giudice bis Corsini und Fabiani. Alessandra Bonomo erweckt in ihrer **Galleria Bonomo** die Aufmerksamkeit auf junge italienische und ausländische Künstler wie Schifano, Boetti, Nunzio, Twombly, Tremlett, LeWitt und Dokoupil.

Trastevere ist ein guter Ort für Innovatives: So stellt die **Galleria Lorcan O'Neil** zeitgenössische italienische und internationale Kunst aus – in den letzten Jahren konnte man hier etwa Einzelausstellungen von Tracey Emin und Rachel Whiteread sehen.

Alte Stiche und Fotografien

Das zu Recht gefeierte **Nardecchia** ist nach seinem Besitzer Plinio benannt und Roms beste Adresse für Drucke. Schauen Sie sich nach Originalen des Kupferstechers Piranesi (18. Jh.) um, nach Ansichten der Stadt und des römischen Lebens.

Eine andere römische Institution ist der schöne Laden

der Familie **Casali**, die bereits seit über 100 Jahren im Geschäft ist. Die Familie führt derzeit zwei Läden, die auf Zeichnungen (16.–19. Jh.) und auf Radierungen von römischen Szenen spezialisiert sind. Vom museumsreifen Piranesi bis hin zu unbekannten hübschen und preiswerten Blumenmotiven ist nahezu alles vertreten.

Die in Florenz ansässige Familie **Alinari** wird vor allem wegen ihrer alten Sepia-Fotografien aus dem Italien seit 1890 und ihrer Bilder Roms vor 100 Jahren über die Grenzen Italiens hinaus geschätzt. In der römischen Niederlassung beginnen die Preise für Fotografien von den Originalplatten bei etwa 30 Euro und für Drucke bei etwa 280 Euro. Für wertvolle Arbeiten gibt es nach oben keine Grenze.

Ein weiterer Ort, um schöne Ansichten des Alten Rom zu finden, ist der **Mercato delle Stampe** (siehe S. 352), auf dem man vormittags wunderbar stöbern kann.

AUF EINEN BLICK

Antiquitäten und Alte Meister

Acanto
Via della Stelletta 10.
Stadtplan 4 F3 (12 D2).
06 686 54 81.

Ad Antiqua Domus
Via dei Coronari 39–43.
Stadtplan 4 E3 (11 B2).
06 686 11 86.

Agostini
Piazza Borghese 1.
Stadtplan 12 D1.
06 687 36 32.

Alberto di Castro
Piazza die Spagna 5.
Stadtplan 5 A2.
06 679 22 69.

Antichità Arredamenti
Via dei Coronari 218.
Stadtplan 4 E3.
06 68 80 12 54.

Antichità Carnovale
Via del Governo Vecchio 71. **Stadtplan** 11 C3.
06 686 48 50.

Antichità Cipriani
Via Giulia 22.
Stadtplan 4 D4 (11 A3).
06 58 30 83 44.

Antiquariato Valliciano
Via Giulia 193. **Stadtplan** 4 E5. 06 686 95 05.

Art Deco Gallery
Via dei Coronari 14.
Stadtplan 4 E3 (11 C2).
06 686 53 30.

Bilenchi
Via dei Stelletta 17.
Stadtplan 4 F3.
06 687 52 29.

Cesare Lampronti
Via del Babuino 174–175.
Stadtplan 4 F1.
06 322 71 94.

Liberty
Via dei Coronari 8.
Stadtplan 4 E3 (11 C2).
06 687 56 34.

Mario Prilli
Via dei Banchi Nuovi 42.
Stadtplan 4 D3 (11 A2).
06 686 88 16.

M Simotti-Rocchi
Largo Fontanella Borghese 76. **Stadtplan** 12 D1.
06 687 66 56.

Piero Taloni
Vicolo del Curato 11.
Stadtplan 4 D3 (11 A2).
06 687 54 56.

Tad
Via del Babuino 155A.
Stadtplan 4 F1.
06 96 84 20 86.

Moderne Kunst

L'Attico
Via del Paradiso 41.
Stadtplan 4 E4 (11 C4).
06 686 98 46.

Fontanella Borghese
Via Fontanella Borghese 31 **Stadtplan** 12 D1.
06 687 37 41.

Galleria Bonomo
Via d. Gesù 62. **Stadtplan** 12 E3. 06 69 92 58 58.

Galleria Giulia
Via della Barchetta 13.
Stadtplan 4 D4 (11 B4).
06 686 14 43.

Galleria Lorcan O'Neill
Via Orti d'Alibert 1E.
Stadtplan 4 D4.
06 68 89 29 80.

Galleria Valentina Moncada
V. Margutta 54. **Stadtplan** 5 A2. 06 320 79 56.

Monogramma Arte Contemporanea
V. Margutta 57. **Stadtplan** 5 A2. 06 32 65 02 97.

Alte Stiche und Fotografien

Alinari
Via Alibert 16A. **Stadtplan** 5 A2. 06 679 29 23.

Casali
Piazza della Rotonda 81A/82. **Stadtplan** 4 F4.
06 678 3515.
Via dei Coronari 115.
Stadtplan 11 B2.
06 687 37 05.

Nardecchia
P. Navona 25. **Stadtplan** 4 E4. 06 686 93 18.

Stadtplan siehe Seiten 396–419

Kulinarische Spezialitäten

Wenn die kulinarischen Leckerbissen Roms Sie in ihren Bann gezogen haben, ist die Versuchung sicher sehr groß, einige unwiderstehliche Spezialitäten mit nach Hause zu nehmen. Die italienischen Lebensmittelläden (alimentari) bieten eine große Vielfalt an attraktiven Produkten. Doch auch die vielen Fachgeschäfte sind einen Besuch wert. Gehen Sie auf Shopping-Tour, und versorgen Sie sich mit typisch italienischen Produkten wie Pecorino, Parmaschinken, Olivenöl, getrockneten Steinpilzen, sonnengereiften getrockneten Tomaten, Oliven und Grappa. Vergessen Sie auf keinen Fall die exzellenten Weine aus Latium und anderen italienischen Regionen. Kaffeeliebhaber und Naschkatzen kommen ebenfalls auf ihre Kosten. Bei einem Bummel durch Läden und Märkte kann ein kleines Wörterbuch recht hilfreich sein, um die kulinarischen Geheimnisse Roms zu entschlüsseln.

Delikatessen

Zu den besten Feinkostläden in Rom gehört **Fratelli Fabbi** nahe der Piazza di Spagna. Hier bekommen Sie Wurstwaren und Käse aus allen Landesteilen sowie den jeweils dazu passenden – und natürlich exzellenten – Wein. Nur wenige Häuser die Via della Croce hinunter lockt das ebenso appetitlich ausgestattete **Focacci** mit seiner großen Bandbreite an vorzüglichen Delikatessen. Auch das **Cambi** bietet erstklassige Produkte.

Viele Einheimische zieht es ins **Roscioli** (siehe S. 328) nahe dem Campo de' Fiori. Der gute Ruf des Ladens basiert auch auf dem freundlichen Service.

In Prati, etwas abseits des Zentrums, befindet sich mit dem **Franchi** (siehe S. 329) eines der anerkanntesten Delikatessengeschäfte von Rom. Seafood, Pasteten, Käse- und Wurstspezialitäten im Schaufenster machen den Mund wässrig. Das schon lange etablierte, aber etwas teurere **Volpetti** in Testaccio ist ein Synonym für Spitzenqualität. Neben den vielen – zum Teil ungewöhnlichen – Käsesorten gibt es Olivenöl, Essig, Lardo und Kaviar. Kostproben erleichtern die Kaufentscheidung. Ganz in der Nähe befindet sich der gut sortierte Laden **La Fromagerie**. Wer Bio-Lebensmittel sucht, wird bei **Canestro** seine Freude haben. An Wochenende kann man frische Produkte auch auf dem Bauernmarkt **Campagna Amica** erstehen.

Der **Ferrara Store** in Trastevere hat ein breites Sortiment – von frischer Pasta bis Schokolade, von Schinken und Käse bis zu einer reichhaltigen Weinauswahl. Nicht weit von der Via Veneto liegt **Carlo Gargani**, ein weiteres Feinkostgeschäft.

Ein Kleinod für Pendler und Reisende ist das **Vyta** (siehe S. 329) in der Stazione Termini. Auch wenn man nur wenig Zeit hat, kann man an der Bar ein appetitliches Sandwich und ein Glas Wein (vino alla mescita) genießen. Falls man noch auf die Schnelle ein Mitbringsel sucht, findet man hier eine große Auswahl an eingemachtem Obst, Pasta und Wein. Der Laden hat auch sonntags geöffnet.

Käsespezialitäten

Käseliebhabern steht in entsprechenden Geschäften eine Fülle an Sorten aus allen Regionen Italiens zur Auswahl, darunter auch der beste Büffelmozzarella der Stadt. In Pinciano führt die **Casa dei Latticini Micocci** ein großes Angebot an Käsesorten. Auch die **Antica Caciara Trasteverina** in Trastevere lässt in Sachen Käse kaum einen Wunsch offen. Zu den Klassikern zählt der Piemonteser toma del fen. Preiswertere lokale Käsesorten führen die Filialen von **Cisternino**.

Schokoladenspezialitäten

In der Hauptstadt Italiens haben in den vergangenen Jahren immer mehr Confiserien eröffnet, die auch den gehobenen Geschmack befriedigen.

Im Stadtteil Santa Croce verkauft **La Bottega del Cioccolato** u.a. eine Schokoladenkreation des Kolosseum. **Moriondo e Gariglio** nahe dem Pantheon führen seit 1850 Leckereien aus der Region Piemont im Nordwesten von Italien.

In Trastevere, auf der anderen Seite des Tiber, warten bei **Dolce Idea** süße Verführungen wie weiße Schokolade mit Zitronenlikör oder dunkle Schokolade mit Ingwer auf kaufwillige Liebhaber. **Rivendita di Cioccolata e Vino** (siehe S. 330) ist ebenfalls einen Besuch wert.

Enoteche

Obwohl schon die meisten alimentari ein gutes Sortiment italienischer Weine zu akzeptablen Preisen bieten, sollte man auch einige der zahlreichen enoteche (siehe S. 328f) besuchen. Hier gibt es Weine gehobener Qualität aus allen Landesteilen. Einige dieser Weinbars bieten neben sorgfältig ausgewählten Tropfen auch Spirituosen und Bier zum Mitnehmen.

Eine große Auswahl vorzüglicher Weine aus Italien sowie einiger Weine aus Frankreich bietet die kleine, aber gemütliche Weinbar **Mr Wine**. Daneben gibt es Sekt, Grappa, Rum, Whisky und Imbisse mit landestypischer Gerichten. **La Vineria** (siehe S. 328) am Campo de' Fiori gilt in Rom als Institution der Boheme. Das Sortiment an ansprechenden Weinen kann mit den meisten anderer enoteche mithalten.

Das **'Gusto** (siehe S. 328) an der Piazza Augusto Imperatore ist zwar eher für seine neapolitanischer Pizzas, sein schickes Restaurant und seine allzeit gut besuchte Weinbar bekannt, umfasst aber auch eine Weinhandlung, in der Sie

Flaschen verschiedenster Weinsorten und -jahrgänge kaufen können. Lassen Sie sich vom schönen Design der Küchen-Accessoires inspirieren. Auch Kochbücher mit Rezepten für italienische und internationale Gerichte können Sie hier erwerben.

Im Stadtzentrum lohnen **Achilli Enoteca al Parlamento** (siehe S. 328) und **L'Angolo Divino** einen Besuch – vor allem, wenn Sie den Kauf einiger Flaschen mit dem Genuss eines Aperitifs kombinieren wollen.

Ferrazza (siehe S. 362) in San Lorenzo und **Il Vinaietto** nahe dem Campo de' Fiori bieten ebenfalls ein gutes Weinsortiment und eine entspannte Atmosphäre.

In Trastevere gibt es bei **Bernabei** günstige Weine, das familiengeführte **Trimani** (siehe S. 328) am Hauptbahnhof hat eine große Vielfalt an Weinen und Spirituosen in seinem Angebot.

Nicht übersehen sollten Sie das **Costantini** an der Piazza Cavour, das auch für sein Bier bekannte **Palombi** in Testaccio und das **Marchetti** in Pinciano – diese enoteche halten manchmal überraschende Tropfen bereit.

Kaffeespezialitäten

Kaffee aus Italien hat es längst zu internationalem Ruhm gebracht und ist auch in Deutschland leicht zu bekommen. Wenn Sie eher seltene Marken suchen, sind Sie im **Antico Caffè del Brasile** (siehe S. 330) in Monti genau richtig. Direkt am Pantheon befindet sich das traditionsreiche **Tazza d'Oro** (siehe S. 104) mit seiner schier überwältigenden Auswahl an Kaffee aus vielen Ländern, inklusive der hochgepriesenen Sorte Blue Mountain aus Jamaika.

AUF EINEN BLICK

Delikatessen

Cambi
Via del Leoncino 30.
Stadtplan 12 D1.
06 687 80 81.

Campagna Amica
Via di San Teodoro 74.
Stadtplan 8 E1.
06 48 99 31.

Canestro
Via Luca della Robbia 12.
Stadtplan 8 D2.
06 574 62 87.

Carlo Gargani
Via Lombardia 15.
Stadtplan 5 B2.
06 474 08 65.

Ferrara Store
Via del Moro 3. **Stadtplan** 7 C1. 06 58 33 39 20.

Focacci
Via della Croce 43.
Stadtplan 4 F2.
06 679 12 28.

Franchi
Via Cola di Rienzo 200.
Stadtplan 3 C2.
06 687 46 51.

Fratelli Fabbi
Via della Croce 28.
Stadtplan 4 F2.
06 679 06 12.

La Fromagerie
Piazza Testaccio 35.
Stadtplan 8 D2.
06 57 25 01 85.

Roscioli
Via dei Giubbonari 21.
Stadtplan 11 C4.
06 687 52 87.

Volpetti
Via Marmorata 47.
Stadtplan 8 D2.
06 574 23 52.

Vyta
Galleria Termini (Stazione Termini) **Stadtplan** 6 D3.
06 42 01 43 61.

Käsespezialitäten

Antica Caciara Trasteverina
Via San Francesco a Ripa 140A/B. **Stadtplan** 7 C1.
06 581 28 15.

Casa dei Latticini Micocci
Via Collina 14.
Stadtplan 6 D2.
06 474 17 84.

Cisternino
Vicolo del Gallo 18–19.
Stadtplan 11 C4.
06 581 28 75.

Schokoladenspezialitäten

La Bottega del Cioccolato
Via Leonina 82.
Stadtplan 5 C5.
06 482 14 73.

Chocolat
Via del Teatro Valle 54.
Stadtplan 12 E3.
06 58 13 55 45.

Dolce Idea
Via San Francesco a Ripa 27. **Stadtplan** 7 C1.
06 58 33 49 43.

Moriondo e Gariglio
Via del Piè di Marmo 21.
Stadtplan 12 E3.
06 699 08 56.

Rivendita di Cioccolata e Vino
Vicolo del Cinque 11A.
Stadtplan 11 B5.
06 58 30 18 68.

Enoteche

Achilli Enoteca al Parlamento
Via dei Prefetti 15.
Stadtplan 12 D1.
06 687 34 46.

Bernabei
Via San Francesco a Ripa 48.
Stadtplan 7 C1.
06 581 28 18

Costantini
Piazza Cavour 16.
Stadtplan 11 B1.
06 321 32 10.

Ferrazza
Via dei Volsci 59.
Stadtplan 6 F4.
06 49 05 06.

'Gusto
Piazza Augusto Imperatore 9.
Stadtplan 4 F2.
06 322 62 73.

Il Vinaietto
Via Monte della Farina 37–38.
Stadtplan 12 D4.
06 68 80 69 89.

La Vineria
Campo de' Fiori 15.
Stadtplan 11 C4.
06 68 80 32 68.

L'Angelo Divino
Via dei Balestrari 12–14.
Stadtplan 11 C4.
06 686 44 13.

Marchetti
Via Flavia 28.
Stadtplan 5 C2.
06 474 17 45.

Mr Wine
Piazza del Parlamento 7.
Stadtplan 12 E1.
06 68 13 41 41.

Palombi
Piazza Testaccio 38.
Stadtplan 8 D3.
06 574 61 22.

Trimani
Via Goito 20.
Stadtplan 6 D2.
06 446 96 61.

Kaffeespezialitäten

Antico Caffè del Brasile
Via dei Serpenti 23.
Stadtplan 5 B4.
06 488 23 19.

Tazza d'Oro
Via degli Orfani 84.
Stadtplan 12 D4.
06 678 97 92.

Stadtplan siehe Seiten 396–419

Straßenmärkte

Wenn Sie die verschwenderische Üppigkeit und Lebensfreude erleben möchten, für die Rom bekannt ist, sollten Sie auf jeden Fall die Märkte unter freiem Himmel besuchen. Sie sind schon allein deshalb eine außergewöhnliche Erfahrung, weil die Händler die Präsentation auch noch des dürftigsten Gemüses zu einer wahren Kunstform erheben. Die Stadt ist gespickt mit kleinen Lebensmittelmärkten, daneben existieren große Märkte in Zentrumsnähe, nicht zu vergessen der berühmte Flohmarkt in Trastevere.

Achten Sie beim Herumschlendern auf Ihre Wertsachen, denn die Taschendiebe Roms sind flink und schnell in der Menge verschwunden. Lassen Sie sich durch diese Warnung aber nicht um das Vergnügen an dem bunten Durcheinander und dem pulsierenden Leben der Märkte bringen. Besonders lohnenswert sind die turnusmäßig stattfindenden Straßenjahrmärkte, die eine ansprechende Auswahl lokaler Produkte, Kunsthandwerk und Kleider präsentieren. Auf saisonalen Märkten, vor allem den Märkten in der Vorweihnachtszeit, können Sie sich nach Herzenslust mit italienischen Spezialitäten eindecken.

Campo de' Fiori

Piazza Campo de' Fiori. **Stadtplan** 4 E4 (11 C4), **Karte** F6 (T4). 🚌 40, 46, 62, 64, 70, 81, 116, 492, 628. 🚋 8. 🕐 Mo–Sa 7–13.30 Uhr. Siehe S. 146.

Direkt im Herzen der Altstadt liegt Roms malerischster und traditionsreichster Markt: der Campo de' Fiori. Sein Name »Blumenfeld« lässt einen Blumenmarkt erwarten. Tatsächlich aber stammt der Name laut Überlieferung von »Campus Florae« (Feld der Flora): Flora war die Geliebte des großen römischen Feldherrn Pompeius. Seit vielen Jahrhunderten findet auf diesem reizvollen Platz ein Markt statt.

Jeden Morgen, außer sonntags, verwandelt sich der Platz in ein Gewimmel von Ständen mit Obst und Gemüse, Fleisch, Geflügel und Fisch. Ein oder zwei Stände führen Hülsenfrüchte, Reis, Dörrobst und Nüsse. In der Nähe des Brunnens befinden sich die Blumenstände. Die Hauptattraktion für Besucher sind allerdings die offenen Körbe mit Brokkoli und Spinat, geschnittenem Gemüse für die Minestrone und vorbereiteten Mischungen grüner Salate. Das ist ein Augenschmaus schon vor dem Gaumenschmaus! Die exzellenten Delikatessenläden und Bäckereien am Platz ergänzen das Marktangebot perfekt. Der Markt ist der geeignete Ort, sich bei schönem Wetter ein spontanes Picknick zusammenzustellen, um in einem der vielen Parks von Rom al fresco zu dinieren. Insbesondere samstags kann es sehr voll sein!

Mercato delle Stampe

Largo della Fontanella di Borghese. **Stadtplan** 4 F3 (12 D1), **Karte** G4 (U1). 🚌 81, 117, 492, 628. 🕐 Mo–Sa 7–13 Uhr.

Eine Fundgrube für Liebhaber alter Stiche, Bücher, Magazine und anderer Druckerzeugnisse. Die Qualität schwankt, aber sie ist besser als auf den *banche* oder an den Ständen nahe der Stazione Termini, die offensichtliche Touristenfallen sind. Sammler, die die italienische Sprache beherrschen, können sich an alten Ausgaben längst verschwundener Magazine ergötzen. Andere Besucher ziehen vielleicht die schöne Auswahl illustrierter Kunstbücher und alter Rom-Drucke vor. Hier können Sie eventuell den Piranesi-Druck genau Ihres Lieblingsmotivs von Rom erwischen. Seien Sie aber auf der Hut und darauf gefasst, um den Preis zu handeln.

Mercato dei Fiori

Via Trionfale. **Stadtplan** 3 B1, **Karte** C2. Ⓜ Ottaviano S. Pietro. 🚌 23, 51, 70, 490. 🕐 Di 10.30–13 Uhr.

Im Norden der Via Andrea Doria liegt der besuchenswerte Blumenmarkt, der nur dienstags öffentlich zugänglich ist. Zwei Etagen einer überdachten Halle sind übervoll mit Schnittblumen im ersten Stock und mit allen Arten von Topfpflanzen im Parterre. Pflanzenfreunde werden vom Angebot mediterraner Blumen, die man zu Spottpreisen erhält, entzückt sein.

Mercato Andrea Doria

Via Andrea Doria. **Stadtplan** 3 B1, **Karte** B/C2–3. Ⓜ Ottaviano S. Pietro. 🚌 23, 70, 190. 🕐 Mo–Sa 7–13.30 Uhr.

Früher erstreckte sich der Markt über die gesamte Länge der Straße. Nach umfassender Modernisierung drängen den Auslagen von Früchten und Gemüsen nun zahlreiche Stände mit Fleisch, Fisch und Kolonialwaren, mit Schuhen und Kleidern. Auf den authentischen römischen Markt nordwestlich der Vatikanischen Museen kommen nur wenige Besucher. Entsprechend ist das Angebot ausschließlich auf die Bedürfnisse der Anwohner dieses Viertels ausgerichtet.

Nuovo Mercato Esquilino

Via Principe Amedeo. **Stadtplan** 6 E4, **Karte** M5/6. Ⓜ Vittorio Emanuele. 🚌 105. 🕐 Mo–Sa 7–14 Uhr. Siehe S. 174.

Der Markt auf der Piazza Vittorio Emanuele II war wohl der römischste aller Märkte. Unter neuem Namen findet er nun in einer Halle einige Meter weiter statt, doch immer noch kaufen preisbewusste Römer hier ihre Lebensmittel. Die Händler bieten niedrigere Preise, wenn Sie größere Mengen kaufen. Aber achten Sie darauf, ob eventuell faules Obst etwas tiefer in der Tüte hineingepackt wurde.

Seit einiger Zeit gibt es auch afrikanische und asiatische Stände, die die ethnische Vielfalt des Viertels widerspiegeln. Wer die Atmosphäre einer sehr traditionsbewussten und gleichzeitig weltoffenen Stadt zu schätzen weiß, ist hier genau richtig.

Mercato di Testaccio

Piazza Testaccio. **Stadtplan** 8 D3, **Karte** G9. Ⓜ Piramide. 🚌 23, 75, 280. 🚋 23. 🕐 Mo–Sa 7.30–13.30 Uhr.

Der überdachte Markt ist bei den Anwohnern und bei Besuchern beliebt. Er bietet frische Ware (Obst, Gemüse, Fleisch und Fisch) von sehr guter Qualität zu angemessenen Preisen, überall stößt man auf bühnenbildreife Arrangements hin eißender Farben und Aufbauten. Ganz besonders wird der Markt allerdings durch die antiken römischen Relikte, die während des Hallenbaus hier gefunden wurden. Archäologen vermuten, dass an derselben Stelle schon die alten Römer einkauften.

Porta Portese

Via Portuense und Via Ippolito Nievo.
Stadtplan 7 C3, Karte F9. 🚌 H,
23, 44, 75. 🕐 So 6.30–14 Uhr.

F ür römische Begriffe ist der
mercato delle pulci (Flohmarkt)
ein recht neuer Markt. Man sagt, er
habe sich in den ersten Jahren
nach dem Zweiten Weltkrieg aus
dem Schwarzmarkt am Tor di
Nona gegenüber dem Castel
Sant'Angelo entwickelt. Die Stand-
besitzer kommen sogar bis von
Neapel und errichten ihre Stände
in aller Frühe. Wenn Sie nach einer
langen Nacht in der Gegend unterwegs sein sollten, lohnt es sich,
dort zu pausieren und dem Treiben zuzusehen.

Hier ist alles geboten: Kleider,
Schuhe, Taschen, Koffer, Camping-
ausrüstung, Leinen, Handtücher,
Töpfe, Pfannen, Pflanzen, Haustiere, Ersatzteile, Kassetten, CDs …

Die Stände mit Möbeln liegen in
Richtung der Piazza Ippolito Nievo.
Manche Angebote sind als »Antiquitäten« ausgewiesen, obwohl Sie
sich in der Regel durch einen Hau-
fen alten Plunder wühlen müssen,
bevor Sie vielleicht eine zu Gesicht bekommen. Es lohnt sich, die
Hälfte des geforderten Preises zu
bieten und zu gehen, wenn sich
der Verkäufer nicht auf einen Handel einlässt. Viele Leute kommen
nur aus Spaß hierher, kaufen aber
doch etwas. Es gibt auch Secondhand-Kleidung, Leder- oder Lamm-
felljacken um zehn Euro. In den
vergangenen Jahren wurde die
Porta Portese ein Treffpunkt für
zahlreiche Einwanderer aus aller
Herren Länder. Wenn Sie an einem
Sonntagvormittag nichts Besonderes vorhaben, sollten Sie dem
Markt einen Besuch abstatten,
denn an kaum einem anderen öffentlichen Platz in Rom werden Sie
eine derart kosmopolitische Atmosphäre genießen können.

Mercato di Via Sannio

Via Sannio. **Stadtplan 9 C2, Karte
M8.** Ⓜ *San Giovanni.* 🚌 16, 81,
87. 🕐 Mo–Fr 8–13, Sa 8–16 Uhr.

I n den 1960er und 1970er Jahren
war dieser Markt Italiens Ant-
wort auf die Carnaby Street. Heute
scheint er auf den ersten Blick
nicht allzu viel zu bieten. Impro-
visierte Stände verkaufen billige
Kleidung, Schuhe, Gürtel, Haushaltswaren, Schmuck, Spielzeug
und Musikkassetten. Aber zum
Ende der Straße hin erstreckt sich
ein größerer überdachter Abschnitt
bis zur Aurelianischen Mauer (siehe S. 196). Auf diesem Teil des
Markts können diejenigen, die
gern wühlen, billige Secondhand-
Kleidung finden. Stände mit Angeboten aus Militärbeständen sowie
Camping- und Anglerausrüstungen

sind ebenfalls vorhanden. Ein
paar dieser Stände finden Sie am
Sonntagmorgen auch bei der
Porta Portese.

Lokale Märkte

🕐 Mo–Sa 7–13 Uhr.

D er malerischste Lebensmittel-
markt der Stadt dürfte der an
der **Piazza delle Coppelle** (Stadtplan 12 D2, **Karte** U2) nahe dem
Pantheon sein. Lebensmittel,
Früchte und Blumen bilden – mitten im Herzen der Stadt – eine
reizvolle Farbenpracht.

Auf der **Piazza San Cosimato**
(**Stadtplan 7 C1, Karte** F7) in Trastevere bietet ein lebendiger Markt
verführerische Käse- und Salami-
sorten. Einen großen Markt gibt es
in der **Via Alessandria** (**Stadtplan**
6 D1, **Karte** L2) in Nomentana,
kleinere in der **Via della Pace**
(**Stadtplan 11 C3, Karte** T3) nahe
der Piazza Navona, **Via C. Balbo**
(**Stadtplan 5 C4, Karte** K5) und
Via Milazzo (**Stadtplan 6 E3,
Karte** M4) beim Hauptbahnhof.

Auf all diesen populären Märkten findet man normalerweise
mindestens einen Stand mit
Haushaltswaren.

Straßenmessen

E ine interessante Eigenart
des Einkaufs in Rom sind
die Straßenmessen: Die **Tevere Expo** findet jedes Jahr
von Mitte Juni bis Mitte Juli
zu beiden Seiten des Tiber
zwischen Sant'Angelo- und
Cavour-Brücke statt. An den
Ständen werden italienische
Kunst- und Handwerksarti-
kel aus allen Regionen des
Landes, aber auch Pasta,
Schinken, Olivenöl, Weine
und Liköre verkauft. Das
Angebot ist oft billiger als in
den Läden. Die Messe ist
abends von 18 bis 1 Uhr geöffnet. Die Eintrittsgebühr
schließt oft den Fährtrans-
port über den Tiber ein.

Es gibt zwei Antiquitätenmessen in der Via dei Coronari, beide sind als die **Fiera
dell'Antiquariato** bekannt.
Die erste Messe beginnt in
der zweiten Maihälfte, die
Stände sind täglich von 10
bis 13 und 16 bis 23 Uhr offen. Nachts erleuchten viele
Fackeln die Straßen. Die
zweite Messe mit Lederwa-
ren-Schmuck und Ge-
schenkartikeln findet auch
entlang der Via dell'Orso
statt, meist Mitte Oktober
(manchmal Ende Septem-
ber), montags bis donnerstags 15 bis 23 Uhr, freitags
bis sonntags von 10 bis
23 Uhr.

Um Weihnachten und im
Mai findet die Kunstmesse
in der **Via Margutta** statt. Obwohl die Preise hoch sind,
sollten Sie das Event in
einer der reizvollsten Straßen Roms nicht versäumen.

Die glamourösen **Alta-
Moda-Schauen** auf der **Spanischen Treppe** sind ein Muss

für Modeinteressierte. Sie
finden Mitte bis Ende Juli
statt. Mit Einladung ge-
langt man zu den wenigen
Sitzgelegenheiten, doch
auch die »hinteren Ränge«
erlauben einen Blick auf
diese Präsentation der italienischen Modemacher.

Der traditionelle **Weih-
nachtsmarkt** auf der Piazza
Navona von Mitte Dezem-
ber bis zum 6. Januar ist
zwar etwas heruntergekom-
men, vermag aber vor
allem auf Kinder eine ge-
wisse Faszination auszu-
üben. An den Ständen wer-
den Christkind- und
Krippenfiguren verkauft
sowie Süßigkeiten, die wie
Kohlestücke aussehen.

Natale Oggi ist ein fest
eingebürgertes Ereignis, das
um Weihnachten in der
Fiera di Roma im Viertel
Portuense stattfindet und
wegen der spezifisch italienischen Festbräuche se-
henswert ist.

Die **Via Giulia** bietet hin
und wieder Kunstausstel-
lungen und Abende, an
denen die Kunstgalerien
geöffnet bleiben und allen
Besuchern Wein und
Snacks anbieten.

Ende Juli feiert Trastevere
einen ganz eigenen Karne-
val, die **Festa de Noantri.**
Das Viertel ist dann voller
Menschen und *Porchetta-*
Stände (siehe S. 355).

Die obigen Angaben be-
züglich der Termine kön-
nen sich kurzfristig ändern.
Informieren Sie sich aktuell
in den Zeitungen oder er-
kundigen Sie sich beim
Tourismusbüro.

Stadtplan siehe Seiten 396 – 419

Unterhaltung

Das Flair römischer Freizeitangebote hat eine ganz eigene Faszination. Fußball und Oper sind allein wegen der Atmosphäre spannend – ob Sie ein Fan sind oder nicht. Es gibt eine gute Jazz-Szene, neben örtlichen Talenten treten oft auch internationale Stars auf. Ein weiteres Erlebnis bieten Konzerte und Filmvorführungen in den Open-Air-Arenen. Auch wenn viele Läden und Museen im August weit-

Audrey Hepburn und Gregory Peck in *Ein Herz und eine Krone*

gehend den Betrieb einstellen, bleibt der Sommer in Rom die wichtigste Zeit für Live-Musik und andere kulturelle Events. Die anmutigen Renaissance-Plätze, großen Parks und antiken Ruinen eignen sich hervorragend für die zahlreichen Kunstfestivals.

Falls Sie Sportevents vorziehen oder Roms Nachtlokale kennenlernen wollen, steht Ihnen ebenfalls ein großes Angebot zur Verfügung.

Information

Die beste Informationsquelle ist *TrovaRoma*, die Donnerstagsbeilage der Tageszeitung *La Repubblica*. Darin finden Sie für jeden Tag viel Infos: Veranstaltungshinweise für Musik, Ausstellungen, Theater, Kino, Führun-

Konzert im Alpheus *(siehe S. 358)*

gen, Lokale und Unterhaltung für Kinder.

Daneben gibt es das Wochenmagazin *Roma c'è* mit einem englischen Teil. Bei Tourismusbüros *(siehe S. 377)* bekommen Sie alle zwei Monate das Magazin *L'Evento*, das auf klassische Musik, Festivals, Theater und Ausstellungen eingeht.

Neben *La Repubblica* veröffentlichen auch Tageszeitungen wie *Il Messaggero* und *Il Manifesto* Hinweise auf die Veranstaltungen des jeweiligen Tages.

Da die Italiener Pünktlichkeit nicht überbewerten, sollten Sie nicht überrascht sein, wenn einige Veranstaltungen etwas später beginnen als angekündigt.

Tickets

Die Agenturen **Orbis** und der Internet-Dienstleister **Ticketeria** bieten Karten für verschiedene Veranstaltungen im Vorverkauf an.

Viele Theater akzeptieren keine telefonische Buchung, Sie müssen persönlich vorbeikommen. Als Vorverkaufsgebühr *(prevendita)* werden zehn Prozent des Normalpreises berechnet. Der Preis für eine Theaterkarte bewegt sich irgendwo zwischen acht und 52 Euro.

Auch Karten für Konzerte klassischer Musik gibt es meist nur an Ort und Stelle, oft nur für den jeweiligen Abend – für Spätentschlossene die ideale Lösung. Die Oper bildet die Ausnahme: Karten werden schon Monate im Voraus verkauft. Nur einige wenige Tickets werden bis zwei Tage vor der Aufführung zurückgelegt. Karten für Open-Air-Vorstellungen im Sommer sind in der Regel einfacher und auch noch relativ spät erhältlich.

Das **Teatro dell'Opera** *(siehe S. 357)* tätigt Kartenverkäufe für die Winter- und Sommersaison mittels eines elektronischen Buchungssystems.

Caffè Latino *(siehe S. 358f)*

Karten für die meisten großen Rock- und Jazzkonzerte können Sie bei **Orbis** und in größeren Plattenläden wie etwa **Ricordi** *(siehe S. 347)* erstehen.

Es ist fast nicht möglich, für ausverkaufte Aufführungen auf dem Schwarzmarkt Eintrittskarten zu erhalten. Eine Ausnahme bilden nur wichtige Fußballspiele, z. B. Pokalendspiele.

Reduzierte Karten

Bei Theater- und Konzertveranstaltungen bekommt man in der Regel keine Preisnachlässe an der Abendkasse. Die Agentur **Last Minute Teatro** bietet bis zu 50 Prozent ermäßigte Eintrittskarten für

Mitglied der Tanzgruppe Momix *(siehe S. 357)*

Aufführungen am selben Abend an.

In manchen Kinos erhalten Personen über 60 Jahre und Behinderte an Wochentagen eine Ermäßigung von 30 Prozent. Einige Kinobetreiber bieten an bestimmter Wochentagen (meist mittwochs) und für Nachmittagsvorstellungen reduzierte Eintrittskarten an.

Auch einige Clubs in der Badeorten wie etwa Fregene locken Gäste mit attraktiven Ermäßigungen: Achten Sie auf die *Due-per-uno*-Coupons, die in den örtlichen Bars und zum Teil auch auf der Straße verteilt werden: Damit finden zwei Personen Einlass für den Preis einer Person.

Aufführung in den Caracalla-Thermen *(siehe S. 357)*

Behinderte Besucher

Nur wenige Zugänge zu den Veranstaltungsorten in Rom sind behindertengerecht. Für behinderte Besucher und ihre Begleitpersonen kann das Fehlen der notwendigen Infrastruktur äußerst nervenaufreibend sein.

Die Situation sieht nur im Sommer etwas besser aus, da dann eine große Anzahl der Veranstaltungen im Freien stattfindet.

Die Caracalla-Thermen beispielsweise haben geeignete barrierefreie Eingänge. Auch die schönen Gärten der Villa Giulia *(siehe S. 262f)*, in denen im Sommer klassische Konzerte stattfinden, verfügen über eine adäquate Infrastruktur für Rollstuhlfahrer.

Weitere Hinweise über Einrichtungen für Behinderte finden Sie auf Seite 376f.

Teatro dell'Opera *(siehe S. 356)*

Open-Air-Veranstaltungen

Opern, Konzerte und Kino im Freien gibt es von Ende Juni bis Ende September. Diese Open-Air-Aufführungen an spektakulären Schauplätzen haben meist ein Publikum, das begeistert mitgeht – auch Römer mögen das Flair dieser Großveranstaltungen. Doch auch die kleineren Aufführungen lohnen sich, etwa ein Gitarrenkonzert im Kloster Santa Maria della Pace *(siehe S. 121)* oder Jazz in den Gärten der Villa Celimontana *(siehe S. 193)*.

Sänger in der Oper *Der Barbier von Sevilla*

Einige Kinos fahren im Sommer ihre Dächer zurück oder ziehen auf freie Plätze um, es gibt sogar jährliche Open-Air-Filmfestivals. Das Cineporto am Tiber und das Festival di Massenzio bieten im Juli und August nicht nur Filme, sondern auch Essen, Getränke und kleine Ausstellungen an.

Das Theater zieht im Sommer ebenfalls nach draußen. In Ostia Antica *(siehe S. 270f)* werden antike griechische und römische Stücke, im Anfiteatro Quercia del Tasso *(siehe S. 361)* andere Schauspiele aufgeführt.

Roms Herbstfestival, das die Stadt einen Monat lang in Atem hält, ist RomaEuropa. Die Hauptvorstellungen finden in den Anlagen der Villa Medici statt. Es gibt noch

andere, kleinere Festivals, die Zeiten wechseln jedoch. Zeitungen, Magazine, Websites oder die Plakate in der Stadt liefern Informationen.

Das Stadtteilfest von Trastevere, die Festa de Noantri *(siehe S. 59)*, bezaubert vom Samstag nach dem 16. Juli bis in den August hinein mit Musik, Feuerwerk und Prozessionen. Die Festa dell'Unità der früheren kommunistischen Partei DS wird im Sommer mit Spielen, Musik, Essen und Trinken abgehalten.

Wenn Sie sich bei Ihren Plänen nicht festlegen wollen, machen Sie es doch einfach wie die Römer: Gehen Sie wie alle auf eine *passeggiata* (Abendbummel). Die beliebtesten Ziele sind die Piazza Navona *(siehe S. 120)* und die Via del Corso.

AUF EINEN BLICK

Kartenvorverkauf

Vorverkauf bei Feltrinelli
Largo Argentina 5A. **Stadtplan** 4 F4. [06 68 30 85 96.
Karten für Klassik-, Rock-, Pop-und Jazzkonzerte sowie einige Sportveranstaltungen.

Last Minute Teatro
Largo Corraco Ricci 1. **Stadtplan** 5 B5. [06 48 91 66 14.
◯ Di–Sa 11–17, So 11–15 Uhr.

Orbis
Piazza dell'Esquilino 37. **Stadtplan** 6 D4. [06 474 47 76.

Nützliche Websites

- www.helloticket.it
- www.listicket.it
- www.romaturismo.it
- www.ticketeria.it

Klassische Musik und Tanz

Die Anzahl der Orte, an denen klassische Konzerte stattfinden, ist überraschend groß. Karten für Opernpremieren mögen schwer zu bekommen sein, für Aufführungen in Gärten, Kirchen, Villen oder antiken Ruinen gibt es leichter Tickets. Weltbekannte Solisten und Orchester haben das ganze Jahr über Auftritte, etwa Plácido Domingo, die Berliner Philharmoniker oder die Primaballerina Sylvie Guillem. In der Regel ist das Programm international, Sie werden aber auch Veranstaltungen finden, die einem Italiener gewidmet sind, etwa Palestrina, dem großen Kirchenmusiker des 16. Jahrhunderts, oder Arcangelo Corelli, dem Erfinder des barocken *concerto grosso*.

Musik in Kirchen

Für Liebhaber klassischer Musik ist Rom anziehend, weil die Kirchen der Stadt ein großes Repertoire bieten. Das Programm kann den Plakaten in der Stadt und an Kirchen entnommen werden. In den Hauptkirchen treten oft international bekannte Musiker auf, während kleinere Kirchen gelegentlich junge Musiker und Amateurchöre zu Gast haben.

Im **Petersdom** *(siehe S. 230–233)* findet alljährlich am 5. Dezember ein großes Konzert der RAI (nationale Rundfunkgesellschaft) statt. Der Papst nimmt daran teil, der Eintritt ist frei. Der Petersdom verfügt über zwei feste Chöre: Der Coro della Cappella Giulia singt zur Messe um 10.30 Uhr und sonntags zur Vesper um 17 Uhr. Der Coro della Cappella Sistina singt immer dann, wenn der Papst eine Messe zelebriert, z. B. am 29. Juni, an Peter und Paul.

Von Chören begleitete Messen finden auch am 25. Januar in **San Paolo fuori le Mura** *(siehe S. 267)* statt, am 24. Juni in **San Giovanni in Laterano** *(siehe S. 182f)* und am 31. Dezember in **Il Gesù** *(siehe S. 114f)*, wo das *Te Deum* gesungen wird. Auch die Kirche **Sant'Ignazio di Loyola** *(siehe S. 106)* ist ein beliebter Ort für Konzerte.

Gregorianische und andere Gesänge sind von Oktober bis Juli sonntags während der Gottesdienste um 8.30 Uhr und um 19.15 Uhr in der Kirche **Sant'Anselmo** zu hören. Ostern und Weihnachten kann man so kostengünstige, aber manchmal auch recht frostige Konzerte genießen.

Orchester-, Kammer- und Chormusik

Im Frühjahr 2002 wurde der von Renzo Piano entworfenen **Parco della Musica** mit seinen drei Sälen und der Freilicht-Arena eröffnet. Das Orchestra e Coro dell' Accademia di Santa Cecilia hat hier sein Zuhause. Zwei weitere große Konzertsäle sind das **Auditorium Conciliazione** und das **Teatro dell'Opera**. Beide bieten eine interessant gestaltete Spielzeit, die auch Gastspiele aus aller Welt einschließt.

Das **Teatro Olimpico** veranstaltet während der Saison mindestens einmal pro Woche sehr gute Kammermusik- und Orchesterkonzerte.

Auch wenn in der **Accademia Filarmonica Romana** immer wieder klassische Konzerte gegeben werden, liegt der Schwerpunkt des Programms auf der Kammer- und Chormusik. Zwischen Mitte Oktober und Mitte Mai wird hier ein international renommiertes Programm gespielt. Aufführungen finden in der 180 Personen fassenden Sala Casella statt.

Die Preise für klassische Konzerte hängen von den Interpreten und vom Aufführungsort ab. Das **Auditorio del Foro Italico** bietet die Karten der meisten Konzerte zu Preisen unter 15 Euro an. Eine Karte für das **Teatro Olimpico** kostet etwa zwischen 15 und 25 Euro, Plätze bei einem bedeutenden Konzert im **Teatro dell'Opera** können aber auch mehr als 80 Euro kosten.

Die Associazione Musicale Romana, die Musik aus Renaissance und Barock anbietet, veranstaltet jährlich drei Festivals in **Palazzo della Cancelleria** *(siehe S. 149)*: das Festival Internazionale di Cembalo im März, Musica al Palazzo im Mai und das Festival Internazionale di Organo im September. Zu empfehlen sind auch die Konzerte des Orchestra di Roma e del Lazio im **Teatro Argentina** oder im **Teatro Valle** *(siehe S. 361)*.

Für Freunde klassischer und zeitgenössischer Musik lohnt es sich nachzuschauen, wer im **Teatro Ghione**, im **Oratorio del Gonfalone** oder in der **Aula Magna dell'Università La Sapienza** auftritt.

Open-Air-Sommerkonzerte

Während der Sommermonate können Musikliebhaber überall Konzerte in Klöstern, Innenhöfen von Palazzi und antiker Ruinen genießen. Machen Sie es wie die Römer: Planen Sie im letzten Augenblick, und achten Sie einfach auf Veranstaltungshinweise *(siehe S. 354)* und Plakate.

Klassische Konzerte sind meist Teil eines Festivals wie etwa RomaEuropa *(siehe S. 355)*, aber es werden auch Konzertreihen veranstaltet, die speziell der klassischen Musik gewidmet sind. Besonders interessant können die Konzertreihen in den Kirchen Sant'Ivo alla Sapienza *(siehe S. 122)* und San Clemente *(siehe S. 186f)* sein.

Die Associazione Musicale Romana veranstaltet die »Serenate in Chiostro«, ein Konzertprogramm, das im Juli in den Klöstern von **Santa Maria della Pace** *(siehe S. 121)* zur Aufführung gelangt. Karten sind auch hier günstig zu erhalten.

Im Rahmen der »Concerti al Tempietto« finden von Juli bis September fast jeden Abend Konzerte in der **Area Archeologica del Teatro di Marcello** (siehe S. 151) oder im Park der Villa Torlonia statt.

Das Festival »Villa Pamphilj in Musica«, das im Juli in den Gärten der **Villa Doria Pamphilj** (siehe S. 267) stattfindet, bietet eine ganze Reihe von Konzerten. Das Programm umfasst Opern ebenso wie Jazz oder moderne Musik.

Von Ende April bis Mitte Juli sind im schönen **Pincio-Park** (siehe S. 136) sonntags ab etwa 10.30 Uhr Blechbläser-Gruppen zu hören.

Zeitgenössische Musik

Auf dem Programm des **Parco della Musica** und der Accademia Filarmonica Romana, die gewöhnlich im **Teatro Olimpico** spielt, stehen gelegentlich auch zeitgenössische Stücke, die allerdings weniger beliebt und deshalb selten ausverkauft sind.

Ansonsten gibt es keinen festen Spielort für zeitgenössische Musik. Internationale Namen erscheinen in den Programmen der Festivals und bei Einzelveranstaltungen in der **Aula Magna dell'Università La Sapienza**. Das interessanteste Festival wird von Nuova Consonanza im Herbst organisiert.

Moderne italienische Komponisten werden in der Konzertreihe »Nuova Musica Italiana« zwei- oder dreimal im Jahr vorgestellt. Auch die

Auftritte von Schülern der Französischen Akademie in der **Villa Medici** (siehe S. 135) verdienen Beachtung.

Oper

Italien und Oper gehören für viele einfach zusammen. Kritiker werden Ihnen zwar mit Recht bestätigen, dass Roms Oper nicht einmal annäherungsweise den Standard von Mailands Teatro alla Scala, von Neapels San Carlo oder von Venedigs La Fenice erreicht, einen Besuch ist sie dennoch wert. Bei Premieren oder Solokonzerten treten teilweise Sänger von Weltformat auf. Im Sommer kann eine Opernaufführung im Freien zu einem ganz besonderen Erlebnis werden.

Im **Teatro dell'Opera** beginnt die Saison spät im Herbst. In den vergangenen Jahren setzte man bei der Gestaltung des Spielplans auf die großen populären Opern und vermied Experimentelles, aber das Programm scheint wieder spannender zu werden. Karten kosten zwischen 17 und 150 Euro.

Im Juli und August tritt das Ensemble des Teatro dell'Opera in den antiken Caracalla-Thermen (siehe S. 197) auf. Meist werden zwei Opern jeweils zehn Tage lang gespielt, oft ist eine von Verdi oder Puccini dabei.

Dass die Akustik hier nicht ganz ideal ist, wird durch das besondere Ambiente mehr als ausgeglichen.

Ballett und Tanz

Die Möglichkeiten, in Rom Ballett oder zeitgenössischen Tanz zu sehen, sind relativ begrenzt. Der Corpo di Ballo del Teatro dell'Opera di Roma führt neben Klassikern auch moderne Choreografien in der Art Roland Petits auf. Als Veranstaltungsort dient das **Teatro dell'Opera**.

Modernen Tanz kann man am besten beim Equilibrio Festival im Februar sowie während der beliebten Sommerfestivals erleben. Im **Teatro Olimpico** treten dann regelmäßig ausländische Ensembles auf. Amerikanische Modern-Dance-Gruppen aus der Schule von Moses Pendleton – Pilobolus, Momix, ISO und Daniel Ezralow – sind bei den Römern gern gesehene Gäste. Das **Teatro Vascello** ist bekannt für seine experimentellen Tanzvorführungen.

Alljährlich im Spätsommer und Herbst kann man verschiedene Tanzdarbietungen während des **RomaEuropa Festival** sehen. Das 1986 gegründete Festival hat sich einen Namen gemacht als der Ort, an dem internationale Künstler aus Theater, Musik und Tanz zusammenkommen.

Stadtplan siehe Seiten 396–419

Rock, Jazz, Folk und World Music

Verbindliche Aussagen über Roms Unterhaltungs-szene zu treffen ist so gut wie unmöglich – dafür verändert sie sich zu rasch. Auf jeden Fall finden Sie in den vielen Clubs und auch in den Stadien ein großes Musikangebot. In den letzten Jahren sind zahlreiche neue italienische Bands entstanden. In den Sommermonaten gibt es überall Open-Air-Konzerte. Einen guten Überblick liefern *TrovaRoma* oder *Roma c'è (siehe S. 354)*. Auch Orbis und Feltrinelli haben eine Konzertvorschau und verkaufen Tickets. Für kleinere Live-Auftritte in Clubs müssen Sie eventuell eine *tessera* (Mitgliederkarte) erwerben, die zwischen zwei und elf Euro kostet und meist den Eintritt für lokale Gruppen und unbekanntere Musiker abdeckt.

Rock

Große Konzerte finden meist in Sportstadien statt, etwa im **PalaLottomatica** oder im legendären **Stadio Olimpico**. Auch das **Palladium** und Testaccios **Villaggio Globale** im Ex-Mattatoio (einem umgebauten Schlachthof) sind Orte für Konzerte und andere Veranstaltungen. Im **Parco della Musica** sind Konzerte mit internationalen Stars zu hören.

Tickets können schnell 25 Euro und mehr kosten, aber auch Rockfans mit kleinerem Geldbeutel kommen auf ihre Kosten. Wer am 1. Mai in Rom ist, sollte das riesige Open-Air-Konzert an der Piazza San Giovanni auf keinen Fall verpassen. Beim European Festival of Music um den 21. Juni spielen verschiedene Bands kostenlos. Bei allen Konzerten sollte man mindestens eine Stunde vor Beginn vor Ort sein, um sich einen guten Platz zu sichern.

Rom hat verschiedene Clubs, in denen gute Rockmusik gespielt wird, und jeder Club hat seine eigene Klientel. Nicht weit vom Vatikan bieten sich das **Fonclea** und **The Place** an. Das **Forte Prenestino** ist einer der interessantesten Clubs in Rom: ein ehemaliges Gefängnis, das von Hausbesetzern übernommen und anschließend in ein Kulturzentrum umgewandelt wurde. Hier finden Rockkonzerte, Diskussionen und Ausstellungen statt. Näher am Zentrum liegt das **Akab-Cave**, in dem man Cross-over-Gigs hören kann. Das zentral gelegene **Locanda Atlantide** bietet jungen Nachwuchsbands und Solokünstlern eine Bühne und verlangt dafür nur einen geringen Eintritt. Auch das **Init** ist längst kein Geheimtipp mehr.

In vielen Discos gibt es auch Live-Konzerte. Im **Piper** *(siehe S. 365)* finden unter der Woche, im **Circolo degli Artisti** am Wochenende Konzerte statt. Wer es etwas alternativer mag, ist im **Brancaleone** an der richtigen Adresse.

Jazz

Roms Liebe zum Jazz hat sich über Jahre hinweg aus den Auftritten amerikanischer und anderer internationaler Musiker entwickelt. Miles Davis z. B. hatte einen seiner letzten Auftritte auf dem Roma Jazz Festival, auch andere Größen wie etwa Pat Metheny oder Sonny Rollins waren häufige Gäste.

Jazz-Liebhaber sollten auf jeden Fall im exzellenten **Casa del Jazz** vorbeischauen. Gute Musiker treten auch im **Alexanderplatz** auf. In den Club **Big Mama** in Trastevere geht, wer bedeutende Künstler hören will – hier wird alles gespielt, von traditionellem R & B über Progressive Jazz bis hin zu Rock.

Ebenfalls einen Besuch wert sind **Gregory's**, **Boogie Club** und der Jazz- und Blues-Club **Be Bop**. Das **Alpheus** ist einzigartig mit seinem Angebot eigener Konzertsäle und interessanter Sessions, bei denen allnächtlich großartige Jazzer auftreten.

Im **Caffè Latino** oder im **Caruso – Café de Oriente** finden immer wieder völlig unterschiedliche Gigs und Sessions statt. Auch in kleineren Lokalen wie dem **Charity Café** kann man immer wieder interessante junge Talente hören.

Wer Musik und Essen verbinden will, sollte das **'Gusto** ausprobieren, eine schicke Pizzeria mit Live-Jazz an fast allen Abenden. Liebhaber der kreolischen Küche kommen im Alexanderplatz auf ihre Kosten. Rechtzeitige Reservierung ist erforderlich.

Zu den lokalen Jazz-Größen zählen der Pianist Antonello Salis, der eine Mischung aus Jazz und karibischen Rhythmen spielt, und der Soul-Sänger Fulvio Tomaino. Andere führende Köpfe der Blues-Szene sind Roberto Gatto und Maurizio Gianmarco, die man oft im Big Mama trifft.

Viele Veranstaltungen finden im Sommer im Freien statt. Das größte Event ist das Festival Alexanderplatz Jazz Image im Juni und Juli, bei dem jeden Abend Open-Air-Konzerte im Park der Villa Celimonata direkt hinter dem Kolosseum zu hören sind. Tickets kosten etwa zehn Euro und werden direkt im Park verkauft. Ein anderer Termin ist das jährliche Roma Jazz Festival im Herbst, in dessen Rahmen bekannte Musiker aus dem In- und Ausland im Parco della Musica auftreten.

Folk

Seit der Schließung des traditionsreichen Folkstudio in Trastevere gibt es in Rom keinen Club für Folk-Aficionados mehr. Wer jedoch die Veranstaltungshinweise genauer unter die Lupe nimmt, wird dennoch interessante Events im Bereich Folk finden, darunter etwa Country-Abende in den **Four Green Fields**, einen bemerkenswerten Stilmix im **Caffè Latino** oder talentierte junge Solisten im **Lettere Caffè**.

Traditionelle römische Musik beschränkt sich meist auf touristische Abwandlungen bekannter Serenaden in und vor Restaurants. Doch immer wieder findet man auch authentische italienische Volksmusik. Gruppen wie Mau Mau oder Agricantus haben mit ihren regional gefärbten Rhythmen und Dialekten seit Langem Erfolg.

Wer auch in Italien auf Irish Folk nicht verzichten kann, findet im **Fiddler's Elbow** bei Santa Maria Maggiore Klänge von der grünen Insel.

World Music

R om ist schon seit Langem ein Mekka für die Musik mediterraner Länder. Aber auch südamerikanischer Salsa, afrikanische Rhythmen oder arabische Klänge bekommt man hier zu hören. Lateinamerikanische Musik ist bei der Römern ein Dauerbrenner, wie die gut besuchten Festivals, Tanzschulen und ausverkauften Konzerte von Stars wie dem Brasilianer Caetano Veloso belegen.

In vielen Lokalitäten wird während des ganzen Jahres lateinamerikanische Musik gespielt. Das **Arriba Arriba** bringt moderne lateinamerikanische Rythmen. Im **Caruso – Café de Oriente** in Testaccio kann man den Genuss von Cocktails und vorwiegend kubanischer Musik bestens kombinieren.

Der Höhepunkt der Weltmusik-Veranstaltungen findet im Sommer statt: beim nicht weniger als zwei Monate dauernden Fiesta-Festival im **Ippodromo delle Capannelle**, dem mit Abstand populärsten der vielen römischen Sommer-Events, das Jahr für Jahr über eine Million Besucher anlockt.

Wer lieber Unterschiedliches hören möchte, kommt von Mitte Juni bis Anfang August seine Kosten, wenn »Roma Incontra Il Mondo«, das Sommerfestival der Weltmusik, im großen Park der **Villa Ada** nördlich des Stadtzentrums veranstaltet wird.

Auch im **Villaggio Globale**, wo regelmäßig Konzerte stattfinden, werden Fans internationaler Musik gut bedient. Im **Lettere Caffè**, Roms erstem Literaturcafé, finden freitags verschiedenartigste Veranstaltungen statt, von australischen Konzerten bis zu griechischen Tanzabendern.

AUF EINEN BLICK

Akab-Cave
Via di Monte Testaccio 69.
Stadtplan 8 D4.
06 57 25 05 85.

Alexanderplatz
Via Ostia 9. **Stadtplan**
3 B1. 06 39 74 21 71.

Alpheus
Via del Commercio
36–38. **Stadtplan** 8 D5.
06 574 78 26.

Arriba Arriba
Via delle Capannelle 104.
06 721 37 72.

Be Bop
Via Giulietti 14.
Stadtplan 8 E4.
340 556 01 12.

Big Mama
Vicolo San Francesco
a Ripa 18. **Stadtplan**
7 C2. 06 581 25 51.

Boogie Club
Via Gaetano Astolfi 63–65
(südöstlich der Stazione
Trastevere).
06 60 66 42 83.

Brancaleone
Via Levanna 13
(am Monte Sacro).
06 82 00 43 82.

Caffè Latino
Via di Monte Testaccio 96.
Stadtplan 8 D4.
06 57 28 85 56.

**Caruso – Café
de Oriente**
Via di Monte Testaccio 36.
Stadtplan 8 D4.
06 574 50 19.

Casa del Jazz
Viale di Porta Ardeatina
55. **Stadtplan** 9 A4.
06 70 47 31.

Charity Café
Via Panisperna 58.
Stadtplan 5 C4.
06 47 82 58 61.

Circolo degli Artisti
Via Casilina Vecchia 42.
Stadtplan 10 F1.
06 70 30 56 34.

Feltrinelli
Galleria Alberto Sordi
31–35.
Stadtplan 12 E2.
06 679 49 52.

Fiddler's Elbow
Via dell'Olmata 43.
Stadtplan 6 D4.
06 487 21 10.

Fonclea
Via Crescenzio 82A.
Stadtplan 3 C2.
06 689 63 02.

Forte Prenestino
Via F. Delpino 35 (erreich vom
Zentrum para eller Via
Prenestina.
06 21 80 78 55.

Four Green Fields
Via Morin 40.
Stadtplan 3 B1.
06 372 50 91.

Gregory's
Via Gregoriana 54D.
Stadtplan 5 A2.
06 679 63 86.

'Gusto
Via della Frezza 23.
Stadtplan 4 F2.
06 322 62 73.

Init
Via della Stazione Tuscolana 133.
Stadtplan 10 F3.
06 97 27 77 24.

**Ippodromo
delle Capannelle**
Via Appia Nuova 1245
(Kilometer 12).
06 718 21 39.

Lettere Caffè
Via San Francesco
a Ripa 100.
Stadtplan 7 C1.
06 97 27 09 91.

Locanda Atlantide
Via dei Lucani 22B
(San Lorenzo).
06 44 70 45 40.

Orbis
Piazza Esquilino 37.
Stadtplan 6 D4.
06 474 47 76.

PalaLottomatica
Piazzale dello Sport, EUR.
199 12 88 00.

Palladium
Piazza B. Romano 8 (südlich der Stazione Ostiense).
06 57 06 77 61.

Parco della Musica
Viale de Coubertin 15.
Stadtplan 1 C2.
06 80 24 12 81.
www.auditorium.com

The Place
Via Alberico II 27.
Stadtplan 3 C2.
06 68 30 71 37.

Stadio Olimpico
Viale dei Gladiatori
(nordwestlich des Zentrums auf der anderen
Tiberseite beim Monte
Mario).

Villa Ada
Via Salaria 197 (nördlich
des Stadtzentrums).
06 41 73 47 12.

Villaggio Globale
Ex-Mattatoio, Lungotevere
Testaccio 2.
Stadtplan 8 D4.
347 413 12 05.

Stadtplan *siehe Seiten 396–419*

Kino und Theater

Ein Kinobesuch zählt in Rom zu den beliebten Freizeitvergnügen, rund 40 Filme laufen jeden Abend. Die Casa del Cinema und das seit 2006 stattfindende Festival Internazionale del Film di Roma zeigen die Liebe der Römer für die siebte Kunst. Die Mehrzahl der römischen Kinos zeigt *prima visione*, d. h. die neuesten internationalen Produktionen, in synchronisierter Fassung. Meist in kleineren Programmkinos laufen auch ausländische Filme mit Untertiteln.

Ob es sich um italienische Klassiker oder ausländische Stücke handelt – Bühnensprache ist Italienisch. Neben den etablierten Theatern finden Sie Cabaret, Avantgarde- und Tanztheater. Karten kosten zwischen acht und 50 Euro, telefonisch reservieren kann man nicht immer. Eine Alternative für Schnellentschlossene ist der Last-Minute-Service *(siehe S. 355)*.

Prima Visione

Es gibt in Rom über 80 *Prima-visione*-Kinos. Die besten hinsichtlich Ausstattung und Komfort sind das **Fiamma** (zwei Säle) und das **Barberini** (drei Säle).

In der Regel sind ausländische Filme synchronisiert. Das **Nuovo Olimpia** (täglich), das **Alcazar** (montags) und das **Greenwich** (gelegentlich) haben jedoch auch originalsprachliche Erstaufführungen im Programm.

Karten für aktuelle Filme kosten in der Regel etwa acht Euro. Einige Kinos (auch *prima visione*) verlangen weniger, z. B. das **Farnese** und das **Reale**. An Wochentagen erhalten Senioren (ab 60 Jahren) und Behinderte normalerweise 30 Prozent Ermäßigung. In vielen Kinos gibt es mittwochs und an anderen Wochentagen am Nachmittag verbilligten Eintritt. Das Kinoprogramm finden Sie in Tageszeitungen, in *TrovaRoma* und in *Roma c'è (siehe S.354)*.

Programmkinos

Filmfans strömen Ende Oktober in die Stadt – zum Festival Internazionale del Film di Roma (www.romacinemafest.it), das hauptsächlich im **Parco della Musica** stattfindet.

Zwei Arten von Programmkinos, die *cine-clubs* und die *cinema d'essai*, bieten sich an, wenn Sie gern Klassiker und neue Filme jenseits des Mainstreams sehen. *D'essai*-Kinos zeigen mitunter Filme in Originalsprache *(v. o. = versione originale)*. Testen Sie das **Azzurro Scipioni** (eines der wenigen Kinos, die den ganzen Sommer über geöffnet haben), das **Filmstudio** oder Nanni Morettis **Nuovo Sacher**. Manche der kleinen Kinos sind *cine-clubs* und erfordern eine Mitgliedschaft (die meist wenig kostet).

Der **Palazzo delle Esposizioni** bringt Reihen internationaler Filme zur Aufführung, intensiver ist das Filmerlebnis in der **Casa del Cinema**. Zeichentrick- und Kinderfilme zeigt **Dei Piccoli** auf dem Gelände der Villa Borghese.

Englischsprachige Filme

Zusätzlich zu den gelegentlichen Vorführungen von nichtsynchronisierten englischsprachigen Filmen in den Programmkinos, im **Nuovo Olimpia** und im **Space Cinema Moderno** zeigt die **Casa del Cinema** alle Filme grundsätzlich in Originalsprache.

Sommer-Kinos

Viele Kinos in Rom haben Dachkonstruktionen, die sich öffnen lassen und während des Sommers genutzt werden – so besitzt z. B. das **Nuovo Sacher** eine so hergestellte »Arena«.

Es gibt zahlreiche Sommer-Filmfestivals, zu den größeren zählen Cineporto und Mas-senzio. Hier werden von 21 Uhr bis frühmorgens Filme gezeigt. Zwischen den Vorstellungen gibt es Essen, Getränke und Live-Musik.

Science-Fiction-Fans sollten das FantaFestival (www.fanta-festival.it) nicht versäumen. Im Rahmen von »Venezia a Roma« sind die Filme der Filmfestspiele in Venedig zu sehen. Auch Retrospektiven, die Avantgarde-Filmwochen beim **Azzurro Scipioni** sowie Open-air-Festivals wie RomaEuropa *(siehe S. 355)* und Vorstellungen bei der Festa dell'Unità *(siehe S. 355)* sind für Cineasten beachtenswert.

Klassisches Theater

Fester Bestandteil von Roms Theaterrepertoire sind Luigi Pirandellos Dramen sowie die Lustspiele des Venezianers Carlo Goldoni (18. Jh.) und des Neapolitaners Eduardo de Filippo (20. Jh.). Von Zeit zu Zeit gelangen in Rom auch ausländische Werke zur Aufführung.

Die besten Klassiker werden im **Teatro Argentina**, im **Teatro Quirino** und im **Teatro Valle** und im **Teatro Eliseo** gegeben. Das **Teatro Argentina** ist in Staatsbesitz und Sitz von Roms Theatergesellschaft. Sein Schwestertheater, **Teatro India**, zeigt oft innovativere Werke. Im **Quirino** und im **Valle** werden Produktionen aus anderen italienischen Städten gespielt. In Letzterem sind häufig bekannte italienische Produktionen und bisweilen auch renommierte ausländische Ensembles zu bewundern. Im **Quirino** sieht man vorwiegend italienische Schauspieler.

Von den privaten Theatern der Stadt sind vor allem das **Eliseo** und das **Piccolo Eliseo** hervorzuheben. Das **Teatro Vittoria** favorisiert Stücke von Noël Coward oder Neil Simon. Das Programm am **Teatro Sistina** und am **Teatro Brancaccio** umfasst Musicals von Gastspielgruppen sowie Shows mit namhaften italienischen Schauspielern.

Zeitgenössisches Theater

Der Pflege des modernen Theaters haben sich das **Vascello** und das **Orologio** sowie etliche kleine Theaterbühnen verschrieben, die sich in Kellern, Garagen, Apartments oder sogar Zelten eingerichtet haben.

Das **Colosseo** verschafft Außenseiterproduktionen (bekannt als *teatro off*) eine Öffentlichkeit, wohingegen sich das **Vascello** und das **Palladium** eher auf zeitgenössische Autoren und avantgardistische Stücke spezialisiert haben. Einige Theatergruppen, so die im **Teatro India**, spielen auch in anderen Sprachen als Italienisch.

Cabaret und Puppentheater

Römische und neapolitanische Volkslieder sowie italienisches Cabaret kann man in einem der Cabaret-Restaurants von Trastevere etwa dem **Meo Patacca**, kennenlernen. **Tina Pika Village** spielt alternatives Cabaret.

Traditionelles Puppentheater gibt es meist am Wochenende frühabends im **Teatro Verde** und im **Teatro Mongiovino**. Im Park der Villa Borghese präsentiert das **Teatro San Carlino** Stücke für ein jüngeres Publikum. Besonders beliebt sind die Abenteuer von *Pulcinella*, dem Hanswurst der Commedia dell'Arte.

Freilichtbühnen

Es sind bevorzugt griechische und römische Stücke, die während der Freilichtsaison in **Ostia Antica** (siehe *S. 270f*) zur Aufführung kommen. Das **Anfiteatro Quercia del Tasso** im Gianicolo-Park hat seinen Namen von der Eiche, unter der der Dichter Tasso zu sitzen pflegte.

Comedy-Shows werden von Juli bis September gegeben. Im Winter finden Aufführungen im **Teatro Anfitrione** statt. Unweit davor ist ein Straßenpuppentheater, das *Pulcinella*-Aufführungen präsentiert. Die Vorstellungen finden nachmittags, an Sonntagen auch am Vormittag statt.

AUF EINEN BLICK

Prima Visione

Alcazar
Via Card. Merry di Val 14.
Stadtplan 7 C1.
06 588 00 99.

Barberini
Piazza Barberini 24.
Stadtplan 5 B3.
06 482 10 82.

Farnese
Piazza Campo de' Fiori 55.
Stadtplan 4 E5.
06 686 43 95.

Fiamma
Via Bissolati 47. **Stadtplan**
5 C2. 06 48 55 26.

Greenwich
Via Bodoni 59. **Stadtplan**
7 C3. 06 574 58 25

Nuovo Olimpia
Via in Lucina 16.
Stadtplan 12 E1.
06 686 10 68.

Reale
Piazza Sonnino 7.
Stadtplan 7 C1.
06 581 02 34.

Space Cinema Moderno
Piazza della Repubblica 45.
Stadtplan 5 C3.
06 89 21 11.

Programmkinos

Azzurro Scipioni
Via degli Scipioni 82.
Stadtplan 3 C2.
06 39 73 71 61.

Casa del Cinema
Largo M. Mastroianni 1.
Stadtplan 5 B1.
06 42 35 07.
www.casadelcinema.it

Dei Piccoli
Viale della Pineta 15.
Stadtplan 5 B1.
06 855 34 35.

Filmstudio
Via degli Orti d'Alibert 1C.
Stadtplan 4 D1.
334 173 06 32.

Nuovo Sacher
L. Ascianghi 1. **Stadtplan**
7 C2. 06 581 81 16.

Palazzo delle Esposizioni
Via Nazionale 194.
Stadtplan 5 B4.
06 39 96 75 00.
www.palexpo.com

Parco della Musica
Viale de Coubertin 30.
Stadtplan 1 C2.
06 80 24 72 81.
www.romacinemafest.org

Klassisches Theater

Teatro Argentina
Largo Argentina 56.
Stadtplan 4 F4.
06 684 00 01.
www.teatrodiroma.net

Teatro Brancaccio
Via Merulana 244.
Stadtplan 6 D5.
06 98 26 445 00.

Teatro India
Via L. Pierantoni 6. **Stadtplan** 7 C5.
06 684 00 01.

Teatro Piccolo Eliseo
Via Nazionale 183.
Stadtplan 5 B4.
06 488 21 14.

Teatro Quirino
Via delle Vergini 7.
Stadtplan 5 A4 (12 F2).
06 679 45 85.
www.teatroquirino.it

Teatro Sistina
Via Sistina 129. **Stadtplan**
5 B2. 06 420 07 11.

Teatro Valle
Via del Teatro Valle 21.
Stadtplan 4 F4 (12 D3).
06 68 80 37 94.
www.teatrovalle.it

Teatro Vittoria
Piazza S. Maria Liberatrice
8. **Stadtplan** 8 D3.
06 574 05 98.

Zeitgenössisches Theater

Palladium
Piazza B. Romano 8.
06 57 06 77 61.

Teatro Anfitrione
Via di San Saba 24.
Stadtplan 8 E3.
06 575 08 27.

Teatro Colosseo
Via Capo d'Africa 29A.
Stadtplan 9 A1.
06 700 49 32.

Teatro dell'Orologio
Via dei Filippini 17A.
Stadtplan 11 B3.
06 587 55 50.

Teatro Olimpico
Piazza Gentile da Fabriano
17. **Stadtplan** 1 A2.
06 326 59 91.

Teatro Vascello
Via Carini 72. **Stadtplan**
7 A2. 06 588 10 21.

Cabaret und Puppentheater

Meo Patacca
Piazza dei Mercanti 30.
Stadtplan 8 D1.
06 581 61 98.

Teatro Mongiovino
Via Genocchi 15.
06 513 94 05.

Teatro San Carlino
Viale dei Bambini (Pincio).
Stadtplan 4 F1.
06 69 92 21.

Teatro Verde
Circonvall. Gianicolense
10. 06 588 20 34.

Tina Pika Village
V. Fonteiana 57. **Stadtplan**
7 B4. 06 588 5754.

Freilichtbühnen

Anfiteatro Quercia del Tasso
Passeggiata del Gianicolo.
Stadtplan 3 C5.
06 575 08 27.

Stadtplan *siehe Seiten 396–419*

Nachtclubs

Das Nachtleben in Rom ist vielfältig und pulsierend wie nie zuvor. Gerade in den letzten Jahren machten viele neue Bars und Clubs auf, die das Nachtleben der Stadt enorm bereichern. Damit wird Rom auch den immer höheren Ansprüchen der Nachtschwärmer gerecht. Früher konzentrierte sich das Nachtleben auf ein paar Viertel, etwa Testaccio, wo die angesagtesten Nachtlokale oft hoffnungslos überfüllt waren. Heute bietet die italienische Hauptstadt viel mehr Optionen für jeden Geschmack. Sie haben alle Möglichkeiten: Vielleicht starten Sie in einer der trendigen Bars mit einem Aperitif in den Abend, um sich später in exklusivere Clubs vorzuarbeiten. Oder Sie trinken an einem der fantastischen Plätze der Innenstadt in einer Weinbar mit Ihren Freunden ganz entspannt eine Flasche Wein und ziehen dann weiter. Trotz der großen Anzahl haben die Preise in den Bars und Clubs stark angezogen – für einen Cocktail müssen Sie mit zehn Euro rechnen. Günstiger und dennoch abseits der Touristenfallen ist es in vielen Bars in San Lorenzo.

Information

Genau wie in jeder anderen großen Stadt verändert sich auch in Rom das Nachtleben ununterbrochen. Das römische Clubpublikum ist ein äußerst gemischtes Völkchen, weshalb auch die meisten Nachtlokale verschiedene Programme anbieten, um allen Geschmacksrichtungen gerecht zu werden. Es ist empfehlenswert, sich vorab in den entsprechenden Magazinen zu informieren, die jeden Donnerstag erscheinen (siehe S.354).

Auf manchen Plätzen im Zentrum und den angrenzenden Vierteln werden Flyer verteilt, in denen das Programm der Nachtlokale vorgestellt wird. Vor allem am Campo de' Fiori und auf der Piazza del Fico wird man gut informiert. Zudem halten Bars wie **Il Seme e La Foglia** in Testaccio, die gern am frühen Abend aufgesucht werden, Informationen bereit.

Praktische Hinweise

Freitag und Samstag sind auch in Rom mit Abstand die beliebtesten Ausgehtage. Vor den angesagten Clubs müssen Sie eventuell lange anstehen. Wenn Sie vor Mitternacht da sind, können Sie dem Gedränge entgehen.

Einige Clubs verlangen eine *tessera* (Mitgliedskarte), die Ihnen das Eintrittsgeld erspart. Sie erhalten diese Karte im Club. Inbegriffen ist meist der erste Drink, der zweite kann Sie allerdings einiges kosten: In luxuriösen Clubs bezahlen Sie bis zu 15 Euro.

Reine Männergruppen sind in den Nachtlokalen nicht gern gesehen. Auch in den exklusiveren Clubs schätzt man Männer ohne Begleitung nicht sonderlich. Auch auf die Kleidung gilt es zu achten. Darüber hinaus benötigen Sie in manchen gehobeneren Lokalitäten sogar eine Einladung oder eine persönliche Empfehlung. In die normalen Discos kommen Sie hingegen ohne Schwierigkeiten, es genügt saloppes Outfit.

Bars

Obwohl der Wettbewerb immer härter wird, haben einige renommierte Bars ihren Kultstatus ohne Probleme behaupten können. Ein Musterbeispiel dafür sind die Weinbars **Il Nolano** und **La Vineria** (siehe S.328) am Campo de' Fiori. Letztere überzeugt Einheimische jedes Alters nach wie vor wegen ihrer unaufdringlichen Atmosphäre und der zivilen Preise. Direkt um die Ecke steht das weniger bekannte **L'Angolo Divino**

(siehe S.328). Auch dieses Lokal ist eine sehr gute Wahl, wenn man ein Glas Wein und leckere Speisen genießen will. Gepflegt geht es im *centro storico*, dem alten Stadtzentrum, zu. Treffpunkt für Modebewusste ist das seit einiger Zeit angesagte **Antico Caffè della Pace** in der Nähe der Piazza Navona – beliebtes Ziel für alle, die sehen und gesehen werden möchten.

Im **Fluid** in der Via del Governo Vecchio geht es lebhafter zu. Hier kommt man gut in Stimmung, wenn die Nacht lang werden soll. Nur ein paar Häuser weiter und doch Meilen entfernt, lockt das gemütliche **Mimi e Cocò** mit Kerzenlicht-Ambiente und gutem Wein. Am anderen Ende der Straße, weiter vom Corso Vittorio Emanuele II entfernt, liegt **Giulio Passami l'Olio**, eine einladende *enoteca*. Näher an der Piazza di Spagna finden Weinkenner, was sie suchen. Die **Antica Enoteca di Via della Croce** bietet eine beeindruckende Auswahl edler Tropfen und darüber hinaus ein gepflegtes Ambiente dazu. Das Buffet an der Bar lässt keine Wünsche offen, ist allerdings auch nicht ganz billig.

Auch in Trastevere sind die hübschen Straßen voller Bars für jeden Geschmack. Wenn es Stühle im Freien gibt, sollten Sie dort Platz nehmen. Zum Beobachten der Szenerie eignet sich **Ombre Rosse** an der wunderschönen Piazza Sant'Egidio. Wenn es dort zu voll ist, bietet sich das nur ein paar Gehminuten entfernte **Caffè della Scala** als Alternative an. Für einen – wenn auch teuren – Aperitif und einen kleinen Imbiss lohnt sich ein Abstecher ins **Nylon** oder ins **Friends Art Café**. Die recht einfache, aber hervorragende **Bar San Callisto** an der Piazza Santa Maria ist ein Treffpunkt für diejenigen, die eher das Unkonventionelle schätzen.

Im **Ferrazza** (siehe S.351) in San Lorenzo, einer Bar für Anspruchsvolle, ist die außergewöhnlich große Auswahl an Weinen Programm. Einen starken Kontrast dazu bildet die geradezu monumental wirkende Studentenbar **Rive Gauche**, die größte Bar in der Gegend. Das **Duke's** in Parioli ist trotz der Entfernung zum Zentrum ein sehr guter Platz, wenn man gute Chancen haben will, die Prominenz von Rom zu Gesicht zu bekommen. Um den Run auf die Bar etwas zu mildern, beschlossen die Betreiber, am Samstagabend nicht mehr zu öffnen – das tat jedoch der Popularität des Duke's keinen Abbruch. Es ist und bleibt *der* Platz zum Sehen und Gesehenwerden im nördlichen Teil der Stadt.

Nicht nur hoffnungslose Romantiker genießen den atemberaubenden Blick auf die Stadt von der Bar auf der üppigen Dachterrasse im **Hotel Eden** *(siehe S. 308)* in der Nähe der Via Veneto und vom **Radisson Blue es. Hotel** *(siehe S. 305)* nicht weit von der Stazione Termini entfernt. Vor allem gegen Ende eines sonnigen Tages bietet die grandiose Aussicht geradezu den perfekten Einstieg für eine Nacht in Rom.

Clubs

Um einmal neben einem TV-Sternchen an der Bar zu stehen, ist das **Gilda** der geeignete Ort. Die glitzernde Tanzfläche machte es zu einem der Favoriten beim Jetset der Hauptstadt. Der Nachtclub **Jackie O** aus den 1960er Jahren wurde mit riesigem Aufwand auf Vordermann gebracht. Die Ausstattung ist geradezu überschwänglich, das Angebot an Speisen dementsprechend nicht für den kleinen Geldbeutel. Hier tummelt sich eine internationale Klientel über 30.

Bôeme ist eine sichere Bank für Twens, die auf Popmusik stehen, im **Heaven** läuft eher House. Wer Live-Musik erleben will, kommt im **Micca Club** auf seine Kosten. Disco Fever gibt es garantiert im **Piper**, das seine Inneneinrichtung jedes Jahr wechselt. Vor allem bei Shows und Events kann der Ansturm gewaltig werden. Einige Disco-Pubs im Zentrum sind ein gelungener Kompromiss zwischen echter Bar und purer Clubatmosphäre. Auf der Suche nach der perfekten Mischung lohnt sich vor allem ein Abstecher in The **Nag's Head**.

In und um Testaccio, dem unumstrittenen Dorado für Nachtschwärmer, weiß man oft nicht, in welchen Club man gehen soll. Vielleicht ins unverschämt kommerzielle **Akab-Cave** oder in das modische **Caruso – Café de Oriente** mit seinem Faible für Latin, R & B und Salsa? Der Multifunktions-Club **Distillerie Clandestine** bietet alles – Essen und Trinken, Tanzen und Relaxen. Immer noch auf der 1970er-Jahre-Welle präsentiert sich die überaus schicke Bar **La Saponeria**, das **Neo** hingegen ist für Underground bekannt. New-Wave-Fans gehen am Samstagabend mit Vorliebe ins **Big Bang**. Für sein breites Musikspektrum bekannt ist das **Alpheus**, wo man in jedem der drei Räume zu einem anderen Sound tanzen kann. Die besten italienischen und internationalen DJs geben sich allerdings im **Goa** die Ehre.

Die Weinbar von **'Gusto** bietet Live-Musik und die Möglichkeit, die verschiedenen Restaurantbereiche des Areals zu erforschen. Mit einem Glas Wein aus der riesigen Auswahl. Auf der anderen Seite des Corso Vittorio Emanuele befindet sich das eher für die älteren Semester geeignete **La Maison**. Wer eher Mainstream mag, keinen Eintritt zahlen und ohne allzu kritische Türsteher auskommen will, kann ins **Habana Café** gehen – vor allem, wenn Sie Lust auf Live-Musik haben. Auch die DJs am Wochenende sind Spitze.

Wer Abwechslung auf kleinem Raum sucht, ist im **Radio Café** richtig. Die Multifunktions-Area bietet neben Disco auch ein Café und einen Multimedia-Bereich.

Schwule und Lesben

In Rom gibt es zahlreiche Clubs und Bars für Homosexuelle. Lange Zeit haftete der italienischen Hauptstadt in dieser Hinsicht etwas Provinzielles an, doch das hat sich in den letzten Jahren geändert. In einigen dieser Lokalitäten sind auch heterosexuelle Gäste willkommen.

Vom *centro storico* aus über der Tiber erreicht man in Trastevere die exklusive Bar **Il Giardino dei Ciliegi**. Hier ist es so gemütlich wie in einem großen Wohnzimmer, ein wahrhaft üppiges Angebot an Cocktails, Tees und leckeren Salaten sowie ein exzellenter Brunch am Sonntag sind besondere Kennzeichen des Lokals. Wesentlich lebhafter ist die Atmosphäre im **Anfiteatro My Bar** und im **Coming Out** zwischen San Giovanni und dem Kolosseum. Letzteres ist auch eine gute Anlaufstelle für einen gepflegten Drink. Wenn viel los ist, reicht die Party bis auf die Straße. Im **Hangar** ganz in der Nähe haben nur Männer Zutritt.

In Schwulenbars – egal ob sie alternativ oder eher gediegen sind – ist häufig Party angesagt. Dann wird bis in die Puppen getanzt und gefeiert. Im **Goa** ganz in der Nähe der Via Ostiense gibt es regelmäßig »Gay Nights«, die meist unter einem bestimmten Motto stehen, oder einmal im Monat »Venus Rising«, wobei nur Frauen zugelassen sind. Zur »Mucca Assassina« (wörtlich: »Ermordete Kuh«) strömen die Massen an jedem Freitagabend in das riesige **Qube** in Tiburtino. Zur gleichen Zeit ist auch im **Circolo degli Artisti** jede Menge los, und auch der Club **Alpheus** lockt an Samstagen jede Menge Leute an. Die schwulenfreundliche Disco **Alibi** in Testaccio bietet einen Mix aus House und Oldies.

Ende Juni und Anfang Juli feiern die Homosexuellen das absolute Mega-Event des Jahrs: die »Pride Week«. Dann steht Party nonstop auf dem Programm – und das insgesamt nicht weniger als sieben Tage und Nächte lang. Der Ablauf wechselt von Jahr zu Jahr. Am besten informieren Sie sich in den einschlägigen Magazinen über die anstehenden Events.

Im Sommer zieht es natürlich alle nach draußen in die warme römische Nacht.

In den letzten Jahren wurde das **Gay Village**, ein Open-Air-Gelände, zu einer wichtigen Adresse für allerlei Veranstaltungen und Partys.

Centri Sociali

Die *centri sociali* gingen aus illegal besetzten Gebäuden hervor, die später in Kulturzentren für Ausstellungen und Events umgewandelt wurden. Sie bereichern das Nachtleben wie die Kulturszene Roms erheblich. Einige der Zentren werden professionell geführt und wetteifern durchaus recht erfolgreich mit vielen schickeren und etablierteren Veranstaltungsorten, andere hingegen geben sich weiterhin betont alternativ.

Eine Klasse für sich ist das **Brancaleone** im Norden der Stadt. Progressive Musik, aufgelegt von DJs aus Italien und anderen Ländern, lässt das Gedränge auf der Tanzfläche groß werden. Die sehr gut organisierte Einrichtung umfasst auch ein Öko-Café mit Laden, Kunstausstellungen vom Feinsten und ein Kino.

In der Nähe der Caracalla-Thermen liegt das **Angelo Mai**, wo regelmäßig vielfältige Kulturevents stattfinden, etwa Ausstellungen und Arthouse-Filme (einige in Originalversion). Am Wochenende gibt es meist Clubnächte, das musikalische Spektrum reicht von Underground über Ehtno-Bands bis zu DJs. Das Zentrum besitzt auch sein eigenes Esslokal.

Ein Stück weiter entfernt liegt der Club **Forte Prenestino**, eine aufgegebene Festung. Mit seinem Irrgarten aus schaurigen Räumen und endlosen Korridoren ist das ehemalige Gefängnis sicher einer der bizarrsten Partytreffs in Rom. Neben seinen Konzerten – etwa am 1. Mai als Gegenveranstaltung zum offiziellen Rockkonzert auf der Piazza San Giovanni – ist der Club vor allem für Theaterabende, Filmfestivals und Partynächte bekannt. Ein junges, alternativ angehauchtes Publikum findet das ganze Jahr über einen Grund hierherzukommen.

Näher am Stadtzentrum, am Rand von Testaccio, befindet sich das **Villaggio Globale**. Auch hier gibt es ein breites Angebot an kulturellen Veran-

---

AUF EINEN BLICK

Bars

Antica Enoteca di Via della Croce
Via della Croce 76B.
Stadtplan 4 F2.
☎ 06 679 08 96.

Antico Caffè della Pace
Via della Pace 3–7.
Stadtplan 11 C3.
☎ 06 686 12 16.

Bar San Callisto
Piazza San Callisto 3–4.
Stadtplan 7 C1.
☎ 06 583 58 69.

Caffè della Scala
Via della Scala 4.
Stadtplan 7 C1.
☎ 06 580 36 10.

Duke's
Viale Parioli 200.
Stadtplan 2 D1.
☎ 06 80 66 24 55.

Ferrazza
Via dei Volsci 59.
Stadtplan 6 F4.
☎ 06 49 05 06.

Fluid
Via del Governo Vecchio 46/47.
Stadtplan 11 C3.
☎ 06 683 23 61.

Friends Art Café
Piazza Trilussa 34.
Stadtplan 4 E5.
☎ 06 581 61 11.

Giulio Passami l'Olio
Via di Monte Giordano 28.
Stadtplan 11 B2.
☎ 06 68 80 32 88.

Hotel Eden
Via Ludovisi 49.
Stadtplan 5 B2.
☎ 06 47 81 21.

Mimì e Cocò
Via del Governo Vecchio 72.
Stadtplan 11 C3.
☎ 06 68 21 08 45.

Il Nolano
Campo de' Fiori 11/12.
Stadtplan 11 C4.
☎ 06 687 93 44.

Nylon
Via dei Politeama 12.
Stadtplan 11 C5.
☎ 06 58 34 06 92.

Il Seme e la Foglia
Via Galvani 18.
Stadtplan 8 D4.
☎ 06 574 30 08.

La Vineria
Campo de' Fiori 15.
Stadtplan 11 C4.
☎ 06 68 80 32 68.

L'Angolo Divino
Via dei Balestrari 12–14.
Stadtplan 11 C4.
☎ 06 686 44 13.

Ombre Rosse
Piazza Sant'Egidio 12.
Stadtplan 7 C1.
☎ 06 588 41 55.

Radisson Blu es. Hotel
Via Filippo Turati 171.
Stadtplan 6 D4.
☎ 06 44 48 41.

Rive Gauche
Via dei Sabelli 43.
Stadtplan 6 F4.
☎ 06 445 67 22.

Clubs

Akab-Cave
Via di Monte Testaccio 69.
Stadtplan 8 D4.
☎ 06 57 25 05 85.

Alpheus
Via del Commercio 36/8.
Stadtplan 8 D5.
☎ 06 574 78 26.

Big Bang
Via Monte Testaccio 22.
Stadtplan 8 D4.
☎ 392 901 19 93.

Bòeme
Via Velletri 13.
Stadtplan 6 D1.
☎ 06 841 22 12.

Caruso – Café de Oriente
Via di Monte Testaccio 36.
Stadtplan 8 D4.
☎ 06 574 50 19.

Distillerie Clandestine
Via Libetta 7.
☎ 06 57 30 51 02.

Gilda
Via Mario de' Fiori 97.
Stadtplan 12 F1.
☎ 06 678 48 38.

Goa
Via Libetta 13.
☎ 06 574 82 77.

'Gusto
Via delle Frezza 23.
Stadtplan 4 F2.
☎ 06 322 62 73.

Habana Café
Via dei Pastini 120.
Stadtplan 12 D2.
☎ 06 678 19 83.

Heaven
Viale di Porta Ardeatina 119. **Stadtplan** 9 B5.
☎ 06 574 37 72.

Jackie O
Via Boncompagni 11.
Stadtplan 5 B2.
☎ 06 42 88 54 57.

staltungen. Im Sommer finden Open-Air-Konzerte statt. Mit etwas Glück bekommt man Karten für Auftritte bekannter italienenischer Bands wie Ti-romancino.

Jazz, Salsa und African Music

Rom ist ein gutes Pflaster für Jazzfreunde. Alle Spielarten dieser Musikrichtung werden hier zelebriert *(siehe S. 358)*. Doch auch Anhänger von Latin Sound kommen in der Stadt auf ihre Kosten. Einige lateinamerika-nische Clubs verbinden Live-Musik mit Tanzabenden und Bewirtung der Gäste. Süd-amerikanische Atmosphäre herrscht im **Fonclea** und im **Arriba Arriba** *(siehe S. 359)*

sowie im **Alpheus**. Neben Latino-Rhythmen steht hier auch World Music auf dem Programm. Der angesagteste Treff am Wochenende ist jedoch das **Caffè Latino** in Testaccio.

Sommer-Clubs

Zur heißesten Jahreszeit machen viele Treffpunkte in Rom Sommerpause. Dies gilt jedoch nicht für das **Art Café** nahe der Villa Borghese. Wer im Hochsommer Spaß haben will, kommt hierher. Auch am Tiber geht es in klei-neren Clubs und bei Events auf Hausbooten hoch her.

Ein Ereignis für sich sind die Strandnächte an der Küste bei Ostia und Fregene. Einige Clubs dort haben von Juli bis

Dezember geöffnet. Immer was geboten ist im beliebten Club mit Restaurant **Janga Beach**. Auch der eher geho-bene Strandclub **Singita** ist einen Abstecher wert

Lange geöffnete Bars

Die meisten Nachtlokale machen erst um 2 oder 3 Uhr zu. Nachteulen finden aber sicher ein Fleckchen, wo die Party weitergeht – und sei es im Sommer am Strand, wo das Leben bis in die Morgen-stunden tobt. Viele junge Römer schauen in einer der rund um die Uhr geöffneten Bars auf einen letzten Drink vorbei. Danach gibt es beim Bäcker schon Frisches direkt aus dem Backofen für ein le-ckeres Frühstück.

AUF EINEN BLICK

Joia
Via Galvani 20.
Stadtplan 8 D4.
06 574 08 02.

La Maison
Vicolo dei Granari 4.
Stadtplan 11 C3.
06 683 33 12.

La Saponeria
Via degli Argonauti 20
(südlich der Stazione Osti-ense, nahe Via Ostiense).
06 574 69 99.

Micca Club
Via P. Micca 7A.
Stadtplan 6 F5.
06 87 44 00 79.

Neo
Via degli Argonauti 18
(südlich der Stazione Ostiense).
06 96 52 10 94.

Piper
Via Tagliamento 9
(nördlich des Zentrums).
06 855 53 98.

Radio Café
Via Principe Umberto 67.
Stadtplan 6 E5.
06 44 36 11 10.

The Nag's Head
Via IV Novembre 138B.
Stadtplan 5 A4.
06 679 46 20.

Schwule und Lesben

Alib
Via di Monte Testaccio 39–41.
Stadtplan 8 D4.
06 574 34 48.

Alpheus
Siehe Clubs.

Anfiteatro My Bar
Via San Giovanni in Laterano 12.
Stadtplan 9 A1.
06 700 44 25.

Circolo degli Artisti
Via Casilina Vecchia 42.
Stadtplan 10 F1.
06 70 30 56 84.

Coming Out
Via San Giovanni in Late-rano 8.
Stadtplan 9 A1.
06 700 98 71.

Gay Village
Veranstaltungsorte bitte tel. erfragen oder im Inter-net nachsehen.
06 513 47 41.
www.gayvillage.it

Il Giardino dei Ciliegi
Via dei Fienaroli 4.
06 580 34 23.

Goa
Siehe Clubs.

Hangar
Via in Selci 69.
Stadtplan 5 C5.
06 488 1397.

Qube
Via di Portonaccio 212
(nördlich des Zentrums).
06 438 54 45.

Centri Sociali

Angelo Mai
Viale delle Terme di Caracalla 55A.
Stadtplan 9 A2.
329 448 13 58.

Brancaleone
Via Levanna 11
(in Montesacro).
06 82 00 43 82.

Forte Prenestino
Via F. Delpino
(in Prenestino).
06 21 80 78 55.

Villaggio Globale
Lungotevere Testaccio 2/
Via di Monte Testaccio 22.
Stadtplan 7 C4.
347 413 12 05.

Jazz, Salsa und African Music

Alpheus
Siehe Clubs.

Arriba Arriba
Via delle Capannelle 104.
06 721 37 72.

Caffè Latino
Via di Monte Testaccio 96.
Stadtplan 8 D4.
06 57 28 85 56.

Fonclea
Via Crescenzio 82A.
Stadtplan 3 C2.
06 689 63 02.
www.fonclea.it

Sommer-Clubs

Art Café
Viale del Galoppatoio 33
(Villa Borghese).
Stadtplan 5 A1.
06 36 00 65 78.

Janga Beach
Lungomare di Ponente 11, Fregene.
06 66 56 06 49.

Singita
Villaggio dei Pescatori, Fregene.
06 61 96 49 21.

Stadtplan *siehe Seiten 396 – 419*

Sport und Aktivurlaub

Seien Sie nicht überrascht, wenn der sonntägliche Frieden in Rom von Hupen und Geschrei gestört wird. Dies bedeutet lediglich, dass einer der lokalen Fußballclubs gesiegt hat und die ganze Stadt außer Rand und Band ist. Fußball ist Italiens Nationalsport. Aber auch andere Sportarten ziehen viele Besucher an. Römische Sportfans leiden nie Mangel an den unterschiedlichsten, gut organisierten Sportveranstaltungen. Die meisten Informationen sind in *TrovaRoma* und *Roma c'è (siehe S. 354)* zu finden. Auch im Lokalteil von *La Gazzetta dello Sport* oder *Corriere dello Sport* werden Sie fündig.

Fußball

Es gibt drei Gründe, warum man ein italienisches Fußballspiel nicht versäumen sollte: erstens die Qualität des Spiels, zweitens die begeisterte Menge, drittens die Atmosphäre. Rom hat zwei Fußballclubs: AS Rom und Lazio Rom. Sie spielen abwechselnd sonntags um 15 Uhr im **Stadio Olimpico** um den Campionato Italiano, die italienische Meisterschaft. Da die Sitzplätze knapp werden können, sollte man im Voraus Karten kaufen (15 bis 80 Euro) – ab mittags am Stadion oder über die Websites der Vereine (www.sslazio.it und www.asroma.it). Am billigsten sind Karten für die Stehplätze *La Tribuna*, teurer ist der mittlere Rang, am teuersten sind *La Catinate* und *Le Curve*.

Dienstags bis donnerstags finden häufig internationale Spiele statt: im Rahmen der Champions League oder der Europa League. Dazwischen spielen die Mannschaften um die nationale Coppa Italia.

Tennis

Die Internationalen Meisterschaften finden im Mai zwei Wochen lang auf dem **Foro Italico** statt. Die Tennisstars kämpfen dienstags bis freitags jeweils um 13 und 20.30 Uhr (am Wochenende nur 13 Uhr) auf den Ascheplätzen. Kaufen Sie die Karten im Voraus direkt am Foro Italico oder bei einer Kartenagentur. Wenn Sie selbst spielen wollen, stehen Ihnen in Rom über 350 Tennisclubs zur Auswahl. Oft muss man mindestens eine Woche im Voraus buchen, die Platzgebühr ist in der Regel moderat. Clubs, in denen keine Mitgliedschaft nötig ist, sind der **Tennis Club Nomentano** und **Circolo Tennis della Stampa** sowie die **Oasi di Pace** gleich hinter der Via Appia Antica. Auch die größeren Hotels bieten Tennis zu vernünftigen Preisen an. Das **Crowne Plaza** verlangt neben der Platzmiete einen kleinen Mitgliedsjahresbeitrag. Darin enthalten sind die Benutzung von Fitness-Center und Pool.

Pferderennen und Reiten

Wichtige Rennen sind das Derby im Juni und der Premio Roma im November. Trabrennen gibt es im **Ippodromo di Tor di Valle**, Flach- und Hindernisrennen im **Ippodromo delle Capannelle**. Im Mai wird auf der Piazza di Siena (Villa Borghese) die Internationale Pferdeschau abgehalten. Die **Federazione Italiana Sport Equestri (FISE)** organisiert dieses Ereignis, das schon wegen seiner Kulisse ein Erlebnis ist.

Über die FISE können Sie auch in der Umgebung Roms reiten. Die meisten Reitclubs der Stadt nehmen aber keine Kurzzeit-Mitglieder auf.

Golf

Selbst die elitärsten Golfclubs akzeptieren einen reisenden Golfer, wenn er über irgendeine Mitgliedschaft und ein Handicap verfügt. Viele Clubs haben montags geschlossen. Auch am Wochenende, wenn Wettbewerbe ausgetragen werden, können Gäste in der Regel nicht spielen. Die Preise liegen zwischen 55 und 100 Euro.

Der **Olgiata Golf Club** ist dienstags bis sonntags geöffnet. Erfragen Sie aber besser telefonisch, ob es möglich ist, am Wochenende zu spielen. Der **Country Club Castel Gandolfo** ist der jüngste Club, der **Circolo del Golf di Roma Aquasanta** der älteste. Innerhalb des Rings bietet das schöne **Sheraton Golf Hotel** (dienstags geschlossen) Gelegenheit zum Golfen.

Eines der bedeutendsten Turniere, die auf den Golfanlagen in und um Rom stattfinden, ist die im April ausgetragene Coppa d'Oro des Circolo del Golf di Roma Aquasanta.

Motorsport

Autorennen finden sonntags in **Vallelunga** statt. Seien Sie auf recht hohe Eintrittspreise gefasst. Häufig sind an den Samstagen die offiziellen Testläufe für Besucher zugänglich, an einigen rennfreien Sonntagen zeigen Italiens Autohersteller ihre neuen Modelle.

Rugby

Rugby ist mittlerweile recht populär in Italien, nicht zuletzt seit der Teilnahme am Sechs-Nationen-Turnier. Das bedeutet, dass im Winter (in der Regel Januar bis Februar) einige internationale Spiele in Rom ausgetragen werden. Dabei geht es gegen Frankreich, England, Schottland, Irland oder Wales.

Rudern

Mitte Juni fordert die »Oxbridge«-Mannschaft die historische Aniene-Crew zu einem Rennen heraus, das abwechselnd auf Themse und Tiber durchgeführt wird. Die beste Sicht auf dieses Rennen hat man zwischen der Margherita- und der Sant'Angelo-Brücke. Beginn ist 18 Uhr. Ein anderes Ereignis von Rang ist der Wettkampf zwischen den

Mannschaften von AS Rom und Lazio Rom, ausgetragen zwischen Ponte Duca d'Aosta und Ponte Risorgimento am Tag des Fußball-Lokalderbys.

Schwimmen

Schwimmbäder gibt es in Rom nur sehr wenige, und sie sind nicht auf Besucher eingerichtet. Oft muss eine teure Mitgliedschaft abgeschlossen und zusätzlich ein Monatsbeitrag entrichtet werden. In den meisten Bädern müssen Sie eine Gesundheitsbescheinigung vorlegen. Staatliche Bäder können billiger sein, einen Mitgliedsbeitrag müssen Sie aber auch dort bezahlen.

Das **Shangri-La Hotel** und das **Cavalieri Rome Hotel** öffnen ihre Pools im Sommer gegen Eintritt auch für Nichthotelgäste. Preiswerter schwimmt man im Sportclub **La Margherita**, der sonntags zwischen 10 und 13 Uhr auch Nichtmitgliedern Zutritt gewährt.

Das Becken der **Piscina delle Rose** im EUR hat olympische Maße und ist von Juni bis September wochentags von 9 bis 17.30 Uhr, am Wochenende von 9 bis 19 Uhr geöffnet. Nicht weit vom Kolosseum findet im Sommer das Festival **All'Ombra del Colosseo** statt. Auf dem Gelände gibt es auch einen Pool.

Fitness-Clubs

Auch Fitness-Center verlangen Mitgliedschaft und monatliche Beiträge. Bei einem Kurzbesuch sollten Sie es im Hotel oder einem Privatclub versuchen. Das **Roman Sport Center** bietet zu zivilen Preisen (30 Euro pro Tag) von 7 bis 22.30 Uhr (Sa bis 20.30, So 9–15 Uhr) Pool, Gymnastikraum und Sauna.

Joggen und Radfahren

Klima und Topografie in Rom sind geradezu ideal zum Joggen und Radfahren. Früh am Morgen oder an

Sonntagen ähneln die Parks eher Bühnen für Geschwindigkeits-Modenschauen als Joggingpfaden. Für ernsthafte Ausdauersportler findet im März der Rom-Marathon statt.

Die **Villa Doria Pamphilj** (siehe S. 267) ist ein Park oberhalb des Gianicolo, in dem Sie sich auf Wegen oder offenen Flächen austoben können. Auch in der **Villa Borghese** (siehe S. 258f) finden Sie eine Laufbahn.

Joggen können Sie auch unter den Akazien und Palmen der Villa Torlonia oder auf der Flutlichtbahn der Villa Glori. Oder Sie kombinieren Sport mit Kultur auf der **Via Appia Antica** (siehe S. 265), die in den Parco Caffarella abzweigt. Bekannte Gebiete sind auch Viale delle Terme di Caracalla, Circo Massimo, Parco degli Aquedotti und Parco di Colle Oppio.

Alle Anlagen sind zudem ideal für Radfahrer. Fahrräder können Sie an vielen Stellen mieten, etwa bei **Collalti** und bei **Treno e Scooter Rent**.

AUF EINEN BLICK

Fußball

Stadio Olimpico
Via Foro Italico.
📞 06 368 51.

Tennis

Circolo Tennis della Stampa
Piazza Mancini 19.
Stadtplan 1 A2.
📞 06 323 24 54.

Crowne Plaza
Via Aurelia Antica 415.
📞 06 663 15 72.

Foro Italico
Viale dei Gladiatori 31.
📞 06 36 85 41 40.
http://ctforoitalico.coni.it

Oasi di Pace
Via degli Eugenii 2.
📞 06 718 45 50.
www.ct-oasidipace.it

Tennis Club Nomentano
Viale Rousseau 124.
📞 06 86 80 18 88.
www.clubnomentano.it

Pferderennen und Reiten

FISE
Viale Tiziano 74.
Stadtplan 1 A1. 📞 06 836 68 41. www.fise.it

Ippodromo delle Capannelle
Via Appia Nuova 1255.
📞 06 71 67 71.

Ippodromo di Tor di Valle
Via del Mare km 9.
📞 06 52 47 61. http://tordivalle.ppaity.com

Golf

Circolo del Golf di Roma Acquasanta
Via Appia Nuova 716A.
📞 06 780 34 07.
www.golfroma.it

Country Club Castel Gandolfo
Via di Santo Spirito 13, Castelgandolfo
📞 06 931 23 01.

Olgiata Golf Club
Largo dell Olgiata 15.
📞 06 30 88 91 41.

Sheraton Golf Hotel
Viale S. Rebecchini 39.
📞 06 655 34 77.

Motorsport

Vallelunga
Autodromo di Roma, Via Cassia km 34,5. 📞 05 90 15 50. www.vallelunga.it

Rugby

Federazione Italiana Rugby
📞 06 45 21 31 17.
www.federugby.it

Schwimmen

All'Ombra del Colosseo
Via di San Gregorio.
Stadtplan 8 F1.
📞 06 70 03 17 01.

ARCA Swimming Club
Via Monti Tiburtini 511.
📞 06 451 05 52.

Cavalieri Rome Hotel
Via Cadlolo 101.
📞 06 350 91.
www.romecavalieri.com

Piscina delle Rose
Viale America 20. 📞 06 54 22 03 33. www.piscinadellerose.com

Shangri-La Hotel
Viale Algeria 141.
📞 06 591 64 41.

Fitness-Clubs

Roman Sport Center
Villa Borghese. **Stadtplan** 2 E5. 📞 06 320 16 67.
www.romansportcenter.com

Joggen und Radfahren

Collalti
Via del Pellegrino 82.
Stadtplan 4 E4.
📞 06 68 80 10 84.

Maratona di Roma
📞 06 406 50 64.
www.maratonadiroma.it

Treno e Scooter Rent
Stazione Termini.
Stadtplan 6 D3.
📞 06 48 90 58 23.

Via del Corso
Piazza S. Lorenzo in Lucina.
Stadtplan 4 F3 (12 E1).

Stadtplan siehe Seiten 396–419

Rom mit Kindern

Fast alle Italiener lieben Kinder, Sie können deshalb sicher sein, dass Ihr Nachwuchs überall willkommen ist. Allerdings ist Rom keine ideale Stadt für einen Urlaub mit Baby oder Kleinkind, da nur wenige Etablissements darauf ausgerichtet sind. Hitze, Menschenmassen und das Fehlen sauberer öffentlicher Toiletten tun ein Übriges. Älteren Kindern hingegen hat die Stadt

Renaissance-Engelchen, Villa Farnesina

einiges zu bieten, vor allem den Geschichtsinteressierten. Nur sollten Sie sich und den Kindern nicht zu viel zumuten. Planen Sie Zeit ein, um in der Stadt gemächlich umherzuwandern: Sehen Sie den plätschernden Brunnen zu, beobachten Sie die Messerschleifer bei der Arbeit, und verbringen Sie auch einige Zeit damit, das richtige Eis oder die beste Pizza auszusuchen.

Praktische Hinweise

Wenn Sie Rom mit Ihren Kindern besuchen wollen, versuchen Sie, im Frühling zu reisen, wenn es schon warm, aber nicht zu heiß ist. Meiden Sie Ostern, die Stadt ist dann überfüllt. Wo wie Sie wohnen, ist entscheidend. Ein Hotel nahe den Parkanlagen der Villa Borghese gibt Ihren Kindern Gelegenheit, zu entspannen und Dampf abzulassen, auch wenn Sie viel Zeit und Geld brauchen, um bis in die Innenstadt und zurück zu kommen. Ein Hotel im alten Stadtzentrum ist ideal, da Sie sich tagsüber einfach einmal ausruhen können und über saubere Toiletten verfügen. Da geeignete Toiletten und Wickelräume in der Stadt rar sind, ist es nicht ratsam, mit einem Baby nach Rom zu fahren, es sei denn, Sie besuchen Freunde.

Jogging, Villa Borghese

Wie viele historische Städte könnte auch Rom jüngeren Kindern nicht sofort gefallen, aber es gibt viel, das ihre Fantasie anzuregen vermag. Machen Sie Gebäude und Geschichte mit Geschichten lebendig! Die Kinder werden sich auch freuen, ein paar Worte Italienisch zu lernen, um dann selbst Essen be-

stellen oder einkaufen zu können. Falls Sie gern in einem Café sitzen, überlegen Sie, wie sich auch Ihre Kinder beschäftigen können: mit Stiften und Papier, einem Computerspiel oder einem MP3-Player. Die meisten Römer fühlen sich von lärmenden Kindern nicht gestört. Auch können Ihre Kinder am frühen Abend auf Plätzen wie dem Campo de' Fiori mit den einheimischen Kindern Ball spielen.

Falls Sie einmal richtig pausieren wollen, können Ihnen die meisten großen Hotels einen Babysitter vermitteln oder Ihnen helfen, eine qualifizierte Agentur zur Kinderbetreuung zu finden.

Für Notfälle finden Sie auf den Seiten 378f eine Liste der Adressen und Notrufnummern.

Karussell im Park der Villa Borghese

Unterwegs

Kopfsteinpflaster, enge Straßen ohne Bürgersteige und überfüllte Busse gestalten Unternehmungen mit einem Kinderwagen mühsam. Mütter mit kleinen Kindern müssen sich in einer Warteschlange nicht anstellen. Die Metro ist außerhalb der Stoßzeiten meist weniger voll. Kinder, die kleiner als einen Meter sind, fahren umsonst.

Rom ist nicht sehr fahrradfreundlich. Mit älteren Kindern können Sie aber den Tiber entlang auf den Radwegen in den Norden der Stadt fahren. Auch im Park der Villa Borghese kann man Räder, Tandems und Rikschas mieten. In den Pincio-Gärten stehen Räder mit Babysitzen zur Verfügung.

Rollerfahren (bis 50 km/h) ist Jugendlichen ab 14 Jahren erlaubt. Allerdings ist Rom nicht der geeignete Ort für Anfänger (*siehe S. 394*).

Leihfahrrad mit Kindersitz

Ponywagen und Ponyreiten im Park der Villa Borghese

Mit Kindern essen

Kinder sind in Pizzerias und Trattorias gern gesehen, meist stehen spezielle Stühle für Babys und Kleinkinder zur Verfügung. Sollte dies nicht der Fall sein, werden die Kellner mit Kissen oder Telefonbüchern schon etwas improvisieren. Für die meisten Lokale ist es selbstverständlich, Kinderportionen zu servieren oder Kinder die Mahlzeiten teilen zu lassen.

In Trattorias ist es schwierig zu beurteilen, ob das Essen angemessen ist, vor allem dann, wenn der Kellner die Tagesgerichte mit Höchstgeschwindigkeit herunterleiert Häufig ist man in einer Pizzeria (siehe S. 328–333) besser aufgehoben. Hier können Sie den Belag selbst zusammenstellen. Die für Kinder kurzweiligsten

Pizzerias sind die altmodischen, in denen man dem Pizzabäcker zusehen kann, wie er den Teig knetet, zieht und herumwirbelt. Die besten Plätze werden ab 20.30 Uhr vergeben. Es ist ratsam, früher zu erscheinen, um nicht anstehen zu müssen. Für den Notfall gibt es immer noch eine Reihe von Fast-Food-Restaurants.

Picknicks

Für Picknicks im Park sind die Bedingungen ideal – schon der Einkauf ist der halbe Spaß. Kleine Fruchtsafttüten und Markenkonserven zu finden ist nicht schwer, aber sie sind sehr teuer, außer in den Supermärkten (die Zweigstelle von Oviesse auf dem Viale Trastevere ist am günstigsten gelegen).

Das Wasser der Trinkbrunnen ist in Ordnung, daher lohnt es sich, Trinkbecher dabeizuhaben.

Neben dem Einkauf von frischen Produkten kann man immer auch Mahlzeiten aus Restaurants mitnehmen. Um sich nicht zu bekleckern, können sich Papiertücher als Segen erweisen. Probieren Sie frittiertes Obst und Gemüse von Cose Fritte auf der Via di Ripetta und supplì al telefono, Reiskroketten mit einem Streifen Mozzarella von den Pizza-al-taglio-Verkaufsstellen. Ein tramezzino ist eine Art Sandwich. Sollten Ihre Kinder gar nichts Italienisches mögen, gibt es Internationales bei Castroni in der Via Cola di Rienzo.

Inmitten von Taubenschwärmen auf der Piazza Navona

Eis

Rom ist berühmt für sein Eis, an jeder Ecke lauert die Versuchung. Richtige Eis-Fans können sogar auf einem Rundgang die besten Eisdielen (siehe S. 330–333) Roms kennenlernen. Es mag billiger sein, Eis auf der Straße aus einer Waffel zu essen, aber manche der traditionsreichen Lokale sind es wert, sich hinzusetzen und etwas mehr zu bezahlen. Bei Fassi können Sie eine altmodische Eiscreme-Maschine bewundern, das Caffè Giolitti (siehe S. 109) serviert riesige Eisbecher mit frischen Früchten.

Eis: Kleine Menschen können ganz viele Geschmacksrichtungen ausprobieren und tun dies auch mit Begeisterung

Stadtbesichtigung mit Kindern

Eingang zum Zoo im Park der Villa Borghese

Was Kinder mögen

In Rom gibt es nicht viele Museen mit Objekten zum Anfassen und Ausprobieren. Doch die Stadt hat anderes zu bieten, so Berninis Elefanten aus Marmor *(siehe S. 108)* oder den fetten *facchino (siehe S. 107).* Der Mamertinische Kerker *(siehe S. 91),* der Kapuziner-Friedhof in Santa Maria della Concezione *(siehe S. 254)* und die Katakomben *(siehe S. 264–266)* beflügeln die Fantasie von Jung und Alt. Machen Sie Ihre Kinder in Museen auf Details aufmerksam, etwa auf die schmutzigen Zehennägel der Figuren auf Caravaggios Bildern, auf die etruskischen Weihegaben, die wie Spielzeug aussehen, in der Villa Giulia *(siehe S. 262f),* den scheinbar einstürzenden Himmel in der

Chiesa Nuova oder die Trompe-l'Œil-Scheinkuppel von Sant'Ignazio di Loyola *(siehe S. 106).*

Objekte zum Anfassen und Veranstaltungen zum Mitmachen gibt es in **Explora – Il Museo dei Bambini di Roma.** Das Museo delle Mura erforscht ein Stück der Aurelianischen Mauer *(siehe S. 196).*

Auch Kirchen können anregend sein: Der Petersdom *(siehe S. 230)* und San Clemente sind auch für Kinder sehenswert. Im Vatikan schätzen Kinder vor allem die Plastiken und Mosaiken von Tieren, aber auch die Decke der Sixtinischen Kapelle *(siehe S. 246f),* insbesondere wenn sie erfahren, dass Michelangelo und seine Helfer wochenlang auf einem Gerüst liegen oder kauern mussten, um sie zu bemalen.

Antikes Rom

Interessant für Kinder sind vor allem das Kolosseum *(siehe S. 92–95)* und die Trajansmärkte *(siehe S. 88f).* Hier wie dort kann man von den erhaltenen Resten auf das Ganze schließen. Hingegen sind die Ruinen des Forum und des Palatin den Kindern weniger zugänglich. Mehr Interesse wecken die Überreste eines Theaters, eines Ladens und einer antiken Toilette mit 20 Sitzen in Ostia Antica *(siehe S. 270f).*

Mosaik im Vatikan

Mosaiken

Überall in Rom sind Mosaiken zu finden, mal sehr lebensnah, mal kniffelig verschnörkelt. Viele gefallen auch Kindern. Die Darstellungen reichen von farbenprächtig gestalteten Blumen, Tieren und Gebäuden (in den Kirchen San Clemente, Santa Prassede und Santa Maria in Trastevere, *siehe S. 171, 186f und 212f)* bis zu den Überresten eines Festmahls (im Vatikanischen Museo Gregorio Profano, *siehe S. 236f).*

Elektrisch betriebene »Miniloks« fahren
im Park Villa Borghese

Stand auf dem Weihnachtsmarkt an der Piazza Navona

Unterhaltung

Um zu erfahren, was für Kinder in Rom geboten ist, können Sie im Veranstaltungsteil von Tageszeitungen nachsehen, in *TrovaRoma* oder *Roma c'è* sowie auf den diversen Websites (*siehe S. 354f*). Die meisten Theater und Kinos haben verbilligte Karten für Kinder. Allerdings ist die Sprache meist Italienisch. Das Cinema dei Piccoli der Villa Borghese zeigt Trickfilme. Traditionelles Puppentheater gibt es, außer mittwochs, jeden Tag auf dem Gianicolo.

Im Stadtteil EUR (*siehe S. 266*) liegt das Aquarium **Mediterraneum**, von dem Kinder begeistert sein werden. In der Weihnachtszeit findet auf der Piazza Navona die Spielzeugmesse La Befana statt – mit Spielzeug und Süßigkeiten.

Parks

An der Villa Borghese (*siehe S. 258f*) kann man Boote und Fahrräder mieten, Ponys reiten, Kutsche fahren, Mini-Kino, Jahrmarkt oder Zoo besuchen. Die Villa Celimontana (*siehe S. 193*) bietet Radwege und im Sommer Open-Air-Theater. Technotown ist ein Multimedia-Gelände an der Villa Torlonia.

In EUR (*siehe S. 266*) gibt es das Freibad Piscina delle Rose (*siehe S. 367*). Der Parco dei Mostri mit seinen »Monstern« aus dem 16. Jahrhundert liegt in Bomarzo (95 km nördlich von Rom).

Spielwaren

Besonders abwechslungsreich ist ein Besuch in einem Spielwarenladen. **Città del Sole** verkauft pädagogisches Spielzeug und Spiele. Ein Traum für alle Freunde von Stofftieren ist **Al Sogno**.

Kinder im Sonntagsdress

AUF EINEN BLICK

Was Kinder mögen

Explora – Il Museo dei Bambini di Roma
Via Flamino 82. **Stadtplan** 1 C5.
06-361 37 76 (Anmeldung erforderlich).
www.mdbr.it

Unterhaltung

Mediterraneum
Viale America 93.
06-9970 6701.
www.acquariodiroma.com

Spielwaren

Al Sogno
Piazza Navona 53.
Stadtplan 4 E4 (11 C3).
06-686 4198.

Città del Sole
Via della Scrofa 65.
Stadtplan 4 F3 (12 D2).
06-687 5404.

Kinderkleidung

Benetton
Via del Corso 288.
Stadtplan 4 F2.
06-6810 2520.

Lavori Artigianali Femminili
Via Capo le Case 6.
Stadtplan 5 A3 (12 F1).
06-679 2992.

Rachele
Vicolo del Bollo 6–7 (Nebenstraße der Via del Pellegrino).
Stadtplan 11 C4.
06-686 4975.

Kinderkleidung

Italiener lieben es, ihre Kinder herauszuputzen. Vor allem an Sonntagen sieht man kleine Mädchen in Rüschen und Jungen in Samthosen.

Viele Läden bieten handgefertigte Kinderschuhe und -kleider – leider sind sie oft unpraktisch: Die Kleider können nur gereinigt werden, die Schuhe taugen nicht für Regen. **Lavori Artigianali Femminili** verkauft handgefertigte Seiden- und Wollkleidung für Kinder unter acht Jahren. **Rachele** führt sehr schöne Kinderkleidung, bei **Benetton** gibt es günstige Angebote.

Grund-
informationen

Praktische Hinweise

Roms Einwohner scheinen oft nur wenig Notiz zu nehmen von den vielen Kunstschätzen, auf die man automatisch überall in dieser geschäftigen Stadt stößt. Für Besucher ist es bisweilen nicht einfach, diese Wunder zu besichtigen. Die Öffnungszeiten können beträchtlich variieren, viele Einrichtungen – auch Läden, Banken und Büros – machen zwei bis drei Stunden

Wappen der Stadt Rom

Siesta und öffnen erst am Spätnachmittag wieder Positiv macht sich bemerkbar, dass viele Attraktionen in Gehweite liegen. Am besten startet man frühmorgens zum Sightseeing – und zwar mit bequemen Schuhen. Rom ist eigentlich eine entspannte Stadt, doch beachten Sie bitte die Bekleidungsregeln in Kirchen. Bei deren Befolgung sind die Italiener korrekt und unnachgiebig.

Auf den Stufen zu Michelangelos Piazza del Campidoglio

Reisezeit

Rom hat mediterranes Klima mit trockenen heißen Sommern und eher milden regnerischen Wintern. Von Ende März bis Juni und von September bis Oktober ist das Wetter angenehm. Besucher müssen in der Hauptsaison zwischen März und November mit höheren Preisen rechnen. Im heißen August machen die Römer meist selbst Urlaub. Die kleineren Läden und Restaurants haben geschlossen, doch fast alle Sehenswürdigkeiten bleiben geöffnet. Dann findet man auch preiswerte Hotelangebote.

Einreise und Zoll

Italien wendet das Schengen-Abkommen an, Grenzkontrollen werden nur noch ausnahmsweise durchgeführt. Waren für den persönlichen Bedarf dürfen zollfrei mitgeführt werden. (Bei Mitnahme von größeren Mengen müssen

Sie im Fall einer Stichprobenkontrolle glaubhaft machen, dass die Waren tatsächlich nur privaten Zwecken dienen.) Bürger aus EU-Staaten und der Schweiz benötigen für die Einreise lediglich einen gültigen Personalausweis oder einen Reisepass. Deutsche Kinderausweise werden anerkannt. Kinder unter 16 Jahren können auch einreisen, wenn sie im Pass eines Elternteils eingetragen sind.

Für die Einreise mit Haustieren ist ein EU-Heimtierausweis vorzulegen.

Bei der Ein- und Ausreise nach und von Italien muss eine Bargeldmenge, die den Betrag von 10 000 Euro übersteigt, deklariert werden. Beihilfe zu illegaler Einreise ist in Italien mit Haftstrafen sowie Bußgeld belegt. Bei Mitnahme von Anhaltern wird daher zu besonderer Vorsicht geraten.

Information

Detaillierte Informationen über Rom erhält man in den städtischen Tourismusbüros (**P.I.T. – Punti Informativi Turistici**). Die P.I.T. sind an allen Tagen im Jahr von montags bis sonntags geöffnet und in der gesamten Innenstadt präsent, bei den wichtigen Museen im Stadtgebiet und an den wichtigsten Ankunftsstationen (Flughafen, Hauptbahnhof). Die Mitarbeiter sprechen meist Englisch, einige auch Deutsch.

Auskünfte auf Englisch erteilt auch das **Rome City Council Tourist Information Call Center**. Seine Website bietet neben Informationen zu Hotels auch vielfältige Hinweise zu Veranstaltungen.

Die **Ente Nazionale Italiano per il Turismo (ENIT)**, die italienische Zentrale für Tourismus, ist ebenfalls hilfreich.

Das Unternehmen **Enjoy Rome** bietet eine informative Website und Büros in der Nähe der Stazione Termini.

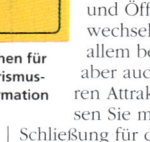

Zeichen für Tourismusinformation

Eine kleine Warnung: Eintrittspreise und Öffnungszeiten wechseln häufig. Vor allem bei Kirchen, aber auch bei kleineren Attraktionen müssen sen Sie mit einer Schließung für die Mittagspause rechnen. Sehenswürdigkeiten in Rom können ganz plötzlich geschlossen sein – teils für sehr lange Zeit wegen Restaurierung (*chiuso per restauro*) oder aber wegen eines Streiks (*sciopero*).

◁ **Verkehrsstau in der Via delle Quattro Fontane**

Öffnungszeiten und Eintrittspreise

Fast alle Museen sind den ganzen Tag über offen. Die meisten haben montags und an einigen Feiertagen (in der Regel 1. Jan, 1. Mai und 25. Dez) geschlossen. Sehenswürdigkeiten im Freien, etwa das Forum Romanum, sind ganzjährig zugänglich und schließen eine Stunde vor Sonnenuntergang.

Der sehr empfehlenswerte **Roma Pass** für drei Tage kostet 25 Euro und schließt die Benutzung der öffentlichen Verkehrsmittel, den kostenlosen Zugang zu zwei Museen oder archäologischen Stätten und Ermäßigungen für diverse Ausstellungen, Events und Serviceleistungen ein. Die städtischen und Nationalmuseen bieten EU-Bürgern unter 18 und über 65 Jahren freien Zutritt sowie ermäßigten Eintritt für 18- bis 25-Jährige mit gültigem Studentenausweis. Der Zugang zu staatlichen Museen ist während der Settimana della Cultura (eine Woche im April) kostenlos.

Ein Zutritt zu Kirchen – viele davon mit unschätzbaren Kunstwerken – ist frei. Für einige Bereiche, etwa Kapellen, Kreuzgang oder Krypta, wird bisweilen eine Gebühr fällig.

Einige Stätten, etwa das Nero-Aquädukt und die Vatikanischen Gärten, sind nur mit Genehmigung zugänglich (siehe unten). Dieser Reiseführer gibt bei den Sehenswürdigkeiten Öffnungszeiten an. Die Wochenbeilage *Trova Roma (siehe S. 354 und 383)* informiert auch auf Englisch über aktuelle Ausstellungen.

Genehmigungen

Für die Besichtigung bestimmter Stätten (vor allem von archäologischen Stätten mit aktuellen Ausgrabungen) benötigen Sie eine Genehmigung oder eine Vorabbuchung. Rufen Sie das **Rome City Council Tourist Information Call Center** *(siehe S. 377)* an und nennen Sie die Anzahl der Gruppenmitglieder (Einzelbesichtigungen sind oft nicht möglich) und den

geplanten Besuchstermin. Sie müssen eventuell noch ein Fax oder eine E-Mail senden. Dann erhalten Sie eine schriftliche Genehmigung.

Etikette

Römer sind gegenüber Ausländern generell höflich und hilfsbreit. Wenn Sie ein paar Wörter Italienisch können, ist das von Vorteil *(siehe den Sprachführer S. 447f)*. Wein wird in Italien meist nur zum Essen getrunken, übermäßiger Alkoholgenuss eher missbilligt. In Restaurants, Bars und Cafés darf nicht mehr geraucht werden.

Kirchenbesichtigung

Viele Kirchen sind recht dunkel. Sie haben meist eine Zeituhr-Beleuchtung für Kapellen und Kunstwerke, die durch Münzeinwurf funktioniert. Es gibt zudem oft Tonband-Automaten mit Informationen. Eine angemessene Kleidung *(siehe Abbildung unten)* wird erwartet, vor allem im Petersdom *(siehe S. 230–233)* – das sollten Sie unbedingt respektieren.

Katholische Messen

Für viele Katholiken bedeutet ein Rom-Besuch eine Begegnung mit dem Papst. Mittwochs um 10.30 Uhr gibt es eine allgemeine Audienz mit dem Papst, entweder auf

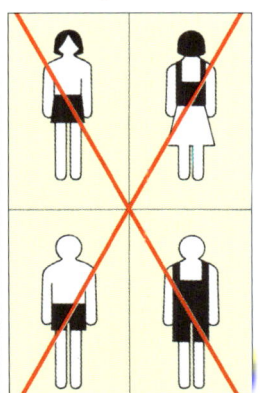

Angemessene Kleidung in Kirchen: Oberkörper, Schultern, Oberarme und Beine sollen bedeckt sein

Papst Benedikt XVI. bei einer Audienz auf dem Petersplatz

dem Petersplatz, in der Sala Paolo VI oder im Castel Gandolfo. Um an einer solchen Audienz teilzunehmen, rufen Sie bei der **Prefettura della Casa Pontificia** *(siehe S. 231)* an oder gehen persönlich zwischen 9 und 13 Uhr zum Büro (durch die Bronzetüren auf der rechten Kolonnade des Petersplatzes). Reiseagenturen bieten im Rahmen von Busfahrten die Teilnahme an Audienzen an.

In den großen Kirchen gibt es täglich Messen (Hochamt sonntags). Beichten kann man im Petersdom *(siehe S. 230–233)*, in San Giovanni in Laterano *(siehe S. 182f)*, San Paolo fuori le Mura *(siehe S. 267)*, Santa Maria Maggiore *(siehe S. 172f)*, Il Gesù *(siehe S. 114f)*, Santa Sabina *(siehe S. 204)* und Sant'Ignazio *(siehe S. 106)*. Zu anderen Konfessionen *siehe S. 377*.

Trinkgeld

Insbesondere von Besuchern wird Trinkgeld erwartet. In Restaurants sind etwa zehn Prozent des Rechnungsbetrags üblich. Ebenfalls einen kleinen Obulus erwarten Taxifahrer (Betrag aufrunden), Zimmermädchen, Portiers, Gepäckträger (aber auch beispielsweise Küster).

Öffentliche Toiletten

Öffentliche Toiletten gibt es wenige. Sauber und behindertengerecht sind die beim Kolosseum und beim Petersdom. Viele Cafés erlauben die Benutzung ihrer Toiletten, wenn Sie darum bitten.

Hinweis für Behinderte im Vatikan

Behinderte Reisende

Rom ist zwar nicht ideal für behinderte Besucher, doch die Situation bessert sich. Eine Assistenz in der Stazione Termini bietet Bahnreisenden Unterstützung an. Rollstuhlfahrer, die beim Ein- und Ausstieg Hilfe benötigen, sollten zwölf Stunden vor der Reise die Namen aller Haltestellen angeben, die sie nutzen wollen. Es gibt eine zunehmende Anzahl an Niederflurbussen und Trams mit Rampen, aber noch haben nicht alle Metro-Stationen einen Aufzug. Rampen und Rollstühle sind allerdings zu organisieren.

Leider sind Rollstuhlfahrer oft mit nicht funktionierenden Aufzügen oder von Autos blockierten Rampen konfrontiert. Einige Lokale haben zwar barrierefreien Zugang zum Speisesaal, nicht aber zu den Toiletten. Behinderte Rom-Besucher ohne Begleitung sollten entweder eine entsprechende Pauschalreise buchen oder vorab eine Behindertenorganisation kontaktieren.

Vatikan, Sixtinische Kapelle und Petersdom sind barrierefrei, ebenso San Giovanni in Laterano und Santa Maria Maggiore.

Senioren

EU-Bürger über 65 haben zu vielen Museen freien Zutritt. Rabatte für *anziani* (ältere Bürger) gibt es bei vielen Sehenswürdigkeiten und auf einige Trenitalia-Fahrkarten *(siehe S. 387)*.

Studenten

Studenten sollten einen ISIC-Ausweise (International Student Identity Card) oder eine Youth International Educational Exchange Card (YIEE) besitzen. Mit beiden gibt es Ermäßigungen auf Eintrittskarten zu den Nationalmuseen. Auch einige Privatmuseen gewähren darauf Rabatt.

Allgemeine Informationen erteilt das **Centro Turistico Studentesco**. Die **Associazione Italiana Alberghi per la Gioventù** (der italienische Jugendherbergsverband) betreibt vier Jugendherbergen in Rom.

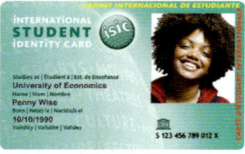

ISIC-Ausweis

Schwule und Lesben

Haupttreff der Schwulengemeinde in Rom ist die Bar **Coming Out** *(siehe S. 363)* beim Kolosseum. Zwischen Stazione Termini und dem Kolosseum hat sich eine moderne Szene gebildet, insbesondere zwischen Via Labicana und Via Verri. Die Gay-Pride-Parade findet im Juni statt. Das zweimonatige **Gay Village** (eines der größten Schwulenfestivals in Europa) beginnt im Juli. Die Römer gehen gelassen mit schwulen oder lesbischen Paaren um. Gewalttätige Übergriffe gehören mittlerweile der Vergangenheit an.

Zeit

In Italien gilt ebenso wie in Deutschland die Mitteleuropäische Zeit (MEZ), vom letzten Wochenende im März bis zum letzten Wochenende im Oktober auch die Sommerzeit.

Allein reisende Frauen

Rom ist eine europäische Großstadt, d. h., für Frauen, die allein unterwegs sind, ist die Stadt kein gefährlicheres Pflaster als jede andere große Stadt auch. Frauen sollten vermeiden, nachts durch Parks zu gehen oder in dunkle Seitenstraßen einzubiegen. Wer allgemeine Vorsichtsregeln beachtet, für den ist Rom eine sichere Stadt.

Botschaften

Falls Sie Ihren Pass oder Personalausweis verloren haben bzw. als gestohlen vermissen oder wenn Sie sonstige Hilfe brauchen, sollten Sie sich an Ihre Botschaft wenden.

Elektrizität

Die Stromspannung in Italien beträgt 230 Volt. Zwei-Pin-Flachstecker passen immer. Die meisten Hotels ab drei Sternen bieten ihren Gästen einen Fön im Badezimmer.

Umzug am Christopher Street Day beim Kolosseum

Umweltbewusst reisen

In Rom gibt es ein wachsendes Bewusstsein für Umweltschutz und notwenidge ökologische Maßnahmen. Die italienische Küche hat zwar schon immer saisonale lokale Produkte verwendet, doch die Italiener achten nun stärker darauf, Pestizide und CO2-Emissionen zu vermeiden. Wer als Besucher beim Essen Wert auf lokale Produkte legt, tut etwas für die lokale Landwirtschaft und Umwelt.

Bio-Läden und Bio-Restaurants schießen wie Pilze aus dem Boden. **Spazio Bio** in der Città dell'Altra Economia verkauft lokale Produkte und hat einen großen Ausstellungsbereich zu ökologisch korrektem Lebensstil, fairem Handel,

Schattige Terrasse in einem ökologisch orientierten B & B

ethischem Tourismus und Recycling (das in Rom nach und nach eingeführt wird).

Besucher, die von «grünen» Nächten träumen, können ein Zimmer in einem der ökologischen Miniboutique-Hotels oder B & Bs buchen. Zwei

solcher Etablissements sind **EcoHotel** und **Bed & Breakfast Bio**. In beiden gibt es Zimmer, die Energie und Wasser sparen, Bio-Frühstück und kostenlose Fahrradbenutzung für Fahrten in den umliegenden Parks.

AUF EINEN BLICK

Information

Azienda di Promozione Turistica della Provincia di Roma (APT)
Via XX Settembre 26.
Stadtplan 5 B3.
06 421 381.
www.aptprovroma.it

Ente Nazionale Italiano per il Turismo (ENIT)
Via Marghera 2. **Stadtplan** 6 E3. 06 497 11.
www.enit.it

Italienische Zentrale für Tourismus (ENIT)
Direktion für Deutschland, Österreich und Schweiz
Barckhausstraße 10,
60325 Frankfurt am Main.
069 23 74 34.
www.enit-italia.de

Rome City Council Tourist Information Call Center
Stazione Termini (Bahnsteig 24). **Stadtplan** 6 D3. 06 06 08
www.060608.it
http://de.turismoroma.it

Ermäßigungen

Roma Pass
06 06 08.
www.romapass.it

Botschaften

Deutsche Botschaft
Via San Martino della Battaglia 4, 00185 Rom.
06 49 21 31.
www.rom.diplo.de

Österreichische Botschaft
Via Pergolesi 3,
00198 Rom.
06 844 01 41.
www.aussenministerium.at/rom

Schweizer Botschaft
Via Barnaba Oriani 61,
00197 Rom.
06 80 95 71.
www.eda.admin.ch

Gottesdienste

Anglikanisch
All Saints, Via del Babuino 153. **Stadtplan** 4 F2.
06 36 00 18 81.

Deutschsprachige Katholische Gemeinde Rom Santa Maria dell'Anima
Via di Santa Maria dell'Anima 64.
06 68 80 13 94.

Evangelisch-lutherische Gemeinde
Via Toscana 7.
Stadtplan 4 F2.
06 481 75 19.

Jüdisch

Sinagoga (Tempio Maggiore), Lungotevere Cenci.
Stadtplan 4 F5 (12 D5).
06 684 00 61.

Methodisten
Via del Banco di Santo Spirito 3.
Stadtplan 4 E3 (11 A2).
06 686 83 14.

Muslimisch
Grande Moschea. Viale della Moschea 85 (Parioli).
Stadtplan 2 F1.
06 808 22 58.

Prefettura della Casa Pontificia
Città del Vaticano.
Stadtplan 3 B3.
06 69 88 31 14.

Behinderte Reisende

Assistenz für Behinderte
Stazione Termini (Bahnsteig 1). **Stadtplan** 6 D3.
199 30 30 60.

Studenten

Associazione Italiana Alberghi per la Gioventù
Via Cavour 44.
Stadtplan 3 D3.
06 487 11 52.
www.aighostels.com

Centro Turistico Studentesco

Via Solferino 6A.
Stadtplan 6 D3.
06 462 04 31.

Corso Vittorio Emanuele II 297. **Stadtplan** 4 D3.
06 687 26 72.
www.cts.it

Schwule und Lesben

Coming Out
Via San Giovanni, Laterano 8. **Stadtplan** 9 A1.
06 700 98 71.
www.comingout.it

Gay Village
Parco del Turismo (EUR).
www.gayvillage.it

Umweltbewusst reisen

Bed & Breakfast Bio
Via Cavalese 28.
335 7151 749. www.bedandbreakfastbio.com

EcoHotel
Via di Bravetta 91.
06 66 15 69 20.
www.ecohotelroma.com

Spazio Bio
Città dell'Altra Economia, Largo Dino Frisullo.
Stadtplan 8 D4. 06 57 30 04 19. www.cittadellaltraeconomia.org

Stadtplan siehe Seiten 396 – 419

Sicherheit und Notfälle

Apotheken-Zeichen

Rom ist im Großen und Ganzen sicher, auch wenn Kleinkriminalität auf der Straße ein Problem ist. Nehmen Sie nie mehr Geld mit, als Sie für einen Tag brauchen, lassen Sie Wertsachen und Dokumente im Safe Ihres Hotels. Tragen Sie Ihre Kamera nicht offen. Vorsicht sollten Sie an belebten Orten wie Bahnhöfen walten lassen, in vollen Bussen und auch, wenn Sie Gruppen von meist harmlos aussehenden Kindern begegnen: Es könnten professionelle Straßendiebe sein.

Carabinieri in Paradeuniform

Polizei

Es gibt verschiedene Polizeieinheiten in Rom. Die staatliche Polizei trägt blaue Uniform mit weißem Gürteln und Barett. Sie befasst sich mit allen Arten von Kriminalität und stellt *permessi di soggiorno* (Aufenthaltserlaubnis) für Ausländer und Pässe für Italiener aus *(siehe S. 374).*

Die *Vigili Urbani* (städtische Polizisten) tragen blaue Uniformen im Winter und weiße im Sommer. Sie patrouillieren in den Straßen, regeln den Verkehr und verhängen teils harte Strafen für Verkehrssünder.

Die *Carabinieri* (Militärpolizisten) tragen rot gestreifte Hosen. Sie beschäftigen sich mit allem – vom Kunstdiebstahl bis zur Geschwindigkeitsüberschreitung.

Die *Guardia di Finanza* (Steuerpolizei) trägt graue Uniform. Sie kümmert sich um Steuerhinterziehung und Zoll (etwa am Flughafen).

Um einen Diebstahl zu melden, sollte man die nächste *questura* oder ein Büro der Carabinieri aufsuchen. Falls Sie befürchten, dass Ihr Auto abgeschleppt wurde, sollten Sie sich an die Vigili Urbani auf der Straße wenden. Sie können auch bei der Stadt anrufen (06 06 06) und sich weiterverbinden lassen.

Persönliche Sicherheit

Vorsicht vor Taschendieben, die vor allem in ruhigeren Straßen, oft vom Moped aus, Handtaschen oder Kameras an sich reißen! Tragen Sie Kameras und Handtaschen möglichst unauffällig, eng und fest am Körper. Taschendiebe (manchmal Kinder) haben äußerst ausgefeilte Techniken des Klauens entwickelt. Sie sprechen die Leute an und entwenden ihnen innerhalb von Sekunden Geld, Tasche, Kamera oder andere Wertsachen. Seien Sie besonders vorsichtig auf Märkten und in öffentlichen Verkehrsmitteln – vor allem in den Bussen 40 und 64, die zwischen Stazione Termini und dem Vatikan verkehren.

Aufgebrochene Autos sind ebenfalls keine Seltenheit, lassen Sie deshalb möglichst nichts im Wagen. Im Fall eines Diebstahls brauchen Sie für Ihre Versicherung das Protokoll der Polizei.

Die Straßen östlich und südlich der Stazione Termini sind bekannt für Prostitution und Drogenhandel und nachts eher unsicher. Frauen, die allein oder in kleinen Gruppen reisen, sollten hier besonders vorsichtig sein.

Benutzen Sie keine Kleintaxis, die keine Lizenz haben, da sie oft in schlechtem Zustand sind. Sie stehen vor allem am Flughafen, wo sie auf ankommende Urlauber warten. Meiden Sie inoffizielle Fremdenführer, wenden Sie sich lieber an offizielle Stellen *(siehe S. 377).*

Im Notfall

Die verschiedenen Notfallnummern finden Sie im Kasten rechts. Für medizinische Dringlichkeitsfälle sollten Sie die Notaufnahme *(Pronto Soccorso)* eines großen Krankenhauses kontaktieren, etwa die der **Policlinico Umberto I** oder des **Ospedale di Santo Spirito**. In weniger dringenden Fällen finden Sie in den Gelben Seiten *(Pagine Gialle)* einen entsprechenden Facharzt *(medico)* oder Zahnarzt *(dentista)*. Für Kinder ist das **Ospedale Pediatrico Bambino Gesù** die richtige Adresse. Die Notfallversorgung in Kliniken ist für alle kostenlos.

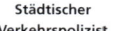
Städtischer Verkehrspolizist

Poliziotto – Vertreter der Staatspolizei

Carabiniere – Vertreter der Militärpolizei

Polizeiwagen

Krankenwagen

Feuerwehrwagen

Diebstahl und Verlust

Die Fundbüros für verlorene Dinge in Bus, Tram oder Metro finden Sie im Kasten, ebenso das Fundbüro der Comune di Roma. Für Ihre Versicherung brauchen Sie bei Diebstahl unbedingt ein Polizeiprotokoll. Für Pässe ist Ihre Botschaft zuständig *(siehe S. 377)*. Die Notrufnummern zur Sperrung von Kreditkarten finden Sie auf Seite 380.

Medizinische Versorgung

Englischsprachige Ärzte gibt es im **Rome American Hospital**. Ihr Hotel oder die Deutsche Botschaft kennt auch deutschsprachige Ärzte. Die besten Kinderärzte finden Sie im **Ospedale Pediatrico Bambino Gesù**. Das **Ospedale Odontoiatrico G Eastman** hilft bei schweren Zahnproblemen.

In Apotheken, die länger geöffnet haben, hängen entsprechende Hinweise aus. Einige haben auch 24-Stunden-Dienst. Apotheker können Ihnen das hiesige Äquivalent für Ihre Medikamente geben. Die **Vatican Pharmacy** führt auch britische und amerikanische Pharmaprodukte. Für alle kleineren Wehwehchen können Ihnen Apotheker Medikamente empfehlen.

Sonnenschutz und Trinkwasser

Für Rom sind keine Impfungen vorgeschrieben. Sie müssen sich aber vor Mückenstichen und Sonnenbrand schützen. Waschen Sie Ihre Hände häufiger, wenn Sie mit öffentlichen Verkehrsmitteln unterwegs sind. Der Tiber ist verdreckt, doch Wasser aus Wasserhähnen und Trinkwasserbrunnen, das aus den Bergen kommt, ist frisch und trinkbar.

Versicherungen

EU-Bürger, die gesetzlich versichert sind, sind auch in Italien mit Ihrer EHIC-Karte abgesichert. Allerdings muss man Behandlungen in der Regel bezahlen, erstattet werden nur Kosten bis zur Höhe des im Heimatland üblichen Satzes. Empfehlenswert ist daher der Abschluss einer Auslandskrankenversicherung, die beispielsweise auch einen Krankenrücktransport oder teure Zahnarztkosten miteinschließt. Flugreisende können darauf achten, ob in Ihrem Ticket Vergünstigen, etwa sofortige Rückreise bei Todesfällen in der Familie o. Ä., eingeschlossen sind.

Auch eine Reiseversicherung, u. a. gegen Diebstahl, ist zu erwägen. Achten Sie auf jeden Fall auf Ihre Wertsachen. Seien Sie vor allem in öffentlichen Verkehrsmitteln wachsam oder wenn Sie Sehenswürdigkeiten besichtigen, bei denen sich viele Menschen drängen. Dort sind häufig Taschendiebe anzutreffen. Wertsachen sollten Sie möglichst im Hotel zurücklassen und nicht mit sich herumtragen. Einige Hotels bieten Safes in den Zimmern. Man kann Sie mit einem eigenen Zahlencode versehen. (Nehmen Sie nicht Ihr Geburtsdatum – es steht im Pass und auf Ihrer Registrierungskarte.) Um auf alle Eventualitäten vorbereitet zu sein, ist es sinnvoll, eine Fotokopie wichtiger Dokumente (Ausweis, Flugtickets etc.) gesondert bei sich zu haben und sich die Nummern von Kreditkarten aufzuschreiben. So lässt sich die Meldung eines Diebstahls oder Verlusts komplikationsloser abwickeln.

AUF EINEN BLICK

Notrufnummern

Allgem. Notrufnummer
📞 112 *(Euro-Notruf).*

Ambulanz/Notarzt
📞 118.

Feuerwehr
📞 115.

Polizei
📞 112 *(Carabinieri)*.
📞 113 *(Polizei)*.

Samariter
📞 800 860 022 *(tägl. 13–22 Uhr)*.

Verkehrspolizei
📞 06 676 91.

Fundbüros

Bus und Tram
📞 06 581 60 40.

Comune di Roma
📞 06 57 69 32 14.

Metro
Linie A 📞 06 487 43 09
(Mo, Mi, Fr 9.30–12.30 Uhr).
Linie B 📞 06 57 53 22 65.

Krankenhäuser und Apotheken

Ospedale Odontoiatrico G. Eastman
Viale Regina Elena 287B.
Stadtplan 6 F2. 📞 06 844 831.

Ospedale Pediatrico Bambino Gesù
Piazza S. Onofrio 4.
Stadtplan 3 C4. 📞 06 68 591.

Ospedale di Santo Spirito
Lungotevere in Sassia 1.
Stadtplan 3 C3. 📞 06 683 51.

Policlinico Umberto I
Viale del Policlinico 155.
Stadtplan 6 F2. 📞 06 499 71.

Rome American Hospital
Via E. Longoni 69. 📞 06 225 51.

Vatican Pharmacy
Via di Porta Angelica. **Stadtplan** 3 C2. 📞 06 69 88 98 06.

Stadtplan siehe Seiten 396–419

Banken und Währung

Adler am Finanzministerium

Geldautomaten gibt es fast an jeder Ecke in Rom. Bis auf kleinere Familienbetriebe, die Barzahlung präferieren, akzeptieren so gut wie alle Hotels, Restaurants und Geschäfte auch Kreditkarten bzw. die girocard. Achten Sie darauf, genügend Münzen bei sich zu haben, denn diese benötigen Sie zum Telefonieren, als Trinkgeld oder in Kirchen, um dort die Beleuchtung mit Zeitschaltuhren in Betrieb nehmen zu können *(siehe S. 375)*.

Palazzo Koch, Hauptsitz der Banca d'Italia, der italienischen Zentralbank

Geldwechsel

Fremdwährungen kann man in allen Banken und Wechselstuben in Euro eintauschen. Die besten Wechselkurse gibt es in Banken (achten Sie auf das Zeichen *cambio*). Hotels haben schlechtere Kurse, auch wenn die Gebühren günstiger sind. Bei den Vatikanischen Museen *(siehe S. 235)* zahlen Sie keine Gebühren. American Express an der Piazza di Spagna bietet gute Wechselkurse und hat auch samstagvormittags geöffnet.

Angesichts der Menschenschlangen kann sich der Besuch einer Bank zu einer längeren Prozedur entwickeln. Zum Geldwechseln muss man sich zunächst beim *Cambio*-Schalter anstellen, an der *cassa* bekommt man dann den Euro-Betrag ausbezahlt.

Wechselstuben haben günstigere Öffnungszeiten als Banken (meist Öffnungszeiten wie Geschäfte). Die beiden Wechselstuben an der Stazione Termini *(siehe S. 386)* sind auch sonntags offen.

Banken

Banken haben in der Regel montags bis freitags von 8.30 bis 13.30 Uhr und 15 bis 16.30 Uhr geöffnet. An öffentlichen Feiertagen bleiben Banken geschlossen. Am Tag vor einem wichtigen Feiertag *(siehe S. 61)* schließen Banken zeitig.

Geldautomaten

Mit Ihrer **girocard** (früher Maestro-/EC-Karte) können Sie mit Eingabe der PIN jederzeit an Geldautomaten Geld abheben. Fast alle Maschinen akzeptieren auch Kreditkarten von **American Express**, **Visa**, **Diners Club** oder **MasterCard** (mit PIN). Erkundigen Sie sich nach den jeweiligen Gebühren, wenn Sie mit Kreditkarte abheben. Einige Banken berechnen für Geldabhebungen mit der girocard an Automaten ihrer ausländischen Zweigstellen keine Gebühren.

Beachten Sie beim Geldabheben die üblichen Vorsichtsmaßnahmen.

Kreditkarten und Reiseschecks

Die gängigen Kreditkarten werden in Hotels, Restaurants und Läden weitgehend akzeptiert. Nur bei einigen kleineren Familienbetrieben ist immer noch Barzahlung Usus. Manche Restaurants und Läden verlangen für Kreditkartenzahlung einen Mindestumsatz.

Beim Verlust Ihrer Kreditkarte(n) sollten Sie diese unverzüglich sperren lassen.

Reiseschecks sind zwar ein sehr sicheres Zahlungsmittel, allerdings nicht mehr so beliebt wie früher. Für Schecks müssen Sie normalerweise ein Prozent Gebühr bezahlen. Bewahren Sie für den Fall eines Verlusts die Quittung mit den Schecknummern getrennt auf.

EU-Standard-Überweisung

Mit einer EU-Standard-Überweisung können Sie Beträge bis zu 50 000 Euro innerhalb der Europäischen Union kostengünstig überweisen. Sie brauchen dafür IBAN (International Bank Account Number) und BIC (Bank Identifier Code) des Empfängers.

AUF EINEN BLICK

Kartenverlust

Allgemeine Notrufnummer

℡ *0049 116 116.*
www.116116.eu

American Express

℡ *06 722 82.*

Diners Club

℡ *800 39 39 39.*

MasterCard

℡ *800 870 866.*

Visa

℡ *800 819 014.*

girocard

℡ *0049 69 740 987.*

Währung

Die europäische Gemeinschaftswährung Euro (€) gilt zurzeit in 17 EU-Mitgliedsstaaten: Belgien, Deutschland, Estland, Finnland, Frankreich, Griechenland, Irland, Italien, Luxemburg, Malta, Niederlande, Österreich, Portugal, Slowakei, Slowenien, Spanien und in der Republik Zypern.

Alte Lira-Scheine/-Münzen sind ungültig, können jedoch bis 31.12.2012 bei der Nationalbank umgetauscht werden (www.bancaditalia.it). Alle Euroscheine sind einheitlich gestaltet, bei den Münzen prägt jedes Land unterschiedliche Rückseiten. Seit 2004 kann jeder Euro-Staat einmal im Jahr eine Zwei-Euro-Gedenkmünze bedeutender Ereignisse herausgeben. Alle diese Münzen gelten in jedem Staat der Eurozone.

Euro-Banknoten

Euro-Banknoten gibt es in sieben Werten (5, 10, 20, 50, 100, 200 und 500 €). Die unterschiedlich großen Scheine wurden vom Österreicher Robert Kalina entworfen und zeigen Architekturelemente und Baustile verschiedener Epochen, eine Europakarte und die EU-Flagge mit den zwölf Sternen.

5-Euro-Schein
(Baustil: Klassik)

10-Euro-Schein (Baustil: Romanik)

20-Euro-Schein
(Baustil: Gotik)

50-Euro-Schein
(Baustil: Renaissance)

100-Euro-Schein (Baustil: Barock und Rokoko)

200-Euro-Schein
(Eisen- und Glasarchitektur)

500-Euro-Schein (Moderne Architektur des 20. Jahrhunderts)

2-Euro-Münze

1-Euro-Münze

50-Cent-Münze

20-Cent-Münze

10-Cent-Münze

Euromünzen

Euromünzen gibt es in acht Werten (2€, 1€ sowie 50, 20, 10, 5, 2 und 1 Cent). Die einheitlichen Vorderseiten entwarf der Belgier Luc Luycx. Die Rückseiten sind in jedem Land anders. Wer Münzen ergattern will, die im Vatikanstaat geprägt wurden, braucht viel Glück.

5-Cent-Münze

2-Cent-Münze

1-Cent-Münze

Kommunikation

Roms Telefonsystem wurde in den letzten Jahren überholt und liberalisiert. Viele Telefonnummern haben sich geändert, seit der Privatisierung des Festnetzes konkurrieren zahlreiche private Anbieter mit der Telecom Italia um die Gunst der Kunden. Beachten Sie bitte, dass man in Italien immer – auch für Telefonate innerhalb des Ortsnetzes – die vollständige Vorwahlnummer (einschließlich der Null) wählen muss. WLAN und Internet-Cafés sind in Rom ebenso weitverbreitet wie der Gebrauch von Mobiltelefonen.

Logo der Telecom Italia

Internationale und lokale Telefonate

Private Call-Center machen Ferngespräche in Italien relativ bequem. Diese Zentren sind mit schalldichten Telefonkabinen mit Gebührenzählern ausgestattet. Nach Beendigung eines Gesprächs zahlt man den Betrag an der Kasse. Call-Center sind von frühmorgens bis spätabends geöffnet. Viele bieten auch Fax, Internet-Zugang und Fotokopierer an.

Im Zug der Handy-Revolution ist die Nachfrage nach öffentlichen Telefonen stark

Zeichen für
öffentliches Telefon

zurückgegangen. Es gibt allerdings noch einige, meist in Bahnhöfen, Metro-Stationen und an weiteren zentralen Stellen. Von diesen Telefonzellen aus kann man (internationale) Ferngespräche tätigen – wobei die neueren Fernsprecher auch Münzen nehmen, die älteren ausschließlich Telefonkarten (*scheda/carta telefonica*).

Telefonkarten mit verschiedenen Guthaben kauft man in kleinen Läden und in den *tabacchi*. Brechen Sie die markierte Ecke der Karte ab, und stecken Sie die Karte in Richtung des Pfeils ins Telefon. Auf dem Display erscheint nun das Guthaben. Nach dem Telefonat wird die Karte ausgeworfen und kann – je nach verbliebenem Guthaben – weiterbenutzt werden.

Internationale Telefonkarten, etwa die Europakarte, sind die billigste Option, von Italien aus Ferngespräche zu führen. Es gibt sie für fünf oder zehn Euro: Das entspricht etwa 120 Minuten Telefonzeit – oder mehr. Bei Gebrauch müssen Sie die Hauptnummer der Karte wählen, die PIN eingeben und dann die entsprechende Telefonnummer wählen. Im Vergleich zu Gesprächen von privaten Call-Centern oder mit einer internationalen Telefonkarte können Telefonate vom Hotelzimmer aus extrem teuer sein.

Bei jeder italienischen Nummer muss die Vorwahl mitgewählt werden (einschließlich der 0) – auch innerhalb eines Orts. Mobilfunknummern beginnen mit 3 und benötigen keine Anfangs-0.

Nützliche Nummern

- Ländervorwahl Italien: **00 39** (0 der Ortsvorwahl mitwählen).
- Vorwahl Rom: **06** (auch bei Ortsgesprächen).
- Internationale Telefonauskunft: **1254**, dann **2**.
- Deutschland Direkt (R-Gespräch): **800 17 24 90**.
- Ländervorwahl Deutschland: **00 49** (0 der Ortsvorwahl weglassen).
- Ländervorwahl Österreich: **00 43** (0 der Ortsvorwahl weglassen).
- Ländervorwahl Schweiz: **00 41** (0 der Ortsvorwahl weglassen).
- *Siehe auch* Notrufnummern *S. 379.*

Mobiltelefon

Alle in Europa gängigen GSM-Handys funktionieren in Italien problemlos. Die EU begrenzt schrittweise die Roaming-Gebühren in den Mitgliedsstaaten. Der Minutenpreis für ein abgehendes Telefonat beträgt demnach ab Juli 2012 maximal 0,31 Euro, für ein ankommendes Gespräch 0,08 Euro. Eine SMS kostet maximal 0,11 Euro, Datenübertragung pro MB maximal 0,50 Euro (alle Angaben zuzüglich Mehrwertsteuer).

Wer sich länger in Rom aufhält und innerhalb Italiens viel telefonieren will, für den kann eine italienische SIM-Karte sinnvoll sein. Die zwei Hauptanbieter **TIM** (Telecom Italia) und **Vodafone** verkaufen SIM-Karten für etwa 15 Euro (meist enthalten sie fünf Euro Guthaben). Wenn Sie eine SIM Karte kaufen, müssen Sie sich ausweisen. Dann kann es bis zu 24 Stunden dauern, bis diese freigeschaltet wird. Eine SIM-Karte verliert ein Jahr nach der letzten Aufladung ihre Gültigkeit.

Schild eines Internet-Cafés

Internet

Viele Hotels bieten Ihren Gästen Internet-Zugang, oft WLAN. Meist ist die Nutzung kostenlos, manchmal wird dafür eine Extragebühr verlangt. Zudem gibt es in Rom jede Menge Internet-Cafés, die in Italien Internet Points heißen. Einige bieten auch Kopfhörer und Webcams an, sodass die Kunden via

Skype telefonieren oder Chat-Programme nutzen können.

Internet-Cafés finden sich vor allem im Zentrum von Rom. Viele bieten WLAN an, sodass man über den eigenen Laptop ins Internet kommt. Von den Mitarbeitern erhält man dazu ein Passwort.

Die italienischen Gesetze zur Terrorismusabwehr verpflichten Betreiber von Internet-Cafés dazu, den Pass oder Personalausweis ihrer Kunden einzusehen und eine Kopie davon zu machen, bevor diese die Computer nützen dürfen. Dies gilt nicht für Kunden, die ihren eigenen Laptop mitbringen.

Römischer Briefkasten

Post

Italienische Postämter sind multifunktional. Sie bieten nicht nur Postdienste an, sondern zahlen auch Schecks aus, verwalten Bankkonten etc. Die Schlangen vor den Schaltern können lang sein. Wenn Sie also nur einen Brief oder eine Postkarte verschicken wollen, sollten Sie die Briefmarken besser in einem der *tabacchi* erwerben. Standardbriefe (bis 20 g) und Postkarten ins europäische Ausland müssen als *posta prioritaria* mit 0,65 Euro frankiert werden. Briefkästen finden sich überall. Meist sind sie rot und haben zwei Schlitze: einen für Rom und Umgebung (*Roma e provincia di Roma*) und einen für andere Destinationen (*per tutte le altre destinazioni*). Es gibt auch blaue Briefkästen für ausschließlich andere Destinationen (*estero*).

Die Post selbst ist zuverlässig, obwohl sie um Weihnachten langsamer wird.

Postlagernde Briefe und Pakete können an folgende Adresse geschickt werden: (...) Palazzo delle Poste, Roma, *Fermo Posta*. Der Nachname sollte klar lesbar in Druckschrift vermerkt und unterstrichen sein. Bei der Abholung der Sendungen, die gegen Gebühr erfolgt, müssen Sie einen gültigen Pass oder Personalausweis vorlegen.

Postämter sind in der Regel von 8.30 bis 14 Uhr (am Sa und vor Feiertagen von 8.30 bis 12 Uhr) geöffnet (Hauptpostämter bis abends).

Zeitungen, Fernsehen und Radio

Die größten und wichtigsten römischen Tageszeitungen sind *La Repubblica* und *Il Messaggero*. Ausländische Tageszeitungen und Zeitschriften erhalten Sie nahezu überall, zum Teil sogar am Erscheinungstag, u. a. am Hauptbahnhof, an der Piazza Navona und in der Via Veneto.

Die Beilage *TrovaRoma* in der Donnerstagsausgabe von *La Repubblica* und das Wochenmagazin *Roma c'è* sind die wichtigsten Veranstaltungskalender. Die Magazine *Wanted in Rome*, *The Roman Forum* (www.theromanforum.com) und *Where Rome* (www.whererome.it) bieten gleichfalls gute Tipps zu allem, was in Rom los ist. Man kann sich auch über die Websites von Zeitungen und Zeitschriften informieren.

Das staatliche Fernsehen hat drei Hauptkanäle: RAI Uno, Due und Tre. Hinzu kommen unzählige private Programme, die teils kostenpflichtig sind. Über Satellit kann man auch deutschsprachige Programme empfangen.

Radio Vatikan sendet auch auf Deutsch und ist auf Kurz- und Mittelwelle sowie via Satellit zu empfangen (Infos unter www.radiovaticana.org).

Ausländische Zeitungen am Kiosk

AUF EINEN BLICK

Internet-Cafés

Bibli
Via dei Fenaroli 28. **Stadtplan** 7 C1. 📞 06 581 45 34.
🕐 Mo 5.30–24 , Di–Sa, 11–24 Uhr.

Internet Café
Via Cavour 213. **Stadtplan** 5 C5.
📞 06 47 82 30 51.
🕐 Mo–Fr 11–1, Sa, So 15–1 Uhr.

Interpoint Yex
Piazza Sant'Andrea della Valle 3. **Stadtplan** 12 D4.
📞 06 97 27 31 36.
🕐 tägl. 10–22 Uhr.

Corso Vittorio Emanuele 106. **Stadtplan** 12 D3.
📞 06 45 42 98 18.
🕐 tägl. 10–22 Uhr.

Via dei Pastini 21. **Stadtplan** 12 E2. 📞 06 97 60 33 01.
🕐 tägl. 10–22 Uhr.

Postämter

Stazione Termini, Via Marsala 39. **Stadtplan** 6 D3.
📞 06 488 26 73. 🕐 Mo–Fr 8–19, Sa 8–13.15 Uhr.

Piazza San Silvestro 19. **Stadtplan** 5 A3.
📞 06 69 73 72 05. 🕐 Mo–Fr 8–19, Sa 8–13.15 Uhr.

Zeichen der Vatikanpost

Vatikan-Briefmarken

Vatikanpost

Vatikanpost kostet so viel wie staatliche, ist jeodch schneller. Briefmarken gibt es in den Postämtern bei den Vatikanischen Museen und an der Piazza San Pietro. Post mit diesen Marken kann nur in die blauen Briefkästen des Vatikans eingeworfen werden.

Stadtplan siehe Seiten 396–419

Anreise

Die meisten Fluggesellschaften fliegen von fast allen europäischen Flughäfen direkt nach Rom, natürlich auch Alitalia. Roms Flughafen Fiumicino hat nun ein Hochsicherheits-Terminal (Terminal 5 für Flüge in die USA und nach Israel). Der Flughafen Ciampino ist kleiner und bedient meist Billigflieger. Darüber hin-

Flugzeug von Alitalia

aus bietet Italien und damit auch Rom sowohl auf der Schiene als auch auf der Straße gute Verkehrsanbindungen zu seinen europäischen Nachbarn. Wenn Sie mit dem Zug reisen, sollten Sie im Sommer einen Platz reservieren – Züge nach Rom sind oft überfüllt. Fähren verbinden das italienische Festland mit den Inseln.

Mit dem Flugzeug

Je nachdem, von welchem Flughafen in Deutschland, Österreich oder der Schweiz Sie abfliegen, dauert ein Flug nach Rom etwa eineinhalb bis drei Stunden. Außer Linienflügen werden auch preisgünstigere Charterflüge angeboten, doch müssen Sie vor allem in den Sommermonaten unbedingt rechtzeitig buchen. Immer mehr Billig-Airlines vertreiben supergünstige Tickets direkt über das Internet. Auch die Sonderangebote von **Lufthansa** und anderen großen Fluggesellschaften können sehr günstig sein, müssen jedoch rechtzeitig gebucht werden und sind nur unter bestimmten Konditionen verfügbar: Hin- und Rückflug sind zeitlich festgelegt, Sie können diese Flüge nicht bzw. nur gegen eine hohe Gebühr umbuchen oder stornieren. Entschließen Sie sich zu einem dieser Flüge, sollten Sie deshalb immer eine Reiserücktrittsversicherung abschließen, was in allen Reisebüros möglich ist.

Möchten Sie von Rom aus einen Flug innerhalb Italiens

Neuer Anbau am Flughafen Fiumicino

oder Europas buchen, so wenden Sie sich an ein Büro der **Alitalia** oder einer anderen Fluggesellschaft. Auch andere nationale und internationale Reisebüros werden Ihnen dabei behilflich sein.

Pauschalreisen

Organisierte Reisen nach Rom können sehr viel preisgünstiger sein als Individualreisen. Buchen kann man Wochenendfahrten, Drei- oder Vier-Tage-Fahrten sowie Reisen zwischen einer und drei Wochen. Auch gibt es ein breites Angebot von

Flugtickets von Alitalia

Städtereisen nach Italien, oft werden Fahrten zu zwei oder drei Städten angeboten, so z. B. nach Rom und Florenz oder nach Rom, Florenz und Venedig. Anreise, Hotelunterkünfte und zum Teil auch Besichtigungsprogramme werden dabei organisiert.

Flug und Hotel-Kombinationen sind durchaus beliebt. Es gibt auch diverse Fly & Drive-Angebote.

Flughafen Fiumicino

Rom hat zwei internationale Flughäfen: Der Flughafen Leonardo da Vinci – allgemein bekannt als Aeroporto Fiumicino – liegt etwa 34 Kilometer westlich der Stadt und ist 24 Stunden täglich in Betrieb. Fiumicino wird von Linienmaschinen aus aller Welt angeflogen und hat vier Terminals: Terminal 1 für Inlandsflüge, Terminal 2 für Flüge innerhalb der EU, Terminal 3 für internationale Flüge und Terminal 5 für Flüge in die USA und nach Israel. Das Shopping-Areal des Flughafens bietet eine Vielzahl von Geschäften.

Check-in-Bereich im Aeroporto di Roma-Fiumicino »Leonardo da Vinci«

Vom Flughafen aus fahren zwei Züge nach Rom: Der eine (8 €) verkehrt zwischen 5.57 und 23.27 Uhr alle 15 bis 30 Minuten zum Bahnhof Fara Sabina mit Halt in Trastevere, Ostiense, Tuscolana und Tiburtina, allerdings nicht an der Stazione Termini. Der zweite Zug namens **Leonardo Express** ist schneller und auch teurer (14 € bzw. 15 €, wenn man das Ticket am Bahnsteig löst). Er fährt zw. 6.37 und 23.37 Uhr halbstündlich mit wenigen Stopps zur Stazione Termini. Die Rückfahrt erfolgt von Termini Gleis 25.

Vom Flughafen fährt auch ein Shuttle-Bus von **SITBus-Shuttle** in die Innenstadt. Eine Haltestelle ist Piazza Cavour, Endstation Stazione Termini (Nordseite: Via Marsala; Fahrpreis 8 €; Fahrzeit ca. 90 Min.).

Der Bahnhof Ostiense ist mit der Metro-Station Piramide (Linie B) verbunden; von dort fährt die Metro in die Innenstadt (tägl. 5.30 bis 23.30, Fr, Sa bis 1.30 Uhr). Von Ostiense fahren auch Busse (Nr. 95 und 30) zur Piazza Venezia.

Zug vom Flughafen Fiumicino zur Stazione Termini

Nachts verkehrt ein Busservice vom Flughafen Fiumicino zum Bahnhof Tiburtina. Im Flughafen gibt es auch Autovermietungen (*siehe S. 395*).

Flughafen Ciampino

Der zweite römische Flughafen ist der Aeroporto Giovan Battista Pastine bekannt als Ciampino. Er liegt etwa 15 Kilometer südöstlich

Check-in-Bereich im Flughafen Ciampino

der Stadt und wird von Charterflügen und Billig-Anbietern angeflogen. Da es im Flughafen Ciampino immer etwas hektisch zugeht, ist es ratsam, entsprechend früh da zu sein.

Auch hier haben große Autoverleiher Büros (*siehe S. 395*), obwohl man relativ einfach mit öffentlichen Verkehrsmitteln oder Taxis in die Innenstadt kommt.

Für eine gute Verkehrsanbindung sorgen die Busse von **SITBusShuttle**, **Terravision** oder **Atral/Schiaffini**. Sie fahren direkt zur Stazione Termini. Tickets (zwischen 4 und 6 €) kauft man im Bus. Die Fahrt mit **COTRAL** ist noch günstiger. Die Busse fahren zur Metro-Station Anagnina, von dort geht es per Metro zur Stazione Termini (Kosten: 1 €, plus 1 € für jedes große Gepäckstück). Ein lokaler Bus verbindet den Flughafen mit dem Bahnhof Ciampino.

Flughafentaxis

Steigen Sie nur in die offiziellen weißen Taxis mit Taxischild auf dem Dach. Sie stehen auf den gelben Taxistreifen vor den Flughäfen und den Bahnhöfen. Die Stadt Rom hat die Kosten für Taxifahrten begrenzt: 45 Euro von/nach Fiumicino von/nach einem Ort im Zentrum (innerhalb der Aurelianischen Mauer) und 35 Euro zwischen Ciampino und Innenstadt. Der Preis schließt vier Leute mit Gepäck ein. Falls sich ein Taxifahrer weigert, den Festpreis zu akzeptieren, sollten Sie ihn unter 06 671 07 07 21 melden und seine Lizenznummer (außen am Taxi) angeben.

AUF EINEN BLICK

Fluglinien

Alitalia
www.alitalia.com
📞 89 20 10 (Italien).
📞 800 65 00 55 (Fiumicino, Flugauskunft).
📞 0180 5 07 47 47 (Deutschland).
📞 08 20 95 10 51 (Österreich).
📞 0848 486 486 (Schweiz).

Lufthansa
www.lufthansa.com
📞 0180 5 805 805 (Deutschland).
📞 199 4 00 44 (Italien).

Austrian
www.austrian.com
📞 05 17 66 10 00 (Österreich).
📞 02 89 63 42 96 (Italien).

Swiss
www.swiss.com
📞 0848 70 700 (Schweiz).
📞 02 69 63 20 70 (Italien).

Busse – Fiumicino und Ciampino

Atral (Ciampino)
📞 800 70 48 05.
www.atral-lazio.com

COTRAL (beide Flughäfen)
📞 800 17 44 71.
www.cotralspa.it

SITBusShuttle (beide Flughäfen)
📞 06 591 68 26, 06 592 35 07.
www.sitbusshuttle.it

Terravision (Ciampino)
📞 06 488 06 86.
www.terravision.eu

Anreise mit Zug, Bus oder Auto

Auch wenn von den meisten europäischen Groß-städten Busse nach Rom fahren: Schneller und bequemer ist der Zug. Auch innerhalb Italiens ist es angenehmer, mit dem Zug zu reisen, sofern man Inter-city-Verbindungen nutzen kann. In kleinere Städte kommt man oft am besten mit dem Bus.

Die Anreise nach Rom mit dem Auto erfolgt über Autobahnen relativ einfach und auch schnell. Das Fahren und Parken in Rom kann allerdings ausgesprochen nervend und teuer sein.

Eurostar – der schnellste Zug Italiens

Mit dem Zug

Halle in der Stazione Termini

Stazione Termini

Stazione Termini, Roms Hauptbahnhof, ist gleich-zeitig der Verkehrsknoten-punkt der Stadt. Unterhalb des Gebäudes kreuzen sich die beiden einzigen Metro-Linien Roms. Der Platz vor dem Bahnhof, die Piazza dei Cinquecento, ist zentraler Busbahnhof. Der Bahnhof ist eines der moderneren Bau-werke der Stadt, die Gegend um die Stazione Termini ist nicht die sicherste – vor allem nachts ist Vorsicht geboten.

Vor dem Bahnhof finden Sie auch nachts immer ein Taxi (gehen Sie zu der Schlange der offiziell zugelassenen Taxis). Auch viele (Nacht-)

Busse der Stadt fahren hier ab.

Im Sommer ist das Gebäude meist überfüllt. Es bilden sich lange Warteschlangen. Im Bahnhof gibt es ein Fundbüro, ein Polizeirevier, eine Wechselstube sowie Informa-tionsbüros und Fahrkartenschalter. Hinzu kommen *tabacchi* und Zei-tungsläden (wo man Bus- und Metro-Tickets kaufen kann), Bars und Restaurants im Zwischenge-schoss, noch mehr Lokale und Läden im unteren Ter-mini Forum, darunter auch ein Buchladen. Beim Bahnsteig 24 gibt es ein Postamt sowie verschiedene Auto-vermietungen. Ein Wartesaal befindet sich in der Nähe von Bahnsteig 1.

Vier weitere Bahn-höfe sind für Besucher wichtig: Ostiense und Trastevere – von dort fahren Züge zum Flugha-fen und nach Viterbo *(siehe S. 271)*. Tiburtina bietet Nacht-züge der Nord-Süd-Linie, Roma Nord Züge nach Prima Porta.

Der Unternehmensbereich **Trenitalia** ist eine Tochter der italienischen Eisenbahn-gesellschaft Ferrovie dello Stato (FS) und bietet unter-schiedliche Leistungen, inklu-sive der Regionalbahnen. Diese halten an allen Bahnhö-fen, sind oft nicht klimatisiert, dafür aber wesentlich billiger als andere Züge. Die *Regiona-le* haben eine Sitzanordnung wie Busse, bisweilen werden Erste-Klasse-Plätze »herunter-gestuft«, sodass auch Inhaber von Tickets zweiter Klasse dort sitzen können. Der Euro-star, ein neuer schneller Zug, bietet erste und zweite Klasse. Er verkehrt zwischen Rom und Mailand, Turin, Genua, Bari, Neapel und Venedig. Es gibt Hochgeschwindigkeits-strecken *(alta velo-cità)* auf den Linien Neapel–Rom–Mailand und Venedig–Rom. Diese Züge sind reser-vierungspflichtig und teurer. Intercitys sind komfortable Schnellzü-ge, die ebenfalls Zu-schlag kosten. Es gibt Karten erster und zweiter Klasse. Eurocitys (EC) verbinden Rom mit anderen europäischen Hauptstädten.

Außer für *Regionale* müssen Sie für alle Züge reservieren.

Logo von Trenitalia

Stazione Termini, Schnittpunkt von Roms Nahverkehrsnetz mit dem Eisenbahnnetz

Wenn Sie sofort losfahren wollen, sollten Sie Tickets am Bahnhof kaufen – doch rechnen Sie mit Warteschlangen.

Die Website von Trenitalia ist für Planungen hilfreich. Hier kann man die Abfahrtszeiten ersehen und auch online Tickets kaufen. Wenn Sie im Voraus buchen und ein Kind haben, können Sie einen Rabatt erhalten. Am einfachsten bucht man allerdings bei einem Reisebüro, wenn man preisgünstiger fahren will. Die Angebote und Preise von Trenitalia ändern sich nämlich sehr schnell.

Intercity

Mit dem Bus unterwegs

Viele Busse, die von weit herkommen, beenden ihre Reise am Bahnhof Tiburtina, dem größten Busbahnhof der Stadt. Informationen über Busreisen mit der Deutschen Touring GmbH bzw. Eurolines erhält man in Italien auch bei **Italybus**. Busreisen innerhalb Italiens bietet **Appian Line** an, z. B. nach Florenz, Neapel, Capri, Sorrent, Pompeji, Venedig und Assisi (die zwei Letzteren nur im Sommer). Kürzere Strecken im Bereich der Region Latium werden von **COTRAL** befahren.

Die COTRAL-Busbahnhöfe sind mit Metro-Stationen verbunden. Bustickets gibt es nur an den Bahnhöfen (zu einigen Busreisen von Rom aus *siehe S. 268–271*).

Fahrkartenautomat

Die Automaten sind leicht zu bedienen. Die meisten operieren in sechs Sprachen. Sie akzeptieren Münzen, Banknoten und Kredit- bzw. Debitkarten.

1 Wählen Sie Ihr Fahrziel.

2 Der Preis für das Ticket wird angezeigt.

3 Zahlen Sie mit Münzen, Banknoten, Kreditkarte oder girocard.

4 Nehmen Sie Ihr Ticket und das Wechselgeld heraus.

5 Hier müssen Sie Ihr Ticket hineinstecken, um es vor Fahrtantritt zu entwerten.

Mit dem Auto unterwegs

Wenn Sie mit dem Auto in Italien unterwegs sind, ist eine grüne Versicherungskarte anzuraten. Das Abblendlicht muss auch tagsüber außerhalb geschlossener Ortschaften eingeschaltet sein. Das Mitführen eines Warndreiecks und einer reflektierenden Warnweste ist Vorschrift.

Alle Autobahnen Richtung Rom münden in den Grande Raccordo Anulare (GRA), den Autobahnring. Fast alle Autobahnen in Italien sind mautpflichtig. Das Ticket erhalten Sie, indem Sie an der Mautstelle den roten Knopf drücken. Zahlen müssen Sie erst, wenn Sie die Autobahn verlassen. Dann geben Sie das Ticket der Person im Mauthäuschen.

Höchstgeschwindigkeiten: 30 bis 50 km/h in Ortschaften, 80 km/h auf Straßen außerhalb von Ortschaften bis 110 km/h auf Schnellstraßen, 130 km/h auf Autobahnen (bei Regen 110 km/h). ADAC-Notruf: 03 92 10 31.

AUF EINEN BLICK

Zug

Trenitalia
📞 89 20 21. www.trenitalia.com

Bus

Appian Line
www.appianline.it

COTRAL
www.cotralspa.it

Eurolines
www.eurolines.com

Italybus
www.italybus.it

Pannenhilfe

Automobile Club d'Italia
📞 80 31 16.

Busse von Eurolines fahren preisgünstig nach Rom

Ankunft in Rom

Die Karte dieser Doppelseite zeigt die wichtigsten Bus-, Zug- und Metro-Verbindungen für Reisende, die nach Rom kommen. Berücksichtigt sind die Verbindungen der beiden Flughäfen zur Innenstadt und wichtige Zugverbindungen zwischen Rom und anderen Städten Italiens bzw. mit den europäischen Nachbarstaaten. Fahrzeiten etc. finden Sie in den jeweiligen Kästen.

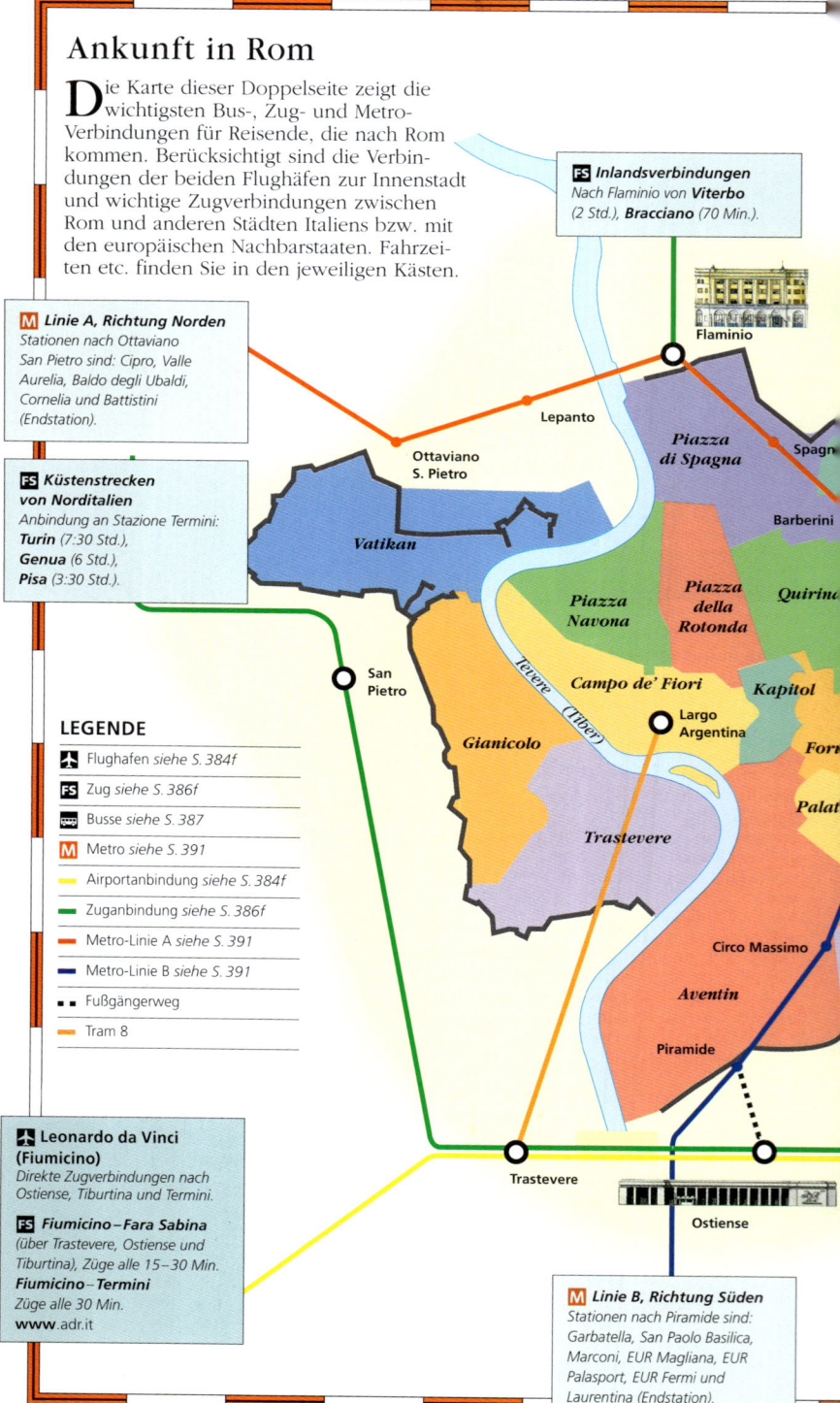

FS Inlandsverbindungen
Nach Flaminio von **Viterbo**
(2 Std.), **Bracciano** *(70 Min.).*

Flaminio

M Linie A, Richtung Norden
Stationen nach Ottaviano San Pietro sind: Cipro, Valle Aurelia, Baldo degli Ubaldi, Cornelia und Battistini (Endstation).

Lepanto

Spagn

Piazza di Spagna

Ottaviano
S. Pietro

Barberini

FS Küstenstrecken von Norditalien
Anbindung an Stazione Termini:
Turin *(7:30 Std.),*
Genua *(6 Std.),*
Pisa *(3:30 Std.).*

Vatikan

Quirina

Piazza della Rotonda

Piazza Navona

Tevere (Tiber)

Campo de' Fiori

Kapitol

San Pietro

Largo Argentina

For

Gianicolo

Palat

LEGENDE

- ✈ Flughafen *siehe S. 384f*
- FS Zug *siehe S. 386f*
- 🚌 Busse *siehe S. 387*
- M Metro *siehe S. 391*
- ▬ Airportanbindung *siehe S. 384f*
- ▬ Zuganbindung *siehe S. 386f*
- ▬ Metro-Linie A *siehe S. 391*
- ▬ Metro-Linie B *siehe S. 391*
- ▪▪ Fußgängerweg
- ▬ Tram 8

Trastevere

Circo Massimo

Aventin

Piramide

✈ Leonardo da Vinci (Fiumicino)
Direkte Zugverbindungen nach Ostiense, Tiburtina und Termini.

FS Fiumicino–Fara Sabina
(über Trastevere, Ostiense und Tiburtina), Züge alle 15–30 Min.
Fiumicino–Termini
Züge alle 30 Min.
www.adr.it

Trastevere

Ostiense

M Linie B, Richtung Süden
Stationen nach Piramide sind: Garbatella, San Paolo Basilica, Marconi, EUR Magliana, EUR Palasport, EUR Fermi und Laurentina (Endstation).

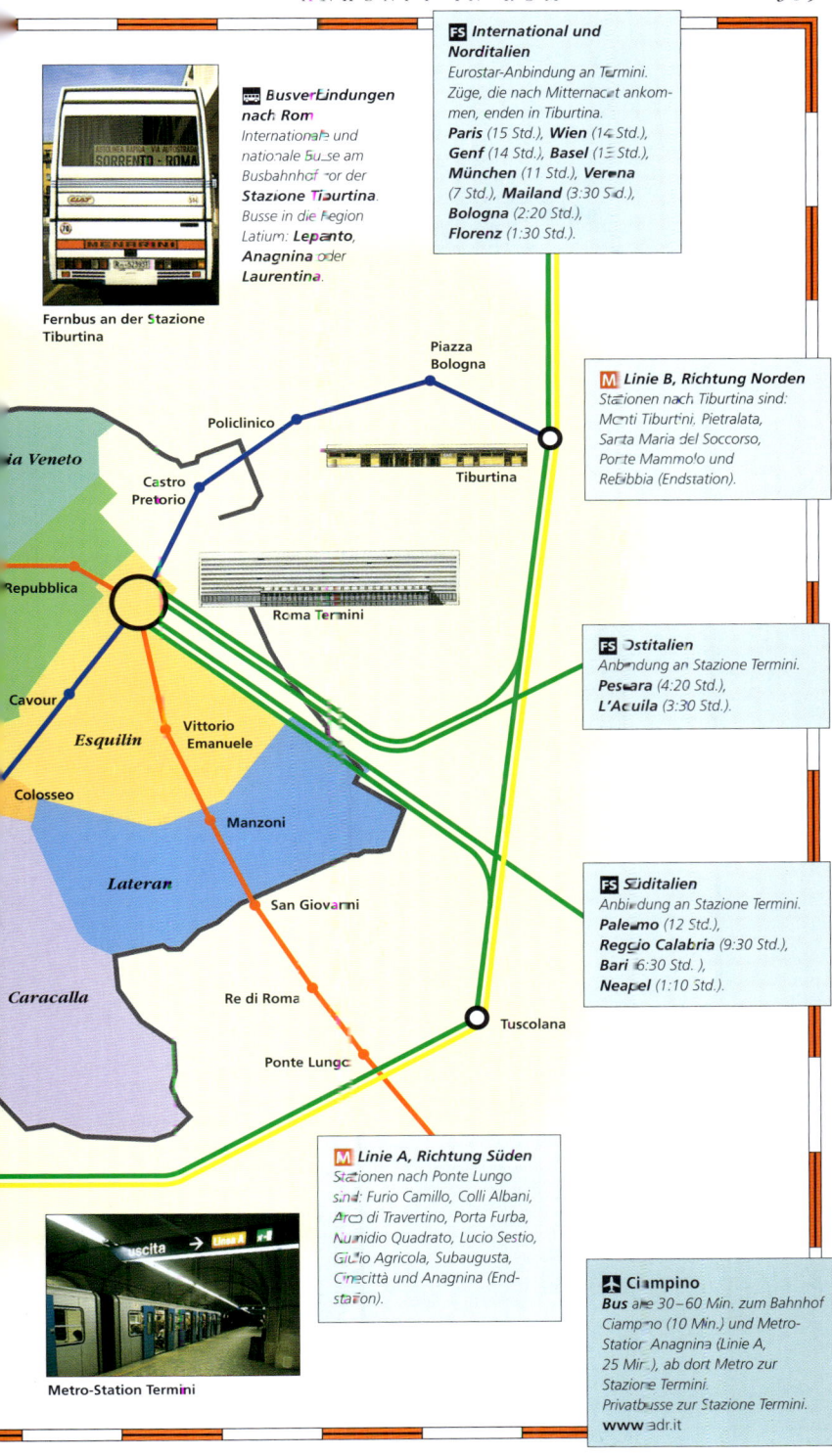

📷 Busverbindungen nach Rom

Internationale und nationale Busse am Busbahnhof vor der **Stazione Tiburtina**. Busse in die Region Latium: **Lepanto, Anagnina** oder **Laurentina**.

Fernbus an der Stazione Tiburtina

FS International und Norditalien

Eurostar-Anbindung an Termini. Züge, die nach Mitternacht ankommen, enden in Tiburtina. **Paris** (15 Std.), **Wien** (14 Std.), **Genf** (14 Std.), **Basel** (13 Std.), **München** (11 Std.), **Verona** (7 Std.), **Mailand** (3:30 Std.), **Bologna** (2:20 Std.), **Florenz** (1:30 Std.).

Piazza Bologna

Policlinico

Castro Pretorio

Repubblica

Cavour

Esquilin

Vittorio Emanuele

Colosseo

Manzoni

Lateran

San Giovanni

Caracalla

Re di Roma

Ponte Lungo

Tiburtina

Roma Termini

Tuscolana

M Linie B, Richtung Norden

Stationen nach Tiburtina sind: Monti Tiburtini, Pietralata, Santa Maria del Soccorso, Ponte Mammolo und Rebibbia (Endstation).

FS Ostitalien

Anbindung an Stazione Termini. **Pescara** (4:20 Std.), **L'Aquila** (3:30 Std.).

FS Süditalien

Anbindung an Stazione Termini. **Palermo** (12 Std.), **Reggio Calabria** (9:30 Std.), **Bari** (6:30 Std.), **Neapel** (1:10 Std.).

M Linie A, Richtung Süden

Stationen nach Ponte Lungo sind: Furio Camillo, Colli Albani, Arco di Travertino, Porta Furba, Numidio Quadrato, Lucio Sestio, Giulio Agricola, Subaugusta, Cinecittà und Anagnina (Endstation).

✈ Ciampino

Bus alle 30–60 Min. zum Bahnhof Ciampino (10 Min.) und Metro-Station Anagnina (Linie A, 25 Min.), ab dort Metro zur Stazione Termini. Privatbusse zur Stazione Termini. **www.**adr.it

Metro-Station Termini

Via Veneto

In Rom unterwegs

Helmpflicht besteht für alle Motorrad- und Rollerfahrer

Roms Zentrum ist kompakt. Zwar können Sie nicht alle Sehenswürdigkeiten zu Fuß erreichen, doch kommen Sie als Fußgänger in dieser Stadt erstaunlich weit. Da die Straßen im Zentrum meist verstopft sind, sollten Sie sich nicht mit dem Auto in die Innenstadt begeben. Ein Riesenspaß kann es allerdings sein, sich auf einer gemieteten Vespa ins römische Verkehrsgetümmel zu stürzen. Fahrten mit Bus oder Straßenbahn sind zeitraubend. Steigen Sie nur für längere Entfernungen auf diese Verkehrsmittel um. Die U-Bahn *(Metropolitana,* kurz *Metro)* hält nicht direkt im historischen Zentrum, ist aber die schnellste Art, sich in Rom vorwärtszubewegen.

Umweltbewusst reisen

Schon das antike Rom hatte Umweltprobleme und setzte alles daran, die Luftverschmutzung durch das Verbrennen von Holz zu unterbinden. Heute sieht der Kampf gegen den Smog anders aus. Er betrifft vor allem das geliebte Auto. Carsharing-Modelle, Stadt-Räder und einige (keineswegs ausreichende) Radwege, **Stationen für Elektroautos** und autofreie Sonntage (im Frühling) gehören zu den Initiativen. Ins *centro storico* dürfen nur bestimmte Autos *(siehe S.393),* Videokameras überwachen dies. Buslinien (drei davon sind elektrisch) decken das Areal ab. Auch wenn öffentliche Verkehrsmittel manchmal etwas chaotisch sind, sind sie die bessere Wahl. Bei einigen Buskarten erhält man zudem Rabatt auf bestimmte Eintritte (auf den Tickets vermerkt).

FERMATA

Bushaltestelle mit Fahrplan

Das Zentrum zu Fuß zu erkunden ist angenehm. Wenn Sie die Sonnenstrahlen genießen und öffentliche Verkehrsmittel meiden wollen, sollten Sie festes, komfortables Schuhwerk tragen.

Busse und Trams

Roms Verkehrsgesellschaft, die die Busse und Straßenbahnen betreibt, heißt **ATAC** *(Azienda Tramvie e Autobus del Comune di Roma).* Mit ihren Bussen und den ratternden Straßenbahnen gelangt man in alle Teile der Stadt, und zwar vom frühen Morgen bis etwa um Mitternacht. Zusätzlich gibt es Nachtbuslinien.

Im historischen Zentrum Roms mit seinen engen Straßen fahren nur einige elektrische Minibusse (z. B. 116 und 119), doch sind die Haltestellen vieler Buslinien von den Sehenswürdigkeiten aus gut zu Fuß zu erreichen *(siehe hintere Umschlaginnenseiten).*

An Roms Bushaltestellen finden Sie Fahrpläne mit ausführlichen Angaben zu den Bussen, die diese Haltestelle passieren. Nachtbusse erkennt man am »N« vor der Nummer. Es gibt mehrere Trams in der Stadt, die wichtigste für Besucher ist Nr. 8, die von Torre Argentina nach Casaletto fährt – über Trastevere und Monteverde.

Spezielle Buslinien

Es gibt zwei Buslinien, die den Bedürfnissen von Besuchern entgegenkommen: Bus 110 und der Archeobus. Bus 110, ein roter offener Doppeldecker, den man beliebig besteigen kann, verkehrt ab Stazione Termini zwischen 8.30 und 20.30 Uhr alle 15 Minuten. Der Archeobus verbindet das Zentrum mit den Katakomben und den Monumenten an der Via Appia Antica. Er fährt jede halbe Stunde an der Stazione Termini los *(siehe S.392).*

Mit Bus und Tram unterwegs

Der größte Busbahnhof befindet sich an der Piazza dei Cinquecento vor der Stazione Termini, jedoch gibt es auch andere zentrale Verkehrsknotenpunkte. Dazu zählen die Piazza San Silvestro, die Piazza Venezia und die Piazza del Risorgimento. Fahrpläne erhalten Sie an den Kiosken von **ATAC,** im ATAC-Kundenbüro oder auf der Website. Sie sollten entweder vorn oder hinten in den Bus steigen. Die Mitteltür

Moderne Tram in Rom

Einer der rot-grauen ATAC-Busse in Rom

ist für die Aussteigenden reserviert. Entwerten Sie Ihre Busfahrkarte im gelben Entwerter im Bus. Zeittickets (*BIT = biglietto integrato a tempo*) sind für alle Verkehrsmitteln gültig.

Tickets

Tickets für Bus, Tram und Metro kauft man vorher und entwertet sie bei Fahrtantritt in den jeweiligen Entwertern. Fahrkarten erhält man in Bars, an Zeitungsständen, in *tabacchi* sowie in Metro-Stationen und auf Busbahnhöfen. An großen Bushaltestellen und in Metro-Stationen gibt es Fahrkartenautomaten, die man mit Münzen füttern muss. Auch in einigen Bussen gibt es mittlerweile Automaten – doch man weiß vorher nicht, in welchen.

BIT-Tickets sind 75 Minuten lang gültig. In dieser Zeit kann man eine Metro-Fahrt und beliebig viele Bus- und Tramfahrten machen. Wenn Sie öfter als viermal am Tag fahren, lohnt sich ein Tagesticket (*BIG*). Es gibt auch Drei- und Sieben-Tage-Karten sowie Monatskarten. Wenn Sie in die Region Latium fahren wollen, sollten Sie ein *BIRG*-Ticket kaufen. Achtung: Schwarzfahren ist teuer.

Metropolitana

Roms U-Bahn-Netz besteht aus zwei Linien (A und B), die sich an der Stazione Termini treffen *(siehe hintere Umschlaginnenseiten)*. Linie A (rot) fährt von Battistini im Westen nach Anagnina im Südosten (Busse zum Flughafen Ciampino). Linie B (blau) kommt von Rebibbia im Nordosten und fährt nach EUR im Südwesten (Busse zur Küste). Metro-Stationen sind an einem hellen »M« auf rotem Untergrund erkennbar.

Logo der Metro

Einige Sehenswürdigkeiten liegen nicht weit von Metro-Stationen. Für Besucher relevant sind: Colosseo, Spagna, San Giovanni, Ottaviano San Pietro und Piramide (Züge zum Flughafen Fiumicino). Beide Metro-Linien verkehren täglich zwischen 5.30 und 23.30 Uhr (Fr, Sa bis 1.30 Uhr). Weitere Infos finden Sie unter www.atac.roma.it. Eine dritte Metro-Linie (C) soll 2015 eröffnet werden. Auch eine vierte ist in Planung.

Nützliche Buslinien

Die Karte zeigt eine Auswahl an Busstrecken entlang wichtiger Sehenswürdigkeiten. Der Expressbus 40, der von der Stazione Termini zum Petersdom und zum Vatikan fährt, ist immer voller Besucher. Auf den anderen Routen ist es nicht so überfüllt.

23 ↑ Clodio
Piazza de Popolo 117
60
Largo Pugliese

Via Leone IV
Piazza di Spagna
Via Due Macelli

Musei Vaticani
Piazza Pia
Castel Sant'Angelo
Tevere

San Pietro (Petersdom)
40
Via del Corso
Fontana di Trevi
Termini 40

Piazza Navona
Pantheon
Via IV Novembre
Santa Maria Maggiore

Chiesa Nuova
Piazza Venezia

Lungotevere della Farnesina
Campo de' Fiori
Il Gesù
Mercati Traianei

Villa Farnesina
Lungotevere dei Vallati
Musei Capitolini
Tevere (Tiber)

Lungotevere Sanzio
Via Imperiali
Kolosseum
Colosseo
Via Celimontana

Santa Maria in Trastevere
Forum Romanum
San Clemente
Palazzo Laterano

LEGENDE
Via di San Gregorio
117

■ Hauptsehenswürdigkeit
— Buslinie
○ Bushaltestelle (Auswahl)
Tevere

San Giovanni in Laterano

23 Pincherle, Parravano
60 ↗ Partigiani

Zu Fuß unterwegs

Spaziergänge durch Roms Zentrum bereiten in vielerlei Hinsicht Vergnügen: Sie können in Ruhe architektonische Details betrachten, das quirlige Straßenleben genießen, eine Kirche besichtigen und dann in einer Bar einen Cappuccino oder Aperitif trinken. Auf diese Weise kommen Sie in ein paar Stunden an den wichtigsten Sehenswürdigkeiten vorbei.

Entdecken Sie die Stadt nach und nach. Steigen Sie auf öffentliche Verkehrsmittel um, wenn die Distanzen zu groß sind. Obwohl einige Teile der Altstadt nun Fußgängerzone sind, werden sie doch noch von Radfahrern und – verbotenerweise – von Mopedfahrern genutzt. Es gab viele Pläne, mehr verkehrsfreie Zonen zu schaffen, doch sie durchzusetzen ist nicht einfach.

In der Sommerhitze sollten Sie dem Beispiel der Römer folgen. Bewegen Sie sich gemächlich auf der Schattenseite von Straßen. Halten Sie nach dem Mittagessen Siesta. Ihre Besichtigung setzen Sie nachmittags fort, wenn Kirchen und Läden wieder öffnen. Auch der kühlere Abend, wenn viele Fassaden angestrahlt sind, ist ideal.

Nonnen auf einem Zebrastreifen

Straßenkreuzungen

Der erste Eindruck ist, dass es nur zwei Arten von Fußgängern in Rom geben kann – die schnellen und die toten. Auch wenn Sie Kreu-

Sightseeing im roten Doppeldeckerbus 110

zungen bei Grün überqueren, können Sie nicht sicher sein vor einem Vespa-Flitzer oder einem noch schnell durchbrausenden Auto. Glücklicherweise reagieren römische Autofahrer enorm schnell. Ernste Unfälle sind überraschenderweise eher selten.

Als Fußgänger machen Sie es am besten wie die Römer: Wenn Sie eine Straße überqueren wollen, warten Sie eine ausreichend große Lücke im Verkehr ab, betreten dann selbstbewusst die Straße, nehmen Augenkontakt mit motorisierten Verkehrsteilnehmern auf und gehen zügig, aber nicht hastig hinüber. Vor allem nachts, wenn die Ampeln meist nur noch gelb blinken, haben Sie kaum eine andere Chance, als auf das Reaktionsvermögen der motorisierten Verkehrsteilnehmer zu vertrauen.

Straßenschilder

Zumindest theoretisch haben Fußgänger das Recht, über die Straße zu gehen, wenn die Ampel auf Grün steht. Das Schild *sottopassaggio* weist auf eine Fußgängerunterführung hin.

Im engen Straßengewirr des Zentrums kann man sich schon einmal verlaufen. Die gelben Hinweisschilder zu Sehenswürdigkeiten, interessanten Plätzen und Straßen bieten jedoch eine gute Orientierung. Routen, die zu wichtigen Punkten in der Stadt führen, sind häu-

fig durch Schilder auf braunem oder grauem Hintergrund markiert.

Stadtführungen

Agenturen bieten thematische und kulturelle Führungen auch auf Deutsch an, etwa **RomaCulta**, **Travertino Romamirabilia** und **Roma Mia**. Es gibt zwei- bis dreistündige (ca. 25 €), halb- (ca. 40 €) und ganztägige Touren (ca. 75 €).

Alternativen bieten **Bus 110** und **Archeobus**, die von der Stazione Termini aus in einer zweistündigen Rundfahrt viele Sehenswürdigkeiten anfahren. Zusteigen kann man an jedem Halt. Bus 110 (20 €, 48 Std. gültig) startet zwischen 8.30 und 20.30 Uhr als 15 Minuten, der Archeobus (12 €, 48 Std. gültig) zwischen 9 und

Avanti: Gehen! Fußgänger haben Vorrang

Alt: Stopp! Der Verkehr hat Vorfahrt

Hinweis für Fußgänger

Achten Sie auf Kinder!

Fußgängerüberweg

12.30 Uhr sowie 13.30 und 16.30 Uhr alle 30 Minuten.

An den wichtigsten Sehenswürdigkeiten kann man auch Führer buchen. Vertrauen Sie eher den offiziellen Führern und handeln Sie den Preis vorher aus. Üblich sind mindestens 50 Euro.

Autofahren

Fahrten mit dem Auto können in Rom leicht zum Trauma werden. Das Temperament italienischer Autofahrer ist bekannt. Fußgänger betreten ohne Vorwarnung die Straße. Ein Netz von Einbahnstraßen im Zentrum lässt einen verwirrt zurück. Zugleich fahren Motorräder oder Vespas in Einbahnstraßen ganz selbstverständlich in die entgegengesetzte Richtung.

Erschwerend kommt hinzu: Ausländische Fahrer dürfen tagsüber (am Wochenende auch nachts) nicht in die ZTL-Zone (*Zona a Traffico Limitato*) des *centro storico* fahren. ZTL-Zonen gelten auch für Trastevere und Testaccio. Am Eingang zur ZTL-Zone gibt es Kameras. Wer unautorisiert in den Bereich fährt, erhält eine entsprechende Strafe. Die Kameras sind gut sichtbar. Eine elektronische Anzeige besagt, ob der Zugang für jeden offen ist (*varco aperto*) oder nicht (*varco chiuso*). Nähere Informationen erhalten Sie unter 06 570 03 oder auf der Website www.atacmobile.it.

Halteverbot

continua

Parkverbot

Einbahnstraße

strada senza uscita

Sackgasse

Angesichts der ZTL-Regulierungen und wenn Sie nicht an den italienischen Verkehr gewöhnt sind, sollten Sie besser gar nicht mit dem Auto anreisen – oder aber es auf einem bewachten Parkplatz außerhalb abstellen.

Autoeinbrüche sind in Rom leider an der Tagesordnung. Lassen Sie niemals Wertsachen im Auto zurück, auch nicht im Kofferraum: In Bereichen wie dem Campo de' Fiori patrouillieren Gangs, die nach Kameras und anderen Wertsachen in Autos Aus-

schau halten. Auch Autoradios und Navigationsgeräte sind ein Objekt der Begierde. Falls Sie diese Geräte entfernen können, sollten Sie sie herausnehmen.

Seien Sie nachts besonders vorsichtig. Die Straßenbeleuchtung wird gedimmt, manche Autofahrer stehen unter dem Einfluss von Alkohol oder Drogen. Im Falle einer Panne rufen Sie den **ACI**- oder den **ADAC**-Notruf (*siehe S. 395*).

Parken

Ein guter Parkplatz liegt unterhalb der Villa Borghese. Das Stadtzentrum ist für Anwohner mit Genehmigungen reserviert. Es gibt etwa 2000 Parkplätze mit Parkuhren, die blau markiert sind (8–20 oder 8–23 Uhr). Wenn Sie nicht auf einem legalen Parkplatz parken, werden Sie eventuell bei der Rückkehr feststellen, dass Ihr Auto von anderen Wagen eingeschlossen ist (Liste von Parkplätzen *siehe S. 395*).

Hüten Sie sich vor falschen Parkplatzwächtern. Man findet sie in belebten Gegenden, in denen man kostenlos parken darf. Sie lotsen Autofahrer gegen Geld zu irgendeinem Platz (oft auch ins Parkverbot). Das ist zwar verboten, doch sogar Italiener zahlen oft – aus Angst, dass sonst vielleicht ihr Wagen beschädigt wird.

Benzin

Benzin ist etwa ebenso teuer wie in Deutschland. Viele Tankstellen an den Zufahrtsstraßen haben Selbstbedienung. Man kann an vielen Automaten mit Bargeld, Kreditkarte oder girocard bezahlen. Zwei zentrale Tankstellen, die 24 Stunden durchgehend geöffnet haben, sind auf Seite 395 aufgelistet. Nachts treiben sich an Tankstellen mit Selbstbedienung oft »Tankwarte« herum, die Ihnen anbieten, gegen Trinkgeld das Benzin in den Tank zu füllen.

Logo von Agip

Parkverbot

Im Parkverbot kann Ihr Auto eine Parkkralle bekommen oder abgeschleppt werden. Bevor Sie also den Wagen als gestohlen melden, rufen Sie die Nummern 06 67 691 oder 06 06 06 an. Parkverbotszonen sind gut markiert, doch sehen Sie genau hin: Bisweilen verdeckt ein Baum das Schild.

zona rimozione fermata consentita per salita e discesa con conducente a bordo

Zeichen für Abschleppzone (*zona rimozione*)

Abschleppwagen bei der Arbeit

Autovermietung

Alle großen internationalen Autovermietungen (u.a. **Avis**, **Europcar**, **Hertz** und **Sixt**) haben Büros im Stadtzentrum, an den Flughäfen und an der Stazione Termini. Oft ist es günstiger, ein Auto schon vor der Reise zu mieten, entweder über ein Reisebüro oder online. Firmen vor Ort, z.B. **Maggiore**, sind zwar in der Regel billiger, decken aber zum Teil Pannen- oder Unfallhilfen nicht mit ab.

Wer in Italien ein Auto mieten will, muss mindestens 21 Jahre alt sein (bei manchen Firmen auch 25 Jahre) und ein Jahr den Führerschein besitzen. Ihr nationaler Führerschein wird akzeptiert. Allerdings wird eine Kaution bzw. die Angabe Ihrer Kreditkartennummer verlangt.

Autounfälle sind auf den Straßen Italiens gar nicht so selten. Es ist daher ratsam, eine Versicherung abzuschließen, die alle Eventualitäten abdeckt.

Bei einer Panne rufen Sie den **ACI** (Automobile Club d'Italia) oder den **ADAC-Notruf** an, bei einem Unfall die Polizei oder Unfallrettung (112 bzw. 118).

Für Details in Bezug auf den Zustand von Straßen und die Verkehrsbedingungen rufen Sie die Nummer des **Straßenzustandsberichts** an.

Mehr Informationen zum Autofahren und Parken in der Stadt finden Sie auf Seite 393.

Moped- und Fahrradverleih

Roms enge Straßen, der dichte Verkehr und die sieben Hügel machen Radfahren nicht unbedingt zum Vergnügen. Es gibt aber einige Gegenden, etwa um die Villa Borghese, entlang des Tiber und im historischen Stadtzentrum (Pantheon und Piazza Navona), wo es Spaß machen kann, Fahrrad zu fahren.

Mopeds (*motorini*) und Motorroller (*vespa* heißt auf Deutsch »Wespe«) sind durchaus effizient, um durch den Stadtverkehr zu kommen. Vielleicht machen Sie sich zuerst in ruhigeren Straßen mit dem Gefährt vertraut.

Mopeds und Roller kann man bei **Collalti, Scoot-a-Long** und **Scooters for Rent** mieten. Fahrräder gibt es bei mehreren Filialen von **Bike Rental**. Moped- und Rollerfahrer (und ihre Mitfahrer) müssen laut Gesetz Helme tragen. Die Helme können im Geschäft gleich gemietet werden. Für den Mietvertrag müssen Sie Ihre Kreditkartennummer hinterlassen oder eine Kaution in bar hinterlegen.

Das System von **Roma Bikesharing** ist für das Stadtzentrum ideal. Nach Anmeldung und der Hinterlegung einer Kaution von zehn Euro erhalten Sie eine Smartcard (die aufgeladen werden kann). Mit dieser haben Sie Zugang zu den Radsammelstellen in der Stadt.

Taxi im Zentrum Roms

Taxis

Die offiziellen Taxis in Rom sind weiß, haben die Aufschrift *Comune di Roma* an der Seite und ein Taxischild auf dem Dach. Meiden Sie Taxis, die an Bahnhöfen oder bei Sehenswürdigkeiten stehen und aufdringlich ihre Dienste anbieten. Offizielle Taxis werben nicht um Kunden. Man findet sie an Taxiständen oder auch auf der Straße (die Fahrer müssen nicht anhalten, tun es aber oft). Auch an den Flughäfen, bei wichtigen Sehenswürdigkeiten und vor Bahnhöfen (von Termini bis Ostiense) stehen Taxis.

Roms Taxifahrer sind nicht gerade für Zuvorkommenheit bekannt, sie können sich sogar weigern, Sie mitzunehmen, wenn Sie sich zu weit vom lukrativeren Zentrum entfernen wollen oder missmutig reagieren, wenn die Fahrt nur kurz war.

Taxis sind nicht billig. Wenn Sie kein schweres Gepäck dabeihaben, sind öffentliche Verkehrsmittel die bessere Option. Zuschläge werden für Gepäck, Nachtfahrten (zwischen 22 und 7 Uhr) sowie sonn- und feiertags fällig. Der Taxameter läuft übrigens auch im Stau weiter, sodass zäher Verkehr teuer werden kann. Die Fahrer machen oft merkwürdige Umwege. Italiener geben Taxifahrern wenig Trinkgeld, sondern runden nur den Betrag auf.

Taxis kann man vorbestellen (allerdings läuft ab dem Zeitpunkt Ihres Anrufs der Taxameter) bei: **Mondo Taxi**, **Cooperativa Radiotaxi 3570**

Moped- und Rollerfahrer beherrschen das Stadtbild in Rom

oder **La Capitale Radio Taxi**. Taxis zum Flughafen müssen einen Festpreis (vier Personen und Gepäck) anbieten *(siehe S. 385)*.

Bootsfahrten

Eine Flussfahrt mit **Battelli di Roma** startet an den Anlegestellen der Tiberinsel und beim Ponte Sant'Angelo. Die Boote legen im Sommer ab 10 Uhr stündlich ab. Das Tagesticket kostet 15 Euro. An Wochenenden gibt es Dinnerfahrten *(siehe Website)*.

Pferdekutschen

Mit Pferdekutschen *(carrozzelle)* kann man eine angenehme Besichtigungsfahrt durch das historische

Pferdekutschen auf dem Petersplatz

Zentrum unternehmen. Bis zu fünf Personen haben Platz. Die Gefährte sind an folgenden Orten zu finden: Piazza di Spagna, Kolosseum, Fontana di Trevi, Petersdom, Via Veneto, Villa Borghese, Piazza Venezia und Piazza Navona.

Fahrten dauern zwischen einer halben Stunde oder einem ganzen Tag und sind nicht gerade billig. Vereinbaren Sie vor der Abfahrt einen Preis und stellen Sie klar, ob dieser pro Person oder insgesamt zu zahlen ist.

AUF EINEN BLICK

Elektroauto-Station

Via Cola di Rienzo.
Stadtplan 4 D2.

Piazza Mastai.
Stadtplan 7 C1. **www. colonnineelettriche.it.**

Busse und Trams

ATAC
Piazza dei Cinquecento.
Stadtplan 6 D3.
📞 800 43 17 84.
www.atac.roma.it

Kundenservice
Piazzale degli Archivi 40.
www.agenziamobilita. roma.it

Stadtführungen

RomaCulta
📞 33 87 60 74 70.
www.romaculta.it

Roma Mia
📞 06 581 73 32.
www.roma-mia.de

Romamirabilia
📞 06 338 40 12.
www.romamirabilia.com

Travertino
📞 34 87 74 09 62.
www.stadtfuehrungen-rom.de

Bus 110 und Archeobus
📞 800 281 281.
www.trambusopen.com

Parkplätze

Acqua Acetosa.
Stadtplan 2 E1.

Metro-Station Lepanto.
Stadtplan 4 D1.

Villa Borghese.
Stadtplan 5 A1.

Piazzale dei Partigiani.
Stadtplan 8 E4.

Tankstellen (24-Std.-Service)

Portuense
Piazzale della Radio.
Stadtplan 7 B5.

Trastevere
Lungotevere Ripa.
Stadtplan 8 D1.

Pannerdienst/ Straßenzustand

ACI-Notruf
📞 80 31 16.

ADAC-Motruf
📞 03 92 10 41.

Straßenbericht
📞 15 18

Autovermietung

Avis
Flughafen Fiumicino.
📞 06 65 01 15 31.

Via Sardegna 38A.
Stadtplan 5 C1.
📞 06 42 82 47 28.
www.avisautonoleggio.it

Europcar
Flughafen Fiumicino.
📞 06 65 76 12 11.

Stazione Termini.
Stadtplan 6 D3.
📞 06 488 28 54.
www.europcar.it

Hertz
Via Gregorio VII 207.
📞 06 39 37 88 07.

Stazione Termini.
Stadtplan 6 D3.
📞 06 474 03 89.

Flughafen Fiumicino.
📞 06 65 01 15 53.
www.hertz.it

Maggiore
Stazione Termini.
Stadtplan 6 D3.
📞 06 488 00 49.

Via Po 8A. **Stadtplan** 5 C1. 📞 06 854 86 98.
www.maggiore.it

Sixt
Stazione Termini.
Stadtplan 6 D3.
📞 06 47 82 60 00.

Flughafen Fiumicino.
📞 06 65 95 35 47.

Flughafen Ciampino.
📞 06 79 34 08 02.
www.sixt.it

Moped- und Fahrradverleih

Bike Rental

Piazza del Popolo.
Stadtplan 4 F1.

Piazza di Spagna.
Stadtplan 5 A2.

Collalti
Via del Pellegrino 82.
Stadtplan 4 E4 (11 C4).
📞 06 68 80 10 84
(Räder).

Roma Bikesharing
📞 06 570 03.
www.bikesharing.roma.it

Scoot-a-Long
Via Cavour 302. **Stadtplan** 5 B5. 📞 06 678 02 06 *(Mopeds und Roller).*

Scooters for Rent
Via della Purificazione 84.
📞 06 488 54 85 *(Räder, Mopeds und Roller).*

Taxis

Cooperativa Radiotaxi 3570
📞 06 35 70.

La Capitale Radio Taxi
📞 06 49 94.

Mondo Taxi
📞 06 88 22.

Bootsfahrten

Battelli di Roma
📞 06 97 74 54 98.
www.battellidiroma.it

Stadtplan *siehe Seiten 396–419*

Stadtplan

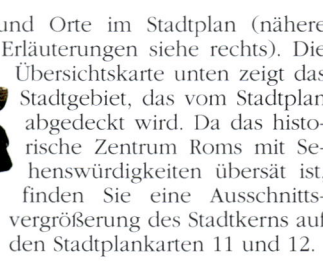

Roms Sehenswürdigkeiten sowie Hotels, Restaurants, Läden etc. sind mit Koordinaten für den Stadtplan versehen, Straßen, Plätze und Sehenswürdigkeiten sind im Kartenregister auf den Seiten 398–407 aufgeführt. Die Koordinaten ermöglichen ein rasches Auffinden der Straßen und Orte im Stadtplan (nähere Erläuterungen siehe rechts). Die Übersichtskarte unten zeigt das Stadtgebiet, das vom Stadtplan abgedeckt wird. Da das historische Zentrum Roms mit Sehenswürdigkeiten übersät ist, finden Sie eine Ausschnittsvergrößerung des Stadtkerns auf den Stadtplankarten 11 und 12.

Stadtplan *siehe Seiten 408–419.*
Karte *Extrakarte zum Herausnehmen.*

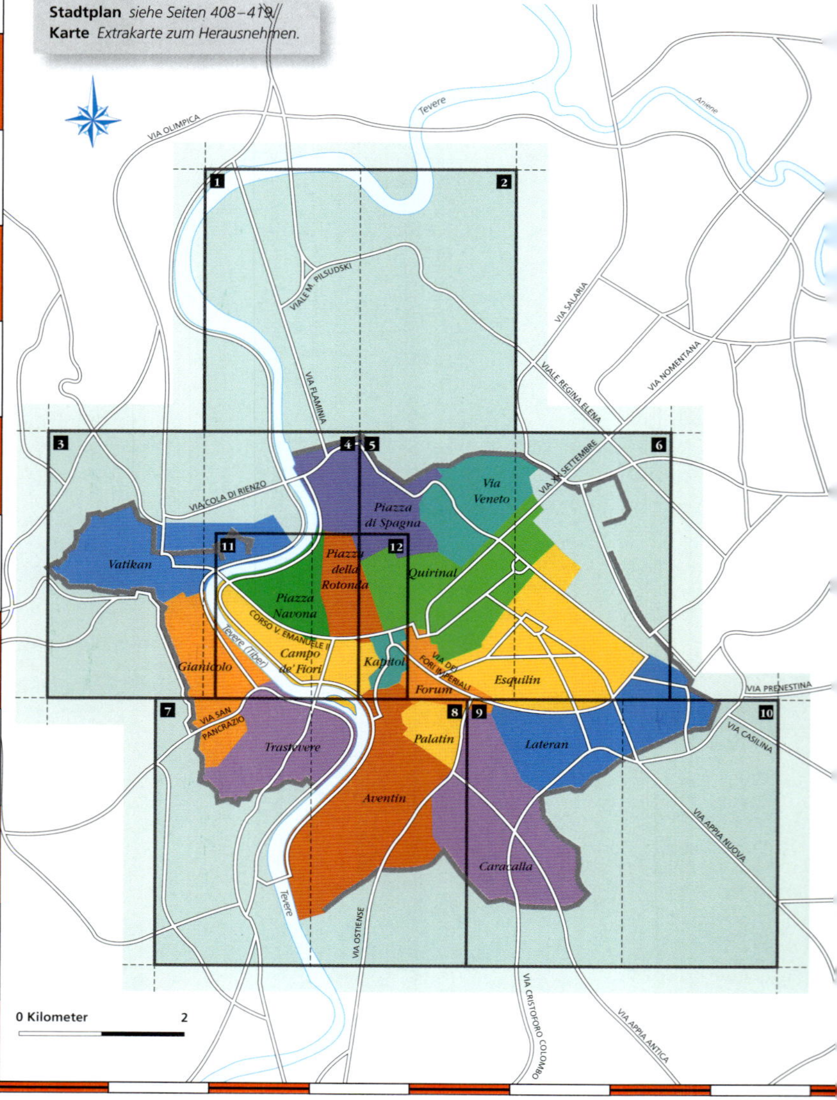

So funktioniert das Verweissystem

Die erste Zahl des Stadtplans verweist auf die richtige Stadtplankarte.

Fontana di Trevi 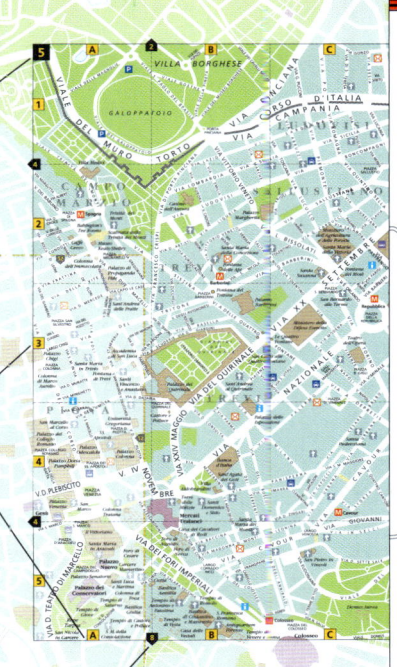❼

Piazza di Trevi. **Stadtplan** 5 A3 (12 F2), **Karte** H4 (W2).
🚌 52, 53, 61, 62, 63, 71, 80, 95, 116, 119 und weitere Linien.

Buchstabe und Zahl bezeichnen das Suchfeld bzw. geben sowohl die horizontale als auch vertikale Koordinate an.

Der zweite Verweis (in Klammern) bezieht sich auf die Ausschnittsvergrößerung von 11 und 12.

Gelbe Zahlen mit Pfeil verweisen auf die Anschlusskarte.

Legende für die im Kartenregister benutzten Abkürzungen *(siehe S. 398)*.

LEGENDE

- Hauptsehenswürdigkeit
- Sehenswürdigkeit
- Bahnhof
- **M** Metro-Station
- 🚌 Bus-Endhaltestelle
- 🚊 Tram-Endhaltestelle
- **P** Parken
- ℹ️ Information
- ✚ Krankenhaus mit Notaufnahme
- 🚓 Polizei
- ✝ Kirche
- ✡ Synagoge
- ✉ Post
- Eisenbahn
- Treppe
- Stadtmauer

Maßstab der Karten 1–10
0 Meter   250
1 : 12 000

Maßstab der Karten 11–12
0 Meter   150
1 : 7600

Kartenregister

Legende der in den Karten benutzten Abkürzungen

B.go	Borgo	**M.te**	Monte	**Reg.**	Regina
d.	di, del, dell',	**P.**	Piazza	**S.**	San, Sant', Santa
	dello, della, dei,	**P.etta**	Piazzetta	**S. M.**	Santa Maria
	delle, degli	**P.le**	Piazzale	**SS.**	Santi, Santissima
Gall.	Galleria	**Princ.**	Principe	**V.**	Via
L.go	Largo	**P.ta**	Porta	**Vic.**	Vicolo
Lungot.	Lungotevere	**P.te**	Ponte	**V.le**	Viale

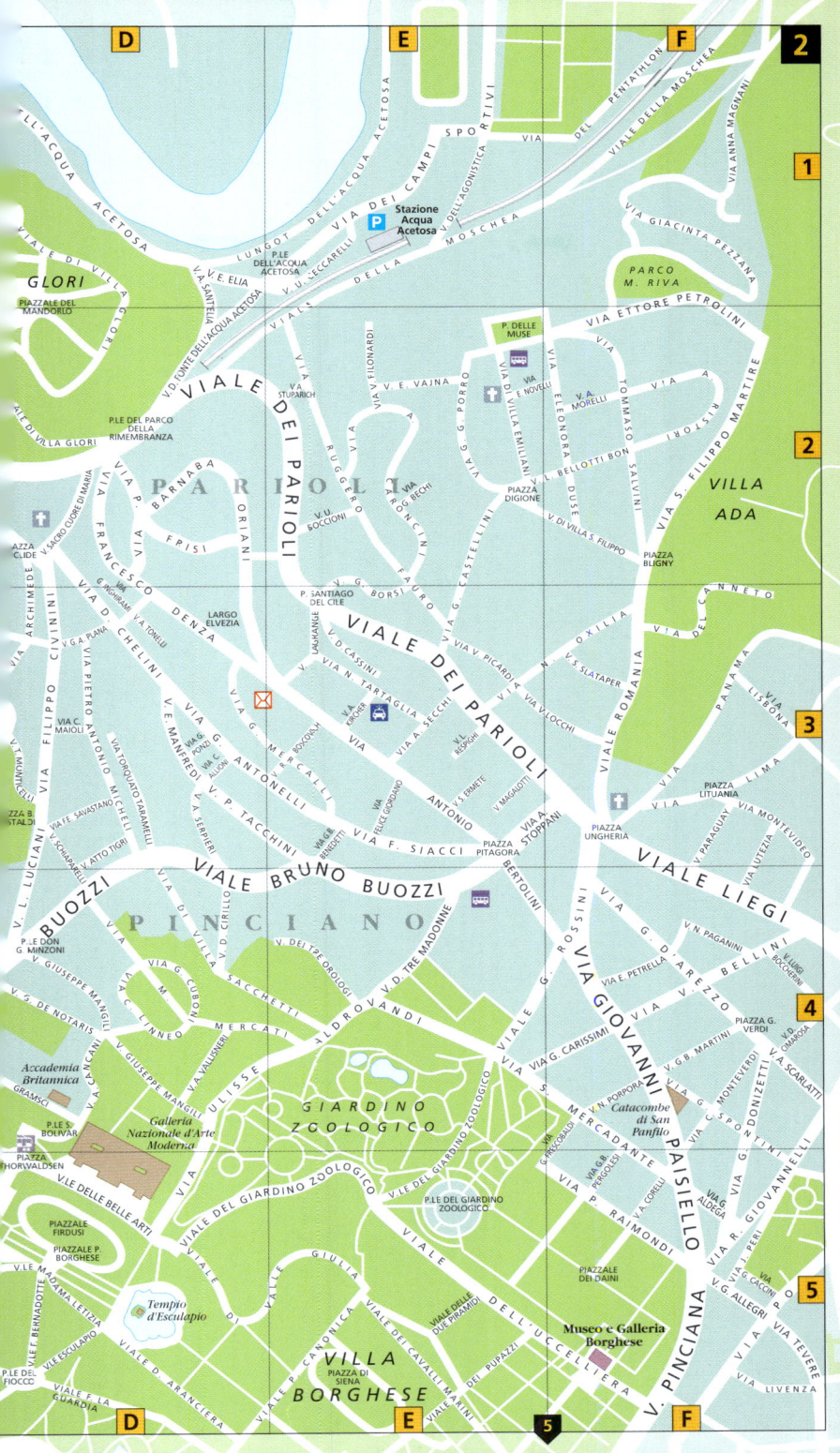

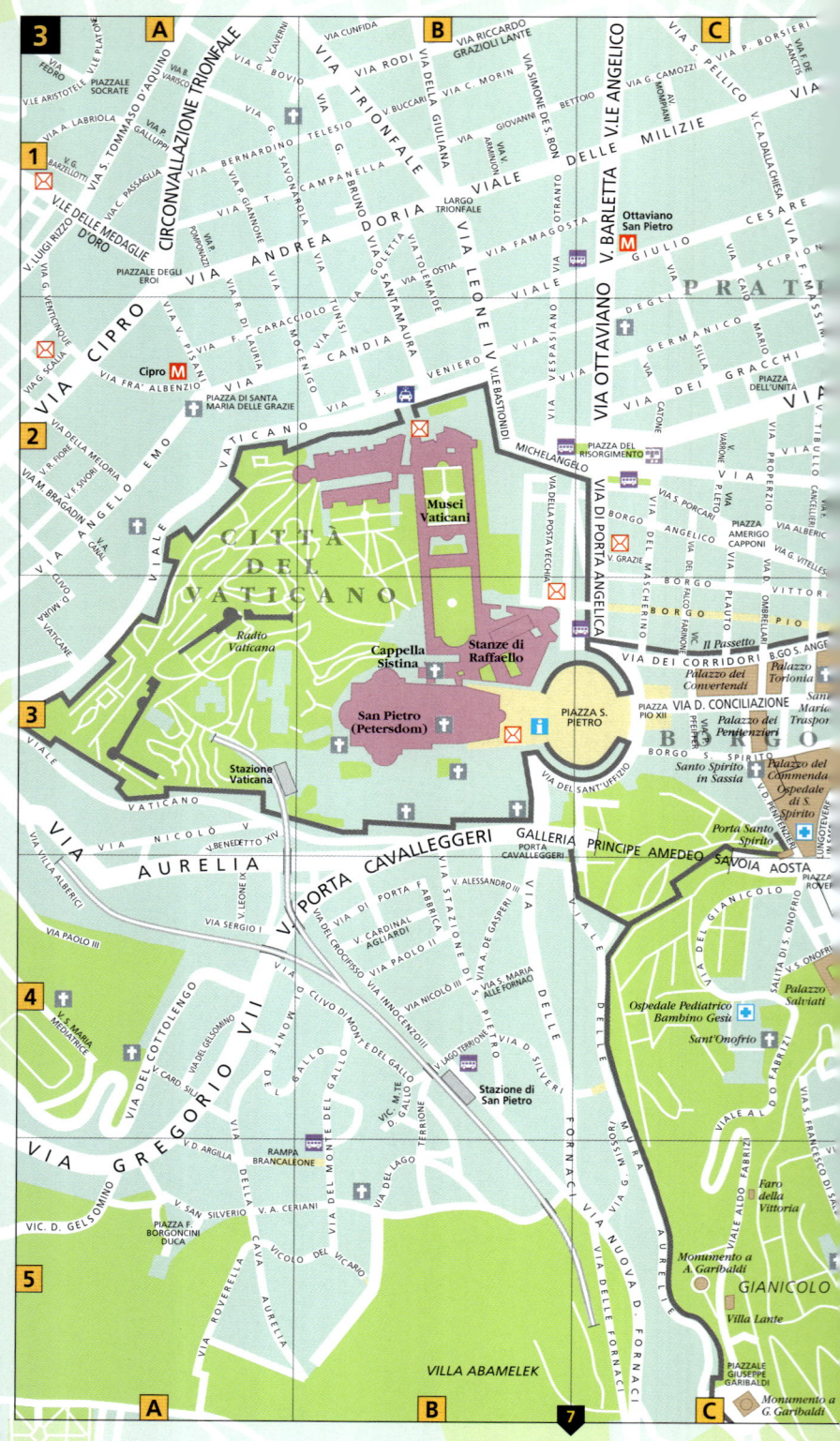

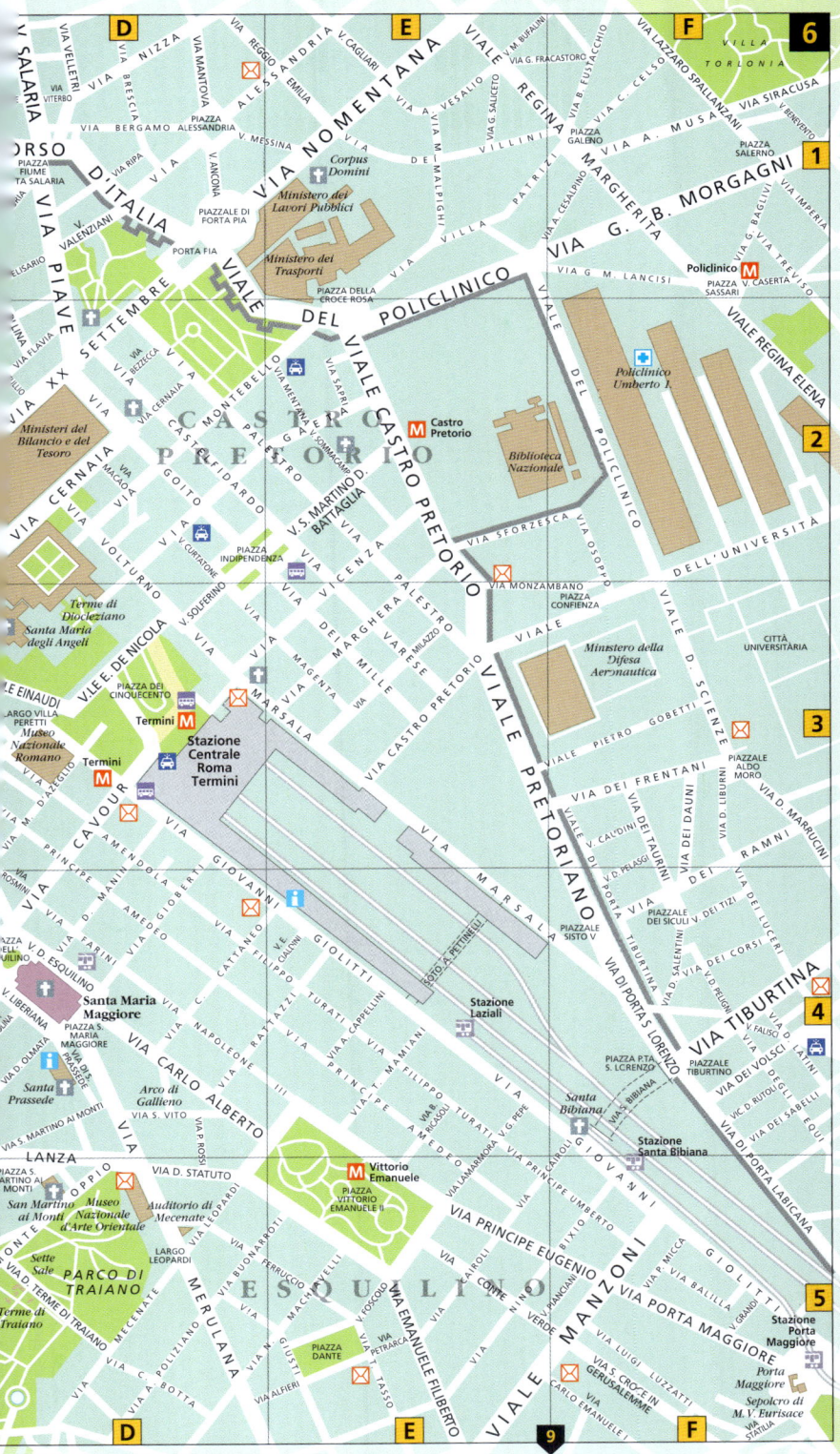

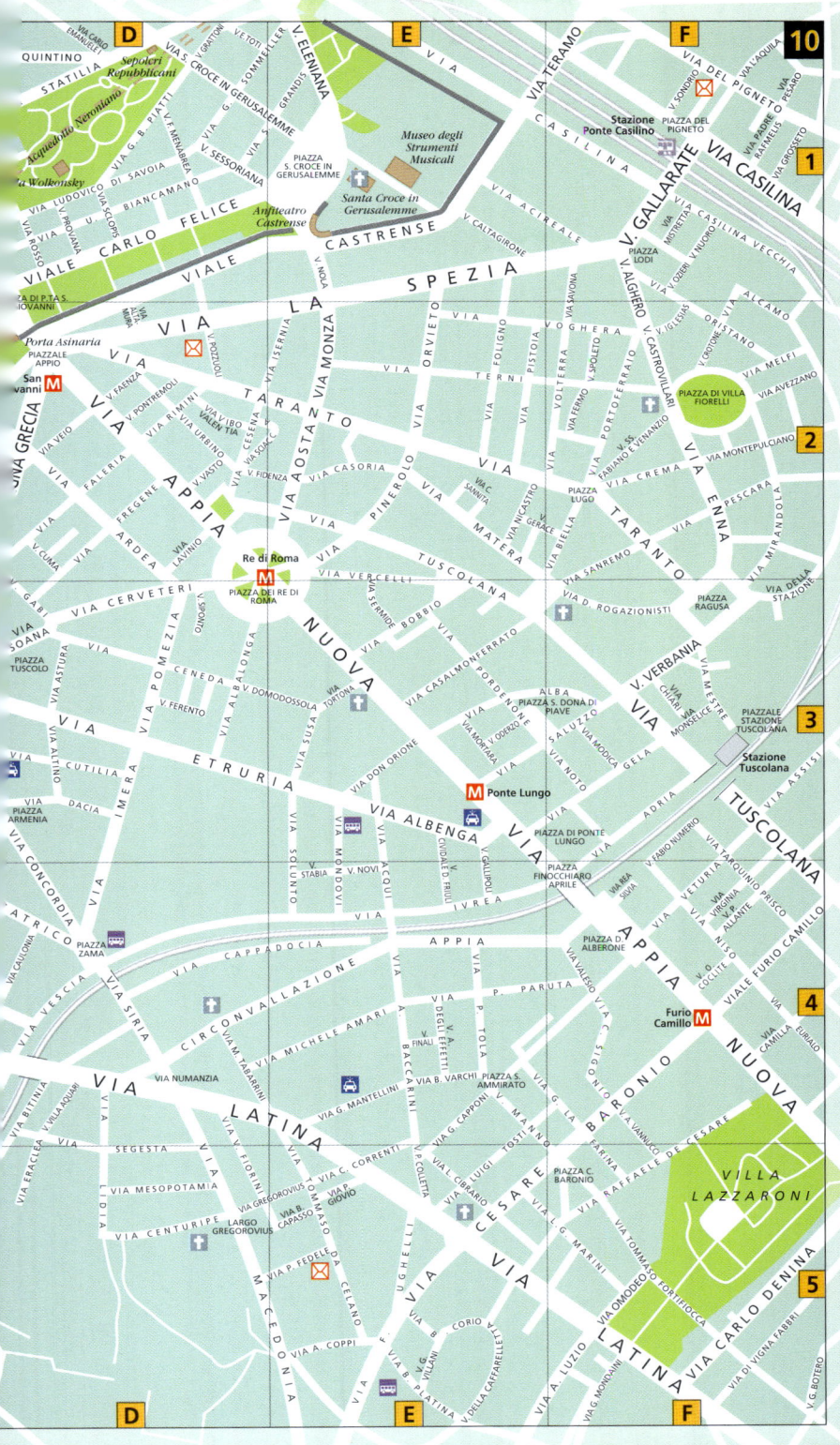

Textregister

Danksagung und Bildnachweis

Dorling Kindersley bedankt sich bei allen, die bei diesem Buch mitgewirkt haben.

Hauptautoren

Olivia Ercoli ist Kunsthistorikerin und Reiseleiterin und lebt seit ihrer Kindheit in Rom. Sie lehrt Kunstgeschichte und schreibt Beiträge über verschiedene Themen für englisch- und italienischsprachige Publikationen.

Die Reiseschriftstellerin **Ros Belford** entwickelte das Konzept der Reihe *Virago Woman's Guides*, die sie als Lektorin betreut, und ist Autorin des *Virago Woman's Guide to Rome*. Sie ist in Europa weit gereist und verfasst auch Beiträge in verschiedenen Publikationen wie *The Guardian*.

Roberta Mitchell leitet das Lektorat der UN-Publikationsabteilung in Rom, wo sie viele Jahre lang gelebt hat. Als Autorin und Lektorin mit umfassender Kenntnis der Stadt hat sie an mehreren Rom-Führern mitgearbeitet, u.a. dem *American Express Guide to Rome*.

Weitere Autoren

Sam Cole, Mary Jane Cryan Pancani, Daphne Wilson Ercoli, Laura Ercoli, Lindsay Hunt, Adrian James, Christopher McDowall, Davina Palmer, Rodney Palmer, Debra Shipley.

Dorling Kindersley dankt zudem den Redakteuren und Dokumentatoren von Websters International Publishers: Sandy Carr, Matthew Barrell, Siobhan Bremner, Serena Cross, Valeria Fabbri, Annie Galpin, Gemma Hancock, Celia Woolfrey.

Ergänzende Fotografien

Max Alexander, Giuseppe Carfagna, Demetrio Carrasco, Andy Crawford, Peter Douglas, Mike Dunning, Philip Enticknap, Steve Gorton, John Heseltine, Britta Jaschinski, Neil Mersh, Ian O'Leary, Poppy, Rough Guides/James McConnachie, Alessandra Santarelli, David Sutherland, Martin Woodward.

Ergänzende Illustrationen

Anne Bowes, Robin Carter, Pramond Negi, Gillie Newman, Chris D. Orr.

Ergänzende Bilddokumentation

Sharon Buckley.

Kartografie

Advanced Illustration (Cheshire), Contour Publishing (Derby), Euromap Limited (Berkshire), Alok Pathak, Kunal Singh. Kartenteil: ERA Maptec Ltd (Dublin), Überarbeitung der Originalvorlagen mit Genehmigung von Shobunsha (Japan).

Kartografische Dokumentation

James Anderson, Donna Rispoli, Joan Russell.

Dokumentationsassistenz

Janet Abbott, Flaminia Allvin, Licia Bronzin, Lupus Sabene.

Mitarbeit Grafik- und Redaktion

Beverley Ager, Marta Bescos Sanchez, Tessa Bindloss, Kristin Dolina-Adamczyk, Peter Bently, Vandana Bhagra, Hilary Bird, Lucinda Cooke, Michelle Crane, Vanessa Courtier, Claire Edwards, Peter Douglas, Jon Eldan, Simon Farbrother, Emer FitzGerald, Karen Fitzpatrick, Anna Freiberger, Vanessa Hamilton, Marcus Hardy, Sasha Heseltine, Sally Ann Hibbard, Paul Hines, Stephanie Jackson, Claire Jones, Steve Knowlden, Priya Kukadia, Mary Lambert, Maite Lantaron, Jude Ledger, Janette Leung, Carly Madden, Shahid Mahmood, Nicola Malone, Alison McGill, Jane Middleton, Ian Midson, Fiona Morgan, Jane Oliver-Jedrzejak, Helen Partington, Catherine Palmi, Naomi Peck, Marianne Petrou, Carolyn Pyrah, Pete Quinlan, Salim Qurashi, Rada Radojicic, Pamposh Raina, Marisa Renzullo, Ellen Root, Collette Sadler, Sands Publishing Solutions, Mathew Baishakhee Sengupta, Jane Shaw, Clare Sullivan, Rachel Symons, Andrew Szudek, Alka Thakur, Daphne Trotter, Karen Villabona, Diana Vowles, Lynda Warrington, Stewart J. Wild.

Weitere Hilfe gewährten

Dottore Riccardo Baldini, Mario di Bartolomeo von der Soprintendenza dei Beni Artistici e Storici di Roma, Belloni, Dorling Kindersley Bildarchiv, David Gleave MW, Debbie Harris, Emma Hutton und Cooling Brown Partnership, Dottoressa Todaro und Signora Camimiti beim Ministero dell'Interno, Trestini.

Genehmigung für Fotografien

Dorling Kindersley bedankt sich bei den folgenden Institutionen für die freundlich gewährte Erlaubnis zum Fotografieren: Bathsheba Abse vom Keats-Shelley-Haus, Accademia dei Lincei, Accanto, Aeroporti di Roma, Aldrovandi Palace, Alpheus, Banco di Santo Spirito am Palazzo del Monte di Pietà, Rory Bruck von Babington's, Caffè Giolitti, Caffè Latino, Comune di Roma (Ripartizione X), Comunità Ebraica di Roma, Guido Cornini von den Monumenti Musei e Gallerie Ponteficie, Direzione Sanitaria Ospedale di Santo Spirito, Dottoressa Laura Falsini von der Soprintendenza Archeologica di Etruria Meridionale, Hotel Gregoriana, Hotel Majestic, Hotel Regina Baglioni, Marco Marchetti von Ente EUR, Dottoressa Mercalli vom Museo

Nazionale di Castel Sant'Angelo, Ministero dell'Interno, Plaza Minerva, Ristorante Alberto Ciarla, Ristorante Filetti di Baccalà, Ristorante Romolo, Signor Rulli und Signor Angeli von der Soprintendenza Archeologica di Roma, Soprintendenza Archeologica per il Lazio, Soprintendenza per i Beni Ambientali e Architettonici, Soprintendenza per i Beni Artistici e Storici di Roma, Daniela Tabo von den Musei Capitolini, Villa d'Este, Villa San Pio, Mrs. Marjorie Weeke von St. Peter.

Bildnachweis

o = oben, m = Mitte, u = unten, l = links, r = rechts.

Dorling Kindersley hat sich bemüht, alle Urheber ausfindig zu machen und zu nennen. Sollte dies in einzelnen Fällen nicht gelungen sein, so werden wir dies in der nächsten Auflage des Buchs selbstverständlich nachholen.

Kunstwerke wurden mit freundlicher Genehmigung folgender Copyright-Inhaber reproduziert:
© DACS, London 2006: *Stadt mit gotischer Kathedrale*, 1925, Paul Klee 241u.

Dorling Kindersley dankt folgenden Personen, Institutionen und Bildarchiven für die Genehmigung zur Reproduktion ihrer Fotografien:
Accademia Nazionale di San Luca, Rom: 160u.
AFE: 57u, 61mr; Sandro Battaglia 59m, 61mlu, 61ur, 336ur; Louise Goldman 157o; G. La Malfa 251o.
Aeroporti di Roma: 384u, 385or.
Agenzia Sintesi: Fabio Fiorani 378ur, 378mlo.
akg-images: Andrea Jemolo 10ur.
Alami Images: CuboImagessrl/Gimmi 395or; Kathy de Witt 305ol; Antonella di Girolamo 377m; Lautaro 192m; Marco Marcotulli 376um; Travel Ink/Jim Gibson 382mru; R. Venturi 376ul; Rob Wilkinson 379ol.
AGF Foto: 40–41m.
Aldrovandi Palace Hotel: 297or.
Alitalia: 384o, 385ml.
Allsport: David Cannon 39ur.
Ancient Art and Architecture: 18ul, 22ol, 23ol, 27um, 36mru, 37om, 46ml.
Artothek, Städelsches Kunstinstitut Frankfurt: *Goethe in der Campagna* von J. H. W. Tischbein 136o.
Baglioni Hotels SPA: 296or.
Banca d'Italia: 380 mlo.
Bed and Breakfest Bio: 377or.
Biblioteca Reale, Turin: 30–31m.

Boscolo Aleph Hotel: 299mro.
Bridgeman Art Library: 20ur, 39or; Agnew & Sons, London 53or Antikenmuseum, Berlin 21ul; Biblioteca Publica Episcopal, Barcelona 114ul; Bibliothèque de la Sorbonne 30m, British Museum, London 29mro; Château de Versailles, Frankreich/Giraudon 35or, 56ml; Christie's, London 2, 68u, 95o; The Fine Art Society, London 1or, 279ol; Galleria degli Uffizi, Florenz 33ul Greek Museum, University of Newcastle-upon Tyne 18ur; King Street Galleries, London 5ur; Louvre, Paris/Lauros-Giraudon 56ur; Louvre, Paris/Giraudon 28ur; Roy Miles Gallery, 9 Bruton St., London 228o; Musée des Beaux-Arts, Nantes 55o; Museo e Gallerie Nazionali di Capodimonte, Neapel, Ausschnitt aus *Predella von San Ludovico* von Simone Martini 28o ; Musée Condé, Chantilly f.71v *Très Riches Heures* 280m; Museum der Schönen Künste, Budapest 110ul; Museo Archeologico di Villa Giulia 50ml; Museo Poldi Pezzoli, Mailand 54or; Palazzo Doria Pamphilj, Rom 107u; Piacenza Municipio, Italien 29ur; Privatsammlung 21u, 24ul, 26ur, 29or, 178u; Puschkin-Museum, Moskau 111o; Sotheby's, London 18ul; Spink & Son Ltd., London 163u; Vatikanische Museen, Rom 43mo, 237or.
Cephas Picture Library: Mick Rock 314or.
Commune di Roma: 374om.
Corbis: Alessandra Benedetti 375or; epa/Ettore Ferrari 98ml; Owen Franken 304mlo; Bob Krist 305m; Araldo de Luca 70or; Reuters/Max Rossi 40mu.
Corpo nazionale dei Vigili del fuoco: 379ml.
Vanessa Courtier: 37 o.
Croce Bianca Italiana 3779mlu.
Il Dagherrotipo: 118 mlu, 145mro, 334o, 335ul, 388mlo, 393o; Stefano Chieppa 152ml, 289um, 290um, 394ou; Andrea Getuli 287ol; Museo di Roma/Giogio Oddi 1 8u; Stephano Occhibelli vordere Umschlagseite innen ml, 116, 286ol, 288mlo, 288ur; Giorgio Oddi 55ml; Paolo Priori 204or; Giovanni Rinaldi 196or, 286or, 287or, 290mlo, 291 on, 390o.
CM Dixon: 19ul, 26m, 268u, 269o, 269u.
École Nationale Superieure des Beaux-Arts: 23mr, 24–25, 248o, 284–285u.
Ente Nazionale Italiano per il Turismo: 374ml, 374mr.
ET Archive: 16, 19or, 29mlu, 20or, 21om, 25o, 29ml, 30ol, 33ur, 34ur 39ur, 50ol, 306ol.
Eurolines: 377ul.
Mary Evans Picture Library: 9, 20ml, 25ml, 26l, 31ur, 32mu, 32u 33o, 36ol, 36mr, 36ul, 54ol, 56ol, 67ul, 74o, 81u, 91o, 92u, 94ul, 127m, 135o, 135u, 251u.
Coraldo Falsini: 41ol, 54u, 355o, 355m.
Ferrovie dello Stato: 387ml, 386mlu, 387or.
Werner Forman Archive: 19mr, 22ul, 24ol,

Sprachführer Italienisch

Notfälle

Hilfe!	Aiuto!	[a'iu:to]
Stopp!	Fermate!	[fer'ma:te]
Rufen Sie einen Arzt!	Chiami un medico!	['kia:mi un 'mɛ:diko]
Rufen Sie einen Krankenwagen!	Chiami un ambulanza!	['kia:mi un ambu'lantsa]
Rufen Sie die Polizei!	Chiami la policia!	['kia:mi la polit'tsi:a]
Rufen Sie die Feuerwehr!	Chiami i pompieri!	['kia:mi i pom'piɛ:ri]
Wo ist das Telefon?	Dov'è il telefono?	['do:vɛ il te'lɛ:fono]
Wo ist das Krankenhaus?	Dov'è l'ospedale?	['do:vɛ lospe'da:le]

Grundwortschatz

Ja/Nein	Si/No	[si/nɔ]
Bitte	Per favore	[per fa'vo:re]
Danke	Grazie	['grattsie]
Entschuldigung!	Mi scusi!	[mi 'sku:zi]
Guten Tag	Buon giorno	[buɔn 'dʒorno]
Auf Wiedersehen	Arrivederci	[arrive'dertʃi]
Guten Abend	Buona sera	[buona 'se:ra]
Vormittag	la mattina	[mat'ti:na]
Nachmittag	il pomeriggio	[pome'riddʒo]
Abend	la sera	['se:ra]
gestern	ieri	['iɛ:ri]
heute	oggi	['ɔddʒi]
morgen	domani	[do'ma:ni]
hier	qui	[kui]
dort	la	[la]
Welche ...?	Quale ...?	['kua:le]
Wann?	Quando?	['kuando]
Warum?	Perchè?	[per'ke]
Wo?	Dove?	['do:ve]

Nützliche Redewendungen

Wie geht es?	Come sta?	['co:me sta]
Sehr gut, danke.	Molto bene, grazie.	['molto 'bɛːne, 'grattsie]
Freut mich, Sie kennenzulernen.	Piacere di conoscerla.	[pia'tʃe:re di ko'noʃʃerla]
Bis bald.	A più tardi.	[a piu 'tardi]
In Ordnung.	Va bene.	[va 'bɛ:ne]
Wo ist/Wo sind ..?	Dov'è/ Dove sono ...?	['do:vɛ/ 'do:ve 'so:no]
Sprechen Sie Deutsch?	Parla tedesco?	['parla te'desko]
Ich verstehe nicht.	Non capisco.	[non ka'pisko]
Tut mir leid!	Mi dispiace!	[mi dis'piatʃe]

Nützliche Wörter

groß	grande	['grande]
klein	piccolo	['pikkolo]
heiß	caldo	['kaldo]
kalt	freddo	['freddo]
gut (Adjektiv)	buono	['buɔ:no]
schlecht	cattivo	[kat'ti:vo]
genug	basta	['basta]
gut (Adverb)	bene	['bɛ:ne]
offen	aperto	[a'pɛrto]
geschlossen	chiuso	['kiu:so]
links	a sinistra	[a si'nistra]
rechts	a destra	[a 'dɛstra]
geradeaus	sempre diritto	['sɛmpre di'ritto]
nah	vicino	[vi'tʃi:no]
fern	lontano	[lon'ta:no]
auf	su	[su]
über	giù	[dʒu]
früh	presto	['prɛsto]
spät	tardi	['tardi]
Eingang	entrata	[en'tra:ta]
Ausgang	uscita	[uʃʃi:ta]
Toilette	il gabinetto	[il gabi'netto]
frei	libero	['li:bero]
gratis	gratuito	[gra'tu:ito]

Shopping

Wie viel kostet das?	Quant'é?	['kuantɛ]
Ich hätte gern ...	Vorrei ...	[vor'rɛi]
Haben Sie ...?	Avete ...?	[a've:te]
Ich sehe mich nur um.	Sto soltanto guardando.	[stɔ sol'tanto guar'dando]
Kreditkarte	carta di credito	['karta di 'kre:dito]
Wann öffnen/ schließen Sie?	A che ora apre/ chiude?	[a ke 'o:ra 'apre/'kiu:de]
das hier	questo	['kuesto]
das da	quello	['kuello]
teuer	caro	['ka:ro]
billig	a buon prezzo	[a buɔn 'prɛttso]
Kleidergröße	la taglia	['taʎʎa]
Schuhgröße	il numero	['nu:mero]
weiß	bianco	['bianko]
schwarz	nero	['ne:ro]
rot	rosso	['rosso]
gelb	giallo	['dʒallo]
grün	verde	['verde]
blau	blu	[blu]

Läden

Antiquitätenladen	l'antiquariato	[antikua'ria:to]
Apotheke	la farmacia	[farma'tʃi:a]
Bäckerei	la panetteria	[panette'ri:a]
Bank	la banca	[baŋka]
Blumenladen	il fioraio	[fio'ra:io]
Buchhandlung	la libreria	[libre'ri:a]
Delikatessen	la salumeria	[salume'ri:a]
Eisdiele	la gelateria	[dʒelate'ri:a]
Fischhändler	la pescheria	[peske'ri:a]
Friseur	il parrucchiere	[parruk'kiɛːre]
Gemüsehändler	il fruttivendolo	[frutti'vendolo]
Konditorei	la pasticceria	[pastittʃe'ri:a]
Lebensmittelladen	alimentari	[alimen'ta:ri]
Markt	il mercato	[mer'ka:to]
Metzgerei	la macelleria	[maʃelle'ri:a]
Postamt	l'ufficio postale	[uf'fi:tʃo pos'ta:le]
Reisebüro	l'agenzia di viaggi	[adʒen'tsi:a di vi'addʒi]
Schuhgeschäft	il negozio di scarpe	[ne'gɔttsio di 'skarpe]
Supermarkt	il supermercato	[supermer'ka:to]
Tabakladen	il tabaccaio	[tabak'ka:io]
Zeitungsstand	l'edicola	[e'di:kola]

Sightseeing

Informationsbüro	l'ufficio turistico	[uf'fi:tʃo tu'ristico]
Bahnhof	la stazione	[stat'tsio:ne]
Bibliothek	la biblioteca	[biblio'tɛ:ka]
Bushaltestelle	la fermata dell'autobus	[fer'ma:ta dell 'a:utobus]
Garten	il giardino	[dʒar'di:no]
Kirche	la chiesa, la basilica	['kiɛ:za, ba'zi:lika]
Kunstmuseum	la pinacoteca	[pinako'tɛ:ka]
Museum	il museo	[mu'zɛ:o]
Wegen Feiertag geschlossen.	Chiuso per la festa.	['kiu:so per la 'fɛsta]

Im Hotel

Haben Sie Zimmer frei?	Avete camere libere?	[a've:te 'ka:mere 'li:bere]
Einzelzimmer	una camera singola	['ka:mera 'singola]

Doppelzimmer	**una camera doppia**	[ˈkaːmera ˈdoppja]
Bad/Dusche	**bagno/doccia**	[ˈbaɲɲo/ˈdottʃa]
Gepäckträger	**il facchino**	[fakˈkiːno]
Schlüssel	**la chiave**	[kiaːve]
Reservierung	**prenotazione**	[ˈprenotatˈtsioːne]

Im Restaurant

Haben Sie einen Tisch für …?	**Avete un tavolo per …?**	[aˈveːte un ˈtaːvolo per]
Ich möchte einen Tisch reservieren.	**Vorrei riservare un tavolo.**	[vorˈrei riserˈvaːre un ˈtaːvolo]
Frühstück	**la colazione**	[kolatˈtsioːne]
Mittagessen	**il pranzo**	[ˈprandzo]
Abendessen	**la cena**	[ˈtʃeːna]
Rechnung	**il conto**	[ˈkonto]
Vegetarier	**vegetariano**	[vedʒetaˈriaːno]
Kellner	**cameriere**	[kameˈrieːre]
Tagesmenü	**il menù a prezzo fisso**	[meˈnu a ˈprɛttso ˈfisso]
Tagesgericht	**il piatto del giorno**	[ˈpiatto del ˈdʒorno]
Vorspeise	**l'antipasto**	[antiˈpasto]
Erster Gang	**il primo**	[priːmo]
Hauptgang	**il secondo**	[seˈkondo]
Beilagen	**il contorno**	[konˈtorno]
Dessert	**il dolce**	[doltʃe]
Gedeck	**il coperto**	[koˈpɛrto]
Weinkarte	**la lista dei vini**	[ˈlista dei ˈviːni]
blutig	**al sangue**	[al ˈsaŋgue]
halb durch(-gebraten)	**al puntino**	[al punˈtiːno]
durch(-gebraten)	**ben cotto**	[bɛn ˈkɔtto]
Glas	**il bicchiere**	[bikˈkieːre]
Flasche	**la bottiglia**	[botˈtiʎʎa]
Teller	**il piatto**	[ˈpiatto]
Serviette	**la tovaglia**	[toˈvaʎʎa]
Besteck	**le posate**	[poˈsaːte]
Messer	**il coltello**	[kolˈtɛllo]
Gabel	**la forchetta**	[forˈketta]
Löffel	**il cucchiaio**	[kukˈkiaːio]

Speisekarte

l'abbacchio	[abˈbakkio]	Lamm
l'aceto	[aˈtʃeːto]	Essig
l'acqua minerale gasata/naturale	[ˈakkua mineˈraːle gaˈsaːta/natuˈraːle]	Mineralwasser mit/ohne Kohlensäure
l'aglio	[aʎʎo]	Knoblauch
al forno	[al ˈforno]	gebacken
alla griglia	[ˈalla ˈgriʎʎa]	gegrillt
l'anatra	[ˈaːnatra]	Ente
l'aragosta	[araˈgosta]	Languste
l'arancia	[aˈrantʃa]	Orange
arrosto	[arˈrɔsto]	gebraten
la birra	[ˈbirra]	Bier
la bistecca	[bisˈtekka]	Steak
il burro	[ˈburro]	Butter
il caffè	[kafˈfɛ]	Kaffee, Espresso
il carciofo	[karˈtʃɔːfo]	Artischocke
la carne	[ˈkarne]	Fleisch
carne di maiale	[ˈkarne di maˈiaːle]	Schwein
il cinghiale	[tʃinˈgiaːle]	Wildschwein
la cipolla	[tʃiˈpolla]	Zwiebel
il coniglio	[koˈniʎʎo]	Kaninchen
i fagioli	[faˈdʒɔːli]	Bohnen
il formaggio	[forˈmaddʒo]	Käse
le fragole	[ˈfraːgole]	Erdbeeren
la frutta fresca	[ˈfrutta ˈfreska]	frisches Obst
i frutti di mare	[ˈfrutti di ˈmaːre]	Meeresfrüchte
i funghi	[ˈfuŋgi]	Pilze
i gamberi	[ˈgamberi]	Krebse
il gelato	[dʒeˈlaːto]	Eiscreme
l'insalata	[insaˈlaːta]	Salat
il latte	[ˈlatte]	Milch
i legumi	[leˈguːmi]	Gemüse
lesso	[ˈlesso]	gekocht
il manzo	[ˈmandzo]	Rind

la mela	[ˈmeːla]	Apfel
la melanzana	[melanˈdzaːna]	Aubergine
la minestra	[miˈnɛstra]	Suppe
l'olio	[ˈɔːlio]	Öl
l'oliva	[oˈliːva]	Olive
il pane	[ˈpaːne]	Brot
il panino	[paˈniːno]	Brötchen
le patate	[paˈtaːte]	Kartoffeln
patatine fritte	[pataˈtiːne ˈfritte]	Pommes frites
il pepe	[ˈpeːpe]	Pfeffer
la pesca	[ˈpɛska]	Pfirsich
il pesce	[ˈpeʃʃe]	Fisch
i piselli	[piˈsɛlli]	Erbsen
il pollo	[ˈpollo]	Huhn
il pomodoro	[pomoˈdɔːro]	Tomate
il prosciutto	[proʃˈʃutto]	Schinken
il riso	[ˈriːso]	Reis
il sale	[ˈsaːle]	Salz
la salsiccia	[salˈsittʃa]	Wurst
il succo	[ˈsukko]	Saft
il tè	[tɛ]	Tee
il tonno	[ˈtonno]	Thunfisch
la torta	[ˈtɔrta]	Kuchen
l'uovo	[ˈuːvo]	Ei
l'uva	[ˈuːva]	Traube
il vino	[ˈviːno]	Wein
il vitello	[viˈtɛllo]	Kalb
le vongole	[ˈvoŋgole]	Muscheln
lo zucchero	[ˈtsukkero]	Zucker
gli zucchini	[tsukˈkiːni]	Zucchini
la zuppa	[ˈtsuppa]	Suppe

Zahlen

1	**uno**	[ˈuːno]
2	**due**	[ˈduːe]
3	**tre**	[tre]
4	**quattro**	[ˈkuattro]
5	**cinque**	[ˈtʃiŋkue]
6	**sei**	[ˈsɛːi]
7	**sette**	[ˈsɛtte]
8	**otto**	[ˈɔtto]
9	**nove**	[ˈnɔːve]
10	**dieci**	[ˈdiːtʃi]
11	**undici**	[ˈunditʃi]
12	**dodici**	[ˈdoːditʃi]
13	**tredici**	[ˈtreːditʃi]
14	**quattordici**	[kuatˈtorditʃi]
15	**quindici**	[ˈkuinditʃi]
16	**sedici**	[ˈseːditʃi]
17	**diciassette**	[ditʃasˈsɛtte]
18	**diciotto**	[diˈtʃɔtto]
19	**diciannove**	[ditʃanˈnɔve]
20	**venti**	[ˈventi]
30	**trenta**	[ˈtrenta]
40	**quaranta**	[kuaˈranta]
50	**cinquanta**	[tʃiŋˈkuanta]
60	**sessanta**	[sesˈsanta]
70	**settanta**	[setˈtanta]
80	**ottanta**	[otˈtanta]
90	**novanta**	[noˈvanta]
100	**cento**	[ˈtʃɛnto]
1000	**mille**	[ˈmille]

Zeit

Minute	**un minuto**	[miˈnuːto]
Stunde	**un'ora**	[ˈoːra]
Tag	**un giorno**	[ˈdʒorno]
Woche	**una settimana**	[settiˈmaːna]
Monat	**un mese**	[ˈmeːse]
Jahr	**un anno**	[ˈanno]
Montag	**lunedì**	[luneˈdi]
Dienstag	**martedì**	[marteˈdi]
Mittwoch	**mercoledì**	[merkoleˈdi]
Donnerstag	**giovedì**	[dʒoveˈdi]
Freitag	**venerdì**	[venerˈdi]
Samstag	**sabato**	[ˈsaːbato]
Sonntag	**domenica**	[doˈmeːnika]

Dorling Kindersley   Vis-à-Vis

Vis-à-Vis-Reiseführer

Ägypten Alaska Amsterdam Apulien Argentinien
Australien Bali & Lombok Baltikum Barcelona &
Katalonien Beijing & Shanghai Belgien &
Luxemburg Berlin Bologna & Emilia-Romagna
Brasilien Bretagne Brüssel Budapest Bulgarien
Chicago China Costa Rica Dänemark
Danzig & Ostpommern Delhi, Agra &
Jaipur Deutschland Dresden Dublin
Florenz & Toskana Florida
Frankreich Genua & Ligurien
Griechenland Griechische Inseln
Großbritannien Hamburg Hawaii Indien Irland Istanbul
Italien Japan Jerusalem Kalifornien Kanada
Kanarische Inseln Karibik Kenia Korsika Krakau
Kroatien Kuba Las Vegas Lissabon Loire-Tal London
Madrid Mailand Malaysia & Singapur Mallorca,
Menorca & Ibiza Marokko Mexiko Moskau
München & Südbayern Neapel Neuengland
Neuseeland New Orleans New York Niederlande
Nordspanien Norwegen Österreich Paris Peru
Polen Portugal Prag Provence & Côte d'Azur
Rom San Francisco St. Petersburg
Sardinien Schottland Schweden Schweiz
Sevilla & Andalusien Sizilien Spanien
Stockholm Südafrika Südtirol & Trentino
Südwestfrankreich Thailand Tokyo
Tschechien & Slowakei Türkei Ungarn USA
USA Nordwesten & Vancouver USA Südwesten &
Las Vegas Venedig & Veneto
Vietnam & Angkor Washington, DC Wien

DORLING KINDERSLEY
www.traveldk.com

Vis-à-Vis

Nahverkehrsnetz Rom

Villa Giulia

Stazione Roma-Viterbo

M Flaminio

Santa Maria del Popolo

PIAZZA D. POPOLO

M Lepanto

M Ottaviano

PRATI

Musei Vaticani

PIAZZA DEL RISORGIMENTO

CITTÀ DEL VATICANO

Cappella Sistina

San Pietro

PIAZZA SAN PIETRO

BORGO

VIA CRESCENZIO

VIA COLA DI RIENZO

VIA CICERONE

P.ZA CAVOUR

Ponte Cavour

VIA TOMACELLI

Castel Sant'Angelo

Ponte Umberto

VIA D. CONCILIAZIONE

BORGO S. ANGELO

VIA D. PORTA CAVALLEGGERI

Ponte Pr. Amedeo

PONTE

CORSO VITTORIO EMANUELE II

CORSO D. RINASCIMENTO

Pantheon

PIAZZA D. ROTONDA

Stazione di San Pietro

PARIONE

LT. TEBALDI

Ponte Mazzini

L.GO TORRE ARGENTINA

Gesù

Musei Capitolini

PIAZZA VENEZIA

LT. D. FARNESINA

Villa Farnesina

Ponte Sisto

LT. D. VALLATI

LT. D. CENCI

Gianicolo

Santa Maria in Trastevere

Ponte Garibaldi

LT.D.ANGUILLARA

Ponte Palatino

TRASTEVERE

V. DI TRASTEVERE

LUNGOTEVERE AVENTINO

RIPA

Villa Doria Pamphili

VIALE ALDO FABRIZI

VIA DANDOLO

Ponte Sublicio

Tevere

VIA MARMORATA

VIA MANUZIO

TESTACCIO

VIA ZABAGLIA

Ponte Testaccio

Stazione Trastevere

CAMPO MARZI

M Spagna

PIAZZA DI SPAGNA

VIA CONDOTTI

VIA DEL BABUINO

VIA DEL CORSO

PIAZZA S. SILVESTRO

VIA D. RIPETTA

Tevere

LEGENDE

62	Hauptbuslinie
62	Bus-Anfangs-/Endhaltestelle *(capolinea)*
	Fahrtrichtung
19	Tramlinie
19	Tram-Endhaltestelle *(capolinea)*
M	Metro-Station
	Bahnhof
	Hauptsehenswürdigkeit

0 Meter   250